KB195352

들뢰즈 경제학

들뢰즈 경제학

발행일	2024년 12월 16일

지은이	강윤호		
펴낸이	손형국		
펴낸곳	(주)북랩		
편집인	선일영	편집	김은수, 배진용, 김현아, 김다빈, 김부경
디자인	이현수, 김민하, 임진형, 안유경	제작	박기성, 구성우, 이창영, 배상진
마케팅	김회란, 박진관		
출판등록	2004. 12. 1(제2012-000051호)		
주소	서울특별시 금천구 가산디지털 1로 168, 우림라이온스밸리 B동 B111호, B113~115호		
홈페이지	www.book.co.kr		
전화번호	(02)2026-5777	팩스	(02)3159-9637

ISBN	979-11-7224-402-6 03320 (종이책)	979-11-7224-403-3 05320 (전자책)

작가 연락처 문의 ▸ ask.book.co.kr

작가 연락처는 개인정보이므로 북랩에서 알려드릴 수 없습니다.

들뢰즈 경제학

소수자 경제과학과 탈근대 경제철학

Économie Deleuzienne
Deleuzian Economics

강윤호 지음

경제학을 새로이 다시 쓰다
효율성의 경제학에서 가능성의 경제학으로

북랩

이 책은 과학적 사유와 철학적 사유, 그리고 근대적 사유와 탈근대적 사유를 통합하여 학문의 극한을 추구한다. 그러한 노력을 경제 분야에 적용하여 탄생한 결과물이 들뢰즈 경제학이다. 들뢰즈 경제학은 이른바 종합적 전체론(synthetic holism)에 입각하여 탈근대적인 경제과학과 경제철학을 결합한 사유의 결과물이다. 들뢰즈 경제학은 이른바 분석적 환원주의(analytic reductionism)에 입각한 근대적인 경제과학 및 경제철학과 조화와 균형을 이루면서 그것을 비판하고 보완하는 종합적이고 전체적인 사유를 발전시키는 것을 목표로 한다.

나는 종합적이고 전체적인 사유, 구체적으로 탈근대적이고 철학적인 사유의 모범을 질 들뢰즈의 사유에서 찾았다. 그리고 그 사유를 경제학에 적용했다. 현대 형이상학을 집대성한 들뢰즈의 사유를 토대로 새로운 경제학적 사유를 구축했다. 그래서 탄생한 것이 들뢰즈 경제학이다. 경제학적 사유에 있어 새로운 지평을 연 것이라 자부한다. 나와 함께 새로운 사유의 지평으로 여행을 떠나보자. 『잃어버린 시간을 찾아서』를 쓴 마르셀 프루스트는 "진정한 여행은 새로운 풍경을 보는 데 있는 게 아니라 새로운 시각을 얻는 데 있다"고 말한 바 있다. 여행을 떠나자.

학문을 하는 가장 큰 이유는 지적 호기심의 충족이라고 할 수 있다. 알고 싶은 욕망, 지적 쾌락이 학문의 추동력이다. 그러나 이것만이 학문을 하는 목적의 전부라고 할 수는 없다. 학문을 하는 것은 삶을 개선하기 위한 것이다. 단지 아는 것으로 만족한다면 학문하는 의미는 단지 개인의 쾌락이라는 비루한 것으로 그칠 것이다. 오늘날 경제학이라는 학문은 비루하기 짝이 없다. 아니 비루한 것을 넘어 유해하기까지 하다. 순수한 앎은 고사하고 곡학아세의 지경에까지 이르고 있다. 경제는 삶의 기본이다. 삶의 개선은커녕 제대로 된 앎도 제공하지 못하는 경제학은 이제 환골탈태해야 한다. 경제와 경제학에 대해 근본적으로 다시 생각할 때가 됐다. 지금은 새로운 경제적 사유와 경제학이 간절히 필요한 시기다. 이참에 더 이상 무의미한 반복을 피할 수 있는 궁극적인 경제학을 도출해야 한다. 그러기 위해 우리는 사유의 토대와 방법으로서의 세계관, 인간관, 자연관, 사회관, 경제관 등을 근본적으로 다시 세워야 할 필요가 있다.

이러한 목적에 부합하려 기획된 것이 이 책이다. 이 책은 경제관과 경제학을 개조하기 위해 씌어졌다. 관(觀)과 학(學)의 개조를 위해서는 사유의 거대한 탈주가 필요하다. 그냥 탈주가 아니라 새로운 대지, 새로운 지평을 창조하는 수준의 탈주가 필요한 것이다. 그 기본 방향은 근대적 사유를 넘어 탈근대적 사유로 가는 것이다. 그 방향의 나침반이 되는 것이 들뢰즈와 과타리의 사유다. 왜 들뢰즈와 과타리의 사유여야만 하는지는 지금으로서는 설명할 길이 없다. 책을 읽어가면서 여러분이 공감하고 납득하는 수밖에 없다(부록 중 '왜 들뢰즈인가?' 참조). 그들의 사유에 다가가는 것은 쉽지 않다. 진리(나의 관점에서 볼 때 그들의 사유가 진리에 가장 가깝다고 생각한다)가 원래 그런 것이다. 진리는 누구에게나 열려 있지만 그리 상냥한 편은 아니다. 진리와 친구가 되기 위해서는 노력이 필요하다. 힘은 들지만 불가능한 것은 결코 아니다. 최고의 지적 희열을 원한다면, 어떤 지고한 가치를 지닌 참된 생산적 욕망을 실현하고 싶다면 꼭 들뢰즈와 과타리의 사유에 도전해 보기를 권한다. 니체가 말했다. "위대한 일은 위대한 사람을 위해 있으며, 심연은 깊이 있는 사람을 위해 있고, 섬세함과 전율은 예민한 사람을 위해 있다. 전체적으로 간결하게 말한다면, 모든 귀한 것은 귀한 사람을 위해 있는 것이다."(니체, 『선악의 저편』) 관(觀)을 정립해서 해석하고 평가할 수 있는 안목을 기르자. 이를 토대로 학문의 개척도 시도해 보자.

　철학 없는 과학은 오만하고 과학 없는 철학은 몽매하다. 과학만으로 진리를 알 수 있다고 생각하는 것은 불손함의 표출이요, 철학만이 진정한 사유라 생각하는 것은 무지의 발로다. 과학과 철학은 한 몸이 되어야 한다. 그래야 문제를 제대로 해결할 수 있다. 그래야 인간을 구제하고 삶을 개선할 수 있다. 문제를 찾는 것, 문제를 제기하고 설정하는 것의 바탕에는 철학이 있고 문제를 해결하는 과정에 과학이 있다. 과학과 철학을 양단하여 서로 분리된 것으로 보는 것은 인간을 구제하고 문제를 해결하겠다는 자들의 오만과 무지를 드러내는 것일 뿐이다. 학문에 있어 진정성을 가진 자는 과학자인 동시에 철학자여야 한다.

들뢰즈 경제학은 경제를 사유하는 데 있어서 철학과 과학의 접목을 시도한다. 들뢰즈와 과타리의 사유를 토대로 경제철학과 경제과학의 결합을 시도한다. 그 결과물이 이 책이다. 들뢰즈 경제학은 경제를 다시 사유하고 경제학을 다시 쓴다. 미리 말하자면 들뢰즈 경제학은 '효율성의 경제'에서 '가능성의 경제'로의 전환을 사유하는 욕망경제학으로서 궁극의 경제학이라고 할 수 있다. 기존의 경제학과는 차원이 다른 새로운 사유의 지평을 제시한다. 경제학 자체와 그 외부와의 관계를 사유함으로써 경제학의 극한을 보여준다.

들뢰즈의 사상에 어느 정도 익숙한 분들은 처음부터 이 책을 읽어나가기에 큰 어려움이 없을 것이다. 들뢰즈에 관한 기초 지식이 없는 분은 부록부터 읽기를 권한다. 이 부록만으로도 들뢰즈와 과타리의 사상을 정리하고 이해하는 데 큰 도움이 될 것이다. 혹시 더 자세한 것을 원하는 분들에게는 졸저 『내 살고픈 세상: 들뢰즈 경제학의 철학적 토대』와 저자가 운영하는 유튜브 채널 《들뢰즈 경제학 토론클럽》이 도움이 될 것이다.

아무도 가지 않은 길을 처음으로 가는 자의 무더기 시행착오는 불가피한 일. 여러분의 질정을 기다린다.

마지막으로 나의 어머니 정두선 님께 감사의 말씀을 드리고자 한다. 어머니의 희생이 없었다면 이 책은 세상에 나오지 못했을 것이다.

|차례|

인 것/몸체의 규정/신(神)이라는 것/인과관계/정념/욕망/동물의 구분(동물-되기)/거대한 전환의 해석/자본주의의 규정/부·노동·생산/금융위기/혁명/인공지능(AI)의 발전과 한계

2장 · 경제학을 다시 쓴다

3장 · 욕망경제학

4장 · 자본주의 분석

5장 · 현대 자본주의의 모습

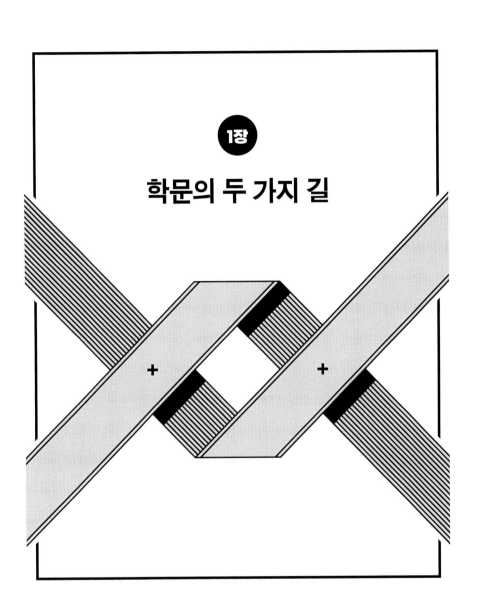

1장

학문의 두 가지 길

1.
사유의 길

　우리는 들뢰즈 경제학이라는 사유와 학문의 세계에 들어가기에 앞서 사유하고 이해하는 방식 자체를 사유할 필요가 있다. 사유와 학문 자체의 의미와 방법론을 공부할 필요가 있는 것이다. 그럼으로써 경제를 사유하는 방식도 더 탄탄한 토대를 가질 수 있게 된다. 과학과 철학, 그리고 예술 등을 포함하는 모든 사유의 보편적 토대 위에서 구축된 사유가 우리를 경제에 대한 더 차원 높은 이해로 이끌 것이다. 요컨대 경제학의 재정립 이전에 사유의 재정립이 필요하다. 경제적 사유를 제대로 하기 위해서는 그 전에 사유 자체를 제대로 해야 한다. 제대로 사유하는 것을 토대로 제대로 된 경제적 사유가 도출될 수 있다.

　사유의 방향에는 크게 두 갈래가 있다. 두 갈래라고 하지만 일차원적인 양쪽 방향을 뜻하는 것은 아니다. 일도양단의 이분법이나 단순한 이원론과는 다르다. 그 두 갈래는 분석적 환원주의(analytic reductionism)에 입각한 사유와 종합적 전체론(synthetic holism)에 입각한 사유다. 간단히 말하면 전자는 어떤 것을 사유하는 데 있어 그것의 본질(substance), 정수(essence), 핵심(core)을 추출하려는 시도라면, 후자는 어떤 것을 되도록이면 할 수 있는 한 그것 자체로서 사유하려는 시도라고 할 수 있다. 흔히 말하는 나무(부분)를 보는 사유와 숲(전체)을 보는 사유의 구분으로 볼 수도 있다. 나무의 사유는 부분이나 요소의 합 또는 부분으로부터의 인과적 추론에 의해 전체를 파악하는 사유다. 숲의 사유는 부분으로부터 추론되거나 파생되지 않는 전체의 고유한 특성에 주목하는 사유다.

학문적으로 말하면 근대 과학을 하나의 극으로 삼는 사유와 탈근대 철학을 다른 하나의 극으로 삼는 사유라고 할 수 있다. 사유와 학문을 통해 우리는 실재를 인식한다. 인식의 구체적 결과로 우리는 몸체(하나의 대상) 자체와 함께 몸체와 몸체의 관계를 파악할 수 있다. 그 결과를 언어화하는 것이 개념화다. 개념화의 구체적 방법으로서, 나는 근대 과학을 극으로 하는 분석적 환원주의에 입각한 개념화를 몰적 추상화로, 탈근대 철학을 극으로 하는 종합적 전체론에 입각한 개념화를 분자적 추상화로 제시할 것이다(부록, 몰적인 것과 분자적인 것 참조).

사유와 인식 그리고 학문

사유란 가장 넓게 보면 인간의 모든 의식적 정신 활동이라고 할 수 있다. 그러나 인간의 사유라고 하려면 의식적 정신 활동이 적어도 어떤 인식의 수준에 도달한 것이어야 한다. 인간 말고 다른 동물도 의식을 가지며 어느 정도의 정신적 활동 능력은 가진다고 볼 수 있다. 사유는 의식 또는 단순한 느낌이나 생각과는 다른 것이다. 사유가 인간에게 독특한 이유는 그것이 인식이라는 차원에서의 정리된 생각이기 때문이다. 인식이 더 고차원적으로 심화되어 체계화되었을 때 학문이 구축되는 것이다. 사유를 하는 이유는 세계를 이해하기 위한 것이고, 세계를 이해한다는 것은 세계를 아는 것이고, 이는 존재의 인식으로부터 출발한다. 요컨대 사유의 시작은 인식이고 인식이 고도로 정리된 것이 학문이라고 할 수 있다.

세계를 안다는 것은 여러 의미를 가질 수 있겠으나 학문적 차원, 즉 철학이나 과학의 차원에서는 다음과 같이 말할 수 있을 것이다. 시간과 공간에 대한 이해를 바탕으로 그 시공간하의 존재 그 자체(상태와 운동), 그리고 존재와 존재 사이의 관계(유사, 인접, 인과 등)를 파악하는 것. 그러기 위해서는 외적으로 드러나는 현상들을 지각하고 그것들의 내밀한 원인이나 원천, 그리고 근거를 포착해야 한다. 드러나는 것들의 원인이나 근거를 알아야 존재와 관계를 설명하고 움직임을 예측할 수 있다. 이러한 과정이 인식의 과정이다. 인식의 과정이 곧 사유가 전개되는 과정이다. 인식에 대해 더 자세히 알아보자.

인식(cognition)은 어떤 것에 대한 앎과 이해로서, 인간(인식주체)에 의한 대상의 파악이라고 할 수 있다. 무한하고 규정되지 않은 실재의 어떤 영역에 대한 대상화가 인식이다. 물론 실재 자체를 대상으로 사유할 수도 있다. 객관적으로 존재하는 실재에 대한 의식적이고 주관적인 반영의 결과가 인식이다. 존재하는 것, 일어나는 것들을 하나의 대상으로 의식하는 것이 인식이다. 대상은 부분과 전체로 이루어진다. 대상을 이성적 판단에 의해 개념적 수준으로 인식하여 정리한 것이 학문이다. 학문은 이성을 기반으로 한다(이성의 범위도 사유의 대상임은 물론이다. 뒤에서 논의될 것이다). 예술적 사유, 신화적 사유, 신비적 사유, 주술적 사유는 이성을 기반으로 한 사유가 아니라는 점에서 학문이 될 수 없다. 다만 이러한 사유들을 대상으로 하는 이성적 사유를 통해 미학, 문학, 신학, 종교학 등의 학문이 성립할 수는 있다.

존재하는 것, 일어나는 것들은 우선 표상(representation)으로서 지각된다. 표상들을 종합하여 어떤 앎의 수준으로 변환되는 과정이 인식이라고 할 수 있다. 표상 또는 재현은 머릿속에 그려지는 상 또는 이미지를 가리킨다. 가시적이고(감각 가능하고) 언어로 표현 가능한 것이다. 그렇기 때문에 표상적인 것은 재현이 쉽고 공통감각에 의한 일반화가 용이하다. 비표상 또는 비재현은 감각하거나 언어로 표현하는 것이 불가능하지는 않지만 어려운 것이다. 예를 들면 정신분석학의 무의식, 동양철학의 기(氣)와 같은 것들이다. 들뢰즈의 용어로 말하면 현실적이지 않은 잠재적인 것이다. 따라서 일반화가 곤란하다. 표상과 비표상의 경계는 뚜렷하지 않다. 양자는 주름처럼 음양처럼 서로 뒤엉켜 있다고 할 수 있다. 표상들의 종합을 위해서는 표상을 가져야 할 뿐 아니라 그 표상과 연관된 것으로서 다른 표상을 인지하기 위해 표상 밖으로 나가야 한다. 이는 표상의 대상 가운데서, 이 표상 속에 포함되어 있지 않은 어떤 것을 긍정하는 일이다(들뢰즈1963, 21쪽). 표상(représentation)을 현상을 다시(re) 파악하는 것으로 본다면 표상(re-présentation) 자체가 나타난 것의 종합, 즉 인식이다(앞의 책, 28쪽 참조).

　주어진 것들(소여 또는 표상의 대상)을 결합하고 짝을 지어, 파악하고 포착한 뒤 어떤 판단을 내리는 것이 종합이다. 표상은 경험적일 수도 선험적일 수도 있다. 따라서 표상들의 종합은 경험적 종합과 선험적 종합으로 나눌 수 있다. 경험적 종합은 인식을 감각(sensation)과 지각(perception)을 통한 표상들의 종합이라고 정의한다. 감각과 지각은 다르다. 감각은 하나의 감각기관이 그에 상응하는 감각자료를 포착하는 것이고, 지각은 감각들의 종합을 통해 하나의 대상이 포착되는 과정 전체를 일컫는 말이다. 지각은 감각과 개념적 수준의 인식 사이에 위치한다고 볼 수 있다(이정우2004, 385~6쪽 참조). 경험주의에 의하면 인식한다는 것은 주어지는 것 이상을 말하는 것이다. 인식은 주어진 것으로부터 주어지지 않은 어떤 것을 추론하는 것이다(들뢰즈2015, 171, 235쪽). 경험주의의 핵심은 대상 자체가 아니라 대상의 지각을 통해 우리의 마음에 생겨나는 관념이다(이정우2023, 322~8쪽 참조). 선험적 종합은 개별적 경험과 독립한 경험 이전의 보편적 인식능력을 통해 이루어지는 인식의 과정이다. 선험적 종합만으로도 지식의 확장이 가능하다고 주장하는 것이 칸트의 초월적(선험적) 관념론이다. 현대 경험주의는 17~18세기 경험주의와 달리 '경험'을 표면적인 형태의 '지각'에 국한시키지 않는다(이정우2023, 340쪽). 일반적인 인식의 이해와 달리 인식의 범위를 비표상의 세계로까지 확장하는 것이 들뢰즈의 초월(론)적 경험론이다(부록, 들뢰즈의 인식론 참조).

이처럼 인식은 종합이다. 주어진 것들을 결합해서 어떤 판단을 내리는 것이 종합이라고 했다. 종합을 하기 위해서는 경험적이든 선험적이든 판단을 위한 어떤 이유 또는 근거가 필요하다. 합리적 근거의 제시 여부에 따라 인식과 독사(doxa)라 불리는 억견이 구분된다. 근거를 제시하는 것, 즉 근거 짓는다는 것은 규정되지 않은 것(미규정자)을 규정한다는 것이다(DR, p352/차반, 577쪽). 결론적으로 사유한다는 것은 존재하는 것, 일어나는 것, 사물과 사건을 규정하는 것이다. 사유는 미규정자(l'indéterminé)와 규정(la détermination)으로 이루어진 기계 전체(DR, p354/차반, 579쪽)라고 할 수 있다.

분석적 환원주의와 종합적 전체론

사유의 길, 실재와 현상에 대한 인식의 길, 다시 말하면 세계의 이해와 설명, 그리고 예측을 위해 존재하는 것의 이유와 발생하는 것의 근거를 찾아 밝히는 길, 요컨대 대상을 규정하는 길은 크게 두 가지로 나눌 수 있다. 사유와 인식의 방법과 범위에 따라 우리는 분석적 환원주의(analytic reductionism)와 종합적 전체론(synthetic holism)이라는 두 가지 방향으로 근거 짓기, 즉 규정하기를 진행할 수 있다.

분석적 환원주의는 말 그대로 분석적이고 환원적인 사유의 길을 추구한다. '부분의 합은 전체와 같다', '부분의 결합은 본성의 변화를 일으키지 않는다'는 생각에 기초한다. 연구 대상을 가능한 한 잘게 나누고 분류해서 어떤 원리나 본질로 되돌아가거나 거슬러 올라가려는 사유의 태도 또는 취향을 말한다. 원리 또는 원형은 실체일 수도 관계일 수도 있다. 그 결과는 유형학적·범주적 사유와 본질론으로 연결된다. 들뢰즈의 용어로 말하면 뿌리 역할을 하는 하나의 원리로부터 줄기와 가지로 일방향으로 뻗어나가는 나무형 사유를 일컫는다. 이러한 사유의 극단적 형태를 우리는 근대 과학에서 볼 수 있다.

종합적 전체론은 말 그대로 종합적이면서 전체를 조감하는 사유의 길을 추구한다. '전체는 부분의 합과는 다르다', '부분의 결합은 본성의 변화를 가져온다'는 생각에 기초한다. 부분보다는 전체를, 관념적이고 보편적인 원리나 본질보다는 실재하는 개별자들을 종합적으로 바라보려는 사유의 태도 또는 취향을 말한다. 부분과는 본성을 달리하는 전체를 종합적으로 사유하는 것이다. 들뢰즈의 용어로 말하면 경계를 넘어 횡단을 감행하면서 사방으로, 쌍방향으로 뻗어나가는 리좀형 사유를 일컫는다(부록, 리좀의 철학 참조). 이러한 사유의 극단적 형태를 우리는 탈근대 철학에서 볼 수 있다.

우리는 분석적 환원주의의 전형을 중력의 법칙이라는 근본 법칙으로부터 세상의 모든 것을 설명하려는 뉴턴 역학과 근본 물질을 찾는 데 주력하는 입자물리학에서 볼 수 있다. 반면 물리학과 같은 근대적 자연과학으로 분류되면서도 생물학은, 특히 그중에서도 자연선택을 원리로 하는 진화론은 본질주의를 배격하면서 횡단과 창발을 중요시한다는 면에서 종합적 전체론의 사유에 가깝다고 할 수 있다. 이처럼 분석적 환원주의와 종합적 전체론은 같은 자연과학에서도, 같은 근대적 사유에서도 혼합되어 존재할 수 있다. 양자의 관계는 명확한 경계를 가지는 것이 아니라 단지 그러데이션(gradation)의 특성을 가지는 것으로서 상대적인 정도 차에 불과하다.

　방금 대강을 소개한 분석적 환원주의와 종합적 전체론의 구체화가 필요하다. 나는 분석적 환원주의와 종합적 전체론을 과학의 길과 철학의 길, 그리고 근대적 사유의 길과 탈근대적 사유의 길로 구체화할 수 있다고 생각한다. 경험적 종합과 선험적 종합, 능동적 종합과 수동적 종합을 통하여 인식은 몸체(항)의 속성과 몸체와 몸체(항과 항)의 관계(성)의 규정을 시도한다. 이러한 시도들이 과학적 사유와 철학적 사유가 탄생하는 과정이다. 과학은 분석적 환원주의를 이상으로 하는 사유다. 철학은 종합적 전체론을 이상으로 하는 사유다. 분석적 환원주의와 종합적 전체론으로 사유의 방향과 범위를 나눌 수 있는 그다음의 기준으로 들 수 있는 것이 근대적 관점과 탈근대적 관점이다. 과학적 사유와 철학적 사유 내에서도 다시 각각 근대적 관점과 탈근대적 관점이 나뉜다.

근대와 탈근대

　우선 분석적 환원주의는 근대적(modern) 사유의 길로, 종합적 전체론은 탈근대적(post-modern) 사유의 길로 구체화할 수 있다. 무엇보다 주의할 점은 우리가 여기서 논하는 근대와 탈근대는 근대 먼저 탈근대 이후라는, 시간적으로 선후의 관계에 있는 것이 아니라는 점이다. 우리가 상정하는 탈근대는 후(後)근대가 아니다. 정도의 차이는 있을지언정 근대성(modernity)과 탈근대성(post-modernity)은 어느 시대 어느 장소에나 있었다. 단지 서양 중세 이후의 시대를 일컫는 근대와 대비하여 탈근대를 근대 이후의 시대로 이해하는 것이 통념일 뿐이다. 포스트모더니즘이라는 용어로 후근대와 탈근대를 아우르는 의미로 사용하는 것이 보통이지만, 그것은 후기 자본주의 시대, 세계화와 정보화 시대의 문화적 판본이자 반영으로 보는 것이 적합하다(세철4, 252쪽). 이러한 통속적 포스트모더니즘은 진리와 가치의 상대주의, 허무주의로 연결되어 탈진실 흐름의 주범으로 비난받기도 한다. 근대성과 탈근대성은 시대적·역사적 선후와 무관하게 공존하는 두 가지 성향으로 보는 것이 타당하다. 이러한 의미에서 탈근대라는 개념은 근대라는 시대와 관련된 좁은 의미로 건축에서 시작된 미학적 포스트모더니즘 또는 철학적 후기 구조주의만을 지칭하기보다는, 시대와 무관한 넓은 의미로 근대적 사유를 극복하고자 하는 모든 사유와 행태를 일컫는 것이라고 할 수 있다(강윤호2022, 85~90쪽 참조).

탈근대는 후근대가 아닐뿐더러 반근대(anti-modern)는 더더욱 아니다. 근대와 탈근대는 상충 관계가 아니라 상보 관계에 있는 것으로 볼 수 있다. 현대를 탈근대 사회라고 부르는 것은 근대성이 사라진 이후의 사회라는 의미도 아니고, 근대성에 반대하는 사회라는 의미도 아니다. 근대성이 지배하는 사회에서는 찾아보기 어려였던 탈근대성이 또 하나의 주요한 경향으로서 대두되고 있는 사회라는 의미에서다. 우리는 공시적 관점에서 사유의 방식과 양태를 구분하는 것이다. 서양의 시대 구분에 사용되는 고대-중세-근대-현대의 통시적 도식은 지금으로서는 완전히 버릴 필요가 있다.

근대와 탈근대를 구분하는 기준은 관점에 따라 다를 수 있겠지만, 가장 큰 기준은 실재, 즉 존재와 운동을 어떻게 보는가에 있다. 실재보다 더 큰 기준은 없을 것이다. 존재인가 생성인가? 더 구체적으로는 고정된 동일성인가 차이의 흐름인가, 중심으로의 수렴인가 탈중심적 발산인가 하는 것들이 관건이 된다. 동양철학의 용어로 말하면 근대적 사유를 작(作)의 사유라고 한다면, 탈근대적 사유는 생(生), 화(化)의 사유라고 할 수 있다. 근대적 사유는 데카르트 이래의 기계론, 심신이원론과 갈릴레오 이래의 고전역학적 사유에서 비롯한 등질화, 결정론, 환원주의, 일방향적 인과론을 특징으로 한다. 헤겔 이래의 목적론적 진화론도 근대적 사유에 포함시킬 수 있다. 근대적 사유의 성취를 이어가는 동시에 그 한계를 극복하고자 하는 탈근대적 사유는 시간과 생명에 대한 성찰, 다원성과 이질성의 중시, 우연의 역할에 대한 분석, 주객의 통합적 이해 등 참신한 사유를 전개한다. 우리는 이러한 생각들을 기초로 하되 구체적으로는 들뢰즈의 사유를 차용하여 양자를 구분할 것이다. 탈근대의 성격이 두드러지는 현대의 형이상학적 토대를 이루었다고 인정되는 철학자가 들뢰즈이기 때문이다.

이러한 시각에서 근대적 사유와 탈근대적 사유를 구분하는 기준은 몰성(molarity)과 분자성(molecularity)의 정도에서 찾을 수 있다. 들뢰즈의 다른 용어로는 나무성(arborescence)과 리좀성(rhizomaticity)의 정도라고 할 수도 있을 것이다. 근대적 사유는 몰성 또는 나무성이 강한 사유로, 탈근대적 사유는 분자성 또는 리좀성이 강한 사유라고 할 수 있다. 몰성과 분자성, 나무의 성질과 리좀의 성질은 경계가 판명한 일도양단이 불가능하다. 근대성과 탈근대성은 가장 강한 몰성에서 가장 강한 분자성에 이르기까지 그러데이션의 모습을 띤다고 할 수 있다.

들뢰즈의 사유를 기초로 할 때 근대적 사유와 탈근대적 사유의 극단은 감각적인 것(경험이나 현상)에 대한 초월성(transcendance, transcendantalité)의 양태에 따라 구분할 수 있다. 초월적인 것(경험에 대한 초험, 현상에 대한 본질)의 근대적 양태는 현실적(actuel)이고 초재적(transcendant)인 반면, 탈근대적 양태는 잠재적(virtuel)이고 내재적(immanent)이다(부록, 잠재성의 철학 참조). 근대적 사유는 플라톤과 아리스토텔레스의 형상철학을 시발점으로 해서 이데아, 신, 인간(주체), 절대정신, 구조와 같은 표상적이고 초재적인 것에서 경험과 현상의 원천과 근거를 찾는 반면, 탈근대적 사유는 고대 그리스의 자연철학, 헬레니즘 시대의 유물론과 동북아 사상의 기학 등을 시발점으로 해서 내적 차이, 잠재적 힘으로서의 물질, 무의식이나 기(氣)와 같은 비표상적이고 내재적인 것에서 그것들을 찾는다.

초재적 존재를 중심이나 원리로 삼는 근대적 사유와는 달리, 탈근대적 사유는 탈중심과 다원성을 핵심으로 하는 탈영토화와 탈주의 사유다. 현대적 사유의 가장 전형적인 탈주의 흐름은 인식의 범위가 표상의 세계에서 비표상의 세계로 진입하는 것이라고 할 수 있다. 들뢰즈는 탈근대적 사유로서의 현대 철학을 다음과 같이 묘사한다. "현대적 사유는 재현(표상)의 파산과 더불어 태어났다. 동일성의 소멸과 더불어, 동일자의 재현(표상) 아래에서 꿈틀거리는 모든 힘들의 발견과 더불어 태어난 것이다."(차반, 17~18쪽) "낭만주의 철학(근대 철학)이 여전히 질료의 연속적인 이해 가능성을 보증해주는 형상의 종합적 동일성(선험적 종합)에 호소하고 마는 데 반해, 현대 철학은 그 자체로서는 사고할 수 없는 힘들을 포획하기 위해 사유의 재료를 가다듬어 내려고 한다."(천고, 650쪽) 현대의 탈근대적 사유는 동일성의 철학에서 차이의 철학으로, 질료-형상적인 표상철학에서 잠재적이고 비표상적인 힘-재료의 철학으로 이전하고 있다는 것이다.

근대적 사유는 몰적이다. 동일성의 철학에 기초한다. 명석(clear)하고 판명(distinct)한 사유를 추구한다. 명확한 형식과 뚜렷한 경계의 설정을 시도한다. 명석·판명함을 추구하기 때문에 근대적 사유는 기준이나 표준으로서 초재적 원형이나 중심을 모색하는 경향이 강하다. 당연히 환원주의로 연결될 수밖에 없다. 초재적 존재로부터의 일방향적 작용과 일방적 인과를 사유한다. 동일성과 외적 차이를 통한 나눔과 위계의 설정이 사유의 핵심을 이룬다. 들뢰즈와 과타리의 표현에 의하면 "나무의 초재성에 의해 규정된 거대한 운동들과 거대한 절단들"(MP, p243/천고, 379쪽)에 대한 사유다.

탈근대적 사유는 분자적이다. 차이의 철학에 기초한다. 한편으로 애매(obscure, ambiguous)할 수도, 다른 한편으로 모호(vague, confused)할 수도 있는 사유다. 애매하면서 동시에 모호하기도 한 사유는 전근대적인 미개한 사유라고 할 수 있다. 뚜렷한 경계의 개념보다는 현대 위상수학에 기초한 근방(voisinage, 영어 neighborhood) 개념을 도입하여 사유한다(천고, 110,518쪽 참조). 비환원주의와 탈중심주의로 연결된다. 내재적 상호작용과 잠재적 준원인에 근거한 의사인과를 사유한다. 내적 차이를 통한 연속적 변주에 대한 인식이 사유의 핵심을 이룬다. 들뢰즈와 과타리의 표현에 의하면 "리좀의 내재성 안에 있는 돌발들과 파열들"(MP, p243/천고, 379쪽)에 대한 사유다. 분자적 사유가 극단에 이르면 비표상적 사유로 진입한다. 인식의 범위가 비표상의 세계로까지 확대되는 것이다. 현실성, 현실적 대상에 대한 사유를 넘어 잠재성, 잠재적 대상에 대한 사유로까지 진척된다. 도덕적·독단적 사유의 이미지를 넘어 발생적 사유의 이미지를 가진 사유 또는 이미지 없는 사유로까지 이어진다. 인식능력의 경험적 실행 또는 사용을 넘어 인식능력의 초월적 실행 또는 사용이 이루어진다(부록, 들뢰즈의 인식론 참조).

근대적 사유와 과학적 사유를 동일시하는 경우가 있지만 양자는 구별해야 하고 구별되는 것이 사실이다. 근대성의 하나로 과학주의를 드는 것은 탈근대적 사유를 비과학적이라고 비판하기 위한 구실이 될 수 있다. 탈근대는 비과학은 물론, 요즘 회자되고 있는 개념인 탈진실(post-truth)도 아니다. 근대 철학이 있듯이 탈근대 과학도 있다. 근대적인 몰적 과학이 있듯이 탈근대적인 분자적 과학도 있다.

누차 강조하건대 탈근대는 근대의 대체 또는 부정이 아니다. 또한 통속적 포스트모더니즘도 아니다. 근대를 넘어선다는 것은 근대의 탈영토화, 근대로부터의 탈주를 의미하며, 이는 근대의 성취를 전제로 한다. 들뢰즈가 의미하는 탈영토화와 탈주는 밖으로 도망가는 것이 아니라 내부에서 새로운 창조를 일으키는 것이다. 탈근대를 근대를 무시하는 탈진실로 간주하는 것은 오해이거나 악의의 소산이다. 근대와 탈근대는 상호 전제, 상호 보완의 관계에 있다.

과학과 철학

다음으로 분석적 환원주의와 종합적 전체론을 각각 과학적 사유의 길과 철학적 사유의 길로 구체화할 수 있다. 분석적 환원주의는 과학적 사유의 경향을, 종합적 전체론은 철학적 사유의 경향을 가진다. 그러나 과학과 철학을 명확히 규정하고, 과학과 철학의 경계를 뚜렷이 획정하는 것은 어려운 일이다. 부득불 관점에 따라 차이가 있을 수밖에 없다. 경제과학과 경제철학으로서의 들뢰즈 경제학이 들뢰즈와 과타리의 사상을 토대로 하느니만큼, 이 문제들도 그들의 관점을 위주로 생각해 보자. 특히 들뢰즈와 과타리의 사유를 토대로 하는 것의 장점은 분석적 환원주의로서의 과학적 사유와 종합적 전체론으로서의 철학적 사유라는 사유의 틀을 구축하는 데 매우 설득력 있고 유용한 논리를 제공한다는 것이다. 그 논리를 따라가 보도록 하자.

들뢰즈와 과타리는 먼저 과학을 다수자과학 또는 왕립과학과 소수자과학(부록, 소수자과학 참조) 또는 유목과학으로 나누고, 그 다음 유한을 사유하는 과학과 무한을 사유하는 철학을 구분한다. 들뢰즈와 과타리의 사유를 잇는 마누엘 데란다는 그의 저서 『강도의 과학과 잠재성의 철학』에서 그들과 차별화하여 강도적 과학과 잠재적 철학으로 과학과 철학의 경계를 좀 더 명확히 보여주려 시도한다.

　현대 사상의 기반을 가장 포괄적으로 제시한 들뢰즈와 과타리의 존재론과 인식론을 기초로 할 때 우리는 과학이 유한에 대한 사유이고 철학이 무한에 대한 사유라고 구분 지을 수 있다. 전제나 한계를 두지 않는 사유가 철학이다. 궁극적인 것, 보편적인 것을 추구하고 전체를 사유하는 것이 철학이다. 과학과 철학에 대한 들뢰즈와 과타리의 생각은 『천 개의 고원』과 『철학이란 무엇인가』 사이에 차이가 있지만 나는 소수자과학과 강도적 과학을 논의하는 『천 개의 고원』과 마누엘 데란다의 시각이 원래의 들뢰즈와 과타리 사유의 취지에 부합한다고 본다. 들뢰즈와 과타리의 관점에 입각해서 과학적 사유도 몰성과 분자성의 정도를 기준으로 해서 나뉠 수 있는 것이다. 근대와 탈근대의 사유가 분자성(또는 몰성)에 의해 나뉠 수 있듯이 근대 과학적 사유로서의 왕립과학·다수자과학과 탈근대 과학적 사유로서의 유목과학·소수자과학도 분자성의 정도에 의해 구분될 수 있다.

　과학이 유한에 대한 사유이고 철학이 무한에 대한 사유라고 보는 것은 매우 포괄적이고 추상적으로 들릴 수도 있지만 과학과 철학의 관계를 이보다 더 설득력 있고 타당하게 제시하기는 어려울 것이다. 과학도 무한소와 무한대를 사유한다. 그러나 철학이 사유하는 무한이라는 것은 무한분할 과정을 끝낸, 연속성을 초월한 '완성된 무한'(세철4, 27쪽)을 의미한다. 무한분할의 극한을 넘어선 "분할 불가능한 전체"(세철4, 29쪽), 즉 실재로서의 무한이다. 동양철학에서의 비-존재인 '무(無)'로서의 무한인 것이다. 과학이 어떤 전제 하의, 어떤 한계내의 사유라면 철학은 무전제의 사유를 추구한다. 이러한 의미에서 철학을 메타과학적 사유라고 하는 것이다. 과학은 기본적으로 실증적(positive) 탐구다. 관측과 실험을 바탕으로 실증, 즉 증명과 반증이 가능한 영역을 탐구한다. 따라서 사유의 한계가 불가피하다. 실증성(實證性)을 중요시하는 과학이 객관성에 강점이 있음은 당연하다. 그러나 이성적 사유가 실증성에 얽매일 이유는 전혀 없다. 진리가 과학적 사유로 제한될 수도 없다. 괴델의 불완전성정리에서 볼 수 있듯이 진리는 증명보다 크다. 철학적 이성은 실증성이라는 제약을 가지는 과학을 넘어 무한을 사유한다. 과학이 관측 능력과 실험 능력의 발전에 힘입어 무한히 발전해갈 것이라는 것은 자명하다. 그러나 관측과 실험이라는 그 굴레를 영원히 벗어나지 못할 것이라는 것 또한 사실이다. 철학은 굴레가 없는 사유다.

철학은 무전제의 사유다. 과학적 사유를 하는 자들은 '과학적'인 것이 무엇인지 정확히 제시하지도 못하면서 과학적 지식만이 진리이고 과학적 지식의 누적적 발전만이 진보라 여기는 경향이 있다. 그러나 철학은 사유 자체, 진리 자체를 사유하고 과학이란 무엇인지, 진보란 무엇인지를 사유한다. 과학뿐만 아니라 비과학적인 것들도 사유의 대상으로 삼는다. '사유, 진리, 지식이란 무엇인가?', '과학과 비과학의 경계는 무엇인가?', '비과학의 전형인 종교와 미신도 진리를 내포하고 있는가?' 하는 문제들까지도 사유하는 것이 철학이다. 과학은 진리를 추구하고 사유하지만 철학은 진리와 함께 선과 미도 사유한다. 존재하는 모든 것을 사유하는 것이 철학이다. 과학과 철학 자체도, 윤리와 도덕도, 예술 자체도 철학적 사유의 대상이다. 과학적 사유, 예술적 사유의 지평에 대해 해석하고 평가할 뿐만 아니라 새로운 사유의 지평을 열게 해 주는 것도 철학이다.

유한의 사유인 과학에서부터 논의를 시작하자. 과학에 대한 통념적인 정의는 관측(관찰과 측정)이나 실험에 의한 귀납적 추론을 통하여 법칙(이론 또는 모형)(박우희, 132~164쪽 참조)을 정립해 가는 사유의 과정이라고 할 수 있다. 표준적인 과학적 사유의 과정은 다음과 같이 정리할 수 있다. ① 연구대상의 분절 ② 변항들의 추출과 데이터의 수집 ③ 변항들 사이의 수학적 함수관계의 파악 ④ 검증을 위한 실험으로 이론 확증 ⑤ 예측과 조작(세철1, 822~3쪽, 세철3, 54~57쪽 참조). 관측이나 실험을 수단으로 함으로써 증거에 의한 시험(테스트)이 가능하다는 것이 과학의 가장 큰 특성이라고 할 수 있다. 과학철학자 이언 해킹은 시대의 흐름에 따라 과학의 스타일이 기하학적 스타일, 실험적 스타일과 확률적 스타일, 분류적 스타일, 통계적 스타일로 변화해 왔다고 하는데, 이로부터 보더라도 관찰과 측정, 그리고 실험이 과학의 필수 요소임을 알 수 있다. 논리와 경험의 결합을 과학의 핵으로 보는 논리실증주의는 관측이나 실험에 의해 입증 가능한 것이 과학이라고 본다. 반면, 정치철학자이자 과학철학자인 칼 포퍼가 주장하는 반증주의는 논리실증주의에 내재되어 있는 경험의 주관성, 데이터의 이론적재성(theory-ladenness), 귀납의 문제 등을 지적하면서 반증에 의한 시험 가능성이 과학과 비과학을 구분하는 기준이 된다고 본다. 과학적 사유의 과정은 이처럼 증거를 통한 시험(입증 또는 반증)이 가능한 사유를 통해서 현상을 기술하고 원인을 찾고 미래를 예측하는 과정이라고 할 수 있다.

이러한 과학적 사유의 과정에서 핵심 내지는 대부분을 차지하는 공통부분은 현상들의 반복에 내재된 필연적 법칙의 도출이라고 할 수 있다(오카샤, 64~92쪽 참조). 필연적 법칙을 통하여 현상의 원인을 찾고 미래를 예측하는 것이 과학의 정수인 것이다. 필연적 법칙은 정체를 파악하는 분류법칙이 될 수도 있고, 생성과 운동을 보여주는 운동법칙일 수도 있다. 법칙들과 부가적 사실들로 만들어지는 것이 이론과 모형이다. 요컨대 과학적 사유는 정리적(theorematic) 사유로서 법칙 정립적이라고 할 수 있다.

과학은 필연성을 가지는 자연법칙을 발견하는 것이 궁극의 목표다. 인간과 사회를 연구하는 사회과학도 법칙의 발견이라는 목표를 갖기는 마찬가지다. 법칙의 생명은 필연성이다. 필연성이 요구된다는 면에서 사회과학에서의 법칙도 자연법칙과 차이가 없다. 자연과학과 사회과학의 관계에 대해서는 어느 일방의 우위를 주장하거나 또는 한쪽으로의 환원을 주장하는 등의 견해가 있을 수 있지만 필연성을 가진 법칙의 발견을 목표로 한다는 점에서 양자의 차이는 없다. 필연성은 관측이나 실험으로써 입증 또는 반증이 가능하거나 앞으로 가능할 것이 예상되어야 한다. 필연성이 인정되는 모든 법칙은 정도의 차이만 있을 뿐 자연법칙과 다름이 없다. 비인간적 자연에 적용되는 것이든 인간과 인간으로 구성된 사회에 적용되는 것이든 마찬가지다. 인간도 자연의 일부이고 사회도 더 높은 차원에서 생각하면 자연의 일부로 볼 수 있다. 따라서 인간에 적용되는 법칙, 즉 사회법칙이나 심리법칙도 필연성이 인정되는 한 궁극적으로는 자연법칙의 일부로 볼 수 있다. 이러한 통찰에 기초하여 자연과학과 사회과학의 경계에서 법칙의 정립이라는 공통의 목표를 위하여 학문 간의 다양한 탈주와 만남이 이루어지고 있다. 현대 학문 발전의 양상은 들뢰즈의 용어로 말하면 기존 학문에서 가지 쳐 나가는 나무형과 함께 학문 간의 횡단과 만남이 자유자재로 이루어지는 리좀형이 강화되는 모습을 보이고 있다.

정리하면, 자연과학과 사회과학을 불문하고 일정한 전제(조건과 가정)하에 필연적으로 작동하는 법칙, 즉 자연법칙을 추출하는 것이 과학의 목적이다. 인간의 활동도 사회의 움직임도 필연적 과정에 의해 결정되어 있는 것이라면 자연법칙의 지배를 받는 것이다. 인간의 모든 활동이 궁극적으로는 의지에 관계없는 단순한 뇌의 작용일 수도 있다. 이 경우 인간을 지배하는 모든 법칙은 자연법칙이 된다. 자유의지에 의한 것만이 비결정적인 것, 즉 법칙의 지배를 받지 않는 것이라고 할 수 있다. 인간의 자유의지를 전제로 도출되는 것이 도덕법칙이다. 도덕법칙을 도출하려는 것이 윤리학이다.

이와 같이 정의될 수 있는 과학은 한계를 가질 수밖에 없다. 관측과 실험이 가지는 자체의 한계 말고도, 관측이나 실험을 필수 요소로 하고 법칙의 추출을 목적으로 하는 과학은 우선 반복 가능한 현상이어야 한다는 대상의 한계가 있다. 과학은 반복해서 시도해 볼 수 있는 문제에 대해서만 성립된다. 한 번만 관측된 것이라도 반복(재생, reproduction)이 예측되는 것이어야 한다(나카야, 11쪽 참조). 또한 모든 경우에 적용될 수 있는, 무전제의 상황에서의 보편적 법칙은 불가능하다. 법칙은 항상 일정 조건하의 법칙이다. 보편성을 추구하고자 하는 과학은 결코 그 목표에 도달할 수 없다. 유사성을 전제로 하는 일반성으로 만족할 수밖에 없다. 보편성은 철학, 그중에서도 존재의 일의성을 토대로 하는 탈근대 철학에서만 가능하다(부록, 존재의 일의성 참조). 들뢰즈에 의하면 단독성이 유일한 보편성이다. 보편적 법칙의 도출은 불가능하다는 것이 하이젠베르크의 불확정성원리와 괴델의 불완전성정리에 의해 증명된 바 있다. (자연)법칙의 발견, 과학의 과정은 영원할 수밖에 없다. 조건과 가정을 확장하고 더 현실화해 나가는 것이 과학의 발전이다.

법칙의 성립 자체에 대해 회의를 가질 수밖에 없다. 특히 무한한 수의 가정과 조건이 가능한 인간과 사회를 다루는 경우에는 법칙을 필연성이 부족한 하나의 경향성으로 평가할 수밖에 없는 경우가 대부분이다. 경제학에서의 수요법칙이 대표적이다. 가격과 수요량이 반비례하는 것은 필연적이기보다는 하나의 경향으로 보아야 한다. 자세한 것은 경제학 비판에서 다룰 것이다. 자연법칙은 상대적으로 경향성이 강하고 사회법칙은 상대적으로 경향성이 작을 뿐이다. 마르크스의 '이윤율의 경향적 저하의 법칙'은 아예 경향성을 법칙과 동일시한 것으로, 아주 정직한 학문의 태도를 보인 것이라고 할 수 있다. 경우의 수가 무한할 수밖에 없는 사회과학의 연구에 있어서는 필연적 인과법칙을 추구하는 분석적 환원주의보다는 복잡계적 예측 불가능성의 전제하에 종합적 전체론에 입각한 사유의 태도를 가지는 것이 자연과학의 연구에서보다 더 크게 요구된다.

과학적 사유가 정리적(theorematic) 또는 법칙정립적인 포지티브한 사유라면, 철학적 사유는 문제적(problematic) 사유로서 끝없이 회의하고 문제를 제기하는 네거티브한 사유, 즉 여백을 사유하는 음화(陰畵)적 사유라고 할 수 있다. 철학은 한계를 가질 수밖에 없는 과학의 외부를 사유한다. 문제에 대한 객관적인 답을 찾고자 하는 것이 과학이다. 그러나 문제에 대한 완벽한 답을 찾는 것은 불가능하다. 찾아낸 답에는 또 다른 문제가 존재하기 마련이다. 실재의 연속성을 생각할 때 문제는 꼬리에 꼬리를 물고 일어난다. 자연과학에서도 100% 완벽한 그 자체의 문제해결은 없으며 무한히 생성과 반복이 지속되는 한 다른 문제와의 관계라는 문제는 제기될 수밖에 없다. 따라서 과학에는 항상 문제로서 외부가 존재한다. 문제를 발견하고 설정하는 것이 과학의 외부를 사유하는 철학의 무한한 과제다. 들뢰즈 철학에 정통한 대니얼 스미스는 과학적 사유의 숙명적 한계에 대해 다음과 같이 말한다.

"실로, 현상은 그 자체를 닫힌 체계에 관련시킴으로써만 과학적으로 연구될 수 있다. 체계가 양화될 수 있는 것은 오직 이러한 조건들 아래에서이다. 왜냐하면, 방정식을 가능하게 하는 것은 좌표(가로 좌표와 세로 좌표)의 체계이기 때문이다. 하지만 이것이 과학이 이행의 운동을 더 심오한 변형(전체 속의 변화)의 표현으로서 파악할 수 없는 이유이다. 왜냐하면, 어떠한 체계도 결코 완전히 닫힐 수 없기 때문이다."(스미스, 642쪽)

이처럼 유한을 사유하는 과학과 달리 철학은 무한을 사유한다. 무전제의 사유라고 할 수 있다. 유한한 사유의 결과로 무리한 일반화를 추구하지 않는다. 사유의 엄밀함을 위해 각각의 개체적 독특성을 규명한다. 모든 개별자의 독특성을 존중함으로써 보편성을 추구하는 것이 철학이다. 과학의 외부는 도덕과 윤리, 예술과 같이 자연법칙과 무관한 영역은 물론이고 과학 자체에 대한 메타적 영역을 포함한다. 법칙 자체에 대한 의미와 가치의 해석과 평가, 가정과 조건 등의 전제에 대한 문제제기 등을 포함하는 것이다. 과학을 객관적 관측이나 실험을 통한 논리적 법칙의 추출이라고 한다면 철학은 그러한 과학의 객관성과 논리에 대해 문제를 제기하고 비판을 가하는 것이다. 과학적 사유를 분석론적이라고 한다면, 철학적 사유는 변증론적이라고 할 수 있다(부록, 문제 이론으로서의 변증론 참조).

철학은 과학의 외부를 사유하기 때문에 관측이나 실험으로 입증하거나 반증할 수 있는 영역이 아니다. 그러나 과학의 정확성, 객관성과는 다른 차원의 사유의 엄밀성, 보편성을 갖추어야 한다. 사유의 엄밀함은 분석적 환원주의에 치중하는 과학적 지성을 넘어 윤리적 이성과 철학적 직관을 토대로 하는 종합적이고 전체적인 사유를 통해 달성될 수 있다. 철학적 사유의 엄밀함이 과학의 더 큰 진전을 이끌 수 있다. 정확성을 추구하는 과학과 엄밀함을 추구하는 철학은 상호 영감을 주고받으며 서로의 발전을 촉진한다. 앞서 조건과 가정을 확장하고 더 현실화해 나가는 것이 과학의 발전이라고 했다. 더 거대한 과학적 성취를 위해서는 철학으로부터의 영감이 필수적이다. 경험을 넘어서 실재로 도약하는 형이상학적 사유가 필요한 것이다. 근대적인 다수자과학에서 탈근대적인 소수자과학으로의 성취는 탈근대 형이상학의 토대가 되는 베르그손적 생성존재론을 전제하면서 그 생성의 수학적 결을 찾아가는 과정이라고 할 수 있다. 과학적 행위가 함축하는 존재론의 구도가 플라톤에서 베르그손으로 전환했음을 의미한다(세철4, 216, 220, 221쪽 참조).

들뢰즈와 과타리가 과학의 영역에서 분석적 환원주의와 종합적 전체론의 두 가지 사유의 길로 제시하는 다수자과학과 소수자과학은 몰성 또는 분자성의 정도에 따라 구분될 수 있다. 과학 내에서의 구분이므로 유한과 무한이 아니라 근대성과 탈근대성의 정도에 따라 나누어질 수 있는 것이다. 전자는 계량화와 정식화를 통한 법칙의 정립을 추구하고 후자는 질적 특성과 강도적 특성으로 법칙을 규명하는 데 주력한다. 고정된 변수들 사이의 고정된 관계로 이루어지는 법칙들로써 세계에 대한 기술과 설명, 그리고 예측을 수행하려는 것이 다수자과학이라면, 변수와 관계의 연속적 변주(variation continue)를 포착하고 기존의 법칙을 수정, 보완하려는 것이 소수자과학이라고 할 수 있다. 요컨대 전자는 고정된 변수 사이의 상수적 관계의 도출에 주력하는 반면, 후자는 변수 자체의 변주와 변수 사이의 유동적 관계에 주목한다. 소수자과학에서는 정확한 양보다는 정도와 확률이 중요하다. 복잡계 과학이나 퍼지이론이 소수자과학의 대표적 사례다. 소수자과학에서 법칙성은 필연성보다는 개연성과 경향성의 의미를 보다 더 강하게 띤다. 동역학에서 열역학과 통계역학으로, 뉴턴 역학에서 양자역학으로의 발전이 모두 다수자과학에서 소수자과학으로의 발전을 보여주는 것들이다.

과학에 영감을 제공하는 형이상학의 차원을 구체적으로 말하면, 다수자과학은 플라톤적 존재론의 구도인 환원적 유물론에, 소수자과학은 베르그손적 생성존재론의 구도인 비환원적 유물론에 입각한다고 할 수 있다. 존재론의 차원에서는 과학과 들뢰즈의 철학 모두 유물론으로 분류할 수 있다. 과학적 유물론은 환원적 유물론과 비환원적 유물론으로 나뉜다. 환원적 유물론은 이름에서도 볼 수 있듯이 분석적 환원주의에 충실하고, 비환원적 유물론은 상대적으로 종합적 전체론에 가까운 사유라고 할 수 있다. 들뢰즈의 존재론은 차이의 존재론, 욕망의 존재론, 다양체의 존재론 등 여러 이름으로 불리지만 이런 용어들을 포괄하여 표현적 유물론(부록, 표현적 유물론 참조)이라고 개념화할 수 있다. 물질(matter)이 세계를 구성하는 실체 또는 본질(substance)이라는 것이 유물론(materialism)이다. 존재의 근원이 물질이라는 것이다. 유물론 내에서도 세상을 이루는 근원적 본질로서의 물질에 대한 해석과 관점의 차이가 여러 유물론으로 나뉘는 데 관건이 된다. 물질의 속성, 즉 물질성(matérialité, 영어 materiality)을 어떻게 보는가가 열쇠다.

환원적 유물론은 질량을 가지는 물질을 세상의 근원으로 본다. 물질의 외연적(extensive) 특성, 즉 쪼개거나 합해도 성질이 변하지 않는 성질에 주목한다. 근대 자연과학의 입장에서 보는 과학관이라고 할 수 있다. 고전역학적 결정론을 기반으로 한다. 전체는 부분의 합과 동일하다는 입장으로서 원리나 근원적 요소로의 환원을 모색한다. 환원적 유물론은 실재를 고정적인 것과 변화하는 것으로 나누어 영원히 변하지 않는 본질을 추구하는 동일성의 철학에 기반을 두고 있다. 실체, 원리, 법칙으로서의 본질과 유사, 인접, 인과 등의 관계로 전체를 설명한다. 이처럼 모든 현상들이 그것의 특수한 경우들로 간주되는 보편적 이론들과 법칙들을 추구하기 때문에 관념론적 유물론이라는 역설적 이름으로 불리기도 한다(모노, 65쪽 참조). 분자생물학의 대가로서 노벨상을 수상한 자크 모노는 이렇게 말한다.

"과학에는 플라톤적 요소가 존재하며, 또한 앞으로도 늘 그럴 것이다. 과학을 망치지 않고서는 이런 요소를 과학으로부터 배제할 수 없다. 저마다 독특한 현상들의 무한한 다양성 속에서 과학은 오직 불변적인 것만을 추구한다."(앞의 책, 148쪽)

자연과학의 이론적 우수성을 확신하는 환원적 유물론은 방법론적으로 분석적 환원을 넘어 모든 학문의 통합을 추구하는 데까지 나아간다. 물리학 패권주의가 대표적이다. 물리학의 근본 법칙에 의해 세상 모든 것을 설명하려는 시도다. 대통일장이론(grand unified theory, GUT), 모든 것의 이론(theory of everything, TOE)을 추구하는 것이 그 사례다. 생물학적 환원주의도 존재한다. 가령 생명권 전체를 통틀어 세포 화학이 거의 동일하게 적용된다. 즉 박테리아에서 인간에 이르기까지 그 화학적 기계장치는 그 구조(단백질-아미노산, 핵산-뉴클레오티드)나 기능(동일한 화학적 반응들의 연쇄)에 있어서 본질적으로 동일하다(앞의 책, 150, 151쪽). 분자생물학의 발전을 기반으로 하여 진화생물학의 새로운 분야로 등장한 사회생물학과 진화심리학은 사회과학과 인문학 연구에 있어서 생물학으로의 환원적 경향을 보여준다. 『컨실리언스(통섭)』를 쓴 에드워드 윌슨과 『이기적 유전자』를 쓴 리처드 도킨스가 대표적이다. 그러나 전통과 근대, 탈근대를 관통하는 동서고금의 사상을 한데 모아 세계 사상사에 한 획을 그은 책 『세계철학사1~4』를 쓴 이정우는 이러한 시도들은 일부 과학에 적용될 수 있는 모델을 타 부문의 과학에 무반성적으로 투영하려 하는 면에서 인식론적 오류에 빠질 위험이 있다고 비판한다(세철3, 465쪽 참조).

"생명체는 물질로 되어 있지만 생명과학이 물질과학으로 환원되는 것은 아니다. 마찬가지로 인간과학은 생명과학으로 환원되지 않는다. …… 생명과학과 인간과학은 분리되어 있지도 않고 융합되어 있지도 않다. 분절되어 있을 뿐이다. 중요한 것은 인간의 두 차원을 분리하는 것도 어느 한 차원을 다른 한 차원으로 환원시키는 것도 아니다. 그 각각의 이해를 전제하고서 둘의 경계선을 정확히 이해해 전체상을 그리는 것이 중요하다."(이정우 2023, 116~7쪽)

그러나 앞서 자연과학과 사회과학의 관계에 있어 언급한 것처럼, 모든 과학은 궁극적으로 필연으로서의 자연법칙을 추구한다는 점에서 인간과학의 물리학과 생물학과 같은 자연과학으로의 환원을 생각할 수 있는 여지는 있다고 본다. 다만 인간과 사회를 연구하는 학문은 필연과 자연을 넘어 우연과 자유의지를 함께 다룬다는 측면에서 환원의 한계도 반드시 염두에 둬야 할 것이다. 학문 간의 자유로운 만남으로 인한 횡단과 탈주는 학문 발전을 위해 바람직하지만 그러한 것이 과도한 보편성의 추구, 학문의 패권성의 흐름으로 바뀌는 것은 경계해야 한다.

비환원적 유물론은 물질성을 외연적인 것에서 쪼개거나 합하면 성질이 변하는 강도적(intensive)인 것으로 확장한다. 길이, 넓이, 부피와 같은 외연량의 변화는 본성의 변화를 가져오지 않지만 온도, 습도, 속도와 같은 강도량의 변화는 질이나 본성의 변화를 가져온다. 강도적 물질은 질량을 가진 단순한 물질을 넘어 정신과 감정까지도 포괄할 수 있는 어떤 힘으로 볼 수 있다. 물질성을 이렇게 확장하는 비환원적 유물론은 물질성에 분자성 또는 리좀적 성격을 더 강화하여 접근하는 탈근대적 과학관이라고 할 수 있다. 탈근대적인 소수자과학의 개념을 창안한 들뢰즈는 "강도량 과학은 비외연적인 수 체계를 추출하는 과학"(들뢰즈2015, 302쪽)이라고 말한 바 있다. 비환원적 유물론은 자기조직화(self-organization)에 의한 창발론(emergentism)을 기반으로 한다. 창발성이 질과 본성의 변화를 내포하는 강도적 성질의 전형이라고 볼 수 있다. 전체와 부분은 동일한 성질을 가질 수 없다는 관점으로서 일방적 인과관계보다는 상호적 관계를 중시하여 원리나 근원으로의 환원보다는 예측 불가능한 우발적 창발에 초점을 맞춘다. 비환원적 유물론은 실재 자체를 고정적인 것이 아니라 영원히 생성, 변화하는 것으로 보아 고정된 본질 같은 것은 없다고 생각하는 차이의 철학에 기반을 두고 있다. 과학은 오직 불변적인 것만을 추구한다는 환원적 유물론과는 달리 비환원적 유물론에서는 과학의 객관적 내용은 몇 개의 근본 법칙으로 이루어져 있는 것이 아니라, 특정한 상황에서 문제 제기된(설명을 필요로 하는) 수많은 인과적 모델들로 이루어진다고 본다(데란다, 253쪽 참조). 비환원적인 강도적 속성에 주목함으로써 소수자과학으로서 등장한 사례들은 수없이 많다. 자연과학 내에서도 생물학이 물리학에 비하면 강도적 속성이 강하다고 할 수 있다. 생물학 안에서도 진화론이 등장한 것, 물리학 안에서도 새로운 역학, 즉 열역학, 비선형 동역학 등이 등장한 것, 사회과학을 포함하여 과학 전체적으로 복잡계적 사유가 발전하고 있는 것들은 모두 비환원적 유물론이 확장되는 사례들로 볼 수 있다.

앞서 본 다수자과학과 소수자과학의 구분 외에 소수자과학 또는 강도적 과학과 잠재적 철학의 구분이 또 하나의 문제다. 여기서도 관건이 되는 것은 물질성에 대한 관점이다. 물질성으로서의 '강도적인 것(l'intensif, 영어 the intensive)'을 어떻게 보는가에 따라 소수자과학과 철학의 구분이 이루어질 수 있다. 강도적인 것을 어느 수준의 사유의 지평으로까지 확장할 것인가가 강도적 과학과 잠재적 철학을 구분하는 열쇠다. 사유 대상으로서의 강도적인 것들의 양화 가능성, 분자성의 정도에 따라 강도적 과학과 잠재적 철학의 구분이 가능할 것이다. 강도적 과학은 분자성의 정도가 상대적으로 약해 강도량의 측정이 어느 정도 가능한 것을 사유 대상으로 한다면, 잠재적 철학은 분자성의 정도가 상대적으로 강해 양화의 가능성이 거의 없는 비표상적인 것을 사유 대상으로 한다고 볼 수 있다. 자기조직화 임계성에 의한 창발의 역량을 사유하는 복잡계 과학이 강도적 과학이라면, 들뢰즈의 차이의 철학에서의 분화소와 그 작동을 사유하는 것이 잠재적 철학이라고 할 수 있다. 앞서 과학과 철학의 구별기준으로서 유한과 무한을 언급했듯이 어떤 한계 내에서 극한으로서의 무한분할 또는 극단적 복잡성에 이르고자 하는 것이 소수자과학이라면, 그 한계를 넘는 '완성된 무한'에까지 사유의 지평을 연장하는 것이 철학이다. 가령 유기적인 조직화 '그 이전에' 있는 '비유기적인' 힘으로서의 강도적 에너지를 사유하는 것이 잠재적 철학이다(김재희, 150쪽 참조). 과학에서의 비환원적 유물론과 들뢰즈의 표현적 유물론이 강도적 과학과 잠재적 철학을 나누는 사유의 지평이 될 것이다. 강도적인 것에 대해서는 뒤에 더 자세히 논의할 것이다.

들뢰즈의 탈근대 철학은 존재론의 차원에서는 표현적 유물론으로 개념화할 수 있다. 환원적 유물론과 비환원적 유물론을 구분할 때와 마찬가지로 소수자과학과 철학도 우선적으로 근원적 물질성에 대한 관점의 차이에서 구분이 가능하다. 과학적 유물론으로서의 한계 이상을 사유하는 철학적 유물론으로서의 표현적 유물론은 과학적 유물론과 달리, 물질을 질량을 가진 사물로 보는 것이 아니라 어떤 보이지 않는 힘이나 에너지로 본다. 과학적 유물론에서처럼 심신이원론에 입각하여 물질의 우선성을 인정하는 것이 아니라, 심신을 구별하지 않는 일원론에 입각하여 정신과 물질을 포함하는 모든 존재하는 것의 근원으로서의 힘을 상정하는 것이다. 예컨대 강도적인 것을 비표상적인 잠재성의 지평으로까지 확장해서 사유한다. 표현적 유물론이 바라보는 물질로서의 근원적 힘은 모든 것을 창조해 내는 잠재적 힘이자 에너지이다.

결국 질과 강도를 통한 자연법칙의 규명을 추구하는 소수자과학이 과학과 철학의 경계를 이룬다고 할 수 있다. 다수자과학이 법칙 지향적인, 정리적인(theorematic) 경향이 뚜렷하고, 소수자과학이 법칙의 정립을 추구하면서도 문제적 성격을 동시에 가진다면, 철학은 당연히 문제(제기)적인(problematic) 경향이 강할 수밖에 없다. 기존의 법칙에 대해 의심하고 문제를 제기하는 것, 그리고 새로운 문제를 포착하고 발굴하는 것이 소수자과학과 철학의 역할이다. 소수자과학이 과학과 철학의 경계를 넘나들면서 서로에게 영감을 제공하고 사유의 탈주와 창조를 이끈다. 소수자과학이 다수자과학과 철학의 근방역(인접 지대)을 형성하는 것이다(부록, 몰적인 것과 분자적인 것 참조).

들뢰즈와 과타리가 제시한 다수자과학, 소수자과학, 그리고 철학의 규정을 정리해 보자. 과학은 환원적 유물론에 입각한 다수자과학과 비환원적 유물론에 입각한 소수자과학으로 구분된다. 이 모든 구분들에 있어 관건은 물질성을 어떻게 파악하느냐에 달려있다. 물질성을 외연적인 것에 한정해 사유하는 것이 다수자과학이고, 물질성을 강도적인 것까지 확장해 사유하는 것이 소수자과학이다. 강도적인 것에 대한 사유를 극한으로 밀어붙여 물질성을 잠재적 힘으로까지 확장해 사유의 지평을 존재 전체로 펼치는 것이 표현적 유물론에 입각한 들뢰즈의 철학이다. 들뢰즈와 과타리는 그들의 무의식론인 분열분석에서 무의식에 대한 연구는 미시물리학에 속하며, 분자적인 탈기관체와 그 강도들이 물질 자체인 것은 결코 은유에 의한 것이 아님을 밝히고 있다(AO, pp336~7/안오, 474~5쪽 참조).

지금까지의 논의로 볼 때 과학과 철학을 가르는 가장 큰 기준은 대상을 파악하는 범위와 차원이다. 둘 다 경험과 이성을 기초로 객관성과 보편성을 추구하는 학문들이라는 점에서 구체적 방법이나 수단에서의 차이는 정도의 차이에 불과할 뿐 양자를 구별하는 결정적 기준은 되지 못한다. 사유와 학문이라는 측면에서 과학과 철학은 차이가 없다. 이성을 기반으로 해서 진리를 추구한다는 면에서 차이가 없는 것이다. 사유의 기반인 이성의 범위, 사유의 목적인 진리의 범위가 문제될 뿐이다. 과학과 철학의 차이는 방법이나 목적 자체보다는 그것들의 범위와 차원이 결정적이다. 과학은 정리적, 이론·법칙 정립적이고 철학은 문제적, 문제 제기·설정적이다. 어떤 경우에 적용될 수 있는 이론이나 법칙은 무엇인가? 하는 것이 과학적 사유의 본질이다. 이러한 사유는 유한할 수밖에 없고 개별적인 분과학문으로 발전하는 것이 불가피하다. 보편적 법칙은 가능한가? 모든 경우에 적용될 수 있는 이론이나 법칙은 존재하는가? 하는 것이 철학적 사유의 본질이다. 이러한 사유는 무한할 수밖에 없고 자연스럽게 종합적이고 형이상학적인 존재론과 인식론으로 연결되며 이를 바탕으로 한 가치론과 실천론으로 연결된다. 과학 자체의 방향을 결정하는 것도 메타과학으로서의 철학의 역할이다.

근대와 탈근대의 경우와 마찬가지로 과학과 철학은 상호 전제, 상호 보완의 관계를 유지해야 한다. 철학 없는 과학은 오만불손하고 과학 없는 철학은 무지몽매하기 십상이다. 과학의 생명은 객관성이다. 그러나 인간 인식의 근본적 한계로 말미암아 100% 완벽한 객관성을 보장할 수는 없다. 무한을 사유하는 철학은 이러한 과학의 한계를 보완할 수 있는 사유여야 한다. 따라서 철학은 숙명적으로 과학과 불가근불가원일 수밖에 없다. 한편으로 과학을 보완하고 다른 한편으로는 과학을 비판할 수 있는 고차원적 사유여야 제대로 된 철학으로서의 자격을 갖출 수 있다. 앞서 철학은 정확성을 넘어 엄밀해야 한다고 했다. 계량화를 통한 과학의 정확성만으로는 실재를 엄밀하게 표현할 수 없다. 따라서 과학적 합리성이나 과학적 지성 이상의 이성, 통찰력 있는 직관이 필요한 것이 철학이다. 이 정도의 사유를 갖추지 못하는 생각들은 철학이 아닌 비과학으로서 배제되어야 한다. 한편으로는 과학 친화적이고 다른 한편으로는 과학 비판적인 철학만이 사유의 객관성을 보완하고 사유의 보편성을 확장할 것이다.

근대 과학에서 탈근대 철학까지

사유와 학문의 두 가지 길로 제시된 분석적 환원주의와 종합적 전체론을 구체화하는 과정에서 근대적인가 탈근대적인가(몰성과 분자성), 과학적인가 철학적인가(유한과 무한)의 기준을 조합하여 사유의 영역을 네 가지로 구분할 수 있다. 첫째, 근대 과학적 사유는 명석·판명한 몰적 세계를 사유하며 실증성을 추구한다. 다수자과학의 영역이다. 둘째, 탈근대 과학적 사유는 한편으로 애매할 수도, 다른 한편으로 모호할 수도 있는 분자적 세계를 사유한다. 소수자과학의 영역이다. 셋째, 근대 철학적 사유는 근대 과학 외부의 무한을 사유하지만 명석·판명한 몰적 성격이 강한 사유다. 넷째, 탈근대 철학적 사유는 분자적 성격이 강한 사유로서, 궁극적으로는 비표상의 세계까지 포함하는 무한의 영역으로 사유의 지평을 확장한다.

존재론의 차원에서 말하면, 근대적 과학관으로서의 환원적 유물론과 탈근대적 과학관으로서의 비환원적 유물론은 물질성의 차이에 따라 구분되고, 철학적 존재론으로서의 표현적 유물론은 과학적 유물론의 여백을 사유한다. 즉 분자적 사유를 비표상의 세계로까지 확장시킨 것으로서, 가령 물질성을 양적 표현이 불가능한 잠재적 차원으로까지 확장시켜 사유한다.

근대 과학으로서의 다수자과학과 탈근대 과학으로서의 소수자과학은 근대와 탈근대의 구분 기준인 분자성으로 구분된다. 다수자과학은 분자성이 약한(몰성이 강한) 외연량 과학, 소수자과학은 분자성이 강한 강도량 과학이라고 할 수 있다. 표준적인 다수자과학적 사유의 과정은 명석·판명함을 추구하는 근대 과학의 과정이라고 할 수 있다. 분석적 환원주의의 전형을 보여준다. 이러한 과정들이 점차 탈영토화함으로써 탈근대적 과학의 과정에 들어서게 된다. 과학이 발전할수록 대상의 설정이 확대되는 동시에 확정 자체가 어려워진다. 대상을 판명하게 구분하여 명석하게 밝히는 것이 과학의 이상이다. 그러나 실재의 반은 애매하거나 모호한 잠재적 대상들로 이루어져 있다. 이러한 대상들을 사유의 영역에서 배제하는 것은 불완전한 기형적 학문을 야기할 수밖에 없다. 변항들의 추출과 데이터의 수집에서도 유동적이고 연속적인 측면이 고려되어야 한다. 고정된 변항들과 고정된 관계가 아니라 변항 자체와 변항들의 관계 모두에 있어서 연속적 변주에 주목해야 한다. 고정된 법칙의 도출에 매몰되어서는 안 된다. 다수자과학이 정리적이라면 소수자과학은 문제적이라고 했다. 다수자과학은 수많은 경우의 반복을 관측하고 실험하고 거기에서 동일성과 유사성, 유비적 관계와 대립적 관계, 인과관계를 도출하는 데 주력하는 반면, 소수자과학은 문제의 올바른 설정과 해결책의 제시를 통한 차이의 도출, 즉 개별적 독특성의 해명에 주력한다. 절대적 법칙, 절대적 보편성의 도출은 불가능하다. 복잡성이 증가할수록 개별적인 독특성의 해명을 통한 보편성의 확대가 불가피하다. 대상은 이제 복잡계로서 사유되어야 한다. 원리나 법칙으로부터의 일방적 인과관계보다는 부분들 간의 상호작용에 의한 창발의 과정이 실재를 더 잘 설명할 수 있다.

근대 철학과 탈근대 철학도 당연히 분자성으로 구분된다. 근대 철학을 대표하는 언어분석철학은 몰적(분자성이 약한) 사유이고, 탈근대 철학을 대표하는 들뢰즈의 철학은 분자성이 강한 사유이다. 근대 철학은 데카르트와 칸트로부터 유래되는 몰적인 의식철학으로서의 한계를 가진다. 근대를 열어젖힌 회의주의자가 데카르트다. 모든 것을 의심하고자 했지만 의식 앞에서 회의가 멈추고 말았다. 탈근대의 문턱에서 더 과격한 회의주의자 3인이 등장했다. 니체, 프로이트, 마르크스는 데카르트가 멈추었던 의식 자체에 대한 회의로까지 천착해 들어갔다. 탈근대적 사유는 이들 3인 이후의 해석학, 진리론을 핵심으로 한다(김상환, 149~197쪽 참조). 의식에 대한 이데올로기론(상부구조론)과 하부구조(경제) 결정론을 주장한 마르크스, (도덕)계보학과 힘의 의지를 논한 니체, 무의식을 발견한 프로이트는 의식의 불확실성과 기만성을 폭로하면서 탈근대적 사유의 본격적 시작을 알렸다.

데카르트 합리론의 코기토와 영국 경험론의 주체, 칸트의 물자체는 고정된 주체와 고정된 실재를 전제하는 것으로서 연속적으로 생성·변이하는 유동적 주체와 실재를 사유하기에는 충분하지 않다. 근대성은 합리적 이성에 기초한 주체철학을 근간으로 하지만 탈근대성은 잠재적 무의식과 욕망을 통한 주체의 해체를 사유한다. 좀 더 넓게 보면 분석적 환원주의에 입각한 철학은 원리들에 대한 메타적 분석에 주안점을 두는 사유로서 플라톤에서 출발해 칸트를 지나 현상학과 분석철학으로 이어진다면, 종합적 전체론에 입각한 철학은 세계 전체에 대한 창조적 종합에 주안점을 두는 사

유로서 스피노자에서 출발해 헤겔, 베르그손, 화이트헤드, 들뢰즈
로 이어진다(이정우 2004, 400~1쪽 참조).

　사유와 학문을 함에 있어 항상 균형을 모색하고 조화를 추구해
야 한다. 근대 과학을 극으로 하는 분석적 환원주의와 탈근대 철
학을 극으로 하는 종합적 전체론의 길은 대립의 길이 아니라 상
호 보완의 길이어야 한다. 근대성과 과학주의의 지나친 추구, 지
나친 환원주의는 파시즘을 초래한다. 실체화된 고정된 원형과 원
리로부터의 일방적 인과관계에 치중함으로써 불가피하게 위계적
이고 패권적인 사유로 흐를 위험이 있다. 상호작용에 의한 순환
과 피드백을 부정함으로써 사유의 편협함으로 귀결될 수밖에 없
다. 반면에 탈근대성과 비과학적 사유에 대한 지나친 매몰은 회
의주의와 허무주의를 야기한다. 이러한 모든 것을 사유하는 것이
철학이다. 초과학을 사유하면서 과학 자체도 사유한다. 과학과
철학의 관계도 사유하는 것이 철학이다. 분석적 환원주의와 종합
적 전체론의 관계를 사유하는 것도 철학이다. 결론은 일도양단이
아니라 근대적 사유와 탈근대적 사유, 과학적 사유와 철학적 사
유 양자의 조화와 균형이다. 그럼으로써 파시즘과 허무주의를 극
복하고 사유와 학문의 진보를 이룰 수 있을 것이다.

2.
두 개의 추상화

　사유와 학문은 근대 과학을 하나의 극으로, 탈근대 철학을 다른 하나의 극으로 하여 스펙트럼을 구성하고 그 사이에서 이루어진다. 여기서 유의할 점은 사유의 스펙트럼이 직선적이지 않다는 것이다. 근대 과학적 사유의 극과 탈근대 철학적 사유의 극 사이에서 사유는 전후좌우나 상하의 방향, 즉 나무형으로 이루어지는 게 아니라 수렴과 발산의 형태로, 즉 무한 방향으로 횡단과 연결접속이 자유자재로 이루어지는 리좀형으로 발생한다. 근대 과학적 사유가 분석적 환원주의에 치중하여 하나의 중심이나 원리로 집중하고 수렴하는 사유의 극이라면, 탈근대 철학적 사유는 종합적 전체론에 입각하여 외부의 무한 방향으로 발산하는 탈중심적 사유의 극이다. 그 양극 사이에서 소수자과학과 근대 철학의 영역도 생성되는 것이다. 따라서 사유의 네 가지 영역의 경계를 명확히 긋는 것은 애당초 불가능하다. 사유는 경계를 넘나들며 연속적 변이를 이룬다. 나는 이러한 양극 사이에서 이루어지는 사유의 결과를 '몰적 추상화'와 '분자적 추상화'라는 두 개의 추상화로 개념화함으로써 학문의 두 가지 길을 최종적으로 제시하고자 한다.

실재의 추상화

앞선 논의에서 인식은 대상의 파악이며, 무한하고 규정되지 않은 실재의 어떤 영역에 대한 대상화라고 했다. 실재에서 추출한 하나의 대상을 우리는 가장 넓은 의미에서 하나의 몸체(corps, 영어 body)라는 용어로 표현할 수 있다. 들뢰즈의 철학에서 현실적(actuel, 영어 actual) 대상은 몸체라는 용어로, 잠재적(virtuel, 영어 virtual) 대상은 '기관 없는 몸체(탈기관체)'라는 용어로 각각 표현된다(부록, 잠재성의 철학 참조). 몸체, 그리고 몸체와 몸체의 관계를 규정하는 것은 실재(le réel, 영어 the real)로부터 하나의 대상을 인식하는 과정이다. 우리는 이를 실재의 추상화라고 할 수 있다. 실재는 실제로, 진실로 존재하는 것이다. 존재하는 모든 것, 즉 세계, 자연, 우주의 진상, 진면목인 것이다. 흔히 실재하는 것과 관념적인 것을 구별하기도 하지만 우리가 지금 사유하고 있는 넓은 의미의 실재는 현상과 본질, 그리고 관념(정신적 몸체 또는 영혼체)까지도 모두 포함하는 것이다.

궁극적 실재, 즉 세계, 자연 또는 우주로서의 실재의 참모습은 '아페이론(apeiron)'이라는 용어로 적절히 표현될 수 있다. 실재는 아페이론으로서 존재한다. 실재는 인식을 위한 규정 이전의 애매모호함 그 자체다. 그래서 실재를 카오스로 표현하기도 한다. 그러나 그보다는 아낙시만드로스의 아페이론 개념이 실재를 표현하는 데 더 적합할 것으로 생각된다. 실재는 단순한 혼돈이나 무질서가 아니다. 그 안에 어떤 잠재성이나 가능성을 가진 무엇이다. 동일성과 유사성 또는 차이와 반복을 가진 무엇이다. 원래 아페이론은 만물의 근원으로서의 아르케의 하나로 아낙시만드로스가 제시한 것이지만, 인식으로 종합되기 이전의 실재를 나타내는 용어로 쓰이기에 매우 적절한, 추상화의 최초 사례로 볼 수 있다. 아페이론 개념은 실제로 다른 원소들처럼 어떤 특수한 실재를 표상하는 것이 아니라 모든 실재들에 공통된 기초, 아낙시만드로스의 우주론에서의 모든 것, 전체로서의 우주를 표상한다(베르낭, 274~5쪽 참조). 현대 탈근대 철학의 관점에서는 만물의 근원, 원질로서의 아르케의 개념은 불필요하다. 유일한 원인이나 자기원인으로서의 실체와 같은 아르케는 없다. 무한한 상호작용, 들뢰즈가 말하는 존재의 이중운동, 잠재와 현실의 이중운동만이 있을 뿐이다(부록, 존재의 이중운동 참조). 이제 아페이론은 원리나 목적이 아닌, 시작도 끝도 기원도 목적도 없는 실재를 가리키는 개념으로 활용될 수 있다, 들뢰즈의 용어로 말하면 원리의 판이나 합목적성의 판과 대비되는 내재성의 판(plan d'immanence), 고른판 또는 혼효면(plan de consistance)이라고 할 수 있다.

무한(infinite)과 무한정(indefinite)의 뜻을 가진 아페이론이라는 개념으로 실재를 표현할 때 실재로부터의 추상이라는 관념이 명확히 표상될 수 있다. 다시 말하자면 아페이론 개념은 우리가 직접 경험할 수 없는 차원을 이성적으로 추론해 그 결과를 어떤 개념으로서 제시한 최초의 사례로서(세철1, 70쪽 참조) 실재와 본질에 대한 사유에 적용될 수 있는 최적의 도구가 될 수 있다. 지수화풍(흙, 물, 불, 공기)과 같은 확정된 사물이나 원소와는 차원을 달리하는 무한하고 규정되지 않은 연속적 흐름으로서의 아페이론. 들뢰즈의 용어를 사용하면 아페이론은 아직 현실적으로 분화되지 않은 무엇이다. 아낙시만드로스 당시의 맥락에서는 아직 흙, 물, 불, 공기로 현실화되지 않은 무엇이다. 아직 페라스(peras)가 부여되지 않는 것이다. 아페이론에 경계 또는 극한의 뜻을 가진 페라스를 부여하는 것이 유한의 설정과 규정의 과정이다. 이 과정이 무한하고 규정되지 않은 실재의 추상화라고 할 수 있다. 코스모스, 불연속적 공간성, 동일성과 차이 등의 차원에서 규정성을 집요하게 추구해온 것이 근대적 사유라면 현대적 사유는 무규정성 자체를 적극적으로 사유하려는 탈근대적 경향을 가진다.

아페이론은 끝이 없다는 무한(infinite)과 일정하게 규정되지 않은 무한정(indefinite)의 두 가지 뜻을 내포하고 있다. 아페이론은 무한으로서의 실재, 무한정·무규정으로서의 실재 모두를 포괄한다. 철학사적으로 볼 때 엄밀하게는 잠재의 뜻이 강하지만 나는 잠재를 포함한 실재를 가리키는 말로 사용할 것이다(박준영, 207쪽 참조). 이러한 경우 아페이론 개념의 활용성과 탁월함이 더욱 두드러진다. 실재는 무한하고 무한정적이다. 곧 아페이론이다. 인식은 실재의 추상화라고 했다. 이는 곧 아페이론에 대한 페라스의 부여로 바꾸어 말할 수 있다. 데카르트 이래로의 인식론적 용어로 말하면 실재로서의 아페이론은 무규정적이기 때문에 애매하고(obscure, ambiguous), 무한하기 때문에 모호한(vague, confused) 상태라고 할 수 있다. 근대 과학적 사유는 명확하게 규정된 사유로서 명석하고(clear), 경계가 뚜렷한 유한의 사유로서 판명한(distinct) 사유를 추구한다. 명석하다는 것은 그 자체로 확실히 드러나는 것을 말하고, 판명하다는 것은 다른 것과 뚜렷한 구별이 이루어진다는 것을 말한다. 명석함의 반대를 애매함으로, 판명함의 반대를 모호함 또는 혼잡함으로 부를 수 있다. 이러한 용어들에 따르면 탈근대적인 분자적 사유가 판명하지만 애매한 사유라면, 철학적인 무한의 사유는 명석하지만 모호한 사유라고 할 수 있다. 따라서 탈근대적 사유와 철학적 사유의 결합은 궁극적으로 아페이론 자체의 사유로까지 이어진다.

앞서 사유는 미규정자(l'indéterminé)와 규정(la détermination)으로 이루어진 기계 전체라고 했다. 이제 우리는 사유는 실재의 추상이며, 아페이론에 대한 페라스의 부여라고 말할 수 있다. 애매모호한 실재, 무한하고 무한정한 아페이론을 자체로서는 알 수 없다. 따라서 유한한 능력을 가진 인간이 실재를 인식하기 위해서는 아페이론에 페라스를 부여하는 과정, 즉 일정한 조건의 부여와 단순화의 과정이 필요하다. 이것이 실재의 추상화다. 인간의 능력으로 실재에 도달하는 것은 불가능하기 때문에 실재는 영원히 다가설 수밖에 없는 하나의 극한이 될 수밖에 없다. 그러한 극한에 최대한 다가서는 것을 목표로 하는 추상화의 시도가 사유와 학문의 모든 것이라고 할 수 있다.

궁극적인 실재의 모습은 아낙시만드로스가 말한 규정되지 않은 무한자로서의 아페이론으로 표현할 수 있고, 이것을 이어받아 더 구체화된 것이 라이프니츠의 모나드의 세계라고 할 수 있다. 모나드는 매 순간 질적 변화를 겪는 질적 연속체를 뜻한다. 모나드의 세계에서 모든 것은 연속적으로 이어져 있으며, 상호작용하면서 영원한 생성의 과정에 놓여 있다. 영원한 생성만이 절대적 진리다. 변하지 않는 것은 없다. 상호작용과 무한한 순환이 있을 뿐, 일방적이고 고정된 인과관계는 없다. 결국 아르케는 없는 것이다. 실재에는 시작도 끝도, 기원도 목적도 없다. 물질을 존재의 근원으로 보는 유물론이라는 것도 사유의 편의를 위한 것일 뿐이다. 물질과 정신은 영원한 상호작용의 관계에 있는 것이다. 모든 것은 연속적 변주의 과정에 있으며 고정된 실체로서의 존재는 없다. 인간도 사물도 자연도 모두 영향을 주고받는, 변용되고 변용하는 하나의 부품일 뿐 초월적 원인으로서의 자격을 갖춘 것은 없다. 부동의 실체, 본질, 고정된 개체라는 것은 모두 사유의 편의를 위한 추상화의 결과일 뿐이다. 탈근대 철학, 종합적 전체론의 궁극은 실재의 모습 자체의 표현이 될 것이다. 그것은 한마디로 영원한 생성이자 연속적 변주다. 아페이론에 해당하는 현대적 의미의 실재로는 베르그손의 지속(durée, 영어 duration), 들뢰즈의 잠재적 세계와 현실적 세계를 들 수 있다.

　베르그손의 생성존재론의 정립은 '데카르트에서 베르그손으로'라는 근대적 사유에서 탈근대 사유로의 전환을 상징한다. 베르그손의 생성존재론의 핵심 개념이 '지속'이다. 베르그손의 생성존재론에서는 실재는 생성이자 지속이다. 베르그손의 지속은 공간성과 대비되는 독특한 존재 양태를 일컫는 개념이다. 단순한 시간성과는 다른 것으로서 연속성과 다질성, 창조성을 속성으로 가진다(세철4, 32~3, 51, 58, 83쪽 참조). 지속은 시간에 따라 연속적으로 변화하고 창조되는 질적 다양체라고 할 수 있다(부록, 다양체의 존재론 참조). 지속으로서의 실재는 불연속적 단편이 아닌 연속적 흐름의 특성을 가진다. 존재와 존재 사이에 개입된 경계선이 매 순간 무너지는 아페이론으로서의 특성을 가진다. 세계는 질적 다양체다. 실재는 환원 불가능한 질들이 생성하는 장이다. 공간적 불연속과 요소들의 등질화를 기초로 하는 양적·수적 다양체와 구별된다. 베르그손은 세계의 근본 성격을 '절대적인 질적 풍요로움'이라고 표현한다. 법칙, 형상, 구조 등은 이러한 연속적인 질적 풍요로움으로부터 공간적으로 불연속적으로 추상해낸 것들이다(이정우2004, 269, 403쪽 참조). 세계의 진상은 절대적인 등질성이 아니라 절대적인 질적 풍요로움으로서, 이데아의 세계가 아니라 시뮬라크르의 세계가 실재의 모습이다. 실재는 주어진 총체가 아니라 매번 새롭게 창조되어 가는 열린 전체이다. 단순한 변화가 아닌 절대적으로 새로운 질의 탄생을 의미한다. 하나의 강도적인 것은 실재로서의 지속의 하나의 파편 또는 조각으로 볼 수 있다. 라이프니츠의 모나드에 해당하는 것이다. 베르그손에게 근본 실재는 사물이나 사건이 아니라 강도적 연속체(continuum intensif)로서의 지속이다. 지속은 분할되고 공간화된 시간이 아니라 절대적인 연속적 흐름, 연속적 운동으로서의 시간이다. 지속이란 변화하는 것이고, 변화하기를 그치지 않는 것이다(스미스, 639쪽). 지속으로서의 시간이야말로 실재이다(세철1, 93~4쪽 참조). "베르그송에게서 실재란 이렇게 연속적 흐름, 질적 다양체, 내재적 창조를 통해서 이해된다. 이 존재론은 서구 형이상학을 생성존재론의 방향으로 완전히 바꾸어놓았다."(세철4, 33쪽)

들뢰즈의 이념(idée, 영어 idea)은 아낙시만드로스가 사유한 아페이론의 현대적 버전의 개념이라고 할 수 있다(부록, 차이의 철학, 이념-강도-현실 참조). 이정우에 의하면 "들뢰즈의 사유에서 아페이론은 물질, 생명, 정신을 아우를 수 있는 위대한 잠재력을 품고 있는 무한한 질적 차생소(차이생성소, "différentiels")들의 무수히 누층적인 장으로 화한다. 이 차생소들이 이리저리 결을 이루면서 다양한 질서들이 배태되고, 차생소들의 무수히 누층적인 접힘과 펼쳐짐의 과정에 따라 세계의 다양한 층들이 다양한 관계를 맺으면서 현현한다."(세철4, 77쪽) 이러한 장이 들뢰즈의 잠재적 이념의 세계다. 들뢰즈의 이념은 '연속적으로 변주되는 물질의 흐름(flux de matière en variation continue)'으로 표현된다. 이것이 들뢰즈의 차이의 반복으로서의 무한생성이다. 이 흐름은 자연적인 동시에 인공적이다. 인간과 자연의 통일체인 것이다(MP, p506/천고, 781쪽 참조). 표현적 유물론에서의 물질성은 이를 말하는 것이다. 학문을 하는 것, 몸체를 규정하는 것, 즉 어떤 것을 추상하는 것은 들뢰즈의 이념이라는 연속성에서 불연속성을 추출하는 것과 같다. 문제들로서 추출하는 것이 변증론이고, 해로서의 명제들로서 추출하는 것이 분석론이다. "해결한다는 것은 언제나, 이념으로 기능하는 어떤 연속성을 바탕으로 불연속성들을 분만한다는 것이다."(차반, 358쪽)

세계는 무한한 중층 구조로 되어 있다. 실재로서의 세계는 프랙털이다. 라이프니츠의 모나드의 세계도, 베르그손의 지속의 세계도, 들뢰즈의 이념으로서의 차이의 구조도 프랙털 구조를 가진다. 들뢰즈의 잠재적 공간은 수학적으로 프랙털 구조로 정의될 수 있다(천고, 928~30쪽 참조). 비정수의 차원을 가지거나 정수의 차원을 가지면서 방향이 연속적으로 변주되는 집합을 나타내는 프랙털 구조는 아페이론으로서의 실재를 묘사하는 매우 적절한 수학적 표현이 될 수 있다. 정수의 차원을 가지고 고정된 방향을 가진 집합이 페라스가 부여된 계량적 집합이라고 할 수 있다. 존재하는 모든 것은 규모와 층위에 상관없이 항, 관계, 독특성으로 구성되어 있다. 하나의 몸체는 그것을 구성하는 요소로서의 몸체들, 그것들의 관계와 그 관계에 상응하는 독특성들로 이루어진다. 이러한 수직적 구조는 무한할 수 있다. 들뢰즈의 이념들로서의 잠재적 세계와 이념의 분화에 의해 질과 외연, 또는 종과 유기적 부분으로 구현된 현실적 세계 모두가 프랙털 구조를 가진다. 가장 상위의 유라고 할 수 있는 범주로부터 유와 종의 관계는 수직적으로 프랙털 구조를 이룬다. 들뢰즈의 차이의 이념적 구조뿐만 아니라 들뢰즈와 과타리의 배치론에서의 잠재적 추상기계도 질료(항)와 기능(관계)으로 이루어진 프랙털이고, 구체기계로 현실화한 배치도 실체(항)와 형식(관계), 기계적 배치와 언표적 배치로 이루어진 프랙털이라고 할 수 있다(부록, 배치론 참조). 모나드의 세계, 베르그손의 지속의 세계도 각각의 층은 모두 요소(항)들과 그 요소들 사이의 관계, 그 관계들에 상응하는 독특한 점들로 이루어진 것으로 추상할 수 있다.

인식은 종합을 통하여 몸체(항)의 속성과 몸체와 몸체(항과 항)의 관계를 규정하는 것이라고 했다. 이것이 실재의 추상화다. 경험적 종합과 선험적 종합으로부터 현상들의 정체와 관계를 파악할 수 있게 하는 어떤 개념, 법칙, 이론 등을 추출할 수 있는데 이것이 곧 추상화(抽象化, abstraction)다. 실재를 추상하는 방법은 크게 두 가지로 나눌 수 있다. 재현과 표현이 그것이다. 재현은 실재를 고정된 것, 순간적인 것으로 추상하는 것이다. 들뢰즈는 재현의 4가지 측면으로 개념에 의한 동일화, 지각에 의한 유사성의 포착, 유추를 통한 판단, 대립적 구도의 조성을 제시한다. 재현은 분석적 환원주의에 기초한 사유의 방법이다. 분석해서 환원하고 비교하고 대조하고 유추하는 사유의 과정이다. 개념이나 법칙을 통한 실재의 매개적 재현 또는 표상은 일반성을 통한 보편화를 추구한다. 표현은 재현 불가능한 것들에 대한 직관적 파악이라고 할 수 있다(부록, 표현적 유물론 참조). 종합적 전체론에 기초한 사유의 방법이다. 종합해서 조감(鳥瞰)하고 통찰하고 횡단하는 사유의 과정이다. 실재의 직관적 표현은 독특성을 통한 보편화를 추구한다. 표현은 유동적 흐름으로서의 실재 자체를 사유한다. 재현이 코드의 추출이라면, 표현은 탈코드화된 흐름 자체의 개념화라고 할 수 있다.

나는 이러한 두 갈래 사유의 과정을 정리하여 추상화의 방법으로서 '몰적 추상화(molar abstraction)'와 '분자적 추상화(molecular abstraction)' 두 가지를 제시하고자 한다. 나는 사유의 길을 분석적 환원주의와 종합적 전체론의 두 가지로 제시했고, 근대적 사유와 탈근대적 사유, 과학적 사유와 철학적 사유로 그것들을 구체화했다. 이제 그러한 두 갈래 사유를 최종적으로 정리하고 구체화한 결과로서, 하나의 개념 또는 개념적 다양체(명제, 문제, 이론, 가설 등)를 도출하는 과정을 몰적 추상화와 분자적 추상화의 두 가지로 제시하고자 하는 것이다. 분석적 환원주의에 기초한 사유의 종합, 구체적으로 근대와 과학 지향적 사유를 바탕으로 몸체를 규정하는 것, 즉 세계를 기술하고 설명하고 예측하기 위한 개념, 법칙, 이론 등을 추출하는 것을 몰적 추상화로, 반면에 종합적 전체론에 기초한 사유의 종합, 구체적으로 탈근대와 철학 지향적 사유를 바탕으로 몸체를 규정하기 위한 개념, 법칙, 이론과 관점을 추출하는 것, 그리고 문제를 설정하고 의미를 해석하며 가치를 평가하는 것을 분자적 추상화로 지칭할 것이다.

사유하기, 그중에서도 학문하기는 실재하는 세계로부터 개념, 법칙, 이론, 관점 등을 추출하는 것, 그리고 문제를 설정하고 그 해를 도출하고 그것들의 의미를 해석하고 가치를 평가하는 것이다. 실재를 그대로 알 수는 없는 노릇이다. 그것은 라플라스의 악마만이 가능하다. 라플라스의 악마가 소유한 무한지성을 갖지 못한 인간으로서는 실재에 대한 어떤 인식도 진리일 수 없다. 실재(진리)의 근사치일 뿐이다. 불가피하게 어떤 추출을 통해서만 학문이 가능하다. 단순화나 추상화를 통해서만 가능한 것이다. 경제학의 예를 들면, 노동과 부(富)의 추상화를 통해서 스미스의 고전경제학과 마르크스의 정치경제학을 정초하는 것이 가능했다(안오, 435, 500쪽 참조). 윌리엄 제본스, 레옹 발라(Léon Walras), 앨프레드 마셜을 중심으로 하는 신고전파 경제학은 몰적 추상화의 전형이며, 앞으로 논의할 들뢰즈 경제학은 분자적 추상화의 전형이라고 할 수 있다. 사유의 스펙트럼에서 근대 과학적 사유에서 탈근대 철학적 사유로 진행할 수록 추상화는 몰적 성향에서 분자적 성향이 더욱 짙어질 것이다.

세계의 이해를 위한 추상화가 사유와 학문의 모든 것이라고 할 수 있다. 실재를 이해하는 것은 실재로부터의 추상이다. 그것은 사물과 현상의 정체성 파악하기, 몸체(정신체, 영혼체 포함) 또는 현상을 규정(determination)하기, 존재 또는 발생의 이유(reason) 또는 근거(ground) 제시하기, 원인(cause) 또는 충족이유(충분근거, sufficient reason) 파악하기와 같은 표현들로 구체화될 수 있다. "근거 짓는다는 것은 규정한다는 것이다."(차반, 571쪽) 과학이나 철학을 막론하고 세계의 이해를 위해서는 추상화가 불가피하다. 추상하는 것, 즉 추상화는 사상(捨象)을 통해 단순화하는 것이다. 버릴 수밖에 없는 것은 버리고 최대한 폭넓게 세상을 그리는 것이다. 복잡한 세상을 그 자체로 다 알 수는 없는 노릇이고 적절하게 잘 단순화하는 것이 추상화 성공의 열쇠다. 아인슈타인은 그 문제를 이렇게 표현한 바 있다. "Everything should be made as simple as possible, but not simpler."(모든 것은 가능한 한 단순해져야 하지만, 그 이상으로 더 단순해져서는 안 된다.)

추상화는 이처럼 사상(捨象)을 통한 단순화로서 근거, 원인 또는 충족이유를 추출하는 것이다. 그 과정에서 개념, 법칙, 이론 등이 창출된다. 근거 짓거나 규정하는 것은 이러한 추출을 통한 넓은 의미의 개념화(conception)라고 할 수 있다. 법칙화와 정리화를 포함하는 것이다. 개념화는 공통적이거나 반복적인 것들을 도출하여 언어화 또는 기호화하는 것이다. 들뢰즈와 과타리가 『철학이란 무엇인가』에서 규정한 철학의 정의, 즉 개념의 창조라는 것도 이러한 과정으로 볼 수 있다. 우리는 개념화를 들뢰즈와 과타리에 따라 크게 정리적 개념화(conception théorématique)와 문제적 개념화(conception problématique)로 나눌 수 있는데(MP, p576, LS, p69/의논, 125쪽 참조) 이 각각이 몰적 추상화와 분자적 추상화에 상응한다고 할 수 있다. 뒤에서 볼 것처럼 어떤 것을 개념으로 규정한다는 것은 그것의 충족이유를 찾아내는 일과 같다. 몰적 추상화는 몰적 충족이유를 찾아내는 일이고 분자적 추상화는 분자적 충족이유를 찾아내는 일이다. 들뢰즈와 과타리가 『천 개의 고원』에서 제시한 개체화의 두 양태(천고, 494쪽)로서의 몰적 개체화와 분자적 개체화가 몰적 추상화와 분자적 추상화의 대표적 사례다. '개념화'라는 용어보다 사유와 인식의 전체 과정을 보여주는 '추상화'라는 용어가 더 적절하다고 생각된다. 개념의 추출, 즉 기호를 통한 법칙, 이론, 모형과 관점의 추출을 포괄적으로 의미하는 추상화라는 용어를 사유와 학문의 두 가지 길의 구체적 결과를 가리키는 용어로 사용하기로 한다.

요컨대 추상화는 실재로부터 개념, 법칙, 이론, 관점 등을 추출하는 것이다. 들뢰즈와 과타리의 용어로 몸체 규정하기, 몸체와 몸체의 관계 규정하기이다. 몰적 추상화는 분석적 환원주의, 구체적으로는 근대적이고 과학적인 사유를 지향한다. 분자적 추상화는 종합적 전체론, 구체적으로는 탈근대적이고 철학적인 사유를 지향한다. 실재로부터 개념, 법칙, 이론 등을 추출하는 데 있어 몰적 추상화는 일정한 한계 내에서의 몰적이고 나무형의 사유를 추구하는 반면, 분자적 추상화는 무전제와 무한의 분자적이고 리좀적인 사유를 추구하면서 궁극적으로 비표상적이고 잠재적인 세계로까지 천착해 들어간다. 학문의 두 가지 길, 실재의 추상화의 두 가지 방식이 몰적 추상화와 분자적 추상화다.

몰적 추상화

몰적 추상화는 분석적 환원주의에 입각한 근대 과학적 사유를 기반으로 하는 학문적 방법이다. 우선 몰적 추상화는 사유의 스펙트럼에서 몰성이 강한 근대적 사유의 극에 근접하는 사유다. 따라서 몰적 추상화는 표상성이 강한 현실적 차원에서의 실재에 대한 인식이 주류를 형성할 수밖에 없다. 표상적인 것, 즉 감각 가능한 것, 언어로 묘사하기 쉬운 것을 대상으로 하는 몰적 추상화는 재현에 의한 재인 또는 식별(recognition)이다. 재현을 통한 근거 짓기, 재현의 형식을 통한 충족이유의 제시, 현실적 몸체들의 작용에 의한 인과관계의 추적 과정이다. 들뢰즈는 재현의 네 가지 측면으로 개념의 동일성, 판단의 유비, 술어들의 대립, 지각된 것의 유사성을 제시한다(차반, 96, 307, 553쪽 참조). 요컨대 재현에 의한 몰적 추상화는 실재하는(real) 것들 중에서도 현실적인(actual) 것들(우리가 지각하고 느끼는 것들)에서 동일한 것, 유사한 것, 유비적인 것, 대립적인 것을 추출하는 과정이다. 더 이상 다른 것으로 환원될 수 없는 본질 찾기, 유사한 것들을 묶어 유형들로 분류하기, 다른 본질과 유형들 사이에 유비와 대립을 설정하기의 과정이다. 명확한 정체, 그리고 뚜렷한 경계와 관계의 설정을 위해 변수화와 계량화를 금과옥조로 여긴다.

다음으로 몰적 추상화는 필연적 법칙의 도출을 최고의 목표로 삼는 과학적 사유를 바탕으로 한다. 개별적인 것들을 일반화하고 규칙성과 패턴을 포착하는 것이 과학의 방법이다. 이는 변수들을 추출하여 그 변수들에서 상수들과 상수적 관계들을 뽑아내는 방식이다(천고, 199~200, 206쪽 참조). 즉 본질적 요소(개념), 본질적 관계(방정식), 본질적 체계(모형)를 추출하는 것이다. 몰적 추상화는 개체의 고유한 유기적 기능(fonction organique, 영어 organic function)에 초점을 맞춘다. 따라서 몰적 추상화는 가설적 사유와 공리적 사유가 핵심이 될 수밖에 없다. 경험과 추론에 의해 본질적 요소, 관계, 체계(모형) 그리고 기능을 추출한 것이 가설과 공리계이기 때문이다.

불어 단어 fonction(영어 function)은 기능이라는 뜻 외에 함수라는 뜻도 가진다. 몰적 추상화에서의 기능은 수학을 비롯해서 물리학, 화학, 경제학 등에서 볼 수 있는 함수관계들과 방정식체계들, 수많은 공식과 정리들에 의해 그려질 수 있다. 반면 다음의 분자적 추상화에서 등장하는 기계적 작동을 의미하는 fonctionnement이라는 용어는 영어에서는 해당되는 단어를 찾아볼 수 없다. 대표적 사례로 생명의 탄생과 생물의 진화, 복잡계에서의 창발 등의 과정을 들 수 있다. 이 책의 핵심 중의 핵심을 구성하는 중요한 용어다.

분자적 추상화

분자적 추상화는 종합적 전체론에 입각한 탈근대 철학적 사유를 기반으로 하는 학문적 방법이다. 우선 분자적 추상화는 사유의 스펙트럼에서 분자성이 강한 탈근대적 사유의 극에 근접하는 사유다. 따라서 분자적 추상화는 비표상적·잠재적 차원으로까지 실재에 대한 인식의 확장이 가능하다. 명제나 해답보다는 문제(적인 것)의 추출에 초점을 맞춘다. 비표상적인 것, 즉 감각 불가능하고 언어로 묘사하기 어려운 잠재적인 것을 대상으로 하는 분자적 추상화는 현실적인(actual) 것들에서 그 근원이 되는 초월적인(transcendental) 것, 즉 잠재적(virtual)이거나 강도적인(intensive) 것을 추출하는 과정이다. 따라서 대상에 대한 지시나 지칭(indication, designation)이라는 용어가 아니라 스피노자에서 유래하는 표현(expression)이라는 용어를 활용한다. 언어에 의한 잠재적인 것의 표현에서 우리는 분자적 추상화의 극단적 모습을 볼 수 있다.

다음으로 분자적 추상화는 끝없이 의심하고 문제를 제기하면서 사유를 무한으로 확장하는 철학적 사유를 바탕으로 한다. 탈근대 철학으로서의 분자적 추상화는 절대적 탈영토화를 사유의 이상으로 삼는다. 배치의 변환에서 더 나아가 새로운 판·구도의 추출로, 즉 단순한 사유의 확장을 넘어 사유의 새로운 지평으로 나아가고자 한다. 분자적 추상화는 일반성보다는 독특성과 보편성을 추구한다. 일반화보다는 개별 사건의 독특성의 추출에 주력한다. 독특한(singular) 것들의 창조적 반복이 유일하게 보편적인(universal) 것이다. 가령 탈근대 욕망경제학으로서의 들뢰즈 경제학의 궁극적 목표는 분자적 추상화를 통한 사유를 전개함으로써 모든 사람(보편성)의 참된 욕망(독특성)을 실현하는 것이라고 할 수 있다. 그래서 보편성을 특징으로 하는 기본소득의 도입과 각 구성원의 독특한 욕망을 실현할 수 있게 할 경제 민주화의 확립이 들뢰즈 경제학이 설계하는 정책의 핵심 목표가 된다.

분자적 추상화는 근대적인 다수자과학보다는 탈근대적인 소수자과학과 연결된다. 소수자과학으로서의 분자적 추상화는 고정된 변수와 변수들의 관계보다는 변수 자체와 관계들의 연속적 변주에 주목한다. 앞서 말했듯이 몰적 추상화가 변수들을 추출하여 그 변수들에서 상수들과 상수적 관계들을 뽑아내는 방식이라면, 분자적 추상화는 변수들을 연속적 변주 상태로 만드는 방식이다(천고, 199~200, 206쪽 참조). 따라서 분자적 추상화는 계량화에 목매지 않는다. 들뢰즈에 의하면 "중요한 것은 인간의 고유한 성질들을 양화하는 것도 측정하는 것도 아니다. 중요한 것은 한편으로 인간적 사건들을 문제화하는 것이고 다른 한편으로는 한 문제의 (현실화의) 조건들(특이점들)을 그만큼의 인간적 사건들로서 전개하는 것이다."(의논, 127쪽) 들뢰즈는 세상의 움직임을 차이의 반복으로 본다(부록, 차이의 철학, 들뢰즈의 반복 참조). 반복은 동일한 것, 유사한 것의 반복, 일반성으로서의 반복이 아니라 차이의 반복이자 독특성의 반복이다. 반복되는 것은 '차이 자체'로서 말 그대로 그 자신 안에서의 내적 차이이다. 다시 말해, 반복되는 현상들 속에서 실제로 '반복되는 것'은 그것들의 내적 차이로서의 잠재적 역량이다.

동일성과 유사성은 차이의 조건이 아니라 차이의 효과다. "반복은 다자의 유사성이 아닌 것처럼 일자의 항구성도 아니다."(차반, 282쪽) 분자적 추상화의 전형은 이러한 차이 자체, 내적 차이로서의 잠재적 역량, 실제로 반복되는 것을 찾는 과정이다. 더 자세한 것은 들뢰즈의 분자적 추상화에서 논의할 것이다.

분석의 힘과 그 한계

  분석(analysis)이란 복잡한 것을 단순한 것으로 나누는 행위로서 더이상 나눌 수 없는 '가장 단순한 것(아르케)'을 발견하는 것을 목표로 한다. 분석은 분해에 의해 본성이나 본질이 변하지 않는 경우에 가능하다. 양적·외연적 사유에 적합하다. 분해할 경우 본성이나 본질이 변하는 강도적 개체의 경우 분석적 사유는 효력을 상실한다.

  분석적 환원주의는 분석의 힘을 근간으로 하는 사유다. 아르케를 찾아 그것에 다른 모든 것을 환원함으로써 세계를 명석판명하게 설명하고 이해하려는 지적 욕망의 발현이 분석적 환원주의다. 아르케를 향한 욕망, 자기원인으로서의 궁극적 실체의 규명이라는 욕망이 그것의 동력이다. 이러한 것들이 정교하고 치밀하며 집요한 분석의 힘을 구성한다. 이러한 분석의 힘이 근대 과학 발전의 원동력이었다. 특히 서구 고중세 이래로의 원자론처럼 물질적 실체로 모든 것을 설명하려 한 사유가 과학기술 발전에 큰 역할을 했다(세철2, 187쪽 참조). 분석의 힘은 근대의 인간중심주의, 기계론적 자연관과 결합하여 과학혁명, 산업혁명을 일으킨 토대이며 오늘날 현대 문명의 원천이라고 할 수 있다.

그러나 분석의 힘은 자체에 한계를 내포하고 있다. 부분적, 일시적, 표피적 문제해결 능력은 탁월하지만 전체적, 장기적, 근본적 문제의 해결에는 불완전하거나 무력하다. 괴델의 불완전성정리가 공리계의 불완전성을 보여주었고, 뉴턴 역학, 주류 경제학 등 분석적 환원주의에 입각한 사유들에서 분석의 힘의 한계를 직접 확인할 수 있다. 뉴턴 역학은 그 한계를 극복하는 과정에서 상대성이론과 양자역학 등으로의 발전이 있었다. 근대 과학적 분석을 추종하는 주류 경제학에 의해서는 파국과 회복을 반복하는 불안정한 경제의 고리를 끊는 것, 반복적인 경제위기와 금융위기에 대한 궁극적 해결책을 찾는 것이 불가능하다는 것이 실증되고 있다. 최근에 세계적으로 창궐한 코로나와 같은 역병에 대한 대응도 문제다. 분석적 환원주의의 당면 문제에 대한 대응력은 탁월했다고 할 수 있다. 바이러스 분석, 역학(疫學)적 인과관계 분석, 백신 개발 등이 그렇다. 그러나 역병 발생의 심층적 원인의 포착과 근본적 해결책 제시에는 과학적 분석의 힘만으로는 미흡했다. 기후변화, 생태변화까지도 포함하는 종합적 사유와 함께 세계관, 자연관을 포함하는 철학의 변화가 필요하다. 아직까지 코로나 바이러스는 완전 박멸된 상태가 아니며, 새로운 변종이나 다른 바이러스의 발생은 지속될 것이다.

이러한 한계뿐만 아니라 분석적 사유에서 불가피한 중심주의, 위계적 사유는 배타주의, 파시즘으로 화할 위험을 항시 내포하고 있다. 이런 위험은 분석의 힘이 강했던 서구의 동양 지배로 현실화되었다. 정치(精緻)하고 집요한 분석의 힘이 부족했던 동양의 전통적 사유는 주술적이고 비과학적인 특성을 극복하지 못했고, 결국 동양은 서구 제국주의 침략에 굴복하게 되었다. 탈레스나 엠페도클레스 류의 자연철학적 사유는 동양에도 있었지만 기본적으로 자연을 대하는 태도가 달랐다. 결정적으로 자연을 인간과 분리된 대상으로 보는 데카르트류의 기계론적 관점이 없었다는 것이 동양 과학기술이 서양에 뒤처질 수밖에 없었던 최대 요인이라고 할 수 있다. 인간도 자연의 일부로 생각하는 천인합일의 정신이 서세동점의 시기가 올 때까지 동양을 지배했던 것이다. 동양에서 자연은 조작과 정복의 대상이 아니라 경외와 합일의 대상이었다. 이정우는 철학의 기본 구도를 플라톤에서부터 유래한 아나바시스(초재 또는 잠재로의 초월)와 카타바시스(초월에서 현실로)의 왕복에서 찾고 그 사이의 오르내림의 거리, 즉 철학과 현실의 거리가 지나치게 가까운 데서 동양 사유의 일천함을 비판한다(세철2, 465~6쪽 참조). 그러나 동양적 사유가 현실 정치에 매우 근접한 것이 일부 사실이라 하더라도 잠재성의 차원으로의 아나바시스의 측면이 그 어느 사유보다도 깊고 넓은 것도 사실이다. 부족한 것은 아나바시스 중에서도 분석적 환원주의의 경향이라고 할 수 있다. 그중에서도 자연과 물질의 원리와 본질을 추구하는 근대 과학적 분석의 힘이 부족했던 것이라 보는 것이 정확할 것이다. 탈근대적인 종합적 사유는 동양이 서양을 오히려 압도했다고 볼 수도 있다.

　요컨대 분석의 힘은 근대의 힘이고 과학의 힘이다. 분석의 힘은

실로 막강하다. 그러나 한계와 위험을 내포하고 있는 것도 사실이
다. 그 힘이 발휘되는 과정이 긍정적이기보다는 부정적 측면이 더
컸다는 것이 세계사적 불행이었다. 근대화가 빨랐고 과학의 발달
이 앞섰던 서구가 여타 지역을 지배하게 된 것은 힘의 속성상 어쩌
면 당연한 것이었다고 할 수 있다. 서구 문명의 전파는 근대 과학
문명의 전파라는 긍정적 측면도 있었지만 제국주의 식민 지배라는
부정적 측면이 이를 압도했다. 근대성과 과학주의의 부정성이 긍
정성을 압도한 것이 오늘날까지 이어지는 모든 세계적 모순들의
근원이라고 할 수 있다. 눈부신 문명의 발전이 있었지만 그 대가로
지불된 인간과 자연의 희생은 너무나 컸고 지금도 그 여파는 지속
되고 있다. 인간사회의 갈등과 국가 간 전쟁은 멈출 줄 모르고, 핵
위험과 생태 위험은 지구의 멸망을 초래할 지경에 이르고 있다. 이
러한 문제들을 초래한 근본적 책임이 있는 분석의 힘으로 그 해결
책을 제시하고자 하는 것은 어쩌면 모순이라고 할 수 있다.

　분석의 힘의 한계와 위험을 극복할 수 있는 유일한 방법은 종합
적 전체론에 입각한 사유의 힘, 즉 탈근대적 사유와 철학적 사유의
힘을 도입하고 강화하는 것이다. 탈근대 철학의 사유는 조화와 융
합의 사유다. 근대성과 과학을 보완하고 포용할 수 있는 사유다.
완벽한 해결은 불가능하더라도 분석의 힘과 종합의 힘의 균형과
조화에 의해 우리는 기후위기와 생태문제, 남북문제, 신자유주의
금융위기와 같은 세계적 문제들을 근본적으로 해결하고 진리에 더
가까이 다가갈 수 있을 것이다.

왜 분자적 추상화인가?

분석의 힘은 막강하며 영원히 확대될 것임을 부정하기는 어렵다. 그러나 그 힘이 불완전하고 영원히 완전해지지 못하리란 것도 부정하기 어려운 사실이다. 모나드론에서 볼 수 있는 라이프니츠식의 무한분석은 불가능하다. 라이프니츠식으로 생각하면, 물자체와 현상을 불연속적으로 사유한 칸트의 이원론과는 다르게 우리는 물자체와 현상의 연속성을 사유할 수 있다. 라이프니츠는 무한지성에 의한 무한분석을 통해 모든 참된 명제를 분석명제로 본다(세철3, 261, 450쪽 참조). 이 경우에는 칸트의 개념과 직관, 지성과 감성의 구별도 무의미해진다. 무한지성은 무한분석을 가능케 하고 이것은 경험과 감성을 통한 종합판단도 포괄할 것이다. 그 결과 우리는 현상 인식과 연속적으로 본질과 물자체를 인식할 수도 있다. 그러나 무한지성은 신이나 라플라스의 악마만이 가질 수 있는 능력이다. 우리는 환원주의적 분석의 극과 전체론적 종합의 극 사이의 어디쯤에서 영원히 사유의 등락을 거듭할 수밖에 없다. 이정우의 말처럼 "우리가 객관세계를 인식해가는 과정은 곧 우리가 자신의 유한한 지성을 무한지성에 일치시켜가는 과정-끝나지 않을 과정-이다."(세철3, 503쪽)

우리는 무한지성을 통한 무한분석으로 나아갈 수는 없지만 무한을 향한 종합으로 분석을 보완해야 한다. 분석적 이성(과학적 이성, 칸트의 오성)에서 종합적 이성(철학적 이성, 칸트의 사변이성과 실천이성, 베르그손의 직관)으로 나아가야 한다. 세계의 온전한 이해와 균형적이고 조화로운 사유를 위해서는 좁은 의미의 이성(지성)을 바탕으로 하는 몰적 추상화에 더해서 넓은 의미의 이성을 바탕으로 하는 분자적 추상화로 나아가야 하는 것이다.

실제로 몰적 추상화와 분자적 추상화는 그러데이션의 관계에 있으며, 어디까지가 몰적 추상화이고 어디부터가 분자적 추상화인지 알기 힘들게 연속성을 이룬다. 근대 과학과 탈근대 철학은 그 연속체의 양극을 이룬다. 분석적 환원주의에 입각하여 몰적이고 과학적인 사유를 추구하는 몰적 추상화는 세계에 대한 명석하고 판명한 이해를 목표로 하지만, 그것은 실재에 대한 반쪽 추상화에 불과하다. 세상을 엄밀히 제대로 이해하고 설명하기에는 턱없이 부족하다. 공리나 가설에 기초하여 모형을 만들고 이 모형과 유사하거나 유비적인 것들을 포착하고 그렇지 못한 것들은 대립적인 것들로 묶어 내거나 그것도 어려우면 무의미한 것으로 취급하거나 무시해 버린다. 이러한 방법으로는 실재의 거대한 다른 반쪽을 구성하는 비표상적·비재현적 세계, 잠재적 세계를 놓치게 된다. 현실과 잠재로 구성된 실재는 영원부동의 일자가 아니라 시작도 끝도 없는 무한한 흐름이다. 이정우에 의하면 "현대 물리과학에서 논하고 있는 '최종 이론'은 파르메니데스적 정신을 표현하고 있지만, 아페이론의 존재론에 입각할 경우 그런 이론은 끝내 불가능하다."(세철 1, 168쪽) 들뢰즈도 "(재현의) 그물은 너무 성겨서 대단히 큰 물고기도 빠져나가 버린다."(차반, 165쪽)고 비유적으로 말한다.

우리의 사유는 실재(아페이론)로부터의 추상에서 실재(아페이론) 자체의 추상으로까지 나아가야 한다. 사유는 끝이 없는 영원과 무한의 과정이지만 그 영원과 무한 자체도 사유의 대상이 되어야 한다. 우리는 세계의 엄밀하고 보편적인 해명(이해와 설명)을 위해 몰적 추상화를 넘어 분자적 추상화까지 나아가야 한다. 존재 자체의 분자적 속성 때문이다. 들뢰즈와 과타리의 관점에 따르면 분자적 추상화가 존재의 속성에 부합하는 엄밀한 인식의 방법이다. 통상의 경험과 추론을 넘어 들뢰즈의 초월적 경험으로까지 가야 한다. 들뢰즈의 존재는 무한생성, 영원한 차이의 반복이다. 잠재와 현실 사이의 영원한 이중운동이다. '반복되는 것'으로서의 잠재적 분화소가 현실적 존재의 정체성이다. 존재 자체의 애매모호함으로부터 인식도 비정확(anexact)해야 하는 것은 당연하다. 비정확한 것은 부정확(inexact)한 것과는 다르다. 원래가 애매모호한 것을 정확성으로 단순화하려는 것은 근원적 한계를 가질 수밖에 없다. 들뢰즈와 과타리도 "어떤 것을 정확하게 그려내기 위해서는 비정확한 표현들이 반드시 필요하다. …… 비정확함은 결코 하나의 근사치가 아니다. 반대로 그것은 일어나는 일이 지나가는 정확한 통로"(천고, 46쪽)라고 말한다. 명석하고 판명하지는 않더라도 더 엄밀한 방향으로 가야 한다. 결국 추상은 단순화라기보다는 존재 자체로의 끊임없는 침투여야 한다. 실재의 단순화라고 할 수 있는 몰적 추상화를 넘어 실재에 대한 침투로서의 분자적 추상화로 나아가야 한다.

대부분의 과학자와 사상가들은 일반성을 모색하는 정리적 개념화, 즉 몰적 추상화를 추구하지만, 우리가 살아가는 세계와 삶은 구체적인 독특성을 모색하는 문제적 개념화, 즉 분자적 추상화에 의해서만 엄밀하게 인식될 수 있다. 존재의 정체성은 고정된 것이 아니라 무한히 변주될 수 있는 잠재성이다. 일자 또는 다자가 아니라 다양체다. 더 정확히 말하면 리좀형 다양체다. 진리 찾기는 시작도 끝도 없는 문제 제기의 과정이다. 진리는 '~란 무엇인가?'와 같은 획일적 일반성을 찾는 질문보다는 되도록이면 '얼마만큼?', '어떻게?', '어떤 경우에?', '누가?'라는 독특성을 묻는 질문에서 찾는 것이 더 바람직하다. 그것이 엄밀함과 보편성을 더 제고할 것이기 때문이다. 분석의 힘과 종합의 힘의 균형과 조화를 통하여 설명력과 예측력을 구비한 사유의 틀을 도출하는 것이 학문의 목표가 되어야 한다. 나는 들뢰즈의 분자적 추상화에서 그 목표에 도달할 수 있는 수단을 찾고자 한다.

3.
들뢰즈의 분자적 추상화

충족이유

    탈근대 철학의 첨단을 사유하는 들뢰즈의 고유한 분자적 추상화를 이해하기 위해서는 충족이유 또는 충분근거(raison suffisante, 영어 sufficient reason)라는 용어에 익숙해져야 한다. 충족이유율 또는 충분근거율은 '모든 것은 이유를 갖는다.'는 것이다. 모든 사물과 사건은 이유 또는 근거를 갖는다는 것이다. 라이프니츠가 충족이유율을 처음 제시했고, 쇼펜하우어가 충족이유를 생성, 존재, 인식, 행위의 이유 네 가지로 구분한 바 있다. 들뢰즈는 발생의 원천이자 인식의 근거로서의 충족이유를 사유한다.

    이유(reason)는 원인(cause)보다 넓은 개념으로서 사물과 사건의 발생과 인식의 원천과 근거라고 할 수 있다(차반, 571~7쪽 참조). 사태의 원인을 넘어 존재와 인식의 근거를 포함한다. 들뢰즈는 다음과 같이 말한다. "근거 짓는다는 것은 규정한다는 것이다. 근거는 충족이유의 작동이다."(DR, p349/차반, 571쪽) "원인은 일어난 것의 순서와 관련된다. 그러나 충족이유의 원리는, 인과관계를 포함하여, 어떤 사물에서 일어난 모든 것이 하나의 이유를 갖도록 요청한다. …… 충족이유란 사건을 사물의 술어들 중의 하나로서 포함하는 것이라고 말할 수 있을 것이다: 사물의 개념 또는 관념. …… 충족이유는 포함, 즉 사건과 술어의 동일성이다. 충족이유를 이렇게 말할 수도 있다: '모든 것은 개념을 갖는다!' …… 개념은 단순히 논리적 존재가 아니라 형이상학적 존재다. 일반성이나 보편성이 아니라 개체: 이것은 하나의 술어를 통해 정의되지 않으며, 여러 사건-술어들을 통해 정의된다."(주름, 79~80쪽) "충족이유의 원리에 따르면 개별적 사물마다 언제나 하나의 개념이 존재한다."(DR, p21/차반, 48쪽) "충족이유는 사물이 그 자신의 개념과 맺는 관계를 표현하는 데 반해, 인과성은 단지 사물이 다른 어떤 사물과 맺는 관계를 표현할 뿐이다. 모든 사물에게는, 사물에 대한 설명, 그리고 원인들과 결과들을 포함해서 이 사물이 다른 사물들과 맺는 관계들에 대한 설명, 이 두 설명 모두를 제공하는 개념이 존재한다."(스미스, 134쪽) 여기의 개념이 들뢰즈와 과타리의 『철학이란 무엇인가』에서의 개념이다. 개체를 정의하는 술어들이 개념이라고 할 수 있다. 술어로서 제시되는 속성이나 양태들이 충족이유가 된다.

들뢰즈에게 "개념은 본질이나 사물이 아니라 사건을 말한다."(무엇, 35쪽) 여기서 사건은 일반성이나 특수성과는 다른 단독성, 특이성 혹은 이 두 단어를 합친 독특성(singularité)이라는 단어로 표현될 수 있는 순수한 사건이다(부록, 사건의 존재론 참조). 존재하는 것들, 즉 연속적으로 변주를 거듭하며 무한한 생성을 반복하는 사건들을 포착하여 개념으로서 창출해내는 것이 학문의 역할이다. 결론적으로 들뢰즈에 있어서 하나의 개념은 분리 불가능한 변주들로 이루어진 하나의 다양체다(무엇, 299, 52, 27쪽 참조). 다양체는 그 안에서 연속적인 변주가 일어나는, 일자도 다자도 아닌 하나의 개체다. 들뢰즈의 개념은 고정된 일자도 아니고 다자로 이루어진 집합체도 아니다. 그것은 무한한 연속적 변이를 포괄하는 하나의 다양체다. 개념은 하나의 독특성으로서의 순수 사건이자 열린 리좀형 다양체다. "여기에서 개념은 오성의 개념들, 즉 의미론적인 또는 표상적인 존재들을 가리키지 않는다. 그것은 잠재적 다양체들을 가리킨다."(데란다, 237쪽 주78).

사유와 학문은 존재하는 모든 것으로서의 몸체를 규정하는 일이다. 어떤 것을 규정(determine)한다는 것은 그것을 근거 짓는다는 것이고, 그것의 충족이유를 찾아내는 일이다. 어떤 것의 충족이유를 밝히는 것은 그것의 발생의 원천이자 인식의 근거, 즉 그것을 그것이게끔 만드는 원천과 그것이게끔 알아보게 하는 근거를 제시하는 것이다. 한마디로 그것의 정체성을 밝히는 것이다. 이는 주어로서의 사물이나 사건에 대한 술어의 제시의 형식으로 개념화할 수 있다. 예를 들어 '데카르트의 코기토, 즉 나(자아)는 의심하고 생각하고 존재한다.', '의심하는 자아, 나는 생각한다, 나는 존재한다, 나는 생각하는 어떤 사물이다.'(무엇, 41쪽 참조), '인간은 이성적·사회적 동물이다.', '인간은 더 이상 갇힌 인간이 아닌 부채인간이다.', '생명은 유전자의 조합이다.', '진화는 자연선택이다.', '세계는 알이다.', '자본주의는 노동과 부의 결합이다.'(무엇, 142쪽 참조)처럼 주술 구조로 개념화할 수 있다. 술어는 주어를 발생시키는 원인일 수도 있고, 주어를 인식할 수 있게 하는 근거도 될 수 있다.

　몰적 추상화의 경우 충족이유는 플라톤의 이데아, 본질, 법칙 따위를 가리킨다. 들뢰즈가 드는 재현의 네 가지 근거도 이 경우에 해당한다. "재현의 4중의 굴레는 개념 안의 동일성, 술어 안의 대립, 판단 안의 유비, 지각 안의 유사성이다. …… 이것은 충족이유율의 네 가지 뿌리와 같다."(차반, 553~4쪽) 몰적 충족이유의 규명으로서의 현실적 인과관계의 도출은 시간적 선후, 능동과 수동, 작용과 반작용의 구분에 따른 원인과 결과의 명백한 구분을 전제한다. 분자적 추상화의 경우 들뢰즈의 잠재성으로서의 이념, 차이 자체, 탈기관체, 추상기계 등이 충족이유가 된다. 차이 자체가 발생의 원천이고 인식의 근거다. 들뢰즈와 과타리 사상의 근본 원리로 작용하는 생산적 욕망도 분자적 충족이유의 대표적 사례다. 들뢰즈와 과타리의 분자적 추상화의 경우 충족이유율은 준원인(quasi-cause)에 근거한 의사-인과율(quasi-causality)을 의미한다. 의사-인과율은 잠재적 차원에서의 원천과 근거를 찾는 것으로서 시간적 선후, 능동과 수동, 작용과 반작용의 구분과는 무관하며 그러한 구분이 가능하지도 않다. 선형적 인과관계, 시간적 인과관계로서의 보통의 인과율은 물체 또는 몸체 사이의 능동과 수동의 작용에 대한 인위적 범주화일 뿐, 진정한 발생 원천 또는 근거로서의 충족이유라고 할 수 없다. 잠재적 준원인에 의한 의사인과율의 추적이 진정한 충족이유를 포착하는 길이다. 우리는 이를 '다양체적 충족이유'(차반, 576,583쪽)라 부를 수 있다.

분자적 추상화는 이처럼 잠재적인 발생 원천, 잠재적인 인식 근거의 추출을 목표로 한다. 잠재적 충족이유를 추출하는 것이다. 들뢰즈와 과타리의 용어로 말하면 이것은 추상기계를 추출하는 것이고 동시에 혼효면(고른판), 내재성(일관성)의 구도를 확장하는 일, 사유와 삶의 지평을 확장하는 일이다(부록, 추상기계 참조). 일반성이 아니라 교환하거나 대체할 수 없는 독특성을 포착해야 한다. 나무형이 아닌 리좀형 다양체의 추출이다. 명확하고 판명한 고정된 본질이 아니라 모호하고 유동적인 본질, 비정확하지만 엄밀한 본질을 모색한다.

요컨대 충족이유를 찾는 것은 나타나는 것(현상)의 본질을 찾는 것이다. 본질에는 두 가지가 있다. 계량적이고 정확하며 형상적인 고정된 본질과 비정확하지만 엄밀하며 질료적이고 유동적인 본질이 그것이다. 후자의 본질을 파악하고 개념화하는 것이 들뢰즈의 분자적 추상화다. 전자의 관념적·초재적 본질을 추구하는 것이 몰적 추상화의 길이고, 후자의 잠재적·내재적 본질을 추구하는 것이 분자적 추상화의 길이다. 분자적 추상화는 현실적인 감각적 사물로도 관념적 본질로도 환원될 수 없는 새로운 차원의 본질과 이로부터 파생되는 현상을 연결하려는 시도인 것이다. 이러한 착상이 새로운 과학과 새로운 철학으로의 사유를 이끌 것이다.

들뢰즈의 분자적 추상화 과정

　나의 들뢰즈와 과타리에 대한 사유와 해석의 결과물인 들뢰즈의 분자적 추상화는 들뢰즈의 생성론과 사건론, 즉 차이론과 반복론의 창조적 반복이라고 할 수 있다. 들뢰즈의 분자적 추상화 과정은 들뢰즈가 바라보는 존재의 발생과 운동 그리고 그것에 대한 인식의 성립 과정과 같다. 들뢰즈가 바라보는 존재의 발생은 이념적 차원의 미분화(微分化, différentiation)에서 시작해 강도적 차원의 개체화(individuation)를 거쳐 현실적 차원의 분화(différenciation)로 진행된다. 분화는 현실화(actualisation), 효과화(effectuation), 구현(incarnation)이라는 말로 대신할 수도 있다.

　들뢰즈의 차이의 철학에서는 존재 발생의 근본적 요소를 차이소(差異素, le différent) 또는 차생소(差生素)라고 부른다(차반, 18쪽 역주2 참조). 차이소는 두 가지로 나누어 생각할 수 있다. 하나는 미분적·변별적 차이소(le différentiel)로서 그야말로 근본적인 요소, 스스로 차이 나는 것이다. 존재와 발생의 궁극적 원천으로서의 힘 또는 에너지이다. 니체의 '힘의 의지'나 들뢰즈와 과타리의 '생산적 욕망'과 같은 것이다. 미분적 요소(élément différentiel) 또는 발생적 요소로도 불린다. 둘은 분화적 차이소(le différenciant)로서 차이 짓는 것, 분화를 가져오는 것이다. 분화적 차이소, 차이 짓는 차이소를 줄여서 분화소(分化素)라고 부른다. 들뢰즈의 생성, 즉 차이의 반복에서 실제로 '반복되는 것'이 분화소이다. 차이 짓는 차이소로서의 분화소가 반복됨으로써 생성이 이루어지는 것이다. 미분화와 분화 사이,

그리고 미분적 차이소와 분화적 차이소 사이의 t와 c의 구별에 주의해야 한다. 들뢰즈는 잠재적 세계를 이념적 차원과 강도적 차원으로 나누어 미분적 요소는 이념적 연속체의 구성요소로, 분화소는 강도적 개체화를 거쳐 분화를 촉발하는 요소로 구분한다. 개념적으로는 이러한 구분이 가능하지만 리좀적 횡단과 무한한 상호작용이 이루어지는 심층의 잠재적 차원에서는 전체와 개체의 구분, 차이 나는 것과 차이 짓는 것의 구분, 능동과 수동, 작용과 반작용의 구분은 시공간적으로 사실상 불가능하다. 들뢰즈가 사유하는 존재 발생의 원천이자 인식의 근거인 '차이 자체'는 미분적 차이소와 분화적 차이소 양자의 결합이라고 할 수 있다.

들뢰즈의 분자적 추상화 과정에는 가장 먼저 들뢰즈의 궁극적 충족이유, 즉 발생 원천과 인식 근거로서의 이념(idée, 영어 idea)이 있다. 들뢰즈의 이념은 n차원의 미(微)분화된 연속적 다양체로 정의된다(차반, 399쪽). 스스로 차이 나는 미분적·발생적 요소, 요소들의 비율적 관계(미분비), 미분비에 상응하는 독특한 점들(특이점들)로 구성된 전(前)개체적이고 비인칭적인 장을 가리킨다. 이념 안에는 모든 요소들, 관계들, 관계들의 값들, 그리고 각 영역에 고유한 특이성들이 공존한다(의논, 531쪽 참조). 이러한 이념으로부터 분화가 이루어지는 과정은 "두 길, 즉 종들과 부분들을 따라 이루어진다. 미분적 관계들은 질적으로 구분되는 종들 안에서 구현되지만, 그에 상응하는 특이성들은 각 종을 특성화하는 부분들 그리고 외연을 지닌 형태들 안에 구현된다."(의논, 532쪽) "분화는 언제나 동시간적으로 진행되는 종과 부분들의 분화, 질과 연장들의 분화다. 즉 질화나 종별화의 과정인 동시에 또한 부분화나 유기적 조직화의 과정인 것이다." 요컨대 잠재적인 이념적 세계에서의 미분비는 현실적 세계에 상응하는 질이나 종으로 구현되고, 특이점들은 물리적 부분들이나 유기적으로 조직화된 부분으로 구현된다. "예를 들어 미분비들의 체계에 해당하는 유전자는 어떤 한 종 안에서 구현되는 동시에 그 종을 구성하는 유기적 부분들 안에서 구현된다."(차반, 452쪽)

　추상화의 다음 과정은 분화소(차이 짓는 차이소)의 추출이다. 잠재적 이념의 분화를 가져오는 것이 분화소다. 들뢰즈의 반복에서 실제로 '반복되는 것'에 해당한다(부록, 들뢰즈의 반복 참조). 들뢰즈의 분화소에 해당하는 다양한 용어들이 있다. 순수과거·순수기억·순수사건의 한 조각, 잠재적 역량으로서 개체화한 강도적 차이, 플라톤의 시뮬라크르, 라캉의 대상=x로서의 팔루스, 어두운 전조, 역설적 요소, 우발점, 빈 칸, 무의식적인 생산적 욕망, 추상기계, 강도적 에너지(차반, 513쪽, 김재희, 149, 150쪽 참조), 비유기적 생명(une Vie non organique, MP, p512/천고, 789쪽) 따위가 그것들이다. 리처드 도킨스의 유전자가 생명의 본질로서 생명에 대한 몰적 충족이유의 한 예라고 한다면, 비유기적 생명 또는 강도적 에너지는 들뢰즈의 표현적 유물론에서의 물질성의 본질로서 생명과 비생명의 범주를 뛰어넘는 모든 존재하는 것들에 대한 보편적이고 잠재적인 분자적 충족이유로서의 분화소라고 할 수 있다.

　추상화의 마지막 과정은 분화소의 작동의 포착이다. 분화소의 작동으로 계열들의 연결(connexion, 영어 connection), 분리(disjonction,

영어 disjunction), 결합(conjonction, 영어 conjunction)의 종합들이 이루어진다. 분화소는 비물체적인 준원인(의사-원인, quasi-cause incorporelle)의 역할을 한다. 하나의 사건은 기계 또는 몸체들의 능동 작용, 수동 작용과 같은 물체적 원인을 가지는 동시에 그 발생이나 인식의 근거가 되는 잠재적 충족이유로서의 준원인을 가진다(의논, 170, 180~3, 289쪽 참조). 들뢰즈에 따르면 분화소의 준원인으로서의 역할은 전치와 위장을 통하여 이념 안의 발산하는 계열들을 주파하며 그것들을 절속하는 것, 계열들 서로가 거울처럼 반영하도록 만드는 것, 소통하고 공존하고 가지 치도록 만드는 것, 특이점들을 재배분하고 재결합시켜 다양한 분리종합(disjonctions)들을 도입하는 것이다(의논, 119, 143, 296쪽 참조). 들뢰즈와 과타리는 분화소로서의 비유기적 생명의 역할을 다음과 같이 묘사한다. "지층들을 벗어나는 강력한 비유기적 생명은 배치들을 가로지르고, 윤곽 없는 추상적인 선, 유목민 예술과 이동하는 야금술의 선을 그린다."(MP, p633/천고, 966쪽) 들뢰즈와 과타리는 자본이나 토지, 전제군주와 같은 충만한 탈기관체들을 준원인의 사례들로 들고 있다(안오, 37, 247, 335, 388쪽 참조). 들뢰즈는 이처럼 프로이트의 용어를 차용하여 분화소의 '전치와 위장'에 의해 계열들의 종합이 이루어진다고 설명한다. 분화소는 전치(자리 옮기기)와 위장(가면 쓰기)을 통해 자신의 역할을 수행한다는 것이다. 분화소로서 가장 대표적인 것이 들뢰즈의 강도적 차이이다. 강도적 차이는 잠재적 이념으로부터 개체화한 차이를 말한다. 비물체적인 준원인, 분자적 충족이유로서의 강도적 차이이다. "모든 잡다성, 모든 변화의 배후에는 그 충족이유로서 어떤 차이가 자리한다."(차반, 476쪽) "강도(적 차이)는 현상의 충족이유이고 나타나는 것의 조건이다."(차반, 477쪽) '반복되는 것'으로서 강도적 차이의 반복적 작동이 계열의 종합을 유도한다. 즉 강도적 차이로 대표되는 분화소의 전치와 위장에 의해 계열들의 공명, 짝짓기, 소통이 발생하는 것이다. 이것이 존재와 사건의 반복으로서의 생성이다.

핵심은 이것이다. 분화소와의 관계에 따라 각 계열의 변주가 이루어진다는 것. 각 계열에서의 항들(요소들)과 미분비들의 변이와 변주가 매 경우 규정되는 것은 분화소와의 관계에 의해서다(의논, 540~1쪽 참조). 준원인, 충족이유로서의 분화소에 의해 요소들의 상대적인 자리와 미분비들의 가변적인 값이 규정된다(의논, 545쪽 참조). 분화소의 전치에 따라 계열 내의 항들의 변화와 미분비들의 변이가 창출된다. "미분적 관계들이 새로운 값들이나 변이들을 가질 수 있고, 특이성들이 다른 한 구조를 구성하는 새로운 분배들을 겪을 수 있는 것은 언제나 빈 칸(분화소) 덕분이다."(의논, 551쪽) 이것이 계열들의 종합이고 현재들의 반복이다. 들뢰즈는 반복이 한 현재와 다른 한 현재 사이에서 구성되는 것이 아니라 이 현재들이 잠재적 대상(분화소)을 중심으로 형성하는, 공존하는 계열들 사이에서 구성된다고 말한다. 계열들과 현재들 사이에 출현하는 분화소가 준원인, 충족이유로서 항들의 형태 변화들과 관계들의 양태 변화들을 규정한다. 반복은 오로지 분화소의 위장들과 더불어 구성되며 이 위장들이 현실적 계열들의 항과 관계들에 영향을 준다(차반, 239쪽 참조). 잠재적 힘 또는 역량으로서의 강도적 차이, 순수과거·

기억·사건의 한 조각, 추상기계 등의 전치와 위장, 즉 분화소의 작동으로 촉발된 계열들의 연결·분리·결합종합이 사건의 반복이고 존재의 발생이다.

요컨대 분화소의 역할은 반복, 즉 계열들의 종합을 만들어내는 것이다. 각 계열, 각 현재에 반복적으로 작동하여 매 경우 그것들을 구성하는 요소들과 관계들과 특이점들을 규정한다. 앞에서 모든 분화는 이중의 분화라는 것을 보았다. 분화소의 작동에 의해 미분적 관계들은 질과 종으로, 특이점들은 각각의 질과 종을 특성화하는 외연과 부분들로 구현된다. 계열들의 관계 맺기, 즉 공명, 소통, 종합의 결과 현상으로 나타나는 것이 들뢰즈의 반복이다. 공명, 소통, 종합의 근거가 되는 것이 잠재적 대상이고 이것이 '반복되는 것'으로서의 분화소다. 진정으로 반복되는 것은 현실화 요소, 즉 분화소로서의 잠재적 대상, 강도적 차이, 순수과거의 한 조각, 추상기계다. 현실적으로 반복하는 것들의 정체성은 이 분화소다. 가령 과거의 나, 현재의 나, 미래의 나의 정체성은 반복되는 분화소로서의 나의 잠재성이다. 사랑의 반복도, 역사의 반복도, 사회와 경제의 반복도 마찬가지다. 분화소로서의 잠재적 대상, 즉 강도적 차이, 순수과거의 한 조각, 추상기계 등의 전치와 위장이 존재의 반복이고 생성이다.

예를 들어 보자. 분화소는 계열 사이를 이동하며 계열과 계열을 결합(conjonction)함으로써 하나의 결과로 분화 내지 현실화 또는 영토화 내지 지층화를 이룬다. 가령 들뢰즈와 과타리의 사회사상에서 분화소로 작동하는 추상기계는 다양한 연결접속(connexion)을 통한 연속적 변이를 만들어 내기도 하고, 폐쇄적 접합접속(conjonction)을 통해 공리계 또는 덧코드화를 이루기도 한다(부록, 추상기계 참조). 분화소로서 들뢰즈가 예를 든 것들을 보면, 프루스트의 『잃어버린 시간을 찾아서』에 등장하는 각종 추억(어머니의 키스 거부라는 실패한 사랑의 사건, 마들렌 혹은 콩브레), 프로이트가 분석한 엠마의 트라우마(어린 시절의 추행사건) 등이 순수과거·기억·사건의 한 조각, 즉 분화소 또는 어두운 전조로서 반복되는 은폐된 힘(무의식적 욕망)의 흐름을 표현한다(차반, 263~4쪽 역주58, 279, 서동욱, 47~9, 80, 96~8쪽 참조).

분화소의 전치와 위장에 의해 분화(현실화)가 이루어진다. 분화소의 전치와 위장이 이념의 작동(fonctionnement)을 주재(Deleuze1967/의논, 529, 544, 546, 551쪽 참조)하여 현실화를 유발한다. Fonctionnement이라는 단어는 들뢰즈와 과타리의 기계적 작동(fonctionnement machinique)(MP, p313/천고, 485쪽, AO, p473/안오, 643쪽) 또는 작동방식을 나타내는 용어다. 잠재적 차원에서는 욕망적 기계 또는 추상기계의 구성 요소인 아직 형식화되지 않은 기능과 일치하는 개념이다. 들뢰즈와 과타리는 몰적이 아닌 분자적 기능주의를 강조한다(안오, 480~1쪽 참조). Fonction(영어 function)과 달리 Fonctionnement에 해당하는 영어 단어는 없다. 잠재적 세계를 가리킬 때 순수과거·순수기억·순수사건과 같이 들뢰즈와 과타리가 '순수'라는 단어를 사용하는 것을 좇아 Fonctionnement이 분자적 기능을 가리킬 때 나는 이를 '순수기능'으로 번역하고자 한다.

순수기능(Fonctionnement)

욕망적 기계(부록, 들뢰즈와 과타리의 무의식과 욕망 참조) 또는 추상기계의 기계적 작동을 표현하는 순수기능이라는 용어는 들뢰즈의 분자적 추상화의 정수를 보여주는 개념이다. 순수기능은 한마디로 분화소(차이 짓는 차이소)의 기능이라고 할 수 있다. 분화소가 주재하는 잠재적 기능이라고 할 수도 있고, 분화소 자체의 작동방식, 분화소를 작동시키는 잠재적 방식 또는 행태라고 할 수도 있다. 단적으로 (순수)기능은 분화소로서의 욕망이라고 할 수 있다(KA, p102/카프카, 135쪽 참조).

욕망적 기계의 차원에서 보면, 분자적 요소들로서의 욕망적 기계들에서는 사용, (순수)기능, 생산, 형성이 하나일 뿐이다(AO, p213/안오, 313쪽 참조). 욕망적 기계들의 층위에서는 순수기능(기계 작동)과 형성, 사용과 조립, 생산물과 생산이 합류한다(AO, p342/안오, 481쪽 참조). 분화소가 주재하는 순수기능은 곧바로 생산과 형성의 역할을 가지는 것이다. 욕망적 기계의 기능은 형성과 생산이며, 욕망이 분화소인 것이며, 이제 욕망은 필요나 결핍으로서의 욕구가 아닌 생산적 욕망이 된다. 이로써 분화에 의한 생성과 창조가 이루어진다고 할 수 있다.

배치론의 차원에서 본다면, 추상기계가 구성하는 탈영토화의 첨점들(천고, 270쪽 참조)이 순수한 질료로서의 분화소가 될 것이며, 질료와 접합접속(conjonction)된 또는 결합된 순수한 기능(fonction pure)이 분화소가 주재하거나 또는 분화소를 작동시키는 순수기능(fonctionnement)이 될 것이다. 추상기계의 순수기능은 내용의 특질들과 표현의 특질들의 연결접속을 확보해준다(MP, p176/천고, 271쪽). 중요한 것은 언제나 질료와 기능, 즉 분화소와 순수기능의 결합이다(MP, p178/천고, 273쪽 참조). 양자는 근원적 힘의 흐름을 작동시키는 것들로서, 각 배치와 상황에 따라 그것들을 지시하는 개념들을 추출하는 것이 관건이다. 그 개념들은 분화소 또는 순수기능을 지시하며 그것들이 작동시키는 힘의 흐름을 표현한다. 추상적 심급 중에서도 가장 최상위의 개념인 들뢰즈 존재론의 '이념'이 들뢰즈와 과타리 배치론의 '추상기계'로 구체화되는 과정은 사유의 거대한 발전이라고 할 수 있다. 추상기계는 들뢰즈와 과타리의 배치론의 핵심 개념이고 그들의 사회사상의 핵심 키워드이다. 이념을 구성하는 요소, 관계와 특이성들이 추상기계의 구성요소인 질료와 기능으로 구체적으로 표현될 수 있다. 경제와 자본주의를 논하면서 그 의미를 자세히 알아볼 것이다.

요컨대 순수기능은 잠재적 세계에서의 구성 계열들의 활성화를 표현하는 용어로서(Deleuze1967/의논, 544쪽 참조) 현실적 세계에서의 존재자들의 유기적 기능(fonction organique, 영어 organic function)과 대비되는 개념이다. 우리는 계열들의 활성화, 존재자들 사이의 상호작용, 함수관계 등을 나타내는 것으로 기능이라는 용어를 사용하는데, 그 기능을 몰적 추상화에 의한 몰적 기능(fonction)과 분자적 추상화에 의한 분자적 기능(fonctionnement)으로 나눌 수 있는 것이다. Fonction은 그 개체에 고유한 유기적·조직적·현실적 기능이다. 상황이나 배치와 무관한 본질의 하나로 볼 수 있다. Fonctionnement은 유동적인 기계적 작동방식이나 행태로서 잠재적인 순수기능이다. 상황이나 배치에 따라 다양하게 변주되는 작동 양태 중 하나로서 나무형이 아닌 리좀적 작동방식(fonctionnement rhizomatique, MP, p404/천고, 623쪽)이라고 할 수 있다. 외부로부터 부과되는 것이 고정된 기능이라고 한다면 순수기능은 내부로부터 추동되는 것으로서 끝없는 변이, 탈영토화와 재영토화의 영원한 이중운동하에 놓여 있다. 순수기능의 구체적 사례들을 보자.

앞서 순수기능의 대표적 사례로 생명의 탄생과 생물의 진화, 복잡계에서의 창발의 과정을 든 바 있다. 생명의 탄생은 정신의 발생과도 통한다고 볼 수 있다. 진화, 생명 또는 정신의 탄생, 발생학에서의 발생(embryogenesis), 복잡계적 창발(emergence) 등의 과정은 함수관계나 방정식체계, 공식이나 정리(定理)들로 전체를 정확히 묘사하기가 불가능한 강도적 개체화의 과정이다. 배치와 상황에 따라 무한한 변주와 독특성이 창출되는 신의 영역이거나 과학의 극한이다. 종과 외연적 또는 유기적 부분들로 구현된 현실적인 것들 아래 은폐된 힘과 기능을 표현하는 것이 진화다. 생명은 반복되는 힘 또는 역량으로서의 분화소이고 생명의 탄생은 기계적 작동으로서의 순수기능이라고 할 수 있다. 들뢰즈와 과타리는 '비유기적 생명'이라는 개념을 사용하여 유기물에서의 생명적 역량을 다른 모든 존재하는 것들에 대해 확대 적용한다. 이것이 그들의 존재의 일의성이다. 유기적 또는 비유기적 생명이 탄생하고 진화하는 자연이라는 고른판은 하나의 거대한 추상기계와 같다(천고, 482쪽 참조).

동물의 생식은 유전과 계통관계에 따른 기능의 이전이다. 반면

에 동물-되기는 일정한 배치하의 '전염'이라는 순수기능의 작동이
다(MP, p296/천고, 459~60쪽 참조). 들뢰즈와 과타리는 이와 같은 전염
을 통한 동물-되기를 비롯한 모든 '되기'를 가리키는 용어로 진화
(evolution)와는 다른 '절화(역행, involution)'라는 개념을 도입한다(천고,
453, 506, 519쪽, 이정우2008, 180~1쪽 참조). 동물-되기에 대해서는 분자
적 추상화의 적용 사례에서 더 자세히 알아볼 것이다.

　프로이트의 정신분석에 등장하는 꼬마 한스가 말하는 '고추'는
하나의 기관이나 유기적 기능이 아니다. 힘을 포획하는 재료가 가
지는 순수기능으로서의 작동방식 또는 작동행태다. 계집애들과 기
관차에도 '고추'가 있다. 왜냐하면 서로 다른 기계적 배치들하에서
나름대로의 '쉬하기'라는 기계적 작동방식을 각자 가지기 때문이다
(MP, p313/천고, 485쪽 참조).

　순수기능은 나무형 기능이 아니라 리좀적 작동방식이라고 했다.
외부로부터 주어진 고정된 기능이 아니라 발산하고 횡단하는 순수
기능이다. 어떤 만남, 어떤 절속이 이루어지는가에 따라 연속적 변
주가 일어나는 것이다. 어떤 상황에서인가, 어떤 배치하인가가 중
요하다. 들뢰즈와 과타리에 의하면 "바깥이나 위로부터 부과되는
형태나 적절한 구조는 있을 수 없으며, 오히려 내부로부터의 분절
이 있을 뿐이다."(천고, 623쪽) 칼, 낫, 망치, 도끼 등은 도구라는 각자
고유의 고정된 기능을 가지고 있다. 그러나 배치에 따라 무기화가
가능하다. 어떤 상황과 마주치느냐, 어떤 환경에 절속되느냐에 따
라 '무기'라는 순수기능이 분화·현실화·구현된다. 말, 소, 인간은 신
체 각 기관의 고정된 기능에 따라 각기 다른 종으로 분류된다. 그

러나 '짐의 운반'이라는 잠재된 순수기능의 분화·현실화·구현에 따라 어떤 배치하에서는 짐말, 짐소, 짐꾼이라는 모두 유사한 운반 수단으로서 정체성이 규정될 수 있다. "경주마와 짐말의 차이는 짐말과 소의 차이보다 크다."(천고, 487쪽)

미셸 푸코는 근대 사회의 도처에서 작동하는 순수기능에 '규율'이라는 이름을 부여한 바 있다. 푸코에 의하면 근대 사회는 규율-추상기계가 분화·현실화·구현된 구체기계로서의 배치들로 구성된다. 감옥, 학교, 병영, 병원, 공장 등에 작용하는 하나의 동일한 추상기계가 존재한다. 그 추상기계의 요소로서 규율이라는 순수기능이 작동한다. 푸코는 말한다. "감옥이 공장이나 학교, 병영이나 병원과 흡사하고, 이러한 모든 기관이 감옥과 닮은 것이라고 해서 무엇이 놀라운 일이겠는가?"(감처, 347쪽)

결론

충족이유의 포착이 규정이다. 즉 사물과 사건의 발생 원천과 인식 근거를 포착하는 것이 규정인 것이다. 원인과 뿌리를 찾고 고유한 속성과 특질을 찾는 과정이 규정이고, 이것을 언어로 표현한 것이 개념이다. 몰적 추상화는 몰적 충족이유를 규명하는 것으로서 정리적 개념화와 연결된다. 분자적 추상화는 분자적 충족이유를 규명하는 것으로서 문제적 개념화와 연결된다.

들뢰즈의 분자적 추상화는 탈근대 철학적 사유의 전형이다. 과학적 사유로는 도달할 수 없는 극한으로까지 사유를 확장하고 잠재성의 세계라는, 근대 철학 이상의 사유의 지평을 개척했다. 그럼에도 근대 과학적 사유 이상으로 논리적, 체계적인 동시에 존재와 인식의 엄밀한 원천과 근거의 추출을 위한 탁월한 방법론을 제시한다.

들뢰즈의 분자적 추상화 과정은 잠재적 이념의 지평에서 개체화한 분화소를 추출하여 그 작동을 포착하는 과정이다. 들뢰즈가 현대적 사유는 "동일자의 재현 아래에서 꿈틀거리는 모든 힘들의 발견과 더불어 태어난 것"(차반, 17~8쪽)이라고 말했듯이 현대적 사유에서 우리의 과제는 '동일자의 재현'을 추구하는 몰적 추상화를 넘어 '재현 아래에서 꿈틀거리는 모든 힘들의 발견'과 포착, 즉 들뢰즈의 분자적 추상화까지 나아가는 것이다. 관건은 재현 아래의 분화소의 추출이다.

분화소의 추출은 분자적인 다양체적 충족이유를 찾는 일이다. 다양체적 충족이유는 들뢰즈의 잠재적 이념으로부터 도출되는 원천 내지 근거다. "이념은 미분적 요소들, 이 요소들 간의 미분적 관계들, 그리고 이 관계들에 상응하는 독특성들로 구성된 어떤 다양체다. 요소, 비율적 관계, 독특성의 이 세 차원이 다양체적 충족이유의 세 측면을 구성한다."(차반, 583쪽) 『천 개의 고원』의 버전으로 말하면 추상기계의 질료와 (순수)기능에 해당된다. 분화소의 역할은 다양체적 충족이유로서 각 계열, 각 현재에 반복적으로 작동하여 매 경우 그것들을 구성하는 요소들과 관계들과 특이점들을 규정함으로써 질 또는 종, 외연 또는 유기적 부분으로의 이중의 분화를 촉발하는 것이다. 들뢰즈의 분자적 추상화, 즉 다양체적 충족이유를 찾는 일은 순수기능(fonctionnement)을 주재하거나 작동시키는 차이 짓는 차이소, 즉 분화소를 어떤 잠재적인 이념으로부터 추출하는 것으로서, 그 순수기능이나 분화소를 지시하는 개념을 창조하는 것이다. 요컨대 미분적 요소와 미분비, 특이점으로 구성된 근원적 충족이유로서의 이념에 진입하여 이념의 작동을 주재하는 직접적 충족이유로서의 분화소를 추출하여 개념화하는 것이다. 이는 미(微)분화된 이념 안에서 빈 칸(힘, 욕망)을 순환시키는 것, 전개체적이고 비인칭적인 독특성들로 하여금 공명하고 소통하게 하여 사건과 의미를 생산하는 것이다(의논, 153쪽 참조).

이제 우리는 다음과 같이 문제를 제기할 수 있다. 전치와 위장으로 각 계열, 각 현재에 반복적으로 작동하여 매 경우 그것들을 구성하는 요소들과 관계들과 특이점들을 규정하는 것은 무엇인가? 무엇이 항들(요소들)과 미분비들의 변이와 변주를 유발하는가? 항들의 형태 변화들과 관계들의 양태 변화들을 규정하는 것은 무엇인가? 무엇이 분화소이고, 무엇이 순수기능인가?

다음은 이에 딸린 질문들이다. 개체화한 강도적 차이, 순수과거·순수기억·순수사건의 한 조각, 무의식적인 생산적 욕망으로서의 집단적 정동, 추상기계의 요소인 비형식적 질료와 순수기능은 무엇으로 표현될 수 있는가? 어떤 힘들과 요소와 관계들이 순수한 기능 속에 분배되어 있는가? 무엇이 배치를 구성하는 핵심적 힘(욕망)인가? 종 또는 질, 외연적 또는 유기적 부분들로 구현된 현실적인 것들에 의해 은폐되어 있는 잠재적인 관계와 특이성들은 어떻게 표현될 수 있는가? 현실화한 종과 질에 해당하는 것은 무엇인가? 현실화한 외연적 또는 유기적 부분들에 해당하는 것은 무엇인가? 가령 물리학적 입자들은 이런 경우에 해당하는가? 생물학적 유전자들은 이런 경우에 해당하는가? 음소(音素)들은 이런 경우에 해당하는가?(차반, 583쪽 참조) 무엇이 평범하고 무엇이 특이한가? 현실화한 변용태들의 목록들로 규정되는 하나의 몸체의 순수변용태로서의 잠재적 역량은 무엇인가?

순수과거·기억·사건의 한 조각으로서의 잠재적 대상이라 할 수 있는 강도적 차이가 존재의 잠재적 역량, 즉 '변용될 수 있는 역량과 변용할 수 있는 역량'으로서의 (순수)변용태와 정동이다. 하나의 몸체는 이와 같은 변용의 역량, 즉 그것이 무엇을 할 수 있는가에 의해 규정된다. 하나의 몸체는 어떤 배치와의 관련하에서 그 몸체가 행사할 수 있는 현실화된 변용태들의 목록에 의해 규정되는 것이다(천고, 488, 493쪽 참조) 감각할 수 없지만 감각밖에 될 수 없는 역설적 이중성을 가진 강도적 차이는 발생과 인식의 직접적 근거가 된다. 나는 현실화되기 이전의 잠재적 상태의 변용태를 '순수'변용태라고 부를 것이다. 순수기능과 상통하는 개념이다.

몰적 추상화와 대비하여 정리해 보자. 들뢰즈의 분자적 추상화의 핵심은 분화소로서의 분자적 충족이유를 추출하는 것이다. 배치론의 추상기계의 차원에서 말하면, 발생의 원천에 대응하는 추상기계의 질료, 그리고 인식의 근거에 대응하는 추상기계의 순수기능을 표현할 수 있는 개념들을 추출하는 것이다. 몰적 추상화에 의한 몰적 충족이유의 추출은 실재에 대한 단순화로서 일종의 발명이라고 할 수 있고 분자적 추상화에 의한 분자적 충족이유의 추출은 실재에 대한 침투, 즉 존재 자체로의 침투로서 일종의 발견이라고 할 수 있다. 전자는 법칙 또는 규칙의 발명이고 후자는 분화소(차이 짓는 차이소)의 전치와 위장 또는 순수기능(순수변용태)의 포착 내지 발견이다. 전자는 명제의 발명이고 후자는 문제의 발견이다. 전자는 일반성의 발명이고 후자는 독특성의 포착 내지 발견이다. 전자는 새로운 코드와 영토의 발명이고 후자는 탈주의 포착 내지 탈영토화의 첨점 또는 벡터의 발견이다. 전자는 경계의 획정 또는 발명이고 후자는 외부와 여백의 발견이다. 들뢰즈에게 "반복은 본성상 위반이고 예외이다. 반복은 언제나 법칙에 종속된 특수자들에 반하여 어떤 독특성을 드러내며, 법칙을 만드는 일반성들에 반하여 항상 어떤 보편자를 드러낸다."(차반, 34쪽) 엄밀히 말하면 사건과 역사에 법칙은 없다. 차이의 반복만이 있을 뿐이다.

들뢰즈의 분자적 추상화는 하나의 몸체를 규정하기, 즉 근거 짓기를 위해서 발생의 원천과 인식의 근거를 찾아 잠재적 세계로까지 천착해 들어간다. 들뢰즈의 분자적 추상화는 사유와 학문의 거대한 진보다. 몸체를 규정하는 엄밀한 방법이다. 재현의 방식, 즉 준비된 질료에 외부로부터 형상을 부과하는 방식의 몰적 추상화는 실재를 기술하기에는 너무나 불충분하다. 들뢰즈는 말한다. "(원천으로서의) 힘과 근거의 상보성을 형상과 질료의 충족이유이자 이 둘의 결합의 충족이유로 내세운다는 것은 이미 하나의 진보에 해당한다."(DR, p353/차반, 578~9쪽)

4.
분자적 추상화의 적용과 사례

    종합적 전체론의 시각에서 탈근대 철학적 사유의 극으로 향하는 학문의 길로 제시된 것이 분자적 추상화다. 분자적 추상화의 전형으로 나는 들뢰즈의 분자적 추상화를 제시했다. 앞으로의 분자적 추상화의 시도들은 들뢰즈의 분자적 추상화를 중심으로 전개될 것이다.

    들뢰즈의 분자적 추상화의 핵심은 분화소로서의 다양체적 충족이유와 그 작동을 나타내는 순수기능을 포착하여 그것들을 표현하는 개념을 창출하는 것이다. 존재와 사건, 현상들의 생성과 반복 속에서 실질적인 정체성, 실질적으로 '반복되는 것'을 찾아 그것의 작동을 포착하는 일이다.

진리의 객관성과 보편성

과학은 객관성을 생명으로 하며 보편성을 추구한다. 우리가 과학을 학문의 요체로서 진리의 대변자로 존중하는 이유가 여기에 있다. 그러나 이미 보았듯이 과학은 자체의 한계가 불가피한 사유다. 특히 정확성을 금과옥조로 삼는 근대 과학은 계량화의 근본적 한계를 내포하고 있다. 무리한 수치화를 위한 조작적 개념화가 상존하는 것은 물론, 문제 선택의 자의성과 변항 선택의 임의성, 특이성 포착의 주관성, 계측 자체의 부정확성 등 불가피한 사유의 한계가 수두룩하다. 과학에 의한 진리의 탐구는 보편성을 담지할 수 없다.

존재, 즉 실재하는 것이 진리다. 실재로부터의 추상이 과학, 철학, 예술로서의 사유들이다. 이러한 사유들은 진리에 근사할 수는 있어도 진리 자체일 수는 없다. '사유와 존재의 일치'는 애초에 불가능하다. 진리(실재)는 증명(논리)보다 크다. 실재는 논리만으로는 엄밀한 설명이 불가능하다는 것이 제논의 이율배반(세철4, 27쪽 참조), 러셀의 역설, 괴델의 불완전성정리 등으로 증명된 바 있다. "모든 진리의 출발점은 상대성이다. 절대성, 보편성, 객관성 등은 상대성에서 출발해 형성되어가는 것이지 주어지는 것이 아니다."(세철4, 603쪽)

사유의 이러한 속성을 전제로 하는 주장이 관점주의(perspectivism)다. 우리가 흔히 통상적으로 말하는 진리는 모두 관점에 달려있다는 것이다(부록, 들뢰즈의 인식론 참조). 몰적 추상화도 분자적 추상화도 하나의 관점에 불과하다. 푸코가 말하는 에피스테메도, 쿤이 말하는 패러다임도 커다란 관점의 일종으로 볼 수 있다. 무슨 주의니, 무슨 사조니 하는 것도 사유에 있어서의 하나의 관점일 뿐이다. 들뢰즈와 과타리가 말하는 상대적 탈영토화는 어떤 관점하의 새로운 변화를 일컫는 것이며, 절대적 탈영토화는 관점 자체의 변화, 새로운 관점의 탄생이라고 할 수 있다. 진리로서 주장되는 모든 사유는 관점에 따른 해석이라는 것이 탈근대의 관점이다. 근대적 사유와 탈근대적 사유, 과학적 사유와 철학적 사유 모두 관점이 아닌 것이 없다.

혼히 과학은 사실의 문제를 다루고 철학은 당위의 문제를 다룬다고 말한다. 그러나 사실과 당위 또는 가치를 나누는 문제도 관점에 달려있다. 객관적 사실과 주관적 가치를 판명하게 구분하여 전자의 진리만을 추구하는 것이 과학이라는 것 또한 하나의 과학주의이거나 과학절대주의라는 관점에 불과하다. 과학에 있어서도 상대주의와 다원주의가 대세를 이루는 것이 오늘날의 관점이다. 달리 말하면 가치가 개입되지 않은 사실은 없다는 것이다. 과학도 가치의 문제에서 자유로울 수 없고 철학도 사실과 진리를 추구하기는 과학과 다를 것이 없다. 분석철학의 전통에 속하면서도 탈근대적 사유의 면모를 보이는 힐러리 퍼트넘은 사실/가치의 이분법을 무너뜨린 것으로 평가된다(세철4, 279쪽 참조). 그는 다음과 같이 말한다. "모든 경험에는 가치와 규범이 침투해 있다." "규범적 판단은 과학 자체의 실천에 필수적이다." "과학은 가치판단을 전제한다." "이론 선택은 항상 가치를 전제한다."(퍼트넘, 65, 226~8쪽 참조) 특히

"과학 이론의 선택에서 가치들-정합성(coherence), 그럴듯함(plausibility), 합당함(reasonableness), 단순성(simplicity), 가설, 이론, 모형의 아름다움, 우아함 등의 인식적 가치들-이 전제된다."(앞의 책, 236쪽). 사실과 가치는 구분되지만 어디까지가 사실이고 어디부터가 가치인지는 분명하지 않다. 사실과 가치는 뒤엉켜 있다. 더 좋은 진리와 더 나쁜 진리가 있을 뿐 절대적 진리는 없다. 진리의 판단에는 가치의 개입이 불가피하다. 사실의 기술과 가치의 평가는 상호 의존적이고 상호 보완적이다(앞의 책, 111쪽 참조).

요컨대 완전히 객관적인 사실은 없다. 해석된 사실만이 존재한다. 모든 진리는 일정 관점을 기초로 해석된 것이다. 왜냐하면 실재는 아페이론이기 때문이다. 실재는 규정되지 않은 무한한 것이다. 유한한 인간이 실재를 완전히 객관적으로 있는 그대로 규정한다는 것은 불가능하다. 실재라는 것은 인간의 경험과 추론, 관측과 실험으로 객관적으로 인식될 수 있는 대상이 아니다. 인간은 유한하기 때문에 사유와 인식과 학문의 일정 조건을 의미하는 틀, 즉 관점을 벗어날 수 없다. 인간이 완전히 객관적일 수는 없다는 것만이 객관적 사실이다. 영원한 진리는 없다는 것만이 영원한 진리다. 절대적 진리는 없다는 것만이 절대적 진리다. 실재가 무한하다는 것은 실로 의미심장하다. 우리가 진리에 근접해 간다고 느끼는 순간 더욱더 이해하기 어려운 더 큰 진리가 등장할 수도 있다. 아는 것이 많아질수록 더욱더 모르는 것이 많아진다는 말도 있지 않은가? 변화와 차이만이 진리다. 들뢰즈의 용어로 표현하면, 차이의 영원한 반복, 존재의 연속적 변주만이 진리다.

가치 평가는 한마디로 좋음과 나쁨, 우열(우등과 열등)의 판단이다. 객관성과 보편성이 진리의 가치를 결정한다. 철학과 과학을 막론하고 모든 학문의 이상은 실재에 대한 객관적 탐구라고 할 수 있다. 과학적 사유를 철학보다 우위에 두는 사람들이 내세우는 가장 큰 이유도 과학이 철학보다 더 객관적이라는 점에 있다. 그러나 사유와 학문의 가치 기준으로서 객관성이나 보편성은 인간 지성의 유한성으로 볼 때 절대적으로 규정될 수는 없는 일이고 관점들의 다양성과 보조를 맞출 수밖에 없다. 이정우는 존재와 인식의 순환성이라는 큰 틀에서 관점주의와 진리의 객관성 및 보편성의 조화를 꾀한다.

"우리는 담론들/관점들의 다양성과 실재 탐구라는 객관적-보편적 맥락을 동시에 인정해야 한다. 이 객관적-보편적 맥락에는 두 측면이 얽혀 있다. 한 측면은 존재의 측면으로서 우리의 인식은 어떤 형태가 되었든 세계(또는 존재, 자연, 우주, …)에 대한, 또는 세계에 관련된 인식이라는 점이다. 다른 한 측면은 우리의 인식은 항상 일정한 인식 조건에 입각해 이루어진다는 점이다. 중요한 것은, 존재와 인식은 순환적이라는 사실이다. 인식의 조건을 반성하지 않고 존재를 직접적으로 인식한다고 생각할 때 소박한 실재론, 객관주의, 독단주의가 나타난다. 존재구속성을 음미하지 않고서 인식의 조건만을 강조할 때, 관념론, 구성주의, 표상주의, 상대주의가 나타난다. 존재와 인식의 순환성은 근본적인 것이다."(세철4, 283쪽)

과학적 장의 성립

생성존재론을 위시한 탈근대 사유에 입각할 때, 과학은 더 이상 영원 속에 주어진 질서, 절대적 법칙을 발견하는 행위가 아니라 질적 차이소들의 흐름을 따라가면서 그 흐름에서 나타나는 결들을 관찰, 실험과 논리, 수학을 통해 파악하는 행위로 전환된다. 이러한 사유는 상정된 실체들과 법칙들에 입각해 대상들을 재단하기보다는 실제 이루어지는 생성의 결을 따라가면서 이루어진다. 과학이란 질적 차이소들의 생성을, 그 결들을 따라가면서 과학적 지능으로 포착하는 행위가 된다. 이처럼 위치와 운동량에 집착하는 물리과학을 모델로 하는 근대적 과학관으로부터의 대전환이 이루어지고 있다(세철4, 134, 135, 229쪽 참조). 이러한 생성의 결을 따라 생명과학과 인간과학의 발전이 이루어졌고 앞으로도 새로운 과학적 장의 전개와 함께 들뢰즈와 과타리가 사유한 소수자과학, 유목적 과학의 끝없는 발전이 이루어질 것이다. 근대적 사유와 탈근대적 사유, 과학과 철학은 균형과 조화를 통해 리좀적 연대와 상호작용을 거치며 영원히 발전할 것이다. 현대 생성존재론의 정립을 근대적 사유에서 탈근대적 사유로의 거대한 전환으로 해석하는 이정우는 생성존재론과 과학 발전의 관계를 다음과 같이 설명한다.

"과학은 생성존재론과 대화하면서 에네르기, 파동, 진화, 흐름 등을 적극적으로 사유하기 시작했고, 생성존재론은 생성의 와중에서 드러나는 형식들에도 주목하기 시작했다. 들뢰즈 철학과 복잡계 과학 이래 과학과 형이상학은 넓은 견지에서 볼 때 거대한 다양체를 형성해왔으며, '존재에서 생성으로'를 넘어 '생성에서 존재자들로'를 사유해온 것이다. 여기에서 더 나아가 생성존재론의 철학자들은 생성의 여러 방식들 중 특히 '사건' 개념을 특화해 사유하기에 이르렀으며, 그로써 일종의 자연주의의 뉘앙스를 짙게 띠었던 생성존재론을 의미, 행위, 주체의 차원으로 확장해 새로운 경지를 열수 있었다. 사유의 이런 흐름은 제 과학의 발전과 보조를 맞추면서 앞으로도 계속되어야 할 것이다."(세철4, 193~4쪽)

생성존재론에 기반을 둔 들뢰즈의 분자적 추상화의 과정으로 하나의 과학적 장이 성립하는 과정을 구체적으로 설명할 수 있다. 이념에서 분화로 이어지는 과정은 미분적 관계에 상응하는 측면과 특이점에 상응하는 측면의 이중의 분화다. 분화소의 작동에 의해 이념을 구성하는 요소들과 관계들과 특이점들의 현실화를 규정함으로써 우리는 어떤 관계로서의 몸체와 어떤 독특성으로서의 몸체의 성립 과정을 포착할 수 있는 것이다. 우리는 들뢰즈의 이념이 분화되는 범주에 따라 관계로서의 몸체에 대응하는 영역으로서의 과학적 장을 생각해 볼 수 있다. 들뢰즈에 의하면 "이념 안의 다른 수준들은 다른 장들 속에서, 그리고 다른 과학들에 상응하는 다른 표현들 속에서 구현된다. 상이한 과학적 영역들은 바로 이렇게 변증론적 문제와 그 수준들로부터 발생하게 된다."(차반, 396쪽) 이념을 구성하는 요소, 관계, 특이점들이 모두 물음들과 문제들을 품고 있다. 이 문제들을 종합하고 그에 대한 해법을 제시하려는 시도로서 하나의 과학이 성립할 수 있는 것이다.

과학적 장의 성립 과정은 분자적 추상화의 차원에서 분화소 또는 순수기능으로서 추출된 보편적 개념들이 각각의 범주에 따라 질과 종, 부분과 조직에 해당하는 구체적 개념들로 변환되는 과정으로 볼 수 있다. 미분적 요소, 미분비(미분적 관계), 특이점들이 범주에 따라 구체적으로 분화 또는 현실화하는 과정이다. "모든 현실화 과정은 질적이고 외연적인 이중의 분화이다. 그리고 분화의 범주들은 아마 이념을 구성하는 미분적인 것들의 질서에 따라 변할 것이다. 즉 질화와 부분화는 어떤 물리학적 현실화의 두 측면이고, 종별화와 유기적 조직화는 어떤 생물학적 현실화의 두 측면이다."(차반, 522쪽)

물리학의 차원에서는 미분비에 상응하는 질과 특이점에 상응하는 외연적 부분의 발생이 이루어진다. 힘, 물질, 에너지와 같은 개념들이 물리학적 장에서의 분화소 역할을 한다. 그것들 사이의 관계, 그리고 그 관계에 대응하는 특이점들에 따라 소립자, 원자, 분자, 생명과 자연, 우주가 생성되고 운동한다. 생물학의 영역에서는 유전자들이 분화소의 역할을 할 수 있고, 유전자들의 변이와 관계들의 변주가 한 유기체의 전반적 특성을 결정한다(차반, 404쪽 참조). 미분비에 상응하는 종과 특이점에 상응하는 유기적 부분의 발생이 이루어진다. 언어학의 영역에서는 언어적 이념 안에서의 어떤 관계들, 관계들의 값들, 그리고 어떤 특이성들이 구현된 것이 각각의 랑그들이라고 할 수 있다(의논, 532쪽). 음소들 사이의 미분적 관계가 특이성들을 한 랑그 안에 배분한다(의논, 118~9쪽). 음악의 이

넘은 멜로디(선율, 음정), 리듬(장단, 강약, 박자), 하모니(화성)의 세 개의 차원의 연속적 다양체라고 할 수 있다. 3차원의 분화소들로 구성된 수많은 관계와 특이성들로부터 다양한 장르와 수많은 작품들이 탄생한다.

반복되는 트라우마나 정신질환 또는 정동과 같은 무의식에 대한 대표적인 두 가지 해석이 정신분석과 분열분석이다(부록, 분열분석 참조). 정신분석은 무의식을 발견했지만 그것을 재현적으로, 언어처럼 구조화된 것으로 해석한다. 몰적 추상화의 단계에 머문 것이다. 근대 과학적 사유에 입각하여 무의식을 하나의 고정된 구조로 본 것이다. 그러나 제대로 된 과학적 사유도 전개하지 못함으로써 반증주의를 주장하는 칼 포퍼의 비판의 표적이 되기도 했다. 분열분석은 무의식을 정신분석과 달리 비재현적이고 생산적인 것으로 해석한다. 무의식은 하나의 잠재적 충족이유로서의 분화소 역할을 갖는다. 소수자과학 또는 탈근대 철학적인 분자적 추상화로 나아간 것이다. 분열분석은 비인간주의와 자연주의에 따라 인간의 무의식을 넘어 존재하는 모든 것의 잠재적 역량 또는 생산적 욕망까지 무의식으로 간주한다. 연결·분리·결합종합을 통한 무의식의 자기생산을 모든 것의 발생 원천으로 본다(부록, 무의식의 종합 참조).

욕망의 미시경제학이라고 할 수 있는 들뢰즈 경제학에서는 분화소로서의 생산적 욕망과 그 작동의 포착으로 소수자 경제과학과 탈근대 경제철학을 정립해 나간다. 생산적 욕망이 반복하는 어떤 계열들의 종합을 확립하고 계열 내의 관계와 특이점들을 규정함으로써 하나의 학문으로서 욕망경제학이 성립하게 된다. 분화소로서의 생산적 욕망이 주재하는 부, 소유, 생산, 분배, 소비 등의 순수기능을 표현하는 개념들을 생각할 수 있고, 그것들의 관계들로서의 미분적 관계(미분비)의 현실화인 생산양식, 경제체제 등을 생각할 수 있고, 특이점이나 독특성의 현실화인 구체적인 생산 부문이나 경제 조직들을 생각할 수 있을 것이다. 뒤에서 '경제'를 다시 사유하면서 자세히 논할 것이다.

새로운 분화소의 추출로 새로운 학문 분야가 개척될 수 있다. 분자적 추상화의 길 말고도 근원적 충족이유로서의 원리를 찾는 것은 모든 학문이 취하는 동일한 모습이다. 몰적 추상화를 시도하는 학문이든 분자적 추상화를 시도하는 학문이든 마찬가지다. 다만 그 원리 자체가 몰적이냐 분자적이냐, 표상적이냐 비표상적이냐, 고정된 원리로의 환원을 추구하느냐 원리로부터의 발산과 창발을 추구하느냐 하는 차이가 있을 뿐이다. 들뢰즈 경제학은 생산적 욕망이라는 원리로부터의 발산과 창발을 연구하는, 소수자과학 영역과 탈근대 철학 영역의 한 분야라고 할 수 있다.

시간과 공간

시간과 공간을 어떻게 보는가에 따라 사유의 구체적 양태가 좌우된다. 몰적 추상화를 지향하는 사유는 시간과 공간을 운동의 시공간, 현실적 시공간으로 보는 경향을 가진다. 기준과 단위가 있다. 기수적이고 연대기적인 크로노스의 시간이다. 현재, 과거, 미래의 명확한 구분이 이루어진다. 현실적 공간은 들뢰즈와 과타리의 용어로 말하면 정주적인 홈패인 공간이다. 눈에 보이는 지각 가능한 공간(space)이다. 질과 양이 규정되는 외연적 공간을 말한다. 현실적인 시간과 공간에 의해 능동과 수동, 작용과 반작용이 명백히 구분됨에 따라 현실적 인과관계의 포착이 가능하게 된다.

분자적 추상화를 지향하는 사유는 시간과 공간을 사건·생성의 시공간, 잠재적 시공간으로 보는 경향을 가진다. 기준과 단위 같은 것은 없다. 서수적인 아이온의 시간이다. 현재, 과거, 미래의 관계에 대한 새로운 차원의 사유다(이정우 2023, 2부 참조). 들뢰즈의 세 가지 시간의 종합의 결과가 현재, (순수)과거, 미래(영원회귀)다. 이러한 차원에서의 과거와 미래는 현재와 공존한다. 들뢰즈가 생각하는 과거, 현재, 미래는 분리된 것이 아니라 서로 맞물려 있다. 잠재적 공간은 들뢰즈와 과타리의 용어로 말하면 유목적인 매끈한 공간이다. 지각 불가능한 강도적 공간(spatium)이라고 할 수 있다. 들뢰즈가 분자적 추상화로서 제시하는 시공간하에서는 능동과 수동, 작용과 반작용의 구분이 사실상 불가능하다. 따라서 이 경우에는 명확한 현실적 인과관계의 포착은 어렵지만 분자적 충족이유로서의 의사-인과관계의 포착이 중요한 의미를 가진다.

힘과 물질

힘과 물질은 존재의 근원이다. 물질(matter)이 세계를 구성하는 실체(substance)라는 것이 유물론(materialism)이다. 자연과학은 물론이고 자연과학과 친화적이면서 그것의 외부와 토대를 사유하는 들뢰즈의 사상 또한 유물론을 기반으로 한다. 그러나 같은 유물론이더라도 과학의 외부와 토대를 사유하느니만큼 들뢰즈의 힘과 물질에 대한 관점은 과학의 그것과 같을 수 없다.

몰적 추상화는 현실적 차원의 힘과 물질을 추출한다. 과학적 유물론, 그중에서도 특히 환원적 유물론에서 사유하는 힘과 물질이다. 물질은 질량으로 측정될 수 있다. 힘과 물질을 지시하는 개념으로는 에너지가 대표적이다. 일반적으로 물질보다는 에너지가 더 본질적이다(최무영, 124쪽). $E=mc^2$의 식에서 보듯이 질량을 가진 물질도 에너지에 불과하다. 에너지가 질량이라는 형태로 있는지 다른 형태로 있는지에 차이가 있을 뿐이다(앞의 책, 262쪽). 현실적 힘과 물질(질료)에 대응하는 형상의 하나로서 유기적(organique)으로 작동하는 것이 현실적 기능(fonction, 영어 function)이다.

분자적 추상화의 극단은 잠재적 차원의 힘과 물질을 추출한다. 들뢰즈의 표현적 유물론에서 사유하는 힘과 물질을 예로 들 수 있다. 힘과 물질을 표현하는 개념들이 흐름(flux), 차이 자체, 잠재적 역량, 무의식적 욕망, 강도적 에너지, 비유기적 생명, 기(氣) 등이다. 잠재적 힘과 물질에 대응하여 기계적(machinique)·리좀적(rhizom-atique)으로 작동하는 것이 잠재적 순수기능(fonctionnement)이다.

들뢰즈의 표현적 유물론은 힘의 존재론이다. 개체를 개체로 만들어 주는 것은 그 개체가 어떤 내부적인 힘을 가지고 있기 때문이다(이정우2012, 60쪽). 그 힘은 뉴턴 역학적 힘(force, 불어 la force, 독어

die Kraft)이 아니라 스피노자, 라이프니츠, 니체, 들뢰즈가 생각하는 힘 또는 역량(power, 불어 la puissance, 독어 die Macht)이다. 이 힘과 역량, 그리고 그것을 표현하는 무의식적 욕망, 강도적 에너지, 비유기적 생명의 움직임과 운동에는 환원적 유물론의 핵심 법칙인 뉴턴의 역학 법칙은 물론이고 비환원적 유물론의 핵심 법칙인 에너지 보존의 법칙, 엔트로피 법칙도 적용되지 않는다. 이러한 힘과 물질을 사유하는 영역은 분자적 추상화의 극한, 근대성과 과학의 외부로서의 탈근대 철학의 영역이다.

탈근대 철학적 사유를 대표하는 들뢰즈가 실재로부터 추상해낸 물질은 흐름(flux)으로서의 물질이다. 실제로 흐르는 것(stream)을 말하는 것이 아니다. 단지 고정적이지 않고 과정적인 것을 말하는 것이다. 들뢰즈의 입자로서의 분자적 물질은 입자물리학의 몰적인 분자, 원자, 핵, 중성자, 양성자, 쿼크 등과는 다른 것이다. '비유기적 생명'으로서의 물질은 하나의 힘, 즉 내재적인 변이의 역량과 비유기적 생명력을 가진 근원적 동력으로서의 물질이다. 요컨대 들뢰즈의 힘과 물질은 배치들 속에 들어왔다가 나가버리는 운동-물질, 에너지-물질, 흐름-물질이라고 정리할 수 있다. 탈지층화되고 탈영토화된 물질이다(천고, 782쪽).

들뢰즈와 과타리는 다수자과학과 소수자과학, 왕립과학과 유목과학을 설명하면서 소수자과학은 다수자과학에 수많은 영감을 제공하여 그것을 끊임없이 풍부하게 만들어 주고 소수자과학도 최고도의 과학적 요구에 직면해 이를 통과하지 않으면 아무런 의미도 없게 된다고 한 바 있다(천고, 925~6,928쪽 참조). 이는 몰적 추상화와 분자적 추상화의 관계에도 그대로 적용될 수 있는 말이다. 분자적 추상화에 의해 추출된 개념이 다른 몰적 개념이나 법칙의 추출에 영감을 주고 풍부하게 할 수 있다. 가령 라이프니츠의 힘 개념이 '운동에너지'의 개념으로 연결된 경우가 대표적이다(세철3, 125, 127, 148쪽 참조). 형이상학적 힘 개념이 물리적 에너지 개념의 추출에 영감을 준 경우다.

강도적인 것

  앞서 논의한 것처럼 '강도적인 것'은 환원적 유물론과 비환원적 유물론, 그리고 표현적 유물론에 있어서의 물질성을 나누는 기준이 되어 결국 다수자과학과 소수자과학, 그리고 탈근대 철학을 구분하는 데 핵심 열쇠가 되는 중요한 개념이다. 강도적 사유는 양의 사유와 질의 사유를 연결하는 징검다리 역할을 한다.
  존재의 근원으로서의 힘과 물질을 요소로 하여 하나의 몸체로 개체화한 것들은 양적인 것(the quantitative), 질적인 것(the qualitative), 강도적인 것(the intensive, 불어 l'intensif)으로 나눌 수 있다. 양적인 것은 절속(絶續, articulation) 또는 절합(絶合), 즉 나누어지거나 합쳐질 경우 본성이 변하지 않는다. 질적인 것은 절속 자체가 불가능하다. 질 자체는 절속이 불가능하지만 강도에 의해 질의 구분은 가능하다. 가령 맛이나 색깔 등은 외연적 분할이나 합성이 불가능하지만 강도에 의한 분류는 가능한 것이다. 강도적인 것은 절속이 가능하지만, 절속되면 반드시 본성이 변화한다.

한편으로, 강도적 속성은 질량, 부피 등의 외연적 속성들과는 달리 주어진 상태에서 물질의 양이 나뉘거나 합쳐져도 전후 똑같은 값을 갖는다. 다른 한편, 강도적 속성은 양의 증감과는 상관없이 서로 다른 강도적 개체들이 만나면 단순히 더해지기보다는 평균이 되려는 경향 또는 강도적 차이를 최소화하려는 경향을 갖는다. 즉 본성이 변하는 것이다. 이것이 강도적 속성의 창발적 특성이다. 강도적인 것은 강도상의 차이들이 "물질 혹은 에너지의 흐름들을 일으킬 수 있다는 사실을 통해 질적인 것과 구분"(데란다, 126쪽)된다.

양적인 것과 질적인 것은 몰화된 것이지만 강도적인 것은 몰적인 것과 분자적인 것의 경계에 위치한다. 들뢰즈와 과타리의 소수자과학과 마누엘 데란다의 강도적 과학의 연구 대상이다. 추상화의 두 가지 수준에 따라 나누어 생각해 볼 수 있다. 몰적 추상화의 수준에서는 계량화가 완성된 강도적인 것을 사유한다. 열역학이나 통계역학이 대표적이다. 온도, 압력, 속도, 밀도 같은 것들이 몰적으로 개체화한 강도의 사례들이다. 분자적 추상화의 수준에서는 분자적으로 개체화한 강도를 사유한다. 복잡계 과학과 분자성이 더 강한 강도를 사유하는 잠재적 철학이 대표적이다. 창발적 요소로서의 힘들(자기조직화 임계성에 의한 창발의 역량들), 존재 발생의 직접적 근거로서의 분화소와 같은 것들이 분자적으로 추상화된 강도의 사례들이다.

몸체의 규정

존재하는 것, 즉 몸체의 정체성을 파악하는 것이 사유와 학문의 목적이다. 몰적 추상화와 분자적 추상화는 몸체를 규정하는 개체화의 두 가지 양태에 대응된다(천고, 494쪽 참조).

몰적 추상화로서의 몰적 개체화는 인칭, 주체, 사물, 실체로서의 몸체를 규정하는 것이다. 형식화한 몰적 개체의 추출이다. 양적인 것과 질적인 것으로 분화·현실화·구현된 것이 이에 해당한다. 분자적 추상화로서의 분자적 개체화는 몸체를 어떤 '이것임(heccéité, 영어 thisness)'(천고, 493, 508쪽)으로서 규정하는 것이다. 비형식적, 비주체적인 분자적 개체의 추출이다. 구체적으로 형식화된 명명이 불가능하기 때문에 '이것임'이라는 모호한 용어를 사용하는 것이다. '이것임'의 가장 두드러진 특징은 'singularity=multiplicity'라는 마법과도 같은 공식에 있다. 일자와 다자의 이분법을 초월한 개념이다. '이것임'은 이질적인 것들의 접속을 통해 형성되는 분자적 다양체이다(이정우2023, 125쪽 참조)

분자적 추상화에 의하면 하나의 몸체는 고정된 본질이 아니라 무엇을 할 수 있는가에 따라 규정된다. 즉 잠재적 역량, 변용될 수 있는 역량과 변용할 수 있는 역량에 따라 엄밀한 인식이 가능한 것이다. 요컨대 하나의 몸체는 일정한 배치하의 표상화한 변용태들의 목록에 의해 규정된다. 표상화한 변용태는 특정한 배치와 만나 순수한 변용태가 현실화한 것이다. 사회적 몸체로서의 사회체도 마찬가지다. 욕망이 사회장을 구성한다는 것이 들뢰즈와 과타리의 분열분석의 결론이다. 하나의 몸체로서의 사회체 역시 사회적 조건하의 생산적 욕망의 배치에 의해 규정된다. 들뢰즈와 과타리의 생산적 욕망은 분화소로서의 집단적 정동·(순수)변용태에 해당한다. 사회적 생산은 특정 조건들 또는 형식들하의 욕망적 생산이다. 순수한 변용태와 표상화한 변용태의 관계는 욕망적 생산과 사회적 생산의 관계와 같다고 할 수 있다. 들뢰즈와 과타리는 말한다. "사회장은 즉각 욕망에 의해 주파되고 있다. 사회장은 욕망의 역사적으로 규정된 생산물이다. …… 욕망과 사회가 있을 뿐, 그 밖엔 아무것도 없다."(안오, 64쪽)

신(神)이라는 것

신(神)이라는 개념도 우리의 두 가지 방향으로 추상화가 가능하다. 몰적 추상화에 의하면 종교나 신화 등에 등장하는 인격신들을 신으로 규정할 수 있다. 애니미즘과 토템이즘 기반의 신들도 가능하다. 기적을 일으키는 초월적 능력을 가진 존재들이라고 할 수 있다.

분자적 추상화에 의하면 비표상적이고 무한한 존재로서의 신을 생각할 수 있다. 세상의 모든 사건을 주관하는 무한 존재인 것이다. 힘, 역량, 기(氣)로서 신을 규정할 수 있다. 스피노자의 자연, 라플라스의 악마 등으로 표현되는 것들이다.

이에 의하면 신의 세계로 들어가는 죽음이라는 것도 개체화된 유기적인 생명에서 이념적 다양체인 비유기적 생명(력)으로 돌아가는 일종의 상전이(相轉移)로 볼 수 있지 않을까? 즉 사후의 세계도 들뢰즈가 말하는 잠재적 세계의 일부로 볼 수 있지 않을까? 물리학에서 말하는 암흑물질이나 암흑에너지와 같은 어떤 물질이나 에너지로 돌아가는 것은 아닐까? 사후의 세계도 생전의 세계와 불연속은 아닐 것이다. 현실과 잠재가 상호 작용하는 연속적 세계이듯이 생과 사도 연속적인 것으로 볼 수 있고 그 사이에는 어떤 형태로든 상호작용이 불가피할 것이다. 들뢰즈도 모든 죽음은 이중적이라고 하면서 한편으로 죽음은 나의 분화와 자아의 분화를 상쇄하는 탈분화(dédifférenciation)라고 말한다(DR, p333/차반, 548쪽 참조). 즉 죽음은 들뢰즈의 용어로 말하면 현실적인 것에서 잠재적인 것으로 돌아가는 것으로 볼 수 있을 것이다.

인과관계

인과관계는 사건 사이의, 원인과 결과 사이의 경험적 필연성이라고 할 수 있다. 논리적 필연성과는 차이가 있다. 흄은 인과법칙은 경험으로부터 생겨나는 관습, 인과관계는 연상의 습관일 뿐이라고 하여 근본적 회의를 나타낸 바 있다(경주, 187쪽 참조). "인과적 필연을 비-경험적으로 증명할 길은 없는 것이다. 경험을 통해서는, 귀납을 통해서는 결코 필연적인 명제에 도달할 수 없다."(세철 3, 419쪽) 그러나 사유에 있어서 인과관계의 설정과 규명은 실재를 이해하는 데 매우 유용한 도구가 된다는 것을 부정할 수는 없을 것이다.

물적 추상화는 외적 인과, 현실적 원인과 결과의 파악에 주력한다. 작용인의 규명, 공간상의 작(作)의 관계 규명에 초점을 맞춘다. 일방향적 인과관계에 의한 필연성을 사유한다. 미래에 대한 예측 가능성에 매우 긍정적이다. 반면에 분자적 추상화는 내적 인과, 잠재적 충족이유로서의 원인과 현실적 결과의 연결에 주목한다. 시간상의 생(生), 화(化)의 관계 규명에 초점을 맞춘다. 우발성의 사유에 기초하여 우연한 만남으로 인한 상호작용을 사유한다. 미래에 대한 예측 가능성에 부정적이다. 복잡계적 사유, 준원인, 의사-인과율의 모색과 통한다.

금융위기를 사례로 들어보자. 2008년 금융위기의 직접 원인은 서브프라임 모기지의 파산이었다. 그러나 반복되는 금융위기의 내적 원인은 신자유주의 부채경제라고 할 수 있다. 더 나아가 금융자본주의 체제 자체의 위기가 원인이라고 할 수 있다. 분화소로서의 금융자본, 추상기계의 순수기능으로서의 금융자본의 작동 자체가 금융위기의 원천, 잠재적 충족이유인 것이다. 모든 것의 금융화, 부채경제와 지위 경쟁, 소비주의를 야기하는 금융자본주의-추상기계의 힘과 (순수)기능이 금융위기를 초래했다.

정념

　이제 하나의 몸체로서의 정념(la passion)에 대해 알아보자. 들뢰즈와 과타리가 사용하는 passion이라는 단어는 수동의 의미를 내포하는 것으로서(천고, 157쪽 참조), 통상적 의미인 열정이나 정욕을 나타내는 말이 아니다. 우리말로는 정념 또는 정서(émotion) 정도로 번역 가능한 정신적 몸체(정신체)의 하나다. 들뢰즈와 과타리에 의하면 배치는 정념적이며, 욕망의 구성이고, 정념은 배치에 따라 달라지는 욕망의 현실화다. 배치에 따라 정의, 잔혹함, 연민 등이 달라진다. 가령 기병에서 보병으로 배치가 변함에 따라 전쟁의 에로스 전체가 변하고 집단의 동성애적 에로스가 기병의 동물 지향적 에로스를 대체하려고 한다(MP, p497/천고, 767쪽). 정념도 두 가지 관점에서 이해할 수 있다.

　몰적 추상화의 차원에서 정념은 현실화한 정동(affect)으로서의 감정(sentiment)이라고 할 수 있다. 표상 가능한 정신체 중의 일부로서 인간적이고 개체적인 것이다. 개체의 유기적 기능으로부터 도출될 수 있는 정념이다. 뇌과학이 무한히 발전한다면 뇌의 신경물리학적 작용으로 모든 정념을 인과적으로 설명하는 것이 가능할 수도 있다. 그것이 가능하다면 모든 정념이 필연성이 적용되는 사실의 영역으로 간주될 수도 있을 것이다. 들뢰즈와 과타리는 정주적인 노동 체제가 동원하는 정념으로서 도구의 속성에 대응하는 정념을 예로 들고 있다(천고, 773쪽 참조).

　분자적 추상화의 차원에서는 현실화하기 이전의 정동으로서의 정념을 사유한다. 비표상적인 기관 없는 몸체(탈기관체)로서 비인칭적이고 전(前)개체적이거나 초개체적인 것이다. 전개체적이거나 초개체적인 존재의 기계적 작동 또는 순수기능(fonctionnement)으로부터 촉발될 수 있는 정념이다. 들뢰즈와 과타리는 유목적이고 리좀적인 전쟁기계 체제가 동원하는 정념으로서(부록, 전쟁기계 참조) 무기의 속성에 대응하는 정념을 예로 들고 있다(천고, 773쪽 참조).

들뢰즈와 과타리에 의하면 노동 체제가 동원하는 도구의 유기적 기능에 대응하는 정념으로서의 감정은 항상 이동하고 지연되며 저항하는 정서인 반면, 전쟁기계 체제가 동원하는 무기라는 순수기능에 대응하는 정념으로서의 정동은 정서의 급속한 방출이며 반격이다. 감정은 도구와 마찬가지로 내향적인 반면, 정동은 무기와 마찬가지로 투사되는 것이다(MP, p498/천고, 768쪽). 정동에 대해서는 정동자본주의를 논할 때 자세히 알아볼 것이다.

욕망

앞서 배치는 욕망의 구성이고, 정념은 배치에 따라 달라지는 욕망의 현실화라고 했다. 정신분석을 비판하고 분열분석과 배치론으로 나아가는 들뢰즈와 과타리에게 욕망(désir, 영어 desire)이라는 단어는 매우 독특한 의미를 가진다. 그들의 분자적 추상화에 따른 욕망 개념은 기존의 몰적 추상화에 의한 욕망 개념과는 사유의 지평을 달리한다.

몰적 추상화에 의해 창출된 욕망 개념은 정형화한 욕구나 필요를 지시(indicate)하거나 지칭(designate)한다. 외부의 고정된 형상의 부과에 의해 유형이 결정된다. 가령 재물욕, 명예욕, 성욕, 수면욕 등이다. 매슬로우의 욕구의 5단계 같은 유형으로 분류될 수도 있다. 이처럼 몰적 추상화는 명석·판명한 나무형 다양체로서의 욕망을 사유한다.

분자적 추상화에 의해 창출된 욕망 개념은 생산적 무의식을 표현(express)한다. 유형화할 수 없는 각각의 내적 차이 또는 내부적 추동력으로서의 정동 또는 변용태를 일컫는 용어다. 상황이나 배치와 관련하여 연속적으로 변주하는 독특한 힘이라고 할 수 있다. 리좀형 다양체로서의 욕망이다. 이러한 욕망 개념을 바탕으로 하는 욕망경제학으로서의 들뢰즈 경제학은 '생산적 욕망'을 사유와 인식의 기본 원리, 분자적 충족이유(발생의 원천과 인식의 근거)로 삼는다.

동물의 구분(동물-되기)

몰적 추상화에 의한 동물의 구분 또는 규정은 유기적 기능(fonc-tion organique)에 주목한다. "동물에서 종과 속(유), 형태와 기능 등 몇몇 특성들을 부여하거나 추출해낼 수 있다."(천고, 454쪽) 기관이나 기능에 의해 동물들은 유(類, genre, 영어 genus)와 종(種, espèce, 영어 spe-cies)으로 나뉠 수 있다. 유와 종의 고유한 특성(caractère)이 있는데 유와 종 안의 개체들 사이에서는 대체가 가능한 성질들이다. 몰적 추상화는 고정된 정체성으로서의 동물-이기에 초점을 맞춘다. 특성들과 기능들에 기초하여 인간과 동물의 유사와 유비에 따른 신화적 또는 토테미즘적 사유가 파생된다.

분자적 추상화에 의한 동물의 구분 또는 규정은 기계적(machinique)으로 작동하는 순수기능(fonctionnement)에 주목한다. 추상기계의 요소로서의 순수기능, 현실화의 문턱을 넘기 전의 순수변용태의 기계적 작동으로부터 일정 배치하의 변용태(affect)가 도출된다. 이것은 대체 가능한 기능적 특성이 아니라 대체 불가능한 단독성(seul et unique)으로서의 특이성, 즉 독특성(singularité)이다. 들뢰즈와 과타리에 의하면 "한 마리 어떤 새에 대한 개념은 그가 속한 유와 종에 있는 것이 아니라, 그 새의 자세와 빛깔, 소리 등의 구성에 있다."(무엇, 34쪽) 동물은 몇 가지 특성(기능)들로 구성된 몰적인 고정체라기보다 일차적으로는 변용태들로 구성된 분자적이고 리좀적인 다양체다. "동물은 더 이상 (종, 속 등과 같은) 특성들이 아니라 개체군들, 즉 이 환경에서 다른 환경으로의 변수들 또는 같은 환경 안에서의 변수들에 의해 규정된다."(MP, p292/천고, 454쪽) 특정 배치 또는 다양체하의 변용태들로 규정된다는 의미다. 분자적 추상화는 고정된 기능을 가진 동물-이기보다 생성과 변주로서의 동물-되기에 초점을 맞춘다. 강력한 생성 안에서 모든 동물을 포착한다(천고, 458쪽).

분자적 차원의 순수기능, 순수변용태가 힘 또는 생산적 욕망의 기계적 작동을 주재하는 준원인, 분자적 충족이유, 분화소의 역할을 수행한다. 분화소가 특정한 환경하의 현실화를 주재함으로써 몰적인 변용태를 구현한다. 들뢰즈와 과타리가 말을 규정하는 사례를 보자.

"꼬마 한스의 말은 재현적인 것이 아니라 변용태적인 것이다. 그 말은 종의 성원이 아니라 〈수레를 끄는 말-승합마차-거리〉라는 기계적 배치 속에 있는 하나의 요소 또는 하나의 개체다. 말은 그가 한 부분을 이루는 이 개체화된 배치와 관련하여 능동과 수동 양면에 걸친 변용태들의 목록에 의해 규정된다. 눈가리개로 가려진 두 눈을 갖고 있음, 재갈과 고삐가 물려져 있음, 자부심이 높음, 큰 고추를 갖고 있음, 무거운 짐을 끎, 채찍질을 당함, 쓰러짐, 네 다리로 소란한 소리를 냄, 깨묾 등이 그것이다."(천고, 488쪽)

들뢰즈와 과타리의 모든 '되기'는 소수자-되기이자 분자-되기이다. 되기란 늘 변별적 동일성들에서의 건너뜀이 아니라 그 사이에서의 미분적인 생성을 통해서만 가능하다(이정우2023, 71쪽). 인간의 동물-되기는 동물의 기관이나 기능을 모방하거나 흉내 내는 것도, 유비 관계에 놓이는 것도 아니고, 일정한 배치하의 인간의 변용태와 동물의 변용태의 조합 또는 합성이다. 동물-되기뿐만 아니라 모든 되기 또는 생성은 몸체와 몸체 사이의 만남에 따른 이러한 변용태들의 조합 또는 합성이다. 우리는 몸체의 변용태들은 무엇인지, 그것들이 다른 몸체의 변용태들과 어떻게 조합되거나 조합되지 않을 수 있는지, 그 결과 다른 몸체를 파괴하는지 아니면 그것에 의해 파괴되는지 또는 다른 몸체와 함께 더 강력한 몸체를 합성하는

지 등을 알아야 한다(천고, 488쪽 참조).

거대한 전환의 해석

20세기 초의 대공황, 21세기 초 금융위기 이후의 대침체, 50~60년 주기의 콘드라티에프 파동, 신자유주의의 성쇠와 같은 시대를 가르는 대전환의 설명을 위해서는 추상화가 필요하다. 거대한 전환에 걸맞은 거대한 개념, 법칙, 이론과 모형, 문제의 추출이 필요하다.

몰적 추상화에 따르면 기술혁신, 거대한 버블의 형성과 붕괴, 대전쟁, 극단적 계급투쟁, 인구통계학적 변화, 대역병의 창궐 등이 대전환의 원인이 된다. 이러한 것들이 대전환의 몰적 충족이유가 된다.

분자적 추상화에 의하면 저변에 흐르는 힘의 흐름의 역전, 무의식적인 생산적 욕망의 변환 등을 잠재적 준원인으로 해서 이러한 거대한 전환들을 설명할 수 있다. 잠재적 욕망의 반복적 회귀가 현실적 사건의 반복, 배치의 변환의 원천이다. 분화소, 순수과거·기억의 한 조각으로서의 집단적 욕망(집단적 정동, 집단적 트라우마)의 전치와 위장을 통해 사건이 구현되고 새로운 배치가 창출되는 것이다. 거대한 전환의 발생의 원천과 인식의 근거가 되는 근원적 충족이유는 이러한 욕망의 변환에서 찾을 수 있다. 욕망의 한쪽 극에서의 다른 쪽 극으로의 역전, 즉 혁명적 극과 파시스트적 극 사이에서의 방향 전환이 거대한 전환, 배치의 거대한 변화를 가져온다.

　몰적 추상화에서의 원인들 자체의 충족이유의 규명도 분자적 추상화에 의해 이루어질 수 있다. 가령 인구구조의 변화, 코로나19의 창궐과 같은 역병의 반복도 잠재적 차원의 힘의 흐름들(생산적 욕망)의 변화로 설명이 가능하다. 앞서 논의한 것처럼 세상은 무한한 중층의 프랙털 구조다. 모든 현상들은 눈에 보이는 원인들과 눈에 보이지 않은 준원인들의 무한연쇄로 볼 수 있다. 노벨상을 수상한 경제학자들로서 우리의 분자적 추상화에 상응하는 통찰력을 지닌 것으로 보이는 배너지와 뒤플로는 이렇게 말한다.

　"이 거대한 역전이 레이건과 대처 시기에 일어났다는 것은 우연이 아닐 것이다. 하지만 꼭 레이건과 대처가 원인이라고 가정할 만한 이유가 있는 것도 아니다. 그들의 당선은 '성장의 종말'이라는 두려운 전망에 대한 공포에 온통 지배되어 있었던 당대 정치의 한 징후였다. 그들이 졌더라도, 누구라도 선거에서 이긴 사람은 동일한 길을 갔을 가능성이 있다."(배너지, 408쪽)

　레이건이나 대처라는 기호는 그 시대 집단적 정동의 하나의 표현에 불과할 수도 있는 것이다. 몰적 충족이유로서의 눈에 보이는 개체적인 요소들보다 심층의 분자적 충족이유로서의 준원인인 눈에 보이지 않는 그 시대의 무의식적이고 집단적인 생산적 욕망이 더 중요하다고 할 수 있다.

자본주의의 규정

'다양한 국가와 사회체제를 자본주의로 규정할 수 있는 근거(충족 이유)는 무엇인가?' 무엇이 자본주의를 발생시키는 원천이고, 무엇이 어떤 체제를 자본주의로 인식하게끔 하는 근거가 되는가?

몰적 추상화에 의하면 자본주의 체제는 현실적인 하나의 생산양식으로 규정될 수 있다. 자본주의는 생산수단의 사적 소유와 임금노동이라는 몰적 기능(fonction)의 결합으로 이루어진 하나의 생산양식이다. 몰적 추상화에 기초한 이러한 자본주의 규정에 의하면 사회주의 체제는 자본주의 체제와 대립 또는 모순되는 또 다른 생산양식이 된다.

분자적 추상화에 따르면 자본주의는 잠재적인 하나의 추상기계로 규정될 수 있다. 『차이와 반복』과 『의미의 논리』에서 하나의 사회적 이념으로 제시되는 자본주의는 『안티 오이디푸스』와 『천 개의 고원』의 버전으로 번역하면 하나의 탈기관체로서의 자본주의 사회체 또는 하나의 추상기계로서의 자본주의기계에 해당된다.

들뢰즈와 과타리에 의하면 자본주의는 탈영토화와 탈코드화의 흐름들의 결합이라는 순수기능(fonctionnement)(MP, pp578, 585/천고, 887, 895쪽)에 의해 작동된다. 코드의 잉여가치에서 흐름의 잉여가치로 포획의 순수기능이 변환된다. 포획 기능의 작동에 의해 자본주의적 계열들의 항(요소)들과 관계들이 규정됨으로써 생산관계, 소유관계, 고용관계, 채권/채무관계 등의 자본주의적 관계들과 특이성들, 변용태들이 구현된다. 이러한 관계들과 특이성, 변용태들이 하나의 공리 역할을 수행한다.

자본주의는 탈코드화와 탈영토화의 흐름들의 결합으로 이루어진 하나의 사회 공리계로서, 이러한 공리계에 의한 흐름의 잉여가치 포획장치다. 닫힌 코드가 아니라 열린 공리계에 의해 자본주의가 규정된다. 추상기계로서의 자본주의 포획장치. 추상기계의 요소 중 하나로서 순수기능에 해당하는 '가치의 생산 기능과 포획 기능'의 변주에 따라 자본주의의 구체적 기계로서의 배치가 창조되고 변환을 이루는 것이 자본주의의 전개와 발전이라고 할 수 있다. 이 경우에는 사회주의 체제도 하나의 세계시장을 공리계로 삼는 국가독점자본주의 체제의 일종에 불과하게 된다. 국가의 계획에 의해 운영되지만 사회주의 체제도 세계시장에 흡수되어 탈코드화와 탈영토화의 흐름들에서 잉여가치를 포획하는 기능이 작동하기는 매한가지이기 때문이다. 자본주의에 관한 논의는 '자본주의 분석'에서 더 상세히 이루어질 것이다.

부·노동·생산

애덤 스미스를 필두로 하는 고전파 정치경제학과 마르크스 정치경제학의 기초가 된 것은 노동과 생산에 있어 부의 추상적이고 주체적인 본질을 발견한 것이다(안오, 435, 453, 500쪽 참조). 그들의 정치경제학에서 부는 생산물 일반의 생산이며, 부의 생산은 추상적 노동이라는 노동 일반에 의한 생산이다(천고, 868쪽 참조). 즉 전통 경제학에서 부의 원천은 추상적 노동에 의한 생산이며, 부 자체는 재화와 용역이라는 생산물 일반의 축적이다. 이와 같이 추상성과 주체성이 부여된 부·노동·생산의 전제하에서 과학으로서의 경제학이 시작된다. 부·노동·생산의 몰적 추상화, 즉 부 자체와 부를 창조하는 활동에 대한 추상적인 보편성을 도출함으로써 근대적인 학문으로서의 경제학이 태동할 수 있었던 것이다.

그러나 탈근대적인 분자적 추상화와 분자적 주체화의 관점에서 보면, 마르크스와 고전파 경제학자들은 부의 본질을 주체적 활동에서 발견했지만, 그들은 이 주체적 활동을 다시금 노동으로 환원했다는 점에서 그 한계를 가질 수밖에 없었다(부인, 129쪽 참조). 근대 경제학에서의 부의 규정은 주장과는 달리 보편성이 아니라 일반성의 도출에 불과한 것이다. 현대 경제에서 부의 생산을 노동이라는 몰적 기능(fonction)으로만 한정하는 것은 적절치 않다. 경제의 엄밀한 분석과 이해를 위해서는 부의 몰적 추상화만으로는 충분치 않고 부의 분자적 추상화까지 나아가야 한다. 생산과 부를 추상적 노동이라는 테두리에 가두지 말아야 한다. 생산의 개념도 인간적인 유기적 기능을 넘어 기계적 작동을 의미하는 순수기능(fonctionne-ment)으로까지 확장되어야 한다. 이탈리아 출신으로 프랑스로 망명하여 들뢰즈와 과타리를 발전적으로 연구한 마우리치오 랏자라또는 "과타리와 들뢰즈는 마르크스와 고전 정치경제학이 발견한 것들을 완성시킨다."고 평가한 바 있다. 잠재적 '가치'의 개념과 관련된 부와 생산에 관한 엄밀한 논의는 들뢰즈 경제학에 들어가서 본격적으로 이루어질 것이다.

주체화에도 몰적 주체화와 분자적 주체화가 있다. 주체화는 주체의 추상화라고 할 수 있고 이것이 주체성의 생산이다. 재현적/비재현적, 개체적/비개체적(전개체적 또는 초개체적) 주체를 추출하는 일이다. 경제적 생산과 주체성 생산의 관계를 밝히는 것이 우리가 앞으로 공부할 새로운 경제학의 핵심 과제들 중 하나다. 들뢰즈 경제학은 들뢰즈와 과타리의 배치론적 사유를 바탕으로 물질계, 즉 경제를 구성하는 생산의 측면과 기호계, 즉 주체성의 생산을 구성하는 다양한 정치적 주체화 장치들을 포괄해서 사유한다.

금융위기

복잡계로서의 경제에서 수많은 경기변동이 있었고 그 와중에 여러 차례 금융위기가 발생했다. 경기변동과 금융위기에 수많은 원인이 있겠지만 그중에서도 경제 전체의 위기를 불러올 정도의 블랙스완 급에 해당하는 거대한 금융위기들에서의 공통적인 원인을 찾는 것이 관건이다. 몰적 추상화는 고정된 정체의 파악에 주력한다. 코드화와 영토화를 통한 흐름의 통제를 통한 안정된 금융을 포착하는 것을 목표로 한다. 따라서 위기의 포착은 애당초 몰적 추상화와는 거리가 있다. 사회의 통제를 벗어나는 탈코드화와 탈영토화의 흐름의 포착을 태생적 목표로 하는 분자적 추상화가 위기의 설명과 이해에 적합할 수밖에 없다.

분자적 추상화는 현실적 인과관계보다는 의사-인과율에 기초한 잠재적 준원인 또는 잠재적 충족이유에 주목한다. 금융위기는 금융자본주의 또는 금융자본 헤게모니의 대표적 모델이라고 할 수 있는 신자유주의 부채경제의 숙명으로서, 욕망을 자신의 통제하에 두려는 자본의 조작들이 금융위기의 근본 원인 중 하나라고 할 수 있다. 다른 모든 경제 현상들과 마찬가지로 힘들 간의 상호관계, 생산적 욕망과 자본 권력의 관계가 경제적 순환으로서의 경기변동을 근본적으로 결정한다. 그중의 특수한 경우가 금융위기인 것이다. 가령 신자유주의 부채경제에서는 힘들 간의 상호관계의 결과로 나타나는 불평등과 그에 따른 부채 증가의 악순환이 불가피하다. 신자유주의 부채경제의 내재적 불안정성에 따른 악순환은 뒤에서 자세히 알아볼 것이다. 간단히 말하면, 불평등으로 인한 욕망의 파시즘화가 지위 경쟁과 소비 압력으로 이어지고 부채의 폭증과 금융 버블의 반복을 초래한다. 결론적으로 우리는 금융위기의 반복을 가져오는 분자적 충족이유로서의 분화소 또는 힘 관계의 작동을 유발하는 순수기능에 불평등이라는 이름을 부여할 수 있다. 1929년과 2008년의 위기 모두 불평등이 장기적으로 심화하면서 부채가 가파르게 상승한 이후 발생했다(윌킨슨, 281~3,373쪽 참조). 복잡계 경제에서의 자기조직화에 의한 파국적인 창발적 사건(블랙스완)의 대표적 사례들이다.

탈코드화와 탈영토화의 흐름을 중요시하는 소수자과학적, 탈근대 경제학적 관점에서 볼 때 하이먼 민스키의 금융 불안정성 가설(financial instability hypothesis)이 설득력이 있는 것으로 보인다. 금융 불안정성 가설을 요약하면 다음과 같다. 자본 자유화와 세계화에 기초한 탈규제적 경기 확장은 건전한 성장보다는 불평등만을 심화시킨다. 불평등의 심화는 자신의 참된 욕망을 내던지고 자본주의적 욕망에 침잠하는 욕망의 반동화를 유발한다. 지위 경쟁이 격화되어 소비 압력이 증가하고 부채는 폭증한다. 원리금상환, 이자상환은 고사하고 폰지금융과 같은 차입상환의 지경에까지 이르게 된다. 레버리지가 과대한 상태에서 추세에 대한 기대를 바꿀 만한 충격이 발생하면 드디어 위기가 시작된다. 위기가 진행되면서 건전자산까지 헐값으로 매각하게 되는 소위 민스키 모멘트에 도달한다 (박양수, 74~5쪽 참조).

금융 불안정성 가설은 효율적 시장 가설을 파기한다. 금융 지배체제의 내재적 불안정을 반복되는 금융위기의 원인으로 본다. 특히 현대의 신자유주의적 자본주의는 부채주도성장에 주력했다. 현대 자본주의는 부채에 의존하는 기업 투자와 가계 소비에 의해 성장해왔던 것이다. 그 과정에서 신자유주의적 금융 혁신(증권화, 겸업화 등)과 세계화(자본 자유화, 규제 피난처로서의 역외금융, ICT발달 등)로 포장된 규제의 철폐가 금융 불안정성을 극대화했다. 이에 더하여 경제주체들의 비이성적 과열(양의 피드백, 추세의존적 낙관에 의한 위험선호 경향)이라는 심리적 요소가 결합되어 레버리지의 급격한 상승으로 인한 금융 버블의 가능성이 급격히 증가했다. 『1%를 위한 나쁜 경제학』을 쓴 존F 윅스에 의하면 "2008년 금융위기의 명백한 원인은 민간금융에 대한 공공부문의 규제 철폐였다. 규제가 사라지면서 금융업자들의 경제적·정치적 권력은 걷잡을 수 없이 막강해졌다. 경제 분야에서 금융자본은 산업자본을 제압했고, 투기가 생산

을 제압했고, 비생산적 활동이 생산적 활동을 제압했다."(웍스, 305쪽)

몰적 추상화에 의하면 경기변동과 금융위기는 자산가격, 이자율, 과잉생산, 기술혁신, 기후변화, 전쟁 등 수많은 현실적 변수들의 작용으로 설명될 수 있다. 2008년 금융위기도 서브프라임 모기지 부실대출, 자산가격 버블 붕괴 등에서 그 직접적 원인을 찾을 수 있다. 반면 민스키의 금융 불안정성 가설을 기초로 한 분자적 추상화의 결론은 금융자본주의-추상기계의 내재적 불안정성이 금융위기의 잠재적 충족이유라는 것이다. 즉 세계화된 고삐 풀린 금융자본의 포식성에 따른 불평등과 욕망의 반동화에 기초한 필연적인 금융 체제의 내재적 불안정성이 금융위기의 근본적 원인이라는 것이다.

혁명

혁명이라는 개념의 규정은 그것의 근거를 짓는 일이다. 즉 그것의 충족이유, 혁명 발생의 원천과 혁명을 혁명으로 인식할 수 있게 하는 근거를 찾는 것이다.

혁명의 몰적 추상화는 혁명의 몰적 충족이유를 찾는 것이다. 우선 점진적이고 온건한 삶의 개선이라고 할 수 있는 개혁이라는 개념과 구별하는 것에서 시작한다. 이로부터 혁명은 급격한, 즉 급진적이고 과격한 삶의 변혁이라는 규정이 도출된다. 혁명의 원천은 의식적인 이해관계에 얽힌 계급투쟁과 같은 몰적 차원에서 찾을 수 있고, 광장에서의 물리적 시위 또는 폭력을 통한 체제의 전복과 같은 현실적 차원에서 혁명의 인식이 이루어진다.

혁명의 분자적 추상화는 혁명의 분자적 충족이유를 찾는 것이다. 분자적 추상화에 의하면 무의식적 욕망이 혁명의 원천이자 목표가 된다(강윤호2022, 32쪽 참조). "사람들은 의무가 아니라 욕망에 의해서 혁명을 원하고 행한다."(AO, p412/안오, 571쪽) 무의식적이고 생산적인 욕망이 혁명의 분화소 역할을 한다. 무의식적 욕망의 편집증적·파시즘적 극에서 분열증적·유목적 극으로의 이동이 혁명의 원천이다. 또한 참된 욕망의 실현이 혁명의 목표다. 완급이나 강도에 상관없이 진정한 욕망을 구현하는 것은 모두 혁명이고 이것이 삶의 '진보'(progress)다. 진보라 할 수 있으려면 인간의 자유와 평등의 확장이 있어야 한다. 그것이 참된 욕망의 구현이다. 분자적 차원의 혁명의 인식은 일상의 파시즘의 일소, 즉 일상의 민주주의 실현에서 이루어질 수 있다.

혁명이 완성되려면 몰적 혁명과 분자적 혁명의 결합이 필수적이다. 광장의 민주주의와 일상의 민주주의의 결합이 있어야만 파시즘(거시파시즘과 미시파시즘 모두)을 몰아내고 실질적인 민주주의를 실현할 수 있다. 이것이 진보의 과정이고 혁명의 과정이다. 요컨대 '혁명=진보=자유와 평등=민주주의=비파시스트적 삶'이라는 등식이 성립한다. 급격한 변혁, 거대한 전환뿐만 아니라 일상의 파시즘이 축출되고 일상의 민주주의가 실현되어 자유와 평등이 확산되는 일말의 진보라도 이루어지는 모든 일상의 과정이 진정한 혁명의 과정이 될 수 있다. 파시즘의 욕망을 영원히 제거하는 것이 불가능하듯이 혁명의 과정은 영원한 과정일 수밖에 없다. 더 자세한 것은 뒤에서 논할 '자본주의와 혁명' 그리고 '분자혁명'에서 다루기로 한다.

인공지능(AI)의 발전과 한계

　인공지능의 발전은 현대 과학이 탈근대적인 소수자과학으로 발전해가는 과정을 보여주는 전형적 사례라고 할 수 있다. 디지털 컴퓨팅을 기반으로 하는 인공지능이 언젠가는 인류 전체의 지능을 합한 것을 능가하는 특이점에 도달할 것으로 예상된다. 하지만 과연 그것이 인간의 인식능력 전체를 능가할 수 있을 것인가? 인공지능이 넘을 수 없는 인간만의 고유한 능력은 무엇인가? 인공지능의 궁극적 한계는 무엇인가? 이제 우리는 이러한 문제 제기에 대하여 탈근대 철학을 극으로 하는 종합적 전체론을 지향하는 우리의 관점에서 답을 제시할 수 있다.

　결론부터 말하면, 인공지능이 인간의 지능은 추월할 수 있겠지만 인간의 정신능력을 완전히 대체하는 지경에까지는 이르지 못할 것이다. 근대 과학적 관점에서는 인공지능의 가공할 잠재력이 인간의 파괴도 가능하다고 할 수 있겠지만 탈근대 철학적 관점에서는 얼마든지 인간과 인공지능의 공존이 가능할 것으로 예상된다. 인공지능은 생명이 될 수 없고, 인간 자체를 초월할(트랜스휴먼) 수는 없으며, 인공지능의 배후에는 인간이 있을 수밖에 없기 때문이다. 뇌과학의 폭주에 기초한 유물론적 환원주의도, 튜링테스트에 기초한 기능주의도 인공지능이 인간을 대체할 수 있는 논리를 제시하지는 못한다(세철4, 523~46쪽 참조).

인공지능의 핵심은 빅데이터로부터의 패턴의 추출이다. 따라서 인공지능의 궁극적 한계는 근대 과학을 극으로 하는 분석적 환원주의의 한계로 볼 수 있다. 근대적이고 분석적인 이성, 과학적 지능을 넘어설 수 있는 탈근대적이고 종합적인 이성, 철학적 직관의 부재가 인공지능의 아킬레스건이라고 할 수 있다. 철학적 직관에 대해서는 바로 뒤 경제와 이성을 다시 사유하면서 자세히 논할 예정이다. 인공지능은 인류의 모든 지능을 합한 것을 능가할 수는 있어도 단 한 사람의 직관에도 못 미칠 수 있다. 아무리 발전하더라도 인공지능에게 철학적 직관과 무의식 또는 비표상적 차원의 생산적 욕망을 갖춘 인간은 모방하고 다가갈 수는 있지만 영원히 도달할 수는 없는 극한적 존재라고 할 수 있다. '인공적인(artificial)'이라는 꼬리표가 말해 주듯이 인공지능은 자연적인(natural) 생명을 가진 인간의 인식능력과 같아질 수는 없다. 인공적인 것은 자연적인 것을 모방하거나 그것에 영향을 줄 수는 있지만 자연적인 것이 될 수는 없다. 인공지능의 창조는 인간의 영역이지만 인간의 창조는 영원히 자연의 영역으로 남을 것이다.

이러한 한계에 도전하기 위해서는 모라벡의 역설(Moravec's paradox)이라는 벽을 넘어야 한다. 이 역설의 내용은 인간에게 어려운 것은 컴퓨터에 쉽고 오히려 인간에게 쉬운 것이 컴퓨터에는 어렵다는 것이다. 인공지능은 인간을 능가하는 계산능력과 추론능력을 가질 수도 있겠지만, 단순하지만 직관이 필요한 영역은 구현하기 어렵다. "'인식'이란 지표들의 추상적인 연산을 통해서만은 얻을 수 없는 것이며, 세계-내에서 몸을 통해 이루어지는 경험이 뒷받침되어야만 성립하는 것이다. '체화된(embodied) 인지'가 중요한 것이다."(세철4, 535쪽) 사람의 마음과 정신은 뇌의 작용뿐만 아니라 몸에 새겨진, 신체에 각인된 인지의 결과도 포함한다. 뇌의 모방, 뇌의 복사만으로는 완벽한 정신의 구현은 불가능하다. 지능은 기계적 복사가 가능하고 이상적 지표를 향한 환원이 가능하지만, 기계적 복사가 불가능하고 환원 불가능한 무한 실체나 속성으로 볼 수 있는 것이 정신이다.

따라서 복잡하더라도 양적으로 한정된 닫힌 환경에서의 문제 해결에서 단순하더라도 양적 측정이 어려운 열린 환경에서의 연속적 강도의 문제 해결로 나아가야 한다. 이를 위해 근대의 정확하고 이산적인 디지털적 변화의 사유는 탈근대의 엄밀하고 연속적인 아날로그적 변이의 사유로 보완되어야 한다. 한마디로 몰적 추상화에서 분자적 추상화로 나아가야 하는 것이다. 인공지능이 발달하는 과정은 인공지능에게 더 진전된 추상능력을 부여하려는 여정이라고 볼 수 있다(서울대학교 국가미래전략원, 229~230쪽 참조). 결국 인공지능의 발전은 다수자과학의 속성인 분석적 환원주의의 과정에서 소수자과학의 속성인 종합적 전체론의 과정으로 진행될 수밖에 없다. 양적, 질적 과정에서 강도적 과정으로의 발전이 불가피하다. 아날로그 컴퓨팅, 양자 컴퓨팅, 자율주행과 로봇과 같은 물리적으

로 체화된(physically embodied) 인공지능, 환경 적응적 인공지능으로
의 발전 등이 그러한 과정들이다. 인간과 생명이라는 극한으로 끝
없이 다가가는 과정이다.

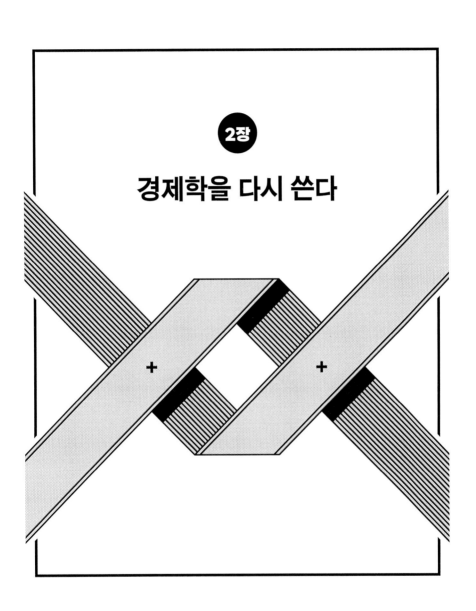

2장

경제학을 다시 쓴다

1.
경제를 다시 사유한다

기본 관점

   지금까지 사유와 학문의 방법론으로서의 두 가지 길에 대해 알아보았다. 사유와 학문을 하기 위한 전체적 토대를 다진 것이다. 이제는 구체적 학문의 하나인 경제학 자체의 길로 들어가기로 한다.

   사유의 체계화된 영역으로서 우리는 크게 철학, 과학, 예술을 들 수 있다. 이들 영역에서 제기된 문제들과 그에 대한 해들로서의 명제들의 복합 체계가 이론이고, 이론들의 집합이 묻고 배우는 것, 즉 학문이라고 할 수 있다. 경제학은 경제에 대한 사유의 결과물이다. 경제학은 경제에 관한 물음들과 이론들의 집합으로서 경제철학과 경제과학을 합친 것이다. 경제를 연구 대상으로 하는 경제학적 사유도 확고한 토대와 보편적 진리를 추구한다면 다른 모든 학문적 사유와 마찬가지로 존재와 사유의 근본을 연구하는 존재론과 인식론에서 시작해서 가치를 따지는 윤리학과 정치학으로 이어지는 사유의 일반적 계보와 분리될 수 없다. 앞서 존재와 인식의 순환성에서 보았듯이 존재와 인식은 불가분이며, 존재에 대한 인식을 바탕으로 가치가 정립될 것이며 그 가치에 따라 우리는 정치를 실행한다. 윤리학은 정치학의 기초이고, 정치학은 윤리학의 구체화라고 했다(이정우). 결론적으로 경제학도 연구자의 세계관과 인간관, 가치관에서 시작할 수밖에 없고 그것에서 파생된 윤리와 정치를 실현하기 위한 정치경제학일 수밖에 없다. 분석적 환원주의에 경도되어 철학적 사유와 가치를 경시하고, 무리한 조건과 가정하에서 근대 과학적 사유만을 추구하는 순수 경제학으로는 진리에 다가갈 수 없다.

우리는 분석적 환원주의보다는 종합적 전체론의 관점을 위주로 경제를 사유할 것이다. 그래야만 더 엄밀하게 경제를 이해할 수 있을 것이라 생각하기 때문이다. 그리고 그것이 탈근대화가 급속히 진행되는 현대 사회에서 경제학이라는 학문의 현실적합성을 높이는 길이 될 것이기 때문이다. 근대적인 다수자과학적 사유보다는 탈근대적인 소수자과학적 사유를, 근대 철학적 사유보다는 탈근대 철학적 사유를 위주로 경제를 연구해 나갈 것이다.

탈근대화가 진행될수록 학문들 간의 경계는 점차 엷어지고 학제적 연구가 증가하게 된다. 경제학도 마찬가지다. 일 분과로서 경제학을 대하기보다 종합적 사유로서 경제학을 다시 정립할 필요가 있다. 『자본주의 이해하기』를 쓴 새뮤얼 보울스 등의 학자들도 사회과학 분야의 일반적 구분은 경제가 어떻게 작동하는지를 이해하는 데에는 오히려 방해될 수도 있다고 지적한다(보울스, 100쪽 참조).

이성을 다시 사유한다

이성(reason)에 의한 명제들의 체계화와 문제의 제기가 학(學)과 문(問), 즉 학문이라고 할 수 있다. 인식을 위해서는 경험적 종합이든 선험적 종합이든 우리는 이성이라는 인식능력을 사용하지 않을 수 없다. 인식과 학문의 중심에는 이성이라는 인식능력이 있다. 분석적 환원주의와 종합적 전체론의 균형과 조화에 입각하여 현대적 사유와 학문을 전개하기 위해서는 인식의 중심에 있는 이성 개념부터 새롭게 사유할 필요가 있다.

우선 이성은 좁은 의미로 과학적 차원에서의 근대적 합리성(rationality)을 의미한다. 분석적 환원주의하의 이성, 즉 '분석적 이성'이다. 우리는 이것을 지성(intelligence, understanding)이라고 부른다. 지능 또는 도구적 이성이라고 할 수 있다. 수량화를 통한 객관성의 확보가 지성의 가장 큰 장점이자 목표다. Rationality의 일부를 이루는 'ratio'는 수학적 계산능력, 질적인 것이 배제된 양적인 것의 의미를 함축한다. 계몽의 변증법을 논한 호르크하이머와 아도르노도 이성에 의한 계몽은 사유와 수학을 일치시키려 하는 것이라고 말한 바 있다(호르크하이머, 55쪽 참조).

종합적 전체론 차원에서의 이성은 그 의미가 확대된다. 지성을 포함한 더 넓은 의미의 이성은 이성과 감정, 사실과 당위를 아우르는 이성(reasonableness, 합당성, 적절성, 타당성), 즉 '종합적 이성'이라고 할 수 있다. 이성적 판단은 이러한 종합적이고 전체적인 관점에서의 엄밀한 판단을 의미한다. 칸트적 의미의 오성과 사변이성의 종합, 도올 김용옥의 합정리성(合情理性)과 통한다고 할 수 있다. 종합적 이성을 더 확장하면 베르그손적 직관과 들뢰즈와 과타리의 창조적 욕망까지도 포함할 수 있다. 김용옥에 의하면 "인간의 수학적 계산능력이라는 것도 인간의 몸의 느낌(feeling)으로부터 분리될 수 없는 것이다. 제아무리 고도화된 계산능력이라도 그것은 의식의 현상이며, 의식은 느낌의 고도화에서 발생하는 사태이다. …… 합정리적 판단은 어떠한 신념에 도달하는 데 있어서 가능한 한 많은 타당한 증거자료와 보다 더 많은 사람들의 공감을 획득할 수 있는 과정을 개방적으로 거치는 습관 같은 것을 의미한다. …… 합정리성에 대한 완벽한 객관성의 보장이란 근원적으로 불가능한 것이다."(김용옥, 337쪽) 들뢰즈와 과타리도 칸트의 능동적인 구성하는 주체의 속성과는 다른 근대적 주체의 예속성을 말하면서 다음과 같이 질문한다. "순수이성보다 더 정념적인 것이 있을까? 코기토보다 더 차갑고 극단적이고 타산적인 정념이 있을까?"(MP, p162/천고, 251쪽) 계산적이고 냉정한 이성도 결국은 수동적인 감정의 하나가 아닐까? 분자적 추상화의 관점에서는 결국 이성과 감정, 사실과 가치의 경계도 불명확하다. 앞서 본 것처럼 사실/가치의 이분법도 그리 명확한 것이 아니다. 분석적 이성으로서의 지성과 구분될 수 있는 종합적 이성의 구체적 예로서 직관(intuition)을 들 수 있다.

직관은 인식에 있어서 지성이 전제된 본능의 발현이라고 할 수 있다. 본능이라고 해도 동물적 직감이나 반지성적 본능과는 질적으로 다른 것이다. 베르그손은 직관을 지능의 끝에서 이루어지는 본능으로 규정한다(세철4, 128쪽). 직관은 단순한 직접적 관찰이 아니며, 논리적 추론과는 차원이 다른 것이다. 「베르크손에서 지성과 직관: 이분법을 넘어서」에서 김혜성은 지성과 대비하여 직관을 다음과 같이 규정한다. "지성은 사물의 연장과 반복의 국면을 부동적 부분들로 분석하는 과학적 인식이며, 직관은 운동성을 그 전체적 단일성 속에서 포착하는 형이상학적 인식이다."(김혜성 34쪽) "지성이 없다면 무반성적 본능만 가능할 뿐 반성적 직관은 불가능하다."(김혜성, 46쪽) 지성이 간접적이고 매개적인 인식 방법이라면, 직관은 직접적이고(direct) 무매개적인(immediate) 인식 방법이다. 직관은 개념이나 추론과 같은 매개 없이 이루어지는 직접적 인식이다. 베르그손은 본능과 지성 외의 세 번째 종류의 인식으로 직관(독일어 Intuition)을 제시한다. 이정우가 이를 잘 설명해 주고 있다.

"이것은 형식적 체계에 대한 직관(수학적 직관)도 또 개념들이 매개되지 않은 직접적 지각(칸트에서의 '직관=Anschauung'이다)도 아니다. 그것은 바로 우주의 진상을 깨닫는 것을 뜻한다. 시간의 관점에서, 질적 풍요로움의 관점에서, 그리고 창조의 관점에서 사물을 보는 것이 직관이다. 직관은 본능과도 다르고 지능과도 다른 관점에서 사물을 대한다. 직관은 본능처럼 섬세하지만 특정한 상황에 대한 즉물적 반응이 아니라 우주의 진화 자체에 대한 인식이며, 지능처럼 수준이 높지만 공간적·분석적·추상적 사고가 아니라 시간적·질적·창조적 사유다. 베르그손에게서 지속의 존재론과 직관의 인식론은 서로 맞물려 있다. 지능은 과학의 인식 방식이고 직관은 형이상학의 인식 방식이다. 베르그손은 이런 구도를 통해 형이상학을 새로이 정초했다고 할 수 있다."(이정우2004, 404쪽)

직관이 직접적이라고 하는 것은 직접적 종합을 의미한다. 전체에 대한 통찰(洞察)과 조감(鳥瞰)을 의미하는 것이다. 하나의 강도(지속)로서의 전체를 보는 것이고, 대상을 하나의 분자적 다양체, 리좀형 다양체로서 보는 것이다. 이에 비해 지성은 분석을 통한 우회적이고 간접적인 종합으로 나아간다. 분석된 부분의 조합으로서의 전체를 보는 것이고, 대상을 하나의 외연으로서의 몰적 다양체 또는 나무형 다양체로 보는 것이다. 지성이 공간을 바탕으로 하는 인식으로 몰적 추상화에 적합한 인식능력이라면, 직관은 시간 또는 베르그손의 지속을 바탕으로 하는 인식으로 분자적 추상화에 적합한 인식능력이라고 할 수 있다. 이성적 추론의 개념화가 몰적 추상화라면, 직관적 통찰의 개념화가 분자적 추상화라고 할 수 있다. 지성은 양적 차이, 정도의 차이를 포착하고, 직관은 질적 차이, 본성의 차이를 포착한다. 근대 과학적 지성은 일반성의 도출을 추구하고, 탈근대 철학적 직관은 독특성의 파악에 주력한다. 지성에 의한 분석은 더 나눌 수 없는 본질과 원리로의 환원을 추구하고, 직관적 종합은 전체를 조감하거나 꿰뚫어봄으로써 횡단과 소통을 추구한다. 지성은 외적 인과의 포착에 주력한다. 공간적으로 떨어진 시간 사이의 인과율 파악에 초점을 맞춘다. 시간적으로 단절된 원인(이전 상태)과 결과(이후 상태)의 인식이다. 이에 반해 직관은 내적 인과에 의한 연속적 생성의 인식에 주력한다. 표현적 유물론에서 말하는 '비유기적 생명(une Vie non organique)'이라는 경탄할 만한 관념의 발명이 직관의 한 예가 될 것이다(천고, 789쪽 참조).

요컨대 공간이나 공간화된 시간에 대한 인식이 지성의 기능이라면 베르그손의 지속 또는 강도적 연속체에 대한 인식이 직관의 기능이다. 들뢰즈는 『베르그손주의』에서 방법으로서의 직관의 규칙들을 세 가지로 제시한다. 진짜 문제의 설정, 본성의 차이의 발견, 지속의 견지에서 사유하기가 그것이다(들뢰즈1966, 1장 참조). 지성은 정리적, 법칙정립적이지만 직관은 문제적, 문제설정적이다(MP, pp463~4/천고, 718쪽 참조). 각 사건에서의 독특성들이 문제의 조건들을 구성한다. 사물과 사건들의 연속(베르그손의 지속)에서 본성의 차이를 드러내는 특이한 점들을 통찰해내는 것이 문제를 발견하고 설정하는 과정이고 이러한 능력이 직관이라고 할 수 있다. 객관적 지성과 주관적 직관의 균형과 조화가 필수적이다. 객관적 일반화의 지나침(동화 또는 배제), 주관적 통찰의 지나침(반지성적 자의성) 모두 지양해야 한다.

오늘날 여전히 과학주의가 팽배해 있다. 관측과 실험을 기초로 하는 과학적 사유만이 객관적일 수 있다는 사고가 아직도 지배적이기 때문이다. 지성과 반지성을 가르는 기준이 되는 것이 과학적 합리성이다. 그러나 이러한 좁은 의미의 이성을 바탕으로 하는 근대적 이성중심주의는 반드시 극복되어야 한다. 근대적 합리성으로서의 이성, 즉 지성은 그야말로 객관적이고 진보적인 것인가? 앞서 관측과 실험을 통한 수량화, 계량화는 진정한 객관성과는 거리가 있음을 본 바 있다. 과학은 태생적으로 유한한 사유로서, 처음부터 인식의 한계를 인정할 수밖에 없는 타협적이고 절충적인 사유다. 일정한 조건과 가정, 상황과 결부된 일부의 진리, 일면적 진리에 만족할 수밖에 없다. 게다가 과학적 지성에 내재하는 편협성과 패권주의가 더 문제다. 지성에 어긋나는 것은 미개하고 야만적이며 비인간적으로 보는 위계적 사유가 널리 퍼져 있다. 더 지성적인 존재가 덜 지성적인 존재를 가르치고 훈육해야 한다는 생각이 근대를 지배했다.

따라서 이러한 근대적 사유를 품고 있는 오늘날에도 계몽이 필요하다. 과거의 계몽은 이성이라는 빛으로 전근대의 어둠을 밝히는 것이었다. 오늘날에도 과학주의라는 미몽으로부터의 탈출을 위한 계몽이 필요하다. 이성의 자기성찰이 필요한 것이다. 이성 스스로를 비추는 새로운 빛, 새로운 계몽이 필요하다. 계몽의 변증법을 논한 프랑크푸르트학파는 계몽의 역설, 즉 합리성에 내재된 차별성을 포착하고 도구적 이성의 편협성과 배타성을 인식했다. 새로운 계몽은 과학적인 도구적 이성(지성, 오성)에서 철학적 직관과 윤리적 가치를 포함하는 보편적 이성으로 나아갈 것을 요구한다. 과학적 합리성만이 인간 이성의 전부가 아니다. 편협한 지성주의에서 벗어나 합당성, 적절성, 타당성 등으로 불릴 수 있는 광의의 이성(reasonableness)으로 나아가야 한다. 수학적 합리성은 사단칠정 중의 시비지심(是非之心)의 순화된 한 형태에 불과하다. 이치에 부합하는 인간이라면 이성(logos)과 감정(pathos)의 조화, 사실과 당위(ethos)

의 융화 등, 인간의 모든 가능한 성정의 균형이 필요하다(김용옥, 264~5쪽 참조). 근대 과학적 이성, 분석적 이성은 더 큰 이성, 탈근대 철학적 이성, 종합적 이성으로 보완되어야 한다. 근대적 계몽을 넘어 탈근대적 계몽으로 가야 한다. 탈근대적이고 철학적인 이성에 기초한 판단은 종합적이고 전체적인 관점에서의 엄밀한 판단을 의미한다. 앞서 논의한 것처럼 학문의 객관성과 보편성은 완벽히 보장될 수 없다. 과학적 지성과 철학적 직관, 객관과 주관의 균형과 조화를 통하여 공감의 장을 더욱더 확장해 가는 것만이 가능하다.

여기서 하이젠베르크의 불확정성원리와 괴델의 불완전성정리의 의미를 다시 되새김으로써 학문의 길이 어떠해야 하는지를 언급하고 경제에 관해 본격적으로 들어가기로 한다. 이 두 가지 원리와 정리는 분석적 환원주의의 한계를 여실히 보여준다. 근대 과학의 문제해결 능력의 불충분함을 입증하는 것이다. 불확정성원리에 의해 분석의 극단에서는 위치와 운동량(속도)의 동시 파악이 불가능하다. 이에 대한 해석으로 닐스 보어의 상보성(相補性)의 원리(principle of complementarity)가 등장했다. '입자와 파동의 이중성'에 대한 해석이다. 물질이 입자로서 실존할 때 파동의 성격은 잠존하며(잠재적으로 존재하며), 파동으로서 실존할 때 입자의 성격은 잠존한다는 것이다. 즉 물질을 입자로 보는 한 파동의 측면은 사라지며 파동으로 보는 한 입자의 측면은 사라진다는 것을 뜻한다(세철4, 215,216쪽). 이로부터 상보성의 원리는 어떤 (물리적) 계의 한 측면에 대한 지식은 그 계의 다른 측면에 대한 지식을 배제한다는 것으로 확장된다. 이제 서로 대립하지만 공존하는 현상들의 존재를 받아들여야 한다(게오르게스쿠-뢰겐, 40쪽 참조). "유일하게 가능한 이론은 전체의 제한된 측면에 관한 어중간한 이론"(브리지먼, 앞의 책, 76쪽에서 재인용)이며 "한 사건을 단 하나의 이론만으로 충분히 설명할 수 없다."(앞의 책, 77쪽) 존재의 파동성의 발견은 존재 사이의 간섭이 불가피함을 보여주는 것으로서 상호 독립적인 원리의 발견만으로는 세계 전체의 해석이 불가능하다는 것을 의미한다. 또한 불완전성정리에 의해 공리 체계로는 체계 전체의 진리 파악이 불가능하게 됐다. 원리로부터의 연역적 사유로는 진리와의 괴리를 피할 수 없는 것이다. 요컨대 양자의 결론은 인식을 위한 대상의 확정이 불가능하다는 것이다. 앞서 분자적 추상화의 필요성을 논의할 때 언급한 존재 자체의 분자적 속성이 이것을 말하는 것이다. 이는 진리에 대한 명석하고 판명한 사유의 한계, 곧 근대적 사유의 한계를 보여주는 것이다. 결국 근대적 합리성을 넘어 광의의 이성을 포괄하는 탈근대적인 종합적 전체론의 시각에서만 엄밀한 사유, 그리고 진리에 대한 더욱더 가까운 접근이 가능하게 된다. 진정한 문제 해결에 근접하게 되는 것이다.

과학만으로 세상을 제대로 설명하고 이해하는 것은 불가능하다. 과학은 항상 잠정적이며, 이전보다 더 나은 가설들로 나아갈 수 있을 뿐이다(세철4, 220쪽). 진리에 더 다가가기 위해서는 분석적 이성과 종합적 이성, 근대적 합리성과 탈근대적 직관, 과학적 사유와 철학적 사유, 몰적 추상화와 분자적 추상화의 균형과 조화가 필요하다. 그래야만 실재에 온전히 다가갈 수 있다. 현대의 탈근대 철학적 사유는 종합적 이성에 기초한 의미 해석과 가치 평가라고 할 수 있다. 의미와 가치는 일반적이고 양적인 측면과 개별적이고 질적인 측면이 동시에 고려되어야 한다. 한 가지 척도로는 진리에 도달할 수 없다. 이제 준비가 얼추 된 것 같다. 경제로 본격적으로 들어가자.

경제의 어원과 재해석

경제와 경제학을 의미하는 economy와 economics는 고대 그리스의 oikonomia라는 말에서 유래했다. oikonomia는 가정을 나타내는 oikos와 지배나 규범을 뜻하는 nomos가 합성된 말이다. 그래서 economy와 economics는 원래 가정 관리 기술이라는 의미를 가진다고 한다. economy의 번역어인 경제는 경세제민(經世濟民)의 줄임말이다. 세상을 다스리고 민중을 구제한다는 뜻이다. 원래 고대 중국 장자가 했던 말인데, 일본 학자들이 economy 번역 시 차용해서 사용했다고 한다.

경제를 사유함에 있어 경제와 비경제의 경계 설정이 관건이 된다. 몰적 추상화의 관점에서는 경제재와 자유재를 나누는 희소성(scarcity)이 하나의 기준이 될 수 있다. 그러나 현대의 복잡계 경제하에서는 경계가 모호하고 불확실해지는 경향을 보이고 있다. 경계와 근방역(인접지대)에 대한 사유가 앞으로 들뢰즈 경제학의 주된 논의의 대상이 될 것이다. 대상과 경계의 불명확성이 증가하는 현대적 경향을 제대로 이해하고 설명하기 위해서는 분자적 추상화가 불가피하다. 뒤에서 보듯이 희소성보다는 가능성의 개념이 중요하다. 들뢰즈 경제학에서 공부하게 될 '가능성(들)의 경제'란 개념이 경제에 관한 혁신적 통찰을 줄 것이다.

우리에게는 사유의 탈주가 필요하다. 특히 오늘날은 신자유주의 극복을 위해 경제학에서의 사유의 탈주가 시급하다. 탈근대적 관점을 토대로 한 경제(학)의 탈영토화가 하나의 방법이 될 것이다. 탈근대적 경제철학과 소수자적 경제과학으로의 사유의 확장이 그것이다. 방법론적으로 본질론적 사유, 유형학적 사유를 넘어 경계의 사유가 필요하다. 개념의 변주와 재해석이 필요하다. 근대가 추구하는 단순성과 정확성에서 탈근대가 추구하는 엄밀성으로의 사유의 확장을 통해 현실적합성을 증가시키고 문제 해결 능력을 제고해야 한다.

이러한 사유를 토대로 경제 자체에 대한 재해석부터 시작해야 한다. oikonomia보다는 경세제민이라는 어원에서 경제의 의미와 가치를 다시 찾아야 한다고 생각한다. 경제는 한 영역, 한 분야에서의 효율성의 달성으로 그칠 문제가 아니다. 세상을 다스리고 민중을 구제하는 차원으로까지 의미가 확대되어야 한다. 그럼으로써 경제학도 순수 경제과학에서 종합적이고 전체적인 차원의 소수자 경제과학과 탈근대 경제철학으로까지 사유의 지평을 확장할 수 있다. 이러한 경제의 재해석에 있어 요체라 할 수 있는 것이 생산 개념의 재해석이다. 들뢰즈의 존재의 일의성에 상응하는 '생산 개념의 일의성'이 중요하다. 그리고 생산주체와 생산수단 또는 생산의 요소, 생산물, 재화와 용역, 가치, 효율성과 형평성, 성장과 번영,

분배와 불평등 등의 재해석이 이어져야 한다. 이와 같은 사유의 탈주와 개념들의 재해석을 바탕으로 경제학을 다시 써야 한다. 전통 경제학은 이 시대의 문제 해결에 역부족을 드러낸 지 오래다. 오늘날과 다가올 미래의 문제를 해결하기 위해서는 새로운 경제학이 절실히 요구된다.

2.
근대 경제학 비판과 경제학의 탈영토화

근대 경제학 비판

과학은 객관성을 생명으로 한다. 과학이 지성의 척도로 간주되는 것은 관측과 실험, 그리고 경험에 근거한 객관성 때문이다. 그러나 앞서 진리의 객관성과 보편성에서 보았듯이 오늘날 과학도 가치와 관행을 완전히 벗어날 수 없는 상대성과 다원성을 갖는다는 것이 공통된 견해다. 자연과학에서도 패러다임의 전환은 항상 있어 왔다. 과학도 관점을 벗어날 수는 없다. 관점주의는 주관주의와는 다르다. 자의성을 탈피하여 최대한의 객관성을 확보하려는 것이 관점주의의 이상인 것은 변함이 없다. 관점주의는 모든 것이 옳다는 것이 아니라 절대적으로 유일하게 옳은 것은 없다는 것이다. 진실은 없다는 것이 아니라 진실이 하나가 아닐 수도 있다는 것, 일원주의나 이원주의가 아닌 다원주의를 말하는 것이다. 흔히 회자되는 탈진실과는 본질적으로 다른 것이다. 인간과학으로서의 경제과학도 이러한 특성들을 벗어날 수 없다.

근대 경제학의 주류는 자기들의 사유가 자연과학에 버금가는 과학의 위상을 갖는다고 주장한다. 그들은 자신들의 연구가 뛰어난 객관성과 과학성을 확보하고 있다고 자랑한다. 그러나 그들의 방법론과 이론적 전제들은 주관적 편향과 이데올로기적 선입견으로 가득 차 있다. 객관성과 보편성을 추구한다는 명목으로 채택된 수리적 방법은 개념의 설정과 변수의 선택에 주관적 편향이 개입될 여지가 너무도 많다. 또한 사실만을 추구하는 실증경제학을 지향한다면서도 그들의 기본 전제에는 시장근본주의, 신자유주의와 같은 이데올로기의 개입이 명백하다. 상황이 이런데도 주류 경제학계는 이러한 증거와 비판들을 외면하는 파벌주의 현상을 보이기까지 한다. 패러다임의 전환이 시급하다. 근대 경제학적 패러다임으로부터의 탈주는 필수다.

주류 경제학이라고 불리며 현대 신자유주의의 사상적 토대라고 할 수 있는 신고전파 경제학은 근대 과학주의의 전형이라고 할 수 있다. 분석적 환원주의, 몰적 추상화의 극단적 사례다. 주류 경제학은 물리학을 선망한다. 물리학 중에서도 분석적 환원주의의 정수인 뉴턴의 기계론적 역학을 이상으로 삼는다. 따라서 경제학에서도 물리학에서 필연적 법칙에 따라 움직이는 근원적 요소로서의 입자에 해당하는 근원적 실체가 필요하다. 그것이 호모 에코노미쿠스로서의 합리적 개인이다. 인간으로 구성된 경제를 연구하는 경제학이 물리학과 같은 보편 법칙을 가지는 경제과학으로 정립되기 위해서는 필연성의 지배를 받는 근원적 요소로서의 개인이라는 전제가 필수적이다. 필연성을 위해 개인은 합리적이어야 한다. 호모 에코노미쿠스로서의 인간, 즉 이기적이고 합리적인 계산에 의해 지배되는, 예측 가능한 기계적 인간이어야 하는 것이다. 그러한 합리성을 따르는 개인은 희소성이 존재하는 현실에서 효율성을 추구할 수밖에 없다. 효율적 인간이 경제적 인간이고, 이제 경제학은 '희소성하의 효율성을 추구하는 학문'으로 정의된다. 그 결과 유도되는 법칙이 '효용극대화의 법칙'이다.

물리학에서의 중력의 법칙에 해당하는 것이 주류 경제학에서의 효용극대화의 법칙이라고 할 수 있다. 완전정보하에서 기계적으로 행동하는 경제적 인간은 효용극대화나 비용최소화와 같은 최적화를 추구하는 효율적 인간일 수밖에 없다. 효용의 극대화를 추구하는 개인들의 행동의 총합으로 형성된 시장가격에 의해 시장 전체의 효율성, 즉 일반균형이 이루어진다는 것이 신고전파 주류 경제학의 표준모델이다. 물질과 사물이 필연적으로 따르는 중력의 법칙이 물리학을 과학의 모범으로 만들었듯이, 합리적 개인이 따를 수밖에 없는 효율성의 원리, 효용극대화의 법칙이 경제학에 과학의 자격을 부여한다. 이러한 과정이 주류 경제학으로 하여금 사회과학의 여왕이라고까지 자평하게 된 이유가 된다.

그러나 신고전파 주류 경제학은 현상의 설명과 미래의 예측에 있어 모두 실패했다. 문제의 해결에 무능하다는 것이 현실로 드러났다. 과학으로서의 명분이 설 수 없는 지경이다. 비현실적인 전제로부터 유도된 이론과 법칙들이 현실설명력과 예측력이 부족할 수밖에 없는 것은 필연이다. 이것이 주류 경제학 파탄의 가장 큰 요인이다. 과학을 지배해 온 것이 이데아론, 이성중심주의, 환원적 유물론 등의 플라톤적 사유의 계보다. 현실을 초월한 순수함에 대한 동경이 근저에 있다. 이러한 것들이 순수경제학이라는 이상을 품게 했고, 현실과 괴리된 전제를 초래한 사상적 배경이라고 할 수 있다. 현대는 플라톤적 사유의 전복을 특징으로 하는 탈근대적 사유가 지배적인 시대다. 그래서 절대주의가 아니라 관점주의, 일원론이 아니라 다원주의가 이 시대의 흐름이 된 것이다. 경제학의 순수함을 지향하는 주류 경제학은 더 이상 경제학 표준모델로서의 지위를 유지할 수 없다.

　요컨대 주류 경제학은 본질적으로 토대가 취약하다. 기본 전제와 가정이 너무도 비현실적이다. 주류 경제학의 표준모델이라고 할 수 있는 신고전파 경제학은 합리적 개인과 효율적 시장을 대전제로 삼는다. 호모 에코노미쿠스가 인간의 원형으로, 효율적 시장 가설(efficient market hypothesis)이 표준적 사유로 간주된다. 인간은 계산적이고 이기적이고 경쟁적이고 탐욕적이며, 완전한 정보에 기초한 신축적인 가격이 작동하는 시장이 자원을 최적으로 배분한다는 것이다. 케인즈 전기의 저자로 유명한 로버트 스키델스키는 신고전파 표준모델을 현실과 괴리된 하나의 닫힌 체계로 바라본다. "이 닫힌 세계에서는 정량적 예측이 가능하다. 목표가 주어지고, 규칙이 정해져 있으며, 오직 제한된 움직임만 허락되는 게임의 세계와 비슷하다. 경제학에서 이 세계는 늘 존재했고 오늘도 존재한다. 그것들이 미시경제학의 중요한 재료다."(스키델스키, 310쪽) 이러한 표준모델을 받아들이는 경제학자들은 다음과 같은 생각에 잠겨 있는 것처럼 보인다. "적어도 경제학 이론이 아름다울 수 있는 한에서는 최고로 아름답다."(배너지, 109쪽) 그러나 형식적으로는 우아하고 아름다운 경제학일지언정 그것은 좋은 경제학과는 무관하다.

스키델스키의 말처럼 표준모델은 경제는 열역학적으로 고립계라는 묵시적 가정에 기초하고 있다(바인하커, 134, 135쪽 참조). 그러나 경제는 닫힌 균형 시스템이 아니라 열린 불균형 시스템으로서 복잡적응시스템의 하나라고 할 수 있다. 비현실적인 가정과 실증적 타당성의 결여는 열린 불균형 시스템을 닫힌 균형적 기법을 사용해 잘못 모델화한 것에서 비롯된다(앞의 책, 138쪽). 주류 경제학에서 복잡계로서의 경제를 인정하지 않는 것은 경제본질주의, 순수경제라는 이상을 추구하는 데 따른 결과다. 주류 경제학은 합리적인 대표적 개인을 상정하고, 집단의 행동은 이러한 개인들의 행동의 단순한 합으로 결정된다고 보는 분석적 환원주의의 결정판이다. 그 결과 수많은 구성의 오류와 역설들이 생기게 된다. 자세한 것은 복잡계 경제학에서 다루기로 한다.

앞서 언급했듯이 방법론적으로 주류 경제학은 고전 역학적 기계론(mechanism)을 맹목적으로 추종하는 경향을 보인다. 그럼으로써 자연과학 추수(追隨)적, 가치중립적 성향을 드러내고 이것을 자랑하기도 한다. 생태경제학의 선구자로서 경제학의 혁신을 주장하는 니콜라스 게오르게스쿠-뢰겐에 의하면 "제본스와 왈라스 같은 현대 경제학의 창시자들에게 가장 큰 꿈은 역학의 패턴을 완벽하게 모방하여 경제과학을 만드는 것이었고, 그 결과 똑같은 결점"(게오르게스쿠-뢰겐, 28~9쪽)이 초래될 수밖에 없었다. 기계적 운동은 가역적이며, 질적인 특성을 배제한다. 이들은 경제생활에서 기계적으로 행동하는 인간을 가정하고 모든 문화적 성향을 제거했다(앞의 책, 28쪽 참조). 객관성의 제고를 위해 위험과 가치의 계량화에 집착한다. 그 결과 경제 문제에서 고려되어야 할 중요한 것들이 측정이나 계량이 불가능하다는 이유로 무시되기 일쑤다. 과도한 계량화 또는 지수화의 추구는 조작적 변수화를 부추겨 경제 현상의 파악을 왜곡할 가능성이 크다. 또한 위험의 통제가 가능하다는 암시를 줌으로써 위험 선호를 부추기는 경향을 유발하여 사회 전체에 유해한 결과를 야기하는 경우가 빈번하다(엘드리드, 360~3쪽 참조). 경제의 본성의 하나인 계측 불가능한 불확실성을 수치화된 위험으로 대체할 수는 없다. 서브프라임발 금융위기나 LTCM(Long Term Capital Management) 사태 등에서 우리는 그 증거를 확인할 수 있다.

주류 경제학이 실증경제학의 표본으로서 가치중립적이라는 것도 옳지 않다. 앞서 사실/가치의 이분법을 비판한 바 있다. 우리는 가치를 떠나서 현상을 볼 수 없다. 주류 경제학은 후생경제학으로 가치의 문제를 보완하거나 시장 실패를 어느 정도 인정하기도 하지만 그럼에도 불구하고 가치와 무관한 시장의 절대적 우위를 견지하기는 변함이 없다. 그러나 완전정보를 가진 합리적 개인들로 이루어진 효율적이고 순수한 시장경제는 없다. 현실의 경제는 가치의 개입이 불가피한 정치경제이고 예측이 불가능한 복잡계 경제다. 호모 에코노미쿠스라는 가정 자체가 터무니없다. 경제생활에서 하나도 낭비가 없는 기계적인 일차원적 인간을 가정하는 것은 너무도 부당하다. 인간 자체가 자유의지를 가진 복잡계다. 현대 경제학의 새로운 표준모델은 현실을 반영한 복잡계 경제학이 될 수밖에 없다. 효용 자체의 평가에도 물질적·금전적 가치 외에 심리적·도덕적·윤리적 가치가 포함되어야 한다는 점에서도 신고전파 경제학은 수정되어야 한다. 효용극대화의 원칙은 보다 포괄적이고 종합적인 가치극대화의 원칙으로 전환되어야 한다. 인간이 수행하는 어떤 학문도 가치로부터 자유로울 수 없다.

이러한 상황에서 신고전파 주류 경제학을 고집하는 학자들을 진정한 과학자라고 부를 수 있을까? 주류 경제학을 가짜 경제학(fake-conomics), 주류 경제학자들을 가짜 경제학자들(econfakers)이라 부르면서 『1%를 위한 나쁜 경제학』을 쓴 존F. 윅스(John F. Weeks)는 심지어 신고전파 주류 경제학자들과 그들을 계승한 신자유주의자들을 화학에 무지한 연금술사, 천문학에 무지한 점성술사, 진화론을 거부하는 창조론자, 천동설에 사로잡혀 지동설을 거부하는 자들에 비유하기도 한다.

우리가 근대 경제학이라고 부르는 것에는 소수파 경제학이라고 할 수 있는 마르크스 경제학도 포함된다. 마르크스 경제학도 근대 과학을 극으로 하는 물적 추상화에 치중하기는 마찬가지인 것이다. 다만 주류 경제학의 관점과는 다른 변증법적인 사적 유물론을 토대로 한다는 점에서 차이가 있을 뿐이다. 근대적 사유를 정초한 헤겔의 필연적 역사 발전 법칙에 기초한 변증법적 사유는 탈근대 차이의 철학과 우발적 보편사라는 역사관에서는 용인하기 어려운 사유라고 할 수 있다. 한마디로 탈근대 소수자과학의 관점에서 볼 때 마르크스 경제학의 토대도 취약해 보이기는 매한가지다. 근대적 사유에 속하는 소수파 마르크스 경제학과 탈근대적인 소수자 경제학은 사유의 지평이 다르다.

경제 법칙의 취약성

이러한 취약한 토대와 방법론으로부터 그 결과로 도출되는 경제 법칙들과 이론들이 제대로 현실을 설명하고 문제를 해결하리라 기대하는 것은 어불성설이다. 합리적 개인과 효율적 시장이라는 전제, 그리고 그것의 기반이 되는 완전정보와 가격의 신축성은 도저히 현실과 부합될 수 없다. 무리한 수리화와 계량화는 실재의 왜곡된 추상으로 이어질 위험성이 다분하다. 토대와 방법의 취약성은 이론과 법칙의 취약성으로 귀결될 수밖에 없다. 『부의 기원』을 쓴 바인하커는 "전통 경제학은 취약한 가정의 토대 위에 구축되어 있으며, 따라서 여기서 나온 결론도 똑같이 취약하다."(바인하커, 125쪽)고 말한다. 『경제학의 7가지 거짓말』을 쓴 제프 매드릭도 다음과 같이 말한다.

"결론적으로 효율시장가설은 현실을 설명하는 데 실패했다. 효율시장가설과 달리 투자자들은 결코 합리적이지 않았고, 그 결과 시장은 효율적이지 않았으며 투기적 거품 역시 언제나 존재했다. …… 효율시장가설이 현대 미국 경제에 미친 폐해는 실로 광범위하다. 효율시장가설은 무분별한 금융의 탈규제화를 정당화했고, 정책당국이 위험 수준의 자산 거품을 방치하도록 유도했으며, 적대적 인수·합병과 과도한 스톡옵션 부여를 촉진함으로써 단기성과주의를 조장하고 고용과 장기 투자를 저해했다. 이러한 경로를 통해 효율시장가설은 최근 미국 경제에 나타난 다양한 문제, 즉 반복되는 금융위기와 뒤이은 경기침체, 투자재원의 비효율적 배분, 장기적 임금 정체, 그리고 소득불평등 악화 등을 초래한 주요 요인이 되었다."(매드릭, 267~8쪽)

토대를 재구축하는 정도의 경제학의 일대 혁신이 불가피한 이유가 여기에 있다. 증명된 경제 이론이나 필연적 경제 법칙은 지극히 드물다. 분석적 환원주의에 입각한 지나친 단순화에 의해 현실과 동떨어진 이론과 법칙이 부지기수다. 주류 경제학의 이러한 편협하고 편향된 사유의 흐름은 실증적으로 검증되지 않은 사회적 통념이나 정치적 언표들로 연결되는 경우가 빈번하다. 여기서 "경제학을 공부하는 목적은 경제학자들에 속지 않는 법을 배우는 것이다."라고 일갈한 조안 로빈슨의 말을 되새길 필요가 있다. "경제학은 우리가 더 인간적인 세계를 지으려는 노력을 하지 못하게 하는 철의 법칙을 가지고 있지 않다. 하지만 맹목적인 믿음이나 이기심에서, 혹은 경제학에 대한 단순한 몰이해에서, 마치 그런 법칙이 있는 것처럼 주장하는 사람들이 너무나 많다."(배너지, 432쪽) 사례를 들어 보자.

'가격과 수요량은 반비례한다'는 법칙은 전통 경제학 이론의 시작으로서 자연법칙과 동일한 취급을 받을 정도의 위상을 가지고 있다. 그러나 효용극대화의 원칙으로부터 직접적으로 파생되는 법칙인 수요(공급)의 법칙은 필연성이 부족하다. 하나의 부분적 경향성으로 보는 것이 타당하다. 현실적으로 수요법칙에 부합하지 않는 예외적 현상이 대단히 많다. 베블런효과(과시수요), 전시효과(모방수요), 의존효과(충동수요), 소득효과, 대체효과 등이 그러한 현상들이고 특히 부동산시장과 주식시장에서는 오히려 투기수요(가수요)가 일상적이라고 할 수 있을 정도다. 제조업 비중이 줄어들고 수확체증이 적용되는 현대의 네트워크 경제, 첨단 정보통신 사회에서는 수요공급의 법칙은 경향성의 자격도 인정하기 어렵다. 수요공급법칙은 다른 많은 경제 법칙이 그러하듯이 '다른 조건이 동일한 경우(ceteris paribus)'에 있어서만 부분적이고 단기적으로 가격과 수요공급량의 관계를 보여주는 매우 특수한 경우의 서술에 불과하다. 일반 법칙의 자격은 없다. 다른 '모든' 조건이 동일한 경우 한계효용이 체감하거나 한계비용이 체증하는 경향이 있다는 것에 불과하다. 시장균형가격의 예측에 있어서는 이러한 부분적인 수요공급법칙보다는 그 상황에서의 집단적 가치의 평가가 관건이라고 할 수 있다. 우리는 뒤에서 집단적 가치의 평가를 욕망의 배치라는 관점에서 자세히 논의할 것이다. 복잡계의 모든 경우를 배제하고 개인의 것이든 집단의 것이든 한계효용이나 한계비용이 가격에 일대일로 대응하는 하나의 경우를 법칙화하는 것은 너무나도 지나친 단순화다. 현실적합성이 부족할 수밖에 없다. 법칙보다 예외가 일상적이다. 주류 경제학의 최첨단 이론이라고 할 수 있는 합리적 기대가설이 주장하는 정책 무용성의 원인은 합리적 기대라기보다는 법칙에 의존한 예측의 불가능성이라고 보는 것이 더 합리적이다. 수요공급법칙을 경제학의 근본적인 일반 법칙으로 삼는 것은 전통 경제학의 현실설명력이 얼마나 취약한지를 단적으로 보여준다. 이러한 간단한 명제를 기준으로 삼아 예외적인 것들을 설명하는 구조가 편리한 측면이 없는 것은 아니다. 그럼에도 불구하고 예외적인 현상들이 더 일상적이라면 그 법칙이 취약하다는 것을 부정할 수는 없다. 중요한 것은 이론의 아름다움이나 편리함이 아니라 현실적합성이다. 더 현실에 적합하고 일반적인 경우를 원한다면 복잡계를 표준으로 사유해야 한다. 뒤에서 보는 것처럼 들뢰즈 경제학은 복잡계 경제학을 사유의 표준으로 삼는다.

　수요공급법칙의 현실적합성이 형편없음을 구체적으로 보여주는 사례가 노동시장의 경우다. 사람의 노동력을 거래의 대상으로 하는 노동시장은 보통의 상품시장과는 확연히 구분되는 특성을 보여준다. 상식을 벗어나는 역설적 상황이 빈번하다. 최저임금의 역설인가, 임금의 역설인가? 전통 경제학적 상식으로는 최저임금의 역설이 타당할 것 같지만 임금의 역설이라는 것이 현실과 더 부합할 수도 있다. 노동자의 생활 개선을 위해 최저임금을 올리면 고용이 감소해서 오히려 전체 노동자의 후생이 감소할 수 있다는 것이 최저임금의 역설이다. 그러나 실증적 결과는 최저임금 인상의 고용에 대한 효과는 통계적으로 불확실하다는 것이 대부분이다(매드릭, 157쪽 참조). 노동가격인 임금이 오르면 노동수요인 고용이 감소한다는 것이 수요의 법칙이지만 현실적으로는 임금이 노동자들이 생산에 기여한 것보다 작은 경우가 많으며, 이 경우 최저임금의 적정한 상승은 고용을 줄이지 않으면서 오히려 노동자들의 구매력을 높여 총수요를 증가시킬 수도 있다. 그것을 입증하는 사례도 많다 (임주영, 48~53쪽 참조). 임금상승이 생산성을 증가시킬 수도 있다. 이 경우 고용을 줄일 이유가 없다. 인간이라는 심리적 실체에 대한 분석은 사물에 대한 분석과는 달라야 한다. 이러한 것들이 최저임금의 역설이 아니라 임금의 역설이 옳다는 것을 보여준다. 소득주도성장 또는 임금주도성장을 뒷받침하는 증거이기도 하다. 분석적 환원주의에 입각한 주류 경제학의 미시분석은 장기적, 순환적 분석에 취약하다. 수요공급의 법칙은 주류 경제학의 대표적인 단기적 부분균형분석의 결과물이다. 임금상승의 장기적이고 순환적인 효과의 분석에 취약할 수밖에 없다. 최저임금의 역설보다는 임금의 역설, 즉 장기적으로 전체적으로 임금 상승이 총수요를 증가시켜 고용의 증가를 가져올 수도 있다는 명제가 현실을 더 잘 설명하고 예측하는 것으로 보인다. 요컨대 최저임금의 상승은 고용에 대한 영향이 없거나 미미한 것으로 보인다. 속도가 문제일 수 있다. 한계생산을 넘는 임금상승은 단기적으로 고용 감소의 경향으로 이어질 것이 당연하다. 생산성 향상이 감당할 수 있을 정도의 점진적 상승이 필요하다. 근본적으로는 인간의 기본적 생활수준의 최저임금을 감당할 수 없는 업종은 도태되는 것이 옳다. 기술 개발 등 자체적인 생산성 향상의 노력이 부가되어야 임금상승을 통한 무리 없는 성장과 복지의 증가가 기대된다. 소득주도성장을 공부할 때 더 자세히 논의하기로 한다.

'부자 감세가 투자를 증가시키고 성장을 가져온다'는 주장이 있다. 신자유주의의 대표적 주장이다. 그러나 주장일 뿐 법칙은 아니다. 실제로 부자들에 유리한 신자유주의 개혁 이후 경제 성장률이 더 떨어졌고, 투자율이 감소했다(장하준, 194, 195쪽 참조). 소득세나 법인세의 증감은 조세 회피의 노력을 제외하면 경제주체의 생산적 노력에 미치는 효과는 미미하다(배너지, 424~6, 450~1쪽 참조). 감세한다고 투자가 늘지는 않는다. 감세에 따른 한계투자성향은 증가하다 감소한다(정태인 외, 518~9쪽 참조). 기업의 투자 결정에서 조세부담이 하나의 요인은 될 수 있지만 유일한 요인도, 핵심 요인도 아니다. 래퍼곡선을 근거로 하는 공급측면 경제학의 성과는 찾기 어렵다. 오히려 IMF나 OECD에 따르면 부자 감세는 세수 감소로 이어져 재정 악화와 경제적 불평등을 키웠다는 보고도 있다(임주영, 19~20쪽 참조). "피케티와 동료들의 주장에 따르면, 세수를 극대화하는 소득세율은 83% 안팎이다. …… 현대 경제학은 감세의 장점을 입증하는 이론이나 증거를 제시한 적이 없었다."(엘드리드, 398쪽). 세금은 기본적으로 소득과 자산의 증가분보다 클 수가 없고 전가도 가능하다. 따라서 수요나 공급에 미치는 세금의 영향은 극단적인 경우가 아닌 한 간접적이고 미미할 수밖에 없다. 특히 어떤 활동 이후의 결과에 부과되는 과세의 속성상 사전에 어떤 활동에 미치는 영향을 미리 예상하는 것은 어려운 일이다. 요컨대 세금의 증감이 생산이나 투자와 같은 활동 변수에 미치는 결과는 일정하지 않다. 절세된 자금으로 새로운 투자처에 대한 투자가 증가할 것으로 예상할 수는 있다. 그러나 투자 기회가 많고 투자 자금이 부족한 저개발국가에서는 몰라도 투자 기회가 상대적으로 적은 선진국에서는 감세가 꼭 투자 증가를 통해 성장을 이루고 분배가 개선되는 낙수효과로 이어질 것이라 기대하기는 어렵다. 고용 없는 성장이 큰 특징을 이루는 현대 경제에서는 더욱 그렇다. 손꼽히는 어떤 초부자의 다음과 같은 고백은 그에게도 일말의 양심이 있음을 보여 준다.

"나는 60년 동안 투자자들과 일했는데 자본소득세율이 무려 39.9%이던 1976~1977년에도 세율이 높다고 합당한 투자 기회를 피하는 사람은 본 적이 없다. 사람들은 돈을 벌기 위해 투자를 한다. 그리고 나중에 내야 할 세금은 이 결정을 주저하게 만들지 못한다. 그리고 세율이 높아지면 일자리를 창출하는 데 악영향을 미치리라고 주장하는 사람들에게는, 1980년에서 2000년 사이에 거의 4000만 개의 일자리가 새로 생겼다는 사실을 말해 주고 싶다. 반면 그 이후에 벌어진 일은 당신도 잘 알 것이다. 세율을 낮췄더니 일자리가 훨씬 덜 창출됐다."(Buffett)

'보편 복지는 사람을 게으르게 한다'는 주장은 터무니없다. 세금의 증감이 사람의 일의 선택에 큰 영향을 주지 않듯이 복지의 증감도 사람들의 게으름의 선택에 영향이 별로 없다(배너지, 493, 498, 509쪽 참조). 보편적 기본소득은 무임승차와 큰 관계가 없다는 것이 들뢰즈 경제학의 결론이다. 기본소득을 공부할 때 자세히 논할 것이다.

'자유무역은 모두에게 이득이다'는 주장은 그럴 경우도 있고 그렇지 않을 경우도 있는 자의적 주장일 뿐이다. 비교우위이론은 진리가 아니며 무역으로 피해를 보는 당사자를 제대로 보상하는 것은 쉬운 일이 아니다(배너지, 제3장 참조). 비교우위이론을 극찬한 새뮤얼슨이 동료 경제학자 볼프강 스톨퍼와 함께 제시한 스톨퍼-새뮤얼슨 정리는 자유무역의 결과로서 승자뿐만 아니라 패자가 필연적으로 발생한다는 것을 이론적으로 증명했다(매드릭, 292~3쪽 참조).

신자유주의가 금과옥조로 여기는 '민영화가 효율성을 높인다'는 주장은 법칙은커녕 헛소리에 불과하다. 효율성 낮은 기업은 민영화 자체가 곤란하다. 정부 실패를 비판하는 논리로 개발된 공공선택이론(public choice theory)은 민영화와 아웃소싱의 합리화를 위한 주장에 불과하다(마추카토, 404~18쪽 참조). 미국의 양심이라 불리는 촘스키는 "자금을 줄이고, 그래서 일이 잘 안 돌아가게 한 뒤, 그 때문에 사람들이 화가 나면, 그것을 민간 자본에 넘기는 것이 민영화의 표준적인 기법"(Chomsky)이라고 비판한다. "종합적으로 판단할 때 민영화는 생산성과 서비스 가격의 장기적인 추세에서 아무런 차이를 만들어내지 못했다."(앨드리드, 167쪽)

이러한 사례들은 대부분 주류 경제학의 '효율적 시장 가설'에 의한 자유시장론을 토대로 하는 주장들이다. 정부의 자의적 개입을 반대하고 시장의 자유를 주장하는 자유시장론은 결과적으로 작은 정부와 긴축을 적극 옹호한다. 자유시장이라는 그럴듯한 수사가 순수경제학의 법칙성을 제고하는 것처럼 보인다. 그러나 시장은 효율적이지 않다. 현실은 시장 실패가 다반사다. 자유시장론은 그야말로 속임수에 불과하다. 노벨상 수상자인 조지프 스티글리츠는 "보이지 않는 손이 보이지 않는 것은 그것이 시장에 없기 때문"(Stiglitz)이라는 명언을 남겼다. 자유시장은 가능하지도 바람직하지도 않다. 특히 재정지출의 구축효과를 강조하면서 긴축을 옹호하는 긴축론은 순수한 경제이론이라기보다는 자본 계급 수호를 위한 지식 조작에 가깝다. 구축효과(crowding-out effect)는 경제의 실상을 제대로 파악하지 못한 주류 경제학의 대표적 오류 중 하나다. 이자율은 정책 변수로서 언제든지 통화 당국이 통제 가능하며(레이, 208~211쪽, 켈튼, 156~172쪽 참조), 이자율과 총수요의 관계도 확실하지 않다. 재정 적자는 이자율을 올려 민간 투자를 구축하는 것이 아니라 오히려 국채 발행이 이자소득을 증가시킴으로써 민간 저축과 투자를 유발하기도 한다. "재정 적자는 우리의 부와 총저축을 늘린다."(켈튼, 140쪽) "신고전파는 이자율이 투자에 어떻게 영향을 미치는지를 잘못 판단하고 있다. 첫째, 이자율은 수요 공급으로 정해지는 시장 현상이라기보다 중앙은행이 통화정책으로 설정하는 것이고, 재정 적자로 정부 지출이 늘어도 이것이 이자율을 올라가게 하지는 않는다. 둘째, 낮은 이자율이 꼭 더 많은 투자로 이어지는 것은 아니다. 기업은 이자율보다는 미래의 성장 기회에 더 민감하게 반응하기 때문이다."(마추카토, 397쪽) 긴축의 역사를 광범위하게 연구한 마크 블라이스는 현재는 자본의 자유를 근간으로 하는 신자유주의의 핵심 이데올로기가 된 긴축론을 금융 구제 등을 위한 비용을 사회 전체로 전가하기 위한 '현대사 최대의 속임수 전략'이라고까지 평가한다(블라이스, 151~4쪽 참조).

비현실적인 토대로부터 쌓아올린 법칙과 이론들은 필연성이 취약할 수밖에 없으며 때로는 억지스럽기까지 하다. 법칙이나 이론은커녕 억견(doxa)이라고 부를 정도의 것도 다수 눈에 띈다. 주류 경제학을 사상적 기초로 해서 낙수효과, 규제 철폐, 민영화와 긴축 등을 지지하는 신자유주의적 주장들이 대부분 그렇다. 경제학에 있어서의 대대적인 탈영토화가 필요하다. 그에 부응하는 다방면의 경제학적 사유가 발전하고 있다. 나는 신자유주의적 폐해가 수십 년간 쌓여왔음에도 아직 뚜렷한 대안과 해결책을 찾지 못하고 있는 지금은 단순히 이론의 수정이나 보정 차원의 상대적 탈영토화, 즉 게임의 룰을 바꾸는 정도를 넘어 사유의 토대를 다시 세우고 사유의 지평을 새롭게 여는 정도의 절대적 탈영토화, 즉 게임 자체를 바꾸는 정도의 경제학에서의 대혁신이 필요한 시점이라고 생각한다. 관점하의 변화로는 부족하다. 관점 자체를 바꿔야 한다.

경제학의 탈영토화들

경제학의 탈영토화는 좁게 보면 전통 경제학의 전제들(조건과 가정)의 현실화 과정이라고 할 수 있다. 끊임없는 수정과 보완이 이루어지는 상대적 탈영토화라고 할 수 있다. 넓게 보면 경험해 보지 못한 새로운 현실에 직면하여 기존의 전제들이 총체적으로 파기되고 새로운 사유의 지평이 펼쳐지는 과정이기도 하다. 이러한 과정은 경제학의 새로운 패러다임이 구축되는 과정으로서 절대적 탈영토화라고 할 수 있다.

앞서 언급했듯이 마르크스 경제학은 새로운 관점의 소수파 정치경제학이다. 마르크스는 자본의 운동 과정 분석에서 주류 경제학에 대립하는 혁명적 경제학을 수립했다. 그러나 들뢰즈의 관점에서 보면 그의 경제학도 근대 경제학의 일부로서 소수자 경제학과는 다르다고 할 수 있다. 왜냐하면 주류 경제학에 대립적일지라도 사유의 지평이 근대를 벗어나지 못했기 때문이다. 분자성이 강한 탈근대적 사유의 세계로 천착해 들어가지 못하는 이상 다수자과학의 한 영역을 차지하는 소수파일 뿐 소수자과학의 자격을 가질 수는 없다. 어떤 관점에 서는가에 따라 탈영토화의 상대성과 절대성에 대한 평가도 달라질 수밖에 없다. 들뢰즈의 관점에서는 마르크스의 정치경제학은 전통적인 근대 경제학의 범주를 벗어나지 못한 상대적 탈영토화에 불과하다.

케인즈 경제학은 신고전파 주류 경제학의 가정에 배치되는 이른바 가격의 비신축성, 시장 실패에 대한 대응이다. 시장보다 상대적으로 정부의 역할이 더 중요해진다. 합리적 개인이라는 가정을 비판하며 인간의 본성의 하나로 야성적 충동(animal spirit)을 강조하여 대공황과 같은 시장의 실패를 설명한다. 거시경제학 분야를 개척함으로써 주류 경제학에 대한 매우 의미 있는 탈영토화를 선보였다. 그러나 이것도 결국은 신고전파 종합이라는 재영토화로 귀결되어 기존의 미시경제학과 함께 경제학의 주류를 형성하게 되는 상대적 탈영토화로 평가될 수 있다. 케인즈 경제학은 2차 대전 이후 자본주의 황금기를 이끌었다. 그러나 반동적인 신자유주의 시대에 몰락의 과정을 거쳤고, 현대와 같은 탈근대 시대에는 그 현실적합성이 의문시되어 그 부활의 가능성은 크지 않을 것으로 보인다.

학제 간 횡단과 융합의 형태로 탈영토화가 이루어지는 경우도 있다. 주류 경제학에 심리학적 사유를 도입한 행동경제학(behavioral economics)은 제한된 합리성(bounded rationality)을 가정한다. 자연과학을 모방하고 그것과 경쟁하고자 수학에 지나치게 의존했던 경제학이 심리학과 연결되어 더 현실과 부합하게 되는 사유의 발전이 있었다. 그러나 넛지의 비민주성은 문제가 될 수 있다(엘드리드, 37, 299~302쪽 참조). 넛지와 행동경제학은 여전히 호모 에코노미쿠스를 이상적인 인간의 모델로 간주한다. 넛지와 같은 방법으로 사람들을 의도된 합리적 행동의 틀에 끼워 맞추려 한다(스키델스키, 38쪽 참조). 정확한 정보를 제공하여 선택의 폭을 넓히는 것을 넘어 아무리 선한 목적일지라도 선택을 의도된 방향으로 유도하는 것이 선택의 자유와 양립 가능한가 하는 의문이 들 수밖에 없다.

진화경제학(evolutionary economics)은 다윈의 진화론을 기초로 하는 진화생물학과 경제학이 융합된 것이다. 진화경제학은 자연선택의 이론으로 슘페터의 혁신과 같은 경제의 변화를 설명한다. 진화경제학의 출현은 뉴턴 물리학에서 영감을 얻은 신고전파 경제학에 대한 새로운 도전이라고 할 수 있다(이인식, 193~4쪽 참조).

환경경제학(environmental economics)은 생태경제학과 혼동되기도 하지만 환경 문제를 시장 기구의 작동에 기초하여 해결하려 한다. 환경 문제에 있어서도 정부 개입은 불필요하다는 주류 경제학의 입장을 고수하려는 것이다. 가령 코즈 정리(Coase theorem)에 근거한 탄소배출권 시장의 개발이 그 한 예다. 지속 가능한 경제의 확립에 충분한지 의문이다. 탄소세를 걷는 것이 탄소 배출을 줄이는 확실한 방법이다.

현대화폐이론(Modern Monetary Theory, MMT)은 새로운 관점의 거시경제이론을 제시한다. 발권력을 가진 주권국가의 역할을 전통 경제학과는 다른 새로운 시각에서 조명한다. 인플레이션과 실물자원의 제약하에서 적극적인 재정지출을 옹호하며, 일자리 보장(job guarantee)을 통한 완전고용을 지향한다. 가계와 같은 통화 사용자가 아닌 통화 발행자로서의 정부를 재인식함으로써 신자유주의 부채 경제 해결을 위한 매우 유효한 정책 수단을 제시한다.

생태경제학(ecological economics)은 인간을 초월한 관점에 기초한다. 생태경제학과 함께 다음의 복잡계 경제학과 욕망경제학이 새로운 차원의 대안적 관점과 시각을 제공하는 진정한 절대적 탈영토화라고 할 수 있다. 들뢰즈 경제학도 생태경제학에 속한다. 케이트 레이워스가 제시한 도넛 경제학은 생태적으로 안전하고 사회적으로 정의로운 지속 가능한 경제를 위한 제도와 정책의 설계를 시도한다. 주류 경제학 극복을 위한 탈영토화의 적절한 사례라고 할 수 있다.

복잡계(complex system) 경제학은 주류 경제학을 포함한 전통 경제학의 대안으로서 가장 대표적이라 할 수 있다. 복잡계 경제학은 구성요소의 상호작용과 그에 따른 창발(emergence)을 중시한다. 피드백과 상호작용이 경제의 제1 원리가 된다. 일상적 상황에 가장 부합하는 현실적 표준모델로 볼 수 있다. 복잡성은 단순성(simplicity)과 무질서한 복잡성(disordered complexity)의 사이를 일컫는 말이다. 세계를 리좀으로 보는 들뢰즈 경제학과 상통한다.

들뢰즈와 과타리의 사유를 토대로 하는 욕망경제학으로서의 들뢰즈 경제학은 새로운 지평의 경제학을 구축하고자 한다. 조건과 가정의 수정이나 현실화를 넘어 토대와 방법론의 재구축과 같은 절대적 탈영토화를 시도한다. 무의식과 욕망에 대한 새로운 관점을 제시한다. '생산적 욕망'을 궁극적 원리로 하여 효용, 생산, 가치, 주체 등 기존 개념들을 혁신적으로 재해석한 결정체가 욕망경제학, 욕망의 미시경제학으로서의 들뢰즈 경제학이다. 탈근대 경제철학과 소수자 경제과학의 결합으로서의 들뢰즈 경제학은 생태경제학과 복잡계 경제학의 관점을 융합한 종합적이고 전체론적인 경제학이다. 모든 경제학의 음화(陰畵)로서, 여백, 극한의 역할을 담당하는 궁극의 경제학이라고 할 수 있다.

결론

주류 경제학의 토대와 전제들은 매우 비현실적이고 부실하다. 따라서 그것들로부터 파생되는 결론도 취약할 수밖에 없다. 주류 경제학과 그것을 기반으로 하는 사유들이 진리가 될 수 없음은 자명하다. 모든 학문이 지향하는 바는 문제의 해결이다. 학문의 가치는 문제해결 능력에 달려있다. 문제를 잘 제기하고 그것을 잘 해결하는 것이 좋은 학문이고 진리에 근접한 학문이다. 표면적 문제에 집착하거나 단기적이고 임기응변적인 해결책에 만족하는 것은 좋은 학문이라고 할 수 없다. 경제학도 마찬가지다. 아름답고 우아하며 취향에 맞는 경제학이 아니라 문제를 제대로 해결하는 좋은 경제학이어야 한다. 오늘날 가장 큰 문제로 대두되고 있는 불평등과 양극화를 해결하는 데 주류 경제학은 무력하다. 제대로 된 해결책과 대안을 제시하는 사유는 아직 보이지 않는다. 더 정확히 말하면 해결책과 대안이 제시되었더라도 정치사회적으로 채택되지 않았을 수도 있다. 좋은 경제학도 받아들여지지 않으면 아무 소용이 없다.

이렇듯 학문적 상황에 대한 종합적 판단이 필요하지만 우선은 주류로 행세하는 경제학에 대한 비판이 선행되어야 한다. 주류라는 것은 어떤 의미에서건 아직 정치적인 힘이 있다는 것이다. 따라서 그에 대한 올바른 비판으로부터 대안의 모색이 시작되어야 할 것이다. 그래서 나는 근대 경제학 비판이라는 명목으로 주류 경제학을 주요 표적으로 삼았던 것이다. 결론은 정리와 법칙으로 장식된 아름다운 경제학에서 문제를 잘 해결할 수 있는 능력 있는 경제학으로 가야 한다는 것이다. 인간 사회에 절대적 보편성을 가진 불변의 법칙은 없다. 영원한 문제 제기와 그 해결을 위한 노력이 있을 뿐이다. 그 과정에서 필요한 것이 물적 추상화와 분자적 추상화의 조화와 상호 보완이다. 어느 하나만으로는 안 된다. 법칙의 정립은 영원히 포기할 수 없는 과학의 꿈이다. 세상을 조금이라도 더 단순하면서도 조금이라도 더 폭넓게 설명해 주는 법칙과 이론의 개발은 인간의 영원한 꿈인 것이다. 그러나 그러한 시도가 성공하기 위해서는 문제제기적인 종합적이고 전체적인 사유가 반드시 결합되어야 한다. 그래야만 단순성과 설명력이라는 딜레마적 상황이 균형 있게 해결될 수 있다.

이를 위해서는 경제학자들의 자성이 필수적이다. 경제학에서 천재라고 불리는 수많은 사람들은 알고 보면 순진한 편집증자들에 불과한 경우가 많다. 진정한 천재는 문제를 잘 해결하는 자이지, 이론을 더 아름답게 더 우아하게 치장할 줄 아는 자가 아니다. 관건은 아이큐나 이해력이 아니라 사유하는 힘에 있다. 기발함이나 속도가 아니라 시각과 관점의 높이와 폭이 중요하다. 『경제학은 어떻게 권력이 되었는가』를 쓴 조너선 앨드리드는 노벨상에 빛나는 화려한 경제학자가 아니라 치과의사와 같이 이론 개발보다는 문제 해결에 집중하는 유능하고 겸손한 경제학자가 필요함을 주장한다. 신자유주의의 거두 밀턴 프리드먼은 "예측이 정확하면 가정의 현실성 여부는 중요하지 않다."고 말한 바 있다. 이 말은 이론에 집착하는 기존 경제학자들의 사유의 내적 모순을 대변한다(앨드리드, 234~5쪽 참조). 현실적이지 않은 가정으로부터는 현실적이지 않은 결론이 파생되는 것이 당연한 이치다. 예측의 정확성은 법칙성을 담보하지 않는다. 아무 근거 없이 문어(가령 2010 월드컵에서의 문어 파울)나 용한 점쟁이도 반복적으로 정확한 예측을 할 수 있다. 복잡계의 속성을 가진 경제를 사유하면서 예측의 정확성 운운하는 것 자체가 난센스다. LTCM 사태는 가짜 천재들의 실상을 보여주는 대표적 사례다. 그들은 미래 불확실성의 계량화에 집착하고 그 결과를 맹신함으로써 블랙스완의 가능성을 무시했다. 위험과 불확실성을 혼동했던 것이다. 결국은 파탄의 길을 걸을 수밖에 없었다(로웬스타인 참조). 종합적 전체론에 입각한 현실적인 복잡계적 사유가 부족했던 것이다. 경제와 같은 복잡계에서는 예측하지 못한 블랙스완의 발생이 언제든지 가능하다.

경제학자들이 물리학을 선망할 이유는 어디에도 없다. 수식으로 우아하게 치장된 모형만으로 자족하는 순진하고 둔감한 자는 학자의 자격이 없다. 경제학은 단순하지 않다. 자연과학이나 여타 학문처럼 직선적이지 않다. 복잡하고 어렵다. 경제학은 인간과 자연, 사실과 당위, 존재와 가치, 물질과 정신, 기술과 제도를 종합한 모든 것을 사유의 대상으로 삼는 종합 학문으로서 타의 추종을 불허하는 위대한 학문이다. 경제는 정치뿐만 아니라 인간의 삶 모든 영역과 관련되며, 앞서 보았듯이 경제학은 오늘날 유행하는 학제적 융합의 한가운데에 있다. 그만큼 경제를 사유하는 일은 섬세함과 예민함, 그리고 고차원적이며 종합적인 안목이 요구된다. 이러한 경제학을 공부하는 자가 자격지심이나 열등감을 가진다는 것은 경제학을 잘 모른다는 방증이 될 것이다. 경제학을 제대로 알고 공부하는 자는 경제학에 대한 경외심을 가질 수밖에 없고 경제학을 공부한다는 데 크나큰 자부심을 느낄 것이다. 경제학은 물리학도 수학도, 그 어느 것도 선망할 이유도 필요도 없다. 오히려 문제 해결에 능통한 경제학이라면 그것은 모두가 선망하는 학문이 될 것이다.

3.
근대 경제학과 탈근대 경제학

학문의 발전

들뢰즈의 관점에서 보면 학문의 역사는 현상에 대한 대응의 역사이고 현상을 결정하는 것은 욕망의 흐름이다. 들뢰즈에게 역사는 욕망의 반복이다. 역사는 미시적 집단욕망의 우발적 전개 과정이다. 역사상의 거대한 전환은 욕망의 혁명적 극과 반동적 극 사이의 커다란 방향 전환이 결정한다. 욕망의 진보화와 욕망의 반동화 사이의 교차가 역사를 구성하는 것이다. 한편으로는 가치의 측면에서 파시즘의 힘 또는 파시스트의 욕망과 민주주의의 힘 또는 혁명적 욕망 사이의 대결과 반복이, 다른 한편으로는 가치와 무관하게 욕망의 탈영토화와 재영토화의 이중운동이 역사를 이룬다.

경제학의 역사도 욕망의 흐름에 대한 대응의 역사다. 들뢰즈의 관점에서 경제학은 크게 다수자 경제과학과 근대 경제철학으로서의 근대적인 경제학과 소수자 경제과학과 탈근대 경제철학으로서의 탈근대적인 경제학으로 나눌 수 있다. 중요한 것은 근대와 탈근대를 불문하고 그 저변에 흐르는 욕망의 변화다. 경제학의 변화와 혁신을 가져오는 가장 큰 원동력은 욕망의 변화에 따른 새로운 현상들에 대응하여 문제를 파악하고 해결하려는 시도라고 할 수 있다.

근대 경제학

근대 경제학은 분석적 환원주의에 입각한 근대 과학적 사유를 지향하는 경제적 사유 체계라고 할 수 있다. 몰적 추상화에 의한 경제 법칙과 경제 이론의 정립을 목표로 한다. 경제(본질)주의와 같은 본질론적 사유, 경제와 정치 등 영역을 명확히 분리하는 유형학적 사유, 상부구조와 하부구조의 대립과 같은 이분법적 사유에 기반을 둔다. 인간과 기계, 인간과 자연, 산업과 자연은 명확히 구별된다. 인간이 주체가 되고 기계는 수단화되고 자연은 객체화된다. 산업은 자연과 대립한다. 한편으로 산업은 자연에서 원료를 퍼오며, 다른 한편 산업은 자연에 폐기물을 반환한다. 생산, 분배, 소비라 불리는 상대적으로 자율적인 영역의 뚜렷한 구별이 있다(안오, 26쪽 참조). 따라서 명확한 정체, 뚜렷한 경계와 관계의 설정을 위한 수단으로 변수화와 계량화를 중요시한다. 법칙적 필연성에 기초한 미래 예측에 주력한다.

근대 경제학의 발생에 있어서는 원래 경제학 개념보다는 정치경제학(political economics) 개념이 먼저 등장했다. 근대의 초입에서는 경제의 어원에서 보았던 것과 같은 가정 차원의 기술이 아닌 국가(polis) 차원의 과학으로서의 의미를 가지는 경제학이 먼저 등장한 것이다. 그 후로 순수경제학이라 불릴 수 있는 사유가 시작된다. 정치경제학으로부터 목적과 가치를 사상한 실증과학으로의 진입이었다.

근대적 사유에 기초한 경제학의 정의로는 다음과 같은 것들이 있다. 경제학 원론서의 저자로 유명한 맨큐의 정의에 의하면 "경제학은 희소한 자원을 어떻게 관리하는지 연구하는 학문"이다. 경제학의 본질에 천착한 로빈스는 "경제학은 목적과 대안적 용도를 가진 희소한 수단 사이의 관계라는 시각으로 인간의 행동을 연구하는 학문"(Robbins, p16)이라고 정의한다. "경제학은 욕구를 충족시키려는 인간의 노력을 다루는데, 이러한 욕구와 노력은 부 또는 부의 일반적 표상인 화폐로 측정할 수 있어야 한다."(마셜, 95쪽)는 것이 앨프레드 마셜의 생각이다. 경제학의 본질은 주어진 목적을 최적으로 충족하기 위해 주어진 수단을 배분하는 것이라는 생각에서 경제학은 '효용과 이기심의 역학'이라는 주장이 제기되기도 한다(게오르게스쿠-뢰겐, 459~60쪽 참조).

근대 경제학은 가계와 기업을 분석대상으로 하는 미시경제학과 국가와 해외 부문을 분석대상으로 하는 거시경제학으로 나뉜다. 소위 주류 경제학으로서의 신고전파종합, 즉 미시적 신고전학파와 거시적 케인즈학파의 종합이 근대 경제학의 표준모델을 형성한다.

앞서 언급했듯이 마르크스 경제학도 주류가 아닌 소수파로서 근대 경제학에 속한다고 볼 수 있다.

탈근대 경제학

탈근대 경제학은 종합적 전체론에 입각한 탈근대적 사유를 지향하는 경제적 사유 체계라고 할 수 있다. 분자적 추상화에 의해 현상의 원인이나 근거로서의 반복적인 요소들을 어떤 잠재적인 힘이나 의지에서 추출하여 그것들을 개념화하는 것을 목표로 한다. 자기조직화에 의한 창발을 중시하는 복잡계적 사유, 경계의 사유, 그리고 탈근대 사유를 대표하는 들뢰즈와 과타리의 배치론적 사유에 기반을 둔다. 소수자 과학적 사유와 함께 끝없이 의심하고 문제를 제기하면서 사유를 무한으로 확장하는 철학적 사유를 지향한다. 따라서 정확성을 넘는 엄밀함을 추구한다. 당연히 수량화나 계량화에 목매지 않는다. 예측 불가능한 미래에 대비한 정책과 제도의 설계에 주력한다. "경제학은 법칙을 발견하는 문제가 아니라는 것이 밝혀졌다. 경제란 본질적으로 (제도와 정책의) 설계 문제다."(레이워스, 247쪽)

탈근대 경제학은 무한을 향한 탈주의 경제학이다. 기존의 경제학으로부터 끊임없이 탈주를 감행한다. 탈근대 경제학은 법칙과 이론의 정립을 넘어 끊임없이 문제를 제기하고 그 해결책을 제시하고자 하는 소수자 경제과학과 탈근대 경제철학의 융합이다. 따라서 탈근대 경제학에서는 표준모델도 기존의 것과 다를 수밖에 없다. 관념적·이상적 상황이 아니라 일상적인 보통의 실제 상황을 전제로 하는 경제학이 표준모델이 되어야 한다. 유클리드 기하학에서 더 엄밀한 리만 기하학으로, 뉴턴 역학에서 더 엄밀한 상대성이론으로의 발전과 같은 사유의 진보를 반영하는 표준의 변화가 경제학에서도 필요하다. 현대의 복잡성을 반영하고자 하는 탈근대 경제학에서는 경제학의 표준모델로 복잡계 경제학을 제시한다. 인간과 사회 모두 하나의 열린 복잡계로 보는 것이 일상적 상황에 부합한다고 볼 수 있다. 이런 관점에 따른다면 주류 경제학의 표준으로 인정받아 왔던 신고전파 경제학은 합리적 개인과 효율적 시장이라는 특수한 가정들을 전제로 한 하나의 특수 이론에 불과할 뿐이다. 탈근대 사유를 대표하는 들뢰즈의 관점에 따라 경제학을 분류하면 다음과 같다.

1) 경제과학

① 다수자 거시경제학
과학적 배경은 근대 과학(동일한 사유 지평에서의 소수파 경제학 포함. 마르크스 경제학 등).
② 소수자 미시경제학
과학적 배경은 탈근대적인 강도적 과학(복잡계 경제학 등).

2) 경제철학

① 근대 경제철학
근대적인 몰적 철학이 배경.
② 탈근대 경제철학
탈근대적인 분자적 철학이 배경.

복잡계 경제학에 의하면 근대적 의미의 거시 현상은 미시적 과정에 의한 창발의 결과들로서 인정될 뿐이다. 따라서 복잡계 경제학의 관점에서는 따로 근대적 의미의 거시경제학은 필요하지 않다, 들뢰즈 경제학은 소수자 미시경제학과 탈근대 경제철학을 결합한 욕망경제학이다. 종합적 전체론, 생태경제학과 복잡계 경제학을 기초로 하는 21세기 새로운 정치경제학이다. 여기서의 미시경제학은 주류 경제학의 한 분야인 미시경제학과는 다르다는 점을 주의해야 한다. 소수자적 미시경제학은 강도적 사유를 기초로 분자적 추상화를 추구하는 경제학을 일컫는 용어다.

정리

근대 과학을 하나의 극으로 하는 몰적 추상화와 탈근대 철학을 또 하나의 극으로 하는 분자적 추상화 사이에서 정도에 따라 그러데이션(gradation)을 이루며 학문이 구축된다는 것이 나의 학문관이다. 그것에 따르면 경제학도 한 쪽 극단의 근대 경제학을 대표하는 신고전파 미시경제학에서 다른 쪽 극단의 탈근대 경제학을 대표하는 들뢰즈 경제학, 즉 들뢰즈와 과타리의 사유를 토대로 하는 욕망의 미시경제학까지 다차원적 스펙트럼을 이루고 있다고 할 수 있다. 전자에서의 '미시'는 몰적 차원 안에서 크기의 작음을 나타내는 말이고, 후자에서의 '미시'는 몰적 차원 자체와 대비되는 분자적 차원을 나타내는 말이다. 전자가 물리학을 선망하며 극단적으로 명석·판명함을 추구하는 근대성을 보여준다면, 후자는 다른 모든 경제적 사유의 음화로서 극단적으로 종합적이고 전체적인 차원의 탈근대성을 표방한다.

앞에서도 언급한 바 있는 음화(陰畵, négatif, 영어 negative)라는 말은 원래 사진 용어로서 사물의 명암이 필름에 반대로 재생되어 나타나는 형상이다. 우리가 흔히 규제 항목을 정할 때 포지티브 방식과 네거티브 방식을 말한다. 포지티브 방식은 규제되는 몇 가지를 일일이 열거하는 방식이고, 네거티브 방식은 열거된 몇 가지를 제외한 기타 전부를 규제하는 방식이다. 이처럼 음화라는 말은 여백 또는 여집합을 의미하는 것으로 사용될 수 있다. 어떤 것을 제외한 기타 모든 것을 가리키는 말이다. 들뢰즈와 과타리는 음화를 이원론적 이분법을 넘어서는 사유의 방식을 나타내는 용어로 사용한다. 근대/탈근대, 현실/잠재, 몰적인 것/분자적인 것, 인간/자연, 의식/무의식, 다수자/소수자, 유한/무한, 안/밖 등은 같은 차원에서의 이항대립이 아니라 서로 다른 판, 구도, 지평을 나타내는 사유의 범주들이다. 이들 중에서 후자를 상징하는 것이 음화인 것이

다. 요컨대 들뢰즈 경제학이 음화로서의 경제학이라는 말은 들뢰
즈 경제학은 근대적인 차원을 아우르면서 그것을 넘어 잠재적이고
분자적인 것, 무한으로까지 천착해 들어가는 사유로서의 궁극적
경제학이라는 것을 의미한다.

　근대적인 전통 경제학을 수용하고 비판하면서, 그 전제들을 비
판하고 대체하면서 새로운 경제학들이 등장하고 있다. 정도의 차
이는 있지만 소수자적 성격과 소수파적 성격을 공유한 것들이라
할 수 있다. 위에 말한 스펙트럼상의 어느 자리에 위치해 있을 것
이다. 자연과학의 발전과 기술의 고도화로 더 종합적이고 전체적
으로 사유할 수 있는 가능성이 확대됨으로써 더 엄밀한 사유가 가
능한 경제학이 속속 등장하리라 예상된다. 근대적 사유와 탈근대
적 사유의 조화와 균형을 토대로 하는 좋은 경제학과 그것을 기초
로 하는 건전한 자본주의는 얼마든지 가능하다고 생각한다. 사실
과 당위 모두 실패한 나쁜 경제학에서 사실에 부합하고 인간을 해
방시키는 좋은 경제학으로 나아가야 한다. 경제학 교육에 관한 앨
드리드의 견해를 소개하고 경제란 무엇인지에 관한 논의로 넘어가
고자 한다.

　"학부생을 위한 경제학 강의와 교과서는 거의 전적으로 정통 이
　론에 집중된다. 하지만 오히려 학생들에게 여러 학파의 유용한 이
　론과 사상을 가르치는 강의가 필요하다. 예컨대 모든 문제를 해결
　하기에 가장 적합하다는 하나의 이론적 접근법보다 특정한 시기와
　장소에서 특정한 문제를 해결하려고 어떤 학파가 탄생했다는 걸

보여 주는 식으로 경제사상사를 가르치자는 것이다. …… 경제학의 소명을 고려하면, 학부에서 경제학을 전공하는 학생은 '경제'에 대해 배워야 한다. 놀랍게도 대부분의 기존 강의는 학생들에게 경제를 가르치지 않는다. 대부분의 강의가 경제 이론을 가르치고, 수학적이고 통계학적 능력을 키우는 데 주력하기 때문에, 현실 세계의 경제가 어떻게 구성되고 어떻게 작동하는지 공부할 시간이 부족하다."(앨드리드, 438쪽)

4.
경제란?

　우리는 수많은 경제 현상들에 둘러싸여 있다. 먹고 살기, 수렵과
채집, 의식주, 일과 노동, 생산과 소비, 양극화, 성장과 분배, 물가
상승, 고용과 실업, 돈(화폐), 자본, 주식, 비트코인, 세금, 월세·전세,
부동산, 교환과 무역, 시장이냐 계획이냐 등등의 현상과 문제들에
직면하며 인간은 삶을 영위하고 있다. 이런 반복되는 경제 현상들
에서 그 발생과 인식을 위한 원천과 근거(충족이유)는 무엇인가를 사
유하는 것이 경제학을 공부하는 우리의 목표다. 자연스럽게 이러
한 현상들을 포괄하는 경제라는 것의 추상화가 그 목표의 선결과
제가 될 것이다.

몰적 추상화

경제가 무엇인가를 규정하는 것은 경제를 근거 짓는 것이다. 경제를 인식하기 위한 근거를 찾는 것이다. 또한 경제를 어떤 발생이나 생성의 과정으로 본다면 그것의 원천을 찾는 것이다. 요컨대 경제를 규정하는 것은 경제의 충족이유를 찾는 일이다. 경제의 몰적 충족이유를 찾는 것이 경제의 몰적 추상화다. 본질주의와 유형학적 사유에 입각해서 경제의 고정된 본질이나 고유한 기능의 추출을 모색한다. 경제(본질)주의에 입각해서 경제가 무엇인지를 따져 보는 것이다. 명석·판명함을 유지하면서도 최대한의 공통분모로서의 경제를 사유한다.

몰적 추상화의 시각에서는 경제는 '재화와 용역의 생산, 분배, 소비'로 정의되는 것이 보통이다. 경제의 본질 또는 고유한 기능을 재화와 용역의 생산, 분배, 소비에서 찾는다. 경제라는 것의 원천과 인식의 근거를 재화와 용역을 만들고, 나누고, 사용하고 써버리는 것에서 찾는 것이다. 그래서 경제의 핵심 문제도 누가 어떻게 얼마만큼을 생산, 분배, 소비할 것인가가 된다. 경제재로서 재화와 용역은 유용성(사용가치)과 희소성을 구비해야 한다. 희소성이 없는 자유재와 구별된다. 희소성하에서 효율성을 추구하는 것이 경제(학)의 대원칙이다.

이러한 규정은 계약·규약주의적 관념에 기초한다. 시원적으로 경제적 관계는 자유롭고 독립적인 주체들의 계약과 규약에 기초한 교환관계가 토대라는 것이다(부통, 60쪽 참조). 생산, 분배, 소비의 경제적 기능이 이러한 관념을 기초로 작동되는 것으로 본다. 가령 화폐의 기원도 세금과 같은 권력의 작동에서보다는 자유로운 계약에 의한 교환에서 찾는다.

분자적 추상화

분자적 추상화를 위해서는 동일성·정체성의 사유에서 벗어나 차이·생성·변주의 사유로 가는 것이 불가피하다. 차이·생성·변주의 사유는 탈주·여백·경계·근방의 사유를 내포한다. 이는 필연적으로 융합·회귀·순환·창발의 복잡계적 사유로 이어지고, 궁극적으로는 주객 융합, 인과 불명, 경계 붕괴를 야기한다. 경제를 대상으로 하는 학문인 경제학도 경제 및 경제와 그 외부와의 관계를 연구하는 학문이 될 수밖에 없다. 이와 같은 사유를 토대로 하는 경제의 분자적 추상화는 최대한의 엄밀한 사유를 위한 포괄적 의미의 경제의 추출이 될 것이다. '순수경제'라는 것은 없다. 현실과 동떨어진 관념에 불과하다.

차이·생성·변주의 사유를 기초로 하는 경제의 분자적 추상화는 다양한 관점에서 이루어질 수 있다. 나는 앞서 심도 있게 논의한 들뢰즈의 분자적 추상화를 기반으로 하여 경제를 순수한 경제, 고정된 본질을 가진 경제와는 차원이 다른 '이념적 다양체'로서의 경제, 추상기계로서의 경제를 사유하는 데서부터 시작할 것이다. 들뢰즈의 분자적 추상화에 의하면 경제 현상들은 사회적 이념으로서의 경제가 구체적인 질적 관계와 외연적 항들 또는 부분들로 구현된 것이다. 다른 모든 영역에서와 마찬가지로 경제 현상들도 이중의 분화의 결과다. 우리의 과제는 반복되는 경제 현상들에서 질과 외연 아래에 은폐된 이념을 구성하는 요소와 관계와 특이점들과 함께 이념의 분화를 작동시키는, 계열들의 공명을 유발하는 분화소를 포착하는 것이다. 반복되는 경제 현상들의 발생과 인식을 위한 원천과 근거(충족이유, 충분근거)는 무엇인가? 경제 현상들의 반복에 있어 분화소(반복되는 것, 차이 짓는 차이소)는 무엇인가? 무엇이 경제적 배치를 구성하는 핵심적 힘(욕망)인가? 경제라는 추상기계를 구성하는 힘이나 질료 그리고 기능(fonctionnement)은 무엇인가? 경제에는 어떤 변수, 즉 어떤 요소와 관계들이 작동하고 있는가? 이 중에서 무엇이 평범하고 무엇이 특이한가? 경제적 질과 부분들로 구현된 현실적인 것들에 의해 은폐된 잠재적인 관계와 특이성들을 어떻게 표현할 것인가? 종합하면, 경제를 구성하고 있는 수많은 요소와 관계들 중에 가장 특이한 것은 무엇이고 그것들의 소통과 공명, 종합을 가져오는 심층의 힘(비유기적 생명, 강도적 에너지, 생산적 욕망)으로서의 분화소는 무엇인가? 하는 문제들이 제기될 수 있고 그것들에 대한 답을 찾는 과정이 경제의 분자적 추상화의 과정이다.

요컨대 우리는 들뢰즈와 과타리의 사유를 토대로 하여 경제의 분자적 추상화를 시도할 것이다. 들뢰즈의 차이의 철학, 잠재성의 존재론과 들뢰즈와 과타리의 배치론에 입각하여 경제의 잠재적 원천과 순수기능(fonctionnement)의 추출을 모색한다. 고정된 본질이나 현실적 기능보다는 생성·변이하는 유동적 본질과 잠재적 기능에 주목한다. 무엇이 경제의 분화소이고, 무엇이 경제의 순수기능인가? 무엇이 경제적 항(요소)들의 형태 변화와 경제적 관계들의 양태 변화를 규정하는가?

들뢰즈의 분자적 추상화는 이념의 작동(fonctionnement)을 주재하는 분화소로서의 생산적 욕망의 흐름을 포착하여 그것을 표현할 수 있는 개념을 창출하는 것이다. 생성과 반복, 사건과 현상들 속에서 실질적 정체성으로서의 '반복되는 것'을 찾는 것이다. 배치론의 용어로 말하면, 하나의 추상기계로서의 경제를 추출하는 것이다. 몸체를 작동하거나 사용되는 하나의 기계로 볼 때 잠재적 분화소 역할을 하는 것이 추상기계다. 분화소의 추출은 추상기계의 추출과 같다. 분화소는 추상기계의 요소인 질료로 생각할 수도 있고 순수기능으로 생각할 수도 있다. 순수기능은 분화소 자체의 작동 방식으로 볼 수도 있고, 분화소가 주재하는 기능으로 볼 수도 있다.

경제와 같은 하나의 체계는 작동하는 하나의 기계로 보는 것이 적절해 보인다. 현실성의 차원에서는 구체기계로서의 하나의 배치로, 잠재성의 차원에서는 하나의 추상기계로 볼 수 있다. 실질적 정체성을 나타내는 '반복되는 것'으로서의 잠재적 경제는 하나의 경제-추상기계로 볼 수 있다. 경제-추상기계의 작동, 즉 분화소로서의 경제가 주재하는 순수기능의 작동에 의해 이중의 분화가 이루어진다. 분화소의 전치와 위장에 의해 반복되는 현실적 계열들의 항(요소)들과 관계들이 규정됨으로써 생산관계와 소유관계, 고용관계, 채권/채무관계 등의 경제적 관계들과 특이성들, 변용태들이 구현되는 것이다. 그렇다면 우리가 생각할 수 있는 경제-추상기계의 요소로서의 힘과 질료 또는 순수기능으로는 무엇이 있을까? 부, 가치, 재생산, 생산, 포획 등이 경제의 분자적 충족이유라고 할 수 있다. 이러한 것들이 경제적 삶과 활동의 발생 원천 또는 경제 현상들을 인식하게 하는 근거들인 것이다. 나는 이 중에서도 포획에 주목할 것이다. 미리 말하면 포획은 들뢰즈 경제학의 핵심 중의 핵심 개념이다. 포획의 역할과 기능이 왜 경제의 작동에 있어 독특성과 보편성을 가지는지는 앞으로 정교하고 치밀하게 논의될 것이다. 포획이 생산과 더불어 전(前)자본주의 경제와 자본주의 경제를 막론하고 수많은 경제 현상들의 생성과 반복에 있어서 실제로 '반복되는 것', 분화소(차이 짓는 차이소)로서의 역할을 한다. 포획이라는 잠재적 순수기능이 현실화한 것이 지대, 이윤, 이자, 임금, 세금 등의 몰적 기능들이 될 것이다.

부(富)의 분자적 추상화와 경제

반복하는 경제 현상들에 있어 실제로 반복되는 것, 차이 짓는 차이소, 충족이유 또는 준원인으로서의 원천적 힘은 무엇일까? 나는 그것을 사유하는 데 있어 '부(富)'라는 개념을 새로이 재정립하고자 한다. 수많은 힘들과 미분적 요소들 사이의 만남으로 미분적 관계가 성립하는 과정에서 어떤 특이함으로서의 의미 또는 가치가 항상 창출된다. 우리는 우선 잠정적으로 분화소(차이 짓는 차이소, 반복되는 것)로서의 '가치'(를 생산하고 포획하는 힘 또는 욕망)의 운동에 의해 경제적 요소들(상품, 화폐, 노동, 자본 등)과 그 현실적 담지자들, 즉 객체와 주체, 그리고 관계들(자본-노동 관계, 채권-채무 관계 등)이 규정되는 것으로 본다. 가치에 관한 상세한 논의는 뒤에서 이루어질 것이다. 가치를 조작적으로 정의하여 경제적으로 측정 가능하거나 비교 가능하게 만든 것, 즉 현실화한 가치를 '부(富)'라는 용어로 개념화할 수 있을 것이다. 경제적 요소들과 관계들, 그리고 그것들에 상응하는 특이성들을 포괄적으로 매개하기에 적합한 개념으로 '부(wealth, 불어 richesse)'라는 용어를 사용하고자 하는 것이다. 이러한 부 개념과 관련된 주체와 객체, 그리고 부를 둘러싼 관계와 힘의 작용들이 경제의 핵심을 구성한다. 이는 마치 물리학에 있어서 '에너지' 개념의 창출과 유사하다. 앞서 힘과 물질의 몰적 추상화와 분자적 추상화를 사유하면서 라이프니츠의 형이상학적 힘 개념이 자연과학적인 '에너지'의 개념으로 연결된 경우를 언급한 바 있다. 힘의 범주를 제거한 외연적 기계론을 극복하고 뉴턴의 과학적 힘 개념을 거쳐 라이프니츠의 힘 개념으로 시각을 넓히면서 그에 대응하는 에너지 개념이 도출되는 과정을 우리는 볼 수 있다(세철3, 1부 3장 참조). 운동에너지로부터 시작된 에너지 개념의 추상화의 확장을 통해 물리학은 뉴턴 역학을 넘어 해밀턴-라그랑주 역학을 지나 양자역학으로까지, 그리고 열역학으로의 발전이 가능했다. 그 정체가 무엇인지 직접적으로 규정할 수 없는 에너지 개념의 추상화의 정도에 따라 이제 물리학뿐만 아니라 자연과학 전체와 철학적 존재론에서도 에너지라는 용어를 사용함으로써 과학과 철학의 이해와 설명에 큰 도움이 되고 있다.

에너지 개념의 등장이 물리과학의 발전에 큰 도움이 되었던 것과 유사하게 형이상학적인 가치 개념에서 구체적으로 양화된 교환가치 개념에 이르기까지 포괄적으로 연결이 가능한 부 개념의 도입은 경제적 사유의 발전에 큰 도움이 될 것이다. 가령 가치와 부 개념의 탈주 또는 변주와 연계되어 자본 개념이 실물자본으로부터 출발하여 천연자본, 인지자본, 인적 자본, 문화적 자본, 사회적 자본을 넘어 욕망자본, 정동자본, 주체성자본에까지 이르는 변주의 과정은 운동에너지로부터 시작하여 수많은 형태로 이어지는 에너지 개념의 변주 과정과 매우 흡사하다. 이제 부의 소유와 생산 및 포획에 관련된 힘들과 관계들이 경제를 구성하는 핵심적 요소들이 된다. '부'의 개념을 몰적으로 또는 분자적으로 추상화함에 따라 경제에 대한 추상화도 적절히 이루어질 것이다.

앞서 부와 노동·생산의 관계에 대한 추상화의 사례를 논의한 바 있다. 근대적인 정치경제학의 기초가 된 것은 노동과 생산에 있어 부의 추상적이고 주체적인 본질을 발견한 것이라고 했다. 부는 생산물 일반의 생산이며, 부의 생산은 추상적 노동이라는 노동 일반에 의한 생산으로 규정된다. 즉 전통 경제학에서 부의 원천은 추상적 노동에 의한 생산이며, 부 자체는 재화와 용역이라는 생산물 일반의 축적이다. 이와 같은 부·노동·생산의 추상성과 주체성이라는 전제하에서 과학으로서의 경제학이 시작된다고 했다. 이것이 부의 몰적 추상화의 대표적 사례다. 몰적 추상화든 분자적 추상화든 부의 개념화가 경제의 추상화의 핵심 역할을 수행한다. 재화와 용역의 생산, 분배, 소비라는 경제의 몰적 추상화는 노동 일반에 의한 재화와 용역의 생산과 축적이라는 부의 몰적 추상화로부터 파생된다고 할 수 있다.

부에 관한 분자적 추상화는 기존의 몰적 개념의 부와는 다른 새로운 부 개념의 창출이다. 유동적이고 모호하지만 엄밀한 본질로서의 부의 규정이 그것이다. 형식화되지 않은 가치로서의 부를 말하는 것이다. 이는 노동 일반이라는 부에 있어서의 주체성의 탈주이자, 재화와 용역의 축적이라는 부의 객체성·대상성의 탈주이다. 탈근대적인 분자적 추상화는 부의 생산을 노동 개념과 분리하여 기계적 노예화와 연결한다(부록, 사회적 예속화와 기계적 노예화 참조). 그에 따라 생산의 탈주체화와 생산관계와 소유관계의 변주가 뒤따르게 된다. 이러한 변주와 탈주의 과정에서 우리는 부의 축적 또는 분배를 (잉여)가치의 생산과 포획이라는 지평으로 사유를 확장시킬 것이다. (잉여)가치와 부 그리고 포획에 대한 자세한 논의는 뒤에 이어질 것이다.

부 개념의 분자적 추상화로부터 경제의 분자적 추상화가 직접적으로 파생된다. 부의 생산과 분배가 경제인 것은 분자적 추상화의 차원에서도 매한가지다. 부의 생산은 재현으로 환원되지 않는(비표상적인) 추상적이고 주체적인 활동(노동 그 이상)에 의존하며, 소위 경제라는 것은 사회적 예속화와 기계적 노예화라는 주체성의 이중의 투자에 기초한 하나의 배치라고 할 수 있다(SM, p23/기기, 32쪽 참조). 경제라는 배치의 변주(추상기계의 작동)가 각 사회체 또는 경제체제의 성격을 규정한다. 그 과정에서 부 또는 가치의 생산과 포획이 핵심적 역할을 수행한다. 우리는 경제라는 이념 또는 추상기계를 작동시키는 공통된 원천으로서의 힘·흐름·욕망·정동(변용태)을 부 또는 가치의 생산과 포획의 힘·흐름·욕망·정동(변용태)에서 찾을 수 있다.

분자적 추상화의 결과로 우리는 경제를 가치의 흐름으로서의 부의 생산과 포획으로 사유할 수 있다. 많은 다른 사유가 있을 수 있겠지만 우리는 반복되는 경제 현상들의 심층적 충족이유, 잠재적 준원인으로서의 분화소 역할을 하는 것은 부 또는 가치의 흐름과 그 포획이라는 것을 추출해냈다. 이러한 분화소의 추출, 경제적 실재의 이러한 추상화를 전제로 들뢰즈 경제학의 대장정이 시작될 것이다. 들뢰즈 경제학은 부와 욕망의 결합을 시도하는 욕망경제학이다. 부와 잠재적 욕망의 결합의 중심에 포획이 있다. 소유와 비교·평가, 그리고 축적 등을 순수변용태로서 가지는 포획이라는 순수기능이 경제와 비경제의 경계를 설정하고 경제와 그 외부와의 관계를 매개한다. 경제가 발전할수록, 배치가 변화해 갈수록 포획의 기능과 양태는 무한히 확장되고 다양화한다는 것이 자본주의 발전의 요체다.

정리

들뢰즈의 분자적 추상화에 의하면 여타 분야와 마찬가지로 경제에 있어서도 그 원천이 되는 것은 심층을 흐르는 잠재적 힘과 생산적 욕망이다. 분화소로서의 생산적 욕망이 생산관계와 소유관계 등의 경제적 관계들을 현실적으로 구현하는 힘 또는 질료의 역할을 수행한다. 여기서의 관계는 현실의 인간들이나 구체적 집단에 의해서가 아니라 생산과 소유에 관련된 수많은 요소들 사이의 미분적 관계들로서 규정되고, 각 생산양식과 소유형태는 관계들의 값들에 상응하는 특이점들에 의해 특성화된다(의논, 530쪽 참조). 분자적 추상화에 의해 상정되는 관계들과 특이점들은 비인칭적이고 전(前)개체적이다. 몰적 추상화에서처럼 인칭적·인물적, 개체적이거나 상호주관적인 것이 아니라는 것이다. 중요한 것은 언제나 질료와 기능, 즉 분화소와 순수기능의 결합(MP, p178/천고, 273쪽 참조)이라고 했다. 사회적 이념으로서의 경제는 하나의 추상기계로서의 경제로 볼 수 있고 추상기계를 구성하는 질료와 순수기능의 결합이 경제를 내용과 표현의 이중으로 분절된 구체적 기계로 구현한다. 기계적 배치와 언표적 배치가 결합된 하나의 배치로서의 경제가 성립되는 것이다.

경제는 직관적으로 말하면 부의 생산과 축적이라고 할 수 있다. 앞서 말한 모든 경제 현상들이 부의 생산 및 축적과 관련된다고 할 수 있다. 물리학이 물질과 에너지를 대상으로 하여 그것들의 운동과 생산을 연구하는 학문이라면, 경제학은 물리학의 물질과 에너지에 해당하는 부를 대상으로 하여 그것의 생산과 축적 또는 순환을 연구하는 학문이라고 할 수 있다. 부라는 것을 몰적으로 아니면 분자적으로 추상화할 것이냐에 따라 세부 내용이 달라질 뿐이다. 물질과 에너지의 개념을 분자적으로 추상화하여 '비유기적 생명'이나 '강도적 에너지'로 개념화할 수 있었던 것과 유사하게 부의 개념을 잠재적 가치나 강도적 효용으로까지 확장함으로써 우리는 경제학적 사유를 소수자 경제과학이나 탈근대 경제철학으로까지 확장할 수 있을 것이다. 분자적 추상화에서는 부 개념의 변주에 주목한다. 부에 있어서의 주체성과 대상성의 탈주에 초점을 맞춘다. 그 과정에서 들뢰즈 경제학이 가장 주목하는 분화소 또는 순수기능이 가치의 포획이다. 들뢰즈 경제학이 사유하는 경제의 핵심 개념이 포획이다.

5.
들뢰즈 경제학이 바라보는 경제

들뢰즈 경제학의 기본적 경제관

들뢰즈에게 경제는 사회적 이념으로서 사유된다. 그 사유의 기초가 되는 것이 『차이의 반복』과 「구조주의를 어떻게 식별할 것인가(A quoi reconnaît-on le structuralisme?)」(『의미의 논리』 한국어판 특별 보론)라는 논문이다. 사회적 이념은 생산관계와 소유관계들을 표현한다(차반, 405쪽). 앞서 말한 것처럼 여기서의 생산관계는 현실의 인간들이나 구체적 집단에 의해서가 아니라 욕망적 생산에 관련된 수많은 요소들 사이의 미분적 관계들로 규정된다. 우리는 구체적으로 현실화한 배치 또는 체제로서의 경제 이전에 하나의 잠재적인 사회적 이념으로서의 경제를 사유해야 한다. 들뢰즈에 의하면 "총체적 사회란 없다. 다만 각 사회 형태는 생산의 어떤 요소들, 관계들, 값 또는 가치들을 구현할 뿐이다(예컨대 자본주의)."(의논, 532쪽) 이

요소들, 관계들, 값 또는 가치들로 구성된 것이 사회적 이념으로서의 경제다. "경제는 이와 같은 사회적 다양체, 다시 말해 이 관계들의 변이성들에 의해 구성된다. 그런 비율적 관계들의 변이성에는 특정한 특이점들이 상응한다. 그 변이성과 특이점들은 하나의 규정된 사회를 특징짓는 구체적이고 분화된 노동들 속에서, 이 사회의 실재적 결합관계들(법률적, 정치적, 이데올로기적 관계들) 속에서, 그리고 이 결합관계들의 현실적 항들(가령 자본가-임금노동자) 속에서 구현된다."(차반, 405쪽)

잠재적 이념은 자신의 변이성들과 결합관계와 항들이 상이한 여러 사회 안에서 구현됨으로써 각 사회의 현실성을 구성한다. 따라서 그 잠재성은 언제나 자신의 현실화 형식들에 의해 은폐된다. 즉 이념들은 결국 문제제기적인 것들로서 그들의 생산물이나 효과 또는 해들(solutions)에 의해 덮여 있을 수밖에 없는, 본질적으로 무의식적인 것이다(의논, 534~5쪽 참조). "하나의 경제적 이념은 결코 순수하게 존재할 수 없으며, 그것이 구현되는 법적, 정치적, 이데올로기적 관계들에 의해 덮인다. 우리는 이 효과들에서 출발해 이념들을 읽어야 하며, 찾아야 하며, 되찾아야 한다."(의논, 535쪽) "요컨대 경제적인 것은 사회적 변증론 자체다. 다시 말해 경제적인 것은 주어진 한 사회에 제기되는 일련의 문제들 전체, 그 사회의 종합적이고 문제제기적인 장이다. 엄밀하게 말하자면, 비록 그 문제들에 대한 해들은 법적, 정치적, 이데올로기적일 수 있을지라도 사회적 문제들은 모두 경제적이다."(차반, 406쪽)

따라서 우리는 자유롭고 독립적인 주체들 사이의 교환을 가정하는 계약·규약주의적 관념에서 탈피해야 한다. 경제, 경제적인 것, 경제 현상들의 궁극적 원천도 다른 모든 것과 마찬가지로 사회적 이념을 구성하는 잠재적 역량, 생산적 욕망으로서의 힘 또는 힘의 관계에서 찾아야 한다. "들뢰즈는 시장경제 자체를 고찰하는 것의 불가능성을 강조한다. 왜냐하면 시장경제는 지배와 예속화 및 권력을 분배하는 화폐경제와 부채경제로부터 나온 것이며 또 이에 종속되는 것이기 때문이다. …… 화폐는 노동, 상품, 교환에 대해 원칙적으로 그리고 실제로 선행한다. …… 교환은 결코 최초의 사태가 아니다. …… 사회와 경제는 힘의 차이, 즉 잠재성의 불균형에 따라 조직된다. …… 교환은 단지 평등의 논리가 아닌 불균형과 차이의 논리를 바탕으로 기능한다."(IM, pp74~5/부인, 113~4쪽)

읽어야 하며, 찾아야 하며, 되찾아야 하는 은폐된 이념들은 구체적으로 무한한 경제적 현상들 속에서 실질적으로 반복되는 것, 반복되는 힘의 흐름, 생산적 욕망의 흐름이다. 분자적 충족이유, 잠재적 준원인, 즉 분화소를 읽어내야 한다. 『천 개의 고원』의 버전으로 말하면 추상기계를 구성하는 질료와 순수기능의 결합을 찾아야 한다. 우리는 추상기계로서의 경제를 사유한다. 하나의 배치로서의 현실적 경제가 존재한다. 배치의 잠재성이 추상기계다. 현실적으로 생성, 반복하는 경제의 실질적 정체성, 실제로 반복되는 것, 분화소 역할을 하는 잠재적인 추상기계로서의 경제를 사유해야 한다. 누차 강조하건대 중요한 것은 언제나 질료와 기능의 결합이라고 했다(MP, p178/천고, 273쪽 참조). 힘 또는 질료로서의 가치를 표현하는 부의 흐름과 경제의 이념을 작동시키는 순수기능을 포착해야 한다. 순수기능의 작동으로 경제적 관계와 특이한 외연들로 구성된 경제의 수많은 변용태들이 구현된다. 들뢰즈 경제학은 경제라는 추상기계를 구성하는 가장 중요한 질료와 기능의 결합, 분화소가 주재하는 순수기능을 가치 또는 부의 생산과 포획에서 찾는다.

경제는 재생산을 위한 가치의 생산과 포획

이처럼 탈근대 경제학으로서의 들뢰즈 경제학은 경제라는 궁극적 실재를 아페이론의 일부로서 바라본다. 경제를 하나의 구체적이고 현실적인 체제나 양식으로서보다는 하나의 잠재적 이념, 탈기관체, 추상기계로 보는 것이다. 구체적 배치로서 경계가 뚜렷한 경제가 아니라 추상기계로서 외부와의 끊임없는 상호작용이 이루어지는 하나의 극한으로서의 경제를 사유한다.

경제는 단적으로 부의 생산과 축적이라고 할 수 있다. 앞서 열거한 경제 현상들은 모두 부의 생산 및 축적과 관련된다. 부 개념은 물리학에서의 에너지 개념과 유사한 역할을 한다고 말한 바 있다. 설명하기 어렵고 계측하기 곤란한 힘과 운동을 표현하기 위해 창조된 개념이 에너지이다. 경제학에서 그에 상응하는 역할을 할 수 있는 것이 부 개념이다. 잠재적 가치의 흐름들을 표현하는 용어가 부인 것이다. 들뢰즈 경제학은 실재에 더 가까이 가기 위해, 경제의 더 엄밀한 해명을 위해 부의 몰적 추상화를 넘어 분자적 추상화로 나아간다. 부 개념의 몰적 추상화로부터 '재화와 용역의 생산,

분배, 소비'라는 경제의 몰적 규정이 가능했듯이 부 개념의 분자적 추상화로부터 경제의 분자적 추상화가 도출될 수 있다. 몰적 추상화 과정에서 부는 재화와 용역으로 형식화된다. 생산, 분배, 소비는 하나의 현실적 유기체라고 할 수 있는 경제의 유기적 기능(fonction organique)들로 볼 수 있다.

들뢰즈 경제학은 부의 생산과 축적 또는 분배를 (잉여)가치의 생산과 포획이라는 잠재적 흐름들의 지평으로 확장한다. 부에 있어서의 주체성과 객체성·대상성의 탈주가 이루어진다. 탈근대적 개념으로서의 부, 즉 비표상적인 분자적 개념으로서의 부는 이제 형식화되지 않은 가치로서의 부로 사유된다. 형식화되지 않은 잠재적 가치로서의 부가 형식화·현실화된 것이 경제적 가치로서의 몰적인 부라고 할 수 있다. 부의 생산은 노동 이상의 비표상적인 추상적이고 주체적인 활동에 의존한다. 그 과정에서 (잉여)가치의 포획이 핵심적 역할을 수행한다. 하나의 탈기관체 또는 하나의 추상기계라고 할 수 있는 경제를 작동시키는 기계적 작동형태(fonctionnement machinique)로 볼 수 있는 것이 포획이다. 요컨대 들뢰즈 경제학이 사유하는 경제는 가치의 흐름으로서의 부의 생산과 포획이라고 할 수 있다.

들뢰즈의 분자적 추상화를 기초로 해서 들뢰즈 경제학은 경제를 '재생산을 위한 가치의 생산과 포획'으로 정의한다. 모든 경제 현상들의 잠재적 준원인, 다양체적 충족이유, 이념의 작동을 주재하는 분화소로서의 생산적 욕망의 흐름을 표현하기 위해 들뢰즈와 과타리가 『천 개의 고원』에서 심층적으로 분석하는 '포획(capture)'이라는 개념을 원용할 것이다. 전통적으로 강조되는 생산의 개념과 함께 이 포획의 개념이 들뢰즈 경제학이 사유하는 경제의 핵심을 구성한다. 근대를 규정하는 추상기계의 기능에 푸코가 '규율'이라는 명칭을 부여한 것처럼 경제를 규정하는 데 있어 반복적으로 작동하는 순수기능에 '포획'이라는 용어를 부여할 것이다.

무한한 경제적 현상들 속에서 실질적으로 반복되는 것, 반복되는 힘의 흐름, 생산적 욕망의 흐름은 가치의 생산과 그 포획이 중심이 된다. 다시 말해 가치의 생산과 포획이 들뢰즈의 '반복되는 것'으로서 경제의 실질적 정체성을 규정한다. 우리는 추상기계의 '질료로서의 가치의 흐름 및 순수기능으로서의 생산과 재생산, 그리고 포획'을 경제를 규정하는 요체로 본다. 경제라는 추상기계를 구성하는 독특한 힘과 질료 또는 기능은 가치 생산과 가치 포획의 힘 또는 욕망이라는 것이다. 추상기계로서의 경제의 이러한 질료와 순수기능의 기계적인 상호작용의 결과가 현실화한 것이 구체적인 생산(관계), 소유(관계), 분배 등의 유기적인 경제활동이나 경제체제다. 욕망적 생산이 현실화하여 구체적인 사회적 생산, 주체성의 생산으로 이어진다. 경제를 규정하는 추상기계의 포획 기능은 분화소가 주재하는 핵심적이고 결정적인 순수기능이라고 할 수 있다. 추상기계의 차원에서는 아직 형식화가 이루어지지 않은 리좀적이고 기계적인(machinique) 기능이지만 이것이 분화함으로써 이윤, 이자, 지대, 임금, 세금 등의 형식화한 유기적(organique) 기능이 된다.

여기서의 '재생산'은 들뢰즈의 기계적 재생산이다. 단순히 인간적인 소비, 향유, 생계를 넘어 배치, 비인격적 주체 등을 포함하는 모든 차원의 기계들의 지속적 반복을 의미한다. 각자의 의도와 지향하는 바에 따라 재생산으로서의 반복의 의미는 다를 수 있다. 차이의 반복, 즉 창조적이고 풍요로운 반복일 수도 있고 동일성의 반복, 즉 단조롭고 헐벗은 반복일 수도 있다. '가치의 생산'은 욕망적 에너지인 리비도의 투자에 의한 정동·변용태의 생산을 의미한다. 가치에 대해서는 뒤에서 자세히 논의할 것이다.

(잉여)가치의 포획이 경제적 생산과 분배에서 결정적 역할을 한다. 욕망과 권력을 표현하는 포획의 작동이 경제활동과 경제 현상들에 있어 핵심적 역할을 수행한다. 포획의 욕망, 포획의 힘이 '반복되는 것', 즉 분화소의 역할을 수행하는 것이다. 한마디로 경제 현상들의 충족이유로서 포획이 결정적이다. 포획의 연속적 변주에 의한 반복이 경제다. 포획 가능성이 경제의 범위를 결정한다. 포획 가능성이 생산의 범위와 분배의 과정을 결정한다. 사고의 전환과 기술의 발전에 의해 자연과 사회에 대한 포획의 확산은 무한의 과정에 돌입한다. 원시적 영토, 자유로운 행동과 같은 매끈한 공간에 홈을 파서 전유와 비교·평가의 가능성을 확대해 감으로써 효율성의 경제를 넘어 '가능성들의 경제'를 창출한다. 이러한 과정들이 뒤에서 논의할 플랫폼 자본주의, 정동자본주의, 가능성들의 경제(학)의 주된 주제들이다.

포획을 통해 경제외적 요소(권력, 생태 등)가 초재적으로 경제에 개입하거나 내재적으로 경제와 융합할 수 있게 된다. 이로써 경제적 생산과 반생산, 주체성의 생산이 밀접히 연결된다. 포획 또는 반생산이 결핍을 유도하여 희소성을 창출하기도 한다. 인간, 사물, 자연은 모두 욕망적 기계이며 모든 것이 독특한 잠재적 역량을 가지는 존재로서, 포획, 즉 비교·평가와 전유에 의해 항상 희소화가 가능하게 된다. 경제재로서 재화와 용역은 정동·(순수)변용태가 현실화하여 희소성을 갖춘 것이다. 원시 영토기계의 포획은 코드화, 야만 전제군주기계의 포획은 초코드화, 문명 자본주의기계의 포획은 공리화에 의해 이루어진다. 모든 것은 정동(순수변용태)의 욕망적 생산에서 시작된다. 이로부터 출발해서 궁극적으로 지대, 이자, 이윤 등의 포획과 구체적인 경제적 생산이 파생된다. 자세한 것은 '생산 개념의 일의성'을 논할 때 알아볼 것이다.

전(前)자본주의 경제

전(前)자본주의 경제는 코드의 잉여가치의 생산과 포획으로 규정된다. 코드 또는 초코드의 초재성이 중요하다. 노동생산, 초재적 반생산, 경제외적 포획, 인간적 잉여가치의 포획 등의 특징을 갖는다.

코드의 잉여가치 현상은 기계의 한 부분이 자기 고유의 코드 속에 다른 기계의 코드의 파편을 포획하고, 그럼으로써 이 다른 기계의 한 부분 덕에 자신을 재생산하는 것이다(안오, 477쪽). 수렵-채집 경제나 자급자족적 농촌경제와 같은 원시 영토기계에서는 자연의 비인간적인 코드의 잉여가치의 포획이 이루어진다. 아시아적 생산양식, 고대 노예제, 봉건제와 같은 야만 전제군주기계에서는 초코드화하는 제국적 권력에 의한 인간적 잉여가치의 포획이 이루어진다.

자본주의 경제

자본주의 경제의 고유한 특성은 '코드의 잉여가치에서 흐름의 잉여가치로'라는 언표에 담겨 있다. 자본주의 경제는 가치의 생산과 포획이 탈코드화와 탈영토화의 흐름들로부터 이루어지는 경제다. 내재적인 열린 공리계, 내재적 반생산, 자본주의적 포획 등의 특징을 갖는다.

근대 자본주의하에서는 임금노동으로부터의 포획, 인간적 잉여가치의 생산과 포획이 이루어진다. 현대 자본주의하에서는 경계의 소멸, 욕망과 경제의 일치가 강화된다. 인간적 잉여가치에 더하여 기계적·사회적 잉여가치의 생산과 포획이 이루어진다. 자유로운 행동, 비인간적 생산으로부터의 포획이 증가한다. 추상적 가치(욕망적 가치, 정동적 가치)의 교환가치화가 대폭 증가한다.

"현대의 '경제' 개념은 경제적 생산 및 주체성의 생산을 동시에 포괄하는 개념"(부인, 30쪽)이다. 현대 경제의 주된 경향은 기계적 노예화에 의한 생산의 탈주체화라고 할 수 있다. 생산에 있어서 주체들 사이의 경계가 모호해지고 생산주체, 생산수단, 생산물의 경계도 사라지는 경향이 증가한다. 현대 경제에서 갈수록 중요한 것으로 부각되는 문제는 누가 무엇을 어떻게 생산하느냐는 것이 아니라

누가 포획하느냐, 누가 전유하고 비교·평가하는 데 더 큰 힘과 협
상력을 가지느냐는 것이다.

6.
경제와 주체성의 생산

주체성의 생산은 주체의 추상화

주체성의 생산은 몰적이거나 분자적인, 개체적이거나 비개체적인 주체의 추출이다. 비개체적이라 함은 전(前)개체적(pre-personal)이거나 초(超)개체적(supra-personal)인 것을 의미한다. 주체성의 생산은 경제적 생산의 핵심 요소다. 생산, 분배, 소비, 투자 등 다양한 활동으로 구성되는 경제에 있어 그 활동들의 주체를 어떻게 규정할 것인가 하는 것이 가장 우선적으로 고려되어야 할 문제다. 경제를 종합적이고 전체적으로 이해하는 데 들뢰즈와 과타리의 사유 도구인 배치론이 탁월한 수단을 제공한다. 배치론은 물질계, 즉 경제를 구성하는 생산의 측면과 함께 기호계, 즉 주체성의 생산을 구성하는 다양한 정치적 주체화 장치들을 포괄해서 사유한다.

몰적 추상화에 의한 주체성의 생산을 먼저 알아보자. 몰적 추상화는 순수 경제주의에 입각한다. 분석적 환원주의에 기초하여 경제와 비경제를 명확히 분리한다. 주체의 몰적 추상화는 인간과 비인간, 하부구조와 상부구조의 이분법적 사유에 근거하여 주체를 추출한다. 가령 자크 랑시에르와 알랭 바디우와 같이 경제에 관한 극단의 경제주의적 관념과 주체성에 관한 극단의 정치적 관념에 기초하여 경제와 주체성을 하부구조와 상부구조로 근본적으로 분리해서 사유하거나 인지자본주의, 정보사회론, 문화자본주의와 같이 인간중심적이고 개체적인 부분적 시각을 바탕으로 주체를 바라보는 것이다(기기, 15쪽 참조). 생산의 주체로서 일반적 노동을 추상한다. 경제에 한정된 생산 기능의 주체인 경제적 주체와 일반 주체는 엄격히 분리된 채 사유된다. 경제적 생산은 일반노동에 의한 주체적 생산이다. '주체적'이라는 용어는 개체적 주체성의 생산이라는 의미를 포함한다(부인, 80~1쪽 참조). 현대 자본주의를 새로운 관점에서 해석하는 인지자본주의, 정보사회론, 문화자본주의는 물론이고 자본주의를 비판적으로 바라보는 랑시에르, 바디우도 경제주의에 입각한 몰적 추상화의 단계를 벗어나지 못했다는 점에서 사유의 한계를 드러낸다.

경제를 하나의 이념이나 추상기계로 보는 경우, 경제를 '재생산을 위한 가치의 생산과 포획'이라고 정의하는 경우에는 생산관계와 소유관계 등 사회적 체계와 분업을 조직하는 주체의 성격을 새로운 시각으로 바라보는 것이 불가피하다. 분자적 추상화에 의한 경제의 규정과 연결되는 분자적 추상화에 의한 주체의 추상화, 주체성의 생산은 종합적 전체론에 기초하여 경계의 사유로 천착해 들어간다. 이러한 시도는 복잡계적 사유, 기호계와 물질계의 상호 전제와 상호작용을 바탕으로 하는 들뢰즈와 과타리의 배치론적 사유에 근거한다. 생산을 경제 자체뿐만 아니라 사회와 자연과의 연계하에서 사유한다. 생산은 몰적 기능으로 제한되지 않고 분자적 순수기능(fonctionnement)으로 확장된다. 사회적 이념으로서의 경제를 구성하는 순수기능으로서의 생산에서 경제적 주체의 생산과 일반 주체의 생산은 분리 불가능하다. 들뢰즈와 과타리의 사유를 더 심화시킨 마우리치오 랏자라또는 다음과 같이 주장한다.

> "만약 생산이 사회적인 것과 포개진다면, 욕망의 장과 노동의 장, '경제'와 주체성의 생산, 하부구조와 상부구조는 더 이상 별개의 문제로 간주될 수 없다. 생산의 문제는 욕망의 문제와 분리될 수 없으며, 정치적 경제는 주체적 경제와 더 이상 다른 것이 아니다."(SM, pp50~1/기기, 73쪽)

요컨대 하나의 사회적 이념, 하나의 추상기계로서 경제를 바라볼 때, 생산을 단순한 재화와 용역의 생산이 아니라 재생산을 위한 가치의 생산이라는 순수기능으로 바라볼 때 주체성의 생산은 경제적 생산과의 밀접함을 넘어 경제 자체의 한 요소로 간주될 수밖에 없다.

기계적 노예화와 현대 자본주의의 주체성 생산

　현대의 경제적 생산은 주체성의 생산을 포함한다고 할 수 있다. 새로운 기계적 노예화에 의한 통제사회를 특징으로 하는 현대 자본주의 사회에서의 경제는 무의식적 욕망을 토대로 하는 주체성의 생산과 불가분의 관계에 있다(부록, 통제사회 참조). 뒤에서 볼 것처럼 자본은 포획장치이자 기호계의 조작자(operator)이다. 이러한 자본을 토대로 하는 자본주의의 정치적 기획은 사회적 예속화와 기계적 노예화의 교차와 중첩으로 이루어진다. 그 결과는 자본주의하의 정치경제는 주체경제와 동일하게 된다는 것이다. 이러한 동일성은 욕망경제학을 공부할 때 심층적으로 논의될 것이다.

　기계적 노예화는 의식에 대한 억압이나 이데올로기에 의한 사회적 예속화와는 달리 무의식적 욕망이나 정동에 관여하는 정교한 테크닉이다. 그것은 무의식을 생산함으로써 인간 존재를 외부(초인격적 수준)와 내부(전인격적 수준, 전인지적이고 전언어적인 수준)에서 동시에 장악한다. 랏자라또에 의하면 기계적 노예화는 지각적, 감각적, 정동적, 인지적, 언어적 행동에 있어서의 기초적 작동(basic functioning)을 구축한다(SM, p38/기기, 53쪽 참조). 여기서의 기초적 작동은 들뢰즈와 과타리의 기계적 작동(fonctionnement)을 의미하는 것으로 볼 수 있다.

　개체에서 전(前)개체와 초(超)개체로 가는 것이 기계적 노예화의 핵심이다. 이것이 의미하는 바는 주체에서 주체성으로, 주체화에서 탈주체화로, 인간에서 기계로 가는 것이다. 고대적 노예화가 아닌 새로운 기계적 노예화에 의한 탈주체화가 현대 경제의 중요한 특성이다. 기계적 노예화를 통한 자본주의적 주체성의 생산 과정은 역설적으로 탈주체화의 과정이라고 할 수 있다. 생산주체, 생산수단, 생산물의 구분이 모호하게 된다. 자본은 물론 노동도 주체성보다는 포획장치로서의 성격이 부각된다. 노동자도 가치의 생산자인 동시에 가치의 포획자로 볼 수 있다. 따라서 잉여가치라는 개념도 효력을 상실하게 된다.

정리

주체성의 생산은 경제적 생산의 핵심 요소를 구성한다. 오늘날 주체성의 생산은 마르크스의 용어로 말하면 정치적 이데올로기의 문제가 아니라 경제적 생산과 관련된 하부구조의 문제다. 규율사회를 지나 통제사회로 접어든 현대 자본주의하에서 기계적 노예화에 의한 주체성의 생산은 하부구조의 일부로서 경제적 생산과 분리 불가능하다.

들뢰즈와 과타리에 의하면 욕망적 무의식이 모든 생산의 주체다. 들뢰즈 경제학은 주체경제학으로서의 정치경제학이자 욕망경제학이다. 모든 생산은 욕망적 생산이다. 욕망적 생산이 모든 현실적 생산의 원천이 되는 기계적 작동으로서의 순수기능(fonctionnement)이라고 할 수 있다. 욕망, 힘, 역량이 가치를 생산한다. 단적으로 무의식의 자기생산이 들뢰즈 경제학이 바라보는 생산의 과정이다.

　이러한 사유는 '가능성들의 경제(학)'으로 연결된다. 기계적 노예화가 지배하는 현대 자본주의의 통제사회에서 주체성의 구성 요소들(지성, 정동, 감각, 인지, 기억, 체력 등)은 더 이상 '나'가 아니라 기계적 배치 안에서 종합된다(기기, 37쪽 참조). 초개인적 힘들과 전개인적 힘들을 활성화하여 개인적이거나 상호주관적인 것 이상의 '가능성들'을 증식시킨다(앞의 책, 42쪽 참조). 뒤에서 생산에 관해 논의할 때 더 구체적인 내용을 알아볼 것이다.

7.

효율성

우리는 효율적으로 살고 있는가? 우리의 경제적 삶은 효율적이어야 하는가, 즉 효율성이 경제의 필요조건인가? 효율적이지 않은 삶은 경제적 삶이 아닌가? 합리적 개인과 효율적 시장을 전제로 하는 주류 경제학에서는 당연히 효율성은 경제의 필요조건이다. 그러나 전제가 다르면 결론도 다른 법이다. 생산적 욕망을 대전제로 하는 욕망경제학으로서의 들뢰즈 경제학의 입장에서도 과연 효율성이 경제의 필요조건인가? 이는 효율성을 어떻게 정의하는가에 달린 문제다.

정의

경제학에서 가장 중요한 개념을 하나 꼽으라면 단연 '효율(efficiency)'이라는 단어를 들 수 있다. 효율적 삶(efficient life)이 곧 경제적 삶(economic life)이라 여겨지기도 한다. 어떤 분야에서든 효율적이라고 생각되는 경우라면 무슨 무슨 경제학이라는 이름을 붙이기 일쑤다. 희소성하에서 효율성을 추구하는 것이 경제의 이상으로 간주된다. 그러나 효율성도 관점에 따라 달리 해석되고 평가되는 것을 피할 수는 없다.

주류 경제학에서 핵심 역할을 하는 효율성 개념은 최적화(optimization)를 의미한다. 최적화는 항상 일정한 한계를 전제로 하는 개념이다. 한계가 없는 상태, 무한정 충족이 가능하다면 최적화는 무의미한 개념이 될 것이다. 최적화는 항상 일정 조건하의(ceteris paribus) 최적화(극대화와 극소화), 즉 일정 영역에서의 일정 제약조건하에서 낭비 없이 적절하게 자원을 배분하고 소득을 분배하는 것을 뜻한다. 따라서 최적화의 의미를 가지는 효율성 개념은 항상 희소성 개념과 짝을 이룰 수밖에 없다. 통상적으로 경제학에서 최적화는 효용(utility) 또는 편익(benefit)의 극대화(maximization)와 비용의 극소화(minimization)를 일컫는다. 일정 조건하에서 이윤, 생산을 극대화하거나 손실, 비용을 극소화하는 것이 효율적인 것이다.

종합적 전체론의 관점에서는 비용과 편익의 범위와 차원을 달리한다. 그것은 개인이나 개별 기업과 같은 일정 영역에서의 이윤이나 손실의 최적화가 아닌 가능한 한 모든 조건을 고려한 경제 전체의 최적화를 추구한다. 전자를 좁은 의미의 효율성이라고 할 때 그것은 경제의 충분조건은 될 수 있을지언정 필요조건은 될 수 없다고 본다. 종합적 전체론에 입각한 들뢰즈 경제학은 더 넓게 경세제민을 위한 최선의 선택을 효율성으로 보아 그것이 경제의 이상이자 필요충분조건이라고 본다.

좁은 의미의 효율성은 계량화를 생명으로 한다. 측정할 수 있어야 비용-편익분석이 가능하기 때문이다. 그러나 정확히 측정할 수는 없어도 비교와 평가가 불가능한 것은 아니다. 완벽한 객관성은 불가능해도 광범위한 사회적 평가와 공감이 편익과 비용에 있어서의 우열을 판가름할 수 있는 것이다. 경세제민을 위한 최선의 선택, 즉 넓은 의미의 효율성을 위해서는 가령 생태적 비용으로서의 엔트로피와 사회적 편익으로서의 평등한 자유까지도 고려의 범위에 넣어야 한다. 전통 경제학의 논의 대상인 외부효과(externality) 이상의 범위까지 사유를 확대해야 한다. 좁은 의미의 효율성을 넘어 지속 가능성, 안전성, 안정성, 공정성(형평성)과의 조화가 이루어져 참다운 욕망의 해방과 인간해방, 즉 말 그대로의 경세제민에 다가가야 엄밀하게 효율적이라고 할 수 있을 것이다.

금융 파생상품의 효율성에 대해 생각해 보자. 거품을 이해하려면 경제 시스템 안에서 위험한 피드백을 성장시키는 요인을 찾아야 한다(뷰캐넌, 44쪽). 즉 양의 피드백을 야기하는 요인을 찾아야 한다. 경제를 복잡계적 시각에서 분석한 마크 뷰캐넌에 따르면 파생 금융상품은 시장을 더 효율적으로 만들 것이라는 예측과 달리 시장의 불안정성을 높이는 경향이 있다. 종합적 전체론의 시각에서 볼 때 파생상품의 남발은 결코 효율적이지 않다. 금융위기와 같은 블랙스완을 초래할 시한폭탄을 필연적으로 내포한다. 수익극대화를 위한 레버리지 극대화, 위험의 분산을 위한 파생 금융상품의 과잉 보급 등은 체계의 안정성을 위협할 수밖에 없다. 복잡계 과학의 용어로 말하면, 임계점으로 근접시키는 행위를 필연적으로 유발한다. 이것은 지엽적 사건의 파급성 증대 행위의 대표적 사례다. 효율성은 안정성을 훼손시키지 않을 만큼의 최적화로부터의 여유분이 필수적이다(앞의 책, 46쪽 참조).

들뢰즈 경제학에서 바라보는 경제는 재생산을 위한 가치의 생산과 포획이라고 했다. 이런 시각에서는 좁은 효율성 개념은 경제의 충분조건일 수는 있어도 필요조건이라고 할 수는 없다. 생산적 욕망이 들뢰즈 경제학의 제1 원리다. 들뢰즈 경제학은 보편적 안정성을 바탕으로 실질적 민주화에 따른 모든 개별자들의 욕망의 해방을 추구한다. 욕망이 들뢰즈 경제학의 원리이자 목표인 것이다. 생산적 욕망으로부터 욕망의 해방으로의 최적화된 경로로서의 종합적이고 전체적인 효율성을 추구하는 것이 들뢰즈 경제학이다.

효율성과 형평성 및 안정성

효율성과 형평성은 관점에 따라 갈등과 조화가 모두 가능하다. 형평성(equity)은 평등(equality), 공정(fairness, impartiality) 등을 포괄하는 개념이다. 지나친 형평성의 추구가 자원배분과 소득분배에 관련된 협의의 효율성을 해치는 경우가 있을 수 있다. 그러나 종합적 전체론의 시각에서 보면 사회적 공정성을 확보하는 것이 경제 전체의 효율성 확보에도 중요하다.

평등이 경제적 효율성을 낳는 경우들은 다양하다(정태인, 148~51쪽 참조). 케인즈의 유효수요이론에 의하면 소비성향의 차이로 분배가 평등할수록 유효수요가 증가하여 더 큰 성장을 가져올 수 있다. 평등이 다양성을 촉진하여 효율성을 제고시킬 수도 있다. 불평등도가 더 심한 한국이 평등하게 다양한 기회가 주어지는 핀란드보다 더 일하는데 소득은 훨씬 적은 것에서 그 증거를 볼 수 있다. 즉 효율성 지표로서의 생산성이 매우 취약한 것이다. 평등이 일반적 신뢰를 낳아 거래비용을 절감할 수 있다. 파견 등의 비정규직에서 정규직으로 채용 시 비용이 감소하는 것은 인간과 직장에 대한 신뢰에 기인하는 바가 크다고 볼 수 있다.

경제의 궁극적 효율성을 달성하기 위해서는 금융 파생상품의 사례에서 보았듯이 안정성(stability)의 확보가 필수적이다. 종합적 전체론의 시각에서 보면 안정성과 지속 가능성(sustainability)을 확보하는 것이 경제 전체의 효율성 확보에도 중요하다. 복잡계적 시각에서 블랙스완의 가능성을 위험의 계산에 반드시 삽입해야 엄밀한 효율성 도출이 가능하다. 블랙스완의 발생 시점에 대한 정확한 예측은 불가능하다. 따라서 기본소득과 같은 예방적 제도가 필수적이다.

경제적 삶의 안정성에 기여하는 기본소득은 효율성 측면에서 볼 때도 대단히 유효하다. 기본소득은 시장의 자원배분에 궁극적 효율성을 제공할 수 있다. 경제 구성원들에게 근본적 안정성을 제공함으로써 금융위기와 같은 파국적 상황에서도 시장의 효율적 자원배분 기능의 자생적 회복에 결정적 역할을 할 수 있는 것이다. 대마불사 관행은 소멸될 것이다. 아무리 큰 기업이라도 시장기구의 작동에 의해 사회경제적으로 큰 비용 없이 해체가 가능하게 된다. 이는 자원배분의 효율성에 획기적으로 기여할 것이다. 기본소득은 종합적 전체론의 관점을 토대로 하는 들뢰즈 경제학에 부합하는 핵심 제도다. 정책과 제도의 설계에 관한 논의에서 기본소득에 대해 자세히 알아볼 것이다.

정리

물질계에 적용되는 최소작용의 원리(Principle of Least Action)라는 것이 있다. 목표만 주어지면 모든 것은 작용을 최소화하는 경로를 따라 이동한다는 것이다. 작용은 빛이 지나는 거리일 수도, 소진된 에너지의 양일 수도, 어떤 물체의 운동량일 수도 있다. 이 원리는 효율성이 우주 만물의 운동법칙의 하나임을 보여주는 것으로 해석될 수 있다. 그런데 등질적이고 필연적인 물리적 세계와는 달리 이질적이고 임의적인 요소들로 구성된 생명과 인간의 세계에도 이 원리를 적용하는 것이 타당할까?

합리적 개인과 효율적 시장을 가정하는 주류 경제학에서 좁은 의미의 효율성 개념에 입각한 효용극대화의 원칙은 마치 물리학에서의 중력법칙과 같은 역할을 한다. 물리학 수준의 이론적 우아함을 향한 욕구의 결과다. 이론의 구축을 위해 필요한지는 몰라도 전혀 현실적합성이 없는 주장일 뿐이다. 근대 경제학 비판에서 보았듯이 주류 경제학이 상정하는 효율성과 효용극대화의 법칙은 인간의 현실적인 경제적 삶에 전혀 부합하지 않는다. 요소간의 등질성을 전제로 하는 분석적 환원주의에서 복잡계적 사유를 기초로 하는 종합적 전체론으로 시각을 돌리면 주류 경제학의 전제들의 비현실성과 자의성이 명확히 드러난다. 생명과 사회와 같이 구성요소들의 이질성과 자의성이 두드러진 세계에서 효율성은 법칙이 아니라 하나의 목표로서의 위상을 가질 뿐이다. 뒤에서 우리는 복잡계 경제학을 경제학의 새로운 표준모델로서 제시할 것이다. 기존의 표준모델이 제시하는 합리적 개인과 같은 전제의 설정은 물리적 세계의 등질성과 필연성을 모방함으로써 법칙성과 예측성을 도출하려는 시도의 전형적 사례를 보여준다. 그러나 이러한 시도는 물리과학의 모델을 생명과학, 인간과학에 무반성적으로 투영하려 하는 면에서 인식론적 오류를 피할 수 없다(세철3, 465쪽 참조). 앞서 학문 통합을 목표로 한 무리한 환원주의적 시도로 인식론적 오류에 빠질 수 있음을 지적한 바 있다. 또한 절약의 역설, 임금의 역설 등의 예에서 볼 수 있듯이 환원주의에 입각한 부분적 효율성의 추구는 구성의 오류로 귀결될 가능성이 크다.

무엇을 최적화할 것인가가 관건이다. 종합적 전체론에 입각하여 광의의 효율성을 달성하기 위해 항상 전체의 비용과 편익을 고려해야 한다. 자본과 노동, 부유층과 서민층, 인간과 자연을 나누어 부분과 진영의 이익을 우선해서는 안 된다. 전체의 이익을 희생해서라도 나의 일등만을 고집하는 패권주의에 빠지지 않아야 한다. 항상 부분과 전체의 피드백과 순환을 염두에 두고 생각하는 종합적 전체론의 시각이 필요하다.

8.
가치

가치란?

사용가치와 교환가치에 대한 애덤 스미스의 정의로부터 시작하자.

"가치(value)라는 단어는 두 가지 다른 의미를 가진다. 어떤 때는 특정한 대상의 효용을 표현하고, 다른 때는 그 대상의 소유가 지니는 다른 대상의 구매력을 표현한다. 전자는 사용가치(value in use)로, 후자는 교환가치(value in exchange)로 불릴 수 있다. 가장 큰 사용가치를 가진 것들이 교환가치가 거의 또는 완전히 없는 경우가 많다. 반면에 가장 큰 교환가치를 가진 것들이 사용가치가 거의 또는 완전히 없는 경우도 자주 있다. 물보다 유용한 것은 없다. 그러나 그것과의 교환으로 얻을 수 있는 것은 거의 없다. 반대로 다이아몬드는 사용가치가 거의 없다. 그러나 그것과의 교환으로 매우 많은 양의 다른 재화를 얻을 수 있는 경우가 빈번하다."(Smith, p30)

　스미스는 가치를 효용을 표현하는 사용가치와 구매력을 표현하는 교환가치로 양분하고, 양자는 서로 독립적으로 가치의 양이 정해지는 것으로 보고 있다. 그러나 욕망경제학으로서의 들뢰즈 경제학의 관점에서는 사용가치와 교환가치는 상호 밀접하게 관련되어 있으며 사용가치에 대한 평가에 따라 교환가치도 영향을 받을 수밖에 없다. 다이아몬드의 교환가치도 그 주관적 사용가치(효용)에 영향을 받지 않을 수 없다. 사용가치 또는 효용(utility)을 어떻게 보는가가 관건이다. 효용이란 무엇인가? 효용을 경제적인 것으로 볼 것인가, 윤리나 도덕적인 것으로 볼 것인가? 효용은 객관적 또는 절대적인 것인가, 주관적 또는 상대적인 것인가?

　근원적으로 가치라는 것은 좋음을 내포한다. 좋음의 크고 작음이 가치의 고저라고 할 수 있다. 좋은 것은 물질적인 것뿐만 아니라 정신적인 것일 수도 있다. 경제적인 가치뿐만 아니라 도덕적·윤리적 가치, 법적 가치, 미적 가치 등 좋은 것, 즉 가치 있는 것은 무수히 많다. 그중에서 재화와 용역의 가치를 우리는 통상적으로 경제적 가치로 부르는 것이다. 그러나 앞서 경제를 규정하면서 보았듯이 현대와 같은 탈근대 시대에는 경제와 비경제를 구분하는 것이 점점 더 어려워지고 있다. 따라서 가치의 경우에도 경제적 가치와 비경제적 가치를 구분하는 것은 점점 더 어려운 일이 되고 있다. 재화와 용역의 범위가 현실적인 영역에서 잠재적인 영역으로 끊임없이 확장되고 있는 것이 현대의 상황이다. 경제학에서 가치의 범위를 획정하는 것도 그만큼 어려운 일이 되고 있다. 뒤에서 논의되듯이 가치의 포획이 무한의 영역으로 확장되고 있다. 진선미의 가치도 포획의 대상이 되는 순간 경제적 가치로 전환될 수 있다. 지식과 학문, 윤리적이고 도덕적인 행동, 예술 작품 등이 전유와 비교의 대상이 되면서 부, 즉 재화와 용역으로 전환되는 것이다.

가치는 평가되는 것이다. 가치는 평가의 대상이자 결과다. 평가라는 것은 정신적 활동으로서 객관적이랄 수 있는 이성과 함께 주관적 감정이 개입되지 않을 수 없다. 앞서 이성에 대해 논했던바 이성의 객관성도 완벽할 수는 없고 이성과 감정의 경계도 명확한 것이 아니다. 어떤 재화와 용역에 대한 주관적 감정은 사용이나 향유, 또는 행위의 결과로부터 얻을 수 있는 기쁨, 즐거움, 행복감 등일 것이며 이것들을 통틀어 효용이라는 개념으로 표현할 수 있을 것이다. 요컨대 가치의 충족이유, 즉 가치의 발생 원천과 인식 근거를 효용에서 찾을 수 있다. 효용의 추상화의 정도에 따라 가치를 규정할 수 있는 것이다. 근대 과학적 사유를 지향하는 몰적 추상화에 의하면 양화 가능한 효용에 의해 가치를 추출한다. 교환되는 다른 대상이나 교환되는 화폐에 따라 계량화된 한계효용의 추출이 한 예가 될 것이다. 한계효용의 체감을 법칙화하고 그로부터 다시 수요법칙을 도출하는 과정은 몰적 추상화의 결정판이라고 할 수 있다. 한계효용학파가 근대 경제학의 주류 역할을 하는 이유가 여기에 있다.

탈근대적이고 사유를 무한으로까지 확장하고자 하는 분자적 추상화에 의하면 어떤 대상의 효용은 하나의 강도(intensity)로 파악될 수 있다. 분자성이 강화될수록 계량화는 어려워지고 잠재적인 비표상적 특성이 강화된다. 효용은 이제 가치의 분자적 충족이유로서 정동적·욕망적인 것으로까지 확장된다. 탈근대 소수자 경제학적 측면에서의 가치는 이제 욕망적 가치, 정동적 가치가 된다. 윤리적·도덕적 가치도 언젠가 시장 거래의 대상이 되어 화폐적 평가를 받게 될지도 모른다. 생태적 가치 보호를 위한 탄소배출권의 거래가 이루어지는 것을 보면 다른 가치들도 권리화되거나 화폐화되지 못하리란 법은 없다. 순수변용태가 어떤 배치와 만나 구체적 변용태로서 현실화하듯이 욕망적 가치와 정동적 가치는 구체적인 배치 또는 사회적 조건들과 만나 구체적 가치로 현실화된다. 뒤에서 논할 정동자본주의, 디지털 플랫폼 자본주의하에서 이러한 현상이 두드러진다.

우리는 사용가치를 넓게 해석해서 이러한 효용을 대변하는 것으로 볼 것이다. 사용가치는 가장 넓은 의미를 가지는 유용함(usefulness) 또는 좋음(goodness)이다. 진선미를 포함하여, 존재하는 것으로서의 가치든 당위적인 것으로서의 가치든 모든 가치의 발생 원천 또는 가치를 인식할 수 있게 하는 근거는 유용함으로서의 사용가치, 즉 효용으로 볼 수 있다. 몰적 추상화에 의한 교환가치의 추출도 사용가치, 즉 효용과 독립적일 수 없다. 구매력에 따른 교환가치의 측정도 상황에 따른 효용에 영향을 받지 않을 수 없기 때문이다. 강가에서의 물의 교환가치와 사막에서의 물의 교환가치는 같을 수 없다. 현실적인 사용 또는 소비에 따르는 효용을 현실적 효용 또는 현실적 사용가치라고 할 수 있을 것이다. 분자적 추상화에 의하면 효용을 비표상의 영역으로까지 확장하여 잠재적 의미, 현실적 쓸모와는 구별되는 잠재적이고 무의식적인 유용함까지 포함하는 것으로 볼 수 있다. 이러한 것을 잠재적 효용 또는 잠재적 사용가치로 부를 수 있을 것이다.

무의식적 욕망을 원리로 하는 욕망경제학에 의하면 잠재적 사용가치를 가진 것은 의미 있는 모든 것, 생산적 욕망을 추동하는 모든 것, 존재의 역량의 증가, 즉 좋은 정동을 가져오는 모든 것이다. 이러한 잠재적 사용가치를 욕망적 가치 또는 정동적 가치로 부를 수 있을 것이다. 현실적 사용가치는 매우 작다고 할 수 있는 다이아몬드도 이러한 의미의 사용가치는 얼마든지 커질 수 있다. 교환가치 또는 화폐가치로서의 가격도 단순히 표상적인 수요와 공급의 균형에 의해 결정되는 것이 아니라 궁극적으로는 현실적이거나 잠재적인 사용가치가 집약되어 투영된 결과다. 교환가치는 사용가치를 기초로 하여 파생된 가치다. 시장가치, 상품가치, 화폐가치가 이에 해당한다. 진선미와 같은 비시장가치의 시장가치화가 자본주의적 포획의 주요 쟁점 중 하나다.

가치와 부 그리고 경제

앞서 우리는 부(富)의 분자적 추상화와 경제를 논하면서 잠정적으로 경제 현상들의 분화소로서 '가치'를 상정하고, 가치를 조작적으로 정의하여 경제적으로 측정 가능하고 비교 가능하게 만든 것을 '부(富)'라는 용어로 개념화한 바 있다. 가치란 무엇인가에 대해 구체적으로 알아본 지금 이제 가치와 부 그리고 경제의 관계를 확정적으로 설정할 단계가 되었다. 경제학 이외에도 다른 여러 학문들의 연구 대상인 가치의 개념보다는 부의 개념을 사용하여 논의를 전개하는 것이 통상 부의 생산과 분배로 여겨지는 경제를 연구하는 데 더 유효할 것으로 생각된다. 근본적으로 부 개념이 가치 개념보다는 더 구체적인 뉘앙스를 가지고 있는 것도 사실이다.

그러나 종합적 전체론에 입각한 탈근대 경제학으로서의 들뢰즈 경제학은 부의 추상화를 가치의 추상화와 연계하여 사유하는 것이 불가피하다. 우리는 잠재적 가치와 연계된 부 개념을 경제 현상들의 분화소로 규정할 수 있다. 우리는 경제적 부의 개념을 분자적 추상화까지 확장하되 잠재적 가치의 극한으로까지 사유의 지평을 넓힐 것이다. 들뢰즈의 분자적 추상화에 의한 부(富) 개념은 『차이와 반복』의 용어로 말하면 경제 현상들의 반복을 가져오는 분화소에 해당하고, 『천 개의 고원』의 용어로 말하면 추상기계를 구성하는 질료 또는 (순수)기능에 해당한다. 부 또는 부의 생산 또는 포획이 경제라는 추상기계를 구성하는 순수기능으로 볼 수 있는 것이다. 몰적 추상화든 분자적 추상화든 부의 개념화가 경제를 규정하는 데 핵심 역할을 수행한다. 부의 생산과 분배, 그리고 축적이 경제인 것은 분자적 추상화의 차원에서도 마찬가지다. 앞서 보았듯이 부 개념의 분자적 추상화로부터 경제의 분자적 추상화가 직접적으로 파생된다.

측정 가능한 경제적 가치를 목적·현실적 부로 볼 수 있다. 이러한 부의 주체적·추상적 성질을 기초로 고전파와 마르크스의 정치경제학이 성립했다. 이 경우 부의 생산주체는 노동이고 축적의 대상은 현실적 사용가치와 노동 투입량에 기초한 교환가치를 가지는 재화와 용역이다. 신고전파 주류 경제학에서의 경제는 부의 생산과 분배 및 소비이고, 부의 생산은 현실적 효용과 연계된 교환가치의 생산이다.

같은 논리로 분자적·잠재적 가치의 개념으로부터 분자적·잠재적 부의 개념이 도출될 수 있다. 부 개념의 분자적 추상화는 노동 일반이라는 부의 주체성에 있어서의 탈주이자, 재화와 용역의 축적이라는 부의 대상성에 있어서의 탈주라고 했다. 부의 생산을 노동 개념과 분리하여 기계적 노예화와 연결한다. 그 결과 생산의 탈주체화가 발생한다. 부 개념에 있어 주체성과 대상성은 잠재적 가치의 지평으로 확장된다. 가치를 생산하는 모든 것이 부의 생산주체가 될 수 있다. 삶 자체, 생명의 힘, 욕망 또는 정동과 같은 잠재적 가치로부터 최종적으로 경제적 부의 추출이 가능하게 된다. 그에 따라 경제라는 개념도 가능성들의 경제로 확장될 수 있다. 가치와 부의 이러한 탈주가 자본의 변주로 직결된다. 소수자 경제과학과 탈근대 경제철학으로서의 들뢰즈 경제학이 바라보는 경제는 재생산을 위한 가치의 생산과 포획이며, 부의 생산과 분배는 재생산을 위한 모든 가치의 생산과 포획으로 확산될 가능성을 내포한다.

재화와 용역

우리는 부의 현실화로서 재화와 용역을 사유할 수도 있지만 재화(와 용역) 개념 자체를 분자적이고 잠재적인 차원으로 확장해서 사유할 수도 있다. 재화와 용역은 효용을 주는 모든 가치의 실현 형식으로서, 몰적으로 추상화된 가치와 분자적으로 추상화된 가치에 대응하여 각각 그 개념을 규정해 볼 수 있다.

몰적 추상화에 의하면 재화와 용역을 근대적 관점의 사용가치와 교환가치를 지닌 사물과 행동으로 규정할 수 있다. 희소성을 가진 경제재와 그렇지 않은 자유재로 나눌 수 있다.

분자적 추상화에 의하면 잠재적 사용가치를 가지는 모든 것이 재화와 용역의 원천과 근거가 될 수 있다. 현대 경제에서는 근대적 관점으로는 포착할 수 없는, 인간에게 효용을 제공하는 가치의 범위와 영역이 더욱 확장되고 복잡해지고 모호해지고 있다. 현대 자본주의의 가능성의 경제에서는 존재자에게 효용을 주는 모든 것, 존재자의 역량을 증대시키는 모든 것이 재화와 용역이 될 수 있는 잠재성을 보유한다. 들뢰즈와 과타리의 용어로 말하면 욕망적 기계의 절속으로 인한 모든 생산물이 인간에게 효용을 주는 재화와 용역이 될 가능성이 있는 것이다. 들뢰즈 경제학은 정동적인 차원으로까지 재화와 용역의 범위를 확장한다. 아직 몰적으로 구체화·형식화하지 않은 추상적·분자적 차원의 재화와 용역을 사유한다. 욕망적 생산, 추상기계 차원에서의 정동·순수변용태로서의 잠재적 사용가치, 정동적 가치, 욕망적 가치가 현실화하여 사회적 생산, 구체적 배치 차원에서의 재화와 용역으로 구현된다고 할 수 있다.

가치의 평가

가치는 평가의 대상이자 결과이며, 평가는 극히 주관적인 과정이다. 따라서 당연히 평가의 결과인 가치는 주관적일 수밖에 없다. 단지 그러한 평가가 집단적으로 이루어짐으로써 어느 정도의 객관성이 도출될 수는 있다. 일반화된 교환가치라고 할 수 있는 시장가치도 객관적으로 보일 수 있지만 그것도 주관적인 가치의 평가가 집적되어 나타난 결과일 뿐이다. 노동만이 가치를 생산한다거나 노동만이 가치의 척도라는 노동가치설은 그래서 받아들이기 어렵다. 가치란 양이나 시간이라는 본질의 반영이 아니라 실천을 통해 실체가 형성되는 사회적 구성물(이항우, 134쪽)이라는 이항우의 말이 타당하다.

들뢰즈 경제학은 주류 경제학이 전제로 하는 가정들을 대부분 비판적으로 보는 입장이지만 한계효용학파가 주장하는 한계적 사유에 대해서만은 긍정적으로 평가한다. 노동가치설과 같은 객관적 가치론에서 가치의 요인을 효용에서 찾는 주관적 가치론으로 이동한 '한계 혁명'(marginal revolution)은 케인즈 혁명에 비견될 정도다(스키델스키, 41~2,233,241쪽, 마추카토, 120~8쪽 참조). 가치의 평가에 관한 사유를 전개하면서 들뢰즈와 과타리도 한계론(marginalisme)을 논리적 역량이 뛰어난 가설로 평가하면서(MP, p545/천고, 841쪽 참조) 그것을 그들의 배치론으로 탁월하게 재구성한다. 다만 한계치를 주류 경제학은 합리적 개인의 수량적 계산으로 처리한다면, 욕망경제학으로서의 들뢰즈 경제학은 한계치 계산의 바탕에 욕망의 강도를 설정하는 차이가 있을 뿐이다. 평가 대상의 각각의 가치는 엄밀히 보면 양적인 것이기보다는 강도적인 것이라고 할 수 있다.

한계론은 한마디로 선택과 결정이 한계(margin)에서 이루어진다는 논리다. 들뢰즈와 과타리의 설명에 의하면 한계론은 욕망의 배치의 변화를 가져오는 문턱 이전의 것, 즉 페널티엠(pénultième, 영어 penultimate)에 기초한다. 대상에 대한 집단적 평가는 '수용할 수 있는 최후의 것'(derniers objets réceptibles, 영어 last objects receptible)이라는 관념에 기초한다. 여기서 '최후', '한계'(marginal, limite)라는 말은 시간적인 최종이 아니라 교환자에게 이익을 주거나 현재의 배치를 유지하도록 하는 최후의 것을 의미한다. "집단적 평가 대상으로서의 최후의 것(le dernier)이 전체 계열의 가치를 결정할 것이다. 그것이 배치가 재생산(반복)되는 점, 배치의 새로운 활동이나 순환이 다시 시작되는 점, 배치가 다른 영토에서 자리 잡아야 할 점을 정확히 표시한다. 그것을 넘어서면 이제까지의 배치는 더 이상 존속할 수 없게 된다. 따라서 그것은 바로 마지막 앞의 것(avant l'ultime), 즉 페널티엠이다. 이 마지막 것(l'ultime)은 배치가 본성을 바꾸지 않을 수 없도록 한다."(MP, p546/천고, 842쪽) 한계는 페널티엠에 문턱은 마지막 것에 대응한다. 요컨대 최후의 것(페널티엠)이 전체 계열의 가치를 결정한다는 것이 핵심이다.

가치의 평가는 사회적 구성물로서 집단적 관념의 표출이다. 한계론에 의하면 가치의 평가는 페널티엠에 대한 집단적 관념에 의존한다고 결론지을 수 있다. 수용할 수 있는 최후의 것, 즉 한계대상(objet-limite)의 가치가 평가된다. "(교환이나 거래의) 모든 파트너 또는 집단은 각자가 '수용할 수 있는 최후의 것'의 가치를 평가하며, 이로부터 외관상의 등가성이 생겨난다. …… 교환가치나 사용가치가 있는 것이 아니라 각 측면에서 이루어지는 최후의 것에 대한 평가(한계를 넘어서는 데 따른 위험의 계산)가 있다. …… 모든 집단에서 처음부터 한계에 대한 평가가 이루어지며, 이것이 이들 간의 최초의 '교환'을 규정한다. …… 균형가격의 집단적 모색도 사회적 노동량이 아니라 각 측면에서 생각하는 최후의 것이라는 관념에 기초한다. …… 이러한 의미에서 평가는 본질적으로 선취되는 것이며, 계열의 최초의 항목들 속에 이미 포함되어 있다."(MP, p547/천고, 844쪽) 한계를 넘는 데 따르는 위험, 즉 한계효용이 클수록 현재의 배치를 유지할 가능성이 높다. 요컨대 가치의 평가는 노동가치설에 따르는 것이 아니라, 그 집단 각각의 배치에 대응하는 집단적 관념에 좌우된다.

배치를 규정하는 것은 욕망이라는 것이 들뢰즈와 과타리의 배치론의 핵심이다. 욕망은 기계이며, 기계들의 종합이며, 기계적 배치다(AO, p352/안오, 494쪽). 배치를 구성하는 것은 어떤 것에 대한 바람직함으로 풀이될 수 있는 욕망 또는 '욕망 가능성'(désirabilité)(MP, p548/천고, 845쪽)이다. 결론적으로 욕망이 가치를 결정한다. 욕망의 배치가 관건이다. 수용할 수 있는 최후의 것(한계대상)에 대한 관념은 평가 집단 각각의 배치에 좌우되며, 근원적으로 사용가치와 교환가치를 결정하는 것은 욕망의 배치다. 진선미에 대한 평가뿐만 아니라 명품이나 부동산의 가격에 이르기까지 욕망의 배치가 가치를 근원적으로 결정하는 것이다. 들뢰즈와 과타리에 의하면 "모든 집단은 수용할 수 있는 최후의 것의 가치에 따라 욕망하고, 그것을 넘어서면 배치를 바꿀 수밖에 없다. …… 최후의 것에 대한 평가는 집단적 언표행위로서 대상들의 계열 전체, 즉 배치의 순환 혹은 활동이 이에 상응한다."(MP, p548/천고, 845쪽) 화폐경제에서의 가격의 결정도 이러한 집단적 관념의 근저에 흐르는 욕망의 교환으로 볼 수 있다. 우노 구니이치에 의하면 "화폐는 사회적 구성요소의 배후에 있는 욕망을 하나의 단위하에서 모두 교환하고 순환시키는 기적적인 장치다. 우리는 화폐에 의하여 욕망을 교환하고 있다고 해도 좋은 것이다."(우노, 161쪽)

　문턱은 한계의 '후', 용납할 수 있는 최후의 대상의 '다음'이라고 했다. 문턱은 가상의 교환이 더 이상의 이익, 더 이상의 욕망가능성(바람직함)을 가져다주지 않는 순간(새로운 배치로의 욕망을 유발하는 순간)으로서 이 순간부터 축적이 시작된다고 할 수 있다(천고, 845~6쪽 참조). 원시사회에서는 이 경우 축적이 아니라 소비나 증여가 이루어지기도 한다. 이처럼 축적이 필연적이지는 않지만, 이 순간부터 토지, 노동, 화폐와 같은 축적의 상관물(corrélat)과 함께 포획이 이루어지는 국가장치로의 탈영토화를 유발하는 힘 또는 욕망이 등장한다. 축적에 의해서 포획의 전제인 전유 가능성과 비교 가능성이라는 두 잠재성이 현실화된다(MP, p551/천고, 849쪽 참조). 이것이 교환의 배치에서 축적의 배치로의 변환이 이루어지는 과정이

다. 이는 또한 원시사회에서 국가장치로의 배치의 변환 과정이기
도 하다.

정리

가치는 주관적이고 상대적인 것으로서 욕망이라는 배치하에서
결정된다. 가치의 평가는 그 사회의 욕망에 의해 이루어진다. 시장
가격을 포함하여 효용을 충족이유로 가지는 모든 가치는 궁극적으
로 그 사회의 집단적 욕망이 투영된 결과인 것이다. 즉 가치는 양
이나 시간이라는 본질의 반영이 아니라 사회적 구성물로서, 욕망
에 의해 규정되는 강도적인 것이다.

가치의 평가에 의해 배치의 변환이 이루어지는 과정은 복잡계에
서의 창발의 과정과 유사하다. 하나하나 강도적인 것들이 누적된
결과 한계를 넘어 창발이 이루어질 때 배치의 변환, 새로운 배치의
창조가 이루어지는 것이다.

9.
가치와 잉여가치

현대 자본주의와 잉여가치

잉여가치(surplus-value)는 일반적으로 재생산 가치를 초과하는 가치를 일컫는 말이다. 보통 자본에 귀속 또는 포획되는 가치를 가리킨다. 잉여가치는 잉여노동의 결과다. 갱신을 위한 필요노동을 초과하는 노동량에서 잉여가치가 파생된다. 그러나 자본주의가 발전할수록, 자본의 탈영토화가 진행될수록 이러한 의미의 잉여가치 개념은 점차 그 필요성이 사라지고 있다.

들뢰즈와 과타리에 의하면 현대 자본주의에서 노동과 잉여노동의 구별은 불가능하다(천고, 936~7쪽 참조). 이전의 체제들과는 달리 자본주의 체제에서 잉여노동은 점점 노동 자체와 구별이 불가능해지고 있다. 갱신을 위해 필요한 시간과 착취된 시간은 시간 속에서 불가분이다. 또한 기계 자체도 잉여가치를 생산한다고 볼 수 있으며 자본의 유통은 가변자본과 불변자본의 구분을 의문시하도록 진화하고 있다. 더군다나 잉여노동이 더 이상 노동조차 불필요한 경우도 생기고 있다. 잉여노동과 노동의 자본주의적 조직화 전체는 점점 더 노동 모델과 무관하게 진행되고 있다. 잉여노동 속에서의 인간 소외는 인간이 기계의 구성 부품이 되는 기계적 노예화로 대체되어 가고 있다. 이런 상황에서 전혀 노동하지 않고도 잉여가치를 제공할 수 있게 되기까지 이르렀다.

자본주의의 탈영토화, 탈주, 창조와 혁신의 역량은 끝이 없다. 이제 현대 자본주의에서 본질적인 것은 홈패인 자본과 매끈한 자본의 구별이며, 홈패인 자본이 매끈한 자본을 창출하는 방법이다(천고, 938쪽). 현대 자본주의는 어떻게 분산된 욕망을 자본화하여 잉여가치의 다양한 형태를 창출하고 실현, 흡수하는가가 방향을 결정할 것이다. 현대 경제에서는 기업 외부, 즉 사회 내부에서 생산된 가치의 화폐화, 시장화, 상품화가 매끈한 자본, 새로운 자본축적의 핵심 요소가 될 것이다(마라찌, 73,81쪽 참조). 인간적 잉여가치에서 기계적 잉여가치를 넘어 사회적 잉여가치로 나아가는 것이다. 사용자 자체가 피고용인이 되는 경향도 증가한다. 자본주의의 극단적 홈파기는 무한하게 새로운 매끈한 공간의 모색으로 연결된다. 세계 자본주의 층위에서의 초국적 기업들은 이제 우주의 개척에 나서고 있다.

크리스티안 마라찌가 설명하는 가치 생산의 외부화(크라우드소싱, crowdsourcing)를 보자. 가치 생산을 유통 영역 전반으로 확장하는 것이다(앞의 책, 65~74쪽 참조). 한마디로 공동생산, 즉 프로슈머(prosumer)의 창출이다. 소비자를 사실상 경제적 가치의 생산자로 변형시킨다. 이들은 생산자와의 상호작용과 피드백으로 말미암아 잉여가치의 생산에 자신도 모르게 참여하게 된다. 포획장치로서의 자본은 임금노동을 주변화하고 유저의 자유노동(free work)을 통해 가치를 증식한다(앞의 책, 70쪽 참조). 이케아의 조립 노동 외부화, 소프트웨어 베타테스트, 오픈 소스 프로그램, 유저 브라우징을 활용한 데이터 베이스 마케팅, 유튜브상의 크리에이터 참여 등 많은 예들이 있다.

결론적으로 마르크스를 포함한 근대적 관점에서의 필요생산/잉여생산(보울스, 148,158쪽 참조), 필요노동/잉여노동, 잉여가치 등의 논의는 실천적 유용성도 없고 지나치게 사변적이며 시대착오적이다. 재생산은 앞서 경제를 분자적으로 새로이 규정할 때처럼 필요생산이라는 개념과 무관한 '반복'의 의미를 가지는 것으로 보는 것이 타당하다. 생산주체와 생산수단, 생산물의 구분이 점차 효력을 상실해가고 있는 현대 자본주의에서는 가치와 잉여가치의 식별이 불가능할 뿐만 아니라 필요하지도 않다. 따라서 필요와 잉여의 구분과 착취의 주장보다는 생산관계와 소유관계에 있어서의 공정과 민주주의의 확립이 현대 자본주의의 문제 해결에 관건이 된다.

들뢰즈 경제학의 관점

분자적 추상화를 추구하는 들뢰즈와 과타리의 가치에 관한 생각은 '욕망기계가치설'이라고 부를 수 있다. 앞서 논한 것처럼 욕망이 가치를 결정한다. 들뢰즈와 과타리는 존재의 일의성을 토대로 하여 인간을 포함한 모든 존재를 욕망적 기계로 본다(부록, 들뢰즈와 과타리의 무의식과 욕망 참조). 가치는 이러한 욕망적 기계들의 절속으로 창출되는 것이다. 가치의 창출도 가치의 평가도 욕망이 결정한다. 이러한 생각에서 들뢰즈 경제학의 생산적 욕망의 원리가 도출된다. 욕망기계가치설은 분자적 추상화를 통한 가치의 개념화, 즉 분자적 가치화(molecular valorization)의 표현 중 하나다. 노동만이 가치를 생산한다는 노동가치설은 폐기된다. 잉여노동을 전제로 하는 잉여가치 개념은 불필요하다고 본다. 사실상 잉여가치의 의미는 가치의 증식, 재생산, 생성 또는 되기와 동일하다고 할 수 있다. 욕망적 기계들의 만남으로 인한 새로운 가치의 생산이 모두 잉여가치다. 들뢰즈의 용어로 말하면, 존재자들의 역량을 증대시키는 것, 기쁨과 행복을 주는 모든 것들이 가치를 보유한다. 들뢰즈 경제학에서 바라보는 가치 또는 잉여가치의 개념은 이처럼 잉여노동과는 무관한, 역량의 증대로서의 효용의 창출을 의미한다.

들뢰즈 경제학에서 노동과 잉여노동, 가치와 잉여가치는 사실상 동일하다. 들뢰즈와 과타리는 엄밀히 말해 노동과 잉여노동은 동일한 것이라고 말한다. 사업주(1인 기업의 사업주 포함)에 의한 노동의 독점적 전유, 즉 이윤의 포획이라는 관점에서 볼 수 있는 것이 잉여노동일 뿐이다. 잉여노동을 결과하지 않는 노동은 없다. 잉여노동에서 연역되는 것이 노동이다. 노동은 잉여노동을 전제한다(MP, p551/천고, 850쪽 참조). 노동은 항상 잉여노동이라는 것이다. 가치와 잉여가치의 구분은 점차 의미를 상실하고 있다. 잉여노동이 공물이나 부역 형태로 고립되고 구별되는 전-고대 또는 고대적 국가 형태들에서나 노동과 잉여노동의 구별이 의미가 있다. 가령 고대 제국의 대토목공사, 도시나 농촌의 급수 공사와 같은 부역 노동이 그것이다(천고, 935쪽).

(잉여)가치의 재현

우리는 가치를 크게 인간적 잉여가치와 기계적 잉여가치로 표상할 수 있다. 인간적 잉여가치의 가치 표상의 원리는 양적 노동이다. 이로부터 근대적인 정치경제학 또는 사회경제학이 파생된다. 인격적 주체와 대상의 명확한 구별에 의해 가치의 생산을 사유한다. 잉여가치의 실현과 흡수를 위한 초재적 반생산과 연결된다. 들뢰즈와 과타리는 인간적 잉여가치와 더불어 기계적 잉여가치를 상정한다. 가치 표상의 원리는 양적 리비도에서 찾는다. 이로부터 탈근대적인 욕망경제학이 도출된다. 기계들과 담당자들(agents)의 탈주체적인 상호작용에 의한 가치의 생산을 사유한다. 내재적 반생산과 연결된다.

인간적 잉여가치는 인간적 관계로부터 발생하는 잉여가치다. 자본가/노동자 관계의 기초를 이룬다. 사회적 예속화에 의한 주체의 생산과 연결된다. 기계적 잉여가치는 기계적 관계로부터 발생하는 잉여가치다. 사회적 기계로부터 획득된 잉여가치는 사회적 잉여가치라고 부를 수 있을 것이다. 기계적 노예화에 의한 주체성의 생산과 연결된다. 주체성의 탈개체화, 탈인간화에 의한 잉여가치의 생산이다.

들뢰즈와 과타리의 비인간주의, 기계주의(machinism)에 기초한 비인간적 요소들의 역할을 파악하는 것이 점차 중요해지고 있다. 키스 안셀 피어슨에 의하면 기계적 잉여가치 개념은 생산의 비인간적 원천들의 파악과 후기 근대적 자본의 현실적 성격에 제공하는 통찰들을 위해 중요하다(피어슨, 423쪽 참조). 과타리는 이 개념을 다양한 과정을 통한 상호작용들의 창발적 성격을 강조하기 위해 사용한다.

"'생산과정'이라는 우리의 범주는 마르크스주의적 범주를 포함하는 것은 물론이지만, 그것을 넘어 구체기계와 추상기계라는 무한하게 확장될 수 있는 영역으로까지 나아간다. 따라서 이 과정적 구성요소들은 물질적 힘들, 인간 노동, 사회적 관계들만이 아니라 욕망의 투자들까지 포함해야 한다. 이 구성요소들의 배치(ordering)가 그것들의 잠재성들을 풍부하게 만드는 결과를 가져올 경우들에 있어(이때 전체는 부분들의 합을 넘어서게 된다), 이 과정적 상호작용들은 도표적(diagrammatic)이라 불릴 것이다. 그리고 우리는 기계적(machinic) 잉여가치에 대해 이야기하게 될 것이다."(Genosko, p234)

가치는 경제 영역에서의 물리적 기계뿐만 아니라 (생산적/비생산적, 공적/사적, 현실적/상상적 등의) 인간 행동의 중심에서 작동하는 비물리적(non-material) 기계에서도 도출된다(앞의 책, pp235~6). 현대 세계자본주의는 분자적 수준에서의 가치화, 즉 인간 행위와 능력들의 기계적 통합에 의한 가치 창조를 큰 특징으로 한다. 생산요소로서의 정보의 중요성이 증가한다. 사이버네틱 캐피털의 등장이다(앞의 책, p244 참조).

자본주의기계의 가치 창조의 핵심은 코드의 잉여가치에서 흐름의 잉여가치로의 전환이다. 이는 몰적 가치화에서 분자적 가치화로, 인간적 잉여가치에서 기계적 잉여가치로의 전환을 함축한다. 과타리는 "자본주의적 혼돈으로부터 (다양하고 이질적이고 의견이 갈리는) 가치들의 끌개(attractors)라고 불리는 것이 나와야 한다."(앞의 책, p265)고 주장하며 "사회적, 미학적, 윤리적으로 유용한 인간 행위들의 다양성과 이질성을 고려하는 새로운 경제적 가치화 체제에서 수많은 사적 행위들이 자리를 차지할 것이 요구될 것"(앞의 책, p269)이라고 예측한다.

다양한 사회적 행동의 가치화에 의해 사회적 잉여가치가 창출된다(앞의 책, pp269~70 참조). 새로운 화폐 체제와 임금 체제가 요구된다. 노동 분업과 가치화의 수정이 필요하다. 은퇴자에게 사회적, 문화적 활동을 연결시켜주는 사회적 분업 체계가 형성되고, 경제적 생산 부문과 공동체의 여타 부문과의 횡단성(transversality)이 강화된다. 지역화폐, 가상화폐, 블록체인 시스템 등의 보상 체계가 다양화된다. 부채와 금융은 노동만이 아닌 모든 사회적 행위에 대한 평가·측정·포획 장치를 구성한다(부통, 127쪽). 다음은 들뢰즈 경제학의 정수라 할 수 있는 가치의 포획에 대해 알아보자.

10.
가치의 포획

포획

소수자 경제과학과 탈근대 경제철학으로서 들뢰즈 경제학은 분자적 추상화를 주된 도구로 삼아 경제를 사유한다. 분자적 추상화를 통해 하나의 추상기계로서의 경제는 '재생산을 위한 가치의 생산과 포획'이라고 규정되었다. 경제라는 추상기계를 구성하는 하나의 요소로서 포획 기능이 있다. 순수기능(fonctionnement)으로서의 포획 개념을 구성하는 하위 개념들이 전유와 비교·평가다. 가능성의 경제(학)에서 경제 또는 경제학의 정수를 찾는 들뢰즈 경제학에서는 포획이 가장 중요한 핵심 개념이라고 할 수 있다.

포획(capture)은 재생산을 위한 가치의 취득과 관련된 순수기능이라고 정의할 수 있다. 착취의 뉘앙스를 풍기기도 하지만 가치중립적인 개념이라는 면에서 그것과는 명확히 구분된다. 가치와 잉여가치의 명확한 구분이 불필요하거나 불가능한 상황에서 착취 개념은 과학적 용어로서는 부적합하다고 할 수 있다. 분자적 추상화를 통해 경제를 정의할 때 이미 본 것처럼 재생산의 개념도 마르크스적 의미보다 넓은 들뢰즈적 의미를 갖는다. 재생산은 기계적 재생산이다. 들뢰즈 경제학에서의 재생산은 인간적인 소비, 향유, 생계를 넘어 배치, 주체 등을 포함하는 모든 차원의 기계들의 지속적 반복을 의미한다.

포획은 전유와 비교·평가에 의한 가치의 취득이다. 포획은 가치의 생산수단을 전유(appropriation)하고 비교·평가함으로써 가치를 취득하는 과정이다. 전유와 비교·평가는 어떤 힘과 욕망을 전제로 한다. 경제와 힘, 욕망, 권력의 관계를 매개하는 개념이 포획이다. 힘, 욕망, 권력을 바탕으로 하여 포획을 구성하는 두 가지 조작이 독점적 전유와 직접 비교다. 비교는 항상 전유를 전제한다. 포획의 예로는 토지의 전유와 토지 가치의 비교에 의한 토지 소유자의 지대의 포획, 노동의 전유와 임금의 책정에 의한 자본 소유자의 이윤의 포획, 화폐발행권의 전유와 화폐가치의 설정(물가 정책)에 의한 국가의 세금의 포획, 신용창조권의 전유와 신용평가에 의한 은행의 이자의 포획 등이 대표적이다. 랏자라또에 의하면 "금융과 부채정책은 기업과 달리 사회의 행위자 전체에 전 방위적으로 작용하는 장치들, 직접적으로 사회적인 포획·지배의 장치들이다."(부통, 131~2쪽) 앞서 토지, 노동, 화폐와 같은 축적의 상관물(corrélat)과 함께 포획이 이루어지며, 축적에 의해서 포획의 전제인 전유 가능성과 비교 가능성이라는 두 잠재성이 실현된다고 했다. 축적의 상관물 또는 상관항은 가치의 원천이라고 할 수 있는 것으로서 경제가 발전함에 따라 무한히 다양해질 수 있다. 이에 따라 포획의 범위는 인간적 잉여가치를 넘어 기계적이고 사회적인 잉여가치로 확장된다.

포획을 구성하는 전유와 비교의 조작은 기호(론)적 조작과 불가분의 관계에 있다. 국가장치가 중심이 되는 포획장치는 배치의 변환을 가져오는 최후의 것에 대한 평가(천고, 845쪽 참조), 즉 가치의 평가와 그것을 기초로 하는 비교, 그리고 전유를 위한 집단적 언표들을 산출한다. 들뢰즈와 과타리는 "국가 또는 포획장치에 의해 개시되는 것은 원시적 기호계(전기표체제)를 덧코드화하는 일반적 기호론"이라고 한다. 그리고 이것은 "표현의 형식으로서의 포획장치, 빼어난 기호론적 조작"(MP, p555/천고, 854~5쪽)이라고 평한다. 자본주의 국가에서는 자본이 기호의 조작자로서 포획장치의 역할을 수행한다. 자본주의와 기호체제를 논할 때 더 자세히 알아볼 것이다.

생산과 포획

전통 경제학은 생산의 우선성을 전제한다. 전유와 비교·평가는 생산 이후에 오며 생산요소들의 생산에 대한 기여에 따라 분배가 이루어지는 것으로 본다. 따라서 사회경제 문제들의 해결을 위해서는 가장 먼저 생산성을 증대시키고 성장을 촉진하는 것이 관건이라고 생각하는 것이 보통이다.

반면, 마우리치오 랏자라또는 전유와 분배가 생산과 성장의 대전제임을 밝힌다. 따라서 위기의 탈출도 성장보다는 전유와 소유체제의 변화로부터 시작할 것을 주문한다(부통, 40,63,70쪽 참조). 그에 의하면 "생산은 (포디즘, 신자유주의, 부채위기와 같은) 자본주의의 새로운 단계마다 새롭게 생산되는 일정한 전유·분배의 양식을 가정한다. 포획기구가 생산과 분배(그리고 성장의) 조건을 규정하는 것이지, 그 반대가 아니다."(부통, 59쪽)

생산과 포획은 선후의 관계가 아니라 상호 전제와 순환의 관계라고 할 수 있다. 가치의 생산이 증가할수록 포획의 가능성도 증가하고, 가치 포획의 영역이 확장될수록 생산의 확장, 즉 성장도 촉진될 수 있는 것이다. 들뢰즈 경제학의 경제 규정에서 보았듯이 생산과 포획은 경제의 핵심 요소들로서 경제의 지속성은 그 순환의 건전함에 달려있다. 한 요소의 우선성이 아니라 각 요소들의 조화로운 상호작용과 순환의 관점에서 현상을 파악하는 자세가 필요하다.

반생산과 포획

반생산이라는 개념과 포획은 결핍과 희소성의 창출이라는 점에서 유사한 면이 있다. 그러나 『천 개의 고원』에서의 포획 개념은 『안티 오이디푸스』에서의 반생산 개념 이상의 의미를 가진다. 반생산은 생산된 잉여가치의 실현 또는 흡수를 의미한다. 포획은 생산된 잉여가치의 취득을 넘어 가치의 새로운 원천의 창출, 그리고 사회적 생산(의식과 사회)을 넘어 욕망적 생산(무의식과 자연)으로의 직접적 진입도 포함하는 개념이다. 새로운 축적의 상관물(corrélat)을 발굴하기를 그치지 않는다.

몰적인 사회적 생산이 분자적인 욕망적 흐름들을 결핍으로 전환시킨다(안오, 566~7쪽 참조). 분자적 다양체의 몰적 집합으로의 변형이 결핍을 대규모로 조직하는 것과 같다. 욕망과 결핍의 용접은 생산적인 실재적 차원의 욕망(desire) 대신 집단적·개인적 목적들, 목표들, 의도들로 채색된 심리적 차원의 욕망, 즉 욕구 또는 필요(needs)를 구현한다. 코드화, 초코드화, 공리화와 같은 선별의 과정이 분자적 독자성을 분쇄하고 몰적인 큰 집합으로서의 사회체를 구성한다. 들뢰즈와 과타리에 의하면 "결핍은 사회적 생산 속에서, 사회적 생산을 통해서 창조되고, 기획되고, 조직된다. 그것은 반생산의 압력의 결과로서 역생산된다."(안오, 63쪽)

원시사회와 고대 제국적 국가에서는 코드화와 초코드화(덧코드화)에 의한 포획과 초재적 반생산이 이루어진다. 근대 국민국가의 자본주의적 포획은 흐름의 잉여가치의 포획이다. 탈코드화와 공리화에 의한 포획과 내재적 반생산이 이루어진다. 자본주의를 분석할 때 더 자세히 알아보기로 한다.

포획장치

피에르 클라스트르에 의하면 원시사회는 국가에 대항한다. 축적을 배제하여 포획 권력의 출현을 저지한다. 수렵채집 사회의 포획은 우발적 만남에 의한 일시적인 코드의 잉여가치 현상에 불과하다. 기계의 한 부분이 자기 고유의 코드 속에 다른 기계의 코드의 파편을 포획하고 그럼으로써 이 다른 기계의 한 부분 덕에 자신을 재생산하는 것이다(안오, 477쪽).

국가는 새로운 방식의 포획장치다(부록, 국가장치 참조). 포획장치로서의 역할이 국가의 핵심 기능 중 하나다. 포획은 매끈한 공간에 홈을 파고, 외부성의 형식을 가지는 전쟁기계를 내부화하여 전유하는 국가장치의 본질적 특성을 내포한다. 가령 시공간의 홈파기에 의한 노동의 포획, 자유로운 행동의 내부화에 의한 노동의 포획 등이 그러한 예들이다. "국가의 기본적 임무 중의 하나는 지배가 미치고 있는 공간에 홈을 파는 것. …… 국가는 온갖 종류의 흐름을 즉 인구, 상품 또는 상업, 돈 또는 자본 등의 흐름을 어디서라도 포획하는 과정과 분리될 수 없다."(천고, 741쪽) "국가는 출현에 방해가 되는 무언가가 지속적으로 작용하지 않으면 언제나 어디에서나 출현하여 모든 것을 한번에 '포획'하고 변질시키고 조직화하는 장치다. 이러한 포획 작용이야말로 축적이나 잉여노동, 지대나 세금을 만들어낸다고 들뢰즈와 과타리는 생각한다."(우노 구니이치, 천고, 990쪽) 가령 포획의 첫 번째 극으로서의 제국적 또는 전제적 국가는 기표체제에 의한 덧코드화와 기계적 노예화에 의해 포획을 실행한다. 마르크스의 아시아적 구성체가 그렇다(천고, 822쪽).

자본은 가장 뛰어난 포획장치이자 빼어난 기호조작자다. 근대 국민국가들은 자본주의 공리계의 실현모델들이다. 자본의 주도에 의한 탈코드화된 흐름들의 결합, 공리계에 의한 포획장치의 구성이 실현된다. 국민국가의 틀 내에서는 후기표체제(주체화 과정)와 그에 상응하는 사회적 예속화 체계에 의해 포획이 이루어지고(천고, 877쪽 참조) 실현모델로서의 국민국가를 넘어서는 공리계 자체의 차원에서는 이제 새로운 기계적 노예화 체계에 의해 포획이 전개된다(MP, p572/천고, 878쪽 참조). 오늘날과 같은 신자유주의하에서는 금융자본의 포획력이 강화된다. 국가와 노동의 부채화 증대를 통해 은행자본을 중심으로 하는 금융자본의 전유 역량과 비교·평가 역량이 강화되는 것이다.

이미 말한 것처럼 포획은 착취와는 다른 것이다. 인간 노동 및 모든 생물의 생계를 위한 활동은 원칙적으로 가치의 포획으로 볼 수 있다. 원시 경제의 수렵 및 채집도 코드의 잉여가치의 포획 과정의 하나다. 생산 및 노동의 추상적·주체적 본질의 변화에 주목해야 한다. 궁극적인 추상의 차원에서는 모든 생산은 욕망적 생산으로서 무의식의 자기생산이다. 경제가 발전해 갈수록 비인격적인 욕망적 무의식을 생산의 주체로 사유할 필요가 증가한다. 과학기술과 경제가 고도화할수록 가치와 잉여가치의 구별은 무의미해지고 생산주체, 생산수단, 생산물의 구분도 더욱 모호해진다. 생산, 노동, 가치의 창조가 더욱더 추상적인 잠재적 차원으로 진입 가능하게 된다. 이런 상황에서 노동자는 잉여가치의 생산자이자 피착취자보다는 가치의 포획자로서 사유될 수 있는 여지가 커진다. 노동자도 자신의 역량의 전유자이며 비교·평가의 주체가 될 수 있다. 포획에 있어 노동의 협상력이 관건이다. 자본과 노동의 장기에 있어서의 포획력, 즉 잉여가치 포획 경쟁에서의 협상력의 변동이 자본주의 체제의 본성을 규정한다.

포획의 양태

 지대, 이윤, 세금 등이 포획의 양태를 구성한다. 고대 제국에서 이 세 양태는 덧코드화 또는 기표체제의 심급에서 수렴된다. 전제 군주는 동시에 대토지 소유자(지대)이고 대토목공사의 사업주(이윤)이고 세금과 가격의 지배자다(천고, 853~4쪽 참조). 생산성이 높은 토지에서 동일한 양의 자본과 노동을 이용해 얻은 차이를 지대의 형식으로 포획하는 것이 전형적인 포획의 과정이다. 더 추상적으로는 원시적 영토, 자유로운 행동과 같은 매끈한 공간에 홈을 파는 것이 포획의 과정이다. 가령 토지 이외에 물, 공기, 바람, 지하 등의 요소는 홈파기가 곤란하지만 현대 자본주의하에서는 이러한 요소들에도 점차 홈파기 가능성이 증가하고 있다. 자유로운 행동에 대한 홈파기를 통해 뒤에서 논할 플랫폼 자본주의나 정동자본주의가 가능하게 된다.

 세금은 화폐 발행과 조세를 통한 전유와 평가에 의해 포획장치의 자격을 가지게 된다. 화폐의 기원은 교환이 아니라 세금이라는 것이 들뢰즈와 과타리의 견해다. 세금이 화폐 그리고 재화와 용역 사이의 등가관계의 가능성을 처음으로 도입하고 금전을 일반적 등가물로 만든다(Edouard Will, MP, p552/천고, 851쪽). "세금은 객관적 가격의 기층을 만들고, 이 화폐적 초석이 지대, 이윤 등 가격을 구성

하는 다른 요소들을 동일한 포획장치 안으로 부가, 부착, 수렴시킨다."(천고, 853쪽)

현대 금융자본주의하에서는 금리가 중요한 포획의 양태가 된다. 앞서 보았듯이 랏자라또는 전유와 분배가 생산과 성장의 대전제라고 했다. 그는 자본주의 각 단계(케인즈주의-포디즘/신자유주의-포스트포디즘/신자유주의 위기)에서의 포획 체제의 생산, 성장, 분배에 대한 선도성을 구체적으로 제시한다(부통, 56~64쪽 참조). 현대, 특히 신자유주의 국면에서 이윤의 지대화와 금리화가 강화된다. 정동자본주의와 금융자본주의의 경향이 강화되는 것이다. 지대의 역할을 금융 금리가 대체하며 정동에 대한 지대 부과의 가능성이 증가한다. 노동 비교에 의한 이윤이 아니라 기업의 투자 및 수익 가능성 비교에 기초한 금리가 포획장치로 기능한다. 기업의 투자와 수익이 축적의 상관항(corrélat) 역할을 한다. 전유의 주체는 더 이상 기업가가 아니라 채권자다(앞의 책, 58쪽 참조). 가치의 포획은 더 이상 이윤을 통해서만 이루어지지 않는다. 이윤은 실상 금리의 일부일 뿐이다(앞의 책, 88~9쪽).

신자유주의 위기 국면에서 세금이 다시 중요한 포획장치로 등장한다. 오늘날 국가와 자본, 공적 소유와 사적 소유의 구별은 불가능하다. 왜냐하면 국가에 의해 걷힌 화폐가 곧바로 조세 도피처에 숨겨진 채권자들의 구좌와 은행으로 들어가기 때문이다(앞의 책, 58~9쪽). 랏자라또에 의하면 "우리는 사회적 지출의 삭감, 임금 및 소득의 삭감을 통해 채권자들이 초래한 손상을 모두 지불한다. 우리는 그들의 빚을 갚아줄 뿐만 아니라, 나아가, 위기 속에서, 위기

덕분으로, 그들을 더욱더 부자로 만들어주고 있다."(앞의 책, 89쪽)

정책적 함의

들뢰즈 경제학에서는 포획의 과정을 경제 과정의 핵심으로 본다. 따라서 경제 문제 해결의 핵심은 포획과 관련된 문제를 해결하는 것이다. 필연적으로 포획의 민주화가 경제 민주화의 요체가 된다. 포획의 민주화가 경제의 모든 차원, 모든 영역의 민주화의 선결 문제다.

포획의 민주화는 포획 과정 전체를 민주화하는 것이다. 포획의 결과 이전에 전유와 비교·평가 과정의 투명화와 개방화를 통해 포획 기능이 민주적으로 작동하도록 해야 한다. 그래야만 지대, 이윤, 금리, 세금 등의 포획이 정당화될 수 있다. 가령 (금융)자본의 통제를 통해 시장의 공정한 경쟁을 유도하고, 민주적 정부의 수립으로 (금융)관료를 장악하여 재정과 화폐 발행을 민주화해야 한다. 포획 과정에서 공정한 과세와 정당한 보상을 위해 가장 주효하게 기능할 수 있는 제도가 기본소득이다.

경제 현상들과 포획

포획은 경제의 핵심을 구성한다. 생성과 반복을 겪는 수많은 현상들이 경제 현상일 수 있는 것은 직간접적으로 포획과 관련되기 때문이다. 포획이 각 경제 현상들에서 어떤 역할을 하는지 알아보는 것이 경제를 이해하는 데 관건이 될 수 있다.

먹고 사는 것이 재생산의 기본이다. 재생산은 모든 차원의 기계들의 지속적 반복을 의미한다고 했다. 인간에게 재생산은 삶의 반복이다. 가치의 포획이 재생산, 즉 삶의 반복의 분화소 역할을 한다. 경제라는 다양체 또는 추상기계를 작동시키는 방식(fonctionne-ment)의 중심에 포획이 있다. 포획이 반복적으로 먹고사는 데 있어서 근본적 원천과 근거(충족이유)가 된다. 가치를 포획해야 먹고 살 수 있다. 먹고 살기 위해 누가 무엇을 언제 어디서 어떻게 왜 소유하고 비교·평가하는지 알아야 한다.

수렵과 채집은 가장 원초적인 포획이라고 할 수 있다. 인간과 동식물의 만남으로 이루어지는 코드의 잉여가치의 포획이 수렵과 채집이다. 입는 것, 먹는 것, 거주하는 것 모두가 포획의 과정이다. 수렵채집 시기에는 날 것 그대로, 나머지 시기에는 좀 더 세련된 방식으로 그러할 뿐이다. 일이나 노동은 인간을 주체로 하는 포획의 과정이다. 정당하게 내 몫을 취득할 수도 있고 그렇지 못할 수도 있다.

성장과 분배 모두 순수기능으로서의 포획 기능의 현실화일 뿐이다. 성장과 분배에 있어서의 문제들의 궁극적 해결은 포획 가능성과 그것의 실현에 있어서의 정당성의 확보에 달려 있다. 생산 기능과 결합된 포획 기능의 확장이 성장의 큰 부분을 차지할 것이며, 포획력의 상대적 증감에 따라 분배의 몫이 정해질 것이다.

물가상승은 화폐가치의 변동을 나타내는 매개변수일 뿐이다. 그것이 포획의 과정에 어떤 영향을 미칠 것인가 하는 것만이 중요하다. 인플레이션이 이자, 이윤, 임금 등의 포획에 유리한가 불리한가에 따라 정책이 좌우된다. 고용과 실업, 정규직과 비정규직 등은 노동자의 포획력과 깊이 관련된 실질적 문제들이다.

돈, 화폐는 포획에서의 비교·평가를 위한 일반적 등가물이다. 자본은 자본주의 사회의 주도적 포획장치다. 교환화폐로서의 돈이 재화와 용역의 일정량을 표상하는(represent) 하나의 기표라면, 자본화폐 또는 신용화폐로서의 자본은 노동력, 자연, 사회에 대한 미래의 포획을 표현하는(express) 비기표적 기호의 하나다. 자본은 경제의 탈영토화를 이끄는 핵심적인 첨점이다. 자본은 경제와 비경제를 매개하고 그 경계를 허무는 데 있어 독보적인 힘을 발휘한다. 힘-기호로서의 자본의 역량에 대해서는 자본주의를 분석할 때 자세히 다루기로 한다.

주식은 자본주의 사회의 가치의 전유를 위한 대표적 수단이다. 소유의 증권화를 대표한다. 전세는 월세를 대체하는 한국의 고유한 포획의 양태다. 부동산은 대표적인 축적의 상관물로서 소유관계와 채권관계의 기초다. 부동산에 대한 욕망이 가치의 평가를 좌우한다. 그 욕망이 한국 사회 포획 과정의 중심을 지배한다. 비트코인은 비교·평가를 위한 일반적 등가물인가? 축적의 상관물인가?

교환이나 무역에서는 절대우위, 비교우위 이전에 힘의 우위가 먼저다. 포획력의 우위 여부가 우선적으로 계약, 교환, 무역을 결정한다. 생산과 분배에 있어 시장에 의하느냐 정부의 계획에 의하느냐 하는 것은 대단히 중요한 문제다. 그러나 포획의 가능성과 정당성에 있어서는 시장이냐 정부냐의 선택보다는 민주화된 정부냐 아니냐의 여부가 훨씬 더 중요하다. 자유시장, 자본 자유화, 자유무역, 민영화 등은 효율성의 문제보다는 포획의 문제가 본질이다. 포획을 위한 기호조작의 대표적 사례들이다.

11.
복잡계 경제학

들뢰즈 경제학과 복잡계 경제학

들뢰즈 경제학은 필연적으로 복잡계 경제학일 수밖에 없다. 현대 철학과 과학에 모두 정통한 이정우도 말한 바 있듯이 복잡계 과학(complex system science)은 들뢰즈 존재론의 과학적 쌍이라고 할 수 있다(이정우2012, 217~8쪽). 그는 들뢰즈의『차이와 반복』을 복잡계 과학의 존재론적 근간을 마련한 저작으로 평가한다(앞의 책, 229쪽, 주14). "들뢰즈의 존재론은 복잡계 과학과 많은 부분 상통한다.『차이와 반복』에는 이미 복잡계 과학의 기본 얼개가 그려져 있다."(세철4, 306~7쪽) 의식적이건 무의식적이건 모든 사건은 아원자 수준의 입자들의 운동으로부터 시작된다. 결국 모든 경제적 사건들도 복잡계의 예측 불가능한 생성의 과정들이라고 할 수 있다. 따라서 양적 정확성을 추구하고 예측 가능성을 전제로 하는 기존의 경제학들에 의해 경제를 엄밀하게 이해하고 예측한다는 것은 어불성설이다. 기존 표준모델은 문제해결 능력을 상실했다. 대안이 불가피하다. 양자역학의 불확정성원리를 수용하고 들뢰즈의 내재적·우발적 존재론을 토대로 하는 들뢰즈 경제학은 복잡계 과학을 원용한 복잡계 경제학을 표준모델로 삼는다.

들뢰즈 경제학은 복잡계 경제학에 강도적 사유를 결합한다. 복잡계의 창발(emergence) 과정은 잠재적 이념으로부터 강도적 개체화를 거쳐 현실화로 이어지는 과정과 다르지 않다. 앞서 언급했듯이 창발을 유발하는 복잡계의 자기조직화의 과정은 본성의 변화를 유발하는 강도적인 것들의 절속 과정으로 볼 수 있다. 양자의 결합으로 들뢰즈 경제학의 핵심으로서의 욕망경제학이 성립한다.

복잡계

계(system)라는 것은 관심 대상 또는 부분으로서 수많은 요소들로 이루어진 구성체를 말한다. 환경 또는 주변은 계를 제외한 나머지를 일컫는다. 계는 세 가지로 나뉜다. 고립계는 주변과 아무런 상호작용이 없는 계다. 엄밀한 의미의 고립계는 우주뿐이다. 닫힌계는 주변과 에너지 교환만 하는 계다. 지구는 닫힌계로 볼 수 있다. 열린계는 주변과 에너지는 물론 물질도 교환하는 계다. 생명체를 포함한 대부분의 대상이 열린계에 속한다.

복잡계(complex system)는 통상적으로 복잡성(complexity)을 가지는 중층적이고 열린 뭇알갱이계(다입자계, many-particle system)로 정의된다. 복잡성은 완전히 질서 정연하지도 않고 완전히 무질서하지도 않은 경우를 가리킨다. 보통 말하는 무질서(disorder)와 번잡함(complicated)과는 다르다는 것을 유의해야 한다.

복잡계의 특성으로는 가장 먼저 자기조직화 임계성(self-organized criticality, SOC)에 의한 창발(emergence)을 들 수 있다. 구성요소들만의 상호작용으로 스스로 어떤 집단성질을 창출한다. 둘째는 상호작용의 비선형성(non-linearity)이다. 구성요소들 간의 비선형적 상호작용에 의해 시너지효과 또는 간섭효과가 발생한다. 셋째는 되먹임(feedback) 현상이다. 구성요소 간 또는 부분과 전체 사이의 되먹임 현상이 일반적으로 일어난다. 양(정)의 되먹임(확대 환류)과 음(부)의 되먹임(축소 환류)이 있다.

새로운 표준모델로서의 복잡계 경제학

물리적 존재들이 중력의 법칙을 거스를 수 없듯이 경제적 존재들이 효용극대화의 법칙을 거스를 수 없다는 것이 물리학을 선망하는 경제학자들의 주장이다. 그들에게는 어떤 일말의 자격지심 같은 것이 있는 것 같다. 그러나 나에게는 진리 자체에 대한 선망이 있을 뿐이다. 물리학 자체도 닫힌 기계론적 사고에서 열린 복잡계적 사고로 나아가고 있다. 하물며 복잡계의 대표 격이라 할 수 있는 인간과 사회를 다루는 학문인 경제학에 있어서는 어떠해야 하겠는가?

모든 과학은 자연과학의 명석하고 판명함을 이상으로 삼는다. 여러 분야에서 자연과학 정도의 실증성을 갖추지는 못하더라도 가능한 한 자연과학을 모델로 삼아 자신의 이론 체계를 구축해 보려는 시도는 계속되고 있다. 경제학과 같은 사회과학도 자연과학과 부합해야 함은 물론이다. 그러나 자연과학의 패러다임을 무차별적으로 사회과학과 인문학에 적용하는 것은 위험할 수 있다. 물리학적 역학이나 생물학적 진화론을 비판 없이 또는 곡해해서 적용함으로써 조잡한 기계론적 유물론과 퇴행적인 사회진화론이 대두된 바 있다(세철3, 716~7쪽 참조). 경제학에서도 이러한 경향을 추종한 결과 현실과 동떨어진 역학적 미시분석과 적자생존·양육강식형의 시장자본주의를 초래했다. 이러한 위험을 방지하기 위해서는 사회 현실에도 적용 가능한 합리적 전제와 근거를 가진 자연과학적 사유를 제대로 이해한 바탕 위에서 그것을 원용해야 한다. 마크 뷰캐넌의 다음 글은 우리에게 시사하는 바가 크다.

"금융 경제학이 실패한 이유는 경제학자들의 '물리학 선망' 때문이다. 경제학자들이 물리학 선망으로 고통 받아 왔다면, 그 이유는 사실과 다른 물리학을 선망해 왔기 때문이다. 그들은 제대로 된 물리학, 곧 제대로 된 과학을 선망해야 한다. 불안정한 세상은 '모든 것의 이론'에 대한 어떤 희망도 포기해야 한다는 것을 의미한다. 물리학자들과 다른 과학자들은 어렵사리 이것을 깨달았다. 지극히 단순한 문제조차도 아름답고 우아한 해답을 찾고자 하는 우리의

욕망을 쉽게 좌절시킨다."(뷰캐넌, 228~9쪽)

경제는 복잡계다. 경제는 단순하거나 고립되거나 닫힌 체계가
아니다. 경제는 열린계로서 복잡계의 대표적 사례다. 앞서 스키델
스키의 평가에서 본 것처럼 순수경제학이라는 명목으로 경제를 닫
힌 체계로 가정하고 논리를 전개하는 주류 경제학의 표준모델은
설명력과 예측력에 한계가 있을 수밖에 없다. 경제와 같은 복잡계
는 물질계처럼 깔끔한 방정식 체계로 설명하는 것이 거의 불가능
하다. 따라서 경제 분석에 있어서는 선형적 인과성에 기초한 분석
적이고 환원적인 접근보다는 비선형성과 창발성을 특징으로 하는
복잡계 과학적 접근이 바람직하다. 이에 따라 불완전한 공리 체계
에 의한 예측의 시도보다는 예측 불가능성에 기초하여 안정적인
미래를 설계하는 일에 초점을 맞추는 것이 현명하다. 이러한 복잡
계적 시각에서 볼 때 기존 경제학들의 경제 모형은 불완전하고 불
충분할 수밖에 없다. 새로운 모델이 필요하다. 시스템 과학자 존
스터먼에 의하면 "어떤 모형에서 가장 중요한 가정은 방정식에 있
는 것이 아니라 방정식 안에 없는 것; 문서화된 것이 아니라, 언급
되지 않은 것; 컴퓨터 화면상의 변수들 안이 아니라, 변수들을 둘
러싼 여백에 있다."(Sterman, p513)

분석적 환원주의를 지양하고 종합적 전체론을 토대로 하는 복잡
계적 관점에서는 전체를 부분의 합 이상으로 본다. 복잡계 경제학
의 분석은 기존의 경제학이 미시경제와 거시경제를 따로 구분해서
분석하는 것과 차이가 있다. 거시과정은 미시과정에서의 상호작용

에 의한 창발의 결과로 이해된다. 이는 세계를 강도적 다양체로 보는 들뢰즈와 과타리의 사상과 부합한다. 강도적인 것은 절속의 경우, 즉 나눠지거나 합쳐질 경우 본성이 변화한다. 내재적이고 우발적인 세계관을 토대로 탈영토화와 재영토화의 영원한 이중운동을 존재의 본성으로 보는 들뢰즈 경제학은 복잡성과 예측 불가능성(비선형성과 창발성)을 바탕으로 하는 복잡계 경제학을 표준모델로 설정한다. 기존에 주류 또는 정통으로 취급되어 온 모든 경제학들은 복잡계 경제학의 관점에서는 예외적인 상황을 가정하는 특수한 경제학에 불과하다. 따라서 복잡계적 사유와 동떨어진 기존의 경제학들의 문제해결 능력이 부실할 수밖에 없었던 것은 당연하다.

탈평형적 사고방식이 필수적이다. 평형 또는 균형(equilibrium)이라는 해로부터 문제를 해방시켜야 한다. 문제를 해에 종속시켜서는 안 된다. 평형상태에 집착하는 고정된 문제설정에서 유연한 문제설정으로 가야 한다. 복잡계에서는 불균형이 정상적이다(Disequilibrium is normal). 균형이 오히려 일시적이고 예외적이다. 특히 수확체증의 법칙이 적용되는 현대 정보산업과 네트워크 경제에서는 양의 되먹임(positive feedback)에 의한 불균형과 불안정, 승자독식, 부익부 빈익빈이 일상적 현상이 된다. 기존의 제조업처럼 수확체감의 법칙이 적용되는 부문에서 음의 되먹임(negative feedback)이 작용하여 균형이 유지되는 것과 대조적이다.

따라서 복잡계적 사유는 예측 불가능이라는 특성을 피하기 어렵다. 창발적(emergent) 사건이나 블랙스완으로 불리는 예측 불가능한 재난의 원인은 복잡성과 비선형성 자체라고 할 수 있다. 비선형성하에서는 변수와 변수의 관계가 변칙적이다. 시점 또는 구간의 설정에 의해서만 고정된 관계의 일시적 파악이 가능하다. 장기간에 걸친 정확한 예측과 구체적이고 명확한 원인의 규명은 불가능하다. 가령 주식과 같은 개별 금융상품에 대한 단편적 예측은 어느 정도 가능할 수도 있다. 그러나 서브프라임 모기지 사태와 같은 전반적인 금융위기의 경우는 전체적 움직임을 파악하기 곤란하고 그에 따라 정확한 예측이 불가능하다.

예측 가능성을 전제로 하는 정책의 무용성이 여러 측면에서 증명되고 있다. 부분의 효율성(부분 최적화)을 추구하는 과정에서 전체적으로 예상하지 못했던, 의도되지 않았던 현상의 발생이 갈수록 더욱 빈번해지고 있다. 낙수효과를 통한 성장 극대화, 투자 효율성 제고를 위한 레버리지 극대화, 자산 증권화를 통한 위험 분산의 극대화와 같은 최적화 행위들이 예기치 않게 부의 양극화, LTCM 사태, 서브프라임 모기지발 금융위기와 같은 파국으로 이어진 바 있다. 이처럼 합리적 개인과 효율적 시장을 가정하는 주류 경제학에 바탕을 둔 효율성 추구 행위들이 의도되지 않은 결과로 이어지는 것이 다반사다. 예측 불가능성을 받아들이고 탈균형적이고 비선형적인 사유를 전개하는 경제학의 새로운 표준이 필요한 이유다.

경제 변수는 멱법칙(power law)을 따르는 것이 많다. 멱법칙의 의미는 극단적인 사건들이 드물지 않다는 것이다(뷰캐넌, 143쪽). 프랙털 구조로 이해할 수도 있다(천고, 928~30쪽 참조). 프랙털은 다양한 크기로 되풀이되기 때문에 정상적인 크기가 없는 구조를 일컫는 용어다. 극단적인 결과나 변화를 방지하는 내재적 한계가 없는 눈금(규모) 불변성 또는 자기유사성을 가지는 구조다(엘드리드, 334~5쪽 참조). 주요 국제적 금융지표들의 변동 분포는 약 세제곱의 멱함수 분포를 가진다(오렐, 130쪽). 그러나 지진 예측의 어려움과 마찬가지로 금융위기의 시기나 강도를 예측하는 것은 거의 불가능하다. 드물지 않은 경제적 재난을 설명하는 멱법칙은 경제학의 무엇보다 중요한 주제가 되어야 한다. 시장의 자연치유력을 능가하는 격변(블랙스완)에 항상 대비해야 한다.

멱법칙의 사례로 부의 분배와 파레토 법칙을 보자. 척도(눈금)와 관계없이 재산의 불평등 패턴이 동일하다. 재산이 x 이상인 인구의 비율 P(x)가 x의 거듭제곱에 반비례한다는 것이 파레토 법칙이다. 보통은 80:20 법칙이 성립한다. 전체에서 20%의 인구가 80%의 부를 차지한다는 것이다. 상위 20% 내에서도 80:20 법칙이 성립하는 프랙털 구조를 가진다. 현대 신자유주의하에서는 90:10 법칙이 적용되는 것으로 보인다. 부의 불평등이 심화된 결과다.

정책적 함의

경제학의 새로운 표준모델로서의 복잡계 경제학에서는 피드백과 상호작용이 복잡계인 경제의 제1 원리라고 할 수 있다. 이 원리에 따라 부분의 합 이상으로 전체가 형성되는 복잡계에서는 구성의 오류를 보이는 경우가 많다. 가령 세율의 역설, 절약의 역설, 임금의 역설 등 경제적 역설이 다수 존재한다. 이런 상황에서는 변곡

점이 어디인가? 현 상황은 어느 위치인가? 하는 것을 파악하는 것이 매우 중요하다. 정책 설계에 있어 항상 전체와 부분의 순환을 염두에 두어야 한다. 모니터링과 시뮬레이션, 영점 잡기와 파인튜닝 등의 작업이 중요하다.

　효율성보다 안정성 확보가 우선되어야 한다. 편협한 효율성 추구는 위험하다. 앞서 논의했듯이 안정성을 포함하는 광의의 효율성을 사유해야 한다. 블랙스완을 무시하는 선형성에 기초한 정책은 필패의 결과를 가져올 것이다. 단기적이고 임기응변적이 아니라 장기적이고 근본적인 복잡계 정책을 지향해야 한다. 기본소득과 경제 민주화가 답이다. 자본 통제를 비롯한 경제의 민주화가 경제의 안정성을 강화한다. 기본소득이 도입되면 안정성이 확보되어 대마불사라는 말도 사라지고 수시로 구조조정이 가능해져 시장의 효율성도 함께 향상될 수 있다.

12.
생태경제학

생태경제학

생태와 경제를 연관해서 사유하는 데에는 수많은 시각과 관점이 존재할 것이다. 여기서는 들뢰즈 경제학이 바라보는 시각에서의 생태경제학(Ecological Economics)을 소개하기로 한다. 본 소개는 생태경제학의 선구자 니콜라스 게오르게스쿠-뢰겐의 『엔트로피와 경제: 인간 활동에 관한 또 다른 시각(THE ENTROPY LAW AND THE ECONOMIC PROCESS)』에 크게 의존하고 있다.

생태경제학은 종합적 전체론에 입각한 사유의 전형을 보여준다. 들뢰즈의 유니보씨떼(존재의 일의성)와 복잡계적 사고에 엔트로피 법칙이 결합되어 하나의 생태경제학이 성립한다. 뉴턴의 법칙 이상의 보편적 의미를 가지는 것이 열역학 제2 법칙인 엔트로피 법칙이다. 열린계로서의 경제는 생태와 불가분의 관계에 있다. 기후변화,

에너지와 식량 문제, 자원의 재활용 등 현대 경제에 사활적 영향을 미치고 있는 제반 문제들이 모두 엔트로피의 증감과 밀접히 관련된 생태경제학의 주제가 된다. 생태경제학은 지속 가능한(sustainable) 경제의 구축이 핵심 목표다. 경제의 지속 가능성을 위해서는 먼저 엔트로피의 감소 내지 유지가 필요하다. 따라서 재생산과 확대재생산이라는 경제 자체의 규정을 재고하는 것이 우선 요구된다. 재생산을 위한 자본의 무한한 포획력이 지속적으로 엔트로피의 증가를 유발함으로써 경제의 지속 가능성을 훼손한다. 환경 쿠즈네츠 곡선은 성립하지 않는다. 성장과 기술의 발전이 오염과 공해를 필연적으로 줄인다는 법칙은 없다(레이워스, 242~7쪽 참조). 소비활동과 불필요한 투자활동을 줄이고 절약과 절제를 수반하는 자유로운 행동(부록, 일·노동과 자유로운 행동 참조)을 늘려야 한다. 욕망의 재배치가 필요한 것이다.

앞서 언급했듯이 환경경제학(Environmental Economics)은 생태경제학과 동일시되기도 하지만 주로 주류 경제학의 시각으로 환경 문제를 취급하는 점에서 생태경제학과 구별된다. 환경과 경제의 구분을 전제로 하는 근대적인 이분법적 시각에 기초한다. 환경경제학은 환경 문제도 시장의 관점으로 접근한다. 그것은 언제나 가격이 옳다는 이론으로 귀결된다(오렐, 288쪽).

기본 전제

　들뢰즈와 과타리의 관점에서의 생태경제학은 자연주의(비인간주의)를 토대로 한다. 들뢰즈와 과타리의 근본적 세계관인 존재의 일의성을 기초로 하는 것이다. 모든 것은 기계라는 기계주의(machinism)를 따른다. 자연과 인간의 구별은 없다. 종합적이고 전체적으로 볼 때 인간중심주의의 포기가 인간을 위해 진정으로 유익하다. 인간과 자연은 생산자이자 동시에 생산물로서 하나의 동일한 본질적 실재다. 들뢰즈와 과타리에 의하면 자연은 인간의 생산 및 인간에 의한 생산으로서의 자연이다(AO, p10/안오, 27쪽). 경제는 자연의 하위 시스템으로서 하나의 복잡계다. 경제 자체도 하나의 생태계이면서 동시에 경제외적 생태 환경과의 끊임없는 상호작용과 순환의 과정에 놓여 있다.

　생태경제학은 세대 간 지속 가능성을 추구한다(정태인, 20장 참조). 지속 가능한 개발은 "현재 인간의 욕구를 충족하는 동시에 미래 세대들이 그들의 욕구를 충족할 수 있는 것을 보장하는 방식의 개발"을 가리킨다. 이러한 개발에는 사전에 지속 가능한 안전성이 증명되어야 한다는 예방 우선의 원칙이 적용된다.

엔트로피

　계(system)의 운동은 열역학 제2 법칙, 즉 엔트로피 법칙을 따른다. 엔트로피 법칙은 하나의 계는 엔트로피가 가장 큰 상태에 있을 확률이 가장 크다는 것으로서 생태계에도 당연히 이 법칙이 적용된다. 경제를 자연의 하위 시스템의 하나로 보는 생태경제학은 엔트로피 경제학이라고 할 수 있다. 엔트로피 법칙은 정적이고 양적인 기계론(mechanism)이 아니라 질적인 변화의 설명에 적합하다. 경제학의 자연과학적 상응물은 기계적인 고전역학이 아니라 열역학과 생물학이 되어야 한다. 생태경제학은 기계론적 뉴턴 역학이 아닌 엔트로피 법칙이 적용되는 열역학을 과학적 기반으로 하는 새로운 경제학이다. 기계론적 법칙들과 달리 불가역성이 모든 경제법칙들의 일반적 특성이다(게오르게스쿠-뢰겐, 42쪽). 열역학이 경제적 가치에 관한 물리학의 역할을 수행한다. 엔트로피 법칙 자체가 모든 자연법칙 중에서 더할 나위 없이 경제적인 것이라고 할 수 있다(앞의 책, 31쪽).

고전 열역학에서 엔트로피는 에너지가 그 계에 얼마나 분산되어 쓸모없게 되었는지를 보여주는 지표다. 높은 엔트로피는 그 계의 에너지의 불가용의 정도가 큰 것을 의미한다. 엔트로피가 반드시 무질서의 정도를 나타내는 것은 아니다. 더 무질서해 보이는 상태가 엔트로피는 낮을 수도 있다. 엔트로피 법칙은 고립계에서는 엔트로피의 감소가 불가능하다는 것이다. 고전 역학(뉴턴 역학)의 가역성과 달리 불가역적(irrevocable) 특성을 가진다. 이를 다른 말로 질적 열성화(劣性化)의 과정이라고 한다. 가용 에너지에서 불가용 에너지로 가는 지속적이고 불가역적인 과정이다(앞의 책, 35쪽). 마치 열은 뜨거운 물체에서 차가운 물체로 저절로 흐르며, 그 역은 절대

일어나지 않는 것과 같다. 결국은 (열)평형상태에 이르게 된다. 엔트로피가 가장 큰 상태에 이르러 외부적 요인에 의하지 않고는 거시적 성질이 더 이상 바뀌지 않는 상태다. 게오르게스쿠-뢰겐은 엔트로피 법칙의 인식론적 의미를 다음과 같이 설명한다.

"인식론적 관점에서 보면 엔트로피 법칙은 물리학이 겪은 가장 큰 전환으로 평가된다. 이는 모든 자연과학 중에서 가장 신뢰를 받아온 학문인 물리학에서 우주에 질적 변화가 있다는 것을 인식하였음을 보여준다. 이 법칙이 주장하는 불가역성 개념을 통해 기계적 운동과 실제 일어나는 일 사이의 상식적인 구별을 분명히 하였다는 사실은 더욱 중요하다. 이 구별에 따르면, 역과정을 통해 이전 상태로 돌아갈 수 없는 일들만 실제 일어난다. 이렇게 '일어나는 일'의 의미는 생명체의 일생이나 종의 진화(단순한 돌연변이에 의한 변화들은 가역적인데, 이들과 구별되는 진화)에서 잘 알 수 있다."(앞의 책, 40쪽)

이러한 인식론적 의미는 들뢰즈의 차이와 반복의 사상과 부합한다. 들뢰즈에 의하면 존재의 운동은 차이의 반복이다. 반복은 동일성의 반복이 아니라 연속적 변이로서의 불가역적 반복이다.

엔트로피와 정보 및 생명

엔트로피는 정보 또는 지식의 부족함의 정도로 해석될 수도 있다. 역으로 생각하면 정보를 저장할 수 있는 능력의 척도다. 따라서 정보는 음의 엔트로피(negative entropy), 줄여서 네겐트로피(negentropy)로 불리기도 한다. 엔트로피는 잃어버린 정보라고 할 수 있다. 결국 엔트로피 법칙의 지배를 받는 계 자체(대상)는 네겐트로피로서의 정보와 깊은 연관을 가질 수밖에 없다.

생명계는 고립계가 아니다. 외부 환경과 끊임없이 물질과 에너지, 정보를 상호 교환한다. 그래서 엔트로피 법칙을 위반하지 않고 열평형을 회피하는 것이 가능하다. (열)평형상태는 엔트로피가 최대인 상태로 물질이 고르게 섞인 상태다. 따라서 생명이 존재할 수 없는 상태를 가리킨다. 엔트로피에 순응하는가 저항하는가가 물질과 생명을 가르는 유력한 기준의 하나다.

생명의 대사 작용은 외부(환경)로부터의 자유에너지의 보급으로 엔트로피가 낮은 상태를 유지하는 것이다. 이를 위해서는 정보를 늘리는 것이 핵심이다(최무영, 661쪽 참조). 엔트로피가 증가하여 한 생명을 위협하는 것은 그것의 형상(形相), 리(理)를 잃어버림을 뜻하고 이는 그것을 일정하게 조직하는 정보를 상실함을 뜻한다. 어떤 것의 형상이나 리는 그것을 그러한 형태로 조직하기 위해 필요한 정보와 같은 것으로 볼 수 있다. 정보를 나타내는 단어인 information의 모양도 그것을 시사한다(세철3, 152쪽 참조).

지구의 모든 생명체의 근원은 궁극적으로 태양으로부터 받는 자유에너지이다. 에너지의 보충은 엔트로피의 감소이고, 이는 정보의 증가와 같다. 정보를 늘림으로써 생명체의 분화, 즉 정돈의 과정이 전개되고 생명이 탄생하거나 유지된다. 엔트로피가 줄어들고 질서를 찾아가는 과정이다. 요컨대 생명의 운동은 물질의 운동과 반대로 엔트로피를 낮추어 형상을 보존하는 과정이라고 할 수 있다. 노화도 엔트로피 증가 과정의 하나로 볼 수 있을 것이다. 정보와 지식을 늘림으로써 노화를 중지시키거나 더 나아가 회춘도 가능할 것으로 생각한다면 지나친 상상일까?

엔트로피와 경제

앞서 언급했듯이 열역학은 대체로 경제적 가치에 관한 물리학이라고 할 수 있다(게오르게스쿠-뢰겐, 406~7쪽). 유용한 물건에 가격, 즉 시장가치와는 다른 경제적 가치가 있는 이유를 설명해 주는 것이 열역학이다. 인간의 모든 경제생활은 낮은 엔트로피에 의존한다(앞의 책, 407쪽). 낮은 엔트로피, 즉 많은 자유에너지 또는 많은 가용 에너지는 사물의 유용성을 위한 필요조건이다. "낮은 엔트로피를 쓰지 않고 얻을 수 있는 것은 없다."(앞의 책, 409쪽)

엔트로피 법칙의 경제적 의미는 엔트로피 과정의 불가역성으로 인해 자원의 희소성이 불가피해진다는 것이다. 만약 엔트로피 과정이 불가역적 과정이 아니라면, 석탄이나 우라늄 조각의 에너지를 영원히 사용할 수 있을 것이다(앞의 책, 35쪽). 생명의 물질적 기반은 엔트로피 과정을 피할 수 없다. 생명을 품은 모든 구조는 환경으로부터 낮은 엔트로피를 흡수하여 높은 엔트로피로 끊임없이 변환된다(앞의 책, 41쪽).

경제도 복잡계이고, 생태계도 복잡계로서 엔트로피 법칙을 극복하기 위해 열린계로 존재할 수밖에 없다. 지속 가능한 경제를 위해서는 고립계나 닫힌계로서의 경제는 불가능하다. 엔트로피의 유지를 위해 지속적으로 자연 생태와의 상호작용과 순환이 필수적이다. 요컨대 경제 과정은 기본적으로 엔트로피 과정이며, 궁극적으로 엔트로피 법칙이 경제 과정과 그 진화를 지배한다(앞의 책, 413쪽). 경제 과정은 낮은 엔트로피에서 높은 엔트로피로의 지속적인 변화, 즉 불가역적인 폐기물로의 변환 과정이다(앞의 책, 411쪽). 이것이 경제 과정의 궁극적 비용이다. 생태의 지속 가능성, 즉 생태적 한계를 넘는 경제 과정은 불가능하다. 따라서 경제의 외부로서의 건전한 생태계 유지가 경제의 지속 가능성을 위해 불가피하다. 다시 말해 경제의 지속 가능성을 위해서는 생태계의 파괴라는 궁극적 차원의 비용을 산입하는 비용-편익 분석을 수행하는 생태경제학적 사유가 불가피하다.

정책적 함의

경제의 효율성은 경세제민을 위한 효율성이어야 한다. 우리는 앞에서 분석적 환원주의에 입각한 단기적이고 부분적인 최적화가 경제의 안정성에 얼마나 큰 파괴적 영향을 미칠 수 있는지 본 바 있다. 경제학은 종합적 전체론에 입각하여 그야말로 경세제민을 위한 장기적이고 포괄적인 의미의 효율성을 지향해야 한다. 그러기 위해서 경제학은 경제의 지속 가능성을 원리이자 목표로 하는 생태경제학이 되지 않을 수 없다. 도넛경제학을 정립한 케이트 레이워스도 사회적 한계와 생태적 한계를 두 개의 도넛 모양의 고리로 설정하여 그 사이에서만 경제가 효율적으로 운영될 수 있는 경계로 삼고 있다.

생태경제학의 근본적 목적은 생명으로서의 우리의 삶과 경제를 보전하는 것이다. 이것이 지속 가능성이고, 지속 가능한 경제를 위해서는 엔트로피의 유지 내지 감소, 즉 새로운 에너지와 정보(네겐트로피)의 증가가 필수적이다. 한 개체로서의 인간은 결국 엔트로피의 증가로 사라져 갈 것이지만 미래 세대로 이어지는 사회와 경제는 어떻게 새로운 에너지와 정보를 투입할 것인지에 따라 그 사활이 결정될 것이다. 경제의 지속 가능성을 위해서는 경제에 끊임없이 정보와 에너지를 제공하는 주변과 환경으로서의 생태의 지속 가능성이 전제되어야 한다.

이를 위해 생태에 파괴적 영향을 줄 수 있는 소비의 절제 또는 축소가 불가피하다. 생태와 환경의 지속 가능성, 엔트로피의 감소 또는 유지를 위해서는 소비를 절제하고 가능하면 축소해야 한다. 그러기 위해서는 특히 성장을 재검토해야 한다. 리바운드 효과(자원 절감 기술이 오히려 자원의 총사용량을 증대시키는 경우), 예측 불가능한 블랙스완의 가능성 등으로 인해 기술의 발전도 기후 위기나 생태

위기의 극복을 보장할 수는 없다. 생태경제학의 최우선 정책 목표는 탈성장을 통한 지속 가능성이다. 탈성장은 성장을 하지 말자는 것과는 다르다. 무엇보다 먼저 성장 신화라는 미몽에서 벗어나야 한다는 것이다. 성장과 탈성장에 대해서는 뒤에서 더 자세히 다룰 것이다.

3장

욕망경제학

욕망경제학으로서의 들뢰즈 경제학

들뢰즈 경제학

들뢰즈 경제학(Économie Deleuzienne, 영어 Deleuzian Economics)은 들뢰즈 사상을 토대로 한다. 들뢰즈의 철학사상과 들뢰즈와 과타리의 사회사상을 기반으로 한다. 들뢰즈 경제학은 들뢰즈의 존재론과 인식론, 윤리학 그리고 들뢰즈와 과타리가 공동으로 개척한 정치학과 사회사상을 토대로 구축된 경제학이다. 들뢰즈 경제학이라는 이름을 갖지만 펠릭스 과타리 사상의 기여와 공헌은 아무리 강조해도 지나치지 않다.

들뢰즈 사상의 구체화로서의 경제학이 들뢰즈 경제학이다. 들뢰즈의 정치학이 사회과학의 일 분과로서의 정치학이 아니라 들뢰즈의 실천철학, 즉 들뢰즈 윤리학의 구체화로서의 정치학이듯이 들뢰즈 경제학도 사회과학의 일 분과로서의 사회공학적인 경제학이 아니라 들뢰즈의 실천철학, 윤리학이 경제의 측면에서 구현된 사유 체계로서의 경제학이다.

마르크스의 『자본』이 변증법적 사유를 경제의 영역까지 확장하여 경제학이 익명적이고 형식적인 분석에 함몰되지 않을 수 있는 길을 열었다면(세철3, 665쪽 참조), 들뢰즈 경제학은 들뢰즈의 차이의 존재론, 잠재성의 철학과 들뢰즈와 과타리의 무의식에 관한 분열 분석을 경제의 영역으로 확장하여 경제학이 실질적으로 경제 문제를 해결하고 인간을 해방시킬 수 있는 길을 열 것으로 기대된다.

기본 시각

들뢰즈 경제학은 들뢰즈 사상을 토대로 하는 소수자 경제과학과 탈근대 경제철학의 결합이다. 근대적인 몰적 거시경제학에 대비되는 탈근대적인 분자적 미시경제학으로서 분자성의 극단이라 할 수 있는 잠재성의 세계로까지 사유의 지평을 넓힌다. 요컨대 들뢰즈 경제학은 종합적 전체론에 입각하여 들뢰즈의 사상을 경제과학과 경제철학의 영역에서 구현하고자 한다.

들뢰즈 사상에 토대를 두고 있는 들뢰즈 경제학이 들뢰즈 존재론의 출발점인 존재의 일의성(유니보씨떼)을 기본적 시각으로 삼는 것은 필연이다. 들뢰즈 경제학은 존재의 일의성에서 파생되는 비인간주의(non-humanism), 자연주의, 기계주의(machinism)를 따른다. 이러한 시각과 관점을 출발점으로 삼는 들뢰즈 경제학은 종합적 전체론의 극단을 보여준다. 탈근대적 분자성과 비표상성, 철학의 무한성을 사유의 지평으로 삼음으로써 경제의 엄밀한 이해에 다가가려 한다. 아페이론으로서의 실재 전체가 들뢰즈 경제학의 사유의 지평이 된다.

들뢰즈 경제학은 내재적 세계관을 토대로 한다. 초재적이거나 실체적인 원리나 원형을 부정한다. 원리로서의 욕망의 내재성을 전제한다. 앞서 들뢰즈의 사유를 기초로 초월적인 것(경험에 대한 초험, 현상에 대한 본질)에 대한 근대적 양태는 현실적(actuel)이고 초재적(transcendant)인 반면, 탈근대적 양태는 잠재적(virtuel)이고 내재적(immanent)이라고 언급한 바 있다. 탈근대적인 들뢰즈 경제학은 초재적 존재와는 무관한 생산적 무의식의 자기운동을 존재의 생성과 발전으로 본다. 인간과 경제는 세계와 자연의 일부에 불과하다. 인간중심주의와 경제본질주의는 배척된다. 세계는 리좀이며, 인간, 사회, 자연은 모두 하나의 복잡계다.

자연스럽게 들뢰즈 경제학은 잠재성의 세계를 사유한다. 발생의 원천 또는 인식의 근거, 즉 충족이유(충분근거)로서의 잠재성을 사유한다. 잠재적 욕망, 무의식적이고 생산적인 욕망을 근본 원리로 삼는다. 잠재성에 대한 사유를 토대로 하는 들뢰즈와 과타리의 분열분석과 배치론은 들뢰즈 경제학의 미시분석, 미시적 경제 분석으로 이어진다. 한편으로 들뢰즈 경제학은 기계적 배치와 그 탈영토화를 분석한다. 물질적 흐름(힘·에너지·욕망의 흐름)의 탈주, 자본의 욕망의 전개, 기술 발전 등을 연구한다. 다른 한편 들뢰즈 경제학은 언표적 배치와 그 탈영토화를 분석한다. 기호적 흐름의 탈주, 경제

이론의 발전, 욕망을 자극하는 언표들을 분석 대상으로 한다.

미시분석으로서의 들뢰즈 경제학은 무의식의 종합의 인격적, 배타적, 분리차별적 사용을 지양하고 부분적, 포함적, 유목적·다의적 사용을 지향한다. 종합적 전체론을 지향하고 분석적 환원주의를 지양한다. 배타적, 이분법적, 선형적, 본질론적, 유형학적 사유를 지양한다. 들뢰즈 경제학은 근대와 탈근대, 이성과 욕망, 자유와 평등, 효율성과 형평성, 경쟁과 협동, 자본과 노동, 성장과 분배의 균형과 조화가 필요하고 또 가능하다는 관점에 서 있다.

들뢰즈 경제학은 복잡계적·생태적 사유에 기초한다. 들뢰즈의 사상, 들뢰즈의 세계관·인간관·사회관·과학관을 토대로 할 때 인간과 사회와 자연은 복잡계일 수밖에 없다. 경제는 전체의 일부분으로서 경제학은 경제와 그 외부와의 관계를 떠나 사유하는 것이 불가능하다. 사유의 준거로 삼는 자연과학의 모델도 뉴턴 역학이기보다는 복잡계를 전제로 하는 열역학과 생물학이다. 복잡계의 자기조직화 임계성에 의한 창발의 과정은 강도적 과정, 하나의 개체로서의 다양체의 형성 과정과 일치한다. 강도적인 것의 추상화 수준에 따라 소수자과학적 사유와 철학적 사유의 구분이 가능하게 된다. 들뢰즈 경제과학과 들뢰즈 경제철학의 구분이 가능하게 되는 것이다.

기본 정책

들뢰즈 경제학이 지향하는 바는 이론과 법칙의 정립보다는 문제의 제기와 엄밀한 해결책의 제시다. 실천적 해결을 위한 제도와 정책의 설계에 주력한다. 경제의 성장이나 발전도 추구하지만 실질적 경세제민의 확립을 위한 지속 가능한 토대의 구축을 궁극적 목표로 삼는다. 자유와 평등, 효율과 형평, 경쟁과 협동, 개인과 공동체, 자본과 노동, 성장과 분배의 균형과 조화를 모색한다. 탈주와 변주, 더 나아가 블랙스완과 같은 격변에 대한 장기적이고 근본적인 대응책을 궁리한다. 가령 경기변동에 관한 이론 구축보다는 경기변동에 대한 근원적 문제 제기에, 그리고 경기변동에 대응한 단기적 미봉책보다는 궁극적인 안정화 정책의 개발, 제도의 확립에 주력한다.

들뢰즈 경제학의 기본 정책 및 제도는 기본소득과 경제 민주화다. 기본소득도 넓은 의미의 경제 민주화에 포함되는 제도임은 물론이다. 들뢰즈 경제학의 정책 목표는 말 그대로 경세제민, 즉 세상을 다스리고 민중을 구제하는 것이다. 그래야만 인간해방이 가능하다. 이는 경제 민주화가 이루어진 실질적 민주주의의 확립이 있어야만 가능한 일이다. 이를 위해서는 성장보다는 번영이 필요하고, 완전고용이나 물가안정보다는 경제 자체의 안정, 삶의 안정이 우선되어야 한다. 요컨대 생태적 욕망경제학으로서 들뢰즈 경제학의 궁극적인 정책 목표는 지속 가능한 경제를 바탕으로 하는 욕망의 해방, 즉 삶의 안정과 창조다. 기본소득은 경세제민, 인간해방을 위한 핵심 정책이다. 경제 민주화는 평등한 자유, 즉 민주주의의 완성을 위한 필수적 선결 요건이다.

정리

들뢰즈 경제학은 들뢰즈의 철학과 들뢰즈와 과타리의 사회사상을 토대로 하는 탈근대 경제학이다. 탈근대적 세계관을 토대로 하는 정치경제학이자 소수자 경제학이며 욕망경제학이다. 들뢰즈와 과타리 사상의 핵심인 잠재성에 대한 사유가 들뢰즈 경제학의 논리를 일관되게 지배한다.

궁극적으로 들뢰즈 경제학은 자본주의하에서의 생산을 참된 욕망적 생산으로 이끌기 위한 실질적 민주주의를 실현하기 위하여 경제 분야에서의 자유와 평등의 확대를 위한 제도와 정책을 개발하는 것을 주된 목표로 하는 실천적 학문이다. 자유와 평등이 조화를 이루는 사회, 즉 평등한 자유, 에갈리베르떼(égaliberté, 영어 equal liberty)가 실현된 사회에서만 각 개별자들은 자신의 잠재적 역량을 충분히 발휘할 수 있다. 들뢰즈 경제학은 이러한 사유를 바탕으로 경제 전 분야에서의 민주화를 목표로 한다. 경제의 민주화는 사회의 실질적 민주화의 핵심이다. 이를 통하여 우리는 참된 욕망의 정립이라는 혁명의 목표에 한 걸음 더 다가갈 수 있다.

한마디로 욕망이 들뢰즈 경제학의 원리이자 목표다. 기본 시각인 존재의 일의성과 내재적 세계관도 들뢰즈의 '차이 자체'를 대변하는 욕망의 일의성이고 내재적 힘으로서의 욕망의 내재성이다. 배치론에서의 배치도 욕망적 기계로서의 배치이고 정치경제학에 작용하는 힘과 권력의 관계도 욕망의 관계에서 비롯되는 것이다. 잠재적인 미시분석도 무의식적인 욕망에 대한 분자적 분석이다. 들뢰즈 경제학의 궁극적 정책 목표도 다름 아닌 욕망의 해방이다. 이제 들뢰즈 경제학의 핵(core) 또는 정수(essence)라고 할 수 있는 욕망경제학으로 들어가 보자.

2.
욕망경제학 서설

원리

들뢰즈 경제학은 '생산적 욕망'을 원리로 하는 욕망의 미시경제학이다. 한마디로 욕망경제학이라고 할 수 있다. 생산적 욕망이 경제적 생성과 반복, 사건들에 있어서 분화소(차이 짓는 차이소), 충족이유, 잠재적 준원인의 역할을 한다. 생산적 욕망이 궁극적 발생의 원천이자 인식의 근거인 것이다. 들뢰즈 경제학은 프로이트의 용어로 말하면 잠재적인 무의식적 욕망을 생산의 원천으로 하는 리비도 경제학이다. 들뢰즈 경제학은 인간과 비인간, 인간과 자연을 아우르는 무의식적 욕망을 생성과 창발의 원천으로 하는 욕망경제학, 리비도 경제학으로서 필연적으로 복잡계 경제학이자 생태경제학이다.

생산적 욕망이라는 들뢰즈 경제학의 기본 원리는 들뢰즈 경제학의 기본적 세계관인 존재의 일의성(유니보씨떼)으로부터 도출된다. 존재의 일의성은 말 그대로 존재는 하나의 목소리를 가진다는 것이다. 존재하는 모든 것들은 하나의 공통된 목소리를 가지는데 그 하나의 목소리가 들뢰즈의 '차이 자체'다. 이로부터 들뢰즈의 차이의 철학, 차이의 존재론이 시작된다. '차이 자체'가 존재하는 모든 것들의 분자적 충족이유, 잠재적 준원인, 분화소가 된다. 들뢰즈와 과타리와의 만남으로 '차이 자체'가 새로운 버전으로 변주되어 창출된 개념이 '생산적 욕망'이다. 이제 모든 존재하는 것은 생산적 욕망을 분화소, 충족이유, 즉 내적 동력으로 가지는 욕망적 기계(machine désirante, 영어 desiring machine)가 된다. 이제 모든 생성과 사건들은 욕망적 기계들의 절속의 결과라고 할 수 있다. 욕망경제학으로서의 들뢰즈 경제학은 이러한 세계관을 바탕으로 모든 경제현상들의 궁극적 충족이유를 생산적 욕망에서 찾는다.

이로부터 생산의 일의성이 파생된다. 생산은 욕망이라는 하나의 목소리를 가진다는 것이다. 모든 생산의 근원은 욕망적 기계에 의한 욕망적 생산(production désirante)이다. 모든 생산의 분자적 충족이유, 잠재적 준원인, 분화소는 욕망적 생산이다. 욕망적 생산이 모든 현실적 생산의 원천이 되는 기계적 작동으로서의 순수기능(fonctionnement)이라고 할 수 있다. 모든 생산의 발생 원천은 욕망적 생산이고, 모든 생산을 인식할 수 있게 해주는 근거가 되는 것이 욕망적 생산이라는 순수기능의 작동이다. 언제나 욕망이 사회장을 구성한다(안오, 576쪽 참조). 사회적 생산, 경제적 생산, 주체성의 생산, 자본주의적 생산 모두 분자적인 욕망적 생산이 각각의 주어진 배치하에서 현실화한 결과다. 사회적 생산은 본질상(in nature) 욕망적 생산과 차이가 없다. 욕망적 생산이라는 순수기능 또는 순수변용태가 어떤 배치, 어떤 사회적 조건들과 만나느냐에 따라 모든 범주의 생산들의 구체적 모습이 결정된다.

언제나 욕망이 사회장을 구성한다는 것은 경제의 작동에 있어서도 이성(reason) 또는 합리성(rationality)보다는 욕망이 더 근본적이라는 것이다. 앞서 보았듯이 가치의 평가도 욕망이 결정한다. 개인이건 집단이건 인간을 근원에서 움직이는 것은 이해관계나 논리를 따지는 이성보다는 더 깊은 곳에 위치한 무의식적 욕망이다. 경제에서도 결핍에 연계된 희소성(욕구, 필요)보다 생산과 연계된 욕망이 일차적이다. 생산 개념의 분자적 추상화로서의 욕망적 생산이 다른 모든 생산의 원천과 근거(충족이유)로서의 역할을 한다.

리비도 경제학

생산적 욕망은 잠재적인 무의식적 욕망이다. 생산적 욕망을 원리로 하는 들뢰즈 경제학은 인간과 비인간, 인간과 자연을 아우르는 무의식적 욕망을 생성과 창발의 원천으로 하는 리비도 경제학이라고 했다. 그러나 우리의 욕망경제학은 정신분석적 욕망경제학과 구별해야 한다. 정신분석의 리비도 경제학은 정신분석적 욕망과 리비도 투자 개념을 기반으로 하는 무의식 분석론이다. 욕망을 추상적으로 양화한 개념이 리비도이다. 프로이트는 욕망의 추상적 본질을 양적 리비도로 제시함으로써 욕망경제학을 정초한다(안오, 500쪽 참조). 우리의 욕망경제학은 들뢰즈와 과타리의 분열분석으로서의 리비도 경제학이다. 들뢰즈와 과타리는 "분열분석은 정치경제학과 리비도 경제학 간에 아무런 본성의 구별도 짓지 않는다."(안오, 626쪽)고 말한다. 정신분석이 말하는 욕망경제학은 정치경제학과는 본질적으로 구별되는, 욕망에 관한 경제적 해석일 뿐이지만 분열분석에서의 욕망경제학 또는 리비도 경제학은 미시(분석)적 경제학으로서 경제학 자체의 새로운 관점 또는 새로운 패러다임이다.

욕망경제학에 의하면 경제적 하부구조의 투자들(안오, 571~2쪽 참조)은 이해관계의 전의식적 투자와 욕망의 무의식적 리비도 투자로 나뉠 수 있다. 전자가 정치경제학의 통상적인 투자 개념에 해당한다면, 후자는 리비도·욕망경제학의 독창적인 투자 개념이다. 분열분석적인 욕망경제학의 관점에서는 경제적 투자에서 욕망의 무의식적 리비도 투자가 일차적이고, 의식 또는 전의식적 차원의 이해관계의 투자는 2차적, 파생적 투자가 된다. 들뢰즈와 과타리의 리비도 투자는 생산적 욕망의 에너지인 리비도의 발현이다. 무의식의 자기생산의 순환적 과정에서 리비도의 투자 주체와 투자 대상은 일치하게 되고 생산자와 생산물의 구별은 불가능해진다. "욕망과 그 대상은 일체이며, 즉 기계의 기계로서의 기계다."(AO, p34/안오, 61쪽) 욕망과 그 대상은 모두 기계이고 생산물도 기계의 기계로서의 기계다. 주객 분리가 아니라 주객 합일이 이루어진다. 들뢰즈 경제학에서의 생산은 주체가 대상에 일방적으로 작용을 가하는 과정이 아니다. 기계와 기계가 상호 작용하여 새로운 기계가 생성되는 과정이다.

욕망이란?

욕망경제학이 생산적 욕망을 원리로 한다는 것은 욕망경제학에서 모든 문제 해결의 열쇠는 욕망이라는 것을 의미한다. 따라서 경제학이 강조하는 합리적 사유는 욕망(désir, 영어 desire)에 대한 이해로부터 시작되어야 한다. 앞서 들뢰즈와 과타리가 사용하는 욕망이라는 용어는 기존의 몰적 추상화에 의한 욕망 개념과는 사유의 지평을 달리한다는 것을 보았다.

인간중심주의를 기반으로 하는 전통적 시각에서 사유하는 욕망 개념은 몰적 추상화의 결과다. 정신분석, 관념론적 정신의학, 근대 경제학이 규정하는 욕망은 인간에 있어서의 결핍(lack), 필요(needs), 욕구(wants)의 표상이다. 이러한 욕망이 생산하는 것이 있다면 실재가 아니라 환상이다. 이 경우의 욕망적 생산은 환상의 생산이라는 면에서 사회적 생산과 차이가 있다. 욕망의 주체는 인격적 동일성을 가진 나 또는 자아가 된다. 주체와 객체, 주체와 대상은 엄격히 분리된다.

비인간주의와 기계주의에 입각한 들뢰즈와 과타리의 시각에서 사유하는 욕망 개념은 분자적 추상화의 결과다. 들뢰즈와 과타리의 유물론적 정신의학 또는 분열분석이 규정하는 욕망은 모든 기계 속에 존재하는 생산적 힘(강도적 에너지, 비유기적 생명)을 가리킨다. 들뢰즈와 과타리의 생산적 무의식, 자기생산하는 무의식과 연결된다. 이러한 욕망은 실재(계)(reality, the real)를 생산한다. 실재는 고정되어 있지 않다. 내재하는 욕망의 추동력에 의해 실재는 항상 연속적 변주의 과정에 있다. 들뢰즈와 과타리의 욕망적 생산은 실재를 생산한다는 면에서 사회적 생산과 본성상(in nature) 동일하다. 잠재적·분자적이냐 아니면 현실적·몰적이냐 하는 체제상의(in regime) 차이만 있을 뿐이다. 독특성을 가지는 욕망적 기계가 주체로서 등장한다. 인간은 욕망적 생산의 잔여적 주체로서 기계의 부품에 불과하게 된다. 분열자로서의 인간, 가분체(dividuals, 분할 가능한 것)로서의 인간이다. 모든 것을 설명하는 궁극적 충족이유로서의 들뢰즈의 '차이 자체'의 위상을 가지는 것이 욕망이다. 즉 경제를 비롯한 모든 것의 발생의 원천, 인식의 근거로서의 욕망이다. 그래서 우리는 들뢰즈 경제학을 특정하는 용어로서 욕망경제학을 사용하는 것이다.

이러한 들뢰즈와 과타리의 욕망론은 이론물리학의 궁극적 염원인 대통일장이론(grand unified theory, GUT), 더 나아가 중력까지 포함한 모든 것을 설명할 수 있는 이론(theory of everything, TOE), 즉 양자중력이론의 철학적·형이상학적 버전이라고 할 수 있을 것이다. 현실적 세계의 여백으로서의 잠재적 세계를 사유하는 들뢰즈의 철학사상과 들뢰즈와 과타리의 사회사상은 모든 것을 설명할 수 있는 원리를 생산적 욕망으로 표현함으로써 궁극적 사유가 될 수 있다. 그러나 과학과 들뢰즈와 과타리의 사유는 생각의 방향이 다르다.

기본적으로 분석적 환원주의를 추구하는 과학은 원리로의 회귀, 하나의 절대적 진리에 의한 지식의 통합을 목표로 하지만 종합적 전체론에 입각한 들뢰즈와 과타리의 소수자과학과 탈근대 철학은 원리로부터의 발산, 지식의 무한한 창발, 리좀적 횡단을 추구한다.

들뢰즈와 과타리가 제시하는 원리로서의 생산적 욕망은 고정된 본질을 가진 불변의 존재가 아니다. 수시로 전치와 위장을 행하는, 그 정체와 위치가 유동적인, 들뢰즈의 분자적 추상화 과정에서의 분화소 역할을 하는 것이다. 무엇보다 욕망은 초재적이지 않고 내재적이다. 초월적 신, 플라톤의 이데아와 같은 자기원인으로서의 실체가 아니다. 욕망도 타자와 만나 스스로 변이를 겪는다. 욕망도 외부와 끊임없는 상호작용의 관계에 놓여 있다. 분화의 과정에서 잠재성은 현실에 영향을 주지만 현실도 잠재적 세계에 영향을 주기는 마찬가지다. 존재의 운동이 탈영토화와 재영토화의 이중운동이라는 것은 이것을 의미하는 것이다. 들뢰즈의 사유에서 욕망은 모든 것의 원천이자 동시에 욕망의 해방이 들뢰즈 사유의 목표이기도 하다. 당연히 생산적 욕망은 들뢰즈 경제학의 원리이자 목표가 된다. 요컨대 욕망경제학이 생산적 욕망을 원리로 한다고 해도 그것은 또 하나의 환원주의가 아니라 잠재성을 사유하지 않거나 못하는 기존의 경제학과는 차원이 다른 새로운 사유의 지평을 개척한 것으로 평가되어야 한다.

욕망은 집단적(collective) 성질을 가진다. 욕망의 집단성은 개체성(individuality), 집합성(aggregateness)과 대비된다(부록, 몰적인 것과 분자적인 것 참조). 욕망은 개체화된, 인격화한 심리적 실체가 아니다. 욕망은 집합성이나 총체성(totality)을 띤 수목형 다양체가 아니다. 욕망이 집단적이라는 것은 몰적이고 수목적인 일자나 다자가 아니고 분자적인 리좀적(rhizomatic) 다양체라는 것이다. 집단적인 것은 주체성의 생산에서 언급했던 비개체적인 것, 즉 전(前)개체적(pre-personal)인 것과 초(超)개체적인(supra-personal) 것을 포함한다. 전(前)개체적인 욕망은 요소적 힘(안오, 66쪽)으로서의 분자적 욕망이다. 초(超)개체적인 것은 집단적 정동, 거대군중(안오, 66쪽), 리좀적 다양체로서의 배치를 말한다.

욕망적 기계

들뢰즈와 과타리의 기계주의(machinism)에 의하면 모든 것이 기계다. 존재의 일의성의 또 다른 표현이다. 모든 기계는 들뢰즈의 '차이 자체'를 대변하는 욕망을, 생산적 힘(역량)을 내포한다. 그래서 모든 기계는 욕망적 기계(machine désirante, 영어 desiring machine)가 된다. 욕망적 기계를 정의하는 것은 그것들의 역량, 즉 (순수)변용태다(안오, 638쪽 참조). 들뢰즈와 과타리에 의하면 "기계는 형식도 연장도 재현도 투사도 아니며, 순수하고 회귀하는 강도들이다. …… (욕망적) 기계는 정동적 상태다. …… 기계들 자체는 정동적 상태들(순수변용태들)만을 갖고 있다."(안오, 640쪽)

『천 개의 고원』에서의 순수변용태과 표상화한 변용태의 관계는 『안티 오이디푸스』에서의 욕망적 생산과 사회적 생산의 관계와 같다고 할 수 있다. 표상화한 변용태는 특정한 배치하에서 순수한 변용태가 현실화한 것이다. 욕망적 생산은 분자적인 욕망적 기계들에 의한 정동 또는 순수변용태의 생산이다. 사회적 생산은 몰적이고 현실적인 사회적·기술적 기계들에 의한 현실화된 변용태의 생산이다. 사회적 생산은 특정 조건들(형식들)하의 욕망적 생산, 즉 특정 배치하의 현실화된 변용태의 생산이다. 지각 가능한(현실화된) 변용태는 단적으로 어떤 상황에서 어떤 몸체가 할 수 있는 것이다. 배치와 관련해서 도출되는 현실화된 결과물로서의 행태들이다(천고, 487~8쪽 참조).

변용태들의 목록이 규정하는 몸체로서의 체제와 사물들이 현실적인 사회적·기술적 기계들이다. 순수변용태·정동들의 집합체로서의 기관없는 몸체, 탈기관체가 욕망적 기계다. 들뢰즈와 과타리에 의하면 "욕망적 기계들은 사회적·기술적 기계들 자체 속에 있다. …… 사회적·기술적 기계들은 역사적으로 규정된 몰적 조건들하의 욕망적 기계들의 집합체일 뿐이며, 동시에 욕망적 기계들은 그 규정적·분자적 상태들로 복구된 사회적·기술적 기계들이다."(안오, 650쪽) 욕망적 생산과 사회적 생산의 관계는 자본주의를 분석할 때 더 자세히 알아볼 것이다.

욕망과 생산

유물론적 원리(안오, 66쪽)로서의 생산적 욕망이 욕망경제학의 기본 원리다. 욕망이 실재를 구성하는 근본 힘이자 물질이다. 물질성을 어떻게 보느냐에 따라 과학적 유물론과 철학적 유물론이 구분됨을 앞서 논의한 바 있다. 욕망경제학에서의 생산적 욕망은 과학적으로는 강도적 힘이나 물질, 철학적으로는 강도적 에너지 또는 비유기적 생명으로서 실재(계)를 생산한다. 실재를 생산한다는 면에서 욕망적 생산과 사회적 생산은 본성상 동일하다고 했다. 양자 사이에는 잠재적이냐 현실적이냐 하는 체제상의 차이만 존재한다고도 했다. 욕망적 생산은 추상기계의 순수기능(fonctionnement)과 같은 것으로서 그것이 특정한 배치, 즉 특정한 사회적 조건과 형식에 따라 구현된 것이 현실적 기능으로서의 사회적 생산이라고 할 수 있다. 욕망의 생산물은 실재적인 것이지, 상상적이거나 환상적인 것 또는 가능한 것이 아니다. 실재계는 무의식의 자기생산으로서의 욕망의 수동적 종합들의 생산물이다(안오, 61쪽).

욕망은 마르크스의 용어를 쓰자면 하부구조의 일부다(안오, 187쪽). 언제나 욕망이 사회장을 구성한다는 것이 들뢰즈와 과타리의 분열분석의 결론이다. 『천 개의 고원』의 버전으로 말하면 추상기계의 순수기능으로서의 욕망적 생산이 모든 사회적 생산의 원천이라는 것이다. 욕망적 생산은 리비도(힘, 잠재적 역량, 강도적 에너지)의 투자다(안오, 64~6쪽 참조). 한 극으로서의 편집증적·반동적·분리차별적 리비도 투자는 기존의 사회장을 투자한다. 이 경우 덧코드화의 추상기계가 작동한다. 기존의 사회 형식과 조건들을 재생산한다. 가장 탄압적인 파시즘도 욕망의 생산물이다. 욕망적 기계들과 사회·기술 기계들 사이에 본성의 차이는 없다. 다만 자아(예속된 주체)를

3장 욕망경제학   295

매개로 자신의 규칙을 욕망에 부과하는 사회적 생산의 탄압이 존재할 뿐이다(안오, 119쪽 참조). 다른 극으로서의 분열증적·혁명적·유목적(schizo- revolutionary, schizo-nomadic) 리비도 투자는 기존 사회장에 대한 리비도의 역투자 또는 대항투자(counter-investment)다. 이 경우 변이의 추상기계가 작동한다. 기존 사회장에 혁명적 욕망을 연결한다. 분자적인 욕망적 생산이 자신의 규칙을 몰적 제도들에 부과한다(안오, 119쪽 참조).

욕망과 주체성

근대적 인간관과 경제관은 인간중심주의에 기초한다. 고정된 주체로서의 인간을 사유한다. 따라서 생산의 주체도 노동하는 인간이 된다. 마르크스 경제학에서는 노동자가 유일하게 잉여가치를 생산하는 주체다. 인간적 잉여가치를 생산한다. 주류 경제학에서는 자본가의 주체성을 강조한다. 노동자는 임금이 비용으로서 분배되는 생산수단 또는 생산요소로 간주된다. 반면에 들뢰즈와 과타리는 비인간주의, 자연주의, 기계주의(데카르트적 기계론과는 차원이 다른)를 따른다. 분열자로서의 인간, 분열된 자아로서의 유동적 주체를 사유한다. 기계주의하의 인간은 기계적 배치의 부품으로서의 가분체(dividuals, 분할 가능한 것)로 간주된다. 무의식의 결합종합의 잔여로서 일시적으로만 고정된 주체가 될 수 있다.

주체(subject)에서 주체성(subjectivity)으로의 사유의 진전이 필요하다. 개별적 인간을 대상으로 하는 주체의 문제에서 탈개체적인 욕망적 기계를 대상으로 하는 주체성의 문제로 가는 것이 필요한 것이다. 누가, 무엇을, 어떻게 생산하느냐는 경제적 문제는 모두 주체성의 문제와 연결된다. 생산주체, 생산수단, 생산물의 구분은 들뢰즈의 기계주의하에서는 욕망적 기계의 자기순환 또는 자기생산 과정에서의 일시적, 순간적 정체성의 표출에 불과하다. 인간은 생산주체이자 생산수단이며, 생산물이 될 수도 있다. 사회적 예속화와 기계적 노예화가 극단화한 현대 경제에서는 생산주체, 생산수단, 생산물의 구분은 의미를 잃어가고 있다. 결과적으로 인간적 잉여가치보다는 기계적 잉여가치, 사회적 잉여가치의 생산과 포획이 더욱 중요해지고 있다.

들뢰즈 경제학은 인간을 세계 내적 존재로서, 자연의 일부로서 사유한다. 인간도 자연, 사물과 마찬가지로 하나의 기계일 뿐이다. 인간만이 아니라 존재하는 모든 것이 경제적 주체가 될 수 있다. 들뢰즈와 과타리에게 존재하는 모든 것은 기계, 욕망적 기계다. 모든 욕망적 기계가 생산, 투자, 소비, 포획의 주체가 될 수 있다. 무엇이든 가치를 생산하는 생산의 주체가 되는 것이 가능하다. 무엇이든 자본으로서의 투자 주체가 되는 것이 가능하다. 무의식적 욕망의 에너지인 리비도를 투자함으로써 가치를 생산하고, 확대재생산하고, 자기를 증식시킬 수 있다. 요컨대 경제주체는 인간, 사물, 그리고 자연을 포함하는 욕망적 기계들의 독특한 잠재적 역량, 즉 존재하는 것들의 무의식적 욕망이다. 개별적 인간이 아니라 집단적 욕망이 주체다. 욕망의 집단성에 비추어 볼 때 하나의 개체로서의 기계보다는 기계들의 절속, 나아가 더 광범위하게 형성되는 기계들의 네트워크 전체가 경제의 주체가 될 수 있다. 랏자라또에 의하면 "오늘날 경제에서 그 토대를 이루는 것은 지식보다는 욕망을 중심으로 하는 주체성의 생산 과정이다. 지식, 정보, 문화의 생산마저 욕망에 의존한다. 중요한 것은 다양한 활동 형태를 가로질러 작동하는 권력, 즉 예속화와 노예화의 테크닉이다."(SM, p52/기기, 77쪽)

이성과 욕망

욕망경제학은 이성과 욕망의 관계를 어떻게 보는지 알아보자. 사유와 학문의 가장 기초가 되는 것이 이성과 욕망이다. 사유의 양태의 하나로서 인식능력의 중심에 있는 것이 이성이고, 들뢰즈의 사유에서 사유의 원천으로서 중심 역할을 하는 것이 욕망이다. 들뢰즈의 인식론에 의하면 이성적 사유는 양식(bon sens)과 공통감각(sens commun)을 기초로 하는 전통적·도덕적 사유의 이미지의 핵심이다. 욕망은 발생적 사유의 이미지의 근거가 된다. 욕망은 사유를 분만한다.

경제학의 대전제는 이성과 욕망이 생산과 소비의 근원적 토대라는 것이다. 그러나 이성과 욕망을 어떻게 해석하는가에 따라 구체적인 경제학들의 성격은 다양하게 규정된다. 가령 합리적 이성에 기초한 근대 경제학이 있고, 생산적 욕망에 기초한 탈근대 욕망경제학으로서의 들뢰즈 경제학도 있다.

욕망경제학으로서 들뢰즈 경제학이 사유하는 욕망은 욕망적 기계, 기계적 배치로서의 생산적인 무의식적 욕망이다. 계보를 따진다면 유물론적 정신의학의 혁명성에서 파생된 것이다. 욕망에 기계, 생산의 개념을 접목시킨 결과다. 물질적, 경제적인 잠재적 역량을 내포한 욕망은 결핍이 아닌 생산적 욕망으로서 굳이 따진다면 이데올로기가 아니라 경제적 하부구조에 속한다(안오, 187, 571, 576쪽, 부인, 72쪽 참조). 욕망(désir)은 욕구(besoin)들에 기대고 있지 않으며, 역으로 욕구들이 욕망에서 파생된다. 욕구들은 욕망이 생산하는 실재계 속에 있는 역-생산물들이라고 할 수 있다(AO, p34/안오, 61쪽). 나는 전작 『내 살고픈 세상: 들뢰즈 경제학의 철학적 토대』에서 다음과 같이 말한 바 있다.

"의식적 주체로서의 인간이 이해관계에 기초하여 비용과 편익을 합리적으로 계산하고 분석하여 가장 효율적인 선택을 한다는 것이 주류 경제학의 기본 가정이다. 이러한 주체에 관한 해석은 주류 경제학뿐만 아니라 마르크스 경제학의 관점에서도 크게 다르지 않다. 의식적 인간의 행동과 이해관계에 기반한 계급들의 투쟁을 주체의 고유한 속성으로 보는 마르크스도 근대적 관점에 머물러 있기는 마찬가지다. 들뢰즈 경제학은 정치경제학이면서 동시에 욕망경제학으로서의 탈근대 경제학이다. 합리적 개인이 아니라 비인칭적인 욕망적 기계들이 주체의 역할을 담당한다. 궁극적으로 인간의 행동을 지배하는 것은 합리적 예측이나 이성적 판단과 같은 의식이 아니라 그보다 더 심연에 위치한 무의식적 욕망이다. …… 존재는 일의적이고, 현실적임과 동시에 잠재적이기도 하다. 그에 따라 인간도 자연의 일부일 뿐이며 의식적임과 동시에 무의식의 지배를 받는 존재이기도 하다. 따라서 들뢰즈 경제학은 합리적 개인의 행동을 경제를 작동시키는 출발점으로 삼지 않는다. 욕망이 배치이고 사회를 규정하듯이 무의식적 욕망이 사회와 경제를 움직이는 궁극적 동인이다. 들뢰즈 경제학은 존재의 일의성에 입각하여 인간사회와 자연과 생태를 아우르는 모든 범주를 포괄하여 경제를 사유한다. 비용과 편익을 분석함에 있어서도 그 근거를 이해관계에 기초한 인간 세계에 한정하지 않는다. 자연을 포함한 모든 존재를 기초로 하여 사고함으로써 그 시야를 최대한 확장한다. 비용과 편익이 발생하는 가능한 한 모든 영역을 대상으로 삼음으로써 가장 진실에 가까운 결론을 이끌어내고자 한다."(강윤호2018, 348~9쪽)

들뢰즈와 과타리에게 창조의 진정한 원천은 이성이 아니라 욕망이다. 창조는 제대로 된 문제를 제기하는 것에서부터 시작된다. 들뢰즈의 차이 자체, 잠재적 역량으로서의 욕망은 문제를 제기하는 힘이다. 들뢰즈는 "(잠재적·무의식적) 욕망은 물음을 던지고 문제를 제기하는 어떤 탐색의 힘이다. 그것은 욕구와 만족의 장과는 다른 장에서 전개되는 힘이다. 물음과 문제들은 경험적 주체의 무지를 표시하는 어떤 사변적 활동들이 아니라 어떤 살아있는 (실천적) 활동들"(차반, 242쪽)이라고 한다. 요컨대 욕망은 단순한 광기가 아닌 생산적 욕망으로서 근대적 이성의 한계를 넘어 새로운 경제학의 원리 또는 대전제의 역할을 수행한다. 앞서 이성을 다시 사유하면서 좁은 의미와 넓은 의미로 나눈 바 있다. 펠릭스 과타리는 자신이 생각하는 생산적이고 창조적인 욕망을 가장 높은 차원의 이성으로 간주한다.

"확실히 이성은 무엇보다도 가장 광적인 욕망의 핵심에서 발견할 수 있지 않은가! 욕망은 반드시 교란자, 무정부주의자가 아니다. 욕망은 일단 권력의 감시에서 벗어나면 현 체계의 계획자들과 행정가들이 지닌 미쳐 날뛰는 합리주의보다 더욱 현실적이고 더욱 현실주의적인 더욱 훌륭한 조직가이자 더 능숙한 엔지니어로 드러난다. 과학, 혁신, 창조는 기술 관료들의 의사합리주의에서가 아니라 욕망에서 증식한다."(과타리, 278쪽)

들뢰즈 경제학에서의 경제주체는 개별적 인간이 아니라 집단적 욕망이다. 창조의 주체도 생산의 주체도 인간이 아니라 욕망이다. 이성과 더불어 창조적이고 생산적인 사유의 힘으로서의 욕망의 결합이 필요하다. 창조와 진보는 차가운 이성과 뜨거운 욕망이 결합되어야 가능하다. 단순한 계산 능력이나 추론 능력을 뛰어넘는 (생산적) 욕망은 존재 내부의 추동력으로서 하나의 창조적인 사유 능력으로 볼 수도 있을 것이다.

3.
욕망의 미시경제학

생산적 욕망을 원리로 하는 미시적 사유

생산적 욕망을 원리로 하는 미시적 사유로서의 들뢰즈 경제학은 한마디로 욕망의 미시경제학(la microéconomie de désir)이라고 할 수 있다. 여기서 미시와 거시의 구분은 전통 경제학에서의 구분과는 다르다. 잠재적·분자적 욕망과 현실적·몰적 욕구, 결핍, 필요의 구분과 일치한다. 집단적·탈개체적(전개체적 + 초개체적)인 것/개체적인 것, 기계적인 유동적 주체성/인격적인 고정적 주체, 다양체·개체군·복잡계/단순한 집합, 정동·변용태·생성/조직화·유기화 등의 구분도 미시/거시의 구분에 상응한다.

복잡계 경제학을 새로운 표준모델로 하는 들뢰즈 경제학에서는 기존의 경제학에서의 미시 와 거시의 구분은 의미가 없다. 전통 경제학이 사유하는 거시 현상들은 단순히 복잡계에서의 창발의 결과로 간주된다. 합리적 개인과 효율성을 추구하는 기업을 가정하는 미시경제학과 가계, 기업, 정부로 구성된 국민경제 전체를 사유하는 거시경제학은 들뢰즈 경제학의 시각으로 볼 때는 모두 몰적인 거시분석에 해당한다. 분자적인 미시분석적 사유는 주객 융합의 탈주체적 사유, 인과 불명의 사유, 경계 붕괴의 사유다. 이러한 사유는 생산주체, 생산수단, 생산물의 구분이 점차 모호해지는 현대 경제의 경향과 강력히 부합한다.

욕망의 미시경제학으로서의 들뢰즈 경제학은 생산적 욕망을 원리로 하여 생산과 포획이 이루어지는 과정으로 경제를 사유한다. 궁극적으로 경제는 생산의 일의성을 기초로 하는 가능성(들)의 경제다. 모든 생산에 있어 분화소(차이 짓는 차이소)의 역할을 하는 것이 욕망이다. 본질상(in nature) 모든 생산은 욕망적 생산이다. 욕망적 생산이 모든 현실적 생산의 원천이 되는 기계적 작동으로서의 순수기능(fonctionnement)이라고 할 수 있다. 욕망으로의 포획의 침투와 확장이 가능성의 경제를 활짝 열어젖힌다.

욕망과 경제

마르크스의 하부구조 역할을 하는 것이 들뢰즈와 과타리의 생산적 욕망이다. 들뢰즈 경제학은 프로이트의 무의식과 마르크스의 정치경제를 결합한다. 마르크스의 정치경제학적 사유에 무의식을 결합하여 혁명적으로 재해석한다. 마르크스와 프로이트 사유의 탈영토화, 탈근대화라고 할 수 있다. 이로부터 주류 경제학에 대립하는 소수파가 아닌, 새로운 사유의 지평을 연 획기적 소수자 경제학이 탄생했다.

들뢰즈와 과타리의 욕망이 마르크스적 의미의 하부구조의 일부라는 것은 생산적 욕망을 원리로 하는 들뢰즈 경제학의 필연적 귀결이다. 하부구조(경제)의 하부구조 역할을 하는 것이 욕망이다. 토대 중의 토대 역할을 하는 것이 욕망이라는 것이다. 무의식적인 잠재적 욕망이 그 사회를 규정한다. 리비도 투자의 양극에서 보았듯이 욕망이 생산하는 정동들 내지 충동들이 경제적 형식들 속에서 자신들에 대한 탄압뿐만 아니라 이 탄압을 부수는 수단들도 창조한다(안오, 119~20쪽 참조). "욕망은 하부구조에 속하지 이데올로기에 속하지 않는다."(안오, 576쪽) 이데올로기 조작과 욕망의 조작 또는 조종은 구별이 쉽지 않다. 그러나 보통 이데올로기는 기표에 의한 조작(造作, manipulation, fabrication)으로 작동되며 의식적 믿음과 속임수의 문제라고 보는 반면, 하부구조로서의 무의식적 욕망은 기표뿐만 아니라 비기표적 기호들에 의한 조작(操作, operation)에 의해 혁명적 투자 또는 반동적 투자 양 극 사이에서 진동하는 것으로 여겨진다. 이는 들뢰즈와 과타리의 배치론의 정수를 보여주는 사례다. 욕망의 기계적 배치(agencement machinique de désir)(MP, pp33,35/천고, 50,52쪽)와 기표 또는 비기표적 기호들로 이루어진 기호체제, 즉 언표적 배치와의 상호작용의 모범이다.

욕망경제학은 생산의 일의성을 토대로 한다. 실재계의 생산이라는 하나의 생산만이 있다(안오, 69쪽). 모든 생산의 분화소는 욕망이다. 한편으로 모든 사회적 생산은 특정 조건들하의 욕망적 생산에서 파생된다. 주체성의 생산, 경제적 생산도 마찬가지다. 다른 한편 욕망적 생산은 우선 본성상 사회적이고 끝에서만 해방으로 나가는 경향이 있다. 이러한 두 방향이 무의식의 자기생산의 순환을 구성한다. 욕망적 기계의 작동은 무의식의 자기생산이다. 욕망적 기계가 욕망의 경제의 기초 범주로서의 생산의 주체가 된다. 욕망적 기계는 집단적인 리좀형 다양체로서 담당자들(agents)과 자신의 부품들(parts)을 구분하지 않는다(안오, 68쪽 참조). 사회적·기술적 기계를 포함한 모든 것이 욕망적 기계다. 요컨대 욕망은 경제의 외부 극한이다. 욕망은 경제의 음화다. 가령 자본주의의 외부 극한으로서의 분열증이 욕망이다. 다음에 정리된 우노 구니이치의 해석(우노, 177~9쪽 참조)이 우리의 이해에 도움이 될 것이다.

"그 어떠한 경제적 요인도 욕망에 연결되어 있다."(앞의 책, 161쪽) 우노 구니이치에 의하면 욕망이 경제보다도 근원적이다. 경제는 끊임없이 욕망을 은폐하고 배제하고 변형하고 있지만, 그럼에도 불구하고 욕망이야말로 경제를 움직이고 경제의 목표가 되기도 한다. 경제란 욕망의 경제이고 자본주의도 욕망의 자본주의다. 자본주의 경제는 화폐의 형태와 그것에 철저히 종속되는 노동의 형태에 의해서 욕망을 변형하고 굴절시킨다. 욕망은 경제의 외부에서부터 경제를 끊임없이 움직이게 하지만 경제는 이 욕망을 자신의 내부에 굴절시켜 가두고 종종 욕망의 표상만을 유통시킨다. 들뢰즈와 과타리에게 있어서 욕망적 생산으로서의 분열증은 욕망의 외부성의 기호다. 그들에게 임상적 분열증이란 바로 이러한 욕망과

경제의 상호작용하에서 욕망의 외부성이 내부로 향하여 파괴되는
지점에서 나타나는 병이다. 욕망 자체는 병이 아니다. 병은 욕망을
변형하고자 하는 장치의 효과로서 드러날 뿐이다. 자본주의는 욕
망을 내부의 영역으로서 구성하는, 즉 내부화하는 기계로서, 들뢰
즈와 과타리는 자본주의의 이러한 특성을 하나의 공리계로 설정한
다. 자본주의뿐만 아니라 이 세계의 생기하는 모든 것을 분열증을
기준으로 하여 응시하는 일은 욕망의 외부성을 끊임없이 시야에
두고 이 사회의 외부와 내부의 경계 상에서 모든 사건들을 보는 것
이다. 이로써 분열증은 하나의 병증이나 분석의 대상이 아니라 분
석의 원리이자 방법이 된다. 욕망경제학은 경제와 욕망이 포개어
지면 일탈하고 서로 자극하면 대항하는 과정을 정밀하게 응시하
고, 욕망의 다양한 강도와 그 변질, 그 외부성, 그 주름을 검출하는
것이다.

무의식의 미시물리학

지금까지 보았듯이 욕망적 기계들이 큰 규모에서 사회 기계들을
구성한다. 욕망적 기계들의 투자가 사회 기계들을 하부규정한다
(underdetermine)고 할 수 있다. 분자적인 무의식적 욕망의 종합들의
사용으로 특정 조건들하에서 사회장에서의 몰적 집합들(aggregates)
이 구성된다. 즉 욕망적 기계들이 역사적인 몰적 집합들, 거시적
사회구성체들을 통계적으로 구성한다. 이런 의미에서 들뢰즈와 과

타리는 욕망과 사회적인 것만이 존재한다고 말한다(안오, 313,317쪽 참조).

이러한 무의식의 운동을 들뢰즈와 과타리는 무의식의 미시물리학(la microphysique de l'inconscient)(AO, p216/안오, 317쪽)이라고 표현한다. 무의식의 미시물리학에서 욕망의 미시경제학(la microéconomie de désir)으로 나아가고자 하는 것이 들뢰즈 경제학의 기본 구도다. 경제적 영역에서 무의식적 욕망의 리비도 투자의 본성을 분석하는 것이다. 무의식적인 반동적/혁명적 투자와 이해관계와 관련된 의식적 투자와의 관계를 밝히는 것이 중요하다. 구체적으로 무의식의 결합종합들의 유목적·다의적 사용과 분리차별적·일대일대응적 사용, 망상의 분열증적·유목적(schizo-nomadic) 극과 편집증적·분리차별적(paranoiac-segregative) 극의 존재, 그리고 양극 사이, 즉 반동적 힘(역량)과 혁명적 힘(역량) 사이에서의 무의식의 영원한 진동이 핵심이다. 요컨대 무의식 속에서 투자하고 역투자(대항투자, counter-investment)하는 강렬한 잠재적 역량이 관건이다(안오, 189쪽 참조).

욕망경제학의 궁극적 목적은 무의식적 욕망의 리비도 투자를 혁명적 극으로 유도하는 것이다. 들뢰즈와 과타리에 의하면 무의식적인 혁명적 투자란 욕망이 여전히 자기 고유의 방식으로 착취당하는 피지배계급들의 이해를 가로질러 모든 분리차별과 그 오이디푸스적 적용을 동시에 부술 수 있도록 흐름을 흘러가게 하는 투자를 말한다(안오, 189쪽 참조). "이 모든 것은 이데올로기(의식)에서가 아니라 이데올로기 밑에서 벌어진다."(안오, 188쪽)

욕망의 미시경제학

  들뢰즈 경제학은 욕망경제학, 욕망의 미시경제학이다. 『안티 오이디푸스』에서의 분열분석과『천 개의 고원』에서의 배치론을 중심으로 들뢰즈와 과타리는 권력, 주체화 그리고 경제를 무의식적이고 생산적인 욕망과 관련하여 창조적으로 재해석함으로써 현대 자본주의를 이해하고 미래를 설계할 수 있는 혁신적 사유 도구로서의 욕망경제학을 정립하기 위한 토대를 제공했다. 욕망이 사회장을 구성한다는 것이 분열분석의 결론이다. 욕망적 기계들에 고유한 에너지인 리비도가 사회적 장에 투여되는 바로서의 리비도 투자가 사회장의 성격을 규정한다. 따라서 모든 배치는 욕망의 배치다. 욕망이 배치를 형성한다. 들뢰즈 경제학은 들뢰즈와 과타리의 이러한 분열분석과 배치론을 토대로 경제와 그 외부와의 관계를 분석하는 욕망의 미시경제학이다. 생산적 욕망이 경제, 즉 '재생산을 위한 가치의 생산과 포획'에 있어서의 원천과 근거(충족이유), 경제 현상들의 생성과 반복에 있어서의 준원인과 분화소의 역할을 한다. 재생산을 위한 가치의 생산과 포획은 욕망에 의해 결정된다. 욕망의 투자가 모든 가치의 원천이다. 욕망의 투자, 즉 리비도의 투자에 의한 정동·변용태의 생산, 효용의 생산이 가치의 창조다. 들뢰즈와 과타리는 모든 가치 생산의 원천으로서 욕망을 제시한다. 다른 모든 생성과 마찬가지로 경제적 생산의 원천도 욕망이다.
  들뢰즈와 과타리는 리비도의 투자에 대응하여 작용하는 사회적 조건들에 따라 사회경제체제를 원시 영토기계, 야만 전제군주기계, 문명 자본주의기계로 나눈다. 자본주의기계의 구체적 실현 모델들이 현대의 자본주의 사회체들이다. 자본주의적 생산도 하나의 사회적 생산으로서 자본주의적 조건하의 욕망적 생산일 뿐이다. 규율사회를 넘어 통제사회로 가는 현대 사회에서 욕망의 통제, 즉 인간적·비인간적 또는 개인적·집단적 욕망의 통제가 현대의 사회경제체제를 규정한다. 배치론적으로 말하면 자본주의-추상기계(준원인, 의사-원인 작동자)의 작동에 의해 욕망의 구체적 배치로서의 자본주의 사회경제체제가 구성된다. 현실의 자본주의 체제는 분열증적이고 혁명적인 극과 오이디푸스적이고 반동적인 극 사이를 진동하는 무의식적 욕망의 움직임에 따라 진보와 퇴행을 거듭하며 자신의 과정을 전개해 나가는 자본주의-추상기계가 현실화한 하나의 구체적 배치다.

욕망의 미시경제학은 현대 자본주의 정치경제학이다. 사회장의 구성, 사회적 분업의 차원에서 경제적 생산은 주체성의 생산과 분리 불가능하며, 기계적 노예화와 통제사회를 특징으로 하는 현대의 자본주의 체제에서 주체성의 생산은 그 어느 때보다 더 욕망과 밀접히 연결되어 있다. 힘과 욕망의 흐름의 통제를 위한 주체화 또는 주체성의 생산이 현대 자본주의의 사활적 문제이며 하부구조로서의 경제의 핵심 과제가 된다. 랏자라 또는 "자본주의하에서는 경제가 정치(l'économie est la politique)"(부통, 59쪽)라고 말한다. "경제는 국가와 분리 불가능하다. 특히 현대 자본주의에서 국가, 경제, 사회를 구분하기란 더 이상 불가능하다. 이 세 영역은 자본에 의해 전방위적으로 투자된다."(앞의 책, 124쪽) "현대의 '경제' 개념은 경제적 생산 및 주체성의 생산을 동시에 포괄한다. …… '경제'라고 하는 것은 주체성과 그 삶의 형식들에 대한 생산 및 통제 없이는 결코 존재할 수 없다. …… 경제적 생산은 주체성과 삶의 형식의 생산 및 통제를 포함한다."(부인, 30, 61, 72쪽) 요컨대 오늘날 경제의 본질은 고전적인 또는 마르크스적인 정치경제(political economy)에서 생산적 욕망을 원리로 하는 주체경제(subjective economy)로 변화해 간다.

궁극적으로 무한의 사유를 바탕으로 하는 들뢰즈 경제학은 외부 극한으로서의 욕망을 추구함으로써 '가능성들의 경제'(economy of possibilities)로 귀결된다. 현대 자본주의 경제체제에서 자본의 탈영토화가 극단화한다. 그것의 표현이 욕망을 향한 자본의 탈영토화로서, 욕망의 흐름들의 포획이 자본의 사활이 걸린 문제가 된다. 새로운 공리계로서 욕망의 모델을 실현하고 그것을 대중에게 내면화하는 것이 현대 자본주의의 핵심 과제다. 탁월한 포획장치이자 기호의 조작자로서의 현대 자본이 추구하는 바다. 자본의 포획은 가능성들의 경제가 발전할수록 더욱더 확대되어 전 우주로까지 뻗어나갈 것이다.

욕망, 권력, 주체성에 대한 이러한 해석들이 들뢰즈 경제학의 탈근대 경제철학, 소수자 경제과학으로서의 성격을 극명하게 표출한다. 한마디로 욕망의 미시경제학이라 할 수 있는 들뢰즈 경제학은 모든 존재에 깃들어 있는 무의식적 욕망의 에너지인 리비도를 투자 단위로 하여 논리를 전개하는 추상적이고 포괄적인 경제학이다. 반면에 근대 경제학은 의식적 이성을 기반으로 하여 물질적 재화와 용역의 생산, 분배, 소비를 연구하는 구체적이고 특수한 경제학이다.

궁극의 경제학

새로운 경제 현상에 대응하여 새로운 경제학이 등장했던 역사를 우리는 보았다. 신자유주의가 절정을 지나 힘을 잃어가는 오늘날 새로운 현상과 새로운 문제에 대응한 새로운 경제학이 그 어느 때보다도 더 절실히 요구되는 상황이다. 이제는 일시적, 단기적인 처방으로 위기를 모면하고자 하는 임기응변적인 것이 아닌 장기적이고 근본적인 해결책, 지속 가능성을 보장하는 해결책을 모색해야한다. 그래야만 세상을 다스리고 민중을 구제한다는 경제학 본연의 원대한 취지에 부합할 수 있다. 지구가 과포화 상태에 이르고 기후위기와 생물다양성의 파괴로 지구 자체의 존속이 위험해져 지구 밖으로 눈을 돌리는 지경에까지 이른 지금 이제는 인간과 자연을 궁극적으로 해방시킬 수 있는 경제학을 모색해야 한다. 테크놀로지의 발전만으로는 부족하다. 사유가 바뀌어야 한다. 생각이 바뀌어야 테크놀로지의 활용도 올바른 방향으로 이끌 수 있다.

우선 새로운 현상에 대한 궁극적 원천과 근거의 올바른 추출이 필요하다. 이것이 올바른 사유의 시작이다. 엄밀한 이해와 설명, 그리고 예측을 위해서는 물적 추상화, 즉 물적 충족이유의 추출을 넘어 분자적 추상화, 즉 분자적 충족이유와 잠재적 의사원인(준원인)의 추출로 가는 사유의 진전이 있어야 한다. 실재의 단순화만으로는 부족하고 실재에 대한 부단한 침투가 필요한 것이다. 현실 너머의 또 하나의 실재, 나머지 여백의 실재인 잠재적 세계에 대한 엄밀한 분석이 있어야 궁극적이고 근본적인 문제 해결이 가능하기 때문이다.

세계의 엄밀한 이해라는 궁극의 목적을 달성하고자 새로이 등장한 것이 들뢰즈 경제학이다. 실재로 끊임없이 침투해 들어가는 들뢰즈 경제학은 욕망적 생산이라는 하나의 목소리를 가진 '생산 개념의 일의성'에서 시작해서 비인간적인 무의식적 욕망으로까지 가치의 포획을 확장하는 '가능성의 경제'로 이어진다. 궁극의 원천과 궁극의 가능성을 동시에 표현하는 '생산적 욕망'을 원리로 하는 욕망경제학으로서의 들뢰즈 경제학은 이러한 의미에서 궁극의 경제학이라고 할 수 있다. 극한으로까지 사유의 영역을 포괄하는 음화로서의 경제학이 들뢰즈 경제학이다.

4.
생산의 범주

들뢰즈와 과타리의 생산

들뢰즈와 과타리가 생각하는 생산 개념은 종합적 전체론의 사유, 경계와 융합의 사유의 전형을 보여준다. 무의식의 종합을 포괄하는 개념으로 욕망적 생산을 제시하고, 그것과 함께 사회체가 요구하는 조건에 부합하는 욕망적 생산으로서의 사회적 생산을 생산의 가장 큰 두 개의 범주로 하여 논의를 전개한다. '욕망적/사회적'이라는 커다란 두 범주는 들뢰즈와 과타리 사유의 '분자적/몰적', '잠재적/현실적' 범주들에 대응한다.

첫 번째 범주는 욕망적 생산이다. 욕망적 생산은 분자적인 잠재적 생산이다. 탈코드화되고 탈영토화된 생산 그 자체다(안오, 556쪽). 근대적 기계론과는 차원이 다른 탈근대적 기계주의(machinism)에 따라 인간과 자연은 모두 욕망의 에너지인 리비도의 투자를 행하는 욕망적 기계들로서 욕망적 생산의 주체가 된다. 욕망적 생산이 모든 현실적 생산의 원천이 되는 기계적 작동으로서의 순수기능(fonctionnement) 역할을 수행한다.

들뢰즈와 과타리의 분열분석에 의하면 욕망은 생산 단위들로 기능하는 수동적 종합들, 즉 무의식의 연결·분리·결합종합들의 집합이다(안오, 61쪽). 일의적 존재론에 따라 무의식은 정신분석 차원의 인간적·심리적이 아닌, 분열분석 차원의 비인간적·기계적인 의미를 갖는다. 인간뿐만 아니라 존재하는 모든 것은 욕망적 무의식, 무의식적 욕망을 가진다는 것이다. 무의식의 연결·분리·결합의 종합들이 생산을 규정한다는 것이 『안티 오이디푸스』의 핵심 내용이다. 그중 결합종합의 분열증적·혁명적·유목적(schizo-revolutionary, schizo-nomadic) 사용이 창조와 해방으로 가는 욕망적 생산의 과정이다. 분열분석에서 해방의 의미를 갖는 "분열증은 욕망과 욕망적 기계들의 생산과정"(안오, 58쪽), 즉 욕망적 생산의 과정이다. "분열증은 사회적 생산의 극한으로서의 욕망적 생산이다."(안오, 73쪽) 몰적으로 조직화되기 이전의 분자적 생산인 것이다. "분열증 또는 욕망적 생산은 욕망의 몰적 조직과 욕망의 분자적 다양체 사이의 극한이다."(안오, 183쪽)

내재적 존재론에 따라 무의식(무의식적 욕망, 욕망적 무의식, 생산적 무의식)을 주체로 하는 자기생산이 이루어진다. 무의식의 자기생산이 욕망적 생산이다. 주객의 구별은 없다. 욕망적 생산에서 주체와 대상의 식별은 불가능하다. 결과적으로 생산자와 생산물의 구별은 없다. "모든 것이 나뉘지만, 다만 자신 안에서 나뉜다."(안오, 142쪽)

이것이 분리종합(등록의 생산)의 포함적·내재적 사용이 의미하는 것이다. 요컨대 재생산의 유일한 주체는 생산의 순환 형식을 고수하는 무의식 자신이다(안오, 193쪽). 조직화된 몸은 생식을 통한 재생산의 대상이지 재생산의 주체가 아니다.

모든 것이 욕망적 생산이라고 할 수 있다. 들뢰즈와 과타리에 의하면 생산 자체뿐만 아니라 등록과 소비가 모두 욕망적 생산의 경과다(안오, 27,82쪽). 그들은 진실로 상대적으로 독립된 영역들은 존재하지 않는다고 한다. 무한한 상호작용이 일어나는 복잡계적인 경제에서 명확한 경계 설정이 불가능하기 때문이다. 모든 것이 기계적 과정에 의한 생산이다. 생산, 분배, 소비가 모두 생산의 생산이고, 분배의 생산이고, 소비의 생산이다. 들뢰즈와 과타리에게 인간과 자연과 산업의 구별은 없다. 자연의 인간적 본질과 인간의 자연적 본질은 생산 내지 산업으로서의 자연 안에서 일치한다(안오, 26~27쪽 참조)는 것이 그들의 결론이다.

경제주체가 무의식적인 욕망적 기계들이라는 것의 의미는 사람, 사물, 자연이 모두 기계로서 맞물려 돌아가는 내재적 세계에서는 생산주체, 생산수단, 생산물의 명확한 식별이 불가능하다는 것이다. 자본과 노동과 인간의 다른 활동의 구분도 모호하다. 실제로 식별 불가능성의 증가가 현대와 같은 탈근대 사회의 중요한 특징이다. 욕망적 생산, 경제적 생산, 주체성의 생산이 점차 하나로 융합되는 일의성이 증가한다. 자본주의가 발전할수록 욕망적 생산과 다른 생산과의 체제상(in regime)의 차이가 줄어든다. 생산과 포획의 기능이 욕망으로 파고드는 정도가 강화된다. 들뢰즈와 과타리에 의하면 "기계는 흐름의 절단들의 체계다."(안오, 74쪽) "한 기계는 흐름을 방출하고, 이를 다른 기계가 절단한다."(안오, 23쪽) "하나의 기계는 언제나 다른 기계와 짝지어 있다."(안오, 28쪽) "흐름을 생산하는 어떤 기계와 이 기계에 연결되는, 절단을, 흐름의 채취를 수행하는 또 다른 기계가 항상 있다."(안오, 28~29쪽) 하나의 기계는 그 자체가 흐름 자체 또는 흐름의 생산이지만, 다른 기계와 관련해서는 흐름의 절단이기도 하다(안오, 75쪽 참조). "욕망은, 욕망적 기계는 흐르게 하고 흐르고 절단한다."(안오, 29쪽) 이 과정에서 기계의 결과들로서의 뭔가가 항상 생산된다(안오, 23쪽 참조). 상황이 이렇다면 무엇이든 경제활동의 주체도, 대상도 가능하다. 주체와 객체의 구분이 모호해지고 영역과 부문 간의 명확한 구분도 소멸한다. 이러한 결과는 앞으로 논의할 현대 자본주의 체제의 분석과 전망에 결정적으로 중요하다.

두 번째 범주는 사회적 생산이다. 사회적 생산은 사회의 특정 조건들하의 욕망적 생산으로 정의된다. 들뢰즈와 과타리에 의하면 욕망이 그 사회를 구성한다고 했듯이 "사회장은 욕망의 역사적으로 규정된 생산물이고, …… 사회적 재생산의 가장 탄압적이고 치명적인 형식들조차도 욕망에 의해 생산된다."(안오, 64쪽) 배치론적 시각으로 말하면 추상기계의 구성요소인 순수기능으로서의 욕망적 생산이 각각의 배치들의 조건에 따라 실현된 것이 현실적인 사회적 생산이 된다. 순수변용태 중의 하나로서의 욕망적 생산이 특정한 배치하에서 현실화한 변용태 중 하나로 사회적 생산을 볼 수도 있다. "분열분석의 테제는 단순하다. 즉 욕망은 기계이며, 기계들의 종합이며, 기계적 배치, 즉 욕망적 기계들이라는 것이다. 욕망은 생산의 질서에 속하며, 모든 생산은 욕망적인 동시에 사회적이다."(AO, p352/안오, 494쪽) 누차 말했듯이 사회적 생산은 실재(계)를 생산한다는 점에서 분자적인 욕망적 생산과 본질상의 차이는 없으나 현실적·몰적 생산이라는 점에서 체제상의 차이가 존재한다.

특정 조건들은 군집의 형식들이라고 할 수 있다. 들뢰즈와 과타리는 사회적 생산의 조건 또는 형식으로서의 사회체로서 토지의 몸, 전제군주의 몸, 자본의 몸 세 가지를 제시한다. 이 형식들 아래에서 분자적 구성체들은 몰적 집합들을 구성한다(안오, 36,569쪽). 이 조건들에 의해 분자적인 욕망적 생산이 몰적인 사회적 생산으로 형식화 또는 조직화된다. 사회적 조건들이 분자적 욕망을 변형시키고 굴절시켜 몰적인 욕구나 결핍을 유도함으로써 그 사회의 경제적 생산이 결정된다. 자본의 몸이 부과하는 조건들, 특히 신자유주의의 조건들이 현대 경제를 지배한다. 물신주의, 소비주의, 경쟁주의 등의 폐해가 우리의 참된 욕망을 억압하고 은폐한다.

경제적 생산은 사회적 생산의 범주에 속하는 특수한 경우에 해당한다. 들뢰즈 경제학은 '재생산을 위한 가치의 포획'을 경제적 생산의 가장 큰 속성으로 표현한다. 즉 들뢰즈 경제학에서의 경제적 생산은 욕망적 생산에 '재생산을 위한 가치의 포획'이라는 조건 또는 형식이 부여된 것이다. 이러한 조건 또는 형식의 부여에 의해 욕망적 생산, 사회적 생산, 주체성의 생산, 경제적 생산들이 매개된다. 들뢰즈 경제학은 생산주체, 생산수단 또는 생산요소, 생산물

자체와 그들 간 관계들의 지속적 변주에 주목한다. 인간의 활동 모델과 생산 개념의 새로운 변주를 연구한다. 현대 경제가 발전할수록 일·노동과 자유로운 행동, 인간적 노동 과정과 비인간적 생산 과정 사이의 경계는 더욱 모호해지고 있다. 주체성의 생산이 사회적 예속화를 넘어 기계적 노예화를 통해 이루어진다. 산업화 시대의 관점에서의 협의의 재화와 용역의 생산을 넘어 오늘날 탈근대·탈산업 사회에서는 창조적 반복으로서의 재생산, 가치 개념, 재화와 용역 개념의 지속적 확장과 변주가 이루어지는 '가능성(들)의 경제'가 심화하고 있다. 이러한 현상들이 종합되면서 경제적 생산과 욕망적 생산 사이의 거리는 점차 축소되고 경계는 더욱 모호해지고 있다.

모든 생산의 원천이자 인식의 근거는 욕망적 생산이다. 경제적 생산도 욕망적 생산으로부터 파생된다. 욕망이 사회를 결정하는 하부구조라고 했다. 무의식의 결합종합의 사용, 즉 무의식적 리비도의 투자에 의해 사회적 생산의 형식이 결정된다는 것이 들뢰즈와 과타리의 분열분석의 결론이다. 경제적 생산은 사회가 요구하는 경제적 조건에 순응하는 욕망적 생산, 욕망의 종합들의 결과라고 할 수 있다. 경제를 '재생산을 위한 가치의 생산과 포획'으로 보는 들뢰즈 경제학에서의 경제적 조건은 재생산, 포획의 과정과 관련된 모든 사회적 조건들이라고 할 수 있다. 특히 포획이 욕망적 생산을 경제적 생산으로 이끄는 핵심 요소다. 전유와 비교·평가, 코드화와 공리화로 이루어지는 포획의 메커니즘이 경제적 조건의 핵심을 구성한다. 코드의 잉여가치의 포획인가 흐름의 잉여가치의 포획인가에 따라 경제적 생산은 전(前)자본주의적 생산과 자본주의적 생산으로 구분된다. 들뢰즈와 과타리에 의하면 "경제·금융 메커니즘들을 포함하는 사회적 생산과 재생산의 형식들은 전체로건 부분으로건, 욕망하는 주체의 이해관계와 독립해서 바로 그런 식으로 욕망될 수 있다."(안오, 188쪽) "은행이나 주식거래, 유가증권, 배당권, 신용이 은행가도 아닌 사람들을 흥분시킬 수 있다는 것은 은유가 아니라"(안오, 188쪽) 실제로 무의식적 욕망에 의해 가능하다.

오늘날 주체성의 생산은 경제적 생산과 불가분이다. 욕망적 생산에서 욕망적 기계들이 생산의 주체라고 했다. 무의식의 자기생산이 욕망적 생산이라고 했다. 생산에 있어서는 누가 생산하는가, 즉 생산의 주체 문제가 가장 중요하다. 경제적 생산은 사회가 요구하는 조건하의 주체성의 생산, 즉 사회장의 구성, 사회적 분업과 불가분의 관계에 있다. 앞서 본 바와 같이 사회적 예속화와 기계적 노예화의 통합된 작동에 의한 주체성의 생산이 현대의 정치경제를 주체경제로 규정한다.

자본주의적 생산

자본주의적 생산은 자본주의의 조건들 속에서 규정된 사회적 생산이다. 자본주의의 구체적 조건들은 이 책의 4장 자본주의 분석에서 자세히 알아볼 것이다. 자본주의적 포획장치를 전제로 하는 사회적 생산이라고 할 수 있다. 돈-자본이라는 몸체하의 생산·등록·소비의 생산이다. 들뢰즈와 과타리는 "고유하게 자본주의적인 것은 기입 또는 등록 표면을 형성하기 위한 충만한 몸으로서의 돈의 역할과 자본의 사용"(안오, 37쪽)이라고 한다. 자본주의적 생산의 외부 극한이 분열증으로서의 욕망적 생산이다. 생성으로서의 욕망적 생산의 자본주의적 생산으로의 포획이 자본주의 체제 발전의 관건이 된다. "자본은 돈의 불모성에 돈이 돈을 생산하는 형식을 부여하게 된다. 기관 없는 몸이 자신을 재생산하듯, 자본은 잉여가치를 생산하고, 싹이 터서, 우주 끝까지 뻗어 나간다."(안오, 36쪽) 랏자라또도 "자본주의는 되풀이되는 생산·소비·전유의 무한성을 특성으로 갖는다."(부통, 169쪽)고 말한다.

욕망적 생산은 그 사회의 조건에 따라 자연스레 주체성 생산과 경제적 생산으로 연결된다. 분자적인 욕망적 생산이 사회적(자본주의적) 조건 또는 형식과 결합되면 자연스런 몰적 조직화가 이루어져 고정된 주체의 생산을 야기한다. 다시 말해, 사회적 탄압으로서의 권력이 고정된 개별적 주체를 생산하는 것이다(안오, 9,61쪽 참조). 사회적 조건이나 형식에 부합하는 주체의 생산은 결핍(lack), 필요(needs), 욕구(wants)의 생산, 즉 희소성의 창출을 의미한다. 이것이 상품경제와 시장경제를 구성한다. 들뢰즈와 과타리에 의하면 자본주의의 최고 목표는 '생산의 풍부함 속에 욕구와 필요를 조직하기' 다시 말해 반생산이 과잉 자원을 흡수하고 자본주의적 욕망에 순응하는 주체를 생산함으로써 '언제나 너무 많이 있는 곳에 결핍(풍요 속에 빈곤)을 도입'하는 것(안오, 63, 400쪽 참조)이다. 현대 자본주의는 이렇게 한편으로 체제에 순응하는 고정된 주체를 생산하는 동시에 다른 한편으로 새로운 기계적 노예화에 의한 비인간적 주체성의 생산에 대응하면서 발전한다. 이러한 과정은 모두 자본주의 기호조작, 자본주의 공리계에 의한 자본주의적 생산과정이라고 할 수 있다. 자본과 기호의 관계에 대해서는 자본주의 분석에서 자세히 다룰 것이다.

5.
생산의 일의성과 가능성의 경제

일의적 생산 개념

생산의 범주들에서 본 것처럼 사회의 조건 또는 형식들의 부여에 의해 욕망적 생산, 사회적 생산, 주체성의 생산, 경제적 생산들이 매개된다. 새로운 기계적 노예화에 기초한 통제사회로 규정 가능한 현대 사회에서는 이러한 매개의 과정이 과거에 비해 훨씬 더 치밀하고 광범위하게 전개됨으로써 생산의 일의성의 정도가 더욱 심화된다.

노동과 일 그리고 생산에 대해 간단한 분류를 시도하면서 논의를 시작하자. 임금노동을 협의의 노동(labor)이라고 하자. 그러면 임금노동과 임금이 지급되지 않는 가사노동과 같은 부불노동을 합친 것은 광의의 노동으로서 일(work)이라고 부를 수 있을 것이다. 들뢰즈와 과타리를 따라 인간의 활동(activity)을 일과 자유로운 행동(free action)으로 나누자. 자유로운 행동 중 포획된 부분을 자유노동(free work, 공짜 노동)이라고 부르자. 인간의 (생산적) 활동과 비인간적 요소에 의한 생산을 합한 것이 생산이라고 할 수 있다. 이는 욕망적 생산이 현실화한 것의 총체를 말한다. 사회적 생산은 특정한 사회적 조건하의 욕망적 생산이다. 경제적 생산은 사회적 생산의 일부로서 특정한 배치하에서 포획된 욕망적 생산이라고 할 수 있다. 사회적 예속화와 기계적 노예화가 작동하는 배치하의 포획된 욕망적 생산이다. 사회적 예속화와 기계적 노예화가 하나의 정치사회적 조건으로 작용하면서 정치경제와 주체경제가 성립하게 된다.

탈근대적 들뢰즈 경제학에서 생산은 노동, 고용과의 관계를 넘어 사회적 배치와 관련된 문제다. 랏자라또에 의하면 사회적 예속화를 넘어 통제사회의 새로운 기계적 노예화가 작동하는 현대적 배치의 관점에서 볼 때 생산 개념은 인간의 노동 과정을 초월한다(SM, pp45,49,50/기기, 65,71,72쪽 참조). "생산과 생산성은 기계장치, 소통, 과학, 사회적인 것의 역량을 동원하는 문제다."(기기, 66쪽) "노예화는 고용과 인간 노동의 생산력과는 비교할 수 없는 무한의 생산력을 해방한다."(기기, 61쪽) 이는 뒤에서 논할 가능성의 경제의 무한한 잠재력을 표현한다.

생산의 일의성(一義性, 유니보씨떼, univocité)은 생산은 욕망이라는 하나의 목소리를 가진다는 것이다. 존재의 일의성이 차이라는 하나의 목소리를 가지는 것과 같다. 이는 곧 모든 생산의 충족이유 또는 분화소가 욕망이라는 것이다. 들뢰즈의 존재론에 의하면 존재 개념이 존재자에 상관없이 하나의 의미를 갖듯이, 들뢰즈의 존

재론에서 파생되는 들뢰즈와 과타리의 자연주의와 기계주의 세계
관에 의하면 생산 개념은 생산물들과 무관하게 한 가지 의미를 갖
게 된다. 들뢰즈 경제학의 생산 개념은 생산적 욕망을 원리로 한
다. 모든 생산은 욕망적 생산, 즉 욕망적 기계에 의한 생산이다. 욕
망적 기계에 의한 생산물도 욕망적 기계다.

생산의 일의성은 생산의 주체적·추상적 본질은 욕망의 주체적·
추상적 본질과 동일하다는 사실에서 출발한다. 생산의 주체성과
추상성은 노동이 아닌 욕망에 의한 주체성과 추상성이다. 욕망이
생산의 주체이고 욕망의 에너지인 리비도의 투자가 생산 일반, 즉
추상적 생산을 규정한다. 모든 생산의 근원은 리비도의 투자로서
의 욕망적 생산이다. 들뢰즈와 과타리는 "실재계의 생산이라는 하
나의 생산만이 있다."(안오, 69쪽)고 한다. 실재를 생산한다는 면에서
욕망적 생산과 사회적 생산은 본성상(in nature) 동일하다(안오, 65~6
쪽 참조). 모든 생산은 욕망적 생산인 동시에 사회적 생산이다(안오
494쪽). 현실적이고 몰적인 사회적 생산은 잠재적이고 분자적인 욕
망적 생산을 원천으로 한다.

경제적 생산, 주체성의 생산도 마찬가지다. 생산은 욕망적 생산
이자 가치의 생산이라는 하나의 목소리를 가진다. 가치의 포획이
경제의 핵심이다. 가치(효용, 정동·변용태)의 생산은 포획에 의해 각각
의 영역과 차원에서 언제든 부의 생산, 즉 경제적 생산으로 전환
가능하다. 모든 생산은 욕망을 원천으로 하는 가치의 생산이고 욕
망이 생산의 주체적·추상적 본질을 규정한다. 무의식적 욕망, 자기
생산하는 무의식 또는 욕망적 기계가 생산의 주체가 된다. 무의식

적 욕망의 에너지, 즉 리비도의 투자가 생산 일반으로서의 보편성을 규정한다. 이러한 관점에서 보면 결국 경제적 생산도 주체적 생산이고, 경제적 부와 가치의 생산은 동시에 주체성의 생산과 분리될 수 없다(SM, p10/기기, 13쪽 참조). 랏자라또에 의하면 "주체성은 새로운 사회적, 경제적, 정치적 조건에 부합해야 하며, 그 조건들을 인식하고 그것들 안에서 지속될 수 있다."(SM, p11/기기, 14쪽) "주체성, 삶의 형식, 실존 양식의 생산은 상부구조가 아니라 '경제적' 하부구조의 일부를 이룬다. 게다가 현대 경제에서 주체성의 생산은 생산의 최초의 가장 중요한 형식으로서 다른 모든 상품의 생산으로 들어가는 '상품'으로 자신을 드러낸다."(IM, p34/부인, 62쪽)

오늘날 급속한 자본의 사회화(socialization of capital)가 이루어지고 있다. 자본의 사회화는 자본주의적 가치 생산과 사회 또는 사회적인 것의 통합을 의미한다(SM, p50/기기, 73쪽). 자본의 포획의 사회적 잉여가치로의 확대인 것이다. 자본의 사회화가 두드러지는 현대 자본주의하에서 생산 개념의 일의성이 뚜렷이 부각된다. 사회적 예속화에 의한 경우도 그렇지만 특히 현대 통제사회에서의 기계적 노예화에 의한 주체성의 생산 과정에서 경제적 생산이 욕망의 문제와 밀접하게 연결되는 것이다. 랏자라또는 다음과 같이 말한다.

"생산은 사회 전체를 횡단하는 보다 심층적인 것들을 포획하고 착취한다. 그것은 특이화(singularization)의 과정이며 욕망에 기초한 새로운 주체화 양식들의 생산이다."(SM, p51/기기, 74쪽) "생산이 사회적인 것과 포개진다면, 욕망의 장과 노동의 장, 경제와 주체성의 생산, 하부구조와 상부구조는 더 이상 별개로 다루어질 수 없다. 생산의 문제는 욕망의 문제와 분리될 수 없게 되어 정치경제는 '주체경제'(subjective economy)가 될 수밖에 없게 된다. 따라서 주체성의 생산은 이데올로기적 상부구조를 가리키지 않는다. 그것은 실재(reality), 특히 경제적 실재를 생산하며, 사실상 현대 자본주의를 규정한다."(SM, pp50~1/기기, 73쪽)

예를 들어 신자유주의하의 자본주의적 생산은 경제적 생산이자 동시에 주체성의 생산이다(기기, 13쪽 참조). 랏자라또는 신자유주의는 부채관리를 통해서 경제적 생산과 주체성의 생산을 하나의 목소리로 취급하는 생산의 일의성을 21세기 계급투쟁의 본성으로서 확인한다고 주장한다(IM, p88/부인, 128쪽 참조). 21세기에 들어와 채권자/채무자 관계를 기초로 하는 주체로서의 부채인간의 정립이 그동안 자본가/노동자 관계를 기초로 전개된 경제적 생산의 새로운 중핵으로 부상하고 있다. 신자유주의, 부채경제, 금융자본주의에 관해서는 현대 자본주의의 모습에서 자세히 논하기로 한다.

욕망적 기계의 욕망적 생산으로부터 모든 것이 출발한다. 욕망적 생산이 사회적 생산, 경제적 생산, 주체성의 생산 등 모든 생산의 반복에 있어서의 분화소, 추상기계의 역할을 수행한다. 사회적 조건하의 욕망적 생산이라는 사회적 생산은 더 구체적으로는 사회적으로 생산된 주체 또는 주체성에 의한 욕망적 생산이다. 들뢰즈 경제학에서의 경제적 생산은 욕망적 생산에 의한 잠재적 사용가치, 즉 잠재적 부를 현실적 사용가치와 교환가치, 즉 현실적 부로 구현하는 모든 과정을 포함한다.

가능성의 경제

들뢰즈 경제학은 욕망경제학이다. 욕망이 경제의 원천이라는 의미다. 그러나 들뢰즈 경제학은 욕망의 해방을 목표로 하는 경제학이기도 하다. 들뢰즈 경제학이 욕망경제학이라는 것은 이같이 넓게 보면 욕망이 경제의 원천이기도 하지만 경제의 목표라는 것도 함의한다. 이러한 욕망경제학으로부터 '가능성(들)의 경제'(economy of possibilities)란 개념이 파생되는 것은 필연적이라고 할 수 있다.

'가능성의 경제'는 경제의 원천으로서의 욕망의 무한한 잠재력을 표현한다. 또한 들뢰즈 경제학이 목표로 하는 욕망의 해방은 무한한 가능성을 보장한다. 생산의 욕망과 포획의 욕망이 어우러져 거대한 가능성의 장을 창출한다. 지금까지 본 것처럼 현대 자본주의는 진정한 욕망의 경제라고 할 수 있다. 오늘날 자본주의는 지식경제 따위의 인지자본주의를 넘어 명실상부한 욕망의 경제로 진입했다. 무의식적이고 생산적인 욕망의 본성은 탈영토화, 탈주의 가능성이다. 들뢰즈와 과타리에 의하면 여기서의 가능성은 폐쇄와 무력함을 표시하는 나무형 가능성(possible arborescent)을 넘어 가능성의 잠재력을 활성화하는 리좀형 가능성(possible rhizomatique)을 의미한다(MP, p233/천고, 362쪽 참조). 현대 자본주의와 미래의 경제는 '가능성의 경제'의 운명에 의해 결정될 것이다. 랏자라또는 이렇게 말한다.

"과타리는 자신의 경제학을 가능한 것들의 경제학(économie des possibles)이라 부를 것을 제안했다. …… 욕망은 직접적으로 리비도로 돌아가지도, 단순히 충동으로 돌아가지도 않는다. 욕망은 가능성으로 돌아간다(들뢰즈와 과타리). 기존의 균형이 파열되는 순간부터 이전에는 불가능했던 관계들이 나타날 때, 욕망이 있게 된다. 욕망은 자신이 불러일으키는 불가능성, 자신이 창조하는 새로운 가능성에 의해 늘 새롭게 자신의 형태를 취한다. 욕망은 닫힌 세계로부터 새로운 창조의 시스템들을 발생시키는 하나의 과정을 솟아오르게 하는 장소다."(부통, 33~4쪽)

사회적 예속화의 국면에서는 노동과 자유로운 행동의 구별만이 존재했다. 경제적 생산 활동이 곧 노동이었다. 그 외의 활동이 자유로운 행동이다. 인간의 자유로운 행동에서 리좀형 가능성이 모색된다. 사회적 예속화를 지나 새로운 기계적 노예화의 국면에 접어들면 생산과 일·노동을 구별해서 봐야 한다. 인간 활동으로서의 노동 또는 일과 일련의 인간적·비인간적 요소들을 동원하는 생산을 구별해야 한다. 랏자라또가 말한 대로 생산은 이제 무엇보다 기계적 배치, 즉 기계주의, 소통, 과학, 사회적인 것의 역량을 동원하는 문제가 된다(기기, 66쪽 참조).

제국적 기계의 기계적 노예화와 구별되는 현대의 새로운 기계적 노예화는 무한의 생산력을 해방한다. 무한의 리좀형 가능성으로 나아간다. 자본주의적 생산은 상호 교차하는 배치들의 배치이자 과정들의 과정이다. 서로 횡단하는 배치들 또는 과정들의 네트워크가 된다. 가령 기업들, 사회적인 것, 문화적인 것, 기술적인 것, 정치적 영역, 젠더, 광고, 과학, 소비 등으로 구성된 네트워크가 된다(SM, p46/기기, 65~6쪽 참조). 현실의(actual) 경제적 생산은 기계적 노예화(주체성의 생산)를 통한 욕망적 생산의 경제적 생산화의 과정이 된다. 이것은 새로운 잉여가치 포획의 과정이다. 사회 전체의 경제화에 의해 사회적 잉여가치의 포획이 대규모로 이루어진다. 랏자라또에 따르면 "모든 사람은 (배치의 구성요소로서) 일한다(works). 모든 사람은 다양한 형태로 생산적이다."(기기, 72쪽) "기계적 노예화의 관점에서 비기표적 기호계, 대상, 도표(다이어그램), 프로그램 등은 사람들이 행하는 것과 똑같이 생산, 창조, 혁신에 기여한다."(SM, p120/기기, 175쪽)

현대 자본주의는 주체성의 생산에 있어 기계적 노예화의 극단을 보여준다. 기계적 노예화는 주체성 안에 있는 초개체적인 것(집단적인 것)과 전개체적인 것(가분체적인 것)의 극단적 장악 과정이다(SM, p50/기기, 73쪽 참조). 정동자본주의, 플랫폼 자본주의에서 볼 수 있듯이 현대 자본주의의 핵심적 관심 사항은 자유로운 행동의 노동으로의 포섭, 그리고 잠재적인 욕망적 생산의 현실화를 통한 이윤 창출이다. 랏자라또에 의하면 "자본주의의 동력은 '가능성들의 경제', 즉 욕망을 자신의 기능으로 통합할 수 있는 능력에서 나온다."(기기, 76쪽) 따라서 자본주의는 사회적 예속화의 단계에서는 인적 자본이나 기업가형 자아(자기 기업가)를 경제적 주체로 내세웠던 반면, 오늘날 새로운 경제의 기계적 노예화의 단계에서는 지식과 정보보다는 욕망과 정동을 강조하는 주체성의 생산을 경제적 과정의 핵심으로 포착하고 가능성을 모색한다(기기, 76~7쪽 참조).

패러다임의 전환: 효율성의 경제에서 가능성의 경제로

경제를 올바로 인식하기 위해서는 효율성의 경제에서 가능성의 경제로의 패러다임 전환이 필요하다. 효용극대화의 법칙이 적용되는 효율성의 경제에서 포획의 무한한 잠재력을 함축하는 가능성의 경제로 경제를 보는 관점을 전환해야 현실의 경제를 더 잘 설명하고 예측할 수 있다. 희소성과 결핍을 전제로 하는 사유에서 풍요로움의 가능성을 인정하는 사유로 가야 하는 것이다. 이러한 관점과 사유의 전환은 특히 현대 자본주의의 현실 인식에 필수적이다.

이러한 패러다임 전환은 경제학에 있어서 분석적 환원주의에서 종합적 전체론으로의 전환이며, 몰적 추상화를 넘어 분자적 추상화로 가는 사유의 확장과 승격을 의미한다. 욕망경제학으로서의 들뢰즈 경제학의 미시분석은 이러한 패러다임 전환을 대변한다. 앞서 자세히 논한 바처럼 효율성의 경제에 입각한 주류 경제학은 현실의 설명과 미래의 예측에 무력하다. 욕망의 미시경제학이 현실 경제를 분석하고 해결책을 제시하는 데 뛰어난 적합성을 보여 준다.

이러한 욕망경제학은 가치의 생산과 포획이 무한정 자유롭게 펼

처지는 현대 경제를 욕망의 무한한 잠재력이 실현되는 과정으로 인식한다. 가능성의 경제에서의 가능성은 단순한 상상이나 환상으로서의 가능성을 말하는 것이 아니다. 그것은 해방된 욕망의 무한한 잠재력의 표현이다. 실재를 생산하는 생산적 욕망의 표현이지 실재와 무관한 상상이나 환상의 표상이 아닌 것이다. 현대 경제의 가능성의 경제로의 실제적 진입은 욕망경제학의 현실적합성이 갈수록 증가하고 있다는 것을 보여준다. 사회적 예속화를 넘어 기계적 노예화가 더 크게 작동할수록 생산의 일의성이 더욱 증가하여 사회적 생산과 주체성의 생산, 경제적 생산은 더욱더 욕망적 생산에 근접하게 되고 결과적으로 가능성의 경제로서의 경제의 속성은 더욱더 강화될 것이다.

가능성의 경제는 사실의 측면에서는 물론 당위의 측면에서도 중요하다. 욕망경제학에서는 욕망이 경제의 원천이자 목표이기도 하다. 근대 경제학이 필요조건으로 삼는 효율성은 희소성을 전제로 한다. 희소성은 결핍에서 유래한다. 결핍이나 욕구, 필요가 없다면 희소한 것은 존재하지 않을 것이다. 욕망의 조작에 의해 끊임없이 욕구와 필요를 창조해내는 것이 자본주의의 가장 중요한 목표라고 할 수 있다. 이러한 효율성의 경제는 항상 최적화를 추구하는 긴장사회, 피로 사회를 야기한다. 효율성의 경제는 욕망의 해방을 통한 인간해방과는 무관하다. 사람도 언제든 효율성 증대를 위한 수단이 될 수 있다. 앞서 진정한 경세제민을 위해서는 효율성을 형평성과 안정성을 포함하는 광의의 효율성으로 봐야 한다고 했다. 그럴 때 우리는 경제제민으로서의 경제와 효율성이 필요충분조건으로서 등치화됨을 보았다. 종합적 전체론에 입각한 가능성의 경제하에서는 이러한 광의의 효율성을 목표로 해야 한다. 희소성과 더불어 형평성과 안정성, 그리고 욕망의 잠재성을 사유하는 가능성의 경제에서 필요한 것은 생산적 욕망을 혁명적 방향으로 유도하는 것이다. 욕망의 해방이 이루어진 실질적 민주주의가 가까워질수록 더욱더 풍요로운 가능성의 경제가 펼쳐질 것이다. 생태의 보전과 민주화는 욕망의 해방을 의미하고 이것은 가치의 생산과 포획 가능성의 확대와 연결된다. 경제 민주화에 의해 자본의 통제와 포획 과정의 민주화가 이루어진다면 생태적 에너지의 무한한 재생과 욕망의 무한한 창조가 결합됨으로써 궁극적으로 경세제민의 가능성으로 연결될 수 있을 것이다. 좁은 의미의 효율성을 추구하는 기존의 경제학으로는 세상을 구제할 수 없다. 단기적인 임시방편의 대중적 처방만이 가능하다. 진정한 경세제민을 이루려면 장기적이고 종합적이고 궁극적인 해결책을 추구하는 가능성의 경제학으로서의 들뢰즈 경제학이 필요하다. 들뢰즈 경제학은 경제와 그 토대 및 외부로서의 욕망을 종합한다. 다시 말하면 생산과 포획을 경제의 원천이자 목표인 잠재적 욕망으로까지 확장한다. 들뢰즈 경제학은 소비를 통한 현실적 욕구의 만족을 추구하는 효율성의 경제에서 창조를 통한 잠재적 욕망의 구현을 추구하는 가능성의 경제로의 전환을 사유하고 이론화하고, 그에 대한 문제를 제기하고 대책을 강구한다.

효율성의 경제(학)과 가능성의 경제(학) 양자는 대체 관계가 아니라 보완 관계에 있다. 물리학에서도 기존의 뉴턴 역학과 상대성이론, 양자역학이 모두 필요하듯이 경제학에서도 장단기 정책, 부분적이거나 종합적인 대책이 모두 필요한 것이다. 효율성의 경제와 가능성의 경제를 조화롭게 융합하여 경제를 사유할 필요가 있다. 희소성은 실제로 불가피하다. 반동적 욕망은 불가피하고 결핍은 존재할 수밖에 없는 것이 현실이다. 자연의 운동에 최소 작용의 원리가 적용되듯이 희소성이 존재하는 상황에서 최적화를 도모하는 것은 자연스런 현상이다. 그러나 인간에게는 자유의지가 있다. 결정론과 자유의지론 사이에 심오한 논쟁이 있는 것이 사실이지만, 사회과학에서 인간의 자유의지를 배제한 사유는 불가능하다. 희소성의 존재하에서 효율성과 최적화의 치밀함을 추구하는 편집적 또는 강박적 특성이 인간의 한 속성이듯이 의지와 욕망의 지배하에서 가능성이라는 여유와 여백을 추구하는 분열적 특성도 인간의 한 속성이다. 현실의 상황과 문제를 제대로 인식하고 경세제민이라는 경제(학)의 궁극적 목적을 이루기 위해서는 효율성의 경제를 넘어 가능성의 경제를 사유해야 한다.

가능성의 경제라는 패러다임으로 욕망경제학으로서의 들뢰즈 경제학을 돌이켜볼 때 우리의 들뢰즈 경제학에 대한 이해가 훨씬 수월해질 수 있다. 가능성의 경제의 패러다임으로 바라볼 때 부의 생산과 축적으로서의 경제를 왜 '재생산을 위한 가치의 생산과 포획'으로 정의할 수 있는지, 경제의 구성요소인 재생산, 가치, 생산, 포획 각각의 의미가 왜 그렇게 해석될 수 있는지 더 잘 이해할 수 있을 것이다. 또한 앞으로도 이 패러다임하에서 자본주의 분석도 전개될 것이고 정책의 개발과 제도의 설계도 이루어질 것이다.

욕망경제학 정리

들뢰즈 경제학은 생산적 욕망을 원리로 하는 욕망의 미시경제학이다. 욕망의 미시경제학으로서의 욕망경제학은 잠재적 욕망을 생산과 포획의 원천으로 삼는 동시에 욕망의 해방을 궁극적 목표로 삼는다. 욕망경제학이 바라보는 새로운 경제, 현대의 자본주의 경제는 가능성의 경제다. 욕망경제학은 가능성의 경제(학)을 새로운 사유의 패러다임으로 삼는다. 욕망경제학에서의 경제(학)의 제1 원칙은 희소성하의 협소한 효율성을 추구하는 것이 아니라 가능성하의 포괄적 효율성을 추구하는 것이다. 단적으로 욕망경제학은 생산의 일의성을 기초로 하는 가능성의 경제학이다. 원리와 목표 모두가 가능성으로 열려 있고 현실 경제의 이해와 미래 경제에 대한 대비에 탁월한 경제학이라고 할 수 있다.

생산적 욕망을 원리로 하는 생산의 일의성이 욕망경제학의 시작이다. 생산적 욕망을 원리로 하는 욕망경제학에서는 욕망이 토대 중의 토대, 하부구조 중의 하부구조다. 무의식의 수동적 종합들로서의 욕망이 그 사회와 경제를 작동시키는 주체성 형성의 원천이다. 욕망적 생산은 예속화와 노예화에 의한 주체성의 생산을 핵으로 하는 사회적 생산으로, 그리고 이를 바탕으로 포획이 이루어지는 경제적 생산으로 이어진다. 경제적 생산도 다른 모든 생산과 마찬가지로 욕망적 생산이 궁극적 원천인 것이다. 사회적 예속화를 지나 기계적 노예화의 단계에 진입한 현대 자본주의의 주체성의 생산은 경제적 생산에서의 가능성을 무한으로 확장한다. 가능성의 무한 확장이라는 욕망경제학의 속성이 욕망경제학을 핵심으로 하는 들뢰즈 경제학에게 궁극의 경제학으로서의 자격을 부여한다.

특히 자본주의적 생산에서는 노예화와 기계화의 이중적 배치가 힘을 더 발휘한다. 들뢰즈와 과타리는 몰적·거시적 차원의 사회적 예속화와 분자적·미시적 차원의 기계적 노예화라는 이중의 배치 또는 권력 장치에 의해 그 사회의 생산과 주체화를 분석한다. 생산 또는 부의 생산은 사회적 예속화와 기계적 노예화의 두 가지 권력 장치 또는 주체화 장치가 교차하는 지점에서 작동한다. 랏자라또에 의하면 오늘날 우리가 경제라고 하는 것은 주체성의 이런 이중적 투자의 배치다(기기, 32쪽). 자본은 임금노동을 통한 예속의 취득을 넘어 노예화를 통해 온갖 종류의 기호계를 포함하는 복잡한 배치를 착취할 수 있는 권리를 구매한다(SM, p43/기기, 60~1쪽, 천고, 937쪽 참조). 자본은 오늘날 가장 뛰어난 기호조작자다.

자본주의적 생산의 영원한 이중운동, 즉 자본주의의 탈영토화와 재영토화의 영원한 이중운동은 자본주의하에서 생산의 일의성이 끝없이 강화되는 과정, 가능성의 경제의 무한한 확장 과정으로 볼 수 있다. 자본주의적 생산과 욕망적 생산이 무한히 근접해가는 과정이다. 이는 잠재적이고 분자적인 욕망의 현실화와 몰적 조직화, 욕망적 생산의 사회적 생산·주체성의 생산·경제적 생산으로의 변환, 풍요로운 정동과 변용태의 희소한 재화와 용역으로의 변환 등 흐름의 잉여가치 포획 과정으로서, 요컨대 자본주의 경제의 끝없는 외부(욕망)로의 경계의 확장 과정을 의미한다. 주객 융합, 인과 불명, 경계 붕괴 등 욕망의 미시경제학적 현상들이 자본주의하에서 극단으로 치닫는다.

가능성의 경제에서 가능성의 의미는 욕망의 흐름으로부터의 생산과 포획의 가능성인 동시에 욕망 해방의 가능성이기도 하다. 희소성을 전제로 한 효율성의 경제에서 가능성의 경제로의 전환은 풍요의 경제로 가는 가능성도 내포하는 것이다. 자본의 민주적 통제에 의한 가능성의 경제의 민주화가 이루어진다면 욕망의 해방, 인간해방이 이루어진 풍요로운 경세제민의 세상이 실현될 수 있을 것이다.

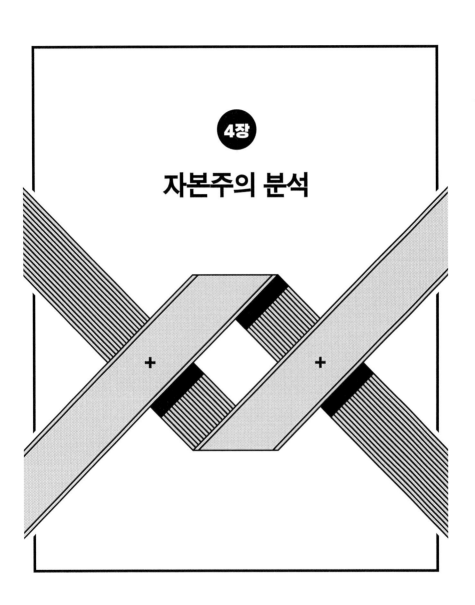

4장

자본주의 분석

지금까지 들뢰즈 경제학의 토대와 논리를 정립했다. 이제는 그 토대와 논리를 바탕으로 본격적인 분석의 단계로 들어갈 차례다. 현대 경제의 분석은 자본주의 분석이 핵심이 될 수밖에 없다. 따라서 들뢰즈와 과타리의 자본주의 분석이 들뢰즈 경제학의 미시분석에서도 핵심을 차지한다. 그들의 분석은 '새로운 자본론'으로 불릴 정도로 자본주의에 대한 이해를 새로운 지평과 차원으로 넓혔다. 나는 이를 한 차원 더 승화시켜 들뢰즈 경제학이라는 새로운 사유의 틀을 바탕으로 자본주의에 대한 새로운 해석과 평가를 시도할 것이다.

1.
자본

정의

근대 경제학. 즉 근대적 사유를 기초로 하는 경제학들은 몰적 추
상화에 의해 자본을 규정한다. 들뢰즈와 과타리의 용어로 말하면
홈패인 자본이다. 좁은 의미의 자본은 자기증식하는 생산수단을
일컫는다. 구체적으로는 마르크스의 화폐자본(투자) → 가변자본,
불변자본(생산수단·요소) → 상품자본(생산물) → 증가한 화폐(이윤)로
이어지는 과정에서의 '화폐를 낳는 화폐'라고 할 수 있다. 잉여가치
를 얻을 목적으로 투자한 화폐다. 넓게 보면 부의 확대재생산을 유
발하는 모든 것이 자본이 될 수 있다. 가치를 생산하는 데 필요한
요소들, 즉 생산주체, 생산수단, 생산원료 모든 것이 자본의 역할을
할 수 있는 것이다. 가령 가변자본으로서의 노동, 고정자본으로서
의 기계와 설비, 천연자원, 인지자본, 인적 자본, 문화적 자본, 사회

적 자본 등등이다.

탈근대 욕망경제학인 들뢰즈 경제학은 분자적 추상화에 의해 자본을 규정한다. 들뢰즈와 과타리의 용어로 말하면 매끈한 자본이다. 자본주의-추상기계를 구성하는 형식화되지 않은 질료나 비형식적 기능(순수기능, fonctionnement)의 하나로서의 자본이다. 잠재적·분자적 차원의 자본은 질료와 기능의 결합(접합접속)으로 볼 수 있다. 근원적으로 자본은 자기증식을 위한 힘 또는 잠재적 역량으로서의 무의식적 욕망이다. 자본은 자본주의 사회체 위를 흐르는 특이성 혹은 강도로서의 힘이나 질료인 것이다. 자본은 자본주의적 욕망, 무의식적 욕망의 에너지로서의 리비도를 대표한다. 추상기계의 질료나 기능으로서의 자본이 형식화하고 실체화된 것이 구체적 몸체로서의 자본이다. 비인간주의를 근거로 하여 욕망적 기계를 생산주체로 보는 들뢰즈 경제학에서는 무엇이든 자본이 될 수 있다. 주체와 요소들 간의 상호작용이 더욱 복잡해지고 있는 현대 자본주의 체제에서는 그러한 경향이 더욱 증가한다. 가령 욕망자본, 정동자본, 주체성자본, 기계적 자본 등등이다.

자본의 변주의 모습은 천차만별이다. 현대 자본주의 체제에서는 자본 개념 자체가 더욱더 모호해질 뿐만 아니라, 노동과 자본의 구별 자체도 더욱 어려워진다. 생산자와 생산수단의 구별도 마찬가지다. 자본의 기계화, 자동화를 지나 이제는 개인화와 동시에 네트워크화도 진행 중이다. 들뢰즈와 과타리의 용어로 말하면 정주적 자본에서 유목적 자본으로, '홈패인 자본'에서 '매끈한 자본'(천고, 938쪽)으로 발전하고 있는 것이다. 한마디로 들뢰즈 경제학이 바라보는 자본이라는 리좀적 다양체는 끝을 모르는 연속적 변주 상태에 있다.

뒤에서 논의할 자본주의의 양의성(兩義性)도 추상기계의 요소로서의 자본의 양의성에서 비롯된다. '주체화의 점'으로서의 자본과 '탈영토화의 첨점'으로서의 자본의 이중운동이 자본주의의 성격을 규정한다. 가령 집합적 주체로서의 몰적인 자본가와 집단적 힘·욕망·정동을 표현하는 주체성으로서의 분자적인 자본의 순환이 있다. 또 몰적 집합체인 계급으로서의 부르주아지와 분자적 다양체인 군중 또는 다중으로서의 부르주아지를 나눌 수 있다. 노동자를 착취하는 지배계급으로서의 부르주아지와 기업가 정신으로 무장한 혁신의 첨병, 탈영토화의 첨점으로서의 부르주아지가 그것이다.

기능

자본의 첫 번째 기능은 가치의 창출이다. 힘, 에너지로서의 자본을 투입하는 것이 투자다. 투자의 결과로 가치가 창출된다. 가치의 원천이 자본이다. 들뢰즈 경제학에서는 가치 또는 부를 낳는 모든 것을 자본으로 본다.

두 번째로 자본은 포획장치의 기능을 갖는다. 들뢰즈와 과타리에 의하면 자본주의는 '코드의 잉여가치에서 흐름의 잉여가치로'의 변환으로 정의된다. 자본주의 체제에서는 탈영토화와 탈코드화의 흐름으로부터 가치의 포획이 이루어진다. 인간적 관계로부터 인간적 잉여가치가 취득되고, 기계적 관계로부터 기계적 잉여가치가 취득된다. 더 나아가 사회적 기계 차원의 사회적 잉여가치 취득도 가능하다.

세 번째로 자본은 강력한 기호조작자(작동자, operator)로서의 기능을 갖는다. 자본은 언어 조작자이자 기호조작자이다. 자본은 기호를 조작함으로써 의식뿐만 아니라 힘, 욕망, 정동을 조종하고 권력을 행사한다. 노동과 화폐의 흐름만큼 기호의 흐름도 생산의 조건을 형성한다는 것이 랏자라또의 생각이다(SM, p39/기기, 55쪽 참조). 그림이나 문자뿐만 아니라 존재하는 모든 것이 기호가 될 수 있다. 소리와 같은 청각 기호도 있을 수 있고, 얼굴 표정이나 제스처도 기호가 되며, 깃발과 같은 단순한 물건도 기호가 될 수 있다. 기호조작(l'opération du signe)은 좁게는 미디어, 여론, 프레임 조작을 포함하는 모든 상징적 조작을, 넓게는 지식의 생산까지 포함하는 개념이다. 예를 들면 코드화와 공리화, 주체성의 생산, 인지자본주의, 정신분석의 오이디푸스화, 신자유주의적 언표와 담론들이 모두 기호조작이 될 수 있다. 기호조작에 의한 주체성의 생산은 자본주의적 생산의 핵심적 일부다. 무의식적 욕망은 기호조작에 의해 의식적인 결핍, 필요, 선망 등의 감정으로 현실화된다. 욕망적 생산의 주체가 경제적 생산의 주체로 변환되는 과정이다. 기호조작은 무의식적 차원에서의 욕망의 조작, 정동의 조작을 포함한다는 측면에서 의식적인 이데올로기 조작보다 넓은 개념이다. 기호조작에 대해서는 자본주의와 기호체제를 공부하면서 더 자세히 알아볼 것이다.

현대 자본주의하의 자본의 변주

현대 자본주의하에서는 자본의 매끈한 자본으로의 탈주가 일상적으로 이루어진다. 기계적 배치와 언표적 배치의 이중의 탈영토화다. 기계와 기호, 기술과 언어에 의한 이중의 탈영토화가 다반사로 이루어진다. 자본의 기능들이 유감없이 발휘된다. 이를 토대로 한 자본의 변주는 주체경제, 복잡계 경제, 생태경제의 종합을 통한 포획 가능성의 확산, 가능성의 경제의 확산의 원동력이 된다.

그중에서도 욕망자본, 정동자본, 주체성자본 등의 분자적 자본을 포함한 사회적 자본으로의 확산이 두드러진다. 전(全)사회적 잉여가치의 포획을 추구한다. 이것은 사회적 예속화를 넘어 새로운 기계적 노예화에 의해 이루어진다. 랏자라또에 의하면 "자본주의의 유효성과 힘은 주체성의 두 가지 이질적 차원의 결합에 있다. 그것은 몰적인 것과 분자적인 것, 개체적인 것과 전개체적인 것, 재현적인 것과 전(pre)재현적 또는 탈(post)재현적인 것을 결합한다."(SM, p31/기기, 43쪽) "자본주의에 고유한 새로움, 비밀, 역량은 기계적 노예화에 있다. 자본주의는 주체성의 분자적, 전(前)개인적, 그리고 초개인적인 활동들을 착취한다."(기기, 44쪽) 가령 "기업의 배치는 다른 배치들(복지국가의 국가적·준국가적 제도들, 대중매체 시스템, 문화적 제도들, 교육 시스템, 금융, 소비 등)을 포함하고 전제하고 그것들과 결합한다. 이 모든 것은 개체화(예속화)와 탈개체화(노예화)를 통합하고 극단까지 밀고 가는 것에 의해 작동한다."(SM, p46/기기, 66~7쪽)

2.
자본주의란 무엇인가?

몰적 추상화와 분자적 추상화

1장에서 몰적 추상화와 분자적 추상화로 나누어 자본주의를 규정한 바 있다. 근대 경제학에서는 몰적 추상화에 의해 구체적 배치로서의 자본주의 체제를 규정한다. 구체기계로서의 자본주의 실현 형태들이다. 상업자본주의, 산업자본주의, 금융자본주의, 정동자본주의, 플랫폼 자본주의 등을 예로 들 수 있다. 자본이 생산의 중심이 되는 사회경제체제로서 자본의 지배 또는 선도성(이니셔티브)을 인정한다. 고용주가 사적으로 소유하고 있는 자본재를 사용하고 임금노동자를 고용하여 이윤을 목적으로 상품을 만드는 사회경제체제가 자본주의다. 상품생산, 자본의 사적 소유, 임금노동이 핵심적 요소들이다(보울스, 33,208쪽 참조). 상품이 생산되고 유통·교환되고 소비되는 메커니즘을 자본이 좌우하는 체제가 자본주의라고 할 수 있다(세철3, 666쪽 참조).

들뢰즈 경제학에서는 미시적인 분자적 흐름의 관점에 입각한 분자적 추상화에 의해 추상기계로서의 자본주의 사회체를 규정한다. 추상기계의 요소로서의 자본의 힘이 하나의 분화소로서 작동하는 사회체다. 가치 창출을 위한 자본의 끝없는 변주를 포착하는 데 초점을 맞춘다. 들뢰즈 경제학이 규정하는 자본주의에서 자본의 지배는 필수 요소가 아니다. 자본의 지배나 선도 여부를 불문하고 자본의 증식이 가능한 체제라면 자본주의로 간주된다. 들뢰즈와 과타리가 생각하는 자본주의를 더 자세히 알아보자.

들뢰즈와 과타리의 자본주의 규정

들뢰즈와 과타리는 자본주의를 탈영토화와 탈코드화의 흐름들의 결합으로 본다. 자본주의 체제는 그 흐름들로부터 가치를 생산하고 포획하는 체제다. 들뢰즈의 생성존재론에서 들뢰즈와 과타리의 소수자 윤리학과 소수자정치를 비롯한 소수자적 사회사상들이 파생되고 이를 토대로 하여 들뢰즈와 과타리의 자본주의 분석이 이루어진다. 이러한 기원을 갖는 사유의 결과 그들은 다음과 같이 자본주의를 규정하기에 이른다.

"자본주의와 그 절단은 단순히 탈코드화된 흐름들에 의해 정의되는 것이 아니라 흐름들의 일반화된 탈코드화와 새로운 거대한 탈영토화 그리고 탈영토화된 흐름들의 결합에 의해 정의된다. 자본주의의 보편성을 만든 것은 바로 이 결합의 특이성이다."(안오, 383쪽)

들뢰즈와 과타리의 자본주의 규정은 자본주의에 대한 하나의 분자적 추상화로서, 그들은 구체적 생산양식들 중 하나로서의 자본주의가 아니라 그것들의 분화소와 충족이유의 역할을 하는 추상기계로서의 자본주의를 규정한다. 소수자과학의 미시적 관점, 즉 양자적 흐름(flux à quanta)의 관점하의 자본주의 규정인 것이다. 당연히 절편적 선(ligne à segments)을 좌표로 하는 거시적 관점을 바탕으로 하는 근대적 자본주의 정의와는 다르다.

기본적으로 잠재성의 철학에 입각해서 들뢰즈와 과타리는 자본주의 사회기계의 정체성을 그 잠재성인 자본주의-추상기계에서 찾는다. 추상기계는 구체기계인 배치의 잠재성이다. 현실적인 구체적 배치로서의 자본주의기계는 자본주의-추상기계가 현실화한 것이다. 자본주의 체제의 변화와 발전은 그 잠재성인 자본주의-추상기계의 반복과 동일하다. 자본주의-추상기계를 구성하는 힘의 관계, 권력관계의 변화에 따라 자본주의는 연속적으로 변이한다. 자본주의-추상기계를 구성하는 질료와 기능의 조합, 질료의 독자성과 표현의 특질들의 조합에 따라 새로운 형식과 실체를 형성하고, 결국 새로운 내용과 표현의 이중분절을 가지는 배치로서 구체적인 자본주의기계가 성립하게 된다. 이 과정에서 물론 가장 핵심적인 기능으로 작용하는 것이 자본의 흐름이다. '코드의 잉여가치에서 흐름의 잉여가치로'라는 자본주의를 규정하는 또 하나의 언표에서 볼 수 있듯이 탈코드화의 흐름으로부터의 잉여가치 포획이 자본주의-추상기계를 구성하는 자본의 핵심 기능(fonctionnement)이다.

흐름의 잉여가치의 포획은 코드나 덧코드화로부터가 아니라 탈코드화된 흐름들의 결합으로부터 잉여가치를 획득하는 것이다. 자본주의 체제는 자본주의기계의 독특한 양의성(兩義性)을 내포하는 공리계하에서 가치를 취득하는 체제다. 공리계 자체는 하나의 영토화를 의미하지만 지속적인 탈코드화와 탈영토화는 공리계의 개방성을 의미한다. 공리의 추가 혹은 제거로부터 새로운 가치가 창출된다. 공리계의 운동에 의한 더욱더 확대된 규모로의 가치 창출을 통해 이윤율의 경향적 저하라는 내재적 한계를 극복해 감으로써 자본주의기계는 다른 모든 사회체의 극한으로서, 음화로서 그 생명력을 유지한다. 자본주의의 보편성과 지속성이 이로부터 파생된다.

들뢰즈와 과타리에 의하면 자본주의는 양의성을 갖는다. 유목성과 정주성, 혁명성과 반동성을 동시에 갖는다. 한편으로 자본주의가 끊임없이 탈영토화, 탈코드화 한다는 것, 그러한 흐름들로부터 끊임없이 가치를 취득한다는 것, 그것은 자본주의가 끊임없이 자신의 내재적 한계를 극복한다는 것을 의미한다. 다른 한편으로 그 과정에서 정신분석과 공모하여 죽음의 공리계를 작동함으로써 전(前)자본주의 사회체와는 차원이 다른 극단의 탄압성을 표출하기도 한다. 사회기계로서의 자본주의 사회구성체와 욕망기계로서의 욕망의 상호작용은 영원한 과정이다. 랏자라또는 "자본주의는 경제와 사회, 사적인 것과 공적인 것, 국가와 시장 등등의 사이에 존재하는 것으로 가정되었던 이원론을 넘어서고, 나아가 양자를 통합시킨다. 자본의 권력은 경제와 정치, 사회를 가로지른다."(부통, 153쪽)고 말한다. 들뢰즈와 과타리는 "자유 자본주의가 있었던 적은 없다."(안오, 426쪽)고 한다. "자본주의는 결코 자유로웠던 적이 없다. 자본주의는 언제나 국가자본주의였다."(들뢰즈, 부통, 115쪽에서 재인용) 분열분석에 의해 욕망의 혁명성을 정립함으로써 자본의 지배, 자본주의의 반동성을 저지하는 것이 가능하게 된다. 욕망적 생산과정으로서의 분열증을 가속화하는 것만이 자본의 지배로부터 벗어나게 하여 우리를 자유로운 삶으로 이끌 것이다.

자본주의의 현실적 탄생

자본주의-추상기계가 현실화하여 구체적인 하나의 배치로서의 자본주의가 탄생하기 위해서는 흐름들의 결합이 필요하다. 탈코드화된 흐름들만으로는 충분치 않고, 이 모든 흐름들의 만남, 결합, 그리고 이것들 상호간의 작용과 반작용이라는 우발적 사건들이 더 필요하다. 어느 시대 어느 체제에서나 부분적으로 혹은 일시적으로 탈코드화와 탈영토화는 일어나지만, 그것만으로 자본주의가 탄생하는 것은 불가능하다.

우선 부(자본)와 노동의 만남이 필요하다. 자본주의는 질적으로 아무런 규정도 받지 않는 부의 흐름이 마찬가지로 질적인 한정을 받지 않는 노동의 흐름과 만나 그것과 접합될 때 형성된다(MP, p565/천고, 869쪽). 실제로 최초의 자본주의는 돈-자본이라는 형식을 지닌 생산의 탈코드화된 흐름들과 '자유노동자'라는 형식을 지닌 노동의 탈코드화된 흐름의 만남으로 탄생했다(안오, 70쪽). 한편으로 노동의 흐름은 노예제나 농노제로부터 해방된 자유로운 노동이 되어야 했고, 다른 한편으로 부는 더 이상 토지, 상품, 화폐를 통해 규정되지 않는 등질적이고 독립적인 순수한 자본이 되어야 했다. 들뢰즈와 과타리는 고대와 중세에도 경제의 부분적, 국지적 탈코드화의 흐름들은 무수히 존재했다고 한다(안오, 380~2쪽 참조). 그러나 질적인 한정을 받아 국지적인 것에 머무르던 선행하는 결합 작용이 오히려 자본주의 형성을 금지했다. 농촌을 봉건적으로 조직하는 것과 도시를 조합(길드)적으로 조직하는 것이 주요한 금지 수단이었다(천고, 869쪽).

3.
자본주의와 기호체제

배치로서의 자본주의

자본주의 사회기계는 하나의 배치로서 하나의 이중분절이다. 자본주의 사회기계(배치)는 기호 기계(언표적 배치, 표현기계)와 기술적·물리적 기계(기계적 배치, 내용기계)의 조합이다. 기호 기계는 언어, 이미지, 제스처, 도상, 지표, 상징 등의 표현의 형식과 말, 글자, 그림, 사물, 신체, 소리 등의 표현의 질료로 이루어진다. 이렇듯 모든 것이 기호가 될 수 있으나 중요한 것은 코드와 공리계다. 기술적 기계는 내용의 형식과 물질적 흐름이라고 할 수 있는 내용의 질료로 이루어진다. 가령 단순 기계, 동력기계, 컴퓨팅·네트워킹 기계, 인공두뇌, 사이버네틱스 등이다.

자본주의 사회기계는 가치를 포획하고 기호를 조작하는 자본의 지배 장치다. 기호조작이 욕망을 조종한다. 욕망이 그 사회를 규정한다는 것이 들뢰즈와 과타리의 분열분석과 욕망경제학의 결론이었다. 따라서 자본주의를 이해하기 위해서는 기호에 관한 이해가 필수적이다. 랏자라또는 "자본주의의 강점은 표현 기능과 내용 기능을 결합하는 각종 기계와 기호계를 착취하는 것에 있다."(SM, p88/기기, 128쪽)고 말한다. 자본은 기호를 조작함으로써 주체성의 생산과 경제적 생산에 개입한다. 랏자라또에 의하면 "기표적이고 비기표적인 기호계(기호체제)들은 양자 모두 자본주의적 탈영토화와 재영토화의 과정을 통제하는 데 있어서 결정적 역할을 수행한다. 왜냐하면 그것들이 주체화와 탈주체화 과정의 조정과 수정, 촉진과 배치, 안정화를 가능케 하기 때문이다."(SM, p66/기기, 95쪽) 요컨대 자본주의 기호체제는 기호조작을 통하여 주체성을 생산하고 가치를 포획함으로써 자본주의 체제의 핵심적 지배 장치로서의 역할을 수행한다.

자본주의와 주체성의 생산

주체성은 자본주의의 가장 중요한 상품이라고 할 수 있다. 주체성은 자본주의의 일차적 산물이다. 랏자라또는 주체성이 다른 모든 상품의 생산을 조건 짓고 그것에 관여한다고 본다(SM, p55/기기, 81쪽). "자본주의의 힘은 시장 법칙의 객관성에 있는 것이 아니라 경제와 주체성의 생산을 다양한 방식으로 절속하는 능력에 있다. …… 경제는 사회적 예속화와 기계적 노예화를 통해서 주체성을 함축하면서 동시에 착취한다."(SM, p220/기기, 327~8쪽) 기호계는 마르크스적 하부구조의 기능으로서 구체적이고 근본적인 하나의 상품인 주체성을 생산한다(SM, p100/기기, 145~6쪽 참조). 기호계는 단순히 사유를 정지시키거나 조작하는 마르크스적 상부구조로서의 이데올로기가 아니다. 우리는 주로 무의식에 작용하는 기호조작(操作, operation)과 주로 의식에 작용하는 이데올로기 조작(造作, manipulation or fabrication)의 차이를 언급한 바 있다. 그러나 무의식과 의식의 경계가 불분명하듯이 기호조작과 이데올로기 조작의 경계를 명확히 하는 것은 어려운 일이다.

　주체성 자본(capital of subjectivity)은 자본의 핵심 요소다. 주체의 양성, 즉 주체성 자본의 축적이 자본의 축적에 핵심적 요소가 된다. 포디즘 시대의 주체성 자본의 특성으로 완전고용, 평생직장, 노동윤리 등을 들 수 있다(SM, pp10~1/기기, 14쪽 참조). 과타리는 "교사, 정신과 의사(심리학자), 사회복지사, 언론인 등이 일하는 초근대적 산업(ultra-modern industry)은 다른 모든 산업과 사회활동에 필요한 주체라는 원료를 제공한다."(SM, p256에서 재인용)고 말한 바 있다. 포스트 포디즘 시대인 현대 자본주의하의 주체성 생산 과정에서는 생산주체, 생산물, 생산수단(생산요소)의 구분이 약화된다. 랏자라또는 미셸 푸코를 인용하면서 다음과 같이 말한다.

　"기계와 기호는 반드시 한 인간의 다른 인간에 대한 관계로만 배타적으로 이해되어서는 안 되는 '행동에 대한 행동(action sur une action)'이라는 방식으로 작용한다. 비인간적인 것은 행동의 조건 및 틀의 규정과 관련하여 정확히 인간처럼 기여한다. 우리는 늘 기계, 대상, 기호가 모두 '행위자'로 간주되어야 할 특정 집단, 특정 배치의 내부에서 행동한다. 그리고 인간은 기계와 동일한 방식으로 하나의 혼합물, '대상/주체의 두 얼굴을 가진' 하나의 실체다."(부통, 213쪽) "플랫폼 기업들, 여론조사 기관, 데이터뱅크, 시장조사, 마케팅 기관 등과 관련하여, 당신은 하나의 '주체'를 구성한다기보다는 차라리 정보의 소통과 교환을 위한 하나의 원천(원료)을 구성한다."(부통, 215쪽)

기호체제

들뢰즈와 과타리의 배치론에서 기호체제(régime de signes)는 언표행위라는 집단적 배치(agencement collectif d'énonciation), 즉 언표적 배치의 하나다. 언어를 포함한 모든 기호체제가 언표행위의 원천과 주체화의 초점을 구성한다(SM, p95/기기, 138쪽). 기호체제는 기표체제와 비기표체제로 나눌 수 있다.

기표체제(régime signifiant)는 기표작용적 체제 또는 기표적 기호계라고도 불린다. 언어·기표 중심적 기호계다. 기표(시니피앙, signifiant)는 다른 기호들을 지시하는 기호들이다. 어떤 기호이건 다른 기호의 기호가 된다(천고, 218쪽). 기표체제에서는 기호들은 체제를 통해서 작동하는 기표들일 뿐이다. 기표체제의 기호학은 의미작용(signification)의 기호학에 속한다. 기표와 그 내용이 해석, 지시, 의미화의 관계를 유지한다. 기호의 의미(meaning, signification)는 사전적 또는 명시적 의미다. 개념의 외연 또는 지시대상을 말한다. 이렇게 기표에 대응하는 개념들을 기의(시니피에, signifié)라고 한다. 의미작용은 기표와 기의의 관계를 통해 의미를 생산하는 작용이라고 할 수 있다.

후-기표체제(régime post-signifiant), 후-기표적 기호계가 있다. 주체화라는 기법에 의해 정의된다. 예속적 주체화를 의미한다. 들뢰즈와 과타리는 이를 기표체제의 편집증적 특성과 대비하여 정념적(passionnel) 체제로 규정한다. Passion이란 용어는 정념의 뜻과 함께 수동의 뜻도 가지고 있다. 칸트의 능동적인 구성적 주체와는 다른 예속적 주체의 구성되는 수동성을 가리킨다고 할 수 있다. 이러한 주체화의 체제 안에서는 기의-기표 관계는 더 이상 존재하지 않으며 언표행위의 주체와 언표의 주체만이 존재한다(천고, 247,250쪽 참조). 근대적 주체화 과정에서 언표행위의 주체가 언표의 주체로 밀려나면서 주체의 예속화가 진행된다. 의미작용의 기표체제와 주체화의 후-기표체제는 혼합체제로 작동하는 것이 통상적이다.

랏자라또에 의하면 "불변의 의미작용을 구축하는 것, 즉 기호계 사이에 등가성과 안정적 번역 가능성을 확립하는 것이 주체성 생산의 토대로 작용한다."(SM, p72/기기, 103쪽) 의미작용은 그것이 지시하는 대상과 그것을 이해하고 운반하는 인간적 주체가 필요하다. 즉 기표화를 통한 주체성의 생산은 기표체제를 내면화하고 그것에 길들여진 개체화한 주체와 대상의 명확한 구분을 전제로 한다. 기표체제는 개인에 초점을 맞추는 주체화의 벡터로 기능하는 것이다(SM, p68/기기, 98~9쪽 참조). 자본주의는 우월한 기표체제의 덧코드화를 통해 경제적 생산과 함께 관리, 지도, 조정, 통제될 수 있는 주체성의 생산도 기획한다.

비기표체제(régime asignifiant)는 비기표적 기호계 또는 탈기표적 기호계라고 불린다. 기계 중심적 기호계다. 인간·언어 중심적 세계에서 현대는 기계 중심적 세계로 진입하고 있다. 모든 배치를 기계로 보는 기계주의의 관점이 유력해지고 있다. 비기표적 기호(signes asignifiant, 영어 asignifying signs)는 다른 기호를 지시하는 대신 그 자체가 의미(sens, 영어 sense)를 생산한다. 기계주의하의 비기표체제에서는 주체와 대상, 인간과 비인간, 문화와 자연의 구분이 불가능하다. 비기표적 기호는 물질적 흐름에 직접적으로 작용한다. 재현이나 언어의 매개 없이 실재(reality)를 직접 표현한다. 표현에 있어서는 의미작용에서와 같은 기표와 기의의 안정적 대응관계는 존재하지 않는다. 도상(icon), 지표(index), 상징(symbol) 등으로 나눌 수 있다.

펠릭스 과타리는 비기표적 기호를 힘-기호(power signs)로서 논의한다. 과타리는 기표체제의 무력한 기호들과 비기표적 기호계를 구성하는 힘-기호들을 구별한다. 힘-기호들의 흐름은 실재의 흐름, 즉 물질적 과정에 직접 개입하여 질서를 부여하고 상황의 변화를 유도한다. 즉 과타리의 힘-기호는 하나의 잠재적 순수사건의 표현이다. 재현의 외부에서, 개체화된 주체의 지배와 통제 없이 기호와 사물은 독립적으로 상호 작용한다(과타리, 316쪽, 기기, 124쪽 참조). 과학, 예술, 정치경제학 등에서 기호기계는 적어도 부분적으로는 물질적 흐름에 직접적으로 작용한다(과타리, 294쪽). "모든 표현 또는 표현된 것은 내용에 끼워 넣어지고 개입한다. 내용을 표상하거나 지칭하기 위해서가 아니라 내용을 예견하고, 퇴보시키고, 지연시키거나 가속시키고, 분리하거나 결합하고, 또는 다르게 재단하기 위한 것이다."(천고, 169쪽) 랏자라또에 의하면 과타리의 "힘-기호들의 기호론적 기능은 '선택지'(optional matter, 선택사항)를 창출함으로써 아직 존재하지 않는 실재(reality), 즉 가능성들을 증식하면서 오직 잠재적으로만 존재하는 실재를 시뮬레이션하고 미리 생산하는 것이다."(SM, p86/기기, 124쪽) "(재현적인) 지식, 정보, 언어는 그 자체로는 가능성들을 창조하거나 선택지를 증식할 능력이 없다. ……이는 그것들이 주체성의 변이가 발생하는 실존적 영토들에 결코 도달하지 못한다는 의미다."(SM, p221/기기, 329쪽) "실재는 복수의 가능성들로서, '선택지'로서 우리의 행동 속에 현존한다."(SM, p63/기기, 91쪽) 가령 정치경제학에서 표현(언표적 배치)으로서의 비기표적인 힘-기호들은 내용(기계적 배치)으로서의 욕망적이고 기계적인 물질적 흐름에 직접적으로 작용하여 잠재적 실재의 생성과 주체성의 변이를 유발함으로써 '가능성의 경제'의 활성화로 연결된다.

기호의 구체적 사례로 화폐를 생각해 보자(SM, p85/기기, 121~3쪽 참조). 교환화폐로서의 화폐-기호는 재화와 용역의 일정량을 표상하는(represent) 하나의 기표로 작용한다. 반면 자본화폐 또는 신용화폐로서의 화폐-기호는 노동력, 자연, 사회에 대한 미래의 (잉여)가치 포획을 표현하는(express) 비기표적인 힘-기호로 작용한다. 자본과 신용은 어떤 것을 재현하는 대신에 그것을 예견하고 창조하고 주조하기 때문에 힘-기호인 것이다.

현대 경제에서 비기표체제의 작동 사례로 중요한 것이 지표화 (indexation)의 확산이다(부통, 223~4쪽 참조). 포스트 포디즘적 자본주 의하에서 기술적 기계의 측면과 기호의 측면에서의 이중적 탈영토 화의 확산은 새로운 공리계를 구축한다. 이 공리계하에서 기호는 모든 생산적 및 사회적 행동의 지표화를 실현한다. 지표는 가치의 측정, 포획을 위한 수량화를 가능케 한다. 지표화를 통해 노동가치 의 법칙이 아닌, 객관적이거나 주관적인 다양한 평가 원칙에 의하 여 모든 것이 평가 가능하게 된다. 이로써 자본의 포획 역량의 폭 발적 증가가 이루어진다. 지표(index)란 직접적으로 지각되지 않는 어떤 사실에 대하여 무엇인가를 알게 해 주는 직접적으로 지각되 는 사실이다(김석근, 124쪽). 인과성 또는 인접성을 특징으로 한다. 예컨대 연기는 불의 지표다. 물리적, 경제적, 의학적 따위의 증상 을 나타내는 것들도 지표가 된다. 온도, 시간, 주가지수, GDP, 통 계수치, 발진, 맥박, 방정식, 도표, 함수, 다이어그램, 컴퓨터 언어, 사회관계망이나 유튜브의 '좋아요(like)' 횟수 같은 것들이다(기기, 55~7쪽 참조). 컴퓨터 언어는 기술적 기계에, 통화 기호는 경제적 기 계에, 수학·역학 기호는 토목이나 건축에 직접 작용한다. 표상이나 형식화가 아닌 표현의 개입인 것이다. 랏자라또에 의하면 "경제의 위기 상황에서 비기표적 신용등급과 주가지수가 지배적 기준으로 등장했으며, 실제로 정부의 생사여탈을 결정하거나 피통치자를 억 압하는 사회적·경제적 프로그램을 강제했다."(기기, 58쪽) 들뢰즈와 과타리가 말한 것처럼 내용을 표상하거나 지칭하기 위해서가 아니라 내용을 예견하고, 퇴보시키고, 지연시키거나 가속시키고, 분리하거나 결합하고, 또는 다르게 재단하기 위한 힘-기호로서 지표는 작동한다. 예를 들어 중앙은행의 할인율 1% 상승은 신용경색으로 이어져 수많은 계획에 차질을 가져올 수 있다. 부동산가격 붕괴는 서브프라임 위기의 원인이 될 수 있다. 사회보험 적자가 복지지출 삭감의 주장을 강화할 수 있다. 수많은 지표들의 조합으로 경제적 담론과 법칙들이 도출될 수 있다. 들뢰즈와 과타리는 이러한 담론과 법칙들이 자본주의 공리계를 구성하는 것으로 논의를 전개한다. 자본주의가 발전할수록 공리계의 개방성과 유연성이 증가한다. 공리들의 제거와 부가의 반복에 의해서 현대의 새롭고 역동적인 '가능성의 경제'가 활성화된다. 자본주의 공리계에 대해서는 뒤에서 자세히 논의할 것이다.

기호체제의 작동

기호체제는 혼합체제로 작동한다. 모든 역사적 국면들은 혼합된 기호체제를 통해 작동된다. 들뢰즈와 과타리는 하나의 민족이나 역사의 어떤 국면에 하나의 기호체제를 대응시키지 않는다. 그러나 특정 체제의 상대적 우위는 인정한다(천고, 230쪽 참조). 분명 어느 국면이 어느 기호체제를 두드러지게 작동시키는 것은 사실이다(이정우2008, 128쪽). 기표체제와 비기표체제의 경계가 명확한 것도 아니다. 롤랑 바르트가 발전시킨 의미작용(signification)의 기호학에서도 기호의 의미를 외시의미(denotation) 외에도 함축의미(connotation)로 확장한다. 함축의미는 들뢰즈와 과타리의 기호체제론에서의 의미(sens)와 겹치는 부분이 있다. 요컨대 한 시대나 사회의 기호체제는 여러 체제가 혼합되어 있다. 그 체제에 의해 우리의 언어생활, 즉 언표행위는 기표화되고, 예속적이고 순응적으로 주체화된다. 그에 따라 우리의 담론 체계, 지식 체계가 결정된다. 궁극적으로 기호체제가 인간과 사회의 몸체인 기계적 배치와 상호 작용하여 하나의 완성된 사회체제가 형성된다.

모든 것이 기호가 될 수 있다고 했다. 그중에서도 기호체제의 작동에서는 특히 코드(code)가 중요하다. 코드화(codage)는 전형적인 기호학적 조작의 하나다(김석근, 194쪽). 약호라고도 불리는 코드는 사회의 규약과 관습 체계라고 할 수 있다. 코드란, 한 사회나 문화 내에 존재하는 모든 구성원들이 학습하게 되는 매우 복잡한 연상 양식으로서 사람들의 마음속에 들어 있는 비밀 '구조'(secret structure)인 것이다. 이런 관점에서 보면 문화는 사람들의 삶에서 중요한 역할을 하는 코드화 체계로 볼 수 있다. 사회화되는 것, 그리고 어떤 문화의 구성원이 된다는 것은 본질적으로 한 개인의 사회적 계급, 지리적 위치, 민족 집단 등과 밀접하게 연관된 코드들을 습득하는 것을 의미한다. 코드는 자신의 생각을 거르는 필터로 기능하여 사람들로 하여금 서로 다른 가치관과 세계관 등을 형성하게 하는 동인(動因)이다(버거, 55~6, 58쪽 참조). 불어 décodage는 기호 해독과 탈코드화라는 두 가지 의미를 가진다. 기호 해독은 무의식적으로 적용되는 숨은 코드를 찾아내 텍스트(기호들의 집합)의 의미를 해독하는 과정이다. 탈코드화는 코드의 작동을 해체하기이다. 코드와 대비되는 것으로 공리계(axiomatique)가 있다. 들뢰즈와 과타리가 사용하는 공리계는 자본주의의 기호조작에 의한 사회적 공리 체계를 말한다. 전(前)자본주의 사회체들의 코드들을 대체하며, 코드보다 개방적이고 유연하다.

기호조작

코드화 또는 공리계의 구축 등과 같은 기호체제의 작동이 중요한 이유는 방금 말한 것처럼 사람들로 하여금 서로 다른 가치관과 세계관 등을 형성하게 하는 동인(動因)이 된다는 것 때문이다. 우리는 이러한 동인으로서의 기호체제의 작동을 기호조작(記號操作, l'opération du signe)이라는 용어로 개념화할 수 있다. 기호조작은 기호를 수단으로 하여 사람의 의식과 무의식에 영향을 미치려는 모든 작업이라고 할 수 있다. 들뢰즈와 과타리의 용어로 말하면 기호조작은 하나의 언표적 배치의 생산이다. 미디어 조작을 포함하는 모든 상징적 조작과 지식의 생산, 지식의 조작까지 포함한다. 단일한 개념의 창조, 하나의 언표와 거대한 담론의 생산까지도 포함된다. 이데올로기, 지식, 더 나아가 문학과 같은 예술, 그리고 종교와 도덕 체계도 하나의 언표적 배치로 볼 수 있다. 미셸 푸코에 의하면 권력이 지식을 생산한다. 국가권력, 자본권력, 그리도 도처에 존재하는 미시적 권력 모두가 지식을 생산하며 기호를 조작한다.

기호조작이 하나의 언표적 배치(표현)를 구성해서 기계적 배치(힘, 욕망, 권력)와 상호 작용한다. 표현의 특질의 조작들이 욕망의 기계적 배치(agencements machiniques de désir), 즉 내용에 영향을 미치고 내용은 다시 표현에 간섭하고 침투한다. 배치론에서 기호체제는 욕망의 기계적 배치에 가장 큰 영향을 미치는 요인이다. 즉 그 사회의 욕망을 구성하고 그것에 영향을 미치는 가장 큰 요인인 것이다.

기호체제에 변화를 가져와 욕망을 조종하는 것이 기호조작의 기능이자 핵심 목표다. 욕망이 그 사회를 규정한다는 것이 들뢰즈와 과타리의 분열분석의 결론이다. 따라서 기호조작이 사회의 구성에 얼마나 중요한 영향을 미치는가는 아무리 강조해도 지나치지 않다. 욕망은 항상 생성과 변주의 과정에 있기 때문에 그 고정된 정체를 파악하는 것이 불가능하다. 그러나 우리는 그 욕망에 영향을 미침으로써 변형시키고 굴절시키고 조작할 수는 있다. 그 자체로 존재하는 잠재적 욕망은 항상 외부의 조건과 형식을 만나 상호 작용함으로써 하나의 현실적 실체로 구현된다. 그 조건이나 형식 중 대표적인 것이 기호체제다.

자본주의 기호조작을 예로 들어 보자. 욕망은 그 자체로 존재한다. 자본은 욕망을 욕망 그 자체로 내버려두지 않고 기호조작을 통해 그 욕망의 변형과 굴절을 시도한다. 욕망이 그 자체로 구현된다면 자본주의는 지속될 수 없거나 재생산될 수 없다. 자본주의는 기호조작을 통해 순수한 욕망을 결핍과 필요와 욕구로 굴절시켜 상품경제와 시장경제를 유지하고 인간의 본성을 자본이 요구하는 조건에 맞게 정형화한다. 이로써 자본주의 사회에 예속된 주체가 생산된다. 사람들을 물신주의, 소비주의, 지위 경쟁으로 몰아붙인다. 전 민중의 채무자화를 통한 부채경제가 실현된다. 임금노동은 자유로운 선택이 아닌 필수가 된다.

기호조작이 악용되는 사례들로는 여론 조작(造作, manipulation), 프레임 조작, 사이비과학, 정크사상, 정크과학(제이코비, 9장 참조) 같은 것들을 들 수 있다. 의도되고 왜곡된 기호조작의 시정은 확증편향에 의해 반대 증거의 제시만으로는 어려운 경우가 많다. 세계관과 가치관의 변경을 가져올 정도의 각성, 즉 욕망의 재배치가 필요하다. 충격적 사건이 필요할 수도 있을 것이다. 파국이 오기 전에 기호조작에서의 전쟁, 즉 기호전쟁에서 승리해야 한다. 기호전쟁에서의 큰 승부는 특히 입증이 어려운 사고실험이나 거대한 사회실험을 필요로 하는 상황에서의 논리 개발, 담론 전쟁이 될 것이다. 가령 기본소득 찬반론, 자본주의 붕괴론과 공산주의, 현실적으로 실험된 바 있는 레닌주의, 신자유주의 논리들과 같은 것들이다.

자본과 기호

자본은 뛰어난 기호조작자(operator)다. 자본의 기호조작에 의해 추상기계로서의 자본주의가 하나의 구체적 공리계를 이루게 된다. 자본주의의 공리들은 조작적인(opératoire, 영어 operative) 언표들이다 (MP, p577/천고, 884쪽). 들뢰즈와 과타리에 의하면 자본주의는 코드화 대신 공리화(axiomatization)에 의해 작동한다. 예를 들어 자본의 기호조작으로 신자유주의 부채주도성장, 금융혁신(증권화, 탈규제화), 주체성 생산 등의 공리들이 생산된다. 이로써 하나의 사회적 공리계가 성립한다. 자본을 경제학적 범주로 제한하는 것은 치명적 오류를 야기한다. 랏자라또에 의하면 "자본은 하나의 경제학적 범주로 환원 불가능하다. 왜냐하면 자본은 생산의 다양한 층위, 권력의 다양한 지층화 작용, 사회적 분절 작용의 다양성을 가로지르는 하나의 기호 권력처럼 작동하기 때문이다."(부통, 224쪽)

자본의 힘을 원천으로 하는 기호체제의 작동에 의해 자본주의적 가치화와 주체화가 이루어진다. 자본은 기호의 조작에 의해 욕망의 강도적(intensive) 가치(정동적 가치)와 사용가치를 끊임없이 교환가치의 영역으로 유도한다(과타리, 326~7쪽 참조). 풍요 속에 결핍을 도입하는 과정이라고 할 수 있다. 여기서 우리는 모든 가치들의 경계가 무너지고 자본에 의한 가치 포획의 무한한 가능성이 드러나는 것을 볼 수 있다. 과타리는 말한다.

"우리가 제기해야만 하는 문제는, 욕망이 생산한 것(꿈, 사랑 행위, 실현된 유토피아)이 자동차나 주방 기구와 같이 상업적으로 생산된 것과 사회적 구도에서 동일한 가치를 획득할 수 있는가이다. 모든 것의 가치는 가변자본과 고정자본의 조합뿐만 아니라 훨씬 더 근본적으로 욕망이 받아들이는 것과 거부하는 것의 경계선과의 관계에 달려 있다."(앞의 책, 35쪽)

가치의 포획, 즉 전유 및 평가·비교에 의한 이윤의 창출과 자본주의적 주체성의 생산은 불가분의 관계에 있다. 이러한 관계의 형성에서 기호체제가 핵심적 역할을 한다. 근대의 의미작용 기계는 타자(자연, 사물, 우주)를 대상으로 환원함으로써 모든 주체성과 표현성을 인간에 집중시킨다(기기, 112쪽). 이것이 근대 경제학의 바탕을 이룬다. 그러나 현대의 비기표적 기호 기계는 주체와 대상, 문화와 자연의 구분을 탈피함으로써 주체성 생산과 욕망적 생산의 경계를 지속적으로 파괴한다. 사회적 생산(자본주의적 생산)의 욕망적 생산에 대한 지속적 포획 또는 욕망적 생산으로의 지속적 침투가 이루어지는 것이다. 과타리에 의하면 "비기표적 기호계에 의한 기계주의의 설립은 기술적, 과학적, 예술적, 혁명적 따위의 다양한 탈영토화 과정과 연결되며, …… 이것은 비기표적 기호계들 전체와 그것들의 기계적 잉여가치를 향한 욕망적 생산의 지속적 확장을 의미한다."(과타리, 296쪽) 이러한 현상들에 대한 대응으로 탄생한 것이 탈근대 경제학이다.

현대 자본주의의 기호체제하에서 기계적 노예화가 극단화하고 있다. 현대 자본주의는 기표적·언어적 기호조작을 통한 사회적 예속화를 넘어 비기표적 기호계의 조작을 통한 기계적 노예화에 의해 자본의 지배를 공고히 하고 있다. 랏자라또는 기계적 노예화가 전(前)개체적 주체성을 생산함으로써 정동들, 리듬들, 운동들, 지속들, 강도들, 비기표적 기호계들을 착취한다(SM, p102/기기, 148쪽)고 주장한다. 탈근대적 포스트 포디즘은 테크놀로지의 탈영토화와 기호 자체(특히 언어)의 탈코드화를 특징으로 갖는다(부통, 220쪽). 기호는 기표/기의의 이원론을 탈피하여 비기표적 기호로 기능한다. 앞서 예로 든 것처럼 화폐는 교환화폐로서 기표효과를 갖기도 하지만, 그 고유한 기능은 자본화폐와 신용화폐처럼 의미작용(signification)으로 환원되지 않는 새로운 기호체제를 작동시킨다(부통, 220쪽 참조).

결론적으로 현대 자본주의 사회에서는 자본의 기호조작에 대한 통찰이 무엇보다 중요하다. 기호조작은 자본의 포획력 증가를 위한 필수 요건이다. 현대 경제에서는 기호의 생산, 분배, 소비 과정을 자본이 장악했다. 대학 기업화, 언론 기업화, 사립교육 강화, 문화산업의 육성 등이 모두 자본의 기호전쟁을 위한 무기들이다. 자본의 민주적 통제를 위한 기호전쟁이 불가피하다. 오늘날 자본의 지식 조작에 대응한 전쟁이 기호전쟁의 핵심이다. 민주 세력이 기호의 생산, 분배, 소비 모든 과정에서 대항력을 길러야 한다. 대학 개혁을 비롯한 교육 민주화, 언론 민주화가 시급하다. 이를 통해 문화 민주화를 포함한 사회 전체의 민주화가 이루어질 수 있다. 지식의 왜곡된 조작을 일삼는 지식인 사회의 혁신과 각성이 필수다. 우리는 자본의 나팔수를 자처하는 지식인과 전문가들과의 대결에서 승리해야 한다.

4.
자본주의와 가치의 포획

코드의 잉여가치

코드의 잉여가치는 기계와 기계의 만남으로 욕망적 기계들 간의 절속(絶續, articulation)이 이루어질 때 창출된다. 들뢰즈와 과타리에 의하면 "기계의 한 부분이 자기 고유의 코드 속에 다른 기계의 코드의 파편을 포획하고 그럼으로써 이 다른 기계의 한 부분 덕에 자신을 재생산할 때가 그때"(안오, 477쪽)를 가리킨다. "각 코드는 다른 코드들의 파편을 포획하여 그 파편들에서 잉여가치를 끌어온다."(안오, 78쪽) 서양란의 말벌-되기와 말벌의 서양란-되기가 그 예다. 서양란은 자신의 꽃에 암컷 말벌의 모습과 향을 지님으로써 수컷 말벌을 가로챈다(천고, 25쪽 참조). 기호체제의 차원에서 보면, 혼합된 기호체제하에서 각각의 기호계는 하나 또는 여러 다른 기호계들의 파편들을 강제로 포획함으로써 자신의 재생산을, 새로운 되기를 이룬다(천고, 260~1쪽 참조).

원시 영토기계, 야만 전제군주기계와 같은 전(前)자본주의 사회 체들은 코드의 잉여가치, 즉 코드 또는 덧코드화 체계하의 잉여가 치를 취득한다. 고대의 제국적 국가에서는 덧코드화에 의해 잉여 의 축적과 흡수 또는 실현이 이루어진다. 원시적 토지의 코드화 위 에 전제군주라는 초월적 심급의 초코드화가 덧대어지는 것이다. 고대국가는 농업에서 잉여를 축적하고 군대와 관료기구 그리고 장 인과 상인들이 이 잉여를 흡수하면서 유지된다.

코드의 잉여가치에서 흐름의 잉여가치로

문명 자본주의기계 또는 자본주의 사회체는 포획의 중심이 '코드 의 잉여가치에서 흐름의 잉여가치로' 이동한다. 흐름의 잉여가치 는 탈코드화와 탈영토화의 흐름들의 잉여가치다. 자본주의기계는 탈코드화된 흐름들로부터 가치를 취득한다. 들뢰즈 경제학에서의 생산의 주체는 의식적 인간을 초월한 비인간적 무의식이다. 들뢰 즈 경제학에서의 생산은 무의식의 자기생산, 순환적 재생산에 의 해 도출되는 생성 또는 되기로서의 의미를 가진다. 이 경우 가치와 잉여노동을 전제로 하는 잉여가치의 식별은 불가능하고 불필요해 진다고 했다. 요컨대 들뢰즈 경제학이 바라보는 자본주의 체제는 탈코드화와 탈영토화의 흐름들로부터 가치를 포획하는 체제다.

탈코드화는 코드의 내재적 특성이다. 영토성과 탈영토화가 표리의 관계에 있듯이 하나의 코드는 그것에 내재하는 탈코드화 과정과 분리할 수 없다. 코드에는 늘 탈코드화의 여백이 존재한다. 들뢰즈와 과타리에 의하면 "그 어떤 코드이건 탈코드화의 여백에 의해 변화된다."(천고, 110쪽) "모든 코드는 자유롭게 변이될 수 있는 덤(supplément)을 갖고 있다."(천고, 109쪽) 가령 "고대국가는 덧코드화를 행할 때는 반드시 동시에 이로부터 벗어나는 다량의 탈코드화된 흐름을 만들어 낸다."(천고, 861쪽) 즉 고대의 전제적 국가에 있어서도 국가의 덧코드화 자체가 이것을 벗어나는 새로운 흐름을 유발하는 것이다. 대토목공사를 일으킬 때마다 국가는 반드시 독립적인 노동의 흐름을 관료기구로부터 파생시키고, 화폐 형태로 세금을 부과할 때는 반드시 교역과 은행 등에서의 화폐의 다른 역량을 발생시키는 흐름을 만들어 내고, 국가의 공유(公有)체계는 반드시 이 체계와 함께 사유(私有)체계의 흐름을 생겨나게 한다(천고, 862쪽 참조). 고대국가는 이러한 흐름들을 따라 진화하게 되고 결국은 이전과는 전혀 다른 국가의 극이 등장하게 되는데, 이 국가의 새로운 임무는 기존의 코드화된 흐름을 덧코드화하는 것이 아니라 탈코드화된 흐름들의 접합접속 혹은 결합을 조직하는 것이다(천고, 865,866쪽 참조). 가치의 포획은 이제 코드로부터 이루어지는 것이 아니라 탈코드화된 흐름들로부터 이루어진다. 고대국가의 굴레에 얽매어 있던 장인과 상인들은 훨씬 더 자유로운 조건하에서 새로운 흐름을 만들어내고 이 흐름들로부터 새로운 가치를 창출한다. 이렇게 진화한 새로운 국가들이 자본주의기계의 실현모델들이다.

자본주의는 탈코드화된 흐름들의 결합으로부터 가치를 생산해내는 체제다. 자본주의 공리계는 이러한 흐름들의 전면적 결합을 의미하며(천고, 880쪽 참조), 흐름의 잉여가치 획득을 유지하기 위한 자본주의 수호 장치다. 재영토화 장치로서의 공리계 내에서 탈코드화와 탈영토화는 변수들의 연속적 변이로서 표현된다. 변수 자체의 변이와 생성 그리고 변수들 간의 관계들의 변이와 생성들이 탈코화와 탈영토화의 흐름들이다. 코드화와 덧코드화와는 달리 공리계의 개방성과 유연성으로 말미암아 자본주의 사회체는 공리의 추가나 제거를 통해 새로운 변수들 간의 새로운 관계가 성립하는 과정에서 발생하는 가치를 포획한다.

가능성의 경제의 실현

자본주의 공리계는 하나의 거대한 포획장치다. 랏자라또는 자본주의를 특징짓는 것은 '전유를 위한 전유'라고 한다. 그리고 자본주의는 이를 위해 생산을 포함한 가히 모든 것을 희생시킬 준비가 되어 있다고 한다(부통, 173~4쪽 참조). 자본에 있어 생산의 극대화보다는 이윤의 극대화가 우선이다. 이를 위한 포획 가능성의 전방위적 확산이 현대 자본주의의 흐름이다.

노동과 일로서의 인간 활동을 넘어 광범위한 영역을 포함하는 자유로운 행동에 대한 관심이 증가하고 있다. 들뢰즈와 과타리의 자유로운 행동 모델에 의해 인간 활동을 바라볼 필요가 증가하고 있는 것이다. 자유로운 행동이 가치 창출에 기여할 기회가 더욱더 많아지고, 비노동으로서의 여가가 아니라 노동으로부터 독립한 새로운 활동양식으로서의 자유로운 행동이 새로운 산업을 유발할 기회가 증가하고 있다. 또한 오늘날 자본의 탈영토화는 불변자본과 가변자본, 고정자본과 유동자본의 구별을 상대화한다. 들뢰즈와 과타리의 표현대로 말하자면 영토화된 홈패인 자본과 탈영토화하는 매끈한 자본 간의 구별만이 본질적이다(천고, 938쪽 참조). 자동화를 넘어 정보화의 혁신이 자본의 탈영토화를 가속화한다. 정보의 양방향 교환이 가능해져 대중의 활동이 자본의 증식에 점점 더 중요한 요소로 작용한다. 이 과정에서 빅데이터에 기반을 둔 산업이 발전하고, 생산·유통·소비의 네트워크화로 새로운 가치 창출의 여지가 급속히 증가한다.

결과적으로 가치 창출의 사회화가 급속히 진행된다. 자본의 가치 창출, 즉 자본의 자기증식, 재생산의 수단이 극도로 다양화되는 동시에 사회화된다. 가치 생산의 원천이 사회 전체로 확대되는 것이다. 들뢰즈의 비인간주의와 기계주의 그리고 내재적 세계관을 토대로 하는 들뢰즈 경제학에 의하면 생산자, 생산수단, 생산물 사이의 구분이 모호해짐과 함께 자본과 노동과 인간의 다른 활동 사이의 식별 불가능성도 증가한다. 과학과 정보기술의 극도의 발전을 특징으로 하는 탈근대적 현대 사회에서의 가치 창출의 원천은 사회 전체, 자연 전체가 된다. "기관 없는 몸체가 자신을 재생산하듯, 자본은 잉여가치를 생산하고, 싹이 터서, 우주 끝까지 뻗어나간다."(안오, 36쪽)는 들뢰즈와 과타리의 표현이 오늘날 과한 말이 아님이 입증되고 있다. 효율성의 경제에서 가능성의 경제로의 패러다임 전환의 실현이다.

정리

현대는 경계 소멸의 시대다. 현대와 같은 탈근대 사회에서는 생산자, 생산수단, 생산물 사이의 구분이 불명확하다. 노동과 자유로운 행동의 구분도 어렵다. 소진되는 동력원으로서 자신의 지속적 갱신을 위한 노동인 것인지, 소진되는 일 없이 자아의 실현을 위한 동력원으로서의 자유로운 행동인지 구분하기가 불가능해지는 영역이 급격히 증가한다.

자유로운 행동 모델의 관점에서 비물질노동이나 정동적 노동 개념들도 이해할 수 있다. 지식, 정보, 소통, 정동 등의 비물질적 생산물 또는 노동 과정의 비물질적 특성에 의해 규정되는 것이 비물질노동(immaterial labor)이다. 정동적 노동(affective labor)은 돌봄노동, 연예활동, 문화활동과 같이 행복, 만족, 열정, 건강함 등의 역량의 증대를 가져오는 활동을 일컫는다.

요컨대 오늘날 현대 자본주의하에서는 끊임없는 탈영토화와 탈코드화로 인한 흐름들의 결합으로 가치의 생산과 포획이 가능한 영역이 무한히 확장되고 있다. 가히 현대 경제는 욕망경제학으로서의 들뢰즈 경제학이 주장하는 '가능성의 경제'라고 할 수 있다.

5.
자본주의 공리계

공리계

자본주의는 내재성의 평면 위에서 작동한다(하트, 445쪽 참조). 마르크스가 말했듯이 자본주의는 내재적 법칙에 의해 작동하는 것이다. 내재적 모순과 그것의 지양으로 자본주의는 발전한다. 궁극적 귀결점은 마르크스의 자본주의와 다르지만 들뢰즈와 과타리가 생각하는 자본주의도 탈영토화와 재영토화를 반복하며 내재적으로 발전해 간다. 존재의 이중운동에 의해 모든 탈영토화는 재영토화를 내포한다. 들뢰즈와 과타리에 의하면 자본주의의 재영토화는 코드화나 덧코드화의 과정보다 공리계의 형태로 진행된다. "자본주의는 탈코드화된 흐름을 위한 일반 공리계와 함께 형성된다."(천고, 869쪽) 덧코드화는 초재적이지만 공리계는 내재적이다. 자본주의의 운동은 자본주의 공리계의 내재적 운동에 의해 설명된다.

수학적으로 공리계(axiomatique)는 변수들 사이의 고정된 관계를 설정하는 개방된 등식들의 집합이다. 공리계는 몇 개의 공리들과 그로부터 연역적으로 추론되는 명제 혹은 정리들로 이루어지는 공리적 연역 체계다. 유클리드 기하학 체계가 가장 대표적인 공리계의 사례다. 공리계는 불완전하다. 이 점이 자본주의를 하나의 공리계로 바라보는 들뢰즈와 과타리의 자본주의 분석에 있어 대단히 중요하다. 사회적 공리계는 물론 유클리드 기하학과 같은 수학적 공리계도 마찬가지다. 괴델의 불완전성정리(incompleteness theorem)가 그것을 입증한다.

　어떤 공리계가 완전하다는 것은 그 체계에서 참인(무모순인) 명제는 모두 그 체계의 공리들로부터 연역(증명)될 수 있다는 뜻이다. 반대로 어떤 공리계가 불완전하다는 것은 그 체계 내에서 증명될 수 없는 참인 명제가 있다는 뜻이다. 불완전성정리는 어떤 무모순적인 공리계도 완전할 수 없다는 것이다. 하나의 공리계 내에서 정합성(consistency)과 완전성(completeness)은 양립할 수 없다는 것이다. 들뢰즈와 과타리는 불완전성정리를 공리계가 '결정 불가능한 명제'(천고, 903쪽)를 가진다는 것으로 설명한다. 결정 불가능한 명제는 그 체계의 공리들만으로는 증명도 반증도 할 수 없는 명제다. '진리(실재)는 증명보다 크다'는 말로도 표현되는 이 정리는 기존 체계의 논리로는 설명할 수 없는 현상이 체계 내에 존재함을 의미한다. 즉 하나의 공리적 연역 체계가 그 체계 자체에 의해서는 설명할 수 없는 현상을 포함하고 있다는 것이다. 이 현상을 설명하기 위해서는 새로운 공리가 추가되거나 기존의 공리가 제거되거나 함으로써 새로운 공리계로의 변화가 필요하다. 이렇게 형성된 새로운 공리계도 괴델의 정리에 의하면 불완전하기는 마찬가지다.

공리의 추가와 제거의 과정을 거치며 학문이 발전한다. 유클리드 기하학이 비유클리드 기하학으로 발전하고, 뉴턴 역학이 상대성이론과 양자역학으로 발전하는 것이 그러한 과정이다. 이러한 논리는 비단 수학과 물리학 같은 자연과학이나 논리학에만 적용되는 것이 아니라 논리적 사유를 기본으로 하는 경제학이나 법학 등의 인문사회과학에도 적용될 수 있다.

자본주의 사회공리계

자본주의 공리계는 조작적 언표들로 이루어진 사회적 공리계의 하나다. 들뢰즈와 과타리에 의하면 자본주의의 공리들은 사회적 공리계의 구성 요소들로서, 과학적 공리계에서의 정리적 명제나 이데올로기적 공식이 아니라, '자본'의 기호론적 형태를 만들고 생산, 유통, 소비의 배치의 성분으로 들어가는 조작적인(opératoire, 영어 operative) 언표들이다(MP, p577/천고, 884쪽). 마르크스의 상부구조에 해당하는 이데올로기가 아니라 하부구조의 일부라고 할 수 있다.

공리계는 코드와 구별해야 한다. 자본주의기계의 재영토화 장치인 공리계는 전(前)자본주의 사회체의 코드와 덧코드와 같은 초재적 성격이 아닌 내재적 성격을 갖는다. 기본적으로 하나의 공리계가 성립되는 과정은 하나의 공리화가 이루어지는 층화의 한 예다.

들뢰즈와 과타리에 의하면 "공리론은 과학의 첨점이 아니라 정지점으로서 질서를 재편하면서 수학적으로 또 물리적으로 탈코드화된 기호의 흐름이 사방으로 이탈하는 것을 막으려 한다."(천고, 883~4쪽) 그러나 공리계는 고정된 진술의 계열들이 아니라 변수들의 등식의 집합이라는 점에서 정확히 내재적이다. 변수들은 모두 고정된 관계에 따라 서로 영향을 주고받는 내생변수가 된다. 초재적인 외생변수는 없다. 자본주의는 이처럼 내재적 법칙에 따라 운동한다. 자본주의의 내재성은 자본주의 공리계의 내재성으로 설명된다.

자본주의 공리계도 공리계인 이상 괴델의 불완전성정리에 의거하여 결정 불가능한 명제를 갖는다. 들뢰즈와 과타리는 "자본주의는 끊임없이 스스로의 한계를 설정한 다음 다시 이것을 더 멀리 밀어내지만 이와 동시에 이 공리계를 벗어나는 온갖 종류의 흐름들을 사방으로 발생시킨다."(천고, 902쪽)고 말한다. 이 흐름들이 결정 불가능한 명제의 존재를 가리킨다. 이것이 혁명적 결정인들의 맹아이며 장(場)으로서 이 명제와 이러한 흐름들의 운동은 모든 사람들의 소수자-되기에 무기를 제공한다(천고, 903쪽 참조). 이 대목은 자본주의 분석의 요체를 보여준다. 자본주의기계의 독특한 성질과 그것의 지속성, 그리고 자본의 지배로부터의 해방이라는 핵심적 문제들의 결론을 압축하고 있다.

"들뢰즈와 과타리가 자본주의기계, 자본주의 사회체를 하나의 공리계로 본다는 것은 자본주의 체제에도 괴델의 불완전성정리가 적용된다는 것을 의미하는 것이고, 이는 자본주의 체제 자체가 불완전하다는 것을 인정하는 동시에 공리의 추가 혹은 제거를 통하여 새로운 모습으로 그 체제가 지속적으로 확장, 변형될 수 있음을 인정하는 것이다. 괴델의 불완전성정리는 들뢰즈와 과타리의 자본주의 공리계의 개방성의 논리적 근거가 된다. 요컨대 공리계로서의 자본주의기계는 내재적이고 개방적이며 유연하다."(강윤호2018, 436쪽)

공리계는 새로운 공리가 끊임없이 덧붙여질 수 있다는 의미에서 개방적이다. 공리계의 개방성은 문제들에 대해서 다양하고 유연한 해결책을 제시할 수 있다는 것을 의미한다. 자본주의의 영속적인 탈영토화 흐름들의 다양한 공리계적 결합의 가능성을 말하는 것이다. 들뢰즈와 과타리에 의하면 흐름의 연결접속 혹은 연접(connex-ion)은 탈코드화되고 탈영토화된 흐름들이 서로를 활성화하고 흐름들 공통의 탈주를 촉진시키고 흐름들의 양자들을 더하거나 자극하는 방식이다. 반면 흐름들의 결합(conjonction, conjugaison)은 흐름들의 상대적인 정지를 가리키는 말로써 이 정지는 탈주선을 봉쇄하거나 가로막고 일반적인 재영토화를 수행할 뿐만 아니라 흐름들을 덧코드화할 수 있는 여러 흐름들 중 한 흐름의 영역으로 흐름들을 지나가게 하는 것이다(천고, 419~20쪽). 연결접속은 리좀을 형성하고 결합은 하나의 수목형 체계를 구성한다(천고, 797쪽 참조). 공리화는 흐름들을 결합시키는 하나의 층화로서 이에 맞서는 다양한 흐름의 연결접속의 시도들은 하나하나 모두 혁명적인 것들이다(천고, 903,

904쪽 참조).

앞서 전통 경제학을 비판하면서 본 것처럼 경제학의 법칙들은 법칙이라기보다 정치적 공리들인 경우가 많다. 특히 신자유주의 하에서 공리계를 발화한 것은 금융·은행제도, 국가를 자신의 일부분으로 통합하는 초국가적 정치 제도들이었다(부통, 174쪽)는 랏자라또의 주장은 매우 적확한 지적이다. 가령 '감세는 성장을 촉진한다.'라는 언표는 증명 없이 하나의 진리, 공리처럼 수용되었다(부통, 177쪽 참조).

반생산

자본주의 공리계의 내재적 과정은 크게 가치를 창출하는 생산의 과정과 생산된 가치를 흡수하는 반생산(anti-production)의 과정으로 나뉜다. 반생산은 욕망적 생산에 반하는 생산을 일컫는 용어다. 반생산은 욕망에 의해 생산된 가치를 흡수하면서 욕망적 생산에 대한 억압 또는 통제의 역할을 수행함으로써 그 사회체의 유지에 기여한다. 욕망에 대한 사회체들의 억압장치가 반생산이다.

사회체 자체가 반생산 장치라고 할 수 있다. 전(前)자본주의 경제는 코드와 초코드의 초재성이 지배한다. 코드의 잉여가치를 포획하는 체제다. 반생산의 심급으로서의 사회체는 코드의 형식으로 기입되는 경제외적 요인들이 경제를 전유하는 형태로 잉여가치 실현 및 흡수가 이루어진다(안오, 419쪽 참조). 자본주의 경제는 공리계의 내재성에 의해 운영된다. 자본이라는 몸체 또는 사회체는 경제 외적 요인들의 개입 없이 직접적으로 경제적 심급으로서 자신을 형성한다. 반생산 장치는 초재적이기를 그치고 생산 전체를 관통하여 그것과 외연이 같아진다(안오, 422쪽 참조). 자본주의 사회체에서의 반생산 장치는 생산 장치 내부에 주입되어 잉여가치의 방출을 보증하는 한편, 다른 한편으로는 잉여가치를 흡수하거나 실현한다(안오, 402, 399쪽 참조). 도처에서 생산 기계에 스며들어 이 기계와 밀접하게 맺어져 그 생산성을 조절하고 그 잉여가치를 실현한다. 이렇게 내재적으로 작동하는 반생산의 양상은 생산 내부에 자본주의 국가를 위치시킨다. 결과적으로 사회적 생산, 즉 자본주의적 생산이 곧 경제적 생산으로 수렴된다. 자본은 이제 사회체 자체로서 기호의 조작자, 주체화의 점, 탈영토화의 첨점으로 기능하면서 그 자신이 직접적으로 생산과 반생산 장치로 작동하고, 더 나아가 사회체와 그 외부 극한과의 연결, 즉 욕망적 생산 자체로까지 포획의 확장을 시도한다.

반생산 장치의 유출(effusion)은 자본주의 체계 전체의 특징(안오, 400쪽)이라는 것이 들뢰즈와 과타리의 생각이다. 자본주의적 유출은 그 과정의 모든 수준에서 생산 내에서의 반생산의 유출이라는 것이다. 이 반생산의 유출만이 자본주의의 최고 목표를 실현한다. 그것은 반생산이 과잉 자원을 흡수함으로써 '언제나 너무 많이 있는 곳에 결핍(풍요 속에 빈곤)을 도입'하는 것이다. 자본주의는 부의 수준과 상관없이 착취와 지배의 조건, 즉 결핍의 조건을 무한히 재생산한다. 랏자라또에 의하면 21세기 초의 시점에서 볼 때, 지난

30년간 서구의 GDP는 두 배로 늘어났지만 사회, 경제, 정치적 불평등은 더욱 심화되었다(IM, p154/부인, 211쪽 참조). 반생산과 관련된 사례를 몇 개 들어 보자.

반생산 장치의 사례로는 초재적 덧코드화 장치인 전제군주 관료제와 내재적으로 작동하는 공리의 하나로서 자본주의 관료제를 들 수 있다. 전자는 영토적 흐름들을 초코드화 또는 덧코드화하는 것이 문제인 반면, 후자는 탈코드화된 흐름들을 재영토화하는 것이 문제다(안오, 400, 440쪽 참조). 관료제 외에도 군사 기구, 경찰 기구와 같은 자본주의 국가의 작용은 자본주의 공리계의 한 축을 담당하고 있다. 그것들이 경제 자체에 기초를 두게 되고, 경제 자체는 욕망의 탄압의 리비도 투자들을 직접 생산하는 그런 방식으로, 잉여가치의 실현 내지 흡수로서의 반생산이 생산 속에 스며든다(안오, 614쪽 참조). 들뢰즈와 과타리에 의하면 "자본주의기계가 여러 흐름들에서 잉여가치를 추출해 내기 위해 이 흐름들을 탈코드화하고 공리화함으로써 탈영토화하면 할수록, 관료 조직과 경찰 기구 같은 자본주의의 부속 장치들은 잉여가치의 증대하는 몫을 흡수하면서 더욱더 재영토화한다."(안오, 71~2쪽)

부채도 반생산 장치가 될 수 있다. 부채경제에서의 부채의 파괴적 권력은 현대 자본주의에서의 반생산 장치 중 하나라는 것이 랏자라또의 생각이다(IM, p157/부인, 215쪽 참조). 현대 사회의 핵심적 주체화의 점으로서의 부채는 잉여가치를 흡수하고 실현하면서 동시에 자본주의 체제 유지를 위한 통제와 억압을 수행하는 전형적 반생산 장치다. 부채경제에 대해서는 뒤에서 더 자세히 논할 것이다.

인지자본주의는 들뢰즈와 과타리의 반생산의 관점에서 비판될 수 있다. 권력-지식 관계의 차원에서 인지적 박탈(cognitive divestments)에 의해 순응적 주체성이 주조된다. 지식사회, 문화자본주의, 인지자본주의의 반생산과 같은 현대의 반생산, 즉 욕망적 생산에 대한 반동적 흐름은 국민 대다수의 경제적 빈곤화와 더불어 주체의 파국을 야기한다. 반생산은 지식자본 및 그 흐름을 어리석음의 자본 및 그 흐름과 중복시킴으로써 집단들과 개인들을 체계에 확실히 통합한다. 과잉 속에 결핍이 있을 뿐만 아니라 지식과 과학 한가운데 우매함이 존재한다. 과학·기술 지식의 가장 진보적 부문들이 의고주의적인 국가와 군대의 층위와 연결된다(안오, 400쪽, IM, pp154~5/부인, 211~2쪽 참조). 랏자라또의 말을 들어보자.

"오늘날 자본주의에서 반생산은 도처에 만연하고 있다. '인지적 생산' 속에서 특히 그러하다. 인지적 생산은 풍요 속에 결핍을 도입한다. 즉 진정한 의미에서 인지적 생산은 자본주의 논리에 부합하지 않는 지식, 문화, 이해의 파괴를 수행한다. 지식사회가 수행하는 교육, 연구, 문화, 예술 등 모든 곳에서의 '인지적 박탈'은 사유화, 경쟁, 위계화, 수익성, 기업가 정신을 요구하는 권력을 작동시킨다. 인지적 박탈은 반생산 프로그램의 일부로서 지식, 이해, 문화의 동질화와 표준화를 목표로 한다."(SM, p222/기기, 330쪽)

들뢰즈와 과타리는 앙드레 고르의 묘사에서 과학기술 노동자의 이중적 형상을 볼 수 있다고 한다. 그 묘사에서 과학기술 노동자인

"그는 지식, 정보, 학습의 흐름을 정복했지만, 그럼에도 불구하고 자본에 흡수된다. …… 과학자에게는 혁명의 잠재력이 없다. 그는 체계를 통합하는 통합의 행위자이고, 양심의 가책의 은신처이며, 자신의 창조성을 강제로 파괴하는 자다."(안오, 400~1쪽, SM, p277) 체제에 영합하는 지식인의 모습을 적절히 묘사하고 있다. 지식사회, 문화자본주의, 인지자본주의와 같은 현란한 기호조작에 대응하여 주체의 자각을 위한 기호전쟁의 필요성이 자본주의가 심화할수록 더욱더 증가한다고 볼 수 있다.

자본주의의 양의성

지금까지 논의한 바에 의하면, 들뢰즈와 과타리의 자본주의는 탈코드화되고 탈영토화된 모든 흐름들의 결합이고, 결합(접합접속, conjonction)은 탈영토화된 흐름의 계열들이 수렴하여 서로 합쳐져 재영토화를 이루는 것이다. 자본주의에서의 재영토화는 새로운 공리화, 즉 새로운 공리계의 설립이다. 공리화의 과정은 이처럼 자본주의의 양의성(兩義性)을 보여준다. 자본의 양가적인 독특한 기능, 즉 탈영토화의 첨점으로서의 기능과 주체화의 점으로서의 기능이 추상기계를 변이의 추상기계와 덧코드화의 추상기계로 각각 작동시킴으로써 자본주의의 탈영토화와 재영토화의 상반된 경향성을 야기한다. 자본주의는 자신의 경향성을 가속하는 동시에 끊임없이 이 경향성을 반대하고 금지한다. 자본주의는 자신의 극한으로 향하는 동시에 끊임없이 이 극한을 억지한다.

들뢰즈와 과타리에 의하면 "흐름들의 탈코드화, 사회체의 탈영토화는 자본주의의 가장 본질적 경향이다."(안오, 70쪽) 전(前)자본주의 사회체가 코드와 초코드화에 의해 그 본질이 유지되었던 것과는 달리 자본주의 사회기계 혹은 사회체는 그 사회체 자체의 고정된 본질이나 정체성이 오래 지속될 수 없는, 탈영토화가 끊임없이 일상화된 사회체다. 다른 한편, 자본주의기계는 사회장 전체를 포괄하는 코드를 제공할 능력이 없다(안오, 69,70쪽 참조). 대신 공리계라는 흐름들의 내부화 장치가 재코드화를 대체한다. 이 두 가지 특성이 자본주의의 상반된 경향성이다. 들뢰즈와 과타리는 마르크스주의의 상반된 경향의 법칙을 이런 방식으로 재해석했다.

"마르크스는 이윤율의 경향적 저하와 잉여가치의 절대량 증가라는 이중운동을 상반된 경향의 법칙이라 불렀다. 이 법칙의 따름정리로서, 흐름들의 탈코드화 내지 탈영토화와 이 흐름들의 격렬하고 인조적인 재영토화라는 이중운동이 있다."(안오, 71쪽)

"자본주의는 자기가 한 손으로 탈코드화하는 것을 다른 손으로 공리화한다."(안오, 416쪽)

정리

자본주의 공리계에 대한 논의가 들뢰즈와 과타리의 자본주의 분석의 핵심을 이룬다. 자본주의 공리계의 운동이 자본주의의 모든 것을 설명한다.

공리계의 특징은 내재성과 개방성이다. 자본주의 공리계가 개방적이라는 것은 자본주의가 내재적으로 발전해가는 과정에서 어떤 한계에 직면할 경우 새로운 공리의 추가에 의해 그 한계를 언제든지 극복할 수 있다는 것이다. 그 극복의 방법은 가치 생산과 포획의 새로운 수단과 방법을 제시함으로써 자본주의 자체의 내재적 한계를 더 바깥으로 밀쳐내는 것이다. 가령 이윤율의 경향적 저하라는 공리에 자본의 중심부에서 주변부로의 이전이라는 공리를 덧붙이는 것과 같다.

자본주의 공리계는 자본주의 사회체를 유지하기 위한 재영토화 장치이면서 동시에 탈영토화의 잠재성을 내포한다. 새로운 공리의 추가는 자본주의 사회체의 탈영토화와 같다. 요컨대 공리계의 운동은 탈영토화인 동시에 재영토화가 이루어지는 과정이다. 안토니오 네그리와 함께 『제국』을 쓴 마이클 하트는 "공리계는 자본의 탈출구이며, 흐름을 조직하고 명령을 강제하는 방식"(하트, 367쪽)이라고 한다. 들뢰즈와 과타리에 의하면 "흐름들이 자본주의에 의해 탈코드화되는 일과 공리화되는 일은 동시에 일어난다."(안오, 416쪽) 자본주의 사회체의 탈영토화는 잉여가치를 흡수하는 반생산 장치들에 의한 재영토화와 동시에 발생한다. 자본주의의 내적 극한의 이전 운동은 공리계의 추가와 제거의 과정과 일치하는 것이고, 공리계의 이러한 운동은 자본주의의 양의성을 나타내는 탈코드화와 탈영토화, 그리고 재영토화의 지속적인 이중운동의 과정이다.

6.
욕망과 자본주의

근원적 추동력으로서의 욕망

생산적 욕망이 욕망경제학의 근본 원리다. 들뢰즈 철학에서 '차이 자체' 역할을 하는 것이 들뢰즈 경제학에서의 무의식적인 생산적 욕망이다. 들뢰즈 철학에서 '차이 자체'는 근원적인 내적 추동력(driving force)으로서 모든 존재자들의 발생의 원천과 인식의 근거다. 근원적 충족이유인 것이다. 결국 들뢰즈 경제학에서 자본주의적 생산의 근원적 충족이유는 생산적 욕망이 된다.

욕망적 흐름들은 어디에나 있다. 영토기계에서도 전제군주기계에서도 욕망적 입자들, 욕망적 강도들, 욕망적 특이성들은 흐른다. 그러나 그곳에서의 흐름들은 코드화되거나 덧코드화되어 있다. 이와 대조적으로 탈코드화된 흐름들, 탈영토화된 흐름들이 자본주의를 움직이는 잠재적 역량으로서의 욕망이다. 욕망적 흐름들이 자본주의적 사회체라는 조건과 형식, 즉 자본주의 공리계에 의해 포획되어 구체화된 것이 자본주의하의 욕망 또는 자본주의적 욕망이다. 다시 말해 자본주의 사회체에 의해 순화되고 내면화된 욕망이 자본주의적 욕망이다.

순화와 내면화의 과정에서 들뢰즈와 과타리는 정신분석의 오이디푸스가 큰 역할을 한다고 본다. 정신분석과 자본주의에 대한 분석, 비판과 함께 욕망적 흐름의 해방의 길을 모색하는 것이 들뢰즈와 과타리의 분열분석이다. 해방과 혁명의 길은 자본주의적 욕망을 벗어나 우리가 가지는 원래의 참된 욕망을 찾아가는 끝없이 지난한 과정이다.

욕망은 진동하고 왕복한다. 욕망이 반동적 방향으로 진행되고 오이디푸스화하여 인물화된 재현적 무의식에 접근할 때 그것은 체제에 순응하는 자본주의적 욕망이 된다. 욕망이 해방의 방향으로 전개되어 체제와 관계없는 실재에 접근해 감에 따라 우리는 생산적 무의식으로서의 참되고 순수한 욕망에 접근하게 된다.

그러나 해방과 혁명은 자본주의를 초월하는 것이 아니다. 해방과 혁명은 욕망의 경계에 있다. 절대적 탈영토화, 해방으로서의 분열증은 자본주의기계의 외부 극한이라는 말은 이것을 의미한다. 경계를 넘는다는 것, 극한에 이른다는 것은 모든 사회체의 해체를 의미한다. 해방은 자본주의적 욕망을 일거에 타파하는 것이라기보다는 욕망을 혁명적 극에 접근시키는 것, 분열증의 극으로 방향을 트는 것이다. 완전한 끝은 없다. 탈영토화와 재영토화의 영원한 이중운동이 있을 뿐이다.

욕망의 억압과 탄압

들뢰즈와 과타리가 생각하는 욕망에 대한 일반적 억압-탄압의 체계는 다음과 같다. 사회기계가 욕망적 기계들에 행사하는 탄압(répression)이 있다. 들뢰즈와 과타리는 "생산의 사회적 형식은 욕망적 생산에 대해 본질적 탄압을 행사"(안오, 208쪽)한다고 말한다. "사회체의 문제는 언제나 욕망의 흐름들을 코드화하고 기입하고 등록하여, 막히거나 수로화되거나 규제되지 않는 그 어떤 흐름도 흐르지 못하게 하는 것이다."(안오, 69쪽) "욕망을 코드화하는 것, 탈코드화된 흐름들에 대한 공포와 불안을 코드화하는 것, 그것이 바로 사회체의 일이다."(안오, 245쪽) "유순한 주체들을 형성하기 위해, 또 탄압적 구조들 속에 포함되는 사회구성체의 재생산을 확보하기 위해, 탄압은 억압이 필요하다."(안오, 211쪽)

억압-탄압의 체계에서의 억압(refoulement)은 내면화된 탄압을 일컫는다. 들뢰즈와 과타리에 의하면 억압은 "탄압이 의식적이기를 그치면서 욕망되게 되어버린 그런 탄압"(안오, 212쪽)이다. 무의식들의 "종합의 오이디푸스적 사용들, 오이디푸스화, 삼각형화, 거세", 이 모든 것의 근저에는 "사회적 생산, 사회적 재생산, 사회적 탄압의 모든 힘이 있다."(안오, 216쪽). 요컨대 사회체의 욕망에 대한 본질적 탄압이 존재하고, 그 탄압이 내면화된 무의식적 차원에서의 억압이 있다는 것이 들뢰즈와 과타리의 억압-탄압의 체계다. 가령 대표적인 자본주의 기호조작이라고 할 수 있는 정신분석이 그 과정을 보여준다. 정신분석의 가족주의에 의한 욕망의 오이디푸스화가 사회적 탄압이 어떻게 억압을 통하여 욕망을 왜곡하는지를 생생히 보여준다(안오, 211~217쪽 참조). 생산적 욕망이 결핍과 거세, 근친상간의 이미지로 왜곡되는 과정이다.

문명적인 자본주의 체제는 "원시 체제도 야만 체제도 우리에게 그 생각조차 하게 하지 못했던 탄압 장치를 조립한다."(안오, 559쪽)는 것이 들뢰즈와 과타리의 분석이다. 자본주의가 예전의 체제들보다도 훨씬 더 욕망적 생산에 대해 탄압적인 이유는 죽음본능(instinct de mort) 때문이라고 한다(안오, 557쪽 참조). 죽음본능은 자본주의에 내재하는 본질적 반동성이다. 들뢰즈와 과타리의 죽음본능은 프로이트의 죽음충동(Todestrieb)과는 다르다. 들뢰즈와 과타리의 죽음본능은 죽음을 향한 충동이나 욕망이 아니라 '삶의 조건'(안오, 557쪽)이다. 즉 죽기 위한 것이 아니라 살아가기 위한 하나의 조건이다. 다만 '욕망을 짓부수는 죽음본능'(안오, 318,441쪽)이다. 욕망적 생산에 대한 반생산으로서의 죽음본능이라고 할 수 있다.

이전의 체제들에서는 반생산이 초월적 심급에 속했던 반면, 자본주의 체제에서의 반생산은 내재화되어 생산 과정 전체에 흡수되고 전파되어 생산과 얼키설키 뒤엉킨다. 들뢰즈와 과타리에 의하면 "반생산은 체계 속으로 확산된다. 사람들은 반생산을 자신을 위해 사랑하는 것이다. 이것이 거대 자본주의 집합 속에서 욕망이 스스로 억압되는 방식"(안오, 574쪽)으로서 하나의 본능이 되는 것이다. 이것이 삶의 조건으로서의 죽음본능이 생성되는 과정이다. 자기 자신의 탄압을 욕망하고, 억압을 내면화한다. 욕망적 생산을 억압하는 반생산의 내재화이고, 죽음본능의 내면화다. 자본주의하의

욕망에 대한 탄압은 이처럼 욕망으로 하여금 스스로 순응하고 내
면화하는 본능이 되게 할 정도로 강력하고 치밀하고 정교하다.

욕망적 생산과 자본주의적 생산

  욕망적 생산과 자본주의적 생산 사이에는 본성상의(in nature) 동
일성과 체제상의(in regime) 차이가 있다. 앞서 일의적 생산 개념에
의해 모든 생산은 본성상 욕망적 생산과 같고, 체제상의 차이만 있
다고 논한 바 있다. 내재성과 탈코드화라는 특성 덕분에 현대 자본
주의 재현의 체제에서 사회적 생산과 욕망적 생산 간의 본성의 동
일성은 영토적 재현의 체제와 제국적 재현의 체제에 비하여 가장
크다고 할 수 있다. 이런 동일성뿐만 아니라 양자 간의 체제의 차
이도 가장 크다고 볼 수 있다. 마찬가지로 내재성과 탈코드화라는
특성 덕분에 반생산이 욕망에 침투하여 욕망을 짓부수는 죽음본능
이 생산 전체를 가로질러 퍼짐으로써 욕망에 대해 다른 어떤 것보
다도 더 강한 억압-탄압의 조작을 행할 수 있기 때문이다(안오,
440~1쪽 참조).
  이것이 자본주의의 양의성이다. 자본주의는 혁명성과 반동성을
동시에 가진다고 했다. 자본주의적 생산은 초재와 코드 및 덧코드
화를 거부한다는 면에서 욕망적 생산에 가장 근접해 있다. 그러나
죽음본능에서 본 것처럼 자본주의 사회체는 내재적 공리계의 은밀
하지만 정교하고도 강력한 능력으로 말미암아 욕망에 대한 탄압에

있어 다른 체제를 압도한다. 결국 자본주의 공리계는 죽음의 공리계를 형성한다. 들뢰즈와 과타리는 전(前)자본주의 사회체와 달리 사적 소유와 사유화된 가족이 확립된 상황에서 사회적 생산의 주체인 노동은 생산수단과 생산물로부터 소외되고, 욕망적 생산의 주체인 무의식은 오이디푸스화와 같은 콤플렉스에 사로잡히게 되어, 이러한 노동-욕망의 이중 소외 속에서, 욕망을 짓부수고 으깨는 죽음본능이 탄압장치를 탈취하고 리비도의 순환을 관리하는 체계 속에서 살아있는 욕망은 단 하나도 없게 된다고 한다(안오, 559~60쪽 참조).

이와 같은 양의성을 근거로 자본주의하의 욕망적 생산과 자본주의하의 주체성 생산이 일치하게 된다. '한 자본가가 자신의 바닥에서 욕망하는 것은 무엇일까?'(안오, 656쪽) 하고 들뢰즈와 과타리는 묻는다. 자본주의적 욕망은 의식적 이해관계를 떠난 자본 자체에 대한 사랑이다. 자본주의를 정의하는 것은 자본가들의 이해관계가 걸린 이윤의 문제가 아니다. 더 심오한 근거가 있다. 자본주의를 정의하고 이윤을 조건 짓는 것은 무의식적-리비도적 본성을 가진 욕망의 투자다. 자본주의의 분자적 추상화에서 보았듯이, 자본주의의 분화소 역할을 하는 충족이유로서의 준원인, 즉 잠재적 원천이 되는 것은 무의식적 욕망이다. 이것이 소자본가가 큰 이윤도 희망도 없이 자신의 투자들 전반을 통합적으로 유지하는 이유다. 또한 자신의 이해관계의 전의식적 투자들이 자본주의의 방향으로 가지 않거나 가지 말아야 할 사람들이 자본주의에 대한 이해관계 없는, 즉 사심 없는 사랑으로서의 무의식적 리비도 투자를 유지하는 이유이기도 하다(안오, 616~7쪽 참조).

자본주의하에서 경제는 끊임없이 외부 극한으로서의 욕망과 상호 작용한다는 것이 요체다. 욕망은 경제의 외부에서부터 경제를 끊임없이 움직이게 하지만 경제는 이 욕망을 자신의 내부에 굴절시켜 가두고 종종 욕망의 표상만을 유통시킨다. 구체적으로 자본주의 경제는 화폐의 형태와 그것에 종속되는 노동의 형태에 의해서 욕망을 통제한다. 더 나아가 현대 통제사회에서 자본주의는 새로운 기계적 노예화에 따르는 새로운 주체성 생산에 수동적 또는 능동적으로 대응하여 새로운 포획장치를 개발함으로써 이윤 창출의 기회를 확대해 간다. 요컨대 자본주의적 조건과 형식으로서 작동하는 내재적 탈코드화와 탈영토화, 그리고 기계적 노예화의 매개로 인한 생산의 일의성이 실현된다. 자본주의적 생산은 자본주의하의 주체성의 생산이고 이는 자본주의적 욕망의 생산, 즉 자본주의적 조건하의 욕망적 생산이다.

정리

자본주의 경제도 다른 모든 경제와 마찬가지로 욕망의 경제다. 욕망, 욕망적 생산, 생산적 무의식이 자본주의 체제를 구성하는 근거이자 원천이다. 욕망적 생산이 자본주의에 독특한 조건과 군집의 형식에 따라 자본주의적 생산으로 전화됨에 따라 자본주의 체제가 성립한다. 자본주의가 전개될수록 욕망의 경제에 대한 투여와 경제의 욕망에 대한 포획의 가능성이 확대된다. 현대와 미래 자본주의의 가능성들의 경제가 강화되는 것이다.

자본주의가 양의적인 것은 자본주의적 욕망의 양의성 때문이다. 자본주의기계는 무의식적 욕망의 리비도 투자의 두 극 사이에서 반동적으로 향하거나 혁명적으로 향하기를 끊임없이 반복한다. 자본주의 사회체의 근간인 무의식적인 생산적 욕망은 그 자체로 혁명적일 수도 비오이디푸스적일 수도 있으며, 반동적일 수도 오이디푸스적일 수도 있다. 정신분석이 주장하는 오이디푸스가 자본주의의 본질은 아니다. 단지 무수히 많은 콤플렉스 중의 하나일 뿐이다. 정신분석의 의도를 분쇄하고 참된 욕망의 길로 인도하려는 것이 분열분석으로서의 들뢰즈와 과타리의 자본주의 분석과 그것을 기반으로 하는 들뢰즈 경제학의 궁극적 목표다.

7.
자본주의의 보편성과 지속성

자본주의의 보편성

자본주의는 모든 사회구성체의 음화(陰畵, négatif, 영어 negative)라는 것이 들뢰즈와 과타리의 주장이다. "자본주의가 보편적 진리라면, 그것은 자본주의가 모든 사회구성체의 음화라는 의미에서다."(안오, 267쪽) 자본주의가 음화라는 것은 어떤 것을 제외한 여백 전부라는 것이다. 모든 사회구성체의 바깥에는 자본주의가 있다. 따라서 자본주의는 보편적 속성을 가지지 않을 수 없는 것이다.

들뢰즈와 과타리가 "계급은 카스트와 신분의 바로 저 음화다."(안오, 428쪽)라고 말할 때도 부르주아 계급의 유일성 또는 보편성을 지적하는 것이다. 계급은 탈코드화된 서열, 카스트, 신분으로서 흐름들의 보편화된 탈코드화와 합류하는 한에서 부르주아지가 유일한 계급이 된다. 결과적으로 들뢰즈와 과타리에 의하면 이론적 대립은 부르주아지와 프롤레타리아라는 두 계급 사이에 있는 것이 아니라 계급과 계급-바깥에 있는 자들, 자본가들과 분열자들 사이에 있다(안오, 428~30쪽 참조). 근대적 관점에 입각한 마르크스가 부르주아지에 대립되는 계급으로 프롤레타리아를 상정했지만 탈근대적 관점에서 볼 때는 프롤레타리아는 부르주아지라는 계급-바깥에 존재하는 분열자들 혹은 다중에 속하는 한 부류일 뿐이라고 할 수 있다. 다중(多衆, multiplicity, multitude)은 근대적 의미의 계급이나 전통적 의미의 민중이 아니라 들뢰즈와 과타리의 소수자를 의미하는, 그 정체성이 불확실한 탈근대적 개념이다. 다중은 통치와 미디어의 대상으로서 단일 성질을 가지는 대중(mass)과는 다르다. 다중은 다양한 성질의 주체적 시민들로 구성된 군중(crowd)이라고 할 수 있다. 자본주의하에서 삶을 영위하는 우리는 항상 선택을 강요받는다. 깨어 있는 다중으로서의 시민으로 살 것인가, 자본가로 살 것인가? 진정한 욕망에 기초하여 생산하는 분열자로 살 것인가, 조작된 욕망에 기초하여 소비하는 대중으로 살 것인가?

자본주의의 음화로서의 성격은 들뢰즈와 과타리의 규정으로부터 파생되는 필연적 결과다. 우리는 들뢰즈와 과타리의 자본주의 규정을 이미 보았다. 자본주의는 흐름들의 일반화된 탈코드화와 새로운 거대한 탈영토화 그리고 탈영토화된 흐름들의 결합에 의해 정의된다. 자본주의의 보편성을 만든 것은 바로 이 결합의 특이성이다(안오, 383쪽). 종합적 전체론에 입각한 분자적 추상화에 의해 들뢰즈와 과타리는 자본주의의 분자적 충족이유로서의 자본주의-추상기계를 정의한 것이다. 자본주의의 정체는 자본주의-추상기계로서 탈영토화와 탈코드화의 흐름들의 결합으로부터 가치를 생산하고 포획하는 기계라는 것이다. '탈영토화와 탈코드화의 흐름들의 결합'이라는 독특성이 음화로서의 보편성을 야기한다. 탈영토화와 탈코드화의 흐름은 모든 영토화하고 코드화된 체제에 내재된 속성들이다. 따라서 '탈영토화와 탈코드화의 흐름들의 결합'으로 자본주의를 규정한다는 것은 이미 그 속에 자본주의의 보편성을 함축하고 있는 것이다. 요컨대 자본주의가 보편적이라는 말은 자본주의는 여타 사회구성체들의 여집합이라는 것, 다른 사회체제들은 멸멸이 가능하지만 자본주의는 항상 여백으로서 존재한다는 것, 그 지속성이 무한하다는 것을 의미한다. 들뢰즈와 과타리는 말한다.

"역사 밖에 있는 것은 원시사회들이 아니다. 바로 자본주의가 역사의 끝에 있는 것이다. 바로 자본주의가 우발들과 우연들의 오랜 역사에서 귀결되는 것이며, 역사의 끝을 도래하게 한다."(안오, 267쪽)

자본주의-추상기계의 보편성을 인정하더라도 구체적인 자본주의의 모습은 다양하다. 들뢰즈 경제학은 자본이 자본으로서의 성질을 가지는 경우, 즉 생산의 흐름들로부터 가치를 포획하는 것이 인정되는 경우라면 무엇이든 자본주의라는 입장을 취한다. 가치를 포획하는 자본의 (순수)기능(fonctionnement), 즉 순수변용태로서의 자본의 힘이 발휘되는 한 그 체제는 자본주의인 것이다. 들뢰즈 경제학의 입장에서 볼 때 자본의 지배가 자본주의의 필요조건은 아니다. 꼭 자본의 지배가 있어야 하는 것은 아니다. 탈코드화된 흐름들이 결합되어 자본으로 귀속되는 가치의 생산, 즉 자본의 증식이라는 자본의 욕망이 조금이라도 실현될 수 있는 체제라면 모두 자본주의 체제라고 할 수 있다. 사회주의 체제도 자본주의-추상기계, 자본주의 사회체가 실현된 한 양태에 불과하다. 일종의 국가독점 자본주의라고 볼 수 있다. 추상기계의 요소로서의 자본이라는 질료와 기능이 역할을 수행하는 한, 사회주의 체제도 자본주의-추상기계의 하나의 현실화일 뿐이다. 중심 국가들에 대해 관료사회주의 국가들이라는 이형성과 제3세계 국가들이라는 다형성(천고, 891쪽 참조)이 존재하지만, 유일한 같은 외부의 세계시장에 따르는 자본의 실현 영역이라는 측면에서 원칙적으로 현대의 모든 국가는 동형적이라고 할 수 있다(천고, 888~9쪽 참조). 자본주의의 이러한 보편성은 자본주의의 지속성에 직결된다.

자본주의의 지속성

마르크스가 말한 이윤율의 경향적 저하의 법칙은 이윤율은 끊임없이 저하하는 경향을 가진다는 법칙이다. 이윤율 저하의 경향에 끝이 없다는 것은 이윤율이 끝없이 저하한다는 말이 아니다. 이윤율이 어떤 한계에 부딪히면 그 한계를 탈영토화의 운동에 의해 언제나 이전시킴으로써 가치의 생산이 지속됨을 의미한다. 이윤율 저하의 경향이 어느 지점에서 극복되고 새로운 저하의 경향이 시작하기를 무한히 반복한다는 것이다. 새로운 차원의 가치 포획의 수단과 방법이 지속적으로 등장한다는 것이다. 들뢰즈와 과타리에 의하면 자본의 이윤 창출은 이전할 수 있는 내적 극한을 가질 뿐 최종적으로 도달 가능한 외부 극한은 없다. 이로부터 자본주의의 연속성과 존립성이 도출된다(안오, 389~93,398,402~3쪽 참조). 자본의 축적은 "영속적이며 끊임없이 재생산된다."(안오, 394쪽)

결국 들뢰즈와 과타리에게 경향적 저하의 법칙은 늘 극복되고 늘 재생산되기 때문에 결코 도달할 수 없는 극한들이라는 법칙, 즉 '외부 극한의 부재'(안오, 403쪽)라는 법칙으로 추상화된다. 그에 따른 직접적 귀결로서 탈영토화와 재영토화라는 두 운동의 동시성이 도출된다(안오, 437쪽 참조).

들뢰즈와 과타리의 재해석

들뢰즈와 과타리는 마르크스의 상반된 경향의 법칙, 즉 '이윤율의 경향적 저하와 잉여가치의 절대량 증가라는 이중운동'(안오, 71쪽)을 자본주의와 분열증의 이중운동, 즉 공리계 또는 재영토화와 탈영토화의 이중운동으로 재해석한다(안오, 416,564쪽 참조). 자본주의는 다른 사회구성체들이 코드화하고 초코드화했던 흐름들의 탈코드화를 시행하는 한에서 모든 사회의 음화로서의 극한이다. 하지만 자본주의는 상대적 극한이다. 왜냐하면 자본주의는 극단적으로 엄격한 공리계로 코드들을 대체하기 때문이다.

이에 반해 분열증은 모든 사회의 절대적 극한으로서 자유로운 상태에서 흐름들을 탈영토화된 탈기관체 위로 지나가도록 한다. 분열증은 자본주의 자신의 외부 극한 또는 자본주의의 가장 깊은 경향성의 종결점이지만, 자본주의는 이 경향성을 억제하거나 이 극한을 밀어내고 이전한다는 조건에서만 기능한다(안오, 305~6, 416, 447쪽 참조). 이로부터 자본주의하의 혁명은 자본주의를 절대적 탈영토화로 밀어 넣는 것, 자본주의를 분열증화하는 것이라는 결론이 도출될 수 있다.

자본주의는 상대적 극한이고 분열증은 절대적 극한이다. 그러나 자본주의적 과정과 분열증의 과정은 둘 다 모두 무한한 과정이다. 자본주의가 상대적인 것은 욕망적 과정으로서의 분열증에 비해 상대적으로 그렇다는 것일 뿐이다. 분열증적 욕망뿐만 아니라 자본주의적 욕망, 인간적 그리고 기계적 잉여가치 생산의 욕망도 끝이 없는 과정이다. 들뢰즈와 과타리는 이렇게 말한다.

"자본주의에 관해 우리는 그것이 외부 극한을 갖고 있지 않다고 말하는 동시에 외부 극한을 하나 갖고 있다고도 말한다. 즉 그것은 분열증이라는 하나의 외부 극한을, 말하자면 흐름들의 절대적 탈코드화를 갖고 있지만, 또한 이 극한을 밀어내고 몰아내면서만 기능한다. 또 자본주의는 내부 극한들을 갖고 있으며 갖고 있지 않기도 하다. 즉 그것은 자본주의 생산과 유통의 특유한 조건들 속에, 말하자면 자본 자체 속에 내부 극한들을 갖고 있지만, 늘 더 방대한 규모로 이 극한들을 재생산하고 확대하면서만 기능한다. 자본주의 공리계는 포화 상태에 이르는 법이 없고, 예전 공리들에 언제나 새로운 공리를 추가할 수 있다는 점이 바로 자본주의의 역량이다. 자본주의는 내재장을 정의하며, 끊임없이 이 장을 채운다."(안오, 422쪽)

'자본주의를 분열증화하라!'는 것은 자본주의를 다른 것으로 대체하라는 말이 아니다. 상대적이냐 절대적이냐의 차이만 있을 뿐, 자본주의와 분열증 둘 다 무한한 과정이다. 일시적으로 시장경제나 사적 소유를 철폐하는 일이 가능하더라도 영원히 자본의 욕망을 근절하는 것은 또 다른 억압을 가져올 뿐이다. 니체의 말대로 과정을 가속화하는 것, 과정을 항상 활성화하는 것, 끊임없이 공리계의 탄압에 저항하는 것, 그것이 분열증화의 의미다.

정리

자본주의기계는 이처럼 독특한 양의성(兩義性) 혹은 양가성(兩價性)을 가진다(우노, 187쪽 참조). 분열증으로서의 극과 공리계로서의 다른 극을 가진다. 이 두 개의 극 사이에서 끊임없이 진동한다. 자본주의는 다른 모든 사회구성체의 음화로서 탈영토화와 재영토화의 영원한 이중운동의 과정에 있다.

분열증의 극은 자본주의가 욕망, 노동, 생산의 주체적이고 추상적 본질을 발전시키면서, 모든 장벽과 속박을 뛰어넘는 탈영토화를 전개하면서 자기 고유의 극한들을 돌파하는 분열증의 측면을 가리킨다. 이 측면에서 자본주의는 '생산을 위한 생산', 자기 목적으로서의 생산을 끊임없이 발전시키면서 진행한다. 다른 극에서 자본주의는 특정한 생산양식으로서 '자본을 위한 생산', 자본의 구체적인 욕망과 목적의 실현을 위한 확대재생산 장치로서의 사회 공리계의 측면을 가진다. 내재적으로 작동하는 공리계로써 자신의 위기를 극복하는 재영토화의 과정을 지속한다. 여기서 생산, 노동, 욕망은 더 이상 그 주체적이고 추상적인 본질을 지키지 못하고 특정 인물이나 특정 대상 혹은 특정 목표와 연계되는 구체적 재현의 틀 속으로 잠기게 된다(안오, 435~7, 453~4, 500쪽 참조). 현대 자본주의 사회는 이 양의성의 두 극 사이에서 끊임없이 진동한다. 들뢰즈와 과타리의 표현에 의하면 "현대 사회들은 의고주의와 미래주의, 편집증과 분열증 사이에 붙잡혀 있다."(안오, 437쪽)

이처럼 자본주의 사회구성체의 작동 방식은 들뢰즈의 존재론에 부합한다. 자본의 욕망은 인간이나 존재의 욕망의 일부를 이룬다. 자본의 운동은 탈영토화와 재영토화라는 존재의 운동과 동일한 속성을 가짐으로써 자본주의의 보편성과 지속성을 담보한다.

8.
자본주의-추상기계

사회체의 전개

들뢰즈와 과타리의 관점에서 보는 세계사는 원시 영토기계, 야만 전제군주기계, 문명 자본주의기계 사이의 상호작용이라는 공시적 현상의 전개 과정이다. 생산양식의 변화에 따르는 마르크스의 변증법적 역사 발전과는 차이가 있다. 마르크스의 관점에서 보는 자본주의는 변증법적인 통시적 발전 과정에서의 하나의 역사적 단면에 불과하다. 그러나 원시성, 야만성, 문명성은 공시적이다. 그것들은 모두 과거에도 있었고 현재도 존재한다. 원시, 야만, 문명의 세 범주는 언제든지 되살아나 우리의 삶에 영향을 미칠 수 있다. 요컨대 들뢰즈와 과타리의 영토기계, 전제군주기계, 자본주의기계라는 사회체 구분은 역사적·시대적 구분이 아니라 원시성, 야만성, 문명성이라는 기계적 흐름의 속성에 따른 것이다. 오늘날에도 원시성과 야만성은 존재한다.

들뢰즈와 과타리에 의하면 현대 사회는 자본주의기계의 문명적 속성이 우위를 차지하고 있는 것일 뿐이다. 코드화나 덧코드화로 대별되는 원시 내지 야만적 기계가 아니라 탈코드화와 탈영토화하는 경향을 가지는, 유일하게 문명이라는 수식어를 가지는 보편적 기계로서의 사회구성체가 그들이 규정하는 자본주의다. 문명 기계로서의 자본주의는 다른 사회체의 음화로서 잠재적으로 혹은 현실적으로 항상 실재한다. 구체적인 개별 생산양식으로서의 자본주의는 일시적일 수 있으나 문명 기계로서의 자본주의는 영속적으로 반복한다. 다만 연속적으로 변이하면서. "자본주의적 욕망은 사라지지 않는다. 아니 사라질 수 없다. 인위적인 철폐는 다시 솟아오르는 욕망을 막을 수 없다."(강윤호2018, 464쪽)

자본주의의 반복

들뢰즈 경제학에서의 자본주의의 반복을 이해하기 위해서는 앞서 들뢰즈의 분자적 추상화에서 보았던 반복의 구조를 알아야 한다. 들뢰즈의 반복에서 실제로 '반복되는 것'은 분화소로서의 잠재적 대상이다. 현실적 사건의 계열들을 유사하거나 동일한 것으로서 관계를 맺고 소통하게 하는 것이 잠재적 대상이다. 마찬가지로 현실의 사회체제들이 반복하면서 동일한 것으로서 정체성을 가지게 해주는 것은 구체적 사회기계들의 잠재성이라 할 수 있는 추상기계다.

즉 자본주의의 반복은 자본의 힘 또는 욕망을 질료 또는 기능(fonctionnement)적 요소로 가지는 자본주의-추상기계의 반복이다. 자본의 욕망이 잠재적 준원인, 분자적 충족이유, 분화소의 역할을 하며 전치하고 위장하는 것이 자본주의의 변이이자 반복인 것이다. 자본주의-추상기계의 작동으로부터 자본주의의 반복으로서의 자본주의의 경기변동과 자본주의 사조나 경향의 거대한 전환이 발생하게 된다.

자본주의의 변이와 반복에 있어서 종합적 전체론에 입각한 소수자 경제과학과 탈근대 경제철학의 결합인 들뢰즈 경제학의 일차적 분석 대상은 하나의 구체적 생산양식으로서의 자본주의 체제가 아니다. 실제로 '반복되는 것', 즉 자본주의의 분자적 충족이유, 발생과 인식의 원천과 근거로서의 자본주의-추상기계가 우선적 분석 대상이다.

추상기계를 작동시키는 힘으로서의 욕망이 사회를 구성한다. 자본주의 체제 역시 생산적 욕망을 근원적 충족이유로 삼는다. 욕망 경제학으로서의 들뢰즈 경제학에 의하면 코드화나 덧코드화로 대별되는 원시적 또는 야만적 기계들의 음화로서, 탈코드화와 탈영토화하는 자본주의적 욕망의 흐름들이 조작하는 문명 추상기계가 자본주의의 정체성이다.

자본주의-추상기계의 이중운동

존재의 운동은 탈영토화와 재영토화의 영원한 이중운동이다. 사회의 운동과 변화도 마찬가지다. 추상기계의 이중운동에 의해 하나의 지층으로서의 사회구성체의 운동과 변화의 설명이 가능하다. 들뢰즈와 과타리에 따르면 "이중의 운동이 존재한다. 한편으로 추상기계들이 지층들에 작용하여 끊임없이 거기에서 무언가를 달아나게 하는 운동이 있다. 다른 한편으로 추상기계들이 실제로 지층화되고 지층들에 의해 포획되는 운동이 있다."(천고, 276~7쪽)

따라서 변이의 추상기계와 덧코드화의 추상기계가 있다. 추상기계는 한편으로는 탈코드화와 탈영토화에 의한 탈주의 흐름을 그리기도 하고, 다른 한편으로는 덧코드화와 재영토화에 의한 견고한 절편을 구성하기도 한다. 변이의 추상기계와 덧코드화의 추상기계가 동시에 존재하며 전자의 작동으로 배치가 변환되고, 후자의 실행으로 하나의 배치가 형성된다. 양자는 동시에 실행되고 작동하며, 배치의 형성과 변환은 끊임없이 동시에 이루어지는 영원한 이중운동이다(천고, 424,425쪽 참조).

추상기계도 양의성 또는 양가성을 가지는 것이다. 들뢰즈와 과타리가 제시하는 많은 개념들과 운동은 양의적 성질을 가진다. 그 근저에는 존재의 이중운동이 위치한다. 조이고 푸는 영원한 이중의 끈 운동에 비유할 수 있다. 니체의 용어로 말하면 영원회귀의 운동이다. 모든 존재는 코드화와 탈코드화, 그리고 영토화와 탈영토화의 이중운동의 과정에 있다. 코드화와 영토화 또는 재영토화가 견고하게 조이고 묶는 운동이라면, 탈코드화와 탈영토화는 유연하게 풀어헤치는 운동이다. 무의식적 욕망도 양가성을 가지며, 자본주의 공리계도, 추상기계도 양의적이다.

앞서 보았듯이 자본주의 공리계도 양의성을 가진다. 공리계는 보통 자본주의 사회체의 재영토화 장치로 인식되지만, 공리계를 하나의 견고한 추상기계로 볼 수도 있다(천고, 424,976쪽 참조). 들뢰즈와 과타리에 의하면 "공리계는 추상기계를 정지시키고 고착시키며 추상기계를 대체하려는 확고한 의지를 갖고 있다. 또한 그것은 구체적인 것을 위해서는 이미 너무 크고 실재적인 것을 위해서는 너무 작은 견고한 추상 수준에 스스로 자리한다."(천고, 276쪽) 현대 사회들의 사회 공리계는 두 극 사이에 붙잡혀 있고, 끊임없이 한 극과 다른 극 사이를 왕복하는 추상기계다(안오, 437쪽 참조). 추상기계의 전치와 위장에 의해 어느 순간, 어느 시대에 구체적인 배치로서 하나의 현실적인 체제로서의 자본주의 체제가 구성된다. 현대 사회는 하나의 추상기계로서의 세계적인 공리계가 여러 종류의 사회구성체를 분배하고 이들 구성체들 간의 관계를 규정한다(천고, 871쪽 참조).

요컨대 자본주의 공리계의 운동은 자본주의-추상기계의 이중운동이다. 유연성과 개방성을 가지는 내재적 공리계가 탈영토화와 재영토화의 양극 사이에서 진동함에 따라 구체적 배치로서의 자본주의 사회구성체는 발전과 쇠퇴를 반복한다. 지층화된 하나의 공리계로서의 자본주의하에서 그 한계에 도달할 때마다 새로운 공리의 추가와 변동에 의해 한계를 극복하는 이중운동이 구체적인 배치로서의 자본주의 사회구성체의 운동이다. 자본주의기계의 이러한 운동은 존재의 운동과 상응한다. 탈영토화와 재영토화라는 존재의 내재적 이중운동에 부합하는 것이다. 이 사실이 자본주의가 보편적 성격을 가진다는 것을 보여주는 가장 뚜렷한 근거다.

자본주의-추상기계의 실현모델들

추상기계가 현실화한 것이 구체적 자본주의 체제다. 자본주의-추상기계에서는 자본주의적 변수들이 잠재태로서 연속적 변주 상태에 있다. 이러한 변수들이 현실적으로 경직된 선들로 분화하여 상수적 관계로 고정되어 하나의 공리적 체계를 이룬 것이 구체적 배치로서의 자본주의 체제다. "추상기계는 연속적 변주의 선을 그리는 데 반해 구체적 배치는 변수들을 다루며 변주의 선들에 따라 변수들의 다양한 관계들을 조직한다."(천고, 194쪽) 20세기 자본주의의 여러 유형과 그 뒤 세계화와 함께 세계적 거대 기계로 성립한 신자유주의하의 자본주의 체제 등 현실의 자본주의의 여러 모습은 추상기계로서의 잠재적 자본주의가 구체적 배치로 현실화한 결과다(천고, 975쪽 참조). 추상기계는 구체기계들로서의 배치들의 잠재성을 포괄한다(천고, 191쪽 참조). 추상기계를 구성하고 있는 질료와 기능들의 결합으로 구체적인 기계들로서의 배치들이 구현된다. 가치 창출을 향한 자본의 힘과 포획장치 및 기호조작자로서의 자본의 순수기능(fonctionnement)이 결합되어 주체성의 생산을 포함한 경제적 생산을 구현하고 새로운 가능성들의 경제를 실현해 감으로써 자본주의는 진화한다.

추상기계를 기계로 상정하건 몸체로 상정하건 중요한 것은 그것은 잠재적인 것이고 그것이 구체적으로 현실화한 것이 근현대의 자본주의의 여러 모습들이라는 것이다. 현대 자본주의 체제의 여러 유형은 물론이고, 자본주의의 변종이라 할 수 있는 사회주의 체제나 파시즘 체제도 여기에 포함된다. 들뢰즈와 과타리는 유일한 세계시장이 결정적 요소라는 점에서 사회주의 국가들도 여전히 자본주의라는 공리계의 실현모델로 간주한다(천고, 889~890쪽 참조). 자본주의의 보편성을 논하면서 보았듯이 사회주의 체제는 국가가 독점하는 자본주의 체제로 볼 수 있고, 파시즘 체제도 거시적으로 볼 때 전체주의화한 자본주의 체제로 볼 수 있다. 하나의 세계시장이라는 자본주의-추상기계만이 있다. 돈-자본이라는 충만한 몸체 또는 세계시장을 구성하는 세계적 공리계로서의 자본주의-추상기계는 이러한 광범위한 구체적 지층들 사이에 하나의 통일성을 구성한다(천고, 104쪽 참조). 자본주의가 시장을 위한 생산이라는 하나의 공리계를 발전시킴에 따라 모든 국가와 사회구성체들은 실현모델이라는 측면에서 동형적인 것이 되는 경향이 있다. 들뢰즈와 과타리는 "중심에는 단 하나의 세계시장, 즉 자본주의 시장만이 있고 사회주의라고 불리는 나라들조차 이 시장에 참가하고 있다."(천고, 839쪽)고 말한다. 다소간의 이질성이 존재하더라도 원칙적으로 모든 국가는 "유일한 같은 외부의 세계시장에 따르는 자본의 실현 영역"(천고, 889쪽)이라고 한다. 요컨대 현대 문명사회의 모든 사회구성체들은 자본주의-추상기계라는 하나의 동일한 추상기계가 작동되어 현실화한 구체적 배치들이다.

자본주의 체제의 변화와 발전

분화소로서의 추상기계의 주재하에서 흐름들의 결합이 어떤 모습으로 일어나는가에 따라 구체적으로 여러 종의 자본주의 체제가 발생한다. 코드의 잉여가치에서 흐름의 잉여가치로의 포획의 변환을 핵심으로 하는 자본주의-추상기계가 오늘날과 같은 시장화, 상품화, 화폐화의 형식으로 현실화한 것이 현재의 구체적 배치로서의 자본주의 체제다. 이러한 시장화, 상품화, 화폐화가 구체적 제도로서 실현된 것들이 자본주의 공리계의 구체적 모습이다. 들뢰즈와 과타리에 의하면 "자본주의의 진짜 경찰, 그것은 화폐와 시장이다."(안오, 405쪽) 욕망을 자본주의 체제 내에 얽어매 두려는 반생산 장치의 핵심이 그것들이다. 그중에서도 화폐화가 자본주의 공리계의 핵심이다. "도처에서 화폐화가 자본주의적 내재성의 심연을 채운다."(안오, 423쪽) 화폐는 생산적 욕망을 하나의 단위 하에서 모두 교환하고 순환시키는 기적적인 장치다. 화폐가 비교와 평가를 위한 가치 측정의 기초가 된다. 화폐화는 탈코드화와 탈영토화의 흐름들로부터의 잉여가치에 대한 자본의 포획이라는 재영토화 과정에서 핵심적 역할 수행하며, 이로부터 시장화와 상품화가 크게 확장된다.

자본주의 체제의 변화와 발전은 배치의 변환과 창조이고 그것은 자본주의-추상기계의 작동에 의해 촉발된다. 추상기계는 형식화되지 않은 질료들과 비형식적인 기능들로 구성된다. 이것들이 한 배치의 잠재적 역량, 즉 탈영토화의 첨점들, 탈코드화와 탈영토화의 흐름의 역량들이다. 이러한 요소들의 연속적 변이와 조합들에 의해 내용과 표현의 구체적 형식화가 이루어지고 새로운 배치, 새로운 자본주의가 형성되는 것이다. 힘·욕망·기능으로서의 자본이 변주하는 것, 달리 말하면 추상기계를 구성하는 질료 또는 순수기능(fonctionnement), 순수변용태로서의 역할을 갖는 자본의 변주가 배치의 변화와 창조를 촉발하는 가장 중요한 열쇠다.

9.
현실 자본주의

자본주의 사회체제

자본주의를 어떻게 규정하는가는 다른 많은 경우처럼 각자의 관점에 달린 문제다. 근대의 관점에서 본다면 자본가 혹은 기업가가 주체가 되어 노동과 자원을 결합하여 생산을 하고 이윤을 추구하는 경제체제라고 할 수 있다. 자본의 지배가 인정되고 자본의 주도성을 필수적인 것으로 보는 관점이다. 모든 중심주의를 부정하는 탈근대의 관점에서 보면 자본 소유자 또는 기업가는 체제를 이루는 하나의 성분일 뿐이다. 자본의 우위, 노동의 예속이 파기되고 자본의 지배도 자본의 부정도 배제된다. 자본주의는 자본이 생산과 분배에 있어서 하나의 역할, 일 영역을 담당하는 체제일 뿐이다.

탈근대 경제학인 들뢰즈 경제학은 자본을 초재적인 지배적 표준으로서가 아니라 내재성의 평면 위의 일원으로 간주한다. 자본주의 체제는 초재적 자본이 지배하거나 선도하는 하나의 경제적 생산양식이라기보다 사회의 일원으로서 내재적으로 작동하는 자본을 포함하는 포괄적이고 보편적인 하나의 사회구성체다. 들뢰즈 경제학에서 바라보는 현대 사회는 자본의 역할을 어떻게 이해하든 탈영토화와 탈코드화의 흐름들의 결합과 그 흐름들로부터의 가치 포획이 이루어지는 문명 자본주의 사회라 할 수 있으며 구체적인 현실의 자본주의의 모습은 무한히 다양할 수 있다. 그중에서 영국과 미국을 중심으로 하는 시장주도형, 독일과 북유럽에서의 협상적 혹은 합의제적 유형, 그리고 일본과 아시아 신흥공업국들의 국가주도형 자본주의가 대표적이다. 코포라티즘 경제라고도 불리는 독일과 스웨덴을 중심으로 하는 합의제적 유형이 노동자의 권리 강화를 기반으로 하여 바람직한 혹은 착한 자본주의에 가장 가까운 모습을 보여주고 있다(코우츠, 129쪽 참조). 그러나 신자유주의 세계화가 한바탕 휩쓸고 간 후로는 자본주의의 착했던 모습도 많이 일그러진 상황이라고 할 수 있다.

탈근대적 관점에서 볼 때 자본주의냐 아니냐의 문제보다 민주주의냐 아니냐의 문제가 우선이다. 오늘날 신자유주의, 즉 극단적인 시장자유주의가 자본주의와 동의어로 수십 년을 지배해 오면서 자본주의의 다양성도 쇠잔하고 있다. 들뢰즈 경제학은 근대적 의미의 자본주의에서 벗어나 탈근대적 의미로 자본주의를 재정의하고 인간의 자유와 평등의 제고와 인간과 자연, 인간과 세계의 조화를 추구한다. 들뢰즈 경제학은 자본에 대한 민주적 통제를 최우선 목표로 한다.

국가자본주의

현실의 자본주의는 시작부터 지금까지 국가와 불가분의 관계를 유지해 왔다. 자본주의는 언제나 국가자본주의였다는 것이 들뢰즈의 생각이다. 도시가 자본주의의 맹아 역할을 했지만 부르주아가 다수자적 방식으로서 지배적 표준, 지배적 척도로 군림하는 체제로서의 자본주의는 궁극적으로는 국가권력과 결탁함으로써 결정적 승리를 쟁취했다. 들뢰즈와 과타리에 의하면 "자본주의는 도시 형태가 아니라 국가 형식을 통해 승리한다. 서구 국가들이 탈코드화한 흐름들에 대한 공리계의 실현모델이 된다."(천고, 836쪽) 실제로 상업 부르주아는 자본주의 발전의 전제조건을 형성했음에도 불구하고 대개는 길드라는 동업조합으로 표상되는 특권들을 통해서 자본주의 발전을 방해하고 저지했다. 자신들의 교역 독점을 위해서 도시 외부에서 시장이 발전하는 것을 극력 저지했던 것이다(이진경, 194쪽 참조). 따라서 도시는 자본주의 발전 과정의 초기에 있어서는 탈영토화의 첨점 역할을 했지만 재영토화가 이루어진 후에는 오히려 자본주의 발전의 장애가 되었던 것이다.

자본주의 체제의 본격적 출발점을 형성하는 본원적 축적 과정에서 국가권력이 그 과정 전체에 걸쳐 중심적인 동력을 제공했다. 국가를 통해서만 부르주아지는 하나의 동질적 계급화가 가능했다.

국가라는 집행위원회가 없었다면 자본주의적 의미에서의 부르주아지도 없는 것이다. 그런 만큼 국가는 부르주아지의 유기적 구성 부분이었다(앞의 책, 216,218쪽 참조).

자본주의의 공리화 과정은 이렇게 국가장치의 작용과 불가분이다. 그 과정은 더 나아가 세계적 차원으로 발전했고, 그리고 마침내 현재는 지구를 벗어나려는 수준에 이르렀다. 요컨대 욕망적 생산에 대항하는 반생산으로서 자본주의 국가의 작용은 공리계의 내재적 과정에 처음부터 속해 있었다.

세계적 규모의 거대 기계

자본주의는 언제나 국가자본주의였으며 이제는 테크놀로지의 발전과 더불어 국민국가를 넘어 세계적 규모의 거대 기계가 되었다. 국가권력도 이 기계의 일부분으로서 거대 다국적 기업을 중심으로 하는 자본의 힘을 당해낼 수 없는 지경에 이르렀다.

사회주의 체제에도 시장은 존속하며, 부르주아지의 등가물인 관료제와 기술 관료제의 이익에 봉사하는 방식으로 체제가 유지된다. 소련을 위시한 동구와 중국의 경제체제도 국가독점자본주의라고 할 수 있는 아류 자본주의 체제였을 뿐이다. 힘의 새로운 작동 방식, 새로운 차원의 정동·변용태, 즉 새로운 생성을 보여주지 못하고, 욕망을 새로이 정립하지 못한 결과다. 중앙집권적 계획경제 체제로의 형식적 변환만으로는 진정한 혁명이 될 수 없었다. 성공한 사회주의 혁명의 원조인 러시아혁명이 그 대표적인 사례다. 새로운 지배층을 형성한 소련의 노멘클라투라로 대표되는 프롤레타리아 상층부는 여전히 자본주의적 욕망에 사로잡혀 있었으며 자본주의의 표준이나 척도를 벗어난 삶의 방식을 제시하지 못했다. 다음은 러시아혁명 100년의 역사를 기록한 올랜도 파이지스의 글이다.

"트로츠키는 《배반당한 혁명》(1936)에서 스탈린의 권력은 거대한 '행정 피라미드'에 의존한다고 썼다. 트로츠키는 그런 피라미드에 관련된 관리들의 수가 500만~600만 명에 이른다고 보았다. 이 지배계급이 '새로운 부르주아'였다. 그들의 관심은 가정의 편안함, 물질적 소유물의 습득, '교양 있는' 취미와 예절에 집중되어 있었다. 설령 그들이 공산주의의 이상을 믿었다고 해도, 그들은 가부장제의 관습을 신봉했고, 문화 취향에서 보수적이었으며, 사회적으로 반동적이었다. 그들의 주요 목표는 기존의 소비에트 질서를 수호하는 것이었다. 거기로부터 그들은 자신들의 물질적 복지와 사회적 지위를 얻어냈다."(파이지스, 253~4쪽)

몰적 자본가와 몰적 노동자의 계급투쟁을 통한 혁명은 이러한 과정의 반복이 불가피하다. 오늘날의 노동자들은 이미 자본에 포섭된 상태다. 부르주아와 동일한 욕망을 가지며, 그들과 동일한 방식으로 사고하고 행동하는 한, 프롤레타리아로 불린다 할지라도 노동자도, 빈민도 모두 다수파를 지향하는 소수파 부르주아일 뿐이다(이진경, 147, 148쪽 참조). 이진경에 의하면 "자본의 공리에 따라 그것에 복속되어 산다면, 그가 어디서 무엇을 하던 그는 부르주아지라는 단일한 계급에 속한다."(앞의 책, 231쪽)

자본주의적 욕망에 포섭된 세계화한 거대 기계가 지배하는 이러한 상황을 타개하기 위해서는 몰적 투쟁과 함께 분자적 대응이 필수적이다. 들뢰즈와 과타리에게 혁명적으로-되기는 소수자-되기이고 분자-되기이다. 프롤레타리아라는 용어도 수많은 부류의 소수자를 포괄하는 의미를 가지는 다중이라는 분자적 개념으로 새로이 규정되어야 한다. 다중의 다방면에서의 역할과 행동이 중요하다. 몰적 노동자계급의 정권 장악 투쟁은 또 하나의 자본가계급의 출현만을 가져올 수도 있다. 지배의 구성원들만 교체될 뿐이지 그 사회의 성격은 질적으로 전혀 변화하지 않을 수도 있는 것이다. 몰적 투쟁으로는 외연적 변화만 가능할 뿐 강도적 본성의 변화나 복잡계적 창발은 불가능한 것이다. 들뢰즈와 과타리에 의하면 "이론적 대립은 두 계급 사이에 있지 않다. 이론적 대립은 다른 데 있다. 자본의 충만한 몸체 위에서 계급의 공리계에 들어가는 그런 탈코드화된 흐름과 이 공리계에서도 해방되며, 기관 없는 충만한 몸체 위를 흘러가는 탈코드화된 흐름들 사이에 이론적 대립이 있다. 계급과 계급 바깥에 있는 자들, 자본가들과 분열자들 사이에 이론적 대립이 있다. 이 둘은 탈코드화의 층위에서는 근본적으로 친밀하지만, 공리계의 층위에서는 근본적으로 적대적이다."(안오, 429~30쪽) 따라서 적대 세력 사이의 투쟁은 계급투쟁이기보다는 자본가들과 분열자 사이의 투쟁이어야 한다.

요컨대 투쟁은 상호간의 대체나 교체여서는 안 되고 참된 욕망을 바탕으로 하는 충만한 생성이어야 한다. 들뢰즈와 과타리는 부르주아지만이 카스트와 신분의 음화로서의 유일한 계급이라고 한다. 유일한 계급 부르주아지에 저항하는 힘은 자본주의적 욕망에 취약한 프롤레타리아라는 계급에서가 아니라 혁명적 욕망의 역량을 갖춘 분자적이고 소수자적인 다중에서 찾아야 한다. 레닌과 러시아혁명의 엄청난 성과는 사회주의 자체 속에서 국가자본주의가 부활하는 것을 막지 못했다는 것이 들뢰즈와 과타리의 생각이다(안오, 431쪽 참조). 투쟁은 진정한 욕망을 정립하기 위한 것이어야 한다. 자본 권력에 저항하는 길은 부르주아지 계급 바깥의 비-계급으로서의 분열자가 되는 것이다. 분열자는 이해관계가 아닌 자신의 진정한 욕망을 실현하는 자다.

10.
자본주의와 혁명

문제의 새로운 설정

지금까지 논의의 결과 우리는 문제를 새로이 설정해야 한다는 것을 알 수 있다. 몰적 차원에서 '자본주의를 철폐할 수 있느냐?' 또는 '자본주의는 스스로 붕괴할 것인가?', 즉 '사적 소유나 임금노동을 철폐할 수 있느냐?', '자본주의는 계급투쟁으로 스스로 무너질 것인가?' 하는 식으로 묻는 것은 들뢰즈와 과타리의 입장에서 볼 때는 존재의 운동에 대한 이해가 부족함을 드러내는 것이다. 자본의 운동은 존재의 운동과 부합한다. 자본의 욕망은 존재의 욕망의 일부다. 욕망이 문제다. 문제는 분자적 차원에서 '자본주의에 고유한 욕망을 제거할 수 있느냐?' 하는 것이다. 일시적으로 어떤 제도를 철폐하고 투쟁으로 승리를 획득한다 해도 저변에 깔려 있는 욕망의 배치를 변환시키지 못한다면 체제의 속성은 변하지 않는다.

자본의 욕망, 가치를 생산하고 흡수하고 실현하려는 욕망, 이윤을 추구하는 욕망, 교환하려는 욕망, 화폐적 욕망 같은 것을 영구히 제거하는 것이 가능하기는 한 것일까?

들뢰즈 경제학의 답은 가능하지도 필요하지도 않다는 것이다. 자본주의에 대해 선험적으로 호오의 태도를 가질 필요가 없다. 존재하는 것에 대해 평가하고 우리의 지향하는 바를 향해 가장 바람직하다고 생각되는 방식으로 문제를 해결하려 노력하는 것으로 충분하다. 문제는 자본 자체가 아니라 파시즘이다. 자본의 욕망이 아니라 자본을 통한 지배의 욕망이 문제다. 자본의 지배에 저항하면서 평등한 자유를 실현하기 위해 민주적으로 자본을 통제할 수 있는 시스템을 개발하고 그것을 지키기 위해 부단히 노력해야 한다. 결국 자본주의에 대한 혁명이 아니라 자본주의하의 혁명이 문제다. 자본주의를 대체하는 것이 아니라 자본주의가 작동하는 상황에서 어떻게 혁명을 이룰 것인가가 문제인 것이다. 궁극적 문제는 '어떻게 민주주의를 실질화할 것인가?'이다. 정치적 민주화가 어느 정도 이루어진 현대 자본주의하에서는 자본에 대한 민주적 통제가 실질적 민주주의의 모든 것이라고 할 수 있다.

자본주의의 생명력

자본주의 공리계의 개방성이 그 지속성과 생명력을 보증한다. 들뢰즈와 과타리는 내재적으로 작동하는 체제로서의 자본주의가 충화되는 방식을 하나의 공리계의 성립으로 바라보며 그 지속성을 공리계의 개방성으로 설명한다. 공리계는 탈코드화와 탈영토화의 흐름을 결합하여 "조직하고 명령을 강제하는 방식"이자 "자본의 탈출구"(하트, 367쪽)이기도 한다.

마르크스는 자본주의의 필연적 몰락을 예언했으나 들뢰즈와 과타리는 예언하지 않는다. 그들의 미시적 역사관에 의하면 세계사는 우발성의 보편사(universal history of contingency)다. 필연성(necessity)의 보편사를 대표하는 헤겔의 관점과 대조적이다(Lundy 참조). 존재는 생성이며 모든 생성과 사건은 우발성에서 시작하는 연속적 변이일 뿐이다. 정해진 목표를 향해 나아가는 필연적인 변증법적 발전 법칙 같은 것은 없다. 유일하게 필연적인 것은 모든 것은 변화한다는 사실 뿐이다. 자본주의의 미래에 대해서도 어느 정도 예측은 할 수 있겠지만 자본주의의 몰락과 새로운 대안의 필연성을 주장하는 것은 들뢰즈와 과타리의 사상과 부합하지 않는다.

따라서 우리의 실천은 자본주의하의 실천일 수밖에 없고 그것은 의미 있는, 그리고 가치 있는 생성·되기, 활기찬 리듬을 만들어가기, 새로운 배치를 창조하기여야 한다. 들뢰즈와 과타리를 공부한 우리는 이러한 과정이 모두 욕망과 관련된다는 것을 알고 있다. 결론은 욕망의 해방, 참된 욕망의 정립이다. 핵심적 과제는 어디에서 그리고 어떤 속도로이냐 하는 것이다. 구체적으로 어디가 탈영토화의 첨점이며, 어느 정도로 탈주할 것인가가 문제다.

분자적 실천

욕망의 해방, 참된 욕망의 정립을 위한 새로운 배치의 창조는 분자적 혁명의 방식이 될 수밖에 없다. 자본주의의 발전 법칙을 상정하고 그 몰락의 필연성을 맹신하면서 자본주의를 전복하고 새로운 체제를 만들기 위해 투쟁하는 방식은 들뢰즈와 과타리의 관점에서는 받아들이기 어려운 실천론이다. 들뢰즈와 과타리의 실천은 맑시즘에서 주장하는 계급투쟁과 같은 몰적 혁명의 방식이 아니라 분자적 혁명의 방식이다.

들뢰즈와 과타리의 윤리학은 생성·되기의 윤리학이고, 모든 생성·되기는 분자-되기이자 소수자-되기이며, 윤리학은 정치학의 기본이다. 결국 들뢰즈와 과타리의 실천은 소수자-되기를 기본으로 하는 소수자정치이며 새로운 배치의 창조는 되기의 정치 즉 소수자정치에 토대를 두는 방식이다. 배치의 변환에서 중요한 것은 규모나 양이 아니라 진정성과 속도다. 진정으로 인간의 욕망을 새로이 정립하는 배치의 변환인가, 그 변화의 속도는 어떠한가가 중요하다. 진정한 생성이라면 모든 것이 의미 있고 가치 있는 것이다. 진정으로 새로운 인간과 사회로 다가가는 것이라면 아무리 작아보이는 것이라도 높이 평가되어야 한다.

사회를 뒤흔드는 심층적 운동들은 미시적 과정에서 시작한다는 것이 들뢰즈와 과타리의 분자적인 미시분석의 결론이다. 대규모의 몰적 집합은 분자적 절편화 작용에 의해 부단히 변형된다. 사회는 그 사회의 탈주선들에 의해 규정된다. 사회는 그 사회의 모순들에 의해 규정된다는 주장은 사태를 거시적으로 보았을 때나 올바른 주장이다. 항상 하나의 탈주선이 절편들 사이를 흘러나가며 절편들의 중앙집중화를 벗어나고 절편들의 총체화를 회피한다. 항상 무엇인가가 흐르고 있으며, 이항적인 조직화와 공명장치와 덧코드화 기계로부터 탈주한다. 들뢰즈와 과타리는 프랑스의 68혁명을 사례로 들고 있다(천고, 411~3쪽 참조). 거시정치의 견지에서 판단하는 사람은 그것을 이해하지 못했다. 도대체 어떻게 배정할 수 없는 무엇인가가 탈주했기 때문이라는 것이다. 하나의 분자적 흐름이 분출해서 처음에는 미약하지만 그 후에는 규정할 수 없는 상태로 확산된다. 이러한 분자적 탈주와 분자적 운동은 몰적 조직으로 되돌아와 이러한 조직의 절편들과 성, 계급, 당파의 이항적인 분배에 수정을 가져오는 단초가 된다. 요컨대 힘들의, 욕망들의 미세한 변화로부터 사회의 변화가 시작된다. 의지와 의지의 충돌, 욕망과 욕망의 만남으로 인한 힘들의 관계, 권력관계에서의 미묘한 변화를 포착해야 한다. 이러한 미세한 흐름들, 분자적 욕망의 흐름들에 있어서의 변화들이 혁명의 도화선이 된다.

거시정치적 관점의 몰적 혁명은 진정한 혁명이 될 수 없다. 몰적 혁명은 궁극적으로 들뢰즈 존재론에서의 풍요로운 반복이 아니라 헐벗은 단조로운 반복이 될 공산이 크다. 더 나아가 폭력에 의한 중앙집권적 국가권력 장악의 시도는 집단 학살과 같은 커다란 재앙으로 귀결될 수도 있다. 욕망의 재배치가 필수다. 힘의 새로운 작동 방식을 창출해야 한다. 몰적 방식만에 의한 혁명은 계급 지배적 속성을 그대로 유지할 수밖에 없다. 현실 사회주의의 모습에서 이러한 과정이 여실히 증명되었다.

푸코의 지식-권력 계보학에서 볼 수 있듯이 권력은 편재되고 분산되어 있다. 따라서 우리는 소유, 획득, 계약의 대상으로서의 권력이 아닌, 푸코가 말하는 미시적 요소들의 상호작용으로 이루어지는 메커니즘으로서의 권력의 관계적 성질에 주목해야 한다. 삶의 모든 영역에서의 분산된 권력에 대한 저항이 필요하다. 자본권력과 유사한 대체 권력의 창출이 아니라 힘의 새로운 작동 방식을 만들어야 한다.

들뢰즈와 과타리의 해법

들뢰즈와 과타리의 해법은 절대적 탈영토화다. 절대적 탈영토화는 탈주선들을 연결접속하여 새로운 대지를 창조하는 것이다. 탈영토화가 다시 탈주선들을 차단하거나 절편화하는 등의 재영토화와 함께 작동할 때마다 탈영토화는 부정적이거나 상대적인 것이 된다. 상대적 또는 부정적 탈영토화는 대지를 덧코드화하며, 그리하여 탈주선들을 연접(connexion)시켜 뭔가를 창조해내는 대신 탈주선들을 결합(conjugaison, conjonction)시켜 이것들을 정지시키고 파괴한다(MP, p636/천고, 969~70쪽 참조). 절대적 탈영토화는 "과정으로부터 철수하는 것이 아니라 니체가 말했듯이 '과정을 더욱 가속화'하는 것"(안오, 406쪽, 하트, 367쪽)이다. 자본주의의 상대적 과정을 분열 중의 절대적 과정으로 밀어 넣는 것이다.

자본주의하의 절대적 탈영토화는 탈코드화, 탈영토화의 흐름을 재영토화하는 "(자본주의) 공리계의 결합에 맞서 혁명적 연결접속을 구축"(천고, 904쪽)하는 것이다. 자본주의를 상대적 탈영토화에서 절대적 탈영토화로 밀어 넣는 것, 즉 자본주의로 하여금 단순한 탈영토화와 재영토화의 반복에서 벗어나 새로운 지평으로 나아가게 하는 것이다. 그것은 자본의 지배가 사라진, 자본이 민주적으로 통제되어 모든 욕망의 참된 해방이 이루어지는 단계로까지 나아가는 것이다.

분자적 흐름의 탈영토화와 탈주가 무한히 이루어지는 복잡한 현대 사회에서 몰적인 대응에 의해 자본주의 사회공리계를 다른 사회체로 대체하고자 하는 것은 한마디로 시대착오적이다. 흐름들을 더욱 절대적 탈영토화로 밀어 넣는 수밖에 없다. 자본주의의 바깥에 그것의 대립항을 세우려는 시도 대신, 욕망을 제한하는 또 다른 방식을 모색하는 대신, 오히려 그것을 내재적으로 극복해 나아갈 방법을, 즉 욕망을 진정으로 절대적으로 탈코드화할 방식을 모색해야 한다(세철4, 486쪽). 그것은 "자아들이 가두고 억압하는 전-인칭적 특이성들을 해방하는 것"(AO, p434/안오, 598쪽)이다. 그것이 진정한 욕망의 해방이다. 이러한 욕망의 해방, 새로운 대지의 창조, 새로운 지평의 정립은 자본주의의 대체가 아니라 자본의 민주적 통제에서 찾는 것이 불가피하다. 반동적인 파시스트화에 결연히 저항하고 재코드화와 재영토화에 따르는 다수자-이기에 안주하기를 거부하고 끊임없는 소수자-되기를 모색하고 분열증화의 과정을 영원히 지속시키는 것이 우리가 추구해야 할 일이다. 자본주의도 무한한 과정이고 분열증도 무한한 과정이다. 우리의 철학적 사상적 토대에 근거할 때 분자적인 영구 혁명만이 인간의 해방과 사회의 진보를 위해 추구해야 할 적절하고 실현 가능한 방안이다. 과타리는 이렇게 말한다.

"혁명 투쟁은 분명한 세력관계의 수준에만 한정할 수 없다. 혁명투쟁은 자본주의에 오염된 욕망경제의 모든 수준, 즉 개인, 부부, 가족, 학교, 활동가집단, 광기, 감옥, 동성애 등의 수준에서 전개되어야 한다. 이는 욕망적 기계 한가운데에 위치하고 있는 파시즘, 즉 미시파시즘에 대한 투쟁이다. 투쟁의 적들은 모습을 바꾼다. 동맹자, 동지, 상관 혹은 심지어 자기 자신 조차도 적이 될 수 있다. 관료주의적 정치나 특권, 편집증적 해석, 기성 권력과의 무의식적 결탁, 억압의 내재화 측에 그 누구라도 언제 어느 때 빠지게 될지 알 수 없는 것이다."(과타리, 45쪽). "투쟁은 우리 자신의 대열 속에서 우리 자신 내부의 경찰을 상대로 전개되어야 한다."(앞의 책, 50쪽)

배치의 변환, 새로운 배치의 창조가 필요하다. 결국 모든 수준에서 모든 권력의 전복을 수행하기 위한 욕망의 집단적 배치를 형성해 나가는 것이 필요하다(앞의 책, 46쪽 참조). 들뢰즈와 과타리가 추구하는 궁극적 혁명은 자본주의를 전복하는 것, 즉 사유재산을 철폐하거나 임노동을 없애거나 시장경제를 폐쇄하는 것이 아니라 자본주의를 분열증화하는 것, 다시 말해 분열증의 과정을 부단히 전개하는 것이다. 자본주의와 분열증 모두 무한한 과정이라고 했다.

분열증이 자본주의의 외부 극한으로서 양자 간 차이가 있을 뿐이
다. 들뢰즈와 과타리에 의하면 과정의 완성은 과정의 정지가 아니
라 과정의 지속이다. 분열증화하는 것은 과정을 더욱 가속화하는
것이다. 이것이 자본주의를 반동적으로 파시즘화하는 것으로부터
이탈시켜 절대적 탈영토화로 밀어 넣는 것이다. 그럼으로써 새로
운 대지로 나아가는 것이다. 새로운 대지는 자본의 지배가 사라진,
민주주의가 실질적으로 이루어진 세상이다.

분자혁명과 민주주의

   펠릭스 과타리는 이러한 과정 전체를 분자혁명(Molecular Revolu-
tion)이라고 명명한다. 분자적이고 영속적인 혁명의 과정, 즉 분자
적 영구 혁명이 분자혁명이다. 분자혁명이 지향하는 혁명은 욕망
의 흐름이 원하는 대로 흐르도록 하는 것이다. 어떤 고정된 목표를
위하여 흐름에 길을 내고 단속하는 것은 혁명이 아니라 새로운 억
압이다. 우리 삶에는 시작도 기원도 없듯이 끝도 목적도 없다. 시
작과 끝에 얽매이지 않고 흐름을 흐르도록 내버려두는 것, 그것이
혁명이다.
   이러한 생각을 이념적으로 구체화한 것이 민주주의다. 민주주
의의 실질화는 한마디로 참된 욕망의 자유방임(laissez-faire)이라고
할 수 있다. 시장자유주의의 자유방임과는 질적으로 다르다. 실질
적 민주주의는 모든 정치 이념의 음화라고 할 수 있다. 들뢰즈와

과타리가 자본주의가 모든 사회구성체의 음화라고 했듯이 민주주의는 모든 정치 이념의 음화다. 진정한 민주주의는 모든 정치사상을 품을 수 있는 보편성을 가지는 여백의 사상이자 탈코드화와 탈영토화의 사상, 즉 탈주의 사상인 것이다. 민주주의는 평등한 자유(에갈리베르떼) 외에 다른 구체적 내용이 있을 수 없다. 정치·경제·사회·문화가 어떠해야 한다고 가르치거나 강요하지 않는다. 흐름을 자유로이 흐르도록 내버려둔다. 단지 구성원들이 자유로운 주인으로 살기 위한 토대로서 자유와 평등의 조화를 위한 구체적 틀과 형식을 짜는 데 주력한다. 내용은 구성원이 자율적으로 채울 것이다. 체제의 구성원들로 하여금 자신의 참된 욕망을 마음껏 실현할 수 있게 하는 사회, 어떠한 억압도 발붙일 수 없을 뿐만 아니라 어떠한 지정된 목표도 존재하지 않는, 모든 것을 품을 수 있는 사회가 민주주의 사회다.

요컨대 참된 민주주의는 정해진 콘텐츠가 주어져 있는 것이 아니다. 콘텐츠는 민주적인 구성원, 즉 자유롭고 평등한 개개인이 만들어 나가는 것이다. 미리 정해진 것도 영원한 것도 없다. 아무리 좋은 민주적 제도라 해도 빈틈은 있으며 시대의 변화에 따라가지 못할 수도 있다. 당장은 건강한 민주 사회라 하더라도 민주주의의 적대 세력들, 파시스트적이고 권위주의적인 세력들의 준동은 어느 때나 있게 마련이다. 우리는 더 충만한 민주주의를 향한 탈영토화와 탈주를 끊임없이 시도해야 한다.

정리

욕망경제학, 정치경제학의 관점에서 자본주의를 하나의 포괄적인 정치경제사회체로 바라보는 들뢰즈 경제학에서는 당연히 혁명이라는 주제를 피할 수 없다. 모든 진정한 경제학은 정치경제학일 수밖에 없다. 들뢰즈와 과타리의 혁명은 욕망의 미시정치학을 현실로 구현하는 것이다. 욕망의 미시정치학은 극도로 다양한 사회 집단들 안에서 복수의 목표의 수립을 전제한다. 이는 거대한 사회적 총체와 개인, 가족, 학교, 직장 등의 문제 사이의 전통적 단절을 거부하는 것이다. 대규모의 집합적 투쟁은 오직 부분적 투쟁의 축적에 기초해서만 진행될 수 있다. 본질적인 것은 무수히 다양한 분자적 욕망의 접속이며, 이것은 눈덩이 효과를 지녀 대규모 힘 대결로 나아갈 것이다(앞의 책, 65~6쪽 참조). 과타리는 "지배권력의 모든 기계, 다시 말해 부르주아 국가권력, 모든 종류의 관료제권력, 학교권력, 가족권력, 부부 안에서의 남근권력, 심지어 개인에 대한 초자아의 억압권력에까지도 대항해서 적극적으로 개입할 것"(앞의 책, 63쪽)을 주문한다. "중요한 것은 권위주의적 통일이 아니라 학교에서, 공장에서, 숙소에서, 탁아소에서, 감옥에서, 모든 곳에서의 욕망적 기계들의 무한한 꿈틀거림이다. 이 부분 운동들을 정리하거나 총체화하는 것이 아니라, 이것들을 함께 하나의 구도로 접속시키는 것이 문제다."(앞의 책, 83쪽)

욕망의 본질상 결국 혁명은 자본주의하의 혁명일 수밖에 없으며, 자본주의를 대체하거나 철폐하는 혁명은 불가능하다. 자본주의인가 아닌가는 중요치 않다. 자본의 지배, 자본의 억압이 문제다. 탈영토화와 탈코드화의 결합으로 정의되는 자본주의 사회구성체의 작동 방식이 들뢰즈의 존재론과 부합한다는 점에서 그 지속성이 보장된다. 윤리적 가치를 따지기 전에 존재론적으로 자본주의는 지속적인 생명력을 보유하는 것이다. 자본은 내재적 법칙을 통해 작동한다(하트, 445쪽, 우노, 171쪽 참조). 내재적이라는 것은 그 체제가 초재적인 요인이나 존재에 의해서가 아니라 내재적인 힘에 의해서 작동된다는 뜻이다. 이 내재적인 힘이 욕망이다. 자본주의를 움직이는 것도 이 욕망이다. 자본주의적 욕망이 자본을 작동시키고, 또 자본주의 외부의 욕망이 경제에 영향을 준다. 이 외부의 욕망도 자본주의에 내재한다. 흔히 내재하는 외부, 내재적 외부라고 불리는 것들 중의 하나가 이것이다. 이것이 들뢰즈와 과타리가 말하는 자본주의의 외부 극한으로서의, 절대적 탈영토화로서의 분열증의 극이다. 분열증은 자본주의의 외부에서 항상 변형의 압력으로서 작용하는 하나의 극이다. 분열증의 극으로 향하는 탈영토화와 탈코드화라는 욕망의 탈주 또는 실현의 과정과 공리계의 작동에 의한 욕망의 내부화 또는 굴절의 과정이 영원히 반복된다. 따라서 자본주의가 영속성을 가지는지, 자본주의 다음에는 무엇이 오는지 묻는 것보다는 욕망의 혁명, 즉 욕망을 어떻게 정립해 갈 것인지, 욕망이 무엇을 혁신해 갈 것인지를 끊임없이 질문해야 한다. 우노 구니이치에 의하면 "자본주의는 한없이 욕망에 의해서 움직여지고 욕망을 자극하고 다양하게 하지만, 한편으로는 욕망의 실현을 지연하고 배제한다는 점에서 대단히 시니컬한 시스템이다.

이 체제는 욕망에 의해서 확장되고 거대화하고 가속되지만, 한편으로는 욕망을 변질시키고 피폐하게 하고 배제하고 비참한 것으로 만들어 간다."(우노, 176쪽)

　요컨대 자본주의하의 우리의 혁명적 실천의 목표는 한마디로 분자적인 영구 혁명이다. 이는 우리의 일반적인 정치적 실천론인 소수자정치론의 주장과 동일하다. 관건은 소수자-되기다. 절대적 탈영토화로 나아가라, 분열증화하라, 참된 욕망을 정립하라는 것은 부단한 탈주, 끊임없는 소수자-되기를 실천하라는 것이다.

11.
들뢰즈와 과타리의 자본주의관의 진보성

좌우로부터의 비판과 반박

들뢰즈와 과타리의 자본주의 분석은 이른바 진보라 불리는 쪽과 보수라 불리는 쪽, 혹은 좌파나 우파로 불리는 양쪽에서 모두 비판을 받고 있다. 한편으로는 자본주의를 비판하지만 다른 측면에서 보면 자본주의를 옹호한다는 것이다. 가타부타 확실하지 않고 애매한 태도를 보인다는 것이다. 이러한 비판은 탈근대적 관점에 대한 이해의 부족에서 기인한다. 몰적 추상화에 경도된 까닭이다. 자본의 운동과 현실 자본주의에 대한 심층적 충족이유의 규명과 이해에 이르지 못한 까닭이다. 들뢰즈와 과타리는 몰적 이념을 떠나 자본주의 발생의 원천과 인식의 근거를 찾아 분자적·잠재적 세계로까지 천착해 들어감으로써 자본주의 분석의 새로운 지평을 열었다. 전통 경제학은 우리에게 익숙한 몰적으로 굳어진 현실화한 자본주의 체제에 초점을 두는 반면, 들뢰즈와 과타리는 분자적으로 운동하는 잠재적인 자본주의 몸체 혹은 자본주의-추상기계에 초점을 맞춘다. 자본주의의 정체성은 잠재적인 추상기계로서의 자본주의다. 따라서 그들의 일차적인 분석대상은 추상기계로서의 돈-자본의 몸체의 운동이지 그것이 구체적으로 현실화한 배치로서의 개별적인 자본주의 체제가 아니다.

들뢰즈와 과타리의 자본주의 분석은 자본주의에 대한 분자적 추상화에서 시작한다. 탈코드화와 탈영토화의 흐름들의 결합, 그리고 코드의 잉여가치로부터 흐름의 잉여가치로의 전환으로 자본주의를 정의한다. 자본주의기계의 운동은 탈영토화와 재영토화의 반복으로서 존재의 운동과 부합한다. 이로부터 자본주의 사회체는 다른 모든 사회체들의 음화라는 보편성이 도출된다. 결국 자본주의 체제의 억압으로부터의 해방은 자본주의하의 혁명일 수밖에 없다는 결론에 이르게 된다.

그들은 왜 자본주의를 이렇게 정의한 것일까? 들뢰즈와 과타리의 관점에 따르면 종합적 전체론에 입각해서 사유를 무한으로까지 확장하는 분자적 추상화가 존재 발생의 원천과 존재 인식의 근거에 엄밀하게 도달할 수 있는 방법이기 때문이다. 들뢰즈와 과타리의 분자적 추상화는 가장 철저한 존재에의 접근, 실재로의 침투이다. 세계에 대한 엄밀한 이해를 추구한다. 자본주의의 규정도 이런 그들의 원칙을 벗어날 수 없다. 요컨대 들뢰즈와 과타리의 자본주의 규정은 그들이 세상을 바라보는 미시적·분자적 관점과 소수자 과학, 탈근대 철학이라는 학문적 토대에서 파생되는 필연적 귀결이다. 무의식적인 생산적 욕망의 흐름이 사회장을 구성한다고 보는 그들의 입장에서는 자본주의 사회체를 그렇게 정의하는 것이 불가피하다.

들뢰즈와 과타리가 이와 같이 규정하는 자본주의는 자본의 지배, 부르주아 계급의 이니셔티브와는 무관하다. 탈코드화와 탈영토화의 지속적 흐름들, 연속적 변이의 흐름들, 그리고 자본의 자기 증식의 욕망, 잉여가치 획득의 욕망이 존재하는 한 그것은 자본주의다. 그러한 흐름들의 생산으로서의 무의식적 욕망이 사라지지 않는 한 자본주의의 완전한 철폐는 불가능하다. 자본주의-추상기계는 잠재적으로 내재적으로 항시 작동한다. 그것은 현실화한 배치로서의 구체적 자본주의 체제와 공존한다. 들뢰즈와 과타리의 자본주의 분석은 추상기계와 구체기계의 영원한 이중운동에 대한 분석이다. 이것이 들뢰즈와 과타리의 미시분석, 미시경제학의 핵심이다.

이러한 들뢰즈와 과타리의 사유를 좌파와 우파라는 일도양단식의 몰적 관점에서 재단하는 것 자체가 난센스다. 하나의 추상적 사회체로서 자본주의를 바라보는 들뢰즈와 과타리의 탈근대적 관점은 진보/보수의 근대적 이분법을 초월한다. 보수나 진보라는 기준은 근대적 분석의 편의를 위한 도구일 뿐이다. 근본적으로는 진보의 재정의가 필요하다(강윤호2022 참조). 진보의 의미 자체를 재고해야 한다. 진보는 엄밀히 말하면 퇴보의 반대 개념으로서 윤리적 가치를 내포하는 용어다. 가치와 무관하게 '보수적'이라는 용어와 대비되는, 개방적이고 새로운 것을 선호하는 취향을 나타내는 '리버럴'(자유주의적, 혁신적)이라는 용어를 진보 대신 사용하는 것이 바람직하다. 한 사람이나 한 집단을 보수와 리버럴로 엄밀하게 나누는 것도 불가능하다. 각자에게 수천수만의 성(性)이 있듯이 각자의 정치사회적 성향도 천차만별이다. 사람들은 보수와 리버럴의 성향을 동시에 가질 수도, 번갈아 가질 수도 있는 것이다.

들뢰즈와 과타리의 사유는 좌우와 무관하게 인간해방이라는 가치를 지향하는 진보적 사유다. 가치와 무관하게 그들의 성향을 굳이 따진다면 리버럴이 아닐까? 윤리적이냐 비윤리적이냐, 또는 가치적이냐 몰가치적이냐가 중요하다. 들뢰즈가 말했듯이 윤리적인 존재는 다른 존재를 만나 기쁨을 주는 존재다. 다른 존재의 역량을 증대시키는 것이다. 이것이 진보다. 진보는 다른 존재를 기쁘게 하려는 고귀함을 추구한다. 모든 사람들의 자유와 평등이 조화를 이루는 민주주의를 지향한다. 진보는 비루함을 지양한다. 예속과 억압과 위계로 얼룩진 파시즘에 저항한다.

진보의 개념을 가치와 무관하게 좌파와 동일시하는 것은 왜곡된 기호조작으로 볼 수도 있다. 리버럴과 보수라는 성향의 차이를 진보와 보수라는 좌우 이념의 대립으로 간주하여 갈등을 부추기는 것은 지배계급의 divide and rule, 즉 분할통치나 이이제이의 수단으로 이용될 수 있다. 좌/우 또는 리버럴/보수의 한쪽이 아니라 진정한 진보가 되는 것이 중요하다.

양의적 자본주의

　다시 강조하건대 자본주의의 운동은 양의적 또는 양가적이다. 탈근대의 관점에서 보는 모든 대상은 모호하며, 유동적인 본질을 갖는다. 보수나 리버럴처럼 명확하고 고정적인 본질을 가지는 것은 하나도 없다고 할 수 있다. 자본주의도 마찬가지다. 탈영토화와 재영토화의 끊임없는 이중운동에 놓여있다. 그리고 혁명성과 반동성이 동시에 존재한다. 자본주의 공리계는 억압적인 동시에 개방적이다. 가치의 생산과 실현, 그리고 그것을 위한 공리계의 탄압과 함께 '결정 불가능한 명제'의 존재와 탈주의 운동을 피할 수 없다.

　들뢰즈와 과타리의 기본 시각은 이러한 자본주의의 양의성을 인정하는 것이다. 자본주의의 운동은 반동적인 억압 체계의 작동과 동시에 혁명적인 소수자-되기에 항상 열려 있다는 것이다. 그들의 자본주의에 대한 다음과 같은 언급들은 자본주의의 필연적 몰락을 주장하는 좌파적 시각뿐만 아니라 자본의 지배를 당연시하는 우파적 시각과도 현격한 차이를 보인다.

　"문명은 자본주의 생산에서의 탈코드화와 탈영토화로 정의된다."(안오, 414쪽) "문명화된 현대 사회들은 탈코드화와 탈영토화의 경과에 의해 정의된다."(안오, 434쪽) "인간적 자본주의, 자유 자본주의, 온정적 자본주의 등은 있었던 적이 없으며, 단지 이데올로기 속에만 있다. …… 공장은 감옥이다. 공장은 감옥을 닮은 것이 아니다. 공장은 실제 감옥이다. 이는 결코 은유로써 확증되는 것이 아니다."(안오, 615쪽) "보편적 자본주의나 자본주의 그 자체란 없다. 자본주의는 모든 종류의 구성체들의 교차점에 있으며 언제나 본성 상 새로운 자본주의이며, 동양적인 얼굴과 서양적인 얼굴을 발명 하고 그 둘을 개조해 감으로써 최악의 자본주의를 만들어 간다."(천 고, 45쪽) "소수자들에게서 문제는 물론 자본주의를 쓰러뜨리고, 사 회주의를 재정의하고, 세계적 규모의 전쟁기계를 다른 수단을 통 해 반격할 수 있는 전쟁기계를 만들어 내는 데 있다."(천고, 902쪽)

들뢰즈와 과타리의 진보성

이처럼 들뢰즈와 과타리의 자본주의 분석은 좌와 우, 리버럴과 보수의 이분법을 초월한 진보적 사유다. 들뢰즈와 과타리는 좌파 도 우파도 아니고 굳이 말한다면 윤리를 지향하는 상파라고 할 수 있다. 자본주의의 운명에 대한 시각은 애매모호할지 몰라도 그들 의 현실 자본주의에 대한 근본적 혁신의 의지는 확고하다. 그들의 미시분석은 그러한 목적을 위한 것이다. 자본의 철폐와 같은 몰적 인 방법이 아니라 자본의 지배와 억압의 철폐를 위한 분자적 혁명 이 그들의 목표다. 분자혁명은 시작도 끝도 없는 과정이다. 자본주 의가 영원히 지속될지, 몰락할지는 어리석은 질문이다. 자본의 운 동은 존재의 운동의 일부다. 중요한 것은 탈주의 지속적 시도이고, 저항과 혁명의 영원한 의지다.

따라서 들뢰즈와 과타리의 사유를 토대로 하는 들뢰즈 경제학도

자본 자체의 종식보다는 자본의 지배의 종식을 추구하고 그 수단
과 방법을 연구한다. 생산수단의 사적 소유의 철폐나 시장경제의
폐지라는, 또 다른 권위적이고 억압적인 수단을 필요로 할 공산이
큰 목표를 추구하기보다는 자본에 대한 민주적 통제를 모색한다.

12.
현실 자본주의에 대한 대안적 주장들

대안은 언제나 가능하다

TINA(There is no alternative)라는 말이 있다. 사람 이름이 아니라 신자유주의적 자본주의를 찬양하며 어떤 권력자가 지껄인 말이다. 우리가 가진 세계관 하에서는 터무니없는 말이다. 세상을 반밖에 볼 줄 모르는 어리석은 자들의 과대망상적이거나 자기경멸적인 넋두리일 뿐이다. 의지와 상상력의 부족을 드러내고 있다. 안토니오 그람시는 "이성으로 비관적일지라도 의지로 낙관하라(I'm a pessimist because of intelligence, but an optimist because of will)."고 말한 바 있다. 아인슈타인은 "상상력이 지식보다 중요하다(Imagination is more important than knowledge)."고 말한 바 있다. 이성과 지식으로는 미래가 암울하고 비관적으로 보일지라도 우리는 의지를 가지고 상상력을 발휘함으로써 미래를 낙관하고 벽을 넘고 한계를 극복해 나가야 한다. 인류의 역사는 항상 그래 왔다. 진보는 이성과 지식보다는 의지와 상상력에 의해 만들어지는 것이다. 통합된 세계자본주의(Integrated World Capitalism, IWC)도 오늘날 자본주의의 가장 높은 단계로 보일지라도 여러 자본주의 공식들 중 하나일 뿐이다. 그것이 아무리 견고해 보일지라도 새로운 집단적 대응책들의 개발과 분자적 가치화에 의해서 붕괴될 가능성은 항상 존재한다는 것이 과타리의 생각이다(Genosko, pp27,245 참조).

대안은 언제나 존재하고 언제나 가능하다. 대안을 상상하지 못하는 지식, 의지가 박약한 이성은 무익함을 넘어 유해하다. 앞서 인지자본주의를 비판하면서 보았듯이 진보는커녕 반동과 파시즘을 초래할 수도 있다. 의지와 상상력을 발휘하여 진보적 대안을 모색하는 데 힘을 아끼지 않아야 한다.

공통체주의

안토니오 네그리와 마이클 하트의 구체적 사유를 보여주는 것이 『제국』『다중』『공통체』『선언』으로 이어지는 연작들이다. 들뢰즈의 사상에 호의적이면서도 자본주의에 대하여 그들만의 독특한 시각을 제시하고 있다. 특히 그들이 주장하는 공통체주의는 들뢰즈의 사상을 기초로 하여 자본주의의 대안을 찾는 대표적 기획 중 하나라고 할 수 있다. 공통체(Commonwealth)주의의 골자는 다중을 구성하는 특이성들의 기쁘고 행복한 마주침을 제도화한 내재적 장치들을 구성함으로써 공통적인 것(the common)에 대한 접근을 개방적이고 평등한 상태로 유지하는 체제를 실현하는 것이다.

그들은 기본적으로 소유와 자유는 갈등 관계에 있다고 본다(네그리, 51쪽 참조). 그러나 이들이 어느 수준까지 소유를 부정하는지는 명확하지 않다. 공통적인 것의 생산을 중시하며 생산수단의 사적 소유와 공적 소유를 모두 비판한다. 자본에 의한 가치 창출을 지금 당장 부정하는 것이 아닌 것은 확실하다. 자본주의 붕괴론이나 사회주의적 처방에 대해서는 반대 입장을 보이고 있다. 이들은 사회주의를 자본주의와 결코 대립하지 않으며 오히려 국가가 관리하는 자본주의적 생산체제라고 이해하고 있다(앞의 책, 374, 428쪽 참조). 그들은 자본의 지배가 영원하지 않을 것이며, 자본은 자신의 지배를 추구하는 과정에서 나중에 언젠가 자본의 뒤를 이을 생산양식과 사회의 조건들을 창출할 것으로 예상한다(앞의 책, 415~6쪽 참조). 이들은 자본의 지배를 대체하는 새로운 생산양식의 도래를 기대한다.

네그리와 하트는 자본 자체가 아니라 자본의 지배를 배척하는 것으로 보인다. 자본에 의한 가치 창출이 자본의 '지배'에 의해서만 가능한 것이라고 본다면 자본 자체의 배척이나 자본의 지배를 배척하는 것이나 마찬가지일 것이다. 그러나 자본에 대한 분배가 자본의 지배에 의해서만 가능한 것은 아니며, 또한 생산수단의 배타적 소유와 자유가 양립 불가능한 것도 아니다. 아나키스트 프루동도 "소유는 도둑질이다."라고까지 했지만 소유를 완전히 부정하지는 않았다(박홍규, 119~20쪽 참조). 개개인의 자유와 평등이 확실히 보장된다면 자본에 의한 가치 창출도 얼마든지 가능해야 한다. 소유를 완전히 없애는 것의 가능성 여부는 차치하고라도 소유를 없애려는 시도 자체가 자유에 대한 또 하나의 억압이 될 수도 있다. 네그리와 하트의 주장은 새로운 생산양식이 가능하다는 것이다. 이것이 자본주의 생산양식과 양립 불가능하다고 볼 필요는 없다. 들뢰즈와 과타리가 규정하는 포괄적인 자본주의 사회체는 네그리와 하트의 사유도 논리적으로 포용 가능하다.

자본주의 이후의 세계를 상상하는 많은 사람들이 새로운 인간의 탄생을 학수고대하지만 그것도 또 하나의 고정된 플라톤적 이데아를 모색하는 것일 수도 있다. 자본주의에 예속되지 않는 자율적 주체로서의 변신이 필요한 것은 당연하지만 소유욕을 가진 인간을 사라져야 할 구태 인간으로 단정 짓는 것은 바람직하지 않다. 네그리와 하트도 궁극적인 해방으로서의 혁명, 즉 새로운 인간의 창조는 성, 인종, 계급, 민족 등과 같은 정체성의 자기 폐지임을 주장한다(네그리, 454~64쪽 참조). 이러한 주장은 들뢰즈와 과타리의 탈주 혹은 생성·되기로서의 소수자정치의 주장과 일치한다.

협력적 공유사회

경쟁과 사적 소유를 기반으로 하는 것이 현실의 자본주의다. 이런 와중에 공유경제(sharing economy)가 새로운 대안으로 등장하고 있다. 교환경제에서 공유경제로, 소유권(ownership)에서 접근권

(access)으로의 경향이 증가하고 있다. 오픈소스 공유에 의한 협동생산과 프로슈머(prosumer)의 증가도 새로운 흐름이다.

협력적 공유사회(collaborative commons society)의 주장은 사회적 자본에 기초한 공유경제로 가야 한다는 것이다. 그러기 위해 다음과 같은 방안들을 제시한다. 네트워크의 투자와 유지에 정부와 사회적 기업이 참여하여 사회적 부 창출 부문의 고용을 대폭 증가시킬 수 있다. 한계비용제로 사회를 실현하여 희소성 사회에서 풍요 사회로의 진입을 유도해야 한다. 제러미 리프킨에 의하면 사물인터넷이 글로벌 공동체의 모든 사람을 연결하고 사회적 자본을 전례 없는 규모로 번성케 하여 공유경제를 실현할 수 있다(리프킨, 37쪽 참조). 사물인터넷 시스템의 구축으로 그것이 가능하다(앞의 책, 316~7쪽). 커뮤니케이션 인터넷에 의해 무료 와이파이 네트워크가, 에너지 인터넷에 의해 프로슈머들에 의한 재생에너지 생산 네트워크가, 물류 인터넷에 의한 방대한 빅데이터 제공으로 극단적 생산성의 도달이 가능해지면 한계비용제로 사회가 가능해진다는 것이다.

들뢰즈와 과타리가 말하는 공리계로서의 자본주의기계는 경쟁적 시장사회뿐만 아니라 협력적 공유사회도 포함하는 개념이다. 경쟁에서 협력으로, 사적 자본에서 사회적 자본으로, 상업적 기업가 정신에서 사회적 기업가 정신으로, 물질적 보상에서 정신적 보상으로, 소유에서 사용으로, 무절제한 성장에서 생태와 지속 가능한 경제 발전으로의 새로운 욕망의 배치에 의해 공유경제에 기반을 둔 협력적 공유사회의 영역은 더욱 넓어질 것이다. 그럼에도 불구하고 경쟁적 시장경제도 여전히 건재할 것이다. 일종의 하이브리드 경제가 구축될 것이다. 관건은 자본에 대한 민주적 통제다. 실질적 민주화가 정답이다. 자신의 생활방식은 자신이 선택하면 된다.

리좀형 하이브리드 경제가 예상된다. 시장적 교환경제에서는 AI와 자동화로 고용이 급감할 것이고, 우버와 에어비앤비 같은 시장적 공유경제가 번창할 것이다. 협력적(사회적) 공유경제도 발전하여 사회적 서비스 노동으로 대안적 고용이 다수 창출될 것이다. 협력적(사회적) 공유경제에 맞는 대안화폐도 증가할 것이다. 우리의 미래에는 이와 같은 다원적 경제가 펼쳐질 것이다. 유토피아는 없다. 민주주의와 파시즘, 탈영토화와 재영토화 사이의 끝없는 진동과 반복이 있을 뿐이다.

정리

자본의 '지배'의 종식이 중요하다. 문제는 자본의 철폐, 생산수단의 사적 소유의 폐지보다는 자본의 지배를 종식시키는 것이다. 자본 자체의 종식 없이는 자본의 지배를 종식시키는 것이 불가능하다고 생각하는가? 그러나 현대의 탈산업사회에서 잉여가치 생산수단으로서의 자본 자체의 흐름이 부단히 탈코드화, 탈영토화하고 있다. 생산자, 생산수단, 생산물의 구분이 더욱더 모호해지는 상황으로 가고 있다. 생산주체 혹은 생산수단으로서의 자본과 노동의 명확한 구별이 불가능해지고 양자 모두 물질적인 것에서 한편으로는 지적이고 개인적인 것으로, 다른 한편으로는 네트워크화한 집단적인 것으로 탈물질화하면서 그 형식과 실체가 빠른 속도로 변하고 있다. 노동과 자본의 양 측면에서의 탈코드화와 탈영토화가 상호 중첩되고 영향을 주고받으며 새로운 배치가 전개되고 있다. 개방되고 진취적인 민주 사회가 진척될수록 이러한 경향은 더욱 증가할 것이다. 이러한 상황에서 자본의 철폐는 점점 더 어려워진다고 할 수 있으며 그러한 시도는 개인의 자유와 민주주의에 대한 심각한 위협이 될 수도 있다.

한마디로 현대 사회에서 자본 철폐의 이념은 민주주의와 양립 불가능하다. 새롭고 독특한 생산수단을 개발하여 다른 사람과 자유로운 계약을 맺어 생산된 생산물을 자유로이 분배하려는 의지를 근원적으로 차단하겠다는 것은 인간의 자유에 대한 커다란 억압이 아닐 수 없다. 자본의 지배를 종식시키는 장치가 마련된다면 이는 실질적인 계약의 자유로 곧바로 이어질 것이다. 기본소득과 같은 제도의 보장이 그것에 크게 기여할 것이다. 우리는 고정된 정체성을 가진 자본이 아니라 연속적으로 변이하는 유동적 다양체로서, 홈패인 자본이 아닌 매끈한 자본으로서 영원한 이중운동하의 자본을 사유해야 한다.

대안은 있다. 그러나 대안을 찾기 위해서는 이성과 지식만으로는 부족하고 의지와 상상력이 중요하다. 결론은 굳건한 의지와 풍부한 상상력을 바탕으로 자본에 대한 통제가 확립된 실질적 민주주의로 나아가는 것이다. 실질적 민주주의는 모든 정치 이념의 음화라고 했다. 민주주의의 실질화라는 틀만 갖추면 된다. 내용은 민주화된 시민들이 채울 것이다. 자유롭고 평등한 시민, 깨어 있는 시민이라면 얼마든지 대안을 찾아낼 것이다. 자본의 몫으로 돌아가는 잉여가치의 획정이 불분명해지는 현대 사회에서 자본은 사활을 걸고 가치의 포획을 시도하고 있다. 그러나 자유와 평등이 확고히 뿌리박은 건전한 민주 사회에서라면 얼마든지 그러한 움직임을 적절히 통제할 수 있다. 자유와 평등, 그리고 의지와 상상력은 선순환을 이룰 것이다. 우리가 억압해야 할 것은 이 선순환을 깨려는 모든 파시즘 세력의 준동이 유일하다.

의지와 상상력을 발휘하여 기본소득과 잔여수익분배청구권과 같이 노동자의 교섭력을 증대시키고 공정한 분배를 촉진할 수 있는 제도적 장치들을 마련한다면 자본의 지배를 미연에 방지할 수 있다. 궁극적으로는 각자의 취향에 따라 각자가 원하는 삶을 실현할 수 있는 공동체를 선택할 수 있게 하는 것이 자본의 지배를 종식시키는 길이다. 우선 세계화와 함께 지역화를 동시에 추구함으로써 이상적 공동체의 선택권을 보장해야 한다. 첨단기술의 발전과 실질적이고 선진적인 민주주의의 발전의 결합을 바탕으로 새로운 지역 사회구성체들이 속속 등장할 것이다. 민주주의를 공고히 함으로써 자본의 지배를 벗어난 새로운 경쟁사회나 협력사회 또는 혼합사회의 구성이 모두 자유롭게 이루어지도록 해야 한다.

13.
자본주의 분석 정리 및 결론

새로운 자본론

들뢰즈와 과타리의 자본주의 분석은 '새로운 자본론'으로서 손색이 없다. 그것의 가장 큰 의미 중 하나는 마르크스 자본론의 근대성의 한계를 넘었다는 것이다. 근대 자본주의의 극복을 탈근대적 관점이 아닌 근대적 관점에서 시도한 데서 마르크스 자본론의 한계를 찾을 수 있다. 탈코드화와 탈영토화의 속성을 가진 자본주의는 근대의 수단으로는 통제 또는 극복이 불가능하다. 탈근대적 관점과 수단으로만 그러한 대응이 가능하다. 가령 이성으로 욕망을 통제하거나 극복하기는 곤란하다. 잠재적인 무의식 차원에서의 해법이 필요하다. 무의식적 욕망을 분석하고 그것을 통한 해결책을 찾아야 한다. 욕망경제학이 필요한 이유다.

목적론적 세계관과 필연적 역사관을 기초로 하는 마르크스 경제학, 과정의 끝으로서 공산주의를 예측하는 닫힌 경제학으로는 현대 자본주의의 자본론으로서 미흡하고 부적절하다. 들뢰즈와 과타리의 자본주의 분석을 토대로 하는 경제학, 시작도 끝도 기원도 목적도 상정하지 않는 과정의 지속을 예측하는 열린 경제학으로서의 들뢰즈 경제학이 현대와 미래의 자본론으로서 적합하다고 할 수 있다.

들뢰즈와 과타리가 새로운 자본론에서 규정하는 자본주의의 정체성은 그 잠재성인 자본주의-추상기계. 분자적 추상화에 의해 자본주의의 규정을 시도하는 들뢰즈 경제학은 자본주의의 발생 원천과 그 인식의 근거, 즉 자본주의의 충족이유를 잠재적 세계에서 찾는다. 그 결과 자본주의 사회체의 운동을 결정짓는 잠재적 질료와 순수기능(fonctionnement)의 결합체로서의 자본주의-추상기계가 도출된다. 자본주의-추상기계의 작동의 결과 구체적으로 현실화한 하나의 배치가 현실의 자본주의 체제다.

탈코드화와 탈영토화의 흐름들, 그리고 그 흐름들의 결합이라는 독특성으로부터 하나의 사회체로서의 문명 자본주의기계는 다른 모든 사회체의 음화 또는 극한으로서의 역할을 가진다는 보편성이 파생된다. 이러한 독특성과 보편성을 가지는 자본주의기계는 필연적으로 지속성을 가질 수밖에 없다. 따라서 우리에게 필요한 것은 존재하는 자본주의에 대해 분석하고 평가하고 문제를 발견하고 그에 대한 적절한 해결책을 찾는 일이다.

자본주의하의 혁명

따라서 자본주의와 혁명의 관계는 자본주의를 대체하는 혁명이 아니라 자본주의하의 혁명이 될 수밖에 없다. 자본주의하의 혁명은 자본의 철폐가 아닌 자본의 지배의 철폐를 의미한다. 자본은 어떻게 정의하든 완전한 철폐는 불가능하다. 자본주의가 진화할수록 이러한 경향은 더욱 강화될 것이다. 들뢰즈와 과타리는 말한다. "자본가들은 잉여가치와 그것의 배분을 제어할 수는 있지만 이 잉여가치를 생겨나게 하는 흐름들을 지배하지는 못한다."(천고, 429쪽) 즉 흐름의 잉여가치 현상은 불가피한 것으로 자본주의의 첨병 자본가를 비롯한 그 누구도 거스를 수 없는 것이다. 흐름의 잉여가치의 발생은 무한한 것이고 그것을 포획하려는 자본의 욕망도 무한하다. 무한에 대해 랏자라또는 다음과 같이 말한다.

"무한은 정의상 균형을 모른다. 경제학의 주장과는 반대로, 자본은 균형이 아닌 생산 및 재생산 양식들의 지속적인 전복을 추구한다. 그리고 경제·사회의 어떤 부분도 전복의 예외가 되지 않는다. 일반균형이론의 주장과는 정반대로, 영구적 불균형, 영원히 유지되는 비대칭, 지속적으로 추구되는 불평등이야말로 자본의 진정한 법칙이다. 위기는 예외가 아니라 자본의 규칙이다."(부통, 170쪽)

요컨대 흐름의 잉여가치의 포획을 핵심적 속성으로 갖는 자본주의기계의 영속성을 인정하는 것은 불가피하다. 우리의 목표는 자본의 이러한 욕망을 민주적으로 통제하는 데 주안점을 둘 수밖에 없다. 자본주의 '하'의 혁명, 욕망의 진정한 해방은 자본의 철폐가 아니라 자본의 '지배'의 철폐다. 자본주의를 절대적 탈영토화로 밀어 넣기, 자본주의를 분열증화하기는 단순한 탈영토화를 반복하라는 것이 아니라 새로운 대지를 창조하라는 것이다. 그리고 그것은 자본 자체의 철폐가 아니라 자본의 지배의 철폐, 즉 자본에 대한 민주적 통제의 확립을 의미하는 것이다. 이는 자본주의적 생산을 진정한 욕망적 생산으로 끊임없이 밀어 넣어 자본주의적 조건과 형식에 순응하는 억압된 욕망을 해방으로 이끄는 것을 의미한다.

욕망의 해방, 참된 욕망의 정립으로 가기 위한 구체적 실천으로서 필요한 것이 자본주의하의 영속적 소수자-되기이다. 소수자-되기는 탈주하기이다. 들뢰즈와 과타리가 의미하는 탈주는 다수자로부터 달아나는 것이 아니라 다수자의 내부에 구멍을 내어 새로운 흐름을 흐르게 하는 것이다. 욕망의 배치에 실질적 변화를 주는 것이다. 힘의 새로운 작동 방식을 창출하는 것이다. 이것이 분자혁명이다.

자본주의는 하나의 과정이다. 자본주의는 탈영토화와 탈코드화의 흐름이라는 영원한 과정이다. 그래서 다른 모든 체제의 극한 또는 음화라 불리는 것이다. 다만 재영토화와 공리화에 의한 자기증식, 확대재생산의 과정이라는 한에서 상대적인 것이다. 분열증이라는 외부 극한, 절대적 극한, 절대적 탈영토화, 궁극적 해방을 향하여 영원히 탈주하지만 쌍곡선의 점근선처럼 거기에 도달하는 것은 불가능하다. 따라서 자본주의나 분열증이나 그 본질은 동적인 과정이지 정적인 구조나 체제가 아니다. 이로부터 자본주의의 양의성 또는 양가성이 도출된다. 공리화하는 자본주의와 분열증화하는 자본주의. 영원한 이중운동하의 자본주의.

내재적 과정으로서의 자본주의를 영원히 벗어나는 것은 불가능하다. 그러나 자본주의를 분열증화하려는 시도, 즉 참된 욕망에 도달하려는 시도를 포기하는 것도 불가능하다. 우리의 삶은 이러한 자본주의의 양의성 하에서 연속적으로 변주를 이루어가는 과정이다. 탈영토화와 재영토화의 영원회귀라는 이중운동의 과정이다. 이 과정 속에서 참된 욕망의 정립을 위한 소수자-되기는 우리 모두가 주인으로서 사는 것, 사회 각 분야의 민주화를 이루는 것, 즉 비파시스트적 삶으로 우리의 삶 전체를 채우는 것이다. 이는 매 순간의 일상 속에서 다수자가 아닌 소수자의 길, 즉 순응이 아닌 저항의 길을 선택하고 개척해 가는 것이다. 저항하는 것은 낡은 것을 거부하는 것이고, 새로운 것을 창조하는 것이며, 다수자가 아닌 소수자의 길을 가는 것이며, 동일성이 아닌 차이의 삶을 사는 것이고, 우리 모두의 역량을 증가시키고, 우리의 역량의 최대한을 발휘하도록 하는 것이다. 스피노자의 사상을 이어받은 들뢰즈가 말하는 기쁨과 행복은 역량을 증가시키는 것 혹은 자신의 역량을 할 수 있는 최대한으로 밀어붙여 각자의 참된 욕망을 실현시키는 것이다. 이것이 그들에게 의미 있고 가치 있는 것이다.

관건은 과정을 가속화하는 것, 과정을 멈추지 않는 것이다. 과정을 멈추지도 않고 과정을 공전시키지도 않고 과정에 목표를 주지도 말 것, 과정을 영원히 진행시키는 것이다(안오, 627쪽 참조). 과정을 강제로 정지시킬 때, 과정을 의미 없이 공전시키거나 과정에 자의적인 구체적 목표를 부여할 때 우리는 해방이 아닌 질병으로서의 분열증에 빠지게 된다. 과정의 완성은 과정이 멈춰서 끝나는 것이 아니라 과정을 영원히 진행하는 것이다(안오, 628쪽 참조).

과정에는 가치가 개입되지 않는다. 절대적 탈영토화가 모두 좋은 것만은 아니다. 오늘날에도 긍정과 부정의 절대적 탈영토화 사이의 한판 승부가 벌어지고 있다. 통제사회와 기계적 노예화라는 거대한 탈영토화 과정에 있는 현대 자본주의 하에서 인간의 새로운 속박으로 갈 것인가, 인간의 진정한 해방으로 갈 것인가 하는 것은 우리의 자각과 실천에 달린 문제다. 교육혁명을 통한 진정한 민주주의의 실현으로 가야 한다. 자본주의적 욕망이 내면화한 순응적 주체에서 의미의 해석과 가치의 평가가 가능한 자율적(철학적·비평적) 주체로 거듭나야 한다. 사회적으로 자본의 포획력과 기호조작에 맞설 수 있는 역량을 길러내는 교육의 구축에 더하여 개인적으로 성찰을 통한 자각이 지속될 때 자본으로부터의 해방, 진정한 민주주의의 실현이 가능할 것이다. 들뢰즈의 기호론과 배움론이 많은 도움이 될 것이다(부록, 기호와 배움 참조).

각자에게 자신의 욕망을!

현대는 경계 소멸의 시대라고 했다. 경계의 소멸이 가능성의 확산을 가져온다. 경계가 없어야 위계와 억압이 사라지고 순환과 소통이 원활해진다. 오늘날 이러한 현대 자본주의의 흐름에서 가치의 생산과 포획의 영역이 무한히 확장되고 있다. 효율성의 경제에서 들뢰즈 경제학이 주장하는 가능성의 경제로의 전환이 급속히 진행되고 있는 것이다. 생산의 일의성과 가능성의 경제가 더욱 강화되고 있는 현대 자본주의와 그러한 경향이 갈수록 더 짙어질 것으로 예상되는 미래의 경제에서 가장 중요한 것은 자본에 대한 통제다. 가능성의 경제가 자유와 평등을 기반으로 해서 민주적으로 진행되어야 경세제민이 이루어질 수 있다. 자본의 힘에 의한, 자본만을 위한 가능성의 경제가 아니라 모두를 위한 가능성의 경제가 되어야 한다.

욕망경제학으로서 들뢰즈 경제학의 자본주의 분석의 이러한 결론은 생산적 욕망을 원리로 하는 사유의 필연적 귀결이다. 욕망을 원리로 하는 가능성의 경제에서 경제제민을 꿈꾸는 우리는 어떤 삶을 살아야 하는가? 기계적 노예화에 의한 탈주체화의 시대에 살고 있는 인간이라 할지라도 우리는 주체적 삶을 포기할 수는 없다. 누차 강조하건대 탈근대적 비인간주의와 자연주의는 인간의 존엄과 주체적 삶을 포기하거나 부정하는 것이 아니다. 우리는 근대와 탈근대의 균형과 조화를 추구한다. 한편으로 근대적 관점에서 우리는 각자 깨어 있는 민주적 시민으로서 윤리적인 자율적 주체를 지향한다. 다른 한편 우리의 자본주의 분석의 결론을 토대로 우리는 우리가 지향하는 삶을 위한 모토로서 '각자에게 자신의 성들을!'(안오 p493) '각자에게 자신의 역량을!'이라는 언표를 제시하고자 한다. 이는 '모두에게 독특한 삶, 독자적이고 특이한 삶을!'이라는

주장과 같다. 한마디로 '각자에게 자신의 욕망을!'

일상의 무수한 만남 속에서 들뢰즈의 존재의 일의성과 비인간주의에 입각하여 그것이 사람이건 사물이건, 생명이건 비생명이건 존재하는 모든 것들에 대하여 예의를 갖추고 나와 상대의 욕망의 실현과 역량의 증대를 위해 살아간다면 그것이 기쁘고 행복한 삶이자 고귀한 삶일 것이다. 전 우주적 차원에서 가장 중요한 것은 각 개별자들이 자신의 참된 욕망에 기초하여 독특한 하나의 삶을 가꿔나가는 것이다. 우리 모두는 반짝이는 하나의 별이다.

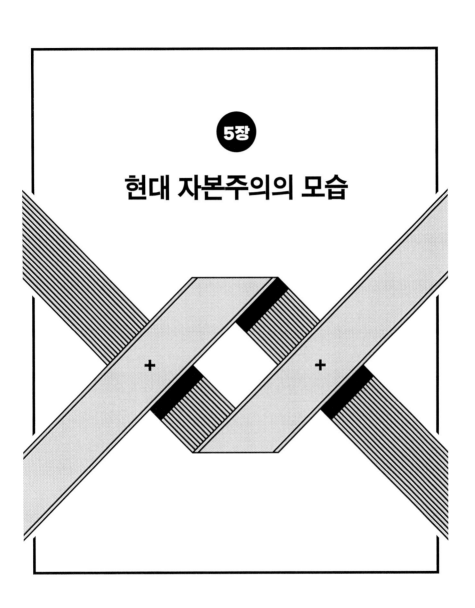

5장

현대 자본주의의 모습

들뢰즈 경제학은 다른 모든 경제학들의 음화로서 궁극적인 사유를 지향하고 궁극적인 문제 해결을 모색한다. 존재의 일의성을 토대로 생태적이고 복잡계적인 사유에 천착하는 들뢰즈 경제학은 경제에 대한 사유의 극한을 이룬다. 결론적으로 들뢰즈 경제학은 시공을 초월하여 다가올 미래의 모든 시대와 모든 장소에 적용될 수 있는 사유 체계다. 여기서는 들뢰즈 경제학에 기초한 이제까지의 자본주의 분석을 바탕으로 이 책을 쓰는 시점인 21세기 초기 자본주의의 모습과 당면한 문제들에 대해 사유해 보고자 한다.

1.
정동자본주의

들뢰즈 경제학의 자본주의 분석이 적용될 수 있는 현상들 중의 대표적 사례로서 정동자본주의를 들 수 있다. 욕망경제학으로서의 들뢰즈 경제학이 제시하는 가능성의 경제학, 주체경제학과 부합하는 현대 경제를 우리는 정동자본주의로 개념화할 수 있다. 정동자본주의는 자본주의 탈영토화의 대표적 사례다. 현대 자본주의의 탈근대적 특성을 고스란히 반영한다. 자본주의-추상기계의 현대적 작동의 대표적 사례다. 정동자본주의에 대한 아래의 논의들은 이항우의 『정동자본주의와 자유노동의 보상』에서 많은 부분을 참조했다.

산업혁명과 자본주의

산업혁명의 역사가 자본주의의 역사라고 할 수 있다. 기술과 기계의 혁신에 따라 산업은 혁명적 변화를 겪어왔고 그에 대응하여 자본주의라는 사회기계도 시대적 변화를 이루어 온 것이 역사적 사실이다. 1차 산업혁명에 대응하는 것이 산업자본주의다. 증기기관의 발명과 기계화를 통해 육체노동과 기술기계의 결합이 이루어진다. 2차 산업혁명에 대응하는 것은 독점자본주의다. 조립 라인의 발명과 전기화를 통해 대량생산과 자본의 집중이 이루어진다. 3차 산업혁명에 대응하는 것이 정보자본주의다. 컴퓨터의 발명과 자동화를 통해 정보와 지식이 생산력 발전의 주축으로 부상하여 인지자본주의 시대를 열었다. 마지막으로 오늘날의 4차 산업혁명에 대응하는 것이 정동자본주의라고 할 수 있다. 디지털 플랫폼과 사이버 물리 시스템을 통해 인간 활동 전반에 대한 자본의 포획이 전방위적으로 진행되는 시대로 접어들었다(이항우, 241~2쪽 참조). 현대 자본주의에서는 정동의 포획이 이윤 창출의 핵심적 원천으로 부각되고 있다. 이항우는 이렇게 말한다.

"정동자본주의에서 자본주의 재생산은 직접적인 물질적 생산뿐만 아니라 인구의 일상적 생체 활동 전반에서 파생되는 데이터와 정동의 포착과 관리와 통제를 통해 이루어진다고 할 수 있다. 비물질재가 축적의 핵심 원천이 된 시대에, 물리 세계도 마침내 하나의 데이터 시스템이 되었으며, 모든 물리적 대상의 비물질재적 측면

이 더욱 중시되는 경제 시스템이 바로 오늘날의 정동자본주의인 것이다."(앞의 책, 242쪽)

정동이란?

스피노자는 몸체는 무엇을 할 수 있는지를 묻는다(천고, 487쪽). 하나의 몸체는 그것이 무엇을 할 수 있는가에 의해 규정된다. 그 무엇을 할 수 있는 역량, 즉 잠재적 역량이 순수변용태이고 정동이다. 정동(情動, affect)은 다른 몸체들과 상호작용이 이루어지는 가운데, 상호간에 어떤 변용이나 촉발을 일으키고, 그 결과 하나의 몸체 안에서 역량의 증가 혹은 감소, 몸체의 한 상태에서 다른 상태로의 이행이 나타나는 것으로 정의된다. 한마디로 '변용될 수 있는 역량과 변용할 수 있는 역량'이라고 할 수 있다. 정동은 순수변용태(變容態)다. 구체적인 배치 하에서 현실적인 변용태로 구현되기 이전의 잠재성이다.

감정이나 행동 또는 행태로 현실화하기 이전의 잠재적 상태의 무의식적 욕망이나 역량의 흐름이 정동 또는 (순수)변용태다. 브라이언 마수미에 의하면 "정동은 시종일관 힘에 연관된 개념이다. 변용하고 변용되는 힘은 움직이고, 행동하고, 지각하고, 생각하는 일종의 잠재력이며, 한마디로 말해, 존재의 역량(존재력)이다."(마수미, 6쪽) "애초부터 정동은 개체성을 넘어선다. 그것은 능력들을 다른 것과의 그리고 외부와의 얽힌 관계에 묶는다. 정동은 본질적으로

초개체적(trans-individual)이다."(앞의 책, 7쪽) 정동을 개체나 인간에 한
정해서는 안 된다. 정동은 비인격적이거나 집단적일 수도 있다. 즉
전(前)개체적이거나 초(超)개체적일 수 있다.

들뢰즈와 과타리에 의하면 정동·변용태는 생성이자 사건이다(천
고, 486~7쪽). 정동은 하나의 몸체에서 새로운 몸체로의 이행이자 변
이이고 이는 곧 생성이다. 되기(생성)는 전혀 다른 개체들 사이에 속
도들과 변용태들을 조성하는 일이다(천고, 489쪽). 마수미에 의하면
"마주침들 속에서, 다시 말해, 사건을 통해 우리는 언제나 변용하
고 변용된다. 정동적으로 변화한다는 것은 관계를 맺는 것이며, 관
계를 맺는다는 것은 사건이 된다는 것이다."(마수미, 13쪽)

정동은 강도적 느낌 또는 정서라고 할 수 있다. 지각할 수 없는
순수한 운동으로서의 변용태는 마음이나 정신(情神)의 움직임(動),
즉 정동(情動)과 일치한다. 들뢰즈와 과타리는 "순수한 변용태는 지
각의 문턱 아래나 위에 있다."(천고, 532쪽)고 한다. 표상적이고 현실
적인 감정(sentiment)이나 특성(character)과는 다른 것이다.

정동은 기관이 아님은 물론 기관의 기능(fonction, 영어 function)도
속성도 아니다. 힘·역량의 이행 또는 변이이다. 유기적 기능(fonc-
tion organique)보다 특정한 '배치하'의 기계적 작동형태(fonctionnement
machinique)에 주목해야 한다(천고, 485쪽 참조). 앞서 누차 보았듯이
기능은 고정된 본질적 속성이지만, 기계적 작동형태로서의 순수기
능은 배치와의 관계에 따라 언제든 유동적으로 변용 가능한 것이
다. 정동 또는 순수한 변용태의 작동형태 또는 작동방식이 순수기
능이고 작동의 결과 순수변용태가 현실화한 것이 지각 가능한 변

용태인 것이다. 앞서 하나의 몸체는 그것이 무엇을 할 수 있는가에 의해 규정된다고 했다. 들뢰즈와 과타리에 의하면 하나의 몸체는 일정한 배치하의 변용태들의 목록에 의해 규정된다. 지각 가능한 표상화한 변용태는 항상 배치와 관련해서 도출된다(천고, 487~8쪽 참조). 마수미에 의하면 하나의 몸체가 할 수 있는 것, 하나의 몸체의 잠재력은 궁극적으로 그것의 '접속되어 있음', 즉 그것이 어떤 방식으로 접속되어 있느냐, 얼마나 강렬하게 접속되어 있느냐에 의해 규정된다(마수미, 73쪽 참조). 요컨대 표상화한 변용태는 특정한 배치와의 접속 또는 관계 하에서 순수한 변용태가 현실화한 것이다. 현실의 변용태는 정동, 즉 변용되거나 변용할 수 있는 역량의 현실적 표출이다. 이항우는 정동을 흥미, 평안, 만족, 긴장, 관심, 흥분 등과 같은 우리 몸과 마음의 활력이라고 규정한다(이항우, 10쪽). 가령 온라인상의 모든 자발적 활동들이 정동의 표출이 될 수 있다.

정리하면 정동은 만남(몸체와 몸체, 몸체와 배치·환경과의 상호작용)에 의한 순수사건(역량의 증감)의 발생이다. 강도적 에너지, 비유기적 생명으로 해석될 수 있는 잠재적 힘·역량·욕망의 차원에서는 심신의 구별이 없다. 그렇듯이 잠재적 차원에서의 감정과 행동이라 할 수 있는 정동과 변용태는 둘 다 욕망이자 생성으로서 구별이 불가능하다. 정동·변용태는 들뢰즈 철학에서의 차이의 표현이다. 들뢰즈의 차이 자체=힘(역량)=욕망=순수과거·기억·사건=정동·변용태의 등식이 성립한다.

정동자본주의

현대 경제는 비물질재가 수익 창출의 핵심 원천이 되는 정동자본주의(Affective Capitalism)로 진화하고 있다. 현대 자본주의 체제는 정동자본주의로 규정될 수 있는 하나의 포획장치라고 할 수 있다. 비물질재는 생산물이 무형적이고 비물질적인 형태를 띠는 재화를 일컫는 용어다. 비물질재의 유형과 범위는 지속적으로 확대되고 있다. 컴퓨터 프로그램, 지식, 법률 지원, 돌봄 서비스 등과 같이 시장에서 상품으로 거래되는 재화와 용역에서 소비자들의 선호나 애착과 브랜드로, 글, 음악, 사진, 동영상 등의 사용자-제작 콘텐츠를 지나 최근의 사물 인터넷을 포함하는 유무선 인터넷을 통한 방대한 사용자-창출 데이터, 즉 빅데이터까지 이른다(이항우, 152~3쪽 참조).

정동자본주의는 정동이 이윤 창출과 포획의 중심을 이루는 자본주의 체제다. 정동에 대한 인클로저, 즉 전유가 정동에 대한 자본의 포획에서 중요하다. 정동의 비교와 평가를 통한 상품화와 화폐화가 포획의 전제가 된다. 기업들은 정동의 실시간 흐름을 포착하고 관리하고 활용함으로써 수익을 창출한다(앞의 책, 26쪽 참조). 정동자본주의 하에서는 다음과 같은 변주들이 지속적으로 이루어진다.

가치의 변주

현실화한 정동·변용태의 포획을 위해 정동의 가치화가 필요한 데, 이는 한마디로 삶의 포섭(the subsumption of life)이라고 표현될 수 있다. 우리의 활력과 정동적 능력들, 즉 우리의 전체 삶의 자본주의적 도구화가 요구된다. 현대의 가능성의 경제에서는 우리 삶의 가능성들이 자본주의적 생산력과 구분할 수 없게 된다. 궁극적으로 우리 자신이 바로 그 생산물이 된다(마수미, 48,54쪽 참조). 감정이 더 많이 표출되고 순환될수록, 행동이 더 많이 축적되고 모아질수록 기업의 정동에 대한 포획 가능성이 증가한다(이항우, 106쪽 참조).

노동가치설은 폐기된다. 가치는 노동의 양이라는 단일한 기준으로 환원 불가능하다. 앞서 보았듯이 가치란 양이나 시간이라는 본질의 반영이 아니라 실천을 통해 실체가 형성되는 사회적 구성물이다. 그중에서도 비물질재 또는 무형재의 가치는 브랜딩(branding)과 관련된 대중들의 관심, 공통 의견, 평판, 유행 등과 같은 폴리네이션(pollination, 受粉작용)에 의해 결정된다(Boutang, 앞의 책, 10,134쪽에서 재인용). 가령 빅데이터 폴리네이션, 즉 빅데이터의 가치 생성 과정은 정동자본주의의 부의 생산과 축적을 뒷받침하는 중요한 기제로 작용한다. 이를 활용하면 상관관계가 인과관계를 대체하여 원인은 알 수 없지만 결론의 예상은 가능하다(앞의 책, 153,147쪽 참조). 현대 경제와 같은 복잡계 상황에서 빅데이터의 가치 중 가장 중요한 요소가 이것이다.

자본과 이윤의 변주

정동자본주의 하에서는 불변자본과 가변자본의 성격이 변화한다(앞의 책, 28~9쪽 참조). 플랫폼자본으로서의 불변자본, 자유노동으로서의 가변자본 등이 변화의 사례들이다. 소위 '사회-공장' 시대의 도래로 자본은 생산의 외부화와 함께 크라우드소싱(crowd-sourcing) 등의 자유노동 또는 자유로운 행동에 의존하게 된다.

이윤의 지대-되기, 이윤의 지대화가 확대된다. 뒤에서 설명할 플랫폼 자본주의 현상에서 볼 수 있듯이 정동에 대한 인클로저, 즉 온라인 네트워크가 제공하는 플랫폼의 전유에 의한 이윤 창출이 증가한다. 직접적 생산으로부터 자본은 더 외부화한다. 이에 따라 이윤과 지대의 경계가 더 모호해진다. 가령 구글 검색 알고리즘 페이지랭크와 페이스북 사회관계망 알고리즘 에지랭크같은 것들은 정동·변용태를 추적하고 집적하여 상품화하는 정동자본주의의 불변자본이라고 할 수 있다(앞의 책, 34~5쪽 참조). 그 자체로 지적 재산권의 보호를 받으면서 네트워크 효과에 의해 집적된 콘텐츠와 데이터의 가치를 외부에서 전유 가능케 하는 지대 창출 기계들이다.

노동의 변주

정동·변용태의 생산은 욕망적 생산의 과정이다. 그것이 사회적 조건과 형식에 따라 현실화한 것이 정동적 활동 내지 정동적 노동

(affective labor)이다. 정동자본주의하에서는 노동과 자유로운 행동의 경계가 붕괴된다. 정동자본주의에서 노동은 가치를 생산하는 모든 활동을 가리키며, 일반적으로 노동으로 간주되지 않는 소비나 여가 활동까지 포괄한다(앞의 책, 104,130쪽 참조). 상품에 대한 소비자들의 의견은 상품의 가치 형성에 중요한 요소로 작용한다(앞의 책, 137쪽). "정동자본주의에서 가치는 재화의 생산과정뿐만 아니라 순환과정에서도 창출된다. 지식이나 정보 같은 비물질재 혹은 물질재의 비물질 요소는 소비과정에서 사용되어 없어지는 것이 아니라 오히려 변형되거나 새로운 내용이 첨가될 수 있다. 소비를 통해 새로운 가치가 창출될 수 있다는 것이다. 그런 점에서 재화의 순환과 소비과정은 동시에 그것의 생산과정이라 할 수 있다."(앞의 책, 133~4쪽)

노동의 변주 또는 노동과 자유로운 행동의 경계 파괴는 다방면에서 이루어지고 있다. 자유노동(free labor)은 강제되지 않는 노동이자 무료 노동이다. 컴퓨터 네트워크에서의 수많은 이용자들의 모든 활동 또는 자유노동은 새로운 경제적 가치를 생산하는 정동자본주의의 가변자본이 된다(앞의 책, 43쪽). 네그리와 하트의 비물질노동(앞의 책, 104쪽에서 재인용)은 지식, 정보, 소통, 관계 또는 정서적 반응 등과 같은 비물질재를 창출하는 노동이다. 아이디어, 상징, 코드, 텍스트, 언어적 형상, 이미지 등을 창출하는 지적·언어적 노동과 함께 편안함, 안녕, 만족, 흥분 혹은 열정의 느낌 등을 생산하는 정동적 노동이 포함된다.

이러한 환경에서 노동 착취 문제의 해결을 위해 기본소득의 필요성이 증가하고 있다, 이항우는 자연 자원과 공공재뿐만 아니라 지식과 정보와 관계 등의 인지적·정동적 비물질재까지도 기본소득의 근거가 될 수 있다고 한다(앞의 책, 154쪽). 소액결제와 같은 시장주의적 보상은 소유권 관계의 복잡성으로 실현 가능성에 의문이 있다. 공통적·사회적 보상 방안이 더 현실적이다(앞의 책, 228~38쪽 참조). "정동자본주의가 토지와 지식에 이은 정동이라는 새로운 공통재의 인클로저에 토대를 두고 있다는 점에서, 정동을 생산하는 자유노동에 대한 물질적·화폐적 보상은 그것의 사회적 공통적 성격에 걸맞은 보편적 기본소득제의 도입 속에서 찾아야 할 것이다."(앞의 책, 248쪽)

통제사회와 정동자본주의

들뢰즈가 규정한 바와 같은 현대의 통제사회에서 권력은 갈수록 정동적 차원의 조종을 통해 기능한다(마수미, 61~4쪽 참조). 규율사회의 훈육의 형식에서 통제사회의 정동적 경로로 진화한 것이다. 정동적 차원을 조절하는 능력에 의해 미디어가 통제의 직접적인 메커니즘으로 기능한다. 기호조작에 의한 정동 조종이 구식의 이데올로기를 대체한다. 가령 9·11 이후 반복적 보도를 통해 공포를 신뢰와 애국으로 정동적 전환을 유도했던 것이 그 예다.

이러한 자본의 기호조작과 기계적 노예화에 의한 통제사회로서의 현대 자본주의 체제는 정동자본주의라 규정될 수 있는 하나의 포획장치를 구성한다. 흐름의 잉여가치의 전사회화를 통해 사회적 잉여가치에 대한 포획이 전방위적으로 이루어진다. 브라이언 마수미의 다음의 표현은 우리에게 큰 통찰을 준다.

"우리는 그들의 이윤 창출 능력에 기여하고 있는 겁니다. 우리가 구가하는 일상적인 활동과 레저 활동은 이제 가치-창출 노동의 형태가 되었습니다. 일상생활을 하는 것 자체만으로 우리는 이제 잉여가치를 생산하고 있습니다. 움직이는 능력 자체가 자본화되고 있는 겁니다. …… '통제사회'를 특징짓는 것은 권력이 기능하는 방식과 경제가 이 흐름의 잉여가치 세대 주변에 함께 등장한다는 사실입니다. 삶의 운동, 자본 그리고 권력은 하나의 연속적인 작동입니다. - 검문, 등록, 입력, 처리, 피드백, 구매, 이윤, 이런 것들이 빙빙 돕니다."(앞의 책, 58쪽)

2.
플랫폼 자본주의

디지털 플랫폼 경제

현대 자본주의는 사이버네트워크 기술을 기반으로 하는 디지털 플랫폼 경제의 특성을 갖는다. 플랫폼은 사용자들 사이의 상호작용을 가능케 하는 인프라 구조를 가리킨다. 온라인상의 플랫폼이 디지털 플랫폼이다. 사용자에는 사물인터넷에서처럼 물리적 객체도 포함된다(서니첵, 49쪽 참조).

플랫폼 노동은 다음과 같이 두 가지로 나눌 수 있다(금민, 146쪽 참조). 크라우드 노동(crowdwork)은 온라인 플랫폼을 통해 불특정 다수가 작업하는 방식이다. 구글, 페이스북에서의 활동이 그 예다. 주문형 앱노동(on-demand work via app)은 온라인 주문을 통한 대면 서비스 제공 방식의 노동이다. 우버, 에어비앤비, 배달의민족 등을 플랫폼으로 하는 서비스 제공이 그 예다.

플랫폼 경제에서는 새로운 계급관계가 형성된다. 데이터 경제에서 계급적 배치는 플랫폼 소유를 기준으로 일차적으로 분할된다. 데이터를 울타리치고 배타적으로 독점하는 플랫폼 자본의 지배가 사회적 계급관계의 본질적 측면으로 등장한다.

플랫폼 기업의 포획

정동자본주의에서 논한 바와 같이 이윤의 지대화, 이윤의 지대-되기는 자본의 변주에 따른 잉여가치 포획 양태의 변화를 보여준다. 플랫폼 경제가 이윤 지대화의 표본이라고 할 수 있다. 지식공유부에 대한 자본의 인클로저의 대표적 사례다. 온라인 인프라로서의 디지털 플랫폼의 전유와 수확체증의 법칙이 성립하는 네트워크 효과에 의한 수익 창출이 가치 포획의 핵심이다.

플랫폼 경제에서 노동가치설은 완전히 파산한다. 생산 시간과 재생산 시간의 경계가 사라지고 투하된 노동시간은 가치 척도로서의 기능을 상실한다. 대신 플랫폼 알고리즘이 데이터 기반의 척도를 개발하여 플랫폼 노동과 디지털 활동 전체를 계량한다. 플랫폼 경제와 기본소득에 정통한 금민에 의하면 "데이터의 추출과 이용이야말로 플랫폼의 고유기능이며 경제적으로 가장 중요한 기능이다. 따라서 오늘날의 자본주의는 가치 원천의 차원에서 데이터를 기초자원으로 삼기에 데이터 자본주의로 규정할 수 있으며, 데이터 경제의 사회적 기술적 형태규정인 플랫폼을 중심에 둔다면 플

랫폼 자본주의라고 부를 수 있다."(앞의 책, 137쪽) "플랫폼 자본주의
에서 가장 중요한 변화는 그 이전에는 상품화되지 않았던 다양한
활동이 플랫폼을 거쳐 플랫폼자본 아래로 포섭되며, 사회적 삶 전
체가 이윤 원천이 되며, 데이터로 기록되는 모든 활동이 양적으로
측정되며 잉여가치 창출 과정에 통합될 가능성이 생겼다는 점이
다."(앞의 책, 157~8쪽) 가령 유튜브 활동의 온라인 버스킹화가 가능하
다. 노동과 자유로운 행동의 구분은 불가능하고 인간의 모든 활동
의 상품화가 가능해진다. 결제는 블록체인을 통한 디지털화폐로도
가능하다.

데이터란 무엇이고 누구의 것인가?

디지털 플랫폼 경제에서의 포획을 위해서는 데이터를 정의하고
그것의 소유관계를 명확히 하는 것이 가장 중요하다. 데이터는 우
선 살아 있는 노동으로 볼 수 있다. 여기에서 노동은 임금노동만이
아니라 비임금노동을 포함한 활동 일반을 일컫는다. 개별 노동자
의 노동이 아니라 공장과 기업을 넘어 사회 전체로 확장된 노동,
나아가 인간주체와 비인간주체를 가를 수 없는 잠재적 힘으로까지
확장될 수도 있다(금민, 159쪽, SM, p43/기기, 62쪽 참조). 개별 노동으로
서의 데이터에는 소액결제에 의한 보상, 사회적 노동으로서의 데이
터에는 기본소득에 의한 보상이 적합하다. 다음으로 데이터는 디
지털 기록물로 볼 수 있다. 데이터는 디지털 활동 그 자체가 아니라

디지털 활동의 기록물일 뿐이라는 것이다. 이러한 물질성 때문에 플랫폼자본의 저장소에 보관되고 배타적으로 활용하는 것이 가능하다. 이 점에서 데이터는 지식이나 정보와 구별된다(금민, 160쪽).

플랫폼 자본주의에서 가장 중요한 문제점은 빅데이터 인클로저라고 할 수 있다(앞의 책, 166쪽). 오픈소스 알고리즘이라도 데이터를 공개하지 않는 한 플랫폼은 기업의 사적 소유가 된다. 플랫폼에 대한 소유권은 데이터에 대한 지배권을 의미하며 데이터의 활용은 플랫폼 기업을 통해서만 가능하다. 그러나 빅데이터는 플랫폼에 의해 형성되지만 플랫폼이 디지털 활동을 창조한 것은 아니다. 따라서 플랫폼자본의 플랫폼 전유에 의한 가치의 독점적 포획은 부당하다. 수익의 일부는 공유부로 보아야 한다.

금민은 페인의 이중적 소유권 이론에 의해 빅데이터 공동소유와 플랫폼자본에 대한 공유지분권 모델의 정당화가 가능하다고 본다(앞의 책, 173쪽 참조). 원천 데이터에서 수익을 창출하는 빅데이터를 산출하는 과정에서 사회 구성원 모두의 자연적 소유권을 도출할 수 있다. 플랫폼 자체가 공동소유인 경우는 수익의 전부를 사회 구성원 모두에 배당해야 한다. "빅데이터는 공동소유라는 인식은 플랫폼 자본주의를 넘어서기 위한 출발점이다."(앞의 책, 182쪽)

결론은 기본소득

"새로운 기술이 발견되고 생산력이 크게 증가할 때면, 빈부의 격차가 심해지고 계급의 분화가 발생한다. 이는 세계사의 거의 철칙과도 같다. 변화의 바람을 타고서 부자가 되는 사람이 있는가 하면, 새로운 환경에 적응하지 못해 낙오하는 사람도 있게 된다."(세철 2, 56~7쪽)

20세기 말부터 시작된 4차 산업혁명과 세계화도 같은 여정을 보여준다. 숙련노동자의 가치는 감소하고 비숙련노동자의 숫자는 폭증했다. 이에 따라 생산성 증가에 의한 이윤 증가와 임금의 정체 내지 하락이 지속됐다. 결과적으로 노동소득분배율의 지속적 감소로 양극화가 확대되었다. 오늘날과 같은 플랫폼 자본주의 하에서는 크라우드 노동을 통해서건 주문형 앱노동을 통해서건 이러한 경향은 더욱 강화되고 있다. 이제 디지털 플랫폼 경제에서의 새로운 계급관계의 형성과 양극화로 인한 문제의 해결이 시급한 과제가 되었다.

기본소득이 플랫폼 자본주의의 문제를 해결할 수 있다. 기술 발전과 기본소득은 선순환을 이룰 수 있다. 기본소득은 노동의 협상력을 증대시키고 노동의 희소화를 가져온다. 이는 임금 상승으로 이어지고 높아진 임금은 기술 개발을 촉진한다. 4차 산업혁명이라는 혁명의 시기에 기본소득은 불가피하게 초래될 수밖에 없는 양극화의 문제를 해결할 수 있는 가장 유효한 수단이 될 수 있다. 기본소득에 대한 자세한 논의는 뒤에서 이루어질 것이다.

3.
신자유주의

신자유주의 망령이 아직도 사라지지 않고 있다. 2차 세계대전 이후 자본주의 황금기를 지나 케인즈 사상이 몰락한 뒤 세계를 지배해온 것이 신자유주의다. 오늘날의 모든 사회경제적 문제들의 중심에는 신자유주의가 똬리를 틀고 있다. 신자유주의를 제대로 알아야 우리는 현대 자본주의의 문제들의 해결에 다가갈 수 있다. 신자유주의의 핵심에는 부채경제가 있고 이 모든 것들의 배후에는 금융자본이라는 괴물이 자리하고 있다. 기존의 경제학은 신자유주의의 대안과 해결책을 제시하지 못하고 있다. 확실한 대안을 통한 신자유주의의 완전한 극복을 위해 들뢰즈 경제학이 필요하다.

신자유주의(Neo-Liberalism)는 애덤 스미스, 존 로크 등을 필두로 하는 고전적 자유주의(Classical Liberalism) 이후 20세기에 등장한 시장자유주의(Market Liberalism)의 새로운 사조를 일컫는다. 프리드리히 하이에크, 밀턴 프리드먼을 중심으로 하는 영미형 신자유주의와 1920~30년대 바이마르 공화국과 히틀러 나치정권의 정부주도형 경제정책을 비판하면서 등장한 프라이부르크학파에 의해 정립된(황준성, 서문 참조) 독일형 질서자유주의(Ordo-Liberalism)로 나눌 수 있지만 우리가 말하는 보통의 신자유주의는 전자를 가리킨다.

정치 이념적 배경

신자유주의는 전통적 자유주의나 민주주의를 배경으로 하는 사상이 아니다. 구자유주의라고 할 수 있는 애덤 스미스 이래의 고전적 우파 자유주의도 아니고 들뢰즈 사상이 지향하는 실질적 민주주의는 더더욱 아니다. 인간의 자유와 평등보다는 실제로 자본의 자유화가 신자유주의가 추구하는 모든 것이라고 할 수 있다. 자본 자유화를 기초로 한 신자유주의 세계화는 각국의 민주주의와 정책 독립성을 훼손하고 인간의 자유와 평등을 위협하고 있다.

신자유주의를 말 그대로 자유주의에 포함시키더라도 시장자유주의의 극단적 형태, 시장근본주의의 한 형태라고밖에 볼 수 없다. 신자유주의는 공산주의, 나치즘 등과 같은 집단주의 또는 전체주의에 대한 혐오에서 출발했다. 극과 극은 통한다는 말이 있듯이 극단적 사상들에 대한 반동으로 또 하나의 극단적 사상이 출현한 것이다. 신자유주의 사상의 바탕이 된 하이에크의 『노예의 길』은 전체주의 외에 케인즈주의와 사회민주주의까지도 집단주의에 포함시키고 있다(존스, 97쪽 참조).

고전적 자유주의에서 시장은 자유로운 교환을 의미하지만 신자유주의에서의 시장은 경쟁을 의미한다. 즉 신자유주의는 자유방임이 아니라 엄밀히 말하면 시장경쟁 메커니즘 구축을 위한 국가개입의 원리다. 적극적 자유주의이자 개입적 자유주의인 것이다(사토, 20,36~9쪽). 개입적 자유주의로서의 신자유주의란 법률, 제도에 개입해 효과적인 경쟁을 창출하고, 경쟁 원리에 의해 사회를 통치하려고 하는 통치 기법이라고 할 수 있다(앞의 책, 42쪽). 정부 개입의 목적이 복지국가 실현에서 자유시장 보호로 넘어간 것이다. 구제금융이나 양적 완화 등의 사례에서 우리는 이러한 장면을 목도할 수 있다.

한마디로 신자유주의는 오염된 자유주의다. 하이에크류의 시장자유주의와 신보수주의(네오콘)가 결합된 독점자본주의 이념이다. 민주주의의 포기이고 파시즘화다. 랏자라또에 의하면 "(신자유주의의) 자유주의자들은 국가 통치에 대한 대안이 결코 아니며, 국가자본주의적 주체화의 가능한 양상들 중 하나에 불과하다."(부통, 116쪽)

경제 이론적 배경

케인즈주의의 몰락이 신자유주의 등장의 가장 큰 배경이 되었다. 2차 대전 이후 1970년대 초까지 케인즈주의가 지배했던 시기는 자본주의의 황금기였다. 노동조합을 통한 노동 역량의 증가와 함께 초국적 자본과 대기업의 성장 등 자본의 역량도 증가했다. 중산층의 확대와 동시에 민주주의가 확장된 진보의 시기였다. 이 시기는 완전고용과 복지국가를 목표로 했고 적자 혹은 균형 재정, 저금리와 저배당을 지향했으며 금융자본보다는 산업자본이 우위에 있었다. 그러나 1970년대에 들어와 케인즈주의적 정책의 효과가 사라지기 시작했다. 전후 재건 붐의 종말에 따른 성장 저하와 오일 쇼크, 강력한 노동조합 등에 따른 인플레이션이 겹쳐져 스태그플레이션이 발생하자 실업과 인플레이션의 역관계를 기반으로 하는 케인즈주의의 현실적합성이 소멸하게 된 것이다.

이런 상황에서 인플레이션 억제를 핵심 목표로 하는 통화주의와 합리적 기대가설을 신봉하는 새고전파 경제학이 부상하게 된다. 케인즈주의는 하이에크 사상과 이러한 새로운 경제학파들을 사상적 기원으로 하는 신자유주의와의 지적 대결에서 패배했다. 네오케인지언, 포스트케인지언 등으로의 학파적 분열이 일어남과 동시에 '자유시장'과 같은 수사적 대결에서 패배하고 만 것이다(사드-필류, 44~5쪽).

이후 하이에크주의가 득세하게 된다. 하이에크주의는 1920년대 오스트리아학파 루트비히 폰 미제스에서 시작되어 그의 수제자 프리드리히 폰 하이에크에 의해 완성된다. 사회주의 사상의 확대에 대한 대항 논리의 개발이 주된 목적이었다. 싱크탱크들을 중심으로 초국적 네트워크(환대서양 네트워크)가 확립되었다(존스 참조). 현실 정치 세력에 지속적 압력이 가해졌다. 시카고학파의 통화주의와 연계하고, 인플레이션 억제를 선호하는 자본 세력과 연합하여 영국 대처 정부와 미국 레이건 정부의 정책적 기조를 형성하고, 마침내 워싱턴 컨센서스라는 정책적 합의를 도출하고, 이를 교본으로 정치적·경제적·군사적 힘을 발휘함으로써 궁극적으로 신자유주의 세계화가 완성된다.

성립

　이러한 이념적, 이론적 과정들을 배경으로 하여 신자유주의가 세계를 제패하기까지는 치밀한 준비와 전략이 있었다. 신자유주의 네트워크로서 환대서양 네트워크가 구축되었다. 학자, 지식인, 언론인, 정치인, 관료, 초국적 기업 및 기부자들을 망라해서 이들을 싱크탱크 중심으로 통합했다(존스, 258~9쪽 참조). 이들은 1970년대 새로운 상황을 맞아 즉각 새로운 이데올로기와 대안을 제시했다. 스태그플레이션 시기 새로운 정책을 찾는 집권자들에게 미리 준비한 정책들을 제공했다(앞의 책, 30~1, 260, 321쪽 참조). '자유시장', '규제완화', '신경제', '세계화' 등과 같은, 학계와 지식인 그리고 대중에 호소력 있는 언표들을 개발해서 힘을 잃어가는 케인즈주의자들을 제압할 수 있었다. 탈영토화의 흐름을 파악하고 욕망의 배치에 변환을 적극적으로 시도했던 것이다. 자본의 승리이자 파시즘 세력의 승리였다. 이로써 화폐금융 권력을 정점으로 하는 신자유주의 세계 질서가 확립되었다.

　신자유주의 성립의 가장 큰 요인으로 이윤율 하락에 대한 자본가 계급의 대응을 드는 것이 보통이다. 전후 황금기에 자본분배몫이 노동분배몫에 비해 상대적으로 감소한 것이 사실이다. 그러나 자본도 절대적으로 성장했다. 나는 들뢰즈 경제학의 관점에 입각해서 힘의 흐름, 욕망의 흐름이 더 큰 요인이었다고 생각한다. 신자유주의는 영미 제국주의 세력과 각국의 파시즘 세력의 결합으로 성립된 세계 지배 전략이다. 이윤율 하락에 대한 자본가 계급의 대응이라는 것은 부차적 설명에 불과하다. 신자유주의는 영미 자본의 전지구적 질서 재편을 위한 거대 전략이었던 것이다. 자본 자체보다는 영미 자본의 위기에 대한 대응이었다. 신자유주의 역사 전문가 데이비드 하비는 신자유주의를 금융자본을 위한 계급전쟁의 매우 효과적인 형태라고 한 바 있다(앞의 책, 67쪽에서 재인용). 자본축적의 조건들을 재건하고 경제 엘리트의 권력을 회복하기 위한 정치적 프로젝트라는 것이다(하비, 36쪽). 요컨대 신자유주의 성립의 가장 큰 요인은 영미 중심의 파시즘 세력의 민주주의에 대한 반격이었다고 할 수 있다. 그 반격의 양상은 두 가지로 나타났다.

하나는 경제 민주화에 대한 반격이라고 할 수 있다. 힘의 균형이 붕괴했다. 자본주의 황금기 완전고용에 근접하여 노동의 힘이 증대되었으나 장기간의 호황으로 자본의 역량도 강화되어 왔다. 그 와중에 자본과 노동 간의 긴장이 증가했고 세력 균형을 깨려는 시도가 등장했다(장석준, 43쪽 참조). 완전고용으로 일자리 경쟁 대신 임금 인상을 위한 노동자들의 단결이 장기간 유지되자 점차 자본가들의 우려가 커졌다(앞의 책, 164~5쪽 참조). 임금 인상은 가격 상승으로 전보되어 이윤에는 영향이 별로 없었지만 인플레이션으로 채권자들은 손해가 컸다. 결국 완전고용과 인플레이션은 이윤의 문제라기보다는 자본가와 채권자의 지배와 관리의 관점에서 용납하기 어려운 문제가 된 것이다. 폴란드 출신의 포스트케인지언 경제학자 미하엘 칼레츠키에 따르면 "공장 내 규율과 정치적 안정성은 재계 지도자들이 이윤보다 더 소중히 여기는 것들이다."(Kalecki, p3) 이들은 기본적으로 세상을 위계적으로, 지배와 복종, 억압과 순종의 관계로 바라보는 파시스트들이다. 자본주의 분석에서 본 것처럼 자본주의적 욕망은 의식적 이해관계를 떠난 자본 자체에 대한 사랑이다. 자본주의를 정의하는 것은 자본가들의 이해관계가 걸린 이윤의 문제가 아니다. 우리는 자본주의를 정의하고 이윤을 조건 짓는 것은 무의식적 본성을 가진 욕망의 투자임을 알고 있다. 자본의 지배를 수호하기 위한 오염된 자유주의인 신자유주의의 진실은 이윤을 추구하는 자유로운 기업가적 정신이 아니라 내면화된 파시즘으로부터 비롯되는 헤게모니 투쟁이라고 할 수 있다. 이런 와중에 결정적으로 사회주의 국가들이 몰락했다. 중국, 동유럽, 동남아 등 수많은 초저임금 노동자들의 세계시장으로의 신규 편입이 발생했다. 자본가들의 노동자 쇼핑, 자본 이전의 협박 등으로 노동자의 투쟁력은 와해될 수밖에 없었다. 이로써 계급투쟁 없는 자본 세상이 완성됐다.

다른 하나는 사회 민주화에 대한 반격이었다. 전후 자본주의 황금기는 부유한 국가들만의 잔치였다. 세계적으로 남북문제가 크게 부각됐다. 베트남 전쟁 등의 민족해방 전쟁과 더불어 민주주의 세력이 전 세계적으로 부상하고 68혁명 등으로 남북 민주 세력의 공감대가 표출되어 파시즘 세력의 위기감이 고조되었다. 68혁명은 규율권력에 대한 저항이었다. 학생, 노동자에서 여성, 이민자 등의 소수자로 확산된 탈근대적 운동이었다. 전후 자본주의 호황에 만족하지 못하고 근본적인 변화를 요구했다. 정치적, 형식적 민주주의를 넘어 사회 모든 영역에서의 실질적 민주화를 요구했다. 이러한 상황에 대한 들뢰즈와 과타리의 사유의 결과물이 『안티 오이디푸스』였다. 이러한 시대적 흐름에 대한 자본가들의 반격이 신자유주의로 나타났다.

결과는 신자유주의 파시즘 세력의 승리였다. 지배계급의 반격에 더하여 대중적 욕망의 파시즘적 극으로의 퇴행이 결합되었다. 오일쇼크, 스태그플레이션으로 인한 경제위기는 진보 정책들의 무력함을 드러냈고 파시즘 세력의 전방위의 기호조작은 대중들의 욕망의 파시즘화를 촉발했다. 세계 경제를 주도했던 영미 세력의 상대적 위축과 위기감이 영미 민주주의의 퇴행을 가져오고 파시즘의 토양을 확산시킨 것이 큰 전환점이 됐다. 궁극적으로 파시즘적 세계관의 지배가 실현되었고 민주주의 세력은 패배했다. 일국의 국민국가적 대항만으로는 세계화한 자본 세력에 역부족이었다. 예를 들면 몇몇 유럽 국가들에서 추진된 제3의 길, 그리고 한국의 진보를 표방한 집권 세력은 파시즘 세력에 투항할 수밖에 없었다. 그들은 결국 새로운 기득권자, 아류 파시스트가 되고 말았다. 제3의 길은 사회민주주의와 신자유주의 사이의 노선으로서 좌파 계급정당에서 중도 국민정당으로의 전환을 모색했다. 클린턴, 블레어, 슈뢰더(신중도), 김대중-노무현 정부가 모두 이 노선에 속한다고 볼 수 있다. 그러나 이들은 결국 신자유주의에 백기투항하고 말았다. "권력은 시장으로 넘어갔다."는 노무현의 말은 그것을 상징한다.

신자유주의의 포획장치

결국 신자유주의는 영미 금융자본의 세계 지배 전략이라고 할 수 있다. 금융자본의 헤게모니 확립 과정이고, 금리생활자(rentier)의 지배체제 구축 과정인 것이다. 제라르 뒤메닐과 도미니크 레비는 이를 제2차 금융 헤게모니라고 부른다. 1890년대 위기로부터 대공황까지가 제1차 금융 헤게모니 시기였다면, 1970년대 위기로부터 신자유주의가 제2차 금융 헤게모니를 장악했다는 것이다(뒤메닐 참조). 랏자라또는 1970년대 말과 1980년대 초 신자유주의는 이윤을 희생시켜 금융, 금리 및 조세의 우위를 표명하는 결정적인 전략적 전위를 수행했다고 본다(부통, 41쪽 참조).

신자유주의하에서 금융은 탈영토화의 첨점 역할을 한다. 랏자라또에 의하면 "현대 자본주의에서 흐름의 연결접속과 그 활용은 금융, 곧 가장 많이 탈영토화된 흐름들에 의해 좌우된다. 왜냐하면 한 국가의 자본을 다른 국가로, 한 영역의 자본을 다른 영역으로 이전하면서, 어떤 조건하에서 어떻게 생산할 것인가를 결정하는 것이 가장 많이 탈영토화된 흐름들이기 때문이다."(앞의 책, 173쪽) 이러한 금융자본의 활약에 따라서 신자유주의 국면에서는 노동 비교에 의한 이윤이 아니라 기업의 투자 및 수익 가능성 비교에 기초한 금리가 포획장치의 역할을 한다. 이제 전유의 주체는 더 이상 기업가가 아니라 채권자와 주주다(앞의 책, 58쪽 참조). 토지와 노동을 넘어 기업의 투자도 축적의 상관항(corrélat)으로서 전유와 비교의 대상이 된다. 브레턴우즈 체제로부터 해방된 금융자본은 투자와 대출을 통하여 노동뿐만 아니라 사회적 생산물 전체에 대한 포획장치로서의 비교와 전유의 체제를 구축한다. 기업의 헤게모니가 기업가에서 주주와 채권자로 이전한다. 주주자본주의가 지배한다. 더 나아가 축적의 상관항이 사회 전체로 확장된다.

앞서 2장에서 포획의 양태를 공부하면서 신자유주의가 위기 국면으로 들어서자 이번에는 세금이 포획장치로서 부각되는 것을 본 바 있다. 채권자 지배를 위한 부채경제의 구축과 금융자본의 헤게모니에 대해서는 뒤에서 더 자세히 논의하기로 한다.

신자유주의 정책

신자유주의 정책들의 이론적 토대는 통화주의와 새고전파 경제학이다. 준칙에 의한 화폐공급과 합리적 기대에 의한 정책무용론을 주장한다. 따라서 원칙적으로 케인즈주의적 수요관리정책은 기각된다. 그러나 실제 정책의 수행에 있어서는 이러한 이념과 엄청난 괴리를 보여주었다. 실제로는 시장근본주의를 지향하는 국가자본주의와 다름이 없는 이율배반을 보였다. 자유시장 보호를 위한 임기응변적이고 일관성 없는 정책적 개입이 남발되었다.

정책적으로 신자유주의는 폴 볼커 연방준비이사회(FRB) 의장의 급격한 정책 전환에서 시작됐다고 할 수 있다. 통화주의의 영향으로 급격한 긴축 통화정책이 추진되었다. 완전고용 대신 인플레이션 억제를 위한 고금리가 채택되었다. 금융자산 보호와 노동시장 통제가 목표였다. 노동조합 약화가 더해져 사회보장이 축소되고, 노동 유연성과 노동 규율이 강화되었다. 고용은 불안해지고 노동 강도는 높아졌다. 캐나다의 진보 경제학자 짐 스탠포드에 의하면 "신자유주의자들은 특히 노동자들에게 지급하는 소득 보장 프로그램 예산을 삭감하려고 한다. 고용주들은 정부의 재정정책 가운데 실직 노동자들에게 지원하는 생계비를 가장 싫어한다. 이들의 목표는 노동자들의 노동 강도를 높이는 여건을 만드는 것이다."(스탠포드, 295~6쪽) 앞서 소개한 바 있는 "공장 내 규율과 정치적 안정성은 재계 지도자들이 이윤보다 더 소중히 여기는 것들이다."라는 칼레츠키의 말과 통하는 주장이다. 현대의 중앙은행 구성원들은 대부분 준통화주의자들이다. 인플레이션 억제가 그들의 주된 목표이고, 완전고용에는 무관심하다. 신자유주의자들의 중앙은행 독립성 주장은 민주주의와는 거리가 멀다. 통화정책에 대한 논쟁 방지가 목적이다. 경제 민주화에 중앙은행에 대한 민주적 통제도 반드시 포함되어야 한다.

워싱턴 컨센서스가 신자유주의 정책들을 압축적으로 보여준다. 1989년 영국 경제학자 존 윌리암슨에 의해 처음 제시된 워싱턴 컨센서스는 시카고학파를 중심으로 하는 학계, 다국적 기업과 글로벌 금융을 포함하는 재계, 대처와 레이건으로 대표되는 정계, 그리고 IMF, 세계은행, 재무성 등에 포진해 있는 관계 인사들이 연합하여 이룬 성과물이다. 탈규제, 민영화, 노동시장 유연화, 정부 기능축소, 부자 감세, 자유무역, 자본 자유화 등을 내용으로 한다. 전체적으로 볼 때 이 모든 정책들은 자본의 헤게모니 구축을 위한 자본의 자유화로 귀결된다. 다시 강조하건대 자본 자유화가 신자유주의의 모든 것이라고 할 수 있다.

우리는 시장자유주의의 극단적 형태로서의 신자유주의를 특히 극단적 민영화를 추구하는 것에서 볼 수 있다. 공동체 유지를 위한 최소한의 정책도 시장적 해결을 도모한다. 공교육 강화를 대신하여 프리드먼이 주장하는 학교 바우처제도, 의료 민영화와 민영 의료보험 등에서 그러한 모습을 볼 수 있다. 심지어 재난자본주의(disaster capitalism)라는 말이 생길 정도로 재난 방지와 수습에도 민영화를 꾀한다. 사설 보안 및 용병제에서 보는 것처럼 야경국가의 역할마저도 축소되는 경향에 있다. 이러한 시장근본주의의 전형적 사례들은 단지 자본의 가치 포획 증가를 위한 것들로서 경제 효율의 제고라는 민영화 본연의 취지와도 배치된다. 공동체적 가치의 훼손은 종합적으로 전체적으로 보면 경제의 효율성에도 좋지 않다.

신자유주의의 성장 정책은 이윤주도성장과 부채주도성장이다. 낙수효과를 목표로 한다. 이윤 증가를 위해 법인세를 감면하고 노동 유연화와 억압적 노동조합 정책을 추진한다. 부채주도성장은 금융자본의 이익을 추구한다. 들뢰즈와 과타리의 용어로 말하면 부채를 주체화의 점으로 하는 사회적 예속화와 새로운 기계적 노예화가 주체성을 형성한다. 중앙은행은 채권자(금융자산 소유자) 위주의 정책을 추진하며 완전고용보다는 인플레이션 억제를 목표로 한다. 그러나 결과적으로 신자유주의 성장 정책의 효과는 없었다. 소수 기업들의 이윤은 증가했으나 낙수효과는 없었고 저성장이 고착화되었다. 따라서 오히려 양극화만 극심해졌다. 부채주도성장은 지속 불가능하다. 주기적 디레버리징이 불가피하고 금융위기의 반복으로 이어질 수밖에 없다. 현 시점에서는 분수효과를 유발하는 소득주도성장으로 가야 한다.

신자유주의 정책들은 실패했다. 공정성과 안정성은 물론 효율성도 파탄의 지경에 이르렀다. 지표상으로 볼 때 인플레이션 억제가 유일한 성공이었다. 낙수효과를 바랐지만 성장, 고용, 분배 모두 미진하거나 악화되었다. 양극화와 불평등만 심화되었다. 금융위기는 금융자본주의와 부채경제를 내포하는 신자유주의의 태생적 결과다. 정책의 대전환이 필요하다. 새로운 사유를 필요로 하는 대전환의 시대를 맞이하여 성장과 분배, 고용과 인플레이션, 좌파와 우파의 이분법적 사고를 초월하여 그야말로 인간의 해방을 목표로 하는 정책을 추진해야 한다. 민주주의를 바로 세우는 것이 관건이다.

신자유주의는 경제적 법칙인가 정치적 언표인가?

신자유주의를 구성하는 이론들은 경제적 법칙인가 단지 정치적으로 표출된 언표에 불과한가? 신고전파 주류 경제학을 위시한 전통 경제학을 비판하면서 이미 본 것처럼 증명된 필연적 경제 법칙은 극히 희소하다. 법칙으로 간주되는 많은 명제와 정리들이 증명되지 않은 주장의 표출에 불과한 경우가 허다하다. 그중에서도 금융자본의 이해와 밀접히 관련된 신자유주의의 공리들은 정치적 권력관계와 결부된 정치적 언표로서의 성격이 농후하다. 가령 자유무역의 효율성, 민영화의 효율성, 감세를 통한 낙수효과 같은 것들이 그러하다. 랏자라또에 의하면 "어느 누구도 감세가 경제성장을 촉진한다는 것을 증명한 적이 없음에도 불구하고, 이는 하나의 진리, 공리처럼 받아들여졌다."(부통, 177쪽)

신자유주의의 주체성 생산양식은 특히 정치적이다. 신자유주의적 주체화(기기, 10~14쪽 참조)는 사회적 예속화와 기계적 노예화의 극단적 구현 형태를 보여준다. 현대의 사회적 예속화는 '인적 자본'이라는 극단적 개인화를 통해 신자유주의의 주체화의 양상을 노출한다. 신자유주의적 자본주의는 사회적 예속화(주체화)와 동시에 정동자본주의, 디지털 플랫폼 경제와 결합되어 기계적 노예화(탈주체화) 역시 극단으로 밀어붙인다. 한마디로 신자유주의가 주장하는 이론들은 지식 생산으로서의 선의의 기호조작이라기보다는 교묘한 수사들에 의한 악의적 기호조작, 이데올로기 조작이라고 할 수 있다. 신자유주의의 주장들은 경제적 법칙이라기보다는 정치적 언표에 가깝다.

신자유주의 극복을 위한 노력들

　신자유주의 정책들의 전반적 실패와 신자유주의적 주장들의 정치적 자의성에도 불구하고 신자유주의 신화가 지속되었던 이유는 지리적, 계급적인 부분적 성공이 있었기 때문이다(하비, 191~2쪽 참조). 1990년대의 미국과 영국, 21세기 아일랜드 등이 예가 될 것이다. 금융과 정보산업의 결합에 의한 새로운 부의 창출이 가능했다. 그러나 더욱 중요한 요인은 더욱 부유해진 자본가 계급에 의해 장악된 대중매체들의 프로파간다였다. 부분적이고 파편적인 성공 사례의 과대한 포장과 미디어의 선전이 대중들의 욕망을 장악했다. 기호조작을 통한 욕망 조종이 신자유주의 신화를 지속시켰던 것이다. 이는 일반인뿐만 아니라 학자들을 포함한 지식인, 특히 경제학자들에게 지속적인 영향을 미쳤다. 경제학자들이 스스로 프로파간다의 선봉에 선 모습들도 우리는 흔히 볼 수 있다. 반면 이러한 신화를 극복하기 위한 노력들도 지속되고 있다. 그중의 하나가 들뢰즈 경제학이다.

　케인즈주의로의 단순한 복귀는 한계를 노출했다. 단기적인 수요관리정책으로는 해결 불가능한 전환기적 현상이 빈발했다. 불확실성의 증가가 핵심이다. 21세기 들어와 사회는 더욱 복잡해지고 예측은 더욱 어려워졌다. 장기 예측은 물론 단기 예측에 근거한 수요관리도 그만큼 더 어렵게 된 것이다. 금융위기를 비롯한 경제위기의 빈발과 양극화로 인한 불평등 심화에 케인즈주의는 해결책을 제시하지 못하고 있다. 세계적, 국가적, 생활 단위적 차원의 다른 대안이 필요하다. 신자유주의를 대체할 수 있는 새로운 이데올로기도 필요하다. 자본의 민주적 통제가 관건이다. 그중에서도 부채경제를 기반으로 하는 금융자본에 대한 통제가 가장 중요하다.

세계적 차원의 대응은 국민국가들의 공동 이니셔티브를 통해서만 가능하다(장석준, 350쪽). 최근의 바이든 행정부 주도의 글로벌 최저 법인세율 합의가 좋은 사례다. 국제기구의 개혁도 필요하다. EU와 라틴 아메리카 국가연합에서의 지역(regional) 차원의 개혁 시도가 있었다. 중요한 것은 미국과 중국의 민주화다. 세계 경제를 선도하는 두 슈퍼파워가 민주화되어야만 신자유주의 세계화가 가져온 문제들을 근본적으로 해결할 수 있을 것이다. 국가적 차원의 몰적 투쟁도 필요하다. 계급 간 투쟁과 협력은 여전히 중요하다. 이를 통해 코포라티즘 경제(합의제 자본주의)의 재건도 시도되고 있다. 이런 모든 것들이 성공하기 위해서는 직장, 학교, 가족과 개인 등 생활 단위에서의 분자적 투쟁이 반드시 결부되어야 한다. 들뢰즈 경제학은 자본주의 분석에서도 보았듯이 참된 욕망의 정립을 위해서는 분자적인 영구 투쟁이 필수적이라고 본다. 21세기 들어와 신자유주의를 극복하기 위한 생활 속에서의 탈주가 지속적이고 반복적으로 일어나 세계적 차원의 대응과 접속되고 있다. 이러한 여러 차원에서의 힘들의 복잡계적 상호작용이 결국 신자유주의 신화를 극복하고 새로운 대안으로 나아가게 할 것이다.

신자유주의 극복 방안으로서의 들뢰즈 (정치)경제학

신자유주의 극복을 위한 사유의 지침으로서 정치경제학의 새로운 패러다임이 필요하다. 21세기 자본주의 체제의 탈영토화에 대응하면서 이를 진보적 방향으로 이끌 수 있는 새로운 경제학이 필요한 것이다. 단기적인 수요관리정책에 불과한 케인즈주의로의 복귀는 불가하다는 것은 이미 말했다. 케인즈주의가 전후 호황의 원인이라는 증거도 불확실하다. 전후라는, 그리고 유효수요가 극히 부족한 저개발이라는 특수한 상황들이 원인이었을 수도 있다. 여하튼 21세기 문제들의 해결에는 케인즈주의가 무력하다는 것이 드러나고 있다.

현재의 위기는 금융위기일 뿐만 아니라 사회에 대한 신자유주의적 통치성의 실패이기도 하다는 것이 들뢰즈 경제학의 입장이다. 신자유주의하에서 생산의 일의성(자본주의적 생산은 경제적 생산이자 동시에 주체성의 생산)이 더 강화되었다. 금융위기는 단순한 경제위기가 아니라 신자유주의 통치성의 위기다(기기, 13쪽 참조). 단순한 위기가 아니라 체제의 위기이자 실패인 것이다. 자유주의적 수사에 의한 통치 양식의 실패이고, 주체화의 실패다. 그 결과 권력은 더 억압적이고 권위주의적인 통제에 몰입하게 되고 파시즘이 준동한다. 랏자라또에 의하면 "개체화된 주체의 체계적 실패는 언제나, 그리고 끊임없이 개체주의를 배반하는 결과로 이어진다. 이른바 민족주의, 인종주의, 나치즘, 남녀차별 등의 집합주의가 바로 그것이다."(앞의 책, 59쪽) 주체성 생산의 재편이 불가피하다. 구체적으로 신자유주의적 부채경제에 예속된 주체성으로부터의 탈주가 시급하다.

들뢰즈 사상에 기초한 주체성의 생산이 대안이 될 수 있다. 그것은 실질적 민주주의를 통하여 윤리적인 자율적 주체를 생산하는 것이다. 유니보씨떼(존재의 일의성), 에갈리베르떼(평등한 자유)를 기반으로 하는 분자혁명을 통해 실질적 민주주의를 이룰 수 있다. 이를 통해 자본의 지배에 저항하는 자율적 주체를 생산해야 한다. 분열분석과 배치론에 토대를 둔 욕망의 미시경제학으로서의 들뢰즈 경제학은 새로운 주체성의 창조를 통해 시장 원리와 경쟁 원리의 지배에서 탈주하여 생산적 욕망의 혁명적 극으로 이행하는 것이 가능하다고 본다. 자본이 지배하는 자본주의적 욕망의 배치에서 자본이 민주적으로 통제되는 참된 욕망의 배치로의 변환이 가능하다는 것이다.

결론

신자유주의는 금융자본의 세계 지배 전략으로서 자본 자유화가 신자유주의의 모든 것이라고 할 수 있다. 우리 모두의 자유가 아니라 자본만의 자유를 추구하는 왜곡되고 위선적인 허울만 좋은 자유주의다. 신자유주의 정책들과 언표들은 자본의 지배 유지를 위한 교묘한 통치수단들에 불과하다. 한마디로 신자유주의 신화는 기호조작을 통한 욕망의 억압이 본질이다. 경제적 법칙도 아니고 인간해방을 추구하는 자유의 이념도 아니다.

진정한 자유라면 평등이 녹아든 자유여야 한다. 차별적이고 부분적인 자유가 아닌 모두의 자유가 진정한 자유다. 궁극적으로 자본의 지배라는 파시즘과 평등한 자유를 지향하는 민주주의의 대결이라는 힘의 관계가 사회의 방향을 결정한다. 신자유주의 극복을 위해서는 힘의 역전, 욕망의 역전이 필요하다. 들뢰즈와 과타리의 용어로 말하면 혁명적 방향으로의 욕망의 배치, 즉 긍정적인 절대적 탈영토화를 통한 새로운 민중과 대지의 창조가 필요하다. 구체적으로는 자본의 통제를 통한 경제 민주화를 핵심으로 하는 실질적 민주주의의 완성이 답이라고 할 수 있다.

우선은 신자유주의 신화를 깨뜨리기 위해 언표 전쟁, 담론 전쟁에서 이겨야 한다. 자본의 기호조작과 프로파간다에 맞설 수 있는 언론의 민주화와 교육의 민주화가 관건이다. 그리고 그것을 통한 개인 각자의 성찰과 자각이 필요하다. 권리의식을 고취하고 부채의식(죄책감, 양심의 가책)을 타파해야 한다. 오히려 가진 자가 부채의식을 가져야 한다. 들뢰즈 정치경제학이 신자유주의 신화를 무너뜨리기 위한 기호전쟁에 크게 기여할 것으로 기대된다.

4.
부채경제

화폐의 기원과 분류

　부채경제와 금융자본주의의 본질을 알기 위해서는 먼저 화폐에 대한 이해가 필요하다. 주류 경제학과 마르크스 경제학을 막론하고 전통 경제학에서는 화폐의 기원을 교환이나 신용에서 찾는 것이 보통이다. 그러나 화폐의 기원을 국가에서 찾는 이론도 있다(유영성 외, 319~35쪽 참조). 들뢰즈와 과타리도 화폐는 교환이나 상품 또는 상업의 요구가 아니라 세금에서 파생된 것으로 본다. 일반적으로 세금이 경제를 화폐화한다는 것이다(천고, 850,852쪽 참조). 랏자라또도 화폐의 일반적 등가성을 창조하는 것은 교환이 아니라 세금이라고 한다(부통, 47쪽 참조).

　들뢰즈와 과타리의 통찰을 바탕으로 해서 랏자라또가 전개한 부채이론에 따르면 부채관계, 즉 채권자/채무자 관계가 사회적 관계의 기초를 이룬다. 부채(관계)는 측정·평가·비교와 전유로서의 포획의 기원적 토대이다. 공적 영역의 세금을 포함한 채권/채무 관계가 화폐적 관계의 기원이며, 그 채권/채무를 계산하고 청산하고 축적하고 양도하는 수단으로서 발명된 것이 화폐다(부인, 13쪽). 화폐는 경제적 측정 단위, 지불 및 자본 축재의 수단이기 이전에 피통치자의 임무와 지위를 지정하고 명령할 수 있는 권력의 표현이다(부인, 110쪽 참조). 가령 유로라는 유럽의 단일통화 기획은 유럽의 연대와 통합이라기보다 하나의 국가나 민족이라는 단위를 넘어 전 유럽에 걸친 명령과 착취, 가치의 포획을 위한 자본주의적 권력 장치의 창출을 근원적 목표로 가진다고 볼 수 있다(부통, 137쪽 참조). 권력의 지지를 받지 못할 경우 돈의 위력은 약화되며, 화폐의 지불수단 및 측정이라는 경제적 기능 역시 약화된다(부인, 121쪽). 화폐는 무엇보다 먼저 무로부터 창조된 빚-화폐다(부인, 63쪽). 죄에 대한 보상, 국가에 대한 세금이 그것이다. "화폐는 노동, 상품, 교환에 대해 원칙적으로 그리고 실제로 선행한다. 교환은 결코 최초의 사태가 아니다. 사회와 경제는 힘의 차이, 즉 잠재성의 불균형에 따라 조직된다. 교환은 단지 평등의 논리가 아닌 불균형과 차이의 논리를 바탕으로 기능한다."(IM, p75/부인, 113~4쪽) 측정·비교·계산·회계·평가의 기원은 노동 혹은 경제적 교환이 아니라 부채에서 찾아야 한다. 등가와 측정은 교환이 아니라 부채 상환 담보물의 계산을 통해 형성된다(부인, 72~3쪽). 근대 자본주의는 사회적 공신력을 갖는 채권/채무인 신용화폐를 창조하고 소멸시킬 권력을 은행이 가지면서 출현했다. 따라서 자본주의 경제의 본질은 상품교환이 아니라 채권/채무관계의 계산과 청산에 근거한다(부인, 15, 16쪽 참조).

이와 같은 부채이론에 따르면 화폐는 크게 교환화폐와 자본화폐 두 가지로 나눌 수 있다(안오, 389쪽, 부통, 91~3쪽 참조). 교환화폐는 상업화폐로서 지불수단, 척도, 축적을 위한 화폐다. 생산자들과 교환자들 사이의 계약에 의한 대칭적 관계를 전제로 한다. 자본화폐는 신용화폐 또는 부채화폐라고도 할 수 있다. 채권자/채무자 사이의 비대칭적 관계를 전제로 한다. 말 그대로 이것은 고유하게 자본주의적인 화폐다. 금융자본주의는 자본주의적 축적의 핵심에 신용화폐를 설정했으며, 부채가 바로 그 동력의 역할을 수행한다(부통, 97쪽 참조). 현대 국가자본주의 하에서 교환화폐는 자본화폐에 종속된다. 전자는 구매력을, 후자는 사회와 노동에 대한 명령권을 표현한다. 양자의 역능의 차이는 자본가와 피지배자 사이의 권력관계, 계급 차이를 표상한다(부통, 146, 149쪽 참조).

부채경제

신자유주의의 핵심 모델이라 할 수 있는 것이 부채경제다. 부채관계가 신자유주의 권력관계의 핵심을 이룬다. 들뢰즈는 "인간은 더 이상 (규율사회에) 갇힌 인간이 아닌 (통제사회의) 부채인간"(Nego, p181)이라고 단정한다. 랏자라또는 사회적 관계의 기초에는 (교환의) 평등이란 존재하지 않으며, 다만 임금노동 및 생산의 비대칭성에 역사적 및 이론적으로 선행하는 부채·대출의 비대칭성만이 존재한다고 한다(부인, 30쪽). 국가 간에도 금리생활국과 외채국가로 채권자/채무자 관계가 성립한다. 개인, 기업, 국가 모두에게 부채관계에 기초한 신용등급이 부여된다.

부채경제는 한마디로 사회 전반으로 부채화가 확립된 경제다. 채권/채무관계의 고착화를 부채화라고 부를 수 있다. 부채화는 근대적 억압 장치의 핵심으로 부상했다. 랏자라또에 의하면 죄책감 혹은 부채의 관념이 근대 사회의 인간을 통제하고 조종하는 핵심적 메커니즘을 구성한다(부인, 19쪽). 부채의 파괴적 권력은 자본주의 반생산 장치 중 하나다(IM, p157/부인, 215쪽 참조). 부채는 (잉여)가치를 흡수하고 실현하면서 동시에 핵심적 주체화의 점으로서, 자본주의 체제 유지를 위한 통제와 억압 장치로서의 역할을 수행한다. 현대 자본주의, 특히 신자유주의가 지배하는 현대 경제는 부채화가 경제사회의 모든 영역을 지배하는 부채경제라고 할 수 있다. 인간 대 인간의 기초적 부채화를 넘어 현대 경제에서는 부채의 증권화가 부채화를 가속한다. 신자유주의적 금융혁신이라는 미명 아래 급속히 증가한 자본 유동화를 통해 채권자 위험의 분산 또는 사회화를 유도하여 가치의 포획 속도를 증폭시킨다.

부채경제를 모델로 하는 신자유주의는 새로운 주체성을 생산한다. 랏자라또에 의하면 "부채의 생산, 즉 채권자와 채무자 사이의 힘 관계를 구성하고 발전시키는 일은 신자유주의 경제정책의 전략적 핵심으로 간주되고 계획된다. …… 1979년 제2차 석유 파동은 막대한 공공 적자를 만들어내고, 부채경제로 가는 문을 열었으며, 채권자/채무자 간의 힘 관계가 전복되는 시발점이 되었다."(부인,

50~1쪽) 이 때 연준 이사회 의장 폴 볼커의 대폭적인 금리인상이 있었다. 인플레이션 방지를 통한 채권자 보호를 위해 긴축으로의 정책 전환이 시작된 것이다. 이러한 상황 변화를 배경으로 신자유주의는 사회적 예속화의 완성이라 할 인적 자본 또는 자기 기업가(entrepreneur of the self)라는 표현에서 자신을 상징적으로 표출한다(부통, 216쪽). 신자유주의의 요청은 경제적 주체(인적 자본, 자기 기업가)가 되라는 명령이고, 이는 유동적이고 금융화된 부채경제에서의 비용과 위험을 스스로 책임지라는 것이다(IM, pp50~1/부인, 82, 137쪽 참조). 이는 사회적이고 구조적인 문제를 개인적 문제로 전가하는 전형적 지배 논리다. 부채화에 의한 부채인간의 생산이 신자유주의적 주체성 생산의 표본이다. 허울만의 자유와 자율성을 강조하는 것이다. 이로써 신자유주의 부채경제는 복지국가 이념을 포기한다. 신자유주의는 부채관리를 통해서 경제적 생산과 주체성의 생산을 하나의 목소리로 취급하는 생산의 일의성을 21세기 계급투쟁의 본성으로서 확인한다(IM, p88/부인, 128쪽 참조). 요컨대 부채는 신자유주의 권력 블록이 자신의 계급투쟁을 조직하는 가장 탈영토화되고 가장 일반적인 권력관계를 구성한다(부인, 132쪽). 결국 자기 기업가로서의 인간 주체는 무한 경쟁으로 내몰린 예속된 부채인간일 뿐, 자유로이 미래를 개척해나갈 수 있는 자율적 주체와는 무관하다.

신자유주의 부채경제의 성립 과정을 정리해 보자. 자본주의 황금기가 끝나고 경제 불황과 금융적 위기가 반복되는 과정에서 대규모 부채가 발생하자 정부는 기업과 채권자 보호 위주의 신자유주의적 대응을 취한다. 복지비용과 세금을 감축하고 임금을 억제한다. 그 결과 부유층으로 소득이 이전되고 재정적자가 심화된다. 당국은 세금을 거둘 수 없으니 국채 발행으로 적자를 메울 수밖에 없다. 국채 발행으로 오히려 채권소유자인 부유층의 소득원이 증가한다. 복지국가 이념이 무너진 상황에서 채무자로서 늘 불안정에 허덕이는 예속적 주체로서의 '인간자본' 또는 '자기 경영인'이 생산된다(부인, 52~3, 137, 149쪽 참조). 이는 사회적 권리를 사회적 부채로, 이를 다시 사적 부채로 전환시키는 과정이다. 국가는 복지 수혜자들을 '권리를 가진 자'에서 '채무자'로 전환시킨다고 랏자라또는 주장한다(부인, 150쪽). 결국 신자유주의의 긴축정책은 근본적으로 부채인간의 구축을 위한 모든 사회적 권리의 제한으로 집중된다(부인, 180쪽).

부채경제의 통제력은 강력하고 광범위하다. 고용 여부, 현재와 미래를 가리지 않는다. 부채경제의 위력은 그것이 전유하고 착취하는 것이 비단 고용 기간 동안에 한정되지 않으며, 고용 기간 이외의 시간과 행동에까지 이른다는 사실에 있다(IM, p55/부인, 87~8쪽 참조). 랏자라또에 의하면 "자본주의는 피통치자에게 부채를 상환하겠다는 '약속'을 받아냄으로써 '미래를 미리 담보로 잡게' 된다. 이는 미래가 가지고 있는 선택과 결정의 가능성을 자본주의적 권력관계의 재생산에 종속시킨다는 것을 의미한다. 부채는 피고용자와 국민 전체의 현재 시간표를 전유할 뿐만 아니라 각자의 미래와 사회의 미래를 전체로서 선취한다."(부인, 76,77쪽) 예를 들면 퇴직 이후를 대비한 분담금이라는 형식의 상호부조가 아닌 연금을 위한 개인적 투자, 사회보장제도가 아닌 개인 보험, 주거권이 아닌 부동산 임대(부통, 81쪽), 소매금융의 증가(주택담보대출, 학자금대출), 공공부채의 증가, 노동분배몫의 감소 등이 민중 전체를 채무자로 만든다. 신용카드는 카드 소유자를 평생 채무자로 변형시키는 가장 간단한 방법이다(부인, 42쪽). 채권/채무관계의 고착화를 의미하는 부채화가 공사를 불문하고 사회경제 모든 영역에서 지속된다.

신자유주의 부채경제의 내재적 불안정성

이러한 부채경제는 사회적 불평등을 야기하고 생태적 지속 가능성을 저해한다. 오늘날 경제가 당면한 가장 핵심적이고도 사활적인 문제를 초래한 가장 큰 원인이 신자유주의 부채경제라고 할 수 있다. 신자유주의에서의 자유는 평등을 포기한 자유다. 불평등과 양극화는 신자유주의의 필연적 산물이다. 불평등의 심화가 경쟁적 소비를 유발한다. 특히 부유한 사회 내부에서의 소득 격차는 상대적인 것에 더 민감하게 만들어 더욱 격한 지위 경쟁을 초래하고 소비 압력을 증가시키며 결국은 사회와 환경의 지속 가능성도 해치게 된다. 불평등이 증가할수록 저축이 감소하고 부채는 증가하며 노동시간도 증가한다. 가계자산 대비 단기 가계부채와 국내총생산 대비 정부의 국가부채 모두 불평등한 사회가 더 높다. 이러한 흐름은 위기로 가는 것이 불가피하다. 앞서 언급했듯이 1929년과 2008년 위기 모두 불평등이 장기적으로 심화하면서 부채가 가파르게 상승한 이후 발생했다(윌킨슨, 281~3,373쪽 참조).

요컨대 신자유주의하에서는 다음과 같은 부채경제의 악순환이 불가피하다.

낙수효과 지향의 신자유주의 정책 ⇒ 자본 자유화(금융규제 철폐), 노동 통제 ⇒ 양극화, 불평등 심화 ⇒ 욕망의 반동화(지위 경쟁 격화) ⇒ 소비 압력 증가 ⇒ 부채 증가 ⇒ 레버리지 상승 ⇒ 자산버블 ⇒ 버블 붕괴, 금융위기 ⇒ 신자유주의적 구제금융 ⇒ 금융자본 부활 ⇒ 신자유주의 지속

신자유주의적 금융혁신(증권화, 겸업화 등)과 세계화(자본 자유화, 규제 피난처로서의 역외금융 증가, 정보통신기술의 발달 등)에 더하여 앨런 그린스펀 연준 의장도 언급한 바 있는 경제주체들의 비이성적 과열(추세 의존적 낙관에 의한 위험선호 경향)이라는 심리적 요소가 결합되어 이루어지는 레버리지의 급격한 상승은 언제라도 세계적 규모의 금융 버블로 연결될 가능성을 내포하고 있다. 결론적으로 신자유주의하에서는 불평등과 부채 증가의 악순환으로 파국의 무한 회귀가 불가피하다. 위기는 일상화되고 욕망은 파시즘의 극으로 치닫는다. 신자유주의 부채경제의 내재적 불안정성은 피할 수 없다. 파괴와 창조의 순환과정에서 정책과 제도는 채권자 또는 채권국가의 기득권 보호에 치중해 왔다. 채권자와 채무자 모두를 위한 해결책은 부채경제의 악순환에서 볼 수 있듯이 신자유주의 정책으로는 불가능하다.

해결책

　근본적으로 경제의 지속 가능성을 위한 새로운 사유가 필요하다. 생태적 한계와 사회적 안정을 전제로 경제가 지속 가능하기 위해서는 궁극적으로 신자유주의를 대체하는 사상의 개발이 필수적이다. 욕망의 배치의 혁명적 극으로의 변환을 가져오는 사유여야 한다. 자본의 욕망과 탈자본의 욕망의 균형과 조화를 가져올 수 있는 새로운 경제학이 필요하다. 들뢰즈 경제학이 그것을 할 수 있다고 생각한다.

　우선 신자유주의 부채경제의 악순환의 고리를 끊어내는 것이 관건이다. 앞서 본 악순환에서 각 단계의 고리를 끊어낼 수 있는 서킷브레이커(circuit-breaker)를 찾아야 한다. 자본의 욕망과 지위 경쟁을 조장하는 양극화와 불평등에 대한 해결책이 제시되어야 한다. 자본의 민주적 통제가 핵심이다. 자본만의 자유가 아닌 모두의 자유가 실현되어야 한다. 소득과 주거 등 기본적인 생활이 안정되어야 하고 이에 더하여 모방수요, 과시수요, 투기수요 등을 유발하는 자본주의 기호조작에 대항할 수 있는 언론개혁, 교육개혁이 동시에 이루어져야 한다. 그래야만 지위 경쟁에서 벗어나고 부채경제를 탈피할 수 있다.

　성장을 추진하더라도 부채주도성장에서 소득주도성장으로 가야 한다. 기본소득을 도입하고 경제 민주화를 확립하는 것이 궁극적 해결책이다. 기본소득과 함께 금융과 재정의 민주화를 포함한 경제 민주화가 실질적으로 이루어진다면 위기 발생 이전에 사전적으로 부채경제로 가는 것을 방지할 수 있을 것이고, 위기 발생 시 사후적으로도 공정하고 신속한 구조조정이 가능하게 될 것이다. 채권자와 채무자는 공정한 책임을 부담할 것이고 대마불사와 같은 잘못된 관념과 관행은 사라질 것이다.

지속적 디레버리징과 함께 위기 시 과감한 부채 탕감을 포함한 채무 조정이 필요하다. 랏자라또는 "부채의 지배관계로부터 우리를 해방하는 것은 지불 행위가 아니라, 정치적 행위, 지불의 거부"(부통, 110쪽)라고 말한다. 금융기관 구제금융보다 부채 탕감이 우선되어야 한다. 개인 잘못이 아닌 경제 전체의 외생적 충격의 경우 합의하에 모럴해저드 없이 경기를 방어할 수 있다. 채권자와 채무자에 공정하게 손실과 책임을 분담시키는 것이 타당하다. 담보 손실과 이득을 채무자와 채권자간 공유하게 하는 책임분담모기지제도 같은 것이 필요하다.

부채경제를 탈피하기 위해서는 정부의 역할 외에 중앙은행의 역할도 중요하다. 중앙은행의 독립성은 정부에 대해서뿐만 아니라 시장에 대해서도 관철되어야 한다(부인, 143쪽 참조). 최종적 대부자(lender of last resort)로서의 역할은 금융기관이나 채권자뿐만 아니라 채무자와 민중을 보호하기 위해서도 발휘되어야 한다. 재정의 민주화와 함께 금융의 민주화를 위해 중앙은행의 독립과 더불어 민주화도 시급하다. 중앙은행의 시장과 자본으로부터의 독립과 민주화는 표리의 관계에 있다.

5.
금융자본주의

자본주의와 금융자본

　자본주의 이래의 역사는 금융자본 지배의 역사인가? 상업자본과 산업자본의 주도에 의한 자본주의 성립 이후 금융자본과 산업자본의 헤게모니 장악을 위한 대결의 역사가 시작됐다. 최후의 승자는 결국 금융자본이었다. 가장 깊은 곳에서 자본주의의 방향을 결정하는 것은 금융자본이라고 할 수 있다. 랏자라또에 의하면 금융자본의 포식성은 산업자본을 능가한다.

　"산업자본주의는 산업 노동에 대한 통치·전유로 자신의 역할을 제한한다. 반면 금융자본의 공리계는 산업적, 전산업적, 후산업적, 노예적, 전통적, 사회·커뮤니케이션적인 다양한 형식들에 대한 통치·전유를 조직한다."(부통, 183쪽)

제국주의가 절정에 이르렀던 19세기 후반 금융의 세계화 이후 금융의 지배가 현재까지 대세를 이루고 있다고 할 수 있다. 화폐 금융은 실물경제의 조력자가 아니라 이윤 창출의 주역으로 등장했다. 랏자라또는 레닌의『제국주의, 자본주의 발전의 최고 단계』에 입각해서 19세기 후반에서 현대에 이르기까지를 금융자본이 지배한 시기로 간주한다. 2차 대전 후 1970년대 초반까지의 소위 자본주의 황금기는 단지 일시적으로만 금융자본이 산업자본의 부수적 기능에 그쳤던 예외적 시기였다(부통, 248, 256쪽 참조). 다시 말해 자본에 대한 국가의 강력한 규제에 의해 금융자본이 산업자본에 대한 융자의 기능에 충실하도록 잠시 그 주도권이 축소되었던 시기였다.

금융자본의 지배

금융자본이 현대 사회의 가장 중요한 탈영토화의 첨점의 하나라고 할 수 있다. "가장 강하게 탈영토화된 성분"(천고 638쪽)이랄 수 있는 금융자본이 그보다 탈영토화의 정도가 약한 산업자본이나 다른 계급들을 선도하여 새로운 배치를 구성하는 데 있어서, 즉 새로운 사회를 규정해 나가는 데 있어서 주도적 역할을 하고 있다(천고, 420쪽 참조). 신자유주의적 탈규제(deregulation), 규제 완화의 중심에 금융이 있다.

금융자본의 지배는 신자유주의 지배 전략의 핵심을 이룬다. 한마디로 신자유주의화는 모든 것들의 금융화를 의미한다. 사회·경제의 금융화를 통해 금융이 모든 것의 척도이며 평가의 주체가 된다. 금융화는 모든 것을 사유화하는 것에서부터 시작된다. 공공사업 민영화, 사회보장 민영화, 교육기관과 의료기관의 영리화, 통화 발행의 사유화 등이다. 사유화를 통해 모든 것이 시장 거래의 대상이 되고 시장에 의한 평가가 이루어진다. 이로 인해 생산으로부터 금융의 세계로 권력이 이행한다. 산업자본에서 금융자본으로의 헤게모니의 이행이다. 메인스트리트의 생산 기업들과 월스트리트의 금융 기업들 사이에 갈등이 발생했을 때 후자가 선호되고, "제너럴모터스에 좋은 것은 미국에도 좋다."는 슬로건은 "월스트리트에 좋은 것이 가장 중요하다."는 슬로건으로 바뀌었다(하비, 52쪽). 현대 금융은 모든 사물을 금융자산으로 간주한다(이종태, 48~9쪽 참조). 기업 자체가 자본시장을 통해 자유로운 매매가 가능한 금융상품으로 전락한다. 금융자산으로서의 기업에 가장 중요한 것은 생산이나 시장점유율 또는 이윤보다는 기업 자체의 주식가치 상승이 되었다. 금융자본주의의 산물인 주주자본주의의 승리다. 탈규제에 의해 공공 연기금이 제한 없이 주식, 채권, 헤지펀드나 사모펀드에 투자된다. 궁극적으로 모든 시민들의 삶에 금융이 직간접적으로 연루된다. 금융자본이 산업자본을 넘어 우리의 삶까지 지배하는 것이다.

이는 포획장치로서의 금융자본의 우위가 확립되는 과정으로 볼 수도 있다. 금융·화폐 주체의 전유의 확대와 금융·화폐의 측정·비교·평가 기능의 지속적 확대 과정이다. 모든 것이 평가 가능하다.

상징화와 지표화를 통한 기호의 작동으로 모든 것의 금융화와 그것을 통한 포획의 실현이 가능해진다. 랏자라또에 따르면 "상징과 지표는 가치의 측정, 통제, 포획을 가능하게 만들어주는 코드화를 작동시킨다. 기계와 기호의 탈영토화는 (의견, 감정, 관심, 취향, 사회적 경향 등과 같이) 이전에는 수량화 불가능한 것으로 간주되었던 것의 수량화를 가능하게 해준다."(부통, 223쪽) 포획의 중심축이 이윤에서 금리로 이동한다. 이윤의 금리-되기는 이미 19세기 말 유럽 제국주의 국가들에서 등장했다. 이자와 주식배당금, 유가증권 발행 및 유통 수수료, 투기에서 나오는 수입 등의 상대적 비중이 증가한다(부통, 257~8쪽 참조). 현재는 금융자본의 규모가 산업자본의 규모를 능가하는 추세에 있다. 이러한 추세는 "비금융적 기업이나 전체 경제 내에서 금융적 이해가 우위에 자리 잡거나(기업 내 '금융적 포트폴리오 소득' 혹은 전체 경제 내 '금융부문 이윤'의 비중 증대), 심지어 산업적 기업이 금융적 기업으로 변모하는 결과를 초래"(장진호, 3쪽)하기도 한다. 이윤의 금리-되기는 금융 부르주아 또는 금리생활자(rentier, 금리·배당·지대수령자)를 중심으로 자본의 지배를 공고히 하는 과정이다. 결국 "금융자본의 헤게모니가 자본 순환의 완성을 구축한다. …… 자본은 생산이 아니라 가치화를 목표로 하고, 가치화는 전유를 목표로 한다. 생산이 가치의 실현을 보증하지 않는다면 그것은 아무것도 아니다. …… 그리고 전유의 대부분은 금리로 구성된다."(부통, 249, 250, 251쪽) 주주자본주의의 대두는 이러한 과정의 일부를 이룬다. 금리생활자들의 지배 수단 강화책이다. 이윤에서 배당몫 증대를 목표로 한다. 결과적으로 R&D 혹은 사내유보는 무시되고 단기성과주의에 집착하게 된다. 정리해고 위주의 단기적이고 손쉬운 구조조정을 선호하게 된다.

요컨대 금융자본의 지배는 새로운 권력관계의 구축을 의미한다. 금융자본주의의 주체적 조건은 금리생활자들과 금융가들(부통, 251쪽)로서 이들을 대표로 하는 채권자와 채무자 사이의 관계인 채권/채무 관계가 권력관계의 핵심을 이룬다. 이러한 관계가 소비신용과 국가부채를 관통하여 사회 전반으로 확장된다. 랏자라또에 의하면 채권/채무 관계는 대략 1970년대를 기점으로 소비, 정보, 건강, 은퇴 등 모든 종류의 서비스로 일반화된다. 이는 자본/노동 관계를 중심으로 하는 기존 시스템에 대한 정치적 재구축을 의미하는 것이다(부통, 258~9쪽 참조).

금융 패권으로부터의 탈주

신자유주의를 기치로 하여 지배세력들은 환대서양 네트워크라는 강고한 지배 카르텔을 형성하고 전 세계로 지배의 영역을 확장했다. 지배 카르텔을 기계적 배치라고 한다면 신자유주의 언표들은 2차 대전 이후의 언표적 배치의 역할을 충실히 수행해 왔다. 이러한 신자유주의적 배치의 중심에 금융자본이 있다. 즉 신자유주의와 그 핵심 모델 부채경제의 배후에는 금융자본주의라는 괴물이 자리하고 있는 것이다. 신자유주의는 금융 헤게모니 실현 모델의 하나일 뿐이다. 신자유주의가 케인즈주의 몰락 이후 일시적 지배의 표상이라면 시대를 초월하여 지배력을 행사하고 있는 것은 금융자본이다. 혹여 신자유주의가 조종을 고하더라도 금융자본은 지속적으로 변신을 거듭하며 그 지배력을 유지하려 할 것이다.

케인즈주의는 금융자본 지배의 역사에서 하나의 진보를 이루는 대사건이었다. 마르크스주의라서, 좌파라서 진보가 아니라 노동자와 서민 대중의 자유와 평등의 확산이 있었기에 진보였던 것이다. 자본주의 황금기 케인즈주의가 득세하고 금융자본이 산업자본의 보조적 위치에 있었을 때는 평등한 자유의 확산이 있었다. 평등한 자유의 실현이 실질적 민주주의로 가는 길이다. 따라서 금융 헤게모니로부터의 탈주 없이는 민주주의가 존재할 수 없다. 오늘날 실질적 민주주의 실현을 위한 최대 과제인 경제 민주화의 핵심은 자본, 그중에서도 금융자본에 대한 민주적 통제에 있다. 현대 자본주의에서 자본의 민주적 통제의 성패는 금융 패권으로부터의 탈주 여부에 달려있다.

요컨대 금융자본에 대한 민주적 통제가 관건이다. "자본주의는 자본을 통제할 때가 황금기였다."(색슨, 135쪽) 역외금융을 억제하고 금융거래세(토빈세)를 도입하고, 지급준비금 예치제 등을 도입해야 한다. 이런 정책들은 신자유주의 세계화가 이루어진 현 상태에서 한 국가의 힘만으로는 불가능하다. 통제되지 않은 자본의 공격은 금융자본의 원조 영국도 방어가 불가능했던 역사가 있다. "금융자본에게 조국은 없다!" 세계적 차원의 연합된 자본 통제가 필수적이다. 부채경제의 모델과 주주자본주의 논리로부터 탈피해야 한다. 현 시점에서는 이윤·부채주도성장보다는 임금주도성장, 소득주도

성장을 지향해야 한다. 디레버리징에 힘쓰고, 조세를 개혁하고, 파생상품을 규제해야 한다. 그럼으로써 가계소득이 증가하고, 공공지출을 위한 재정 여력이 확대될 것이다.

현대 자본주의 사회의 헤게모니를 쥐고 있는 금융자본으로부터의 탈주를 위해 마지막으로 강조하고 싶은 점은 우리는 근본적으로 사유의 해방이 필요하다는 것이다. 새로운 배치의 창조를 위해서는 이 시대를 지배하고 있는 신자유주의, 부채경제, 그리고 그것들의 핵심 또는 배후 역할을 하는 금융의 근저에 있는 힘과 욕망에 대한 성찰과 각성이 필요하다. 예를 들면 앞서 논한 바 있는 신자유주의 부채경제의 악순환에 대한 반성이다. 지위 경쟁과 소비주의, 비이성적 과열로 사람들을 내모는 사회적 구조와 힘들에 대한 통찰이 필요하다. 나는 이러한 사유의 해방을 위한 수단의 하나로 '게으름'에 대한 새로운 시각을 제시하고자 한다. 랏자라또가 주장하는 노동의 거부도 같은 맥락에 놓여 있다. 그는 "게으른 행위는 정체성을 중지시키고, '되기'를 향해 자신을 열어놓는다."(부통, 288쪽)고 말한다. 게으름이 단순한 태만을 의미하는 것이 아니라 창조적 행위로 연결될 수 있음을 나타내는 표현이다. 들뢰즈와 과타리가 말하는 일·노동 모델에서 자유로운 행동 모델로의 전환을 말하는 것이다. 버트런드 러셀은『게으름에 대한 찬양』을 썼고, 마르크스의 사위라고 알려진 폴 라파르그는『게으를 권리』를 쓴 바 있다. 민중의 부채인간으로의 유인, 불안정·가난·실업 등 항구적 위기 상태의 조성과 같은 예속화 또는 노예화 기술 및 자본주의적 가치화 기술로 구성되는 신자유주의 통치 기술 일반에 대한 거부가 필요하다(부록, 284쪽 참조). 노동 거부의 자유, 게으를 수 있는 자유가 필요하다. 여유로울 수 있는 자유가 필요하다. 그래야만 사유할 수 있는 자유가 생긴다. 그래야만 각성과 발상의 전환이 가능하게 되어 금융자본의 지배를 통찰하고 그에 저항하고 반격할 수 있다. 좀 더 전문적으로 말하면 그래야만 사회적 예속화와 기계적 노예화에 대항하는 기호전쟁에 임할 수 있다. 되기와 생성과 창조를 향해 자신을 열어놓기 위해서는 게으를 시간이 필요하다. 들뢰즈 경제학의 핵심 정책인 기본소득은 소득의 배당이자 시간의 배당이다. 기본소득과 함께 경제 민주화를 내실 있게 추구함으로써 우리는 금융 패권으로부터의 탈주라는 목표를 향해 성큼 다가갈 수 있다.

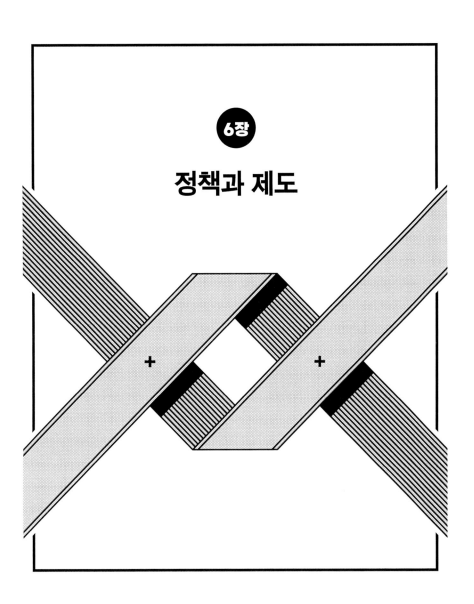

6장

정책과 제도

1.
서설

  분석적 환원주의에 입각한 주류 경제학의 표준모델은 근대 물리학을 선망하는 신고전파 경제학이다. 신고전파 경제학은 뉴턴 역학에서처럼 예측 가능성을 바탕으로 하는 일방향적 인과관계를 밝히는 것에 주력한다. 따라서 경제정책도 단기적이고 부분적인 처방에 그칠 수밖에 없다. 예측이 어려운 장기와 인과의 규명이 복잡한 전체에 대한 처방에 있어서는 본질적으로 취약할 수밖에 없는 것이다.

  종합적 전체론에 입각한 탈근대 경제학의 새로운 표준모델은 복잡계 경제학이다. 복잡계 경제학의 주요 목표는 분석적 인과관계를 밝히는 것보다는 종합적이고 전체적인 시각에서 경제의 자기조직화, 즉 피드백과 순환을 탐지하는 것이다. 따라서 경제정책도 장기적이고 종합적인 차원에서 설계될 수 있다. 복잡계 과학을 모델로 하는 탈근대 경제학의 중심에 들뢰즈 경제학이 있다.

들뢰즈 경제학과 정책 및 제도의 설계

지금까지 들뢰즈 경제학을 토대로 자본주의를 분석하고 현대 자본주의의 모습과 문제점들을 알아보았다. 이제는 그 대안과 해결책을 제시할 차례다. 들뢰즈 경제학은 소수자 경제과학과 탈근대 경제철학의 결합이다. 분석적 환원주의보다는 종합적 전체론의 입장에서 탈근대적으로 경제과학과 경제철학의 정립을 시도한다. 따라서 들뢰즈 경제학은 과학으로서의 법칙과 이론 지향성을 물론 갖고 있지만 문제제기적인 측면이 훨씬 강하다고 할 수 있다. 비표상적인 잠재성의 세계로까지 발생의 원천을 파고들며, 엄밀한 인식의 근거를 찾아 무한으로까지 사유의 지평을 넓힌다. 이를 토대로 몰적 추상화보다는 분자적 추상화에 더 주력하는 들뢰즈 경제학은 필연성을 띠는 규칙의 발견이나 이론의 개발보다는 체제 비판적이고 가치 지향적인 정책과 제도의 설계에 더 초점을 맞춘다. 물론 그러한 설계에 있어 기존의 수용된 과학법칙과 합의된 도덕법칙을 기반으로 하는 것은 당연하다.

들뢰즈 경제학의 대전제로의 회귀로부터 설계가 시작된다. 세계에 대한 엄밀한 이해를 바탕으로 한 적절한 정책과 제도를 설계하기 위해서는 들뢰즈 경제학이 전제로 하는 사상과 원리들을 염두에 두고 끊임없이 그것들을 되새기는 자세가 필요하다. 존재의 일의성, 복잡계적·생태적 사유, 생산적 욕망의 원리 등. 욕망이 그 사회를 구성한다는 원리에 항상 유의해야 한다.

종합적 전체론의 관점에서 부분과 전체, 단기와 장기를 동시에 포괄적으로 분석해서 이를 바탕으로 비용과 편익의 산출에 신중을 기해야 바람직한 정책과 제도의 설계가 가능하다. 다시 말해 제대로 된 분석에 기초한 엄밀한 이해를 바탕으로 윤리적 가치와 목적에 부합하는 적절한 정책과 제도를 도출해야 한다. 특히 들뢰즈와 과타리의 자본주의 분석은 현대 사회경제체제의 현황과 전망에 대한 기본적 사유로서 들뢰즈 경제학 이론과 정책의 뿌리라고 할 수 있다.

앞에서 자본주의를 심층 분석하고 그 분석에 기초한 현대 자본주의의 모습을 그려 보았다. 현대 자본주의의 실상으로부터 문제를 제대로 도출하고 설정해야 올바른 해결책으로서의 제도와 정책을 설계할 수 있다. 제대로 된 문제제기가 있어야 올바른 해결책이 가능하다. 결국 사실과 현상에 대한 엄밀한 분석과 이해에서 출발해야 한다. 지금까지 해 온 들뢰즈 경제학의 작업은 그러한 엄밀한 분석과 이해를 위해 몰적 추상화를 넘어 분자적 추상화에 의한 잠재적 충족이유와 준원인의 추출에까지 천착해 들어간 원대한 시도였다.

정책 목표

신고전파 종합을 바탕으로 하는 주류 경제학의 주된 정책 목표는 완전고용과 물가안정이다. 국제수지의 균형도 중요한 목표의 하나다. 수많은 사례와 자료의 집적, 그리고 그것들의 분석과 처리를 위한 과학기술의 발전으로 몰적 추상화를 추구하는 주류 경제학과 기존의 경제학은 지속적으로 정책과 제도를 발전시키리라 예상된다. 그러나 그 한계도 실존함을 부정할 수 없다. 우선 몰적 추상화의 내적 한계가 있다. 앞서 본 불확정성원리와 불완전성정리가 그것을 논리적으로 보여준다. 몰적 사유 자체의 한계 말고도 기존 경제학은 문제의 설정, 즉 정책 목표의 설정에서도 한계를 보이고 있다. 신자유주의 망령이 아직도 사라지지 않고 있는 현대 자본주의에서 어떤 문제점이 있는지를 정확히 포착하지 못함으로써 그 해결을 위한 정책 목표의 설정 자체에서 한계를 노정할 수밖에 없는 것이다.

들뢰즈 경제학의 등장은 효율성의 경제에서 가능성의 경제로 사유의 지평을 확장했다는 면에서 사유의 발전이자 진보다. 우리가 경제활동을 하고 경제학을 공부하는 이유는 단지 효율성을 달성하기 위한 것만은 아니다. 가치의 생산과 포획이 자유롭게 펼쳐질 수 있는 가능성의 경제를 통해 욕망을 해방시키고 인간의 삶을 고양시키기 위한 것이다. 그래서 우리가 생각하는 효율성의 개념 자체도 기존의 경제학과는 차원이 다른 것이었다. 종합적 전체론의 관점에서 경세제민을 위한 최선의 선택을 효율성으로 보았다. 들뢰즈 경제학은 경세제민을 지향한다. 경제 민주화가 이루어진 실질적 민주주의의 확립을 통한 인간 욕망의 해방이 그것이다. 들뢰즈 경제학의 정책과 제도는 이를 위한 가장 효율적 수단을 모색한다. 21세기 초 현 시점에서는 신자유주의를 극복하는 것이 우선 과제다. 신자유주의를 극복하고 대안을 찾는 것이 당면과제인 것이다.

이에 따라 들뢰즈 경제학은 신자유주의로 심화된 양극화와 불평등의 해소를 목표로 한다. 들뢰즈 경제학은 전체적이고 종합적이고 장기적인 목표를 과녁으로 삼는다. 가령 불평등이나 양극화의 지속적 개선과 함께 신자유주의적 억압이 발붙일 수 없는 궁극적 해결책을 모색한다. 요컨대 생태적 욕망경제학으로서 들뢰즈 경제학의 궁극적인 정책 목표는 생태적 삶과 사회적 삶의 안정과 창조, 즉 지속 가능성하의 욕망의 해방이다.

들뢰즈 경제학이 상정하는 표준모형은 복잡계 경제학이다. 복잡계 경제는 예측 불가능성을 특징으로 한다. 예측 가능성을 기초로 하여 계량화된 목표의 달성을 지향하는 전통 경제학으로는 현대 경제의 문제들을 해결하는 데 역부족이다. 부분적이 아닌 전체적, 잠정적이 아닌 영속적 해결에 더 다가가기 위해서는 새로운 지평의 사유가 필요하다. 복잡계적 사유를 기반으로 하는 들뢰즈 경제학이 새로운 지평을 열 수 있다고 생각한다. 들뢰즈 경제학도 물론 최종적이고 보편적인 완결된 해결책을 제시할 수는 없다. 앞서 보았듯이 자본주의와 그 외부 극한으로서의 분열증 양자는 모두 영원한 과정이다. 그러나 들뢰즈 경제학은 다른 모든 경제학들의 음화(陰畵)로서 궁극의 사유를 지향하는 경제학이다. 들뢰즈 경제학은 종합적 전체론의 관점과 복잡계적 시각으로 자본주의와 분열증의 과정을 엄밀히 분석하고 근원적 문제를 파악하여 그에 대한 최선의 해결책을 찾고자 노력한다.

앞서 신자유주의 정책들을 본 바 있다. 자본 자유화로 포장한 금융자본의 시장 지배가 신자유주의 경제정책의 궁극적 목표다. 따라서 인플레이션 억제를 통한 금융자산 가치의 보호가 주된 목표 중 하나가 된다. 중앙은행의 목표도 완전고용보다는 인플레이션 억제를 통한 금융자산 보호에 있다. 이외에 탈규제, 민영화, 노동시장 유연화, 정부 기능 축소, 부자 감세, 자유무역, 자본 자유화 등이 신자유주의의 정책 목표들이다. 신자유주의로 위장한 가짜 민주주의에서 실질적 민주주의로의 역전이 이 시대의 시급한 과제다. 자본의 지배와 불공정한 포획에 대항할 수 있는 정책과 제도가 필수적이다. 그러기 위해서는 신자유주의가 추진했던 정책과 제도들을 제자리로 역전시키는 것이 급선무다.

현대 자본주의하의 실업과 인플레이션

  문제 설정을 제대로 해야 제대로 된 해결책이 도출된다는 점을 여러 차례 강조했거니와 전통적으로 실업과 인플레이션이 경제의 가장 큰 문젯거리로 지목되어 왔다. 그래서 기존 경제학의 주된 정책 목표도 완전고용과 물가안정이었던 것이다. 들뢰즈 경제학의 정책과 제도로 본격적으로 들어가기 전에 이 두 문제에 대해 간단히 언급하고 넘어가기로 하자.
  현대 선진 경제의 주된 문제는 실업이다. 성장의 정체, 고용 없는 성장, 인구 구조 변화 등에 기인하여 좀처럼 고용이 증가하지 못하는 것이 현대 경제의 특징이다. 물가 상승의 압력보다는 고용 감소의 위험이 당면한 문제다. 세계적인 장기적 불황, 디레버리징의 필요에 의한 유동성 함정, 고용 불안에 따르는 노동자 협상력의 감소, 인구 고령화에 따른 보수적 소비 등으로 인플레이션 우려는 지속적으로 감소하고 있다. 공급 측면이나 다른 외부적 상황의 급변이 없는 이상 이런 추세는 지속될 것으로 보인다.

하이퍼인플레이션으로 시장가격이 기능을 상실할 정도가 되지 않는 이상 경제 전체의 안정을 위해서는 물가 보다는 실업에 주안점을 두어야 할 것이다. 여러 실증 연구에 따르면 인플레이션이 10% 이하일 경우 경제성장과 큰 관계가 없는 것으로 나타났다(장하준, 85쪽, 매드릭, 194쪽 참조). 인플레이션에 대한 공포는 과장된 측면이 있다. 작은 정부를 지향하고 임금을 억제하기 위한 주류 경제학과 신자유주의의 의도가 들어 있다(윅스, 8장 참조).

실업을 줄이기 위해서는 케인즈의 주장에서 볼 수 있듯이 통화정책보다는 세제 개혁을 포함한 재정정책이 유효하다. 앞서 논의한 것처럼 구축효과는 재정정책 무용론의 이유가 될 수 없다. 통화정책도 물가가 아닌 소득으로 목표(target)를 전환할 필요가 있다. 물가 상승이 과도하지 않은 이상 금융자산 보유자에게만 유리한 고금리 정책은 자제되어야 한다. 금리 조정보다는 물가 상승에 대한 대응이 어려운 저소득층 보호를 위한 재정지출이 우선되어야 한다. 가계부채 증가보다는 파산 가능성이 없는 정부의 부채 증가가 당연히 서민에 부담이 적다. 재정지출의 우선순위를 결정하는 데 있어서의 민주화가 절실하다.

본래 물가안정은 최종 목표에 영향을 줄 수 있는 중간 목표에 불과하다. 인플레이션은 대외균형과 마찬가지로 매개변수이며, 안정과 성장 같은 더 중요한 변수에 영향을 줄 뿐이라는 것이 많은 학자들의 견해다(스티글리츠, 50쪽 참조). 물가안정보다 경제 전체, 삶의 안정이 중요하다. 성장과 안정의 조화에 의한 번영과 행복이 정책과 제도의 최종 목표가 되어야 한다.

문제는 스태그플레이션이다. 이는 통상의 물가안정의 문제와는 다른 것이다. 공급 측면이나 다른 외부적 상황에 의해 물가는 상승하고 성장은 정체되는 경우 실질소득이 감소하는 등 고통이 매우 클 수 있다. 이는 정치나 전쟁, 기후변화와 같은 경제외적 변수가 작용한 경우가 대부분이다. 고유한 경제정책만으로는 해법을 제시할 수 없는 경우가 대부분이다. 이러한 경우 주류 경제학은 무력할 수밖에 없다. 경제와 그 외부를 사유할 수 있는 정치경제학, 생태경제학, 복잡계 경제학이 반드시 필요한 이유 중 하나다.

안정화 정책

들뢰즈 경제학은 실질변수에 초점을 맞춘다. 경제정책의 목표는 매개변수보다 실질변수(성장, 실질 산출의 안정, 실업, 빈곤, 불평등 등)에 치중해야 한다. 매개변수가 유의미한 경우는 대개 실질변수에 영향을 미칠 때뿐이다(앞의 책, 57쪽). 안정화 정책도 물가안정이 아니라 실질 안정에 초점을 맞추어야 한다. 물가안정은 물가의 급변동이 성장, 완전고용, 소득분배 같은 궁극적인 목표에 영향을 미치는 한에서만 의의를 가진다(앞의 책, 384~5쪽). 하이퍼인플레이션이 경제를 파탄으로 몰고 간 역사가 없지 않지만 경기변동에 큰 영향을 주지 않는 정도의 물가 변동은 경제적 비용이 크지 않다고 봐야 한다.

거시경제정책은 본질적으로 정치적일 수밖에 없다. 강자 보호냐 약자 보호냐의 선택이 불가피하다. 경제의 안정은 물가안정보다는 경기변동으로부터의 약자 보호를 목표로 해야 한다. 경기변동에 대한 대응의 문제는 강자들과는 무관하다고 볼 수 있다. 오히려 강자들은 경제위기 시 더 득을 보는 경우가 다반사다. 금융위기와 코로나19로 양극화는 더 심화되었다. 부자들은 위기 시 오히려 기회를 더 많이 잡을 수 있었기 때문이다.

신자유주의적 정책은 경제 안정에 유해하다. 특히 신자유주의의 가장 우선적 목표인 자본시장 자유화는 경제 불안정과 성장률 저하로 연결된다(앞의 책, 267~8,283쪽). 자본시장 자유화는 불확실성과 대외 위험을 증가시켜 투자를 감소시키고 준비자산 증가에 따른 기회비용의 증가를 가져온다. 자유화에 따른 효율성보다 비효율이 더 클 수 있다(앞의 책, 296쪽 참조).

요컨대 신자유주의는 고용보다는 물가안정, 약자 보호보다는 강자의 자유와 위기 시 그들의 보호를 우선한다. 신자유주의적 사유와 정책들을 역전시켜 실질변수에 초점을 맞춘 안정화 정책을 추진할 수 있는 들뢰즈 경제학이 필요한 이유가 여기에 있다. 들뢰즈 경제학의 궁극적 목표는 안정과 번영을 기초로 하는 경세제민의 완성이다.

2.
정부의 역할

전통 경제학의 시각

　전통 경제학에서 바라보는 정부의 역할에 대해서는 케인즈학파에 바탕을 둔 간섭주의·개입주의와 고전학파나 신자유주의에 근거를 둔 방임주의, 즉 비간섭주의·비개입주의의 두 가지 상반된 시각이 있다. 개인적 차원으로는 케인즈와 하이에크의 대립이라고 할 수 있다. 주의할 점은 이러한 대립의 와중에 학자들의 이름이나 이론이 왜곡·오용되는 경우가 빈번하다는 것이다. 순수한 학자들의 주장과 그러한 주장을 차용하여 자신의 이익을 취하려는 경우를 분리해서 바라봐야 한다.

　하이에크는 시장자유주의 주창자다. 인간의 본질을 탐욕에서 찾으며, 시장의 자생적 질서(spontaneous order)를 중시한다. 순수한 자유경쟁시장이 탐욕적이지만 합리적인 인간의 상호작용을 유도하여 노예로 가는 길을 막아 줄 것이라 기대한다. 하이에크는 신자유주의자들이 그들의 주장을 뒷받침하기 위해 내세우는 가장 대표적인 학자다. 그러나 방금 말한 것처럼 오염된 보수주의자들과 하이에크는 분리해서 봐야 한다.

그렇더라도 우리는 기본적으로 하이에크의 주장에 동의할 수 없다. 우선 인간은 탐욕 못지않게 정의감을 가진 존재다. 경쟁심뿐만 아니라 협동심도 겸비하고 있다. 이러한 비판 이전에 하이에크의 주장은 인간의 본성을 단정 짓고자 하는 본질주의의 하나라는 점에서 더 큰 문제다. 다른 모든 존재와 마찬가지로 인간은 들뢰즈가 말하는 열린 다양체로 봐야 한다. 인간의 고정된 본질이라는 것은 없다. 또한 자본주의 시장의 전개 과정은 성립과 발전 과정 모두에 있어서 정부의 개입과 도움의 역사였다. 제이슨 히켈의『격차(THE DIVIDE)』에서 우리는 시장 형성 과정에서의 경제외적 권력의 폭력적 개입의 역사를 적나라하게 볼 수 있다(히켈2017, 2부 참조). 그 후로 시장이 파국의 위험에 처했을 때마다 정부는 시장을 지키는 데 충실한 역할을 해 왔다. 시장의 형성과 발전 모두 자생적이지 않았던 것이다. 자생적 자유경쟁시장을 가정하더라도 그것은 승자독식의 결과를 초래하고 더 나아가 정글자본주의로 귀결될 수밖에 없다. 자본주의 역사는 그러한 증거를 수도 없이 제공하고 있다. 따라서 정의를 추구하는 정부의 개입을 주장하는 시각이 없을 수 없다. 하이에크 자신도 경쟁을 촉진하기 위해서 정부가 개입하는 것을 긍정하는 언급을 하기도 했고, 약자 보호를 위한 정부의 역할이 필요하다는 데 대해서도 인정하는 듯한 글을 쓰기도 했다(윗숏, 363~4쪽 참조).

정부의 역할에 대한 간섭주의·개입주의의 이론적 토대를 만든 케인즈는 자본주의의 구원투수였다. 그는 사회주의자가 아니다. 자유당 당원이기도 했고, 정확히 말하면 사회주의와 자유방임의 양 극단 사이의 중도에 위치해 있다. 케인즈는 기본적으로 자본주의 시스템을 구제하기 위한 최선의 방법을 찾으려 노력했던 보수적 경제학자로서 사회주의와는 무관하다.

케인즈나 하이에크나 인간의 자유와 번영을 위해 가장 도움이 되는 것을 찾고자 했던 위대한 경제학자들이다(신중섭 참조). 하이에크의 사상이 오용되고 케인즈의 사상이 왜곡되는 것을 경계해야 한다.

신자유주의하의 정부

자유시장과 작은 정부를 주장하는 신자유주의는 논리와 실천의 불일치를 보이고 있다. 케인즈적인 정부 개입을 사회주의적 정책이라고 비판하며 들어선 미국의 레이건 정부 그리고 영국의 대처 정부 모두 오염된 보수정권이었다고 할 수 있다. 겉으로는 하이에크식의 작은 정부를 주장하며 권력을 잡았지만 속으로는 국방비를 마구 증액했다. 그 후로도 신자유주의 신봉자들은 시장의 보호를 위해서라면 얼마든지 정부의 개입을 마다하지 않았다. 오히려 금융위기의 경우에서 볼 수 있듯이 정부의 구제를 절실히 요구하기도 했다.

밀턴 프리드먼 같은 보수파의 주장들이 신자유주의가 얼마나 정치적으로 심하게 오염되었는지를 여실히 보여준다. 프리드먼을 필두로 하는 시카고학파 중심의 자유시장경제론은 정치적 자유민주주의와는 결코 양립 불가능한 것이었다. 칠레, 아르헨티나, 브라질, 우루과이, 볼리비아 등의 남미 국가들 거의 전체와 폴란드, 인도네시아 등지에서의 개발 과정과 중국의 개방 과정이 모두 그러한 예들이다. 신자유주의의 위선을 파헤치는 데 앞장서고 있는 유명 작가 나오미 클라인은 이렇게 말한다.

"천안문 사태의 진실은 권위주의적 공산주의와 시카고학파 자본주의가 매우 유사하다는 것이다. 그들은 기꺼이 정적들을 제거하고, 저항을 일절 허용하지 않으며, 백지상태에서 새롭게 시작하려 했다."(클라인, 250쪽) "프리드먼이 내린 자유의 정의에 따르면 규제 없는 교역의 자유에 비해 정치적 자유는 부수적인 것이다. 심지어는 불필요하다고 말하기도 했다."(앞의 책, 243쪽) "밀턴 프리드먼이 1950년대에 개시한 운동은 고수익이 생기는 무법의 개척지를 포획하려는 다국적 자본의 시도라고 보면 가장 좋을 것이다."(앞의 책, 312쪽)

신자유주의가 확산된 곳에서 자유의 확산은 없었다. 가진 자들, 강자들만의 자유가 판을 쳤고 양극화는 어디에서나 극심했다. 클라인에 따르면 "시카고학파 운동이 승리를 거둔 곳은 어디든지 인

구의 25~60퍼센트에 달하는 만성적 하류계층을 만들어 냈다."(앞의
책, 514쪽) 사상적으로는 물론 이론적으로도 프리드먼은 경제학자로
서 자격 미달이다. 신자유주의의 사상적 지주인 프리드먼의 이론
적 허구성을 낱낱이 파헤친 제프 매드릭의 『경제학의 7가지 거짓
말(Seven Bad Ideas)』을 참조하기 바란다.

들뢰즈 경제학과 정부의 역할

자본주의의 운명과 미래에 대해서와 마찬가지로 정부의 역할에
대해서도 종합적 전체론의 시각으로 문제를 재설정하는 것이 필요
하다. 전통적, 근대적 시각에서 탈근대적 시각으로, 정치경제과학
적 시각에서 정치경제철학적 시각으로 사유의 확장이 필요하다.
정부 개입 여부 이전에 정부의 민주화 여부가 먼저 고려되어야 할
문제다. 그것보다 더 전에 인간과 시장에 대한 기본 시각이 정립되
어야 한다. 특히 현대와 같은 탈근대 시대에 있어 정부 개입 여부
에 대한 판단은 인간의 본질과 이성에 대한 관점, 시장기구에 대한
신뢰 여부, 그리고 정부가 민주적인가 비민주적인가, 민주적 통제
가 가능한가, 더 나아가 경기변동에 대비한 정책들이 적절히 마련
되어 있는가, 하는 문제들과 밀접히 연결되어 있다.
탈근대 욕망경제학으로서의 들뢰즈 경제학은 생산적 욕망을 원
리로 하는 비인간주의를 기초로 한다. 전통 경제학의 전제들은 파
기된다. 따라서 개입과 방임 중의 일도양단적 선택을 요구하는 것

은 부당하다. 인간은 합리적이기만 한 존재가 아니고 시장도 효율적이지만은 않다. 인간은 탐욕적이기도 하지만 자유와 평등을 추구하는 정의감을 가진 존재이기도 하다. 시장도 완벽하지 않지만 인간의 이성도 완벽하지 않기 때문에 정부의 관리만으로 시장의 역할을 대체하는 것은 불가능하다. 완전한 시장경제와 완전한 계획경제는 환상에 불과하다. 시장도 필요하고 정부도 필요하다. 필요한 것이라기보다 자연스러운 것이다. 시장이 형성되는 것은 물론이려니와 정의를 실현하고자 하는 정부가 시장에 개입하고자 하는 것도 자연스런 현상이 아닐 수 없다. 경제의 일 주체로서 시장에 개입하려는 정부의 의지도 자생적인 것으로 볼 수 있는 것이다.

포획장치로서 국가 또는 정부의 성격이 중요하다. 자본주의 국가장치는 내재적 성격을 갖는다는 것이 들뢰즈 경제학의 시각이다. 자본주의 국가장치의 반생산은 내재성을 가진다. 정부는 가치를 창조하고 동시에 흡수하는 하나의 내재적 경제주체인 것이다. 따라서 현대 자본주의에서 포획장치, 반생산 장치로서의 정부에 대한 민주적 통제가 정부의 역할 규정에서 핵심 문제가 된다. 전체적인 경제 민주화와 직결되는 문제다. 민주적으로 잘 통제되는 정부라면 정부의 정책들에 국민들, 즉 각 경제주체들의 의사가 잘 반영되어 정부와 비정부부문 간의 상호작용이 원활히 이루어져 개입이냐 방임이냐 하는 정부 역할의 문제가 자연스럽게 해결될 수 있을 것이다. 정부는 국민에게 정확한 정보를 제공하고 그에 기초한 국민의 의사를 반영하여 가능한 최선의 정책을 마련하면 그만이다.

결국 정부가 개입해야 하거나 방임해야 한다는 것과 같은 사전적 필연성은 없다는 것이 들뢰즈 경제학의 입장이다. 관건은 국가 권력의 민주화 여부라고 할 수 있다. 초재적인 비민주적 권력 하에서라면 개입 여부의 옳고 그름을 떠나 권력자의 자의에 따라 정부 개입의 정도가 결정될 것이다.

결론

앞서 2장에서 자유시장론과 그것과 연계된 긴축론을 비판한 바 있다. 자유시장은 가능하지도 바람직하지도 않으며, 긴축론은 순수한 경제이론이라기보다는 자본 계급 수호를 위한 지식 조작에 가깝다고 했다. 결국 민주주의가 문제다. 시장인가 계획인가? 하는 문제보다 민주화된 정부인가 아닌가? 하는 것이 더 중요하다. 좌냐 우냐, 자유(리버럴)냐 보수냐가 아니라 민주냐 반민주냐, 진보냐 파시즘이냐가 관건이다. 현대 자본주의 하에서 정부의 어느 정도의 개입은 불가피하고 자연스러운 것이다. 정부의 개입, 간섭의 타당성을 논하기에 앞서 민주화된 정부인가? 자본과 시장의 통제가 가능한가? 하는 문제를 따져보는 것이 더 중요하다.

종합적 전체론에 기초한 민주적 개입이 정답이라고 할 수 있다. 복잡계의 경제라 할지라도 정보기술의 발달로 정부의 개입 여지는 지속적으로 증가할 것이다. 컴퓨터의 계산 능력이 눈부시게 발전하고 빅데이터의 누적으로 경제 계획의 가능성과 매력이 점증하는 것이 사실이다. 이러한 기술 발전과 거의 모든 정보가 투명하게 공개되는 민주화된 사회가 결합된다면 경제주체들의 행태에 대한 시뮬레이션 기술이 고도로 발달하여 정부 개입의 성공 가능성이 증가할 것이다.

요컨대 중요한 것은 민주적인 정부의 적극적 역할이다. 안정성을 더 보장하기 위해서는 기본소득과 같은 제도와 정책들을 도입하여 시장의 실패와 정부의 실패에 근본적으로 대비할 수 있도록 해야 할 것이다. 재정 균형은 경제(학)의 목표가 아니다. 경세제민을 위해 필요하다면 적자 재정도 얼마든지 가능하다. 경제(학)의 목표는 고용의 안정(일·노동과 여가 또는 자유로운 행동의 균형), 물가의 안정(화폐와 실물의 균형)과 함께하는 지속 가능성(인간과 자연의 균형)이다.

3.
민주주의와 경제

    정치경제학으로서의 들뢰즈 경제학에서 민주주의는 무엇보다 중요한 주제다. 민주주의는 민주정(民主政)으로서의 정치제도이기 이전에 하나의 이념이다. 대중의 통치로 번역되는 Democracy는 통치체제 이전에 구성원 모두의 자유와 평등을 확립하려는 인간 사회의 지고한 이념이다(강윤호2022, 19~20쪽 참조). 경세제민을 위해서 민주주의가 매우 중요하다. 민주주의와 경제는 분리해서 생각할 수 없다. 상호 선순환의 관계에 있다. 민주주의는 경제를 효율화하고, 경제는 경세제민을 통한 실질적 민주 사회의 건립을 목표로 한다. 정부를 비롯한 기타의 경제 제도와 정책들을 민주적으로 확립하고 추진하여 경제 민주화를 이루는 것이 들뢰즈 경제학의 핵심 목표다.

독재와 효율성

독재의 효율성을 주장하는 견해가 많다. "최소한 저개발국에서는 개발독재가 민주주의보다 더 효과적이지 않은가?", "상명하복으로 일사천리!" 등등. 그러나 독재가 효율적일 수도 있다는 생각은 환상이다. '효율적인 독재'라는 말은 '나쁜 정의', '둥근 삼각형'이라는 말들처럼 형용모순이다. 독재적 발상의 군대식 효율성은 전쟁이나 재난 같은 위기 상황에서 일시적으로 발휘될 수 있을 뿐이다. 군대식 효율성은 필요악의 대표적 사례다. 여러 번 말했듯이 효율성에 대한 재고와 성찰이 필요하다.

일사천리로 진행되는 획일적인 것이 효율적일 수 있는가? 겉으로만 그렇게 보일 뿐이다. 보이는 것만을 믿는 것은 상상력, 대안 창출력 부재의 발로다. 단기적이고 일차원적 관점에서만 그렇게 생각할 수 있다. 장기적인 비용이나 후유증을 생각하면 비효율적일 공산이 더 크다. 직관적 상상력에 입각해 보더라도 획일적인 것보다 다양한 것이 더 효율적이다. 보이는 것, 실현된 것에만 생각을 가두지 말아야 한다. 보이지 않는 것, 아직 실현되지 않은 것에 대한 상상력이 생각을 자유롭고 진실에 가깝게 할 것이다. 독재를 효율성이라는 허울로 포장해서는 안 된다.

한국의 개발독재의 역사가 대표적 사례다. 한국의 1960~70년대 경제성장을 유능한 독재자의 작품으로 보는 견해도 있는 것이 사실이다. 그러나 자세히 보면 한국의 경험은 독재자의 역량과는 큰 관련성이 없다. 경제주체들의 희생적 노력과 유리한 시점이 맞아

떨어진 결과다. 높은 교육열을 비롯하여 사회문화적 기초 자본이 이미 축적되어 있었다. 더불어 냉전 시기 미국의 전략에 의한 막대한 해외 원조가 성장의 바탕이 되었다. 오히려 이 시기의 독재가 장기적으로 커다란 후유증을 유발했다고 볼 수 있다. 압축적인 고도성장의 이면을 보면 다른 지표는 모두 악화되었다. 부패, 양극화, 권력 간의 유착으로 형평성은 물론 효율성도 파괴되었다. 독재에 의한 자의적 정책의 사후 부작용이 막대했던 것이다. 이 모든 것들이 IMF의 근원이었고, 사회 모든 악의 뿌리가 되었다. 독재는 부패의 씨앗이고 부패는 효율성의 가장 큰 적이다. 독재가 없었다면 훨씬 더 효율적이고 건강한 성장과 발전이 이루어졌을 것이다.

민주주의와 효율성

구성원 모두의 자발적인 참여에 의한 집단적 역량의 발휘가 최상의 효율성을 가져온다는 것은 직관적으로 알 수 있다. 구성원들의 자유와 평등을 보장해서 최대한의 역량을 발휘하도록 하는 것이 소수의 결정 체제보다 훨씬 더 효율적일 것이라는 점은 누구도 부정할 수 없을 것이다. 자유와 평등이 보장된 실질적 민주주의는 장기적이고 근본적인 효율성을 가질 수 있다. 전체가 아닌 소수 집단의 이익을 위한 단기적이고 부분적인 효율성의 추구는 필연적으로 장기적인 부작용을 초래한다. 한국의 개발 과정 외에도 무수한 역사적 사례가 이를 증명한다.

민주주의를 하겠다는 확고한 신념을 가지고 모든 정보를 투명하게 공개하고 자발적인 토론을 보장하면서 효과를 치밀하게 예측하고 평가하며 정책을 수행해 나간다면 부패와 같은 걸림돌을 방지하면서 시행착오를 최소화하는 효율적인 경제의 실현이 가능하다. 제대로 된 민주주의라면 경제에 방해가 되는 경우는 상상하기 어렵다. 민주주의는 그 어떤 이념이나 체제보다도 더 효율적이다.

문제는 정치다! 경제보다 정치가 우선이며 경제는 정치와 분리될 수 없다. 정치가 안 좋은데 경제는 좋다는 말은 상대적 평가일 뿐이다. 의도가 선하다면 사고력, 상상력 부족에서 나온 표현일 뿐이다. 민주주의는 경제 번영의 필수 요건이다. 민주주의가 바로 서야 성장과 분배, 효율과 형평이 균형과 조화를 이룰 수 있다. 민주주의의 핵심은 투명성이다. 투명한 민주주의만이 부패를 방지하고 비리를 척결하여 자원배분과 소득분배에서의 낭비와 불공정을 제거할 수 있고 궁극적으로 경제 전체의 효율성을 가져올 수 있다(임주영, 54~5, 141쪽 참조).

실질적 민주주의

형식적인 정치적 민주주의를 넘어 경제 민주화를 포함하는 실질적 민주주의로 나아가야 한다. 경제의 번영을 위해서는 정치 민주화뿐만 아니라 경제 자체의 민주화가 필수적이다. 경제활동에 있어서의 자유와 평등이 보장되어야 경제의 효율성과 형평성을 확보

할 수 있다. 불평등의 해소가 관건이다. 신자유주의 하에서 심화된 양극화의 해소가 경제의 민주화를 위한 가장 시급한 과제다.

노벨 경제학상을 수상한 아마르티아 센은 실질적 민주주의가 정착되고 정치적 자유가 보장될 때 경제도 제대로 발전할 수 있다고 주장한다. 역시 노벨 경제학상 수상자인 폴 크루그먼도 미국 경제의 황금기인 1940~1970년대를 '대번영의 시대'라고 부르면서 같은 논리를 보인 바 있고, 조지프 스티글리츠도 1980년대 이후 신자유주의 시대를 '대격차 시대'로 부르면서 이들과 상응하는 주장을 한 바 있다. 이들의 논리는 모두 노동권이 강화되고 노동자의 처우가 개선되고 소득이 증가하면 경제 전체가 호황기를 맞이했고, 반면에 민주주의와 노동권이 약화되고 노동자의 처우가 나빠지면 경기 침체가 발생하고 경제적 불평등이 커졌다는 것을 보여주는 것이다 (앞의 책, 79~82쪽 참조).

궁극적으로는 임계적 자유(critical freedom)로까지 나아가야 한다. 각자의 참된 욕망의 실현을 위해서는 단순한 선택의 자유를 넘어 그 사회의 조건을 바꿀 수 있는, 배치를 변환할 수 있는 임계적 자유로까지 나아가야 하는 것이다. 임계적 자유는 들뢰즈와 과타리의 배치론에 함축되어 있는 자유 개념을 설명하기 위해 폴 패튼이 제임스 털리에게서 차용한 용어다(패튼, 211~20쪽 참조). 임계적 자유는 체계의 임계점(critical point)을 넘어 창발로 갈 수 있는 자유라고 할 수 있다. 이사야 벌린이 말한 소극적 자유와 적극적 자유와는 차원이 다르다. 기존의 의미와 가치와 다른 새로운 의미와 가치를 생산할 수 있는 자유, 그럼으로써 새로운 주체로 거듭날 수 있는 자유다. 사회적 생산에서 욕망적 생산으로 진입할 수 있는 자유, 즉 사회적 조건과 형식으로부터 해방된 자유다. "임계적 자유는 우리가 현재 존재하는 대로 존재할 수 있거나 할 수 있는 것을 할 수 있는 자유라기보다는, 오히려 그런 식으로 존재할 수 있거나 그렇게 할 수 있는 한계를 위반하는 자유다."(패튼, 215쪽) 임계점을 넘어서면 사회가 부과하는 특정 조건이나 형식을 넘어서는 참다운 자신의 욕망, 선호, 목적으로 진입할 수 있다.

요컨대 임계적 자유는 탈주의 자유다. 욕망적 생산을 향한 자유다. 새로운 욕망의 배치를 창조할 수 있는 자유다. 체제와 배치의 요구에서 벗어나 참된 욕망을 정립할 수 있는 자유인 것이다. 탈근대적인 욕망경제학으로서의 들뢰즈 경제학에서 궁극적으로 효율적이고 공정한 경제는 이러한 실질적 민주주의가 확립되어 누구나 자기의 독특한 욕망을 자율적으로 실현할 수 있는 경제다.

민주주의가 밥 먹여 준다!

결론은 민주주의가 밥 먹여 준다는 것이다. 민주주의는 독재는 물론 다른 정치체제가 도저히 따라올 수 없는 효율성을 갖고 있다. 민주주의하에서 복잡계의 가장 핵심적 특성인 자기조직화 임계성에 의한 창발이 가장 활발히 이루어질 수 있다. 검열이나 사찰이 사라지고 언론자유와 경제 민주화가 확고히 이루어진 상황에서 생산적 욕망의 분출이 극대화될 수 있다. 경제의 번영과 문화의 융성은 당연히 뒤따를 수밖에 없다.

들뢰즈 경제학은 민주적이고 효율적인 정부를 지향한다. 내재성
의 철학을 토대로 하는 들뢰즈 경제학에서 하나의 경제주체로 행
동하는 정부는 수동성과 함께 개입과 간섭을 할 수 있는 능동성을
가진다. 개입과 간섭의 수단과 절차가 민주적이어야 하고 정책은
장기적이고 근본적이어야 한다. 정부 부문 외에도 국내외 경제의
각 부문에서의 민주화가 이루어져야 효율적이고 공정한 경제의 발
전이 가능하다.

그러기 위해 자본과 기업으로부터 민주주의를 지키는 것이 시
급하다. 부와 권력이 자본과 기업으로 집중된 현대 사회에서는
무엇보다 공공성의 회복이 중요하다. 교육, 의료, 언론의 공공성
이 민주주의의 마지노선이다. 공교육, 공공의료, 공영언론의 내
실화가 필수적이며, 대학민영화를 비롯한 사교육, 의료민영화, 언
론사유화 등은 공공성을 해치지 않는 범위로 제한되어야 한다.
규제를 받는 기업이 로비 등을 통해 사실상 규제자를 관리하는
규제의 포획(regulatory capture)을 막아야 한다. 그래야만 정경유착,
관언유착, 전관예우 등의 부패 사슬을 끊고 민주주의의 기반을
공고히 할 수 있다.

욕망경제학으로서의 들뢰즈 경제학에서는 욕망이 경제의 원천
이고 욕망의 해방이 경제의 목표가 된다. 욕망의 해방이 이루어진
민주주의 사회가 가치의 생산과 포획이 무한히 자유롭게 펼쳐질
수 있는 가능성의 경제와 부합하고, 그것이 가장 효율적인 경제로
가는 길이라는 것이 들뢰즈 경제학의 요체다. 실질화된 민주주의

체제 이상으로 더 효율적인 체제는 상상할 수 없다. 이제 구체적인
경제 민주화의 길로 들어가 보자.

4.
경제 민주화

의미

경제 민주화는 경제에 있어서의 자유와 평등의 실현이다. 평등한 자유(에갈리베르떼)의 구현이다. 들뢰즈 경제학에서는 경제를 재생산을 위한 가치의 생산과 포획으로 이해한다. 따라서 경제 민주화의 핵심은 생산과 포획 과정에서의 민주주의의 실현이다. 자본주의 사회공리계가 지배하는 현대 사회에서의 경제 민주화는 자본주의적 생산과 포획의 민주화와 동일한 의미를 가진다. 요컨대 현대 경제의 민주화의 핵심은 자본의 민주적 통제다. 생산과 포획의 과정에서 자본의 힘과 그 무한한 포식성을 통제할 수 있어야 한다. 특히 오늘날과 같은 신자유주의적 부채경제 하에서는 금융자본의 민주화가 무엇보다 중요하다.

자본의 철폐가 아니라 자본의 지배의 철폐를 목표로 하는 들뢰즈 경제학에서는 자본의 민주적 통제가 경제 민주화의 전부라고 할 수 있다. 자본의 민주적 통제를 위해서는 경제 모든 층위에서의 민주화가 이루어져야 한다. 또한 다른 부문의 민주화도 병행되어야 한다. 정치, 언론, 교육, 문화, 지역사회 등 모든 부문이 자본의 영향력으로부터 독립해야 하며, 역으로 자본을 통제할 수 있어야 한다. 좁은 의미의 경제 민주화는 경제 각 조직과 기관들에 있어서 구성원의 자기운명결정권을 보장하는 것이다. 기업 민주화, 직장 민주화, 공장 민주화라고 불리는 것들이다. 따라서 각 경제 조직들에서의 노동자들의 경영에 대한 참여가 경제 민주화의 중심 내용이 된다.

경제 민주화는 실질적인 민주주의의 확립에 있어 중심적 역할을 수행한다. 경제 민주화가 빠진 민주주의는 팥소 없는 찐빵과 같다. 그러나 경제 민주화도 오용과 왜곡에 노출되어 있다. 독일에서는 노동자의 경영 참여와 같은 경제 민주화가 사회적 시장경제와 주주자본주의의 대안으로 여겨지지만, 한국에서는 이것들 자체가 경제 민주화로 둔갑되고 있다(김성구, 255쪽). 그 의미를 제대로 인식해야 한다.

경제 모든 층위에서의 민주화

세계, 국가, 기업 차원의 모든 층위에서 경제 민주화가 이루어져야 한다. 세계적으로는 국제 경제 기구의 민주화, 공정무역, 역외

금융 규제 등이 필요하다. 이러한 것들은 미국, 중국 등 패권국가의 민주화와 불가분의 관계에 있다. 오늘날과 같은 세계화 시대에는 강대국들의 공조 없이 몇몇 국가의 독자적 시도만으로는 성공을 거둘 수 없다. 가령 금융자본에게는 국적이 없다고 했다. 금융자본의 공격을 물리칠 만한 힘을 가진 국제적 공조가 필요하다. 국가적으로는 재정정책과 금융정책을 포함한 경제정책의 민주화가 요청된다. 정부는 사회보장을 강화하고 독과점과 대기업을 규제해야 한다. 재정을 담당하는 관료들에 대한 민주적 통제와 함께 중앙은행의 민주화도 필요하다. 중앙은행에 대한 부당한 외부 영향으로부터의 독립도 필요하지만 동시에 중앙은행에 대한 민주적 통제도 필요한 것이다. 이것이 금융 민주화의 출발점이라고 할 수 있다. 기업 차원에서는 노동자의 경영 참여가 필요하다. 노동자의 경영 참여는 1원1표주의를 원칙으로 하는 주식회사 제도와의 조화가 필요하다. 기업의 민주화가 주주자본주의와 혼동되어서는 안 된다. 잔여수익분배청구권의 도입도 생각해 볼 수 있다.

참고로 1961년 독일에서 주장된 브레너의 3단계 경제민주주의를 소개한다. 매크로 수준에서는 완전고용과 사회복지를 위한 국민경제적 계획, 메조 수준에서는 기업 정책에 대한 정부의 민주적 통제와 참여, 마이크로 수준에서는 기업의 의사결정 과정에의 노동자 참여를 제시한다.

구체적 실천

경제 민주화는 경제적 차원에서의 민주주의 확립이다. 다른 분야에서의 민주주의와 마찬가지로 투명성 확보가 관건이 된다. 회계의 투명화, 비밀주의 타파, 공익제보자(내부고발자) 보호 등을 통해 자본의 통제와 규제가 가능하도록 하는 토대를 구축해야 한다.

정책과 제도가 민주화되어야 한다. 금융의 민주화와 재정의 민주화가 요청된다. 돈의 흐름을 민주화하는 것이 관건이다. 즉 돈의 흐름을 투명하게 해야 한다. 그와 동시에 돈의 흐름이 골고루 경제 전체에 스며들게 해야 한다. 가장 먼저 중앙은행을 포함한 은행 시스템에 공정하게 접근할 기회가 부여되어야 한다. 그라민 은행과 같은 서민금융이 확대되어야 한다. 소득 불평등이 금융위기의 주원인이다. 중앙은행 목표에 물가안정, 완전고용 외에 소득 불평등 해소를 추가해야 한다. 중앙은행의 민주적 통제를 위해 각 경제주체들이 통화정책에 참여해야 하고, 발권력을 회수하는 것도 생각해 볼 필요가 있다. 통화정책을 담당하는 중앙은행과 함께 재정정책을 담당하는 경제부처의 민주화가 동시에 이루어져야 한다. 검찰의 기소 독점권과 마찬가지로 재정 독점권도 타파되어야 한다. 예산 편성에 관료와 국회의원 외에 다수의 주체들이 참여해야 한다.

노동자의 경영 참여가 광범위하게 이루어져야 한다. 노동자생산협동조합 같이 노동자들 혹은 그 대표가 경영까지도 맡아 실행하는 노동자의 경영지배 형태 외에 노동자가 경영에 참가하는 형태는 이익참가, 자본참가, 의사결정참가 등으로 나눌 수 있고 이들 유형들이 혼합된 형태도 얼마든지 가능하다. 주주가 회사 경영권의 최종적 담지자라는 것은 법률이 정한 것일 뿐 필연적 요인은 없다(김상봉, 184~5쪽). 주주자본주의는 철칙이 아니다. 가령 엔론 사태가 경영자 지배의 극단이라면 포드의 경우는 소유주 지배의 극단을 보여준다. 주주자본주의는 이 사이에서 언제나 동요한다(앞의 책, 204쪽). 잔여수익분배청구권의 도입에서처럼 자본가와 노동자는 모두 기업의 주인이 될 수 있고 상호 역할을 언제든지 바꿀 수도 있다. 직장 민주화 실현과 주주자본주의 폐해 시정을 취지로 하는 종업원지주제(employee-ownership)는 단순한 인센티브 제도로 운영될 수도 있지만 노동자의 경영 참여와 연계될 때 더 효과적일 수 있다. 자본으로부터의 지역 사회의 독립, 즉 자본 파업이나 이전으로부터의 독립을 위해 지역 공동체 또는 노동자 소유의 기업 지원을 확대하는 것도 필요하다.

독일의 노사공동결정제가 우리에게 좋은 모범이 될 수 있다(김누리2020, 41~7쪽 참조). 이사회의 50%가 노동자에 할당된다. 주주와 노동자가 절반씩 권력을 분점하는 것이다. 노사갈등은 없다. 위기 대응 능력과 생산성이 증가한다. 김누리는 다음과 같이 말한다.

"독일이 우리에게 주는 시사점은 분명하다. 민주적인 기업이 강한 기업이고, 노동자를 중시해야 경제가 발전한다는 것이다. 독일은 공동결정제를 통해 기업 민주화, 노사 협력, 산업 평화를 이루었고, 그 바탕 위에서 경제 발전과 사회 안정을 실현할 수 있었

다."(김누리2021, 96쪽)

주식회사의 주인은 누구인가? 경제 민주화의 차원에서 현대 자본주의 경제를 주도하고 있는 주식회사의 소유관계는 매우 중요한 문제다. 사외 투자자의 기업 소유라는 관념은 시대착오적인 형식논리에 불과하다. 노동자를 생산주체가 아니라 생산수단이나 생산요소의 하나로 보는 기존 경제학의 편협한 사고의 발로다. 기업의 가치 평가에서 기업을 실제 움직이는 노동자의 비중이 점차 증가하는 경향에 있다(윌킨슨, 319쪽 참조). 노동자들의 능동적 경영 참여에 의한 직장 민주화가 더 심화할수록 이러한 경향은 더욱 증가할 것이다. 김상봉에 의하면 "어떤 주주도 단지 주주라는 자격만으로는 회사의 소유권을 요구할 권리가 없다. 왜냐하면 소유권이란 언제나 어떤 대상에 대한 전적이고 배타적인 사용, 용익, 처분권을 의미하는 것으로서 원칙적으로 제한된 지분을 가지고 유한한 책임만을 지는 주주로서는 결코 주식회사를 전체로서 자기 것이라고 주장할 권리가 없는 것이다."(김상봉, 160~1쪽)

정리

경제 민주화가 민주주의의 정수다. 경제 민주화가 삶의 안정을 제공하여 정치적 민주주의도 실질화함으로써 전체 민주주의가 견고하고 탄탄한 기반을 가질 수 있게 된다. 그렇게 되면 정치경제적 위기에 따른 파시즘이 파고들 여지가 좁아지고 일시적 혼란도 곧바로 회복될 수 있다.

경제 민주화에서도 정보의 투명화가 관건이다. 경제 모든 차원에서의 투명성의 확보를 위한 노력이 지속적으로 유지된다면 경제 민주화는 실현될 것이다. 이를 위해서는 언론과 교육의 개혁이 전제되어야 한다. 민주화된 언론에 의한 투명한 정보의 전달과 민주화된 교육에 의한 깨어 있는 시민적 주체가 결합되어야 실질적인 민주화가 가능하다. 특히 현대 경제에 있어서는 기호조작자로서의 자본에 의한 언론과 교육의 지배를 저지해야만 이 모든 것이 가능하게 될 것이다. 경제 민주화의 알파와 오메가는 자본의 통제다.

5.
성장과 분배

성장만이 답인가?

"성장만이 모든 것을 해결할 수 있다." 경제 문제를 해결하기 위해서는 성장만이 답이라는 성장만능주의, 성장 신화가 횡행하고 있다. 저개발국가에서 개발을 통한 성장이 필요한 것은 사실이다. 근대화의 관점에서 어느 정도 환경의 파괴를 감수하고서라도 저개발국가의 유휴 노동력과 실업 해소를 위해서는 성장이 필수적으로 요구된다고 할 수 있다.

그러나 성장의 필요성이 절대적인 것은 아니다. 또한 성장에는 한계가 있을 수밖에 없다. 무한정 성장할 수는 없고 또 그럴 필요도 없다. 1970년대에 이미 도넬라 메도즈(Donella Meadows) 등은 『성장의 한계(Limits To Growth)』 초판에서 성장의 한계와 함께 시장과 기술의 대응만으로는 한계 초과의 문제를 해결할 수 없음을 지적

한 바 있다. 기술만능주의는 소비주의라는 탐욕적 자세를 바꾸지 않겠다는 오만과, 요행에 미래를 거는 망상의 징표에 불과하다는 것이 이들의 주장이다. 오늘날 선진 개발국가에서는 저성장과 고용 없는 성장이 일상화된 지 오래다. 유휴 자원의 소진과 생태적 한계로 고성장은 불가능해지고, 노동절약적인 기술의 발전과 인력 감축 위주의 구조조정 등으로 성장이 있어도 일자리는 늘지 않고 있다. 성장은 더 이상 경제 문제를 해결하기 위한 만능열쇠가 아니다. 성장은 갈수록 어려워지고 있으며, 성장이 있더라도 실업과 양극화를 가져오는 성장이라면 그것은 오히려 발전이 아니라 퇴보라고 할 수 있다.

성장의 요인도 이론적으로 확실히 밝혀진 게 없다. 노동과 자본의 양적 확충에 의해 저개발을 어느 정도 벗어난 상태에서는 더 이상 성장을 지속시키는 요인이 무엇인지, 즉 성장을 추동하는 요인 자체가 무엇인지에 대해서도 합의된 것이 없다(배너지, 312~20쪽 참조). 총요소생산성(total factor productivity)이라는 용어로 뭉뚱그려 설명하는 경향이 있다(앞의 책, 260쪽 참조). 따라서 성장을 추구하려고 해도 적절한 수단을 찾기가 쉽지 않다.

성장 신화에서 벗어나야 한다. 저개발을 벗어난 상황이라면 성장은 필수적이고 만능이라는 고정관념에서 탈피해야 한다. 더 이상은 성장이 필요하지도 않고 가능하지도 않다. 탈성장이 필요하다. 탈성장을 위해 의도적으로 성장을 외면하거나 포기하는 것이 주장되기도 하지만, 그것보다는 단지 성장 신화, 성장제일주의에서 벗어나 성장보다 행복의 증진을 위한 번영, 생태적 지속 가능성을 우선순위에 두는 것이 탈성장의 의미에 더 가깝다고 할 수 있다.

성장과 불평등

『평등이 답이다(The Spirit Level)』를 쓴 리처드 윌킨슨과 케이트 피킷에 의하면 한 나라의 후생에 가장 크게 영향을 미치는 것은 '얼마나 부유한가'가 아니라 '얼마나 평등한가'이다. 어떤 나라든 평등한 사회일수록 더 건강하고 더 행복하다. 중요한 것은 평균 수준이 아니라 사회 내 서열에서 자신의 위치다. 건강과 사회 문제의 많은 부분이 경제의 절대적 수준이 아니라 불평등에 더 좌우된다.

성장은 답이 될 수 없다. 기대 수명과 같은 객관적 지수와 마찬가지로 행복과 같은 주관적인 지수도 성장에 따라 중요도가 하락한다. 이스털린 역설(Easterlin's paradox)은 소득이 증가해도 행복이 정체되는 현상을 보여준다. 행복 수준은 소득과 비례해 증가하다가 어느 정도의 소득이 지나면 평평해진다(윌킨슨, 26~8쪽 참조). 가령 1인당 GDP가 2만 달러를 넘어서면 국민소득의 증가가 그 만큼의 행복의 증가로 이어지지 않는다. 성장한다고 불평등이 줄어들지도 않는다. 불평등과 성장의 관계는 규칙성이 없다. 일정 수준 이상으로 소득이 증가하면 불평등이 감소한다는 쿠즈네츠 곡선은 성립하지 않는다(레이워스, 200~1쪽 참조). 오히려 오늘날에는 성장이 양극화와 불평등을 유발하고 있는 실정이다. 플랫폼 자본주의에서 보았듯이 4차 산업혁명과 같은 기술의 발전이 결과적으로 노동소득분배율의 지속적 감소를 유발하고 신자유주의 성장 정책들은 이를 더욱 악화시켰다. 고용 없는 성장과 시장근본주의가 결합되어 성장과 불평등의 악순환이 진행되고 있는 것이다. 요컨대 성장은 오늘날 당면한 문제들의 해결책이 될 수 없다.

불평등의 비용은 막대하다. 불평등은 사회를 망가뜨린다. 소수에 권력이 집중되어 민주주의를 위협하고, 지위 경쟁의 과격화와 과시 소비의 만연으로 생태 파괴가 심화되고, 인구의 잠재력 상실로 성장 속도가 감소하게 된다(앞의 책, 204~5쪽 참조). 소득 불평등이 심할수록, 소득 격차가 심할수록 비교와 평가, 단절과 차별이 심해지는 것은 당연하다. 그 결과 사회적 스트레스가 만연하고 비정상적 행태가 증가한다. 건강 문제와 사회 문제가 폭증한다. 사회적 신뢰(공동체의 건강성)의 상실, 범죄율(폭력적 경향, 수감률) 증가, 기대수명 감소, 교육 성취도(아동의 지위) 하락, 계층 이동성 감소, 약물 의존 증가, 비만과 스트레스 증가, 십대 출산 증가 등 불평등이 가져오는 해악은 수도 없이 많다(월킨슨 참조). 놀라운 것은 불평등한 사회의 계층은 보다 평등한 사회의 비슷한 위치의 계층보다 더 나쁜 사회적 결과를 보인다는 점이다(퀴긴, 214쪽 참조). 『경제학의 5가지 유령들(Zombie Economics)』을 쓴 존 퀴긴은 불평등이 심각한 미국 사회의 예를 보여준다. "갑부들을 제외한 거의 모든 미국인은 보다 평등한 국가에서 소득분포상 비슷한 위치에 있는 사람들에 비해 대부분의 사회적 안녕 척도에서 더 나쁜 결과를 보인다. 심지어 비슷한 위치에 있는 다른 나라 사람들의 평균임금이 미국인보다 훨씬 더 낮을 때도 그런 결과를 보인다."(퀴긴, 219쪽)

불평등은 지속 가능성에도 좋지 않은 영향을 미친다. 불평등의 증가와 함께 오늘날 성장은 환경적·생태적 한계에 도달했다. 평등의 제고와 함께 생태적으로 지속 가능한 성장을 모색해야 한다. 불평등이 지속 가능성을 저해하는 것은 앞서 부채경제를 논할 때 본 것처럼 불평등의 심화가 경쟁적 소비를 유발하기 때문이다. 가령 불평등이 증가할수록 저축은 감소하고 부채는 증가하며, GDP 내 광고비 비중이 증가하고 노동시간도 증가하는 것을 볼 수 있다(윌킨슨, 281~3쪽 참조). 불평등은 이처럼 과소비와 연결되어 탄소 배출량의 증가를 가져오는 것으로 보인다(앞의 책, 269~70쪽 참조). 새로운 기술만으로는 탄소 배출 감소가 불가능하다. 새로운 소비 창출로 상쇄 효과(리바운드 효과)가 발생하기 때문이다(앞의 책, 275쪽 참조). 결국 성장보다는 분배를 강화함으로써 불평등을 줄여 소비 압력을 감소시키는 것이 탄소 배출을 효과적으로 줄이는 방법이 될 것이다.

분배의 효율성

이제 분배를 우선적으로 생각할 때가 됐다. 성장은 한계에 도달했다. 저개발국가에서 생산력이 증가함에 따라 공급이 충분해질수록 인플레이션이 안정되고 저금리 기조가 정착된다. 저금리가 정착된다는 것은 투자수익률이 하락한다는 것이며 이는 경제의 구조가 더 이상의 생산 확대의 필요성과 가능성이 줄어드는 단계에 접어들었다는 것을 의미한다. 이제는 파이를 크게 하는 것보다는 분배를 적절히 하는 것이 우선되어야 한다.

비용과 편익을 잘 따져봐야 한다. 불평등의 비용이 막대하다는 것은 이미 보았다. 사회적 비용뿐만 아니라 경제적 비용도 막대하다. 불평등할수록 지위 경쟁과 소비 압력이 증가하여 부채의 규모가 커지고 레버리지가 증폭되어 금융위기와 같은 파국을 초래할 가능성이 커진다. 반면에 분배를 통한 불평등의 해소는 그 비용의 제거를 넘어 막대한 편익을 유발한다. 분배가 평등할수록 소비를 통한 총수요가 커지기 때문이다. 평등은 또한 혁신을 촉진한다. 기회가 모두에게 주어지는 평등한 사회가 더 혁신적이다. 불평등한 사회일수록 재능 개발이 어려워지고 순응적이 되어 사회 전체의 효율성이 저하한다. 가령 불평등한 사회보다 평등한 사회에서 일인당 특허권의 비율이 더 높게 나타나는 것을 볼 수 있다(앞의 책, 279쪽 참조). 리처드 윌킨슨과 케이트 피킷에 의하면 불평등의 비용과 평등의 혜택은 계층에 상관없이 인구 대다수에 폭넓게 영향을 미친다. 더 큰 평등은 최하층뿐만 아니라 거의 모든 이들에게 비례적인 혜택을 고르게 유발한다는 것이다(앞의 책, 217~25쪽 참조).

오늘날 분배를 강화해서 불평등을 줄이는 것이 시급하다. 신자유주의 수십 년 동안 낙수효과는 없었다(배너지, 349,408쪽 참조). 증세와 복지 확대가 성장에 방해가 되고 감세와 복지 축소가 성장을 확대한다는 주장은 통념에 불과하다. 증명된 적이 없었다(앞의 책, 302~6 참조). 오히려 2차 대전 후로부터 신자유주의 이전까지의 자본주의 황금기는 높은 과세와 복지 지출의 확대가 높은 성장률과 동시에 존재한 시기였다. 이제는 낙수효과보다는 분수효과를 기대하는 것이 타당해 보인다. 불평등이나 경제위기의 해결은 성장보다는 자본과 노동의 힘의 조정, 조세개혁 등과 같은 포획장치와 분배 과정의 개선으로부터 시작되어야 한다.

결론

성장과 분배는 갈등 관계보다는 보완 관계에 있다. 성장은 분배를 가능케 하고 분배는 성장을 촉진한다. 성장은 분배가 더 적절히 이루어지면서 진행된다면 더욱 빨라질 것이다. 분배의 효율성을 재인식할 필요가 있다. 특히 신자유주의와 금융위기로 양극화가 극심한 오늘날은 분배를 중요시하는 소득주도성장으로 가는 것이 타당하다.

현대 경제의 흐름인 정동자본주의와 플랫폼 자본주의에서의 포획 과정을 민주적으로 개선하는 등 분배를 늘림으로써 낙수효과보다는 분수효과를 노려야 성장도 가능하다. 더불어 기본소득과 같은 장기적이고 근본적인 제도를 도입하여 안정을 추구하고 민주주의를 더욱 실질화하여 개개인의 자율성을 높이고 창의적이고 혁신적인 사회를 만듦으로써 자연스럽게 성장을 유도하는 것이 바람직하다. 분배를 강화하고 불평등을 줄이는 것이 성장도 가능케 하고 사회와 경제의 번영도 가져올 것이다.

근본적으로 성장보다 안정과 번영이 우선되어야 한다. 이제는 성장보다 후생의 증가를 추구해야 한다. 더 이상 유효하지 않은 성장 신화에서 탈피해야 한다. 오늘날 이스털린 역설 현상이 나타날 정도로 일정 수준 개발이 이루어진 상황에서는 성장이 현대 경제의 문제들의 해결책이라는 생각에서 벗어나야 한다. 문제해결 능력을 상실했고, 현대의 복잡계 사회에서 성장의 요인도 불확실한 상황에서 더 이상 성장과 그 지표인 GDP에 목매는 것은 가능하지도 필요하지도 않다. 구성원들이 개성에 맞는 각자의 생활을 추구하며 안정적으로 가계를 꾸려나갈 수 있도록 하는 것이 국가의 경제 목표가 되어야 한다. 성장이 아니라 사회 전체의 번영이라는 포괄적 시각에서 경제의 발전이 이루어져야 한다. 인간의 자유와 평등이 더욱 확대되고 자연 생태계가 건강하게 순환하는 데 부합하거나 또는 그것을 촉진하는 수단으로서의 경제발전이 목표가 되어야 하는 것이다.

생태적으로 지속 가능한 경제를 위해서는 궁극적으로 탈성장 (degrowth)이 필요하다. 생산과 소비의 축소는 선택이 아닌 필수다. 리바운드 효과로 인하여 기술혁신을 통한 녹색성장도 자원 사용량을 증가시키는 것이 불가피해 보인다. 유엔환경계획(UNEP)도 녹색성장은 한낱 꿈이고, 세계적인 규모에서 GDP와 물질 사용의 절대적 탈동조화는 불가능하다는 결론을 내린 바 있다(히켈2020, 207쪽 참조). 생산과 소비를 줄이면서도 실증적으로 인간 개발 지표들의 향상은 엄마든지 가능하다(히켈2017, 377~8쪽 참조). 성장 신화, 물신주의 및 소비주의에서 벗어나야 한다. 일과 노동을 줄이고 자유로운 행동이 확대되어야 한다. 노동시간을 축소하고 일자리를 나누며 기본소득과 같은 제도가 도입되어야 한다.

6.
소득주도성장

첨예한 논쟁

성장 정책, 그중에서도 소득주도의 성장 정책을 두고 첨예한 논쟁과 대립이 있다. 해석과 평가, 심지어 왜곡들이 난무한다. 일종의 기호전쟁이라고 할 수 있다. 종종 소득주도성장을 비판하는 자들은 그것이 교과서에는 없는 이론이라고 말한다. 어이없는 주장이다. 교과서는 진리가 아니다. 교과서는 하나의 해석일 뿐 진리와는 무관하다. 어찌 보면 사회적 예속화의 가장 좋은 수단 중 하나다. 일본 역사 교과서, 한국 유신 교과서가 그렇다. 새뮤얼슨과 맨큐의 교과서, 그리고 신자유주의 교과서에 소득주도성장이 없다고 해서 그것을 부정하는 것은 저들의 사유에 자신의 정신을 가두고 있음을 보여주는 것이다.

교과서가 무엇인지 자체가 명확하지 않다. 무엇이든 교과서가 될 수 있지 않은가? 진리에 다가서고자 한다면 모든 권위를 타파할 것이 요구된다. 전통과 권위 따위는 문제 해결과 무관하다. 깨어난 시민으로서의 자율적 주체라면 "나는 나의 해석에 따른다."는 태도가 필요하다. 니체가 말했듯이 진리는 지배적 해석일 뿐이다. 자신이 스스로 해석하고 평가해야 한다. 사회적으로 예속되지 않고 주인으로 살기 위해서는 자신의 관점과 안목을 가진 비평가가 되어야 한다. 지정된 교과서를 유일한 진리로 보는 독단적 사고에서 벗어난 유연하고 열린 시각이 필요하다. 성장에 관해서도 각 시점에서 그 시점의 상황에 적합한 정책이 필요하다고 봐야 한다. 하나의 해결책만 있는 것이 아니다. 하나의 정책이 언제나 유효한 것이 아니다. 우리의 주장도 소득주도성장이 언제나 필요하다는 것이 아니다. 성장과 분배의 균형과 조화에 의한 효율성의 제고라는 측면에서 소득주도성장이 적합한 경우가 많다고 하는 것뿐이다.

성장 정책은 기업을 기준으로 하면 이윤주도성장과 임금주도성장으로, 가계를 기준으로 하면 부채주도성장과 소득주도성장으로 나눌 수 있다. 노동자의 임금과 가계의 소득을 위주로 하는 성장을 넓은 의미의 소득주도성장으로 볼 수 있다. 신자유주의 성장 정책은 앞서 보았듯이 이윤주도성장, 부채주도성장이다. 기업 친화적 성장 정책으로서 구체적으로 법인세 감면, 노동 유연화, 억압적 노동조합 정책 등을 추진한다. 전 국민의 채무자화, 시장 원리와 경쟁 원리의 내면화를 추구한다. 한마디로 금융자본의 헤게모니를 특징으로 하는 신자유주의 세계화가 목표다. 우리에게는 신자유주의 정책들의 역전이 필요하다. 현 시점에서는 이윤주도성장, 부채주도성장에서 소득주도성장으로 가야 한다.

소득주도성장의 논리

주류 경제학은 소득주도성장을 이단시한다. 그러나 주류 경제학은 지배적 해석일 뿐, 불변의 진리가 아니다. 소득주도성장은 포스트케인지언으로 분류되는 로빈슨, 칼레츠키 등 케임브리지 케인지언을 주축으로 주장된 성장론이다. 임금주도성장이 뼈대를 이룬다. 유효수요이론을 바탕으로 임금의 역설과 분수효과를 주장한다.

소득주도성장론(박양수, 204~5쪽, 보울스, 557~61쪽 참조)은 노동소득분배율을 핵심 변수로 삼는다. 항상 장기적 피드백을 고려할 것을 주문한다. 우선 노동소득분배율 상승이 소비에 미치는 영향을 보자. 노동소득분배율이 증가하여 분배가 고르게 이루어질수록 유효수요가 더 커질 것은 당연하다. 부자의 한계소비성향은 빈자의 그것보다 작을 수밖에 없기 때문이다. 많이 가진 자들을 더 부유하게 만들어 소비와 투자를 촉진하여 적게 가진 자들의 소득을 올리겠다는 소위 낙수효과(trickle-down effect)는 없다는 것은 여러 번 언급한 바 있다. 분배가 더 잘 될수록, 소득이 고르게 분배될수록 경제 전체의 총수요가 증가하고 그에 대응하여 투자와 성장이 더 촉진될 것이다. 분수효과(fountain effect, trickle-up effect)가 직관적으로 옳다고 할 수 있으며 실증적으로도 입증되고 있다(라이시 참조). 다음

노동소득분배율 상승으로 경제성장이 확대될 경우(임금주도적 고용 상황) 투자는 증가할 것이고, 반대의 경우(이윤주도적 고용 상황)에는 투자가 감소할 것이다. 마지막으로 노동소득분배율이 증가하면 임금 경쟁력 약화로 순수출은 감소할 것이다. 이상 세 가지 경우의 합계(총수요)가 양이면 소득주도 수요체제, 음이면 이윤주도 수요체제라 할 수 있다. 결론적으로 현 시점이 소득주도 수요체제인지 이윤주도 수요체제인지를 식별하는 것이 정책을 결정하는 데 관건이 된다.

정책의 실행

치밀한 모니터링과 정교한 시뮬레이션으로 현 시점의 특성을 파악해야 한다. 현 체제가 소득주도 수요체제인지 이윤주도 수요체제인지를 파악하기 위해 지속적인 모니터링과 무한 반복할 수 있는 시뮬레이션 체계 구축이 전제되어야 한다. 컴퓨터 기술과 빅데이터의 발전으로 더욱 정교한 정책 설계의 가능성이 증가하고 있다. 정부의 개입과 계획의 성공 가능성이 증가하고 있는 것이다.

소득·임금주도 수요체제는 고용과 임금의 수준이 낮은 불황기일 경우가 많을 것이다. 이때에는 노동소득분배율 제고 정책을 써야 한다. 분배를 개선하기 위해 실질임금을 인상해야 한다. 이 체제에서는 임금상승이 총수요 증가, 생산성 증가를 유발하여 오히려 고용을 증가시킬 수도 있다. 임금의 역설이 나타날 수 있는 것이다.

이윤주도 수요체제는 고용과 임금의 수준이 높은 호황기일 경우가 많을 것이다. 이때에는 노동소득분배율 상승을 억제할 필요가 있다. 실질임금 상승을 억제하고 감세를 실시해서 새로운 투자와 새로운 기술 개발을 유도해야 한다. 창조적 파괴를 통한 경제의 업그레이드가 필요한 시기다.

저성장, 고용 불안과 함께 양극화가 극심한 현 시점에서는 적극적인 소득주도의 성장 정책이 필요하다. 이런 상황에서 낙수효과를 기대하는 것은 어불성설이다. 저성장 체제가 굳어지고 미래가 불확실한 상황에서 감세를 한다 해도 투자와 성장으로 이어지는 일은 없을 것이다. 금융자본이 지배하는 부채경제와 주주자본주의를 탈피해야 한다. 최저임금을 인상하고 비정규직을 축소하는 등 고용안정 정책을 실시하고 노동조합을 강화할 필요가 있다. 노동자 교섭력이 증가하여 노동분배몫의 증가를 유도해야 하기 때문이다. 조세개혁을 통해 복지지출을 늘림으로써 사회적 임금도 증가하도록 해야 한다.

신자유주의 성장 정책의 실패

신자유주의를 토대로 추진된 이윤·부채주도성장의 결과는 극심한 양극화였다. 낙수효과는 없었고 성장률 저하와 분배 악화만 야기했다. 양극화 갭은 부채로 충당됐다. 기업의 이윤 증가만큼 투자는 증가하지 않았다. 왜냐하면 자본 자유화, 금융화, 주주자본주의 등이 실물 투자로 가는 자금의 흐름을 차단했기 때문이다. 부자 위주의 성장 정책을 펼친 신자유주의에 대한 비판을 총체적으로 정리하는 차원에서 리처드 윌킨슨과 케이트 피킷의 다음 글을 소개한다.

"부자에게 감사해하기보다 부자가 사회구조에 미치는 해악을 인식해야 한다. 2008년의 금융산업 붕괴와 이어진 경기침체는 최고 위층이 받고 있는 막대한 보수와 보너스가 얼마나 위험한 것인지를 보여주었다. 엄청난 부자들이 존재하기 때문에 금융기관 종사자들이 전 인구의 복지를 위험에 빠뜨리는 정책을 도입하는 것이며 모든 사람들이 부자를 따라 무분별한 소비를 일삼게 된 것이다. 금융위기에 앞서 일어난 장기적인 투기 붐은 소비자들의 지출 증가로 발생한 것이었다. 불평등이 증가하면서 저축은 줄었고 계좌에서 과도한 돈이 빠져나가거나 신용카드 빚이 늘었으며, 오직 소비를 위해 2차 금융권에서 담보 대출을 받는 사람들도 생겼다. 경제 호황과 불황의 순환에 투기 요소가 더해지면서 더 큰 불평등이 자라났다. 그리고 이러한 불평등을 겪으며 우리의 관심 역시 긴급한 환경 문제나 사회 문제를 떠나 실업, 불안정, '어떻게 하면 경제를 다시 움직일 수 있을까' 같은 우려에 집중되었다. 불평등이 감소하면 경제 제도는 더 안정될 수 있을 뿐만 아니라 사회적·환경적 지속 가능성도 크게 증대할 것이다."(윌킨슨, 336~7쪽)

결론

성장 정책의 성공을 위해서는 지속적이고 반복적인 모니터링과 시뮬레이션을 통해 수요체제의 변곡을 가져오는 특이점 파악에 힘써야 한다. 현 시점의 상황을 파악하는 것이 관건이다. 노동소득분배율과 성장의 관계는 비선형적이다. 현 시점에서의 노동소득분배율과 성장이 정의 관계인지 부의 관계인지를 알기 위해 정밀한 시뮬레이션이 필요하다. 현 시점이 소득주도 수요체제로 파악된다면 노동소득분배율의 제고가 필요하다. 노동자 교섭력 증대를 위한 노동개혁과 재벌개혁이 필수적이다. 신자유주의 정책의 역전이 필요한 것이다. 한국의 경우 노동소득분배율이 개선되었던 1985~1996년 기간 동안 투자율이 높았으며 높은 성장률과 고용성장률을 기록했다. 1997년 이후 노동소득분배율 악화에 따른 내수 침체는 투자 정체로 이어지고 이는 성장률과 고용증가율 정체로 이어졌다(정태인 외, 136쪽)

복잡계로서의 경제를 종합적이고 전체적으로 사유해야 한다. 경제의 생명은 순환이다. 원활한 순환이 이루어져야 경제가 활성화되고 이러한 순환을 항상 염두에 둬야 정책이 성공할 수 있다. 항상 장기적 피드백을 고려해야 한다. 그리고 1차 분배와 2차 분배, 사적 분배와 공적 분배의 조화가 필요하다. 소득주도성장의 목표를 달성하기 위해서는 한 가지 정책만으로는 부족하다. 돈의 원활한 순환이 관건이다. 돈이 돌게 하여 부분과 전체의 피드백이 원활히 이루어지도록 해야 한다. 종합적 소득정책이 조화를 이루어야 한다. 노동소득분배율의 제고와 함께 최저임금의 상승을 유도하고, 기본소득과 같은 지속 가능하고 안정적인 소득정책이 종합적으로 시행되어야 한다.

7.
기본소득

정의 및 근거

기본소득은 조건 없이 국가나 지방자치단체가 개인에게 정기적으로 지급하는 일정 금액의 현금으로 정의된다. 자산 조사 없이 그리고 근로 여부와 관계없이 무조건적으로 개인에게 일정 소득을 정기적으로 지급한다. 현금 지급의 보편성, 무조건성, 개별성을 특징으로 한다. 이러한 특징들을 유지하면서 청년 기본소득, 농민 기본소득 등과 같이 일정한 영역을 설정하는 것은 가능하다.

기본소득은 21세기 최고의 혁명적 프로젝트라고 할 수 있다. 19세기 노예해방, 20세기 보통선거에 비견되거나 그 이상의 의미를 가진다. 노예해방과 보통선거로 형식적·절차적 민주주의가 가능했다면 기본소득으로 민주주의의 실질화가 가능할 것으로 기대된다. 기존의 복지정책으로는 시대적 요구에 부응할 수 없는 한계에 직면하여 기본소득의 도입이 활발히 논의되고 있는 중이다.

기본소득의 근거는 철학적인 것과 과학적인 것으로 나누어 볼 수 있다. 철학적 근거로는 일의적 존재론을 핵심으로 하는 들뢰즈의 철학과 그것을 토대로 하는 들뢰즈 경제철학을 가장 먼저 생각할 수 있다. 그리고 정의의 실현을 위한 지식유산론, 공유재산론 등을 들 수 있다. 무기평등의 원칙도 근거가 된다. 모든 협상과 경쟁에 있어서 각자에 평등한 수단과 도구를 제공하는 것이 공정의 제1 원칙이다. 기본소득은 노동자에게 노동거부권 등의 무기를 제공함으로써 노동자와 자본가 간의 협상에서 무기평등의 원칙을 실현한다.

과학적 근거로도 역시 먼저 들뢰즈의 소수자과학과 복잡계 과학을 토대로 하는 들뢰즈 경제과학을 들 수 있다. 생성과 변주가 수시로 이루어지고 가치의 생산과 포획이 날로 치열해지는 가능성의 경제가 현대 자본주의의 가장 큰 특성 중 하나다. 가능성의 경제가 기본소득의 입지를 강화한다. 기본소득은 노동의 변주에 따라 시장기구의 작동에 의해 현실화되지 않은, 형식화되지 않은 잠재적 노동(비물질노동, 정동적 노동, 네트워크 노동 등)에 대한 보상이 될 수 있다. 생산의 변주에 따라 새로운 가치를 창조하는 자유로운 행동에 대한 보상이 될 수 있다. 자본의 변주에 따른 사회적·문화적·생태적 자본에 대한 보상이 될 수 있다.

기본소득의 도입 근거를 존재론적·윤리적 정당성, 목적 또는 효과로서의 필요성, 실현 가능성의 측면으로 나누어 더 구체적으로 알아보자.

정당성

먼저 존재론적 차원에서 기본소득은 정당성을 갖는다. 보편성, 무조건성, 개별성을 특징으로 하는 기본소득은 존재의 일의성을 기반으로 존재의 평등과 특이성(독특성)을 강조하는 들뢰즈 철학에 매우 부합하는 제도라고 할 수 있다. 내재적 차이와 생성의 존재론은 필연적으로 복잡계 네트워크적 시각과 결합된다. 인간은 존재 자체만으로도 가치를 지니며 경제적으로도 생산 과정에 어떤 의미로든 기여한다. 모든 인간은 생산적 욕망을 가진 존재로서 누구나 가치를 생산할 잠재적 역량을 보유한다. 현대의 가능성의 경제하에서 우리는 모두 경제적 생산에 참여할 잠재성을 가지고 있으며 실제로 참여하는 범위가 점차 증가하고 있다. 요컨대 사회적 결과는 우리 모두가 상호 작용한 결과다. 노숙자나 중증장애인과 같이 겉으로 보기에 생산에 참여하지 않는 사람들도 우리 모두가 상호 작용한 사회적, 역사적, 자연 환경적 결과라고 할 수 있다. 이를 증명하기는 어렵지만 반증하기는 더 어렵다. 누구든 어떤 형태로든 경제적 부의 생산에도 나름대로 기여한다. 생산, 유통, 소비의 모든 경제적 과정에서 우리 모두는 다른 모두와 상호 영향, 상호 의존의 관계에 있다.

다음으로 정의 실현의 측면에서 기본소득의 정당성을 찾을 수 있다. 우리 모두는 이 세계에 원래부터 존재하는 모든 것들에 대해 권리를 보유한다. 천부적 권리다. 공기나 물, 토지를 비롯한 천연자원, 그리고 언어와 문자 등 인류의 축적된 지식을 우리는 공유자원 혹은 공통재라고 부를 수 있다. 이러한 것들을 사적으로 이용해서 이익을 얻는다면 그 이익의 일부를 사회로 환원하여야 하는 것은 당연하다. 따라서 여기에서 나오는 이득을 기본소득의 일부로 분배할 근거는 충분하다. 기본소득지구네트워크(BIEN) 공동 창립자인 가이 스탠딩은 본질상 기본소득은 사회의 부가 사회적 혹은 집단적 성격이 있음을 반영하는 사회정의의 도구라고 한다(스탠딩, 45쪽).

기본소득으로 사회적 불평등과 소유권, 사유재산 등으로 인한 불가피한 해악을 어느 정도 해소할 수 있다. 사유재산을 인정하는 것, 노동과 능력에 의한 소유를 인정하는 것은 불가피한 측면이 있다. 그러나 자연과 부동산에 대한 소유가 인정될 수 있는가? 노동의 기회, 능력 발휘의 기회가 공평하게 주어졌는가? 하는 것도 불가피하게 제기될 수밖에 없는 문제들이다. 우리가 흔히 인정하는 능력주의는 정의와 같은 것이 아니다. 불가피하게 인정할 수밖에 없거나 완벽한 해결이 불가능한 이러한 문제들에 대해서는 보편적 기본소득만이 유일한 답이 될 수 있다. 금민은 다음과 같이 말한다.

"모두의 몫은 당연히 모두에게 돌아가야 한다. 사회가 생산한 부에서 특정한 경제주체의 노력에 배타적으로 귀속시킬 수 없는 모든 것은 모두의 몫으로 돌려야 한다. 노동을 하든 하지 않든 모두의 몫은 모두에게 평등하게 돌아가야 한다. …… 모두의 몫이란 모두의 것으로부터 발생한 수익을 뜻한다. …… 지구는 모든 사람의 것이다. 토지를 개간한 사람이 토지 가치를 증대시켰는지는 몰라도 토지 그 자체를 창조한 것은 아니다. 토지 그 자체의 원천적인 소유권은 법적인 소유권과 무관하게, 인류의 개별적인 구성원 모두가 공동으로 가지고 있는 것이다. …… 여기에서 나온 수익의 일부는 개별적인 사회 구성원 모두에게 무조건적으로 돌아가야 한다."(금민, 10~11쪽)

'모두의 몫은 모두에게, 각자의 몫은 각자에게' 돌아가야 한다는 주장은 이중적 소유권 이론, 지식유산론, 공유재산론 등의 논리로 지지될 수 있다.

일찍이 토머스 페인은 이중적 소유권 이론을 주장했다(앞의 책, 74~92,171~3쪽 참조). 먼저 자연적 소유와 인공적 소유를 구분한다. 페인에 의하면 만인은 토지에 대한 자연적 소유권을 보유한다. 자연적 소유권에 기초한 공통부의 무조건적 배당은 자애가 아니라 정의의 실현이다. 토지가 개간되어 사적 소유권(인공적 소유)이 등장한 이후에도 원천적 공유가 모든 사람의 '자연적 소유'의 형태로 존속한다. "개인적 소유도 사회의 효과이며 사회의 도움 없이 한 개인이 개인적 소유를 획득하는 것은 불가능하다." 노동 투입에 의한 가치 증가분량을 제외한 부분, 즉 특정 요소로 환원 가능한 증가분을 제외한 모든 부분, 곧 페인이 '사회의 효과'(effect of society)라고 부른 외부적 효과의 총합이 자연적 소유의 몫이다. 토지 개간의 직접적 효과로 돌릴 수 없는 외부효과나 협력의 효과를 사회 구성원 모두에게 평등한 몫으로 돌려주는 것이 자연적 소유에 대한 배당의 원천이다. 자연적 소유이든 인공적 소유이든 정의의 원칙에 따라 동일하게 보호된다.

지식유산론은 지식경제가 심화할수록 개인의 소득 증대와 경제 성장에 있어 역사적으로 누적되어 온 지식과 사회적, 공공적 요인의 기여가 더욱 더 커진다는 것이다. 앨런 튜링과 함께 인공지능의 아버지라 불리기도 하며 노벨경제학상 수상자로서 행동경제학의 대전제인 '제한된 합리성' 개념을 창안하기도 한 허버트 사이먼은 우리 소득의 5분의 1 정도만 진정한 우리의 노력으로 얻은 것이라 생각한다고 밝힌 바 있다(Simon, p756 참조). 가 알페로비츠와 루 데일리에 의하면 "오늘날 모든 부의 압도적 원천인 지식은 우리 자신의 노력을 하나도 거치지 않은 채 우리에게 그냥 다가온 것들이다."(알페로비츠, 17쪽) "과거의 축적된 지식을 공동 유산으로 취급해야만 한다."(앞의 책, 169쪽) 지식경제의 성향이 더욱 증가하는 현대의 상황에서 갈수록 부의 형성에서 개인적 요소는 사회적 요소에 비해 상대적 비중이 저하한다. "오늘날 우리가 향유하는 부는 주로 과거의 선물이기 때문에, 그리고 어느 개인도 과거의 선물과 비교해 아주 적은 양밖에 기여하지 못했기 때문에, 전체로서 사회는 유산으로 상속받은 지식 덕분에 현재 창조되고 있는 부의 일정 부분에 대해서 일차적인 도덕적 청구권을 갖는다."(앞의 책, 139쪽) "유산으로 받은 지식이 우리 시대가 향유하는 부와 소득의 근본 원천이다."(앞의 책, 164쪽) 따라서 "현재의 부와 소득의 상당 부분은 사회의 모든 구성원들에게 평등하게 재분배되거나 적어도 평등을 확산시키도록 촉진하는 데 쓰여야 한다."(앞의 책, 165쪽) "사회의 모든 구성원들은 동등하게 과거 세대가 유산으로 물려준 기여분에 대해서 잔여 청구권자가 되어야만 하며, 이러한 과거의 기여도는 사적 부에 대한 사회적 청구권을 의미 있게 할 정도로 충분한 규모다." 게다가 "사회적 청구권의 도덕적 기초는 우리가 지식 기반 성장의 궤도로 더욱 진입해 감에 따라 점점 더 강화될 것이다."(앞의 책, 189~90쪽) 요컨대 기본소득은 약자 보호와 같은 것을 명분으로 하는 시혜가 아니라 사회 구성원 모두의 권리로 보아야 한다.

결론은 공유재산론으로 집약될 수 있다. 들뢰즈 철학의 기본 관점과 위의 논의들에 입각할 때 결국 기본소득은 공유자원 또는 공유부의 평등한 배당으로서 정당화가 가능하다(유영성 외, 25쪽 참조). 오늘날 복지국가에서 소득 단절의 위험에 대비하는 사회보험은 기여의 원리, 빈곤 구제를 위한 공공부조는 필요의 원리에 입각한 반면, 기본소득은 공유부의 분배정의에 기초한다(앞의 책, 253쪽 참조). 기본소득은 공유부의 무조건적·보편적·개별적 배당이다. 공유부(공동부, 공통부)는 모두의 공유재산이다. 모두의 몫, 즉 공유부는 특정인의 성과로 귀속시킬 수 없는 수익이다. 공유부는 토지, 천연자원, 생태환경 등 자연적 기초로부터 나온 자연적 공유부와 지식, 빅데이터 등 인간의 활동으로부터 나온 인공적 공유부로 나눌 수 있다. 공유재산론은 노동 의무와 공적 소유의 확대에 입각한 사회주의 복지국가 이념과는 다르다. 기본소득은 현대 자본주의의 문제들을 근본적으로 해결하기 위한 자본주의 구제책으로서 자본주의를 전제로 하는 제도이다. 사회주의와는 양립 불가능하다.

기본소득의 정당성을 노동주의의 부당성을 주장하면서 마치고

자 한다. 노동의 인간학을 비판하고자 하는 것이다. '일하지 않는 자 먹지도 말라'는 사고에서 '지구는 우리 모두의 것'이라는 사고로의 전환이 필요하다. 임금노동이 신성한 것이 아니라 인간이 존엄한 것이다(금민, 378쪽).

필요성(유효성)

우선 기본소득은 민주주의의 경제적 기반이 될 수 있다. 기본소득을 통해 자유와 평등의 경제적 기반이 구축될 것으로 기대된다. 20세기 완전고용 복지국가의 틀이 와해된 상황에서 기본소득이 21세기 민주주의의 필수적인 경제적 기초로서 부각되고 있다. 저성장과 고용 없는 성장이 고착화되고 비정규직의 증가와 함께 플랫폼 노동, 자유노동 등과 같은 노동의 변주가 심화되고 있는 상황에서 완전고용과 복지국가의 실현은 점점 더 어려워지고 있다. 이러한 상황에서 기본소득은 민주주의를 실질화하는 데 크게 기여할 것으로 예상된다. 노예해방이 형식적 자유를, 보통선거가 형식적 평등을 가져오는 데 그쳤다면 기본소득은 자유와 평등을 실질적으로 보장할 수 있을 것이다. 기본소득은 소득 배당이자 시간 배당으로서 경제 민주화의 핵심 역할을 할 것이다. 왜냐하면 사유할 여유를 가진 깨어 있는 시민들의 대거 등장은 곧바로 민주주의의 실질화로 연결될 것이기 때문이다. 기본소득으로 인하여 정치적 참여의 실질적 기회가 보장되고 자본주의 기호조작에 대한 대항과 그로부터의 탈주가 가능하게 될 것이다.

　앞서 분배의 효율성을 논할 때 분배를 통한 평등의 혜택은 계층에 상관없이 인구 대다수에 폭넓게 영향을 미침으로써 최하층뿐만 아니라 거의 모든 이들에게 비례적인 혜택을 고르게 유발한다는 것을 보았다. 이런 점에 비추어 기본소득은 중산층 재건에 효과적일 것으로 보인다. 따라서 신자유주의하의 극단적 양극화 상황에서 중산층을 재건하여 사회를 안정시키는 효과가 기대된다. 소득 불평등이 큰 경우 기본소득은 중산층을 순수혜자로 확실히 보장하는 것으로 보인다(강남훈, 21~3쪽 참조). 기본소득은 젠더 평등에도 기여할 것이다. 기본적으로는 소득분배에 따라 여성의 가정에서의 협상력이 증가할 것이다. 그러나 맞벌이의 감소처럼 여성의 노동 참여가 감소할 수 있는 요인도 존재한다. 노동시간 단축과 사회 서비스 공공화와 결합되어야 진정한 젠더 평등이 가능할 것이다. 공동육아, 공동봉양 등을 기치로 하는 사회 서비스 공공화는 탈가족화를 지원하고 사회 서비스 노동의 저임금화를 방지한다(금민, 327쪽 참조). 궁극적으로 가정의 민주화를 가져올 것이다. 기본소득은 성평등과 아동의 권리를 강화하여 가부장적 관습을 제거하는 데 도움이 된다. 여성과 미성년자의 지위가 크게 향상될 것이다. 원하는 시간에 일을 할 수 있는 직장 구조가 많이 생김으로써 육아의 편의도 개선되어 미혼모의 지위도 안정되리라 본다. 버려지는 아이도 급감하고 아동의 복지도 실질적으로 개선될 것이다.

　두 번째로 기본소득은 새로운 경제적 공간의 창출을 가능하게 한다. 기본소득의 경제적 효과는 다양하고도 강력하다. 기본소득은 경제의 안정성은 물론 효율성 제고에도 기여할 수 있다. 경제 안정화의 기반을 공고히 함으로써 구조조정이 부담 없이 수시로 이루어져 경제 전체의 효율화라는 경제의 궁극적 이상에 도달할 수 있다. 대마불사 관행이 소멸될 것이다. 아무리 큰 기업이라도 시장기구의 작동에 의해 사회경제적으로 큰 비용 없이 해체가 가능해진다. 이는 자원배분의 효율성을 획기적으로 증가시킬 것이다.

기본소득은 정책의 실효성을 증가시킬 것이다. 기본소득의 도입으로 정책의 과감한 실행이 가능해진다. 금융위기나 부동산 투기 등에 대한 재정정책과 금융정책의 대응력이 증가한다. 왜냐하면 기본소득의 도입으로 세금 증감이나 이자율 조정이 가계에 미칠 수 있는 피해를 줄일 공간이 확대되기 때문이다. 무엇보다도 경제의 생명은 순환이다. 순환을 원활히 하는 데 핵심 역할을 할 수 있는 것이 기본소득이다. 빈부의 순환, 경기의 순환, 화폐의 순환에서 기본소득은 선순환을 촉진하고 악순환을 차단하는 데 매우 효과적인 정책이 될 수 있다.

기본소득은 노동시장을 개선하는 효과가 있다. 생계 수준 이상의 기본소득은 개별 노동자의 협상력을 강화시키고 노동거부 가능성을 확대한다. 작업장 민주화가 이루어지고 직업 선택의 자유가 실질적으로 보장된다. 이는 임금 상승과 노동환경 개선으로 이어진다. 노동시간 단축에 의해 일자리가 확대되고 다양한 형태의 노동의 수요와 공급이 증가하여 결국 고용률이 크게 상승할 것이다. 그러나 기존의 고용에 대해서는 영향이 미미할 것이다. 오히려 기본소득은 빈곤의 제거와 함께 노동공급의 확대를 가져올 것이다.

기본소득의 무조건성은 자산 조사, 행위 조사의 면제로 빈곤의 덫을 벗어나게 하여 노동공급을 증가시킨다. 낮은 한계소득세율로 인해 빈곤의 덫으로부터의 탈피 의욕을 고취하고 창업도 증가하게 된다. 선별 소득보장은 보장 소득 이하의 일자리를 감소시키고 경제 규모를 줄일 위험이 있다(강남훈, 50,51쪽 참조).

  기본소득으로 말미암아 비시장경제와 비경제활동에 대한 새로운 평가가 가능하게 된다. 일과 노동, 여가에 대한 생각의 전환이 자연스레 이루어지고, 인간 활동의 새로운 모델로서 자유로운 행동 영역의 급격한 증가를 가져올 것이다. 가령 교환경제에서 증여·기부·후원의 경제로의 흐름이 증가하고, 버스킹 경제가 확산될 것이다. 자본주의적 임금노동 외에도 아직 화폐화나 시장화가 되지 않은 사회적 노동이나 개인의 자유로운 행동에도 가치 창조의 능력을 인정하게 된다. 기본소득은 이러한 활동에도 가치를 부여함으로써 새로운 사회의 발전을 이루려는 탈근대 사상에 부합하는 소득분배 장치다. 이러한 관점은 기존의 GDP 중심의 성장론에서 벗어나는 작금의 추세와도 일치한다.

  "기본소득은 더 많은 자동화와 더 많은 자유시간, 더 많은 다층적인 활동을 촉진하는 사회적 전환의 수단이며, 희소성의 경제를 넘어 풍요의 경제로 나아가는 이행의 경로다. 높은 수준의 기본소득은 임금을 상승시켜 더 많은 자동화를 강제하며 이는 더 높은 지식 생산성으로 경제를 이끈다. 기본소득이 도입되면 자동화는 더 이상 일자리를 박탈하는 재앙이 아니라 풍요의 경제를 앞당기는 축

복이 될 수 있다."(금민, 379쪽)

　희소성을 전제로 하는 효율성의 경제에서 가능성의 경제로 패러다임이 전환되고 있다. 기본소득은 들뢰즈 경제학이 사유하는 현대 자본주의 가능성의 경제에 부합하는 21세기 최고의 혁명적 프로젝트가 되기에 충분한 자격이 있다.

　가능성의 경제라는 새로운 패러다임에 부합하는 기본소득은 성장에도 기여한다. 기본소득의 도입은 GDP의 측면에서 보더라도 결코 불리하지 않다. 기본소득으로 인한 국민의 광범한 구매력 증가는 경기변동의 영향을 줄이면서 안정적인 기업 매출을 유도한다. 또한 자기계발, 취미생활, 봉사활동 등 새로운 인간 활동의 증가로 인한 새롭고 창조적인 부문의 발전이 여타 부문의 경제 활성화를 가져와 전체적인 경제 규모의 확대로 이어질 수 있다. 전체적으로 기본소득의 보장으로 낙수효과의 정반대인 분수효과가 유발될 수 있다.

　기본소득은 고용 없는 성장에 대한 결정적 해결책이 될 수 있다. 기술 발달로 노동생산성이 증가하고 노동수요가 감소함에 따라 고용 없는 성장이 시대적 화두로 등장했다. 무임승차 우려와 달리 기본소득 도입으로 고용률은 오히려 증가할 수도 있다고 했다. 노동시간 단축, 일자리 나누기 등의 효과를 가져옴과 동시에 기본소득이 지속 가능하고도 안정적인 새로운 산업 부문을 다수 창출할 수 있다.

　기본소득은 분배와 성장의 선순환을 촉진한다. 기본소득은 강력한 소득분배의 수단이다. 성장과 분배의 관계에서 보았듯이 소득이 골고루 분배될수록 성장에 도움이 된다. 소득이 커질수록 소비성향은 작아지기 때문이다. 소득이 저소득층으로 흘러들어 갈수록 유효수요는 더 커지고 생산도 더 증가한다. 부유층을 대상으로 하는 사치품보다 저소득층을 대상으로 하는 값싸고 질 좋은 생필품 생산도 증가한다. 건전한 내수 중심의 성장이 이루어져 탄탄한 중산층의 확대를 가져오고 중산층의 안정화와 함께 유효수요의 기반이 더욱더 튼튼해지는 선순환이 일어난다. 대기업도 매출이 증가하고 고소득층의 소득도 증가하는 분수효과가 나타난다.

생태 보호를 위해서도 기본소득은 필요하고 또 매우 효과적이다. 신자유주의적 성장과 그 대안으로서의 케인즈주의로의 복귀 모두 생태적 한계에 직면할 수밖에 없다. 소득배당과 함께 시간배당의 성격도 가지는 기본소득의 도입으로 분배와 노동, 고용뿐만 아니라 환경과 생태에 대해서도 철학적 관점과 경제적 시각의 근본적 전환이 이루어질 수 있다. 새로운 경제적 공간의 창출, 경제에 대한 새로운 패러다임의 도입과 함께 성장주의 자체의 탈피를 위한 성찰과 노력도 심화할 수 있다. 이러한 변화들은 생태적 전환의 기반으로 작용할 수 있다. 생태 보호를 위해 탄소세 등의 생태세를 도입하여 기본소득의 재원으로 활용할 수 있다. 생태·환경도 토지와 같이 우리 모두에 속하는 공유부에 해당한다.

요컨대 기본소득은 사회경제 전체의 순환을 원활하게 만드는 윤활유 역할을 한다고 볼 수 있다. 보편성을 띤 기본소득은 복잡계 경제의 각 영역의 내부에 있어, 그리고 외부와의 관계에 있어 경계를 허물고 원활한 순환과 상호작용을 유도함으로써 전체의 효율성을 고양시키는 막대한 효과를 유발한다. 기본소득은 소득의 기본을 넘어 그야말로 다른 모든 정책의 기본이라고 할 수 있다.

가능성 1(비판과 저항, 그리고 반박)

기본소득은 21세기 최고의 혁명적 프로젝트라고 했다. 그만큼 그에 대한 비판과 저항이 거셀 수밖에 없다. 기본소득은 그것들을 돌파해야 실현이 가능하다. 기본소득에 대한 비판과 저항들을 알아보고 그것들을 차례로 반박해 보기로 한다.

기본소득은 복지국가 해체 수단이라는 비판이 있다. 기존 복지 정책과 달리 기본소득은 하층 보호에 불충분하고 역진적이며 많은 비용이 필요해서 효율적이지 않다는 것이 비판의 골자다. 그러나 기본소득의 취지는 복지국가의 그것과 차원을 달리한다. 기본소득은 하층 보호와 같은 시혜적이거나 위계적인 세계관을 토대로 하는 것이 아니라 인간해방이라는 지고한 목표를 위한 것이다. 하층 보호나 구제보다는 하층 자체를 없애버리려는 것이다. 빈곤의 덫을 제거하려는 것이다. 소수의 부유층과 대다수의 유복한 서민층이 화목한 사회를 이루는 체제를 만들려는 것이다. 역진적인 것은 누진적 세금 부과로 보완하면 될 것이고 효율성과 비용 문제에 대해서는 앞서 본 바와 뒤에서 보는 바의 설명으로 반박이 가능하다.

무엇보다도 복지국가의 이념은 현시대와 맞지 않다. 현대 사회에서는 기존의 사회보험과 공적 부조만으로는 이상적 복지의 달성이 불가능하다. 완전고용과 노동의 의무를 전제로 하는 복지의 이념은 시대착오적이다. 또 비노동에 대한 배려는 시혜적인 차원으로 간주될 위험을 항시 내포한다. 비정규직, 플랫폼 노동자 등의 프레카리아트 계급의 등장으로 사회보험 모델의 유효성은 크게 감소하고 있다. 공적 부조의 역효과도 적지 않다. 자산 조사 등에 따르는 비용이나 낙인효과는 큰 문제가 아닐 수 없다. 가이 스탠딩은 "빈민만을 대상으로 하는 정책은 언제나 빈곤한 정책"(스탠딩, 232쪽)이라고 냉소적으로 말한다. 노동·일 모델에서 들뢰즈와 과타리의 자유로운 행동 모델로 인식의 전환이 필요하다. 케인즈식 복지국가 모델과 근대적인 노동의 인간학에서 벗어나 노동과 비노동의 경계가 모호해지고 포획 양식의 변주가 수시로 이루어지는 탈근대적 현상에 대한 대응이 필요하다. 기본소득은 엄밀히 말해 복지와는 다른 새로운 분배 체제로서의 소득이다. 그러나 기본소득은 복지국가의 대체 수단은 아니다. 기본소득 하에서도 최대한의 복지를 추구해야 하는 것은 당연하다. 기본소득은 시대의 변화에 대응하는 최소한의 정의의 실현이다. 기본소득과 더불어 기본주택 등 기본적인 자유와 평등을 위한 추가적인 정책이 필수적이다. 기본소득 외에도 참된 욕망의 실현과 자기 스타일 개발을 위한 무상교육, 존재와 활동의 보장을 위한 무상의료 등은 반드시 필요한 복지정책들이다.

노동의 인간학이 기본소득의 도입을 가로막는다. 앞서 언급한 노동주의가 그것이다. 노동이 인간을 규정한다는 것이다. 그러나 이것은 기본적으로 인간에 대한 몰이해이자 더 나아가 모욕이라고 할 수 있다. 노동이 인간의 존재를 위한 필요조건이라고 할 수는 없다. 기본소득은 소득이라는 명칭을 갖고 있지만 불로소득이 아니라 원래 노동과 무관한 사회배당의 성격을 가진다. 불로소득이라고 비판하려면 노동이 투입되지 않고도 얻을 수 있는 다른 모든 불로소득도 비판해야 한다. 완전고용 신화도 탈피해야 한다. 기본소득은 소득의 배당이자 시간의 배당이라고 했다. 시간의 자유로운 선택은 자유의 기본이다. 여가나 가사노동 또는 자유로운 행동에 대한 가치의 재평가가 필요하다. 노동시간 단축과 기본소득이 합쳐지면 노동의 질과 생산성의 증가를 가져온다. 소득의 증가로 비정규직 일자리 수요가 오히려 증가할 수도 있다. 생계 위험의 감소에 의해 과감한 창업도 증가할 것이다.

기본소득에 대해 무임승차의 우려가 많다. 게으름과 향락적 성향을 증가시킬 것이라는 우려다. 그러나 기본소득은 사회적 신뢰를 증가시킨다. 내가 사는 사회가 나의 존재를 확실히 보장해 준다는 믿음이 높아지면서 사회에 대한 신뢰와 애착이 증가할 수 있다. 이는 구성원들의 참여 의식을 고양시켜 은둔과 폐쇄적 성향을 줄이고 진취성, 과감성, 도전 정신을 증가시킨다. 누구나 욕망과 의지와 내적 역량을 가지고 있다. 기회가 안 주어져서 실행을 못하는 것이 현실이다. 자신의 욕망을 실현시키려는 욕망은 자연스러운 것이다.

부자에게까지 왜 기본소득을 주어야 하는지 의문이 있을 수 있다. 기본소득은 사회배당의 성격이 있다. 소득의 다과에 따라 차별을 둘 이유가 없다. 부자에게서는 세금으로 환수하면 된다. 보편적 기본소득은 비용을 절감하고 낙인효과와 같은 선별의 비효율을 줄여 준다. 기본소득을 논함에 있어서는 복지의 차원을 넘어섬과 함께 새로운 세계관도 필요하다. 보편주의는 기본적으로 조화와 평등의 시각으로 세상과 인간을 본다. 들뢰즈의 존재의 일의성, 비인간주의, 자연주의와 통한다. 선별주의는 경계와 위계의 시각으로 세상과 인간을 본다. 강약과 빈부의 구별을 기초로 약자와 빈자에 대한 시혜를 모색하는 입장이다. 선별주의에 입각하여 기본소득을 반대하는 것은 사유의 편협함을 드러내는 것이다. 선별주의의 저변에는 약자 보호라는 명목 하에 약자의 지위를 고착화하려는 위선이 자리하고 있다. 약자라는 계층 자체를 없애려는 생각, 타자와의 구별이 아닌 타자와의 합일이라는 진보적 의도는 찾을 수 없다. 재분배의 역설도 보편주의의 논리를 강화한다.

기본소득의 도입으로 3D 업종이 회피될 것이라는 합리적 예상이 가능하다. 그러나 3D 업종들에 대한 가치의 재평가도 예상된다. 3D 직종에 대한 보상이 증가하고, 기술 발전과 사회적 인식의 변화로 깨끗하고 안전하고 힘을 덜 들이는 방향으로 대체되거나 업그레이드되어 3D 업종 자체가 현격히 줄어들 것이다. 오히려 높은 보상을 노리고 희귀해진 3D 업종에 지원이 증가하는 것도 예상된다. 사회적 분업의 혁신으로 사회의 근본적인 재구성이 이루어질 것이다. 그야말로 직업의 귀천이 사라질 것이다.

상품으로서의 배즈(bads) 소비가 증가할 것이라는 우려도 있다. 그러나 이는 가부장주의적 도덕주의의 발로로서 최소의 사치도 부정하는 지엽적 비판에 불과하다. 기본소득이 인플레이션을 유발할 것이라는 비판은 현대와 같은 공급 과잉, 수요 부족 경제에는 해당되지 않는다고 할 수 있다. 수요 측면이 아닌 비용 측면에서의 인플레이션의 경우는 기본소득이 오히려 인플레이션에 대한 대책이 될 수 있을 것이다. 기본소득이 임금 하락을 가져올 것이라는 비판이 있다. 그러나 기본소득으로 노동거부의 가능성이 높아지고 임금 협상력이 증가하게 되어 임금 인상을 가져올 수도 있다. 참고로 기본소득과 임금에 관한 내쉬의 협상 이론이 있다. 임금보조금은 임금을 인하하는 효과, 구직수당은 임금을 인상하는 효과가 있지만, 기본소득은 임금에 대해 중립적이라는 것이다(강남훈, 92~6쪽 참조). 기본소득을 노린 과다한 이민 유입이 있을 것이라는 비판이 있으나 영주권이나 시민권의 적절한 부여를 통해 조절이 가능할 것이다.

　자본의 지배, 노동 통제를 추구하는 파시스트 기득권 집단의 저항이 기본소득 실현의 가장 큰 장벽이다. 우리는 민주주의를 강화함으로써 이 장벽을 돌파해야 한다. 자본가들도 기본소득이 이윤 창출에 절대 불리하지 않다는 것을 잘 알고 있다. 때로 양심적인 기업가들이 기본소득에 우호적인 이유다. 그러나 신자유주의와 부채경제의 논의에서 보았듯이 자본의 최우선 관심사는 자신의 지배권의 유지다. 자본의 지배가 흔들리는 것을 용납하지 않는다. 결국 기본소득도 시민과 노동자의 각성을 기초로 한 자본에 대한 민주적 통제가 그 실현을 가능케 할 것이다. 민주주의가 정상적으로 발전해 간다면 그 가능성은 점차 높아질 것이다. 인식과 의지가 관건이다. 민주주의의 확장은 기본소득에 대한 인식을 높일 것이고 의지를 고양시킬 것이다. 기본소득은 정당하고 필요하고 유효하며 얼마든지 가능하다. 홍보와 토론의 확산이 관건이다. 분수효과로 부자들도 설득 가능하다. 기본소득은 사회주의를 표방하는 제도가 아니다. 사회주의는 생산수단의 공유가 확립되어 기본소득 자체가 필요 없는 체제다. 기본소득은 좌파나 우파, 자유주의나 보수주의 정책이 아니라 자유와 평등을 확산시키는 진보적 정책이다. 저항을 누그러뜨리고 동의를 구하기 위해서는 투명한 정보의 제공이 필수적이다. 소득과 조세 과정 및 분배 과정의 투명화를 통해 실현 가능성과 효과에 대한 인식을 높일 수 있다. 기본소득의 도입으로 인간적이고, 생태적·친환경적이며 경제 민주화가 뿌리내린 지속 가능한 자본주의가 공정한 분배와 선순환을 이루며 발전할 수 있을 것이다.

가능성 2(재원 문제)

현금 지급을 수단으로 하는 기본소득이 실현 가능하려면 감당할 수 있는 재원의 조달이 필수라는 것은 상식이다. 기본소득은 각종 개혁 조치와 신규 세목의 발굴 등에 의한 배당 재원의 마련으로 충분히 감당 가능하다. 기본적으로 본 논의는 『모두의 기본소득, 재원을 마련하다』(유영성 외 지음)에 크게 의존하고 있다. 기본소득 재원 문제에 대해 포괄적이고 탁월한 해결책을 제시하고 있다. 기본소득의 실현 가능성을 크게 제고시킨 역작이다. 정밀한 추계에 의한 구체적인 지급 가능 금액까지 제시한다.

재원 문제 해결의 관건은 조세개혁과 신규 세목의 발굴이라고 할 수 있다. 우선 재정지출 구조의 개혁과 기존 현금 복지의 대체와 함께 보편적 증세가 요구된다. 들뢰즈 경제학의 기본 관점과 기본소득의 정당화 논리들에 기초할 때 공유부의 개념은 사회와 자연환경 전체로 확대될 수 있고 모든 소득과 재산 및 소비에 대한 과세가 기본소득 재원으로 정당화 가능하다(유영성 외, 25쪽 참조). 부자 증세만으로는 현실적으로 곤란하다. 한국의 경우 소득세 비과세 및 감면의 정비 또는 폐지도 필요하다. 선진국 수준의 조세부담률과 비교할 때 한국은 GDP의 약 15% 이상의 증세가 필요하다(앞의 책, 41쪽 참조). 현 상황에서는 소득세보다 재산세를 강화할 필요가 더 크다.

토지는 대표적인 공유부의 하나다. 토지보유세 수입에 의한 전국민 토지배당은 기본소득의 취지와 목적에 가장 부합하는 제도적 장치라고 할 수 있다. 한국의 토지 소유의 불평등은 극심한 상황이며, 개인과 기업이 지대 추구에 몰두한 결과 한국의 지가는 OECD 국가들 중에서 가장 높은 수준이다(앞의 책, 129~30쪽 참조). 전가 가능성에 대한 논쟁은 있지만(김신언, 93~5쪽 참조) 공급이 유동적이지 못한 토지에 대한 과세는 지가 하락과 토지의 효율적 사용을 촉진하는 효과가 기대된다(유영성 외, 132~42쪽 참조).

빅데이터는 플랫폼 자본주의화 또는 디지털 자본주의화하는 현대 자본주의에서 가장 주목되는 공유부로서의 특성을 가지고 있다. 앞서 언급했듯이 디지털 전환 등의 기술혁신은 노동소득의 GDP 비중을 하락시키고 불평등을 심화시킨다(앞의 책, 146쪽 참조). 첨단 디지털 기술을 선점한 소수에 부가 집중되고 디지털 기술에 예속되거나 그로 인해 노동으로부터 배제되는 다수의 소득은 하향 평준화한다. 빅데이터 배당으로서의 빅데이터세는 이러한 디지털 기술의 부작용을 시정하여 디지털 전환을 지속 가능하게 하는 데 일조할 것이다. 로봇세는 과세 대상이 빅데이터세와 겹치지만 과세 목적이 근로소득세수 감소의 보충에 있기 때문에 그 재원을 반드시 기본소득에 돌려야 할 논리적 필연성은 없다(앞의 책, 153쪽 참조).

탄소세의 원래 목적은 탄소 배출 감소에 의한 환경 개선의 유도에 있다. 행동경제학에서의 넛지(유인 수단)의 하나로 볼 수 있는 것이다. 하지만 자연환경이라는 공유부의 보존을 위한 세수라는 점에서 탄소배당과 연결하는 것도 가능하다. 탄소세수를 탄소배당으로 지급함으로써 탄소세의 역진성을 해결하고, 세율의 탄력적 운용을 가능하게 하여 리바운드 효과를 방지하는 등, 결과적으로 탄소세의 지속 가능성을 높이는 효과가 예상된다(앞의 책, 202~9쪽 참조).

부유세도 기본소득의 재원으로 생각해 볼 수 있다. 신자유주의하의 극심한 부의 양극화는 자본주의에 대한 심각한 위협이 되고 있다. 따라서 부자들의 공감을 유도하는 것도 가능하다. 재정 상태에 연동된 잔여세로서의 부유세를 도입하면 직전 연도의 기본소득 재정에 연동된 미세 조정을 통해서 세액이 책정될 것이다. 자본거래세의 도입도 가능하다. 국제간의 자본거래 기술의 발달로 말미암아 주식시장이 활성화되고 자본거래의 규모가 엄청나게 증가하고 있다. 이외에도 지식유산론에 근거한 지식소득세도 생각해 볼 수 있고, 지역 상징자본에 대한 과세를 통해 젠트리피케이션도 방지하면서 지역 기본소득 재원을 마련할 수도 있을 것이다. 정보통신기술의 발달과 적절한 유인책의 시행으로 지하경제를 양성화해서 세원을 확대할 필요도 있다.

기본소득을 과세소득화하는 것이 매우 중요하다. 기본소득에 대해서도 과세함으로써 보충적 재원으로서 준비가 가능하다. 고소득자에 대한 누진적 환수로 인해 부자에 대한 기본소득 지급에 대한 반감을 상쇄하는 효과도 있다.

지금까지 조세개혁과 신규 세목의 발굴에 의한 기본소득 재원 조달 방안을 논의했다. 이것은 조세기반 기본소득 모델이라고 할 수 있다. 재원에 따른 기본소득의 유형은 이외에도 공유지분권·공동소유 모델과 용익권 경매 모델이 있다(금민, 19~26쪽 참조). 전자는 플랫폼 기업에 대한 공유지분권 확보, 빅데이터 공동소유 등을 통한 것이다. 후자의 예로는 주파수 등의 공공재 경매 등을 들 수 있다.

기본소득의 적정한 액수는 정당성과 필요성에 부합하면서 동시에 감당 가능한 수준이어야 한다. 파일럿, 시뮬레이션과 사후 미세조정을 통해서 적정한 액수의 산정이 가능할 것이다. 현 시점으로는 1인 가구 생계급여(2020년 기준 월 52만 7천 원)를 대체할 수 있는 정도의 수준을 고려할 때 월 50~60만원 수준이 적정하고 또 충분히 가능할 것으로 생각된다. 혹자는 경제 민주화라는 취지 외에도 기본소득 재원의 확충을 위해 화폐발행에 따른 시뇨러지를 공유부로 보는 주권화폐론을 주장하기도 한다(유영성 외, 6장 참조). 은행의 신용창조 기능을 박탈하자는 것인데, 이 정도까지 아니더라도 지금까지 논의된 것만 실행되어도 기본소득 재원 조달의 여력은 충분할 것으로 생각된다.

단언컨대 중요한 것은 인식과 의지다. 재원상의 문제로 기본소득 도입이 어렵다는 것은 어불성설이다. 충분한 홍보와 설득과 함께 의지를 가지고 단계적으로 추진해 간다면 아무리 보수적으로 추계할지라도 1인당 GDP의 1/5 수준까지는 재원 조달이 가능하다(앞의 책, 390~3쪽 참조). 최후 수단으로 앞서 언급했듯이 기본소득 자체를 과세화함으로써 보충적인 재원의 탄력적 조달이 가능해진다. 재원 조달의 실패 가능성은 거의 없다고 봐도 무방하다.

대안들

기본소득의 대안으로 가장 많이 언급되는 것이 일자리 보장(job guarantee)이다(금민, 6장 참조). 그 근거로는 노동 시스템 외부에서 삶의 의미를 찾기는 어렵다는 것이 많이 제시되고 있다(배너지, 512쪽 참조). 노벨상 수상자 배너지와 뒤플로는 자원봉사는 우리가 일상적인 활동에 더해 추가로 하는 일이지, 일상적인 활동 대신에 하는 일이 아니라고 하면서(앞의 책, 513쪽 참조) 일과 노동의 의미를 강조한다.

그러나 근본적으로 '일자리 보장이 최고의 복지'라는 프레임은 타파되어야 한다. 노동주의, 노동의 인간학이라는 강고한 기호조작이 우리의 무의식을 지배하고 있다. 가이 스탠딩은 "일자리 보장을 주장하는 사람들은 분명 이런 일자리를 원하지 않을 것이고 자기 자식이 이런 일자리를 갖는 것도 원하지 않을 것"(스탠딩, 237쪽)이라는 말로 정곡을 찌른다. 배너지와 뒤플로의 분석과 같은 선의의 주장과 그들이 제시하는 근거들에도 불구하고, 일자리 보장은 민주주의 원칙과 부합하지 않는 측면이 있는 것이 사실이다. 사람들을 실질적 민주주의로 이끌 수 있는 교육과 정책의 개발을 통해 그들이 신중하고 올바른 선택을 할 수 있도록 유도하는 것도 진보적 경제학자가 모색해야 할 일이다. 기본적으로 일에 대한 철학이 바뀌어야 한다. 일자리가 줄어든다면 그것은 축복이다. 인간이 일에서 해방되어 더 창조적이고 생산적인 활동을 할 수 있다면 그것은 하나의 진보임에 틀림없다. 들뢰즈와 과타리가 제시한 자유로운 행동 모델을 상기할 필요가 있다. 일자리가 줄어드는 것이 불가피하다면 억지로 일자리를 보장하기 위해 노력하기보다는 기본소득을 보장하고 사람들로 하여금 자유로운 행동에 더 자신의 욕망과 시간을 투자하도록 하는 것이 바람직하다.

기본소득과 유사한 효과를 낼 수 있는 것으로서 음의 소득세 제도를 들 수 있다. 그러나 자산 조사의 필요, 불규칙한 액수, 세금 납부자에만 적용될 수 있다는 문제점들이 있다. 선별적이기 때문에 재원이 덜 든다는 측면 외에는 정당성, 필요성과 경제적 효과 등 모든 면에서 기본소득보다 유리한 제도라고 하기는 어려워 보인다.

기타 최저임금 인상, 보조금과 바우처, 워크페어(workfare), 세금 공제 등이 기본소득의 대안으로 제시되고 있으나 제도 시행의 비용이 과다하고 자유의 원칙을 훼손할 수 있다는 측면에서 기본소득을 대체하기에는 무리가 있는 것들이라고 할 수 있다.

빈곤을 타깃으로 하는 제도들은 자체의 오류를 포함하고 있다. 빈곤의 덫이 그것이다. 빈곤을 요구하는 정책은 스스로 빈곤을 선택하도록 만든다. 노동 의욕 상실이 불가피하다. 자산 조사와 같은 선별의 비용, 빈곤 증명의 비용도 무시할 수 없다. 낙인효과로 인한 셀프 배제도 적지 않을 것으로 생각된다.

기본소득 실험

기본소득을 비롯한 모든 사회경제적 실험들이 행동경제학에서 유래하는 도덕적으로 의심스러운 전술의 시험이어서는 안 될 것이다(스탠딩, 318쪽 참조). 행동에 대한 유도(넛지)와 인센티브 제도로 시작된 것은 부지불식간에 가부장적인 의도가 개입되고 자유를 침해할 가능성이 있다. 그런 측면에서 보편적 기본소득은 우위에 있다. 기본소득 실험을 설계하는 데 있어서도 기본소득의 취지를 왜곡하지 않도록 이러한 점을 유의해야 한다. 시범사업(파일럿)과 도입을 위한 노력의 여러 사례가 있지만 여기서는 대표적으로 두 가지만 소개하기로 한다.

핀란드의 실험(강남훈, 82~5쪽, 임주영, 34~9쪽 참조)은 전체적인 맥락을 제대로 봐야 한다. 이 실험은 엄밀히 말하면 기본소득보다는 복지혜택을 축소하고 시장에 모든 것을 맡겨야 한다는 전통적인 시장주의 경제정책의 실험으로 봐야 한다. 대상이 무복지가 아니라 선별복지였기 때문에 대조군과 실험군을 동일한 액수로 보장하여 소득효과 없이 대체효과만 측정했다. 실험 규모가 작아 승수효과나 공동체효과의 판단은 불가능했다. 고용이 늘어나지 않은 것은 이러한 한계와 더불어 노동수요 측면도 고려해야 한다. 노동 유인은 더 높아졌다고 볼 수 있는 설문 항목도 존재했다. 4차 산업혁명기에 들어서 일자리 자체가 부족한 탓도 있었다. 선별복지와 같은 비용으로 건강과 행복의 수준은 상승했다. 대조군에 비해 기본소득에 대한 지지도는 상승했다. 결론적으로 노동 유인은 감소되지 않았고, 사람들이 더 행복해졌으며, 기본소득에 대한 지지가 더 높아진 것을 볼 수 있다.

스위스에서 기본소득 도입을 위한 국민투표(스탠딩, 290~3쪽 참조)가 있었지만 부결되었다. 부결의 주된 이유는 오해(액수의 과다)와 공포(이민의 급증)였다. 그러나 인식의 확대에는 기여한 바가 있다. 결과는 부결이지만 투표 이전보다 지지율이 증가했다. 실패가 아니라 논의의 시작이라고 할 수 있다.

요컨대 핀란드의 실험과 스위스의 국민투표 모두 제대로 된 설계하의 정책과 안건이라고 할 수 없다. 따라서 기본소득에 대한 효과와 지지 정도를 제대로 파악할 수는 없었다고 봐야 한다. 그러나 불완전한 설계에도 불구하고 긍정적인 요소들을 찾을 수 있었다. 승수효과나 공동체효과도 가능할 정도의 광범위한 규모의 정책이 적절히 시행된다면 사람들의 인식이 증가하면서 기본소득에 대한 지지도 증가할 것이라 확신한다.

결론

기본소득은 정의롭고 타당하며, 대단히 유효하고 인식과 의지만 있다면 얼마든지 가능한 제도다. 대안을 찾기가 불가능할 정도다. 생각이 중요하다. 비루한 사유에서 벗어나 고귀한 사유로 가야 한다. 기본소득은 시혜가 아닌 권리라는 생각, 빈곤은 퇴치가 가능하다는 생각, 일로부터의 해방이 가능하다는 생각 등등으로.

기본소득의 도입은 진보의 영원한 이상의 구현이 될 것이다. 기본소득은 경제 민주화의 핵심으로서 욕망의 해방을 위한 토대로 작용할 것이다. 기본적인 생산수단의 제공에 의한 인간 생활의 안정성 확보는 진보의 영원한 이상이다. 대부분의 구성원이 농부였던 농경 시대의 경자유전의 이상처럼 개인의 생계를 위한 안정적이고 항구적인 생산수단의 제공은 동서고금의 모든 사회와 시대를 관통하는 경제의 영원한 이상이었다. 자본주의 태동기인 프랑스혁명의 상황에서도 혁명의 주도 세력인 부르주아지 자코뱅파의 이상은 소토지 균분을 바탕으로 하는 경제의 안정이었다(노명식, 133쪽 참조). 마침내 현대 자본주의 사회에 들어와 전례 없는 생산력의 증대로 말미암아 그러한 이상의 실현이 가능한 단계에 이르렀다. 그 실현을 구체화할 수 있는 최적의 수단이 기본소득제이다. 경세제민의 기본은 각자의 경제적 자립이다. 기본소득의 취지가 곧 경제적 자립이고, 이를 통해 인간적 삶의 기회를 제공하는 것이 궁극적 목표다. 기본소득은 참된 욕망의 정립과 그 실현을 위한 토대의 완성이다. 인간해방의 실현이 기대된다. 21세기 혁명으로서의 욕망의 재배치가 이루어질 것이다. 경제 민주화가 확실히 자리 잡는 계기가 되어 사회의 실질적 민주화를 이끌 것이다.

이러한 토대 위에서 새로운 인간상의 도래가 기대된다. 생활의 여유가 생겨 사유의 폭과 깊이가 확대됨으로써 가치 지향적 생활 양식이 뿌리를 내릴 것이다. 자본의 지배와 물신숭배가 설 땅이 좁아질 것이다. 자신의 욕망과 욕구를 소비로써 채우고 자신의 가치를 소비로써 증명하려는 저급한 소비주의는 사라지고 사람들은 각자의 삶의 의미와 가치를 독특하고 다양한 차원으로 확산하는 데큰 관심을 가지게 될 것이다. 부의 축적은 수많은 생활패턴 중의 하나일 뿐이다. 자신의 능력과 적성과 선호와 취향에 기초하여 다양한 삶의 양식을 개척해 나가는 데 사람들은 시간과 노력을 투자할 것이다. 궁극적으로는 모든 사람이 철학자, 예술가, 과학자가 되는 시대, 소수의 부유한 자본가와 철학적, 예술적, 과학적 소양을 갖춘 대다수의 유복하고 깨어난 시민들이 공존하는 사회로 나아갈 것이다. 기본소득의 도입으로 정립될 새로운 인간상은 임계적 자유를 누리는 자율적 주체다. 누구나 철학자, 예술가, 과학자가 될 수 있는 욕망과 역량을 보유하고 있다. 그 욕망과 역량을 실현할 수 있는 세상이 도래할 것이다. 누구나 사유할 수 있고, 창조할 수 있고, 누구나 지식의 공급자와 수요자가 될 수 있는 시대가 도래할 것이다. 모든 사람이 문학, 음악, 미술, 연극, 영화, 스포츠, 방송, 비평, 메타버스와 3D 기반 제작 등의 각 분야에서 자기의 개성을 발휘하면서 문화 전반에 기여할 수 있다. 교육이 관건이다. 물신숭배와 소비주의를 야기하는 자본의 기호조작을 통찰하고 그에 저항하고 극복할 수 있는 자질과 역량을 기르는 교육이 필수적이다. 생산적 욕망의 촉발을 야기하는 교육이 기본소득과 결합되어야 한다. 전 생애에 걸쳐 언제 어디서든 누구나 가르칠 수 있고 누구나 배울 수 있는 테크놀로지를 구축해야 한다. 지식의 교환시장이 엄청나게 확대될 것이다. 누구나 문화의 창조자가 될 수 있고 그에 기초한 창조적 산업의 개척자도 될 수 있다.

새로운 인간상의 도래와 함께 새로운 사회상의 전개도 예상된다. 기본소득이 시행되는 새로운 사회는 자본주의의 새로운 버전이 될 것이다. 4차 산업혁명 시대 고용 없는 성장의 해결이 기대된다. 21세기 기술발전에 따른 고용 없는 성장으로 딜레마에 빠져 있는 현대 자본주의의 최대 난점을 해결하는 데 최적의 수단이 기본소득이라는 것이 우리의 결론이다. 새로운 사회적 분업을 바탕으로 하는 새로운 사회체의 구성이 기대된다. 자주적인 노동자들이 자신들의 취향에 따라 다양한 형태의 기업을 설립한다. 대기업에서는 노사 간의 이해와 협력하에 기업 운영이 민주화된다. 중소기업 차원에서는 협동조합 이외에 여러 실험적인 형태의 기업들이 성쇠를 거듭한다. 3D프린팅, 3D메일 기술의 발달과 함께 독특한 아이디어로 무장한 1인 기업들도 속속 등장한다. 기본소득이 받쳐줌으로써 실패에 대한 두려움 없이 과감한 시도가 이루어질 수 있다. 자유로운 행동가들의 독특한 개성 발휘로 지식정보산업이 크게 활성화된다. 기본소득의 정착으로 파트타임 업종이 발달하여 산업과 고용의 중요 부분을 담당한다. 욕망의 해방이 이루어진 실질적 민주 사회로의 도약이 이루어질 것이다.

　기본소득 이후를 상상하자. 상상력이 우리의 의지를 꺾이지 않게 할 것이다.

8.
잔여수익분배청구권

정의

잔여수익분배청구권은 기업 수익에서 전체 비용을 제외한 잔여 수익에 대하여 기업 구성원 모두가 분배를 청구할 수 있는 권리다. 사내유보나 R&D 연구비의 책정, 자본과 노동에 할당될 비율 등은 모두 자본가와 노동자, 양자 간의 합의로 결정된다. 경제 민주화, 특히 생산과 포획 과정의 민주화라는 측면에서 논의할 가치가 큰 제도라고 할 수 있다.

자본가와 노동자의 합의에 의해 기본임금을 책정한다. 합의를 위한 정보의 투명한 공개는 기본이다. 물가에 연동하여 구성원들에게 지급하는 생활비 개념의 기본임금이 책정된다. 기본임금을 제외하면 전체 비용에서 임금이라는 비용 항목은 소멸한다. 기본임금은 평균적인 라이프사이클을 기초로 하여 산출된 액수가 연령

대에 따라 모든 구성원에게 지급된다. 따라서 임금상승을 위한 노사 간 단체교섭이나 투쟁 같은 것은 처음부터 문제될 소지가 없다.

잔여수익분배청구권은 들뢰즈 경제학의 인간관, 노동관에 부합하는 전형적 제도다. 이 제도의 시행으로 자본가와 노동자 간의 협력이 증진되고 더 나아가 양자 간의 구분이 무의미해지는 결과가 초래된다. 이것이 노동을 생산요소로만 취급하여 비용 항목으로 보는 주류 경제학과의 중요한 차이점이다. 주류 경제학은 기본적으로 사람을 하나의 사물로 보는 데서 학문상의 오류, 계급 간의 갈등을 근원적으로 배태하고 있다. 잔수권 제도는 노동자를 자본가나 기업가와 똑같은 주체로서 인정하는 시각을 가지는 들뢰즈주의 경제학의 대표적 정책 중 하나다.

효과 및 전망

잔여수익분배청구권의 시행으로 자본가와 노동자 간의 진정한 파트너십이 형성될 수 있다. 자본가나 노동자와 같은 계급의 구분 자체가 모호해진다. 전형적인 탈근대적 흐름이다. 경영에 참여하는 자본가도 가치를 창출하는 노동자로 인정되고 노동자도 기업의 지분을 취득한 자본가가 될 수 있다. 결국 잔여수익분배청구권은 실업 문제 해결에 큰 도움이 될 수 있다. 잔여수익분배청구권이 있는 조직은 정리해고가 있을 수 없다.

잔여수익분배청구권을 가진 기업의 구성원들은 누구나 주인으로서 행세할 수 있고 기업 민주화, 직장 민주화 혹은 작업장 민주화는 저절로 달성된다. 기업의 효율도 모두가 주인으로서 참여하는 조직이니만큼 크게 고양될 수 있다. 구성원 모두가 주인의식으로 무장되어 비용이 절약되고, 편익은 증가할 것이다. 기업이 어려울 때는 기업 회생의 노력이 강하여 파산의 가능성도 최소화될 것이다.

잔여수익분배청구권의 시행으로 각 기업뿐만 아니라 경제 전체의 효율성도 제고될 것이다. 잔여수익분배청구권과 기본소득이 결합된다면 경기변동에 대한 자동안정화장치가 잘 구비되어 구조조정이 부담 없이 수시로 가능하게 된다. 그만큼 경제의 효율성이 제고되는 것이다. 아무리 큰 기업이라도 더 이상 존재이유가 없어지면 사회경제적으로 큰 부담 없이 해체가 가능하다. 일시적 충격이 있을 수도 있겠지만 곧바로 정상화가 이루어질 것이다.

자연스럽게 경기변동에 대한 대응력도 강화될 것이다. 경기의 변동폭 자체가 작아진다. 또한 경기변동에 대한 대책이 잘 수립되어 미래에 대한 불확실성이 감소된 경제의 운영이 가능해진다. 그에 따라 경제가 더욱 창의적이고 진취적으로 전개될 것이다. 이것이 들뢰즈 경제학이 목표로 하는 경제다.

잔여수익분배청구권의 시행은 경제 민주화에 크게 기여할 것으로 예상된다. 경영 참여가 동반되지 않는 종업원지주제는 직원들의 적극적인 참여를 유도하는 데 한계가 있다. 잔여수익분배청구권이 종업원지주제의 좋은 대안이 될 것이다. 생산자협동조합 같은 조합 형태는 구성원들의 완전한 지배 형태로서 이것 역시 기업 민주화에 부합하는 제도라고 볼 수 있지만, 효율과 혁신의 측면에서 잔수권제와 경합이 가능하리라 본다. 구성원들의 비전과 취향에 따라 모든 것이 구성원들의 선택에 달려 있다. 잔여수익분배청구권도 법으로 강제할 필요가 없다. 사회가 민주화될수록 구성원들의 자율적인 결정이 더 유익하다.

경제학의 재정립

들뢰즈 경제학은 경제학의 재정립을 위해 새로이 다시 쓴 경제학이다. 들뢰즈 경제학은 생산적 욕망을 원리로 하는 욕망경제학이다. 무의식적 욕망을 근원적 충족이유로 하는 정치경제학, 복잡계 경제학, 생태경제학의 하나다. 이론을 위한 경제학이 아닌 경세제민을 위한 경제학이다. 애덤 스미스, 칼 마르크스, 앨프레드 마셜, 존 메이너드 케인즈의 사유를 토대로 분석적 환원주의에 입각한 몰적 추상화를 추구하는 근대 거시경제학을 넘어 들뢰즈의 사유를 토대로 종합적 전체론에 입각한 분자적 추상화를 추구하는 탈근대 미시경제학이다. 신자유주의 지식 조작에 대항하는 진보적 지식 생산으로서의 경제과학과 경제철학이다. 욕망의 미시경제학으로서 이성을 넘어 욕망으로까지, 의식을 넘어 무의식으로까지,

현실적 세계를 넘어 잠재적 세계로까지 사유의 지평을 넓힌 궁극의 경제학이다.

들뢰즈 경제학이 생각하는 경제(학)의 제1 원칙은 희소성하의 효율성을 추구하는 것이 아니라 가능성하의 경세제민을 추구하는 것이다. 현실적인 욕구, 필요, 결핍을 전제로 하는 효율성의 경제에서 잠재적이고 무의식적인 생산적 욕망을 원천으로 하는 가능성(들)의 경제로의 패러다임 전환을 모색한다. 가치와 부, 효율성을 다시 규정하고 재해석함으로써 희소성을 전제로 하는 결핍의 경제에서 가능성을 전제로 하는 풍요의 경제로의 전환을 지향한다. 기본소득의 보장과 경제 민주화를 통한 실질적 민주주의를 이룸으로써 성장과 경쟁보다는 번영과 행복, 그리고 창조와 상생을 추구하는 경제, 즉 경세제민을 실현하는 것이 들뢰즈 경제학의 궁극적 목표다.

극한의 사유

존재는 생성이고 생성은 무한생성으로서 영원한 과정이다. 시작도 끝도 기원도 목적도 없는 무한한 연속적 변이의 과정이다. 존재가 영원한 과정이듯이 존재에 대한 사유도 영원한 과정일 수밖에 없다. 존재의 일부인 경제에 대한 사유도 마찬가지다. 경제가 영원한 과정에 놓여 있는 한 경제학도 영원한 과정에 놓여 있다.

이러한 전제 하에 들뢰즈 경제학은 과정의 끝이 아니라 영원한 과정으로서의 과정의 극한을 사유한다. 사유의 끝, 학문의 종말 같은 것은 있을 수 없다. 영원한 법칙, 절대적 진리는 존재하지 않는다. 영원히 다가가지만 도달할 수는 없는 극한만이 있다. 아페이론으로서의 실재, 즉 비표상과 무한을 사유하는 탈근대 철학이 사유의 극한이다. 이러한 탈근대 철학을 지향하는 들뢰즈의 분자적 추상화를 도구로 하여 경제를 사유하는 것이 들뢰즈 경제학이다. 요컨대 경제와 경제학의 극한을 사유하는 것이 들뢰즈 경제학이다. 이런 의미에서 들뢰즈 경제학은 궁극의 경제학이다. 새로운 사유의 과정은 영원할 것이지만 새로운 사유의 지평을 여는 경제학은 더 이상은 없을 것이다. 모든 경제학들은 들뢰즈 경제학을 음화와 여백으로 삼아 발전과 퇴보를 반복할 것이다.

들뢰즈 사유의 대전제인 존재의 일의성이 그의 사유를 탈근대 철학으로, 즉 사유의 극한으로 이끈다. 들뢰즈의 존재의 일의성으로부터 유도되는 경제의 원리가 생산적 욕망이다. 따라서 생산적 욕망을 원리로 하는 욕망경제학으로서의 들뢰즈 경제학 이상의 지평을 사유하는 경제학은 논리적으로 있을 수 없다. 궁극의 원천과 궁극의 가능성을 동시에 표현하는 존재의 유일한 목소리 '생산적 욕망'을 원리로 하면서 욕망의 궁극적 해방을 목표로 하는 들뢰즈 경제학은 모든 경제학의 극한이다.

새로운 부족사회와 진보적 개인주의

궁극의 경제학으로서의 들뢰즈 경제학의 목표는 경세제민을 통한 인간의 해방이다. 인간해방을 위해 역설적으로 인간중심주의를 타파하고자 하는 것이 들뢰즈 경제학이다. 존재의 일의성을 전제로 종합적 전체론을 취함에 따르는 당연한 결과다. 복잡계 경제학과 생태경제학의 속성을 가지는 들뢰즈 경제학의 필연적 귀결이기도 하다. 21세기 현 시점에서는 단기적으로 신자유주의를 극복하고 장기적으로 자본의 핵인 금융자본을 통제할 정책과 제도를 설계하기 위한 토대를 제공하는 것이 들뢰즈 경제학의 당면한 목표다. 신자유주의를 극복하고 금융자본을 민주적으로 통제할 수 있어야만 평등하고 지속 가능한 자본주의를 만들고 궁극적으로 인간해방으로 갈 수 있다.

기존의 경제학들로 이 목표를 달성하기는 역부족이라는 것이 드러나고 있다. 이제 일시적이고 파편적인 문제 해결에 집착하는 분과학문, 사회공학적 학문으로서의 경제학은 지양되어야 한다. 궁극적 인간해방을 위해서는 종합적이고 전체적인 사유를 토대로 현상의 궁극적 원천과 근거를 제시하는 경제학, 문제를 제대로 설정하고 그 근원적 해결책을 제시하는 경제학으로 나아가야 한다. 그 길을 선도하는 것이 들뢰즈 경제학이다.

나는 들뢰즈 경제학이라는 사유를 잠정 마감하면서 새로운 삶의 양식으로서 '새로운 부족사회'를 제시하고자 한다. 새로운 부족사회는 무엇보다도 자본주의의 폐해가 없는 사회, 자본의 지배가 철폐된 사회다. 원시 부족사회는 노동의 부재로 인한 결핍 사회 또는 생존의 사회가 아니었다. 저장할 필요가 없기 때문에 노동이라는 요인을 필요로 하지 않는 자유로운 행동과 매끈한 공간의 사회였다는 것이 들뢰즈와 과타리의 생각이다(천고, 936쪽). 축적을 배제하고 필요와 소비를 위한 수렵과 채집으로 만족했기 때문에 노동이 부재했고 (잉여)노동의 독점적 전유를 위한 포획장치로서의 국가를 저지할 수 있었다는 것이다(천고, 846~9쪽 참조). 한마디로 자유로운 행동 또는 연속적으로 변주되는 활동 체제였다는 것이다(천고, 850쪽). 미디어 연구의 선구자 마셜 매클루언에 의하면 직업이나 노동의 전문화를 전혀 모르는 부족사회였다(매클루언, 255쪽). 새로운 부족사회는 이러한 원시 부족사회의 21세기형 버전이라고 할 수 있다.

새로운 부족사회는 세계화와 지역화의 조화(glocalization)가 이루어진 사회다. 자유로운 개인들의 자발적 연합에 의한 다양한 공동체로 이루어진 사회다. 자유로운 공동체들의 자발적 연합에 의해 21세기형 국가, 21세기형 부족연합체가 성립된다. 자유로운 국가들의 자발적 연합에 의해 세계가 형성된다. 이러한 세계에서는 자본의 지배가 사라진 새로운 생활양식이 축적의 필요와 노동의 굴레에서 벗어난 자유로운 행동을 촉발한다. 4차 디지털 산업혁명이 초래할 탈근대 융합시대를 미리 예견했던 듯한 매클루언의 예리한 통찰을 소개한다.

"원시사회의 사냥꾼이나 어부는 오늘날의 화가나 시인, 사상가가 그렇듯이 노동을 하는 것이 아니다. 모든 사람이 모든 일에 관련되어 있는 곳에서는 노동이란 없다. 노동은 정착 농경 사회에서의 분업과 기능 및 작용의 전문화와 함께 생겨난다. 컴퓨터 시대인 오늘날 우리는 다시 한번 우리의 역할들에 총체적으로 관여하게 된다. 전기 시대에 와서 '직업화된 노동'은 부족사회에서처럼 헌신과 참여라는 것에 자리를 내주고 있다. …… 즉각적 정보의 시대가 되면 인간은, 파편화하고 전문화하는 데 몰두하던 자신의 직업에 종언을 고하고 정보 채집자로서의 역할을 맡게 된다. 오늘날 정보 채집은 '문화'라는 포괄적 개념을 다시 도입하게 되는데, 이는 꼭 원시 시대의 식량 채집자가 자신의 모든 환경과 완전히 균형을 이룬 상태에서 일을 했던 것과 일치한다. 이 새로운 유목적이고 '노동 없는' 세계에서 우리가 가지게 되는 절박한 관심사는 인생과 사회의 창조적 과정들에 대한 지식과 통찰이다."(앞의 책, 256~7쪽)

"전기에 의해 즉시 정보를 검색할 수 있게 된 현대에는 전문화가 다시 없어지게 되는 것이다. 자동화는 정보다. 그리고 그것은 노동의 세계에서 직능을 없애 버릴 뿐만 아니라, 학습의 세계에서 교과목을 없애 버린다. 그러나 그것이 학습의 세계를 없애지는 않는다. 미래의 노동은 자동화 시대에서 '살아가는 것 배우기'를 하는 것이다. 이것은 전기 테크놀로지 일반에서 흔히 나타나는 패턴이다. 이것은 문화와 테크놀로지, 예술과 상업, 일과 여가라는 낡은 이분법을 없애 버린다. 단편화가 지배적이었던 기계 시대에는 여가가 일이 없는 것, 또는 단순히 놀고 지내는 것이었지만, 전기 시대에는 그 반대가 맞는 말이다. 정보 시대가 모든 능력을 동시에 사용하는 것을 우리에게 요구하고 있기 때문에, 우리는 모든 시대의 예술가들이 그랬던 것처럼, 가장 열심히 대상에 관여함으로써 가장 한가

하게 여가를 누리게 된다."(앞의 책, 577쪽)

결론은 언제나 민주주의다. 우리 모두가 주인으로 사는 것이다. 모두가 자유롭고 평등해야 한다. 나도 자유롭고 너도 자유로운 것이 평등한 것이다. 누구에게도 억압과 차별이 없는 것이 평등한 것이다. 평등한 자유, 에갈리베르떼가 민주주의의 모든 것이다. 민주주의의 유일한 약점은 그 자체 내에 민주주의를 파괴하려는 힘도 존재한다는 것이다. 지배와 억압, 복종과 순응을 지향하는 반동적 성향은 누구에게나 어디에나 잠재해 있다. 이것이 파시즘이다. 존재의 이중운동이 끝없는 과정이듯이 민주주의도, 파시즘도 따라서 민주주의와 파시즘의 대결도 끝이 없는 과정이다. 민주주의의 완성은 끝없는 과정이다. 과정의 완성은 과정이 멈춰서 끝나는 것이 아니라 과정을 영원히 진행하는 것이다. 그 속에서 우리는 수시로 준동하는 파시즘의 반동에 제동을 걸고 민주주의를 지키고 고양시키는 진보로의 과정을 가속화해야 한다.

나는 절제하고 성찰하는 개인주의가 민주주의의 요체라고 생각한다. 개개인 각자가 중요하다. 각 개인이 자기의 욕망을 마음껏 발산할 수 있는 개인주의 사회가 민주주의의 이상이다. 평등한 자유를 누리는 개인이 자율적 주체다. 들뢰즈와 과타리의 용어로는 즉각적으로 수시로 변용이 이루어지는 정동적·욕망적 주체다. 욕망적 주체는 잠시도 고정되어 있지 않은 창조적이고 역동적인 주체다. 21세기 탈근대 사회가 지향하는 새로운 욕망적 주체는 철학적 이성과 과학적 지성과 예술적 감성이 장착된 안목 있는 비평가로서의 개인이고, 니체의 운명애를 실천하는 초인을 지향하는 윤리적 주체로서의 개인이다. 윤리적 주체는 깨어있는 자율적 주체로서 절제하고 성찰하는 주체다. 윤리적인 욕망적 주체는 부분과 전체, 나와 공동체, 개인과 사회를 통찰할 수 있는 주체다. 나의 욕망이 전체와 조화될 수 있는가, 나의 욕망은 사회의 조건과 억압으로부터 독립된 참된 나의 욕망인가, 라고 질문하면서 항상 절제하고 성찰하는 주체다. 절제하고 성찰하는 개인주의를 위한 경제학이 들뢰즈 경제학이다. 들뢰즈 경제학의 목표는 깨어있는 자율적 주체의 형성을 위한 환경과 제도를 구축하는 것이다. 들뢰즈 경제학은 경제 민주화를 통해 파시즘적 요소가 제거된 참된 욕망의 구현을 가능케 하는 정치경제학이자 욕망경제학이다.

임계적 자유를 누리는 윤리적·자율적 주체로서 욕망이 시키는 대로 독특한 삶을 구현해 나가자. 절제하고 성찰하면서 욕망을 실현하자. 이것이 진보적 개인주의다. 나만의 자유를 구가하려는 이기적 개인주의가 아니라 파시즘을 방지하고 민주주의를 살리는 개인주의다. 존재를 사랑하는, 평등한 자유를 추구하는 진보주의자가 되자. Boys, be progressive!

왜 들뢰즈인가?

"오늘날 사유한다는 것은 곧 들뢰즈와 대결한다는 것을 의미한다."(이정우) 우리는 들뢰즈의 사상을 사유의 토대로 삼는다. 들뢰즈 경제학도 사유의 최고봉을 추구하는 학문으로서 당연히 들뢰즈의 사상을 기반으로 한다.

들뢰즈는 현대 형이상학을 집대성한 철학자로서 탈근대적 사유를 대표하는 사상가다. 그에 대한 찬반과 호오를 떠나 현대를 사유하기 위해서는 필수적으로 그를 만나야 한다. 그의 사상적 지평은 모든 탈근대 사유의 플랫폼이라 할 수 있다. 들뢰즈는 철학, 예술, 과학적 사유의 새로운 지평을 열었다. 그의 사유는 근본적이고 포괄적이며, 과학과 친화적이고, 뛰어난 현실적합성을 보여준다.

펠릭스 과타리와의 만남으로 개화한 그의 사회사상은 현대 사회에 대한 독특하고 창조적인 해석을 전개한다. 마르크스와 프로이트를 종합한 그들의 자본주의 분석은 새로운 자본론이라 불릴 만하다. 현대 사회를 새롭게 규정하고 그것에 대해 문제를 제기하고 대안을 제시함으로써 신자유주의를 극복하고 새로운 세상을 이루고자 하는 데 중요한 발판을 마련해주고 있다.

들뢰즈 자신이 끊임없이 과학과 예술의 영역을 넘나들며 철학과 과학, 철학과 예술의 관계를 천착한다. 그의 존재론과 인식론, 사회사상은 탈주와 탈영토화가 일상화된 현대 사회에서 사유의 씨앗 역할을 하며 그로부터 새로운 사유가 자라나는 토대로서 작용한다. 부연하면, 들뢰즈의 사유는 동양 사상과도 친화적이다. 서양 비주류의 전통을 이어받은 들뢰즈의 사유와 동양 사상은 놀라운 유사성을 보여준다. "들뢰즈는 서구 사유의 정점을 보여주며, 동시에 동아시아 철학과의 접점을 보여준다."(이정우) 일신교가 지배하는 서양과 이슬람 세계와는 달리 동북아 세계의 유불선(儒佛仙), 기공도(氣空道)의 사유는 원래부터 탈근대적이고 융합적인 사유의 성격을 가진다. 동양 전통 사유에 근대성이 수용되고 들뢰즈 사유가 접목됨으로써 세계를 선도할 새로운 사유가 창발할 수 있다. 들뢰즈를 알든 모르든, 의도하든 아니든 동서양을 아우르는 현대인들의 사고와 행동은 그의 사유와 직간접적으로 연결되어 있다. 현대인에게 들뢰즈는 선택이 아닌 필수다. 들뢰즈에 대한 다음과 같은 평가를 소개한다.

"들뢰즈는 전통 형이상학은 물론 근대 과학을 극복할 수 있는 새

로운 실재 탐구의 구도를 제시했다."(세철4, 340쪽)

"한편으로 정치한 논리와 해박한 철학사적 소양을 바탕으로 독특한 존재론의 세계를 펼치고, 다른 한편으로 헤겔-마르크스의 변증법 이래 가장 인상 깊은 사회-역사철학을 펼친 들뢰즈에게는 오늘날 '철학자들 중의 철학자'라는 최상의 찬사가 던져지고 있다."(이정우)

"들뢰즈의 잠재성의 철학은 생성존재론을 바탕에 깔고 있으면서도 그로부터 어떻게 질서가 창출되는지를 설명한다. …… 들뢰즈의 사유는 생성과 질서를 단순 대립시키는 것을 넘어 생성의 결들을 포착할 수 있는 논리를 제공했고, 이 점에서 그의 사유는 생성존재론과 현대적 합리성을 지양한, 현대 철학의 한 정점을 이루었다."(세철4, 312쪽)

"비유클리드 기하학들과 새로운 대수학을 따라서 발산적 계열들에 대한 적극적 이해를 되살리는 일은 현대 수학에서 그 자체 일종의 코페르니쿠스적 혁명을 보여주고 있다. 부분적으로 이러한 수학적 진보에서 유래하는 들뢰즈의 차이의 철학은, 그것이 새로운 것(차이)의 문제를 단순히 형이상학이라는 변경 지대에서 다루어지는 물음이 아니라 존재 그 자체에 대한 일차적인 규정으로 삼는 한에서, 철학에 있어서 그 자체의 코페르니쿠스적 혁명을 보여주고 있다."(스미스, 622~3쪽)

"들뢰즈는 우리 시대의 칸트다. 칸트의 비판들이 어느 정도 유클리드 공간, 아리스토텔레스적 시간, 뉴턴 물리학의 세계를 위한 인식론, 형이상학, 윤리학과 미학이듯이, 들뢰즈는 파편화된 공간, 뒤틀린 시간, 그리고 균형 열역학과는 거리가 먼 비선형적 효과들로 표현되는 현대 세계를 이해하기 위한 철학적 개념들을 제공한다."(Protevi, pp. vii~viii)

"칸트가 유클리드 기하학과 뉴턴 물리학으로 대표되는 근대 과학에 상응하는 형이상학 체계를 제시하였다면, 베르그손과 시몽동을 거쳐 들뢰즈에서 만개한 표현적 유물론은 자기조직화이론, 복잡계이론, 비선형 동역학, 양자역학 등으로 대표되는 현대 과학에 상응하는 물질의 형이상학을 구축해 보인다고 할 수 있다."(김재희, 135쪽)

근대를 연 데카르트와 칸트의 관계는 탈근대를 연 니체·베르그손과 들뢰즈의 관계와 대비될 수 있다. 베르그손의 사유를 토대로 '존재에서 생성으로' 나아간 생성존재론(세철4, 1장 참조)이 확립된 오늘날 존재론의 과제는 어떻게 '생성에서 존재자들로'의 이행을 설명할 것인가에 있다. 생성이라는 세계의 근저로부터 어떻게 동일성들(개체, 성질, 사건, 보편자, 규칙성 등)이 성립될 수 있는가 하는 것이다(세철4, 75쪽). 니체와 베르그손의 생성존재론을 충실히 이어받은 들뢰즈의 잠재성의 철학이 이 과제에 대한 정교하고 탁월한 답을 제시해주고 있다. 존재의 일의성에서 출발해서 개체와 사건의 발생, 자본주의 사회체의 구성에까지 해명해 들어가는 그의 존재론은 현대 형이상학의 정점을 이룬다.

"인류가 이룩한 담론적 성과들은 결국 형이상학이라는 담론에서 집약되며 초극된다. 이 점에서 형이상학은 사유의 극한이다."(이정우) 오늘날의 형이상학을 대표하는 철학자는 들뢰즈다. 그뿐 아니라 앞으로의 형이상학은 사유의 지평의 차원에서 들뢰즈를 넘을 수 없을 것이다. 이 점에서 들뢰즈의 사유는 사유의 극한의 극한이라고 할 수 있다. 요컨대 탈근대 철학적 사유를 대표하는 들뢰즈 철학이 철학의 극한이자 사유의 극한을 형성한다. 사유의 끝, 철학의 종말을 말하는 것이 아니라 사유의 가장 크고 넓은 지평을 구성한다는 의미이다. 사유의 발전은 영원할 것이지만, 최소한 들뢰즈가 제시한 것 이상의 사유의 지평은 없다고 나는 단정할 수 있다. 과학 자체와 그 이상을 사유하는 형이상학이라고 할 수 있는 철학, 그중에서도 좁은 형이상학이라고 불리는 존재론이 사유의 극한이라고 할 수 있다. 존재는 차이에 의한, 힘에 의한, 욕망에 의한 무한 생성이라는 것이 들뢰즈의 결론이다. 더 이상의 철학은 없다. 앞으로의 모든 사유의 발전은 들뢰즈 사유를 극한으로 하는 상대적 탈영토화일 뿐이다.

잠재성의 철학

들뢰즈의 탈근대 철학을 한마디로 표현하면 잠재성의 철학이라 할 수 있다. 잠재적인 것에 대한 사유가 들뢰즈 사상의 정수(精髓)다.

세상에 존재하는 모든 것, 즉 실재하는 것(le réel, 영어 the real)은 현실적인 것(l'actuel, 영어 the actual)과 잠재적인 것(le virtuel, 영어 the virtual)으로 구성된다. 현실적인 것은 표상 또는 재현이 가능한 것이다. 물질적인 것뿐만 아니라 정신적인 것도 포함한다. 실재하지만 현실적이지 않은 것, 즉 표상될 수 없는 것이 잠재적인 것이다. 현실적으로 형식화할 수 없는 것이 잠재적인 것이다. 표상(representation)될 수 없기 때문에 표현(expression)밖에 될 수 없는 것이다. 들뢰즈의 철학은 비표상적이기 때문에 '표현적'이라는 용어를 사용한다. 잠재적인 것은 언어로 표상될 수 없고 언어나 기호로 표현될 수 있을 뿐이다. 잠재적인 것을 존재의 원천이자 인식의 근거로 사유하는 들뢰즈의 형이상학, 더 좁게는 들뢰즈의 존재론은 표현적 유물론이라 불린다.

잠재적인 것 중에서도 가장 궁극적인 원천으로 들뢰즈는 어떤 힘, 물질, 에너지를 제시한다. 힘, 물질, 에너지도 우리는 현실적인 것과 잠재적인 것 두 차원에서 사유할 수 있다. 과학이나 일상에서 우리가 현실적으로 생각하는 물질과 달리 들뢰즈가 생각하는 잠재적 물질성에 속하는 기타 개념들이 잠재적 역량(힘), 생산적 욕망, 강도, 흐름, 강도적 에너지, 비유기적 생명 같은 것들이다. 동양사상의 기(氣)와 통하는 것들이다. 정신의 작용이든 물질의 작용이든 모두 기의 작용이라고 할 때의 기 말이다. 강도적이고 에너지적인 물질, 연속적 변이의 역량과 생명력을 지닌 물질이다(김재희, 137쪽).

요컨대 궁극적인 존재의 원천과 인식의 근거가 되는 것은 하나의 힘, 에너지-물질, 들뢰즈의 강도적 차이, 잠재적 역량 등으로 표현될 수 있다.

잠재적인 것, 잠재적 대상은 들뢰즈의 힘, 물질, 에너지, 흐름(입자들(particle), 강도들(intensity), 특이성들(singularity): PIS) 또는 그것의 조합들로 이루어지는 잠재적 몸체(기관 없는 몸체 또는 탈기관체)나 순수사건들이다. 잠재적 세계는 무질서한 혼돈의 세계가 아니다. 잠재적인 것은 완결적으로 규정된 체계로서 실재한다. "잠재적인 것의 실재성은 미분적 요소와 비율적 관계들 안에, 또 이것들에 상응하는 독특한 점들 안에 있다."(차반, 450쪽) 잠재적인 것은 순수하고 근원적이다. 현실 자체와 대비되는 의미에서 이상적이고 순수하며, 현실의 경험을 조건 지우는 것이라는 의미에서 근원적이다. 따라서 들뢰즈는 잠재적인 것들에 '순수'(pur, 영어 pure)라는 수식어를 자주 붙여 사용한다. 순수과거, 순수기억, 순수사건들이 그러한 것들이다.

들뢰즈에게 세계의 움직임, 존재의 운동, 생성은 잠재와 현실의 관계로 이해된다. 심층의 잠재적인 것들의 상호작용이 누적적으로 쌓여 표면으로 분출되어 현실적인 것으로 구체화하는 과정이 존재의 운동이다. 잠재적인 것에서 현실적인 것으로 향하고 현실은 다시 잠재의 세계에 영향을 주게 되는 일종의 순환 혹은 반복이 끊임없이 진행된다. 잠재적인 것의 현실화(actualisation) 또는 분화(différenciation)는 미(微)분화(différentiation)를 통해 발생한 잠재적 역량이 현실적 대상으로 탈바꿈하는 과정이다. 잠재적 역량이 강도적 역량으로의 개체화 과정을 거친 뒤 구체적 재현이 가능한 현실적 대상으로 분출되는 과정이다.

세계의 운동은 미분화, 개체화(individuation), 분화(현실화)의 반복이다. 미분화는 들뢰즈의 이념의 잠재적 내용이 규정되는 과정이고, 분화는 이 잠재성이 서로 구별되는 종이나 부분들 안에서 현실화되는 과정이다. 모든 현실화 과정은 일정한 범주하의 질적이고 외연적인 이중의 분화다. 미분비, 즉 비율적 관계들은 질이나 종으로, 독특성, 특이점들은 유기적으로 조직화된 부분이나 물리적 부분들로 분화된다. 분화의 범주들은 무한하다. 가령 물리학적 현실화는 질화와 부분화, 생물학적 현실화는 종별화와 유기적 조직화로 나눌 수 있다. 가령 미분비들의 체계에 해당하는 유전자는 어떤 한 종 안에서 구현되는 동시에 그 종을 구성하는 유기적 부분들 안에서 구현된다(차반, 452쪽). 이러한 과정 중간에 개입하는 것이 강도적 개체화의 과정이다. 개체화의 과정을 통해 우리는 존재의 측면에서나 인식의 측면에서 모두 잠재성의 세계와 현실성의 세계를 연결할 수 있다. 세계의 움직임은 시작도 끝도, 기원도 목적도 없이 잠재와 현실의 반복, 창조적 분화를 수행해 가는 끊임없는 과정이다.

들뢰즈의 잠재성의 철학은 사유의 지평을 극단으로까지 밀어붙인 현대 형이상학의 정수라 할 수 있다. 실재하는 것 전체를 포괄하는 들뢰즈의 잠재성에 대한 사유는 일관되게 그의 사상 전체를 관통한다. 들뢰즈의 존재론, 인식론, 사회사상은 모두 잠재성에 대한 사유로부터 출발한다. 들뢰즈 철학의 시작인 차이 자체는 존재의 원천이자 인식의 근거로서의 잠재적 이념이다. 초월적 경험론에서의 '초월적'이라는 것도 '현실적'이 아닌 '잠재적'이라는 뜻이다. 사건의 철학에서 우리가 인식하는 사건들은 잠재적 순수사건들이 구체적으로 현실화한 것이다. 존재의 운동과 생성은 잠재에서 현실로 가는 분화의 과정이다. 들뢰즈와 과타리의 분열분석에서의 무의식적 욕망도 생산적인 잠재적 역량의 다른 이름일 뿐이다. 들뢰즈와 과타리의 분자적인 리좀형 다양체도 잠재적 대상을 일컫는 용어 중 하나다. 들뢰즈와 과타리 사회사상의 요체는 잠재적인 추상기계들이 구체적으로 현실화한 배치들이 사회를 구성한다는 것이다.

차이의 철학

들뢰즈는 니체, 베르그손으로부터 이어지는 생성철학으로서의 현대 존재론을 집대성했다. 그는 서양 주류의 동일성의 철학, 존재(being)의 형이상학에서 현대의 차이의 철학, 생성(becoming)의 형이상학으로의 변화의 흐름을 완성한 장본인이다. 들뢰즈의 생성철학을 대변하는 차이의 철학은 차이를 동일성의 철학에서처럼 부정적으로 보지 않고 긍정적으로 본다. 차이를 외적 차이, 개념적 차이처럼 표상적으로 이해하는 것이 아니라 내적 차이 또는 내부적 힘으로서 비표상적으로 이해한다. 들뢰즈는 내적 차이를 '차이 자체'(différence en elle-même, 영어 difference in itself)로 부른다.

들뢰즈에게 차이 자체는 개념적 차이가 아니라 이념으로서의 차이를 말하는 것으로서 궁극적인 존재의 원천이자 인식의 근거다. 이념(Idée, 영어 Idea)이라는 단어에 주목하여 들뢰즈의 철학을 또 하나의 플라톤 철학일 뿐이라고 폄훼하는 자들도 있지만 그것은 들뢰즈에 대한 오해의 소산이다. 칸트가 플라톤을 따라서 이념들이라고 부른 것은 경험을 초월하는 개념이라고 할 수 있다. 사유는 가능하지만 인식은 가능하지 않은 것들, 문제적이지만 해답은 없는 것들이라고 할 수 있다. 들뢰즈의 이념은 플라톤의 이데아와 칸트의 이념과는 차원이 다른 잠재적 세계를 가리키는 용어다. "들뢰즈의 이념은 칸트의 이념에서 출발하지만, 그의 주체 중심적 인식론에서 플라톤의 객체 중심적 존재론으로 향한다. …… 그러나 구도상 플라톤의 이데아에 근접하는 들뢰즈의 이념은 내용상 그것과는 다른, 아니 정확이 대조되는 개념이다. 그것은 영원부동의 실재가 아니라 차이생성의 장이다."(세철4, 302쪽). 플라톤의 이데아나 칸트의 신, 세계, 영혼과 같은 이념들은 통합하고 총체화하는 초재적인 것들인 반면에 들뢰즈의 이념은 내재적인 다양체다. 외부에서 조건을 짓는 것이 아니라 자체 내에서의 미분적이고 발생적인 것이다(스미스, 277쪽 참조). 들뢰즈의 이념은 실재적 경험의 발생적 요소로서의 차이들로 이루어진 잠재적 다양체다.

차이가 먼저인가 동일성이 먼저인가? 생성이 먼저인가 존재가 먼저인가? 생겨난 것이 먼저인가 생겨남이 먼저인가? 생겨남이라는 것이 먼저 있고 그에 따라 모든 것이 생겨나는 것이 아닌가? 원래 세상에 변하지 않는 것은 아무것도 없다는 사실만이 변하지 않

는 사실이듯이, '차이 자체'만이 그 자체로 존재한다. 즉 '존재는 즉
각적으로 그 자신과 다르다'는 사실만이 그 자체로 존재한다. 연속
적 변이, 흐름으로서의 작용과 과정이 있을 뿐이다. 작용과 과정을
일으키는 원천이 차이이다. 이때의 차이는 어떤 비대칭, 즉자적 비
동등이다. 들뢰즈의 차이 자체는 생겨남, 생겨난다는 사실, 생성이
다. 차이 자체는 모든 것의 근원으로서 그 배후에는 아무것도 없
다. 차이 자체가 존재의 일의성을 구성한다. 차이 자체가 모든 것
의 충족이유다. 차이 자체가 힘의 있음을 증명하는 것이다. 힘의
다른 이름들이 들뢰즈의 무의식적인 생산적 욕망, 잠재적 역량, 강
도적 에너지, 비유기적 생명이다. 동일성은 원천이 아니라 결과로
서 순간적이고 일시적인 것이다. 차이 자체, 생겨난다는 사실만이
영원하고 절대적이다. 존재의 정체는 동일성이 아니라 차이 자체,
생성의 역량, 영원히 변용하고 변용될 수 있는 역량, 즉 정동·변용
태이다.

　들뢰즈의 차이는 이념적 차이와 강도적 차이의 이중 구조를 가
진다. 이념적 차이는 궁극적인 원천이자 근거로서 미(微)분화 단계
에 있다. 들뢰즈의 잠재적 이념은 미분적·발생적 요소, 미분적 관
계(미분비), 특이점으로 구성된다. 들뢰즈의 이념은 실재적 경험
(expérience réelle)의 조건들을 구성한다. 실재적 경험의 조건들은 조
건화되는 것보다 더 크지 않으며, 범주들, 즉 칸트가 제시한 가능
한 경험(expérience possible)의 조건들과는 본성상의 차이를 지닌다(차
반, 166쪽 참조). 들뢰즈는 "재현의 요소 개념들은 가능한 경험의 조
건들로 정의되는 범주들이다. 그러나 범주들은 실재에 비해 너무

일반적이고 너무 크다. 그물은 너무 성겨서 대단히 큰 물고기도 빠져나가 버린다.”(차반, 165쪽)고 말한다.

이념적 차이가 전(前)개체적인 독특성들로 이루어진 저수지와 같은 하나의 장의 성격을 가진 것이라면, 강도적 차이는 개체화한 차이로서 저수지에서 추출된 부분, 한 조각의 성격을 갖는다. 강도적 차이는 존재자들의 직접적 원천이자 근거로서 개체화 단계를 거쳐 현실화 단계, 즉 분화로 나아간다. 강도적 차이는 역설적 이중성을 가진다. 감각할 수 없지만 동시에 감각밖에 될 수 없는 어떤 것, 경험할 수 없지만 경험밖에 될 수 없는 어떤 것이다. 인식능력의 초월적 실행 또는 사용이 있어야만 인식이 가능하다. 강도적 차이는 중층적(누층적) 구조를 가지면서 무한한 중층적 생성에 참여한다. 들뢰즈의 잠재적 차이의 공간은 수학적으로 프랙털 구조로 볼 수 있다(천고, 928~30쪽 참조).

이념-강도-현실

강도적으로 개체화한 차이가 분화소(차이 짓는 차이소, 실제로 반복되는 것) 또는 충족이유, 즉 발생의 원천과 인식의 근거로서 요소들의 형태 변화와 미분비들의 양태 변화를 규정함으로써 현실적인 분화를 촉발하는 과정이 들뢰즈의 생성과 반복이다.

형태 변화와 양태 변화가 있기 전의 막주름진(perplication) 상태가 이념의 세계다. 그러나 들뢰즈의 이념은 무규정의 완전히 무질서한 장은 아니고, 어느 정도 질서가 있는 미(微)분화(différentiation)의 상태다. 비인칭적이고 전(前)개체적인 요소와 관계, 그리고 특이성들로 이루어진 세계다. 애매(obscure, ambiguous)·판명(distinct)의 상태라고 할 수 있다. 막주름져 있지만 미세하게나마 완결된 규정이 이루어진 상태인 것이다.

이념의 세계와 현실의 세계를 연결해 주는 것이 강도의 세계다. 개체화(individuation)가 진행되어 안주름진(implication) 상태, 안으로 봉인된 함축적인 상태가 강도적 개체화의 세계다. 강도적 개체화는 강도가 어떤 미분비들과 그에 상응하는 특이점들을 표현하는 과정(차반, 535~6쪽 참조), 즉 요소들의 형태 변화와 미분비들의 양태 변화가 진행되는 과정이라고 할 수 있다. 분화소(표현하는 것)의 작동으로 미분비와 특이점들(표현되는 것)이 규정되는 과정이다. 명석(clear)·모호(vague, confused)의 상태라고 할 수 있다. 개체화는 이루어졌지만 아직 밖으로 명시적으로 펼쳐지지 않고 안으로 봉인되어 함축된 상태, 현실화의 문턱을 아직 넘지 못한 잠재적 몸체(탈기관체)의 상태인 것이다.

분화(différentiation)가 완성된 현실의 세계는 밖주름진(explication) 상태, 바깥으로 펼쳐진 명시적인 상태, 해명이 이루어진 상태를 말한다. 그야말로 명석(clear)·판명(distinct)의 상태다. 질과 양으로 명시적인 개체화가 이루어져 하나의 현실적 몸체가 이루어진 상태다.

존재의 일의성

들뢰즈의 사유는 일의적 존재론을 기반으로 한다. 다의적 존재론의 서양 주류의 전통과는 궤를 달리한다. 일의적 존재론에 따르면 존재는 일의성(一義性, univocité), 즉 하나의(un, 영어 one) 목소리(voix, 영어 voice)를 가진다. 하나의 목소리가 무엇인가에 따라 들뢰즈의 존재론은 차이의 존재론, 생성존재론, 힘(역량)의 존재론, 욕망존재론, 다양체의 존재론, 사건의 존재론, 기계의 존재론, 배치의 존재론 등으로 불린다. 존재는 무한생성이며 차이의 반복으로서의 영원회귀에 놓여 있다. 존재하는 모든 것의 원천과 근거는 힘이자 역량으로서의 욕망이다. 들뢰즈에게 존재하는 모든 것은 다양체이자 사건이자 욕망적 기계이자 배치이다.

존재를 일의적으로 보는 관점에서 사유의 극한, 철학의 극한이 파생된다. 모든 존재자를 욕망적 기계로 보는 존재의 일의성으로부터 궁극의 보편성, 사유의 보편성이 추출되는 것이다. 궁극의 보편성은 무한한 잠재성으로서의 독특성과 호응한다. 가령 한 개체로서의 고유명을 가진 홍길동이라는 존재는 보편성-독특성하의 사유에서는 인간, 생물, 유기체, 계급, 인종, 민족 등의 일반화된 범주나 한계에 구속되지 않는 무한한 가능성으로서 사유된다. 일반성의 추출은 경계를 획정짓는 사유다. 사유에 한계가 있을 수밖에 없다. 이는 한계 내에서의 특수성과 호응한다.

존재의 일의성으로부터 존재의 평등성도 파생된다. 들뢰즈의 비인간주의와 자연주의, 기계주의(machinism)를 보여 주는 것이다.

존재의 일의성에 따라 들뢰즈는 인간과 비인간, 자연과 사물을 모두 하나의 기계로 본다. 근대적 인간중심주의와 이를 근거로 하는 기계론적(mechanistic) 자연주의는 배척된다. 사회적·정치적 시각으로 볼 때 이 점이 들뢰즈가 실질적 민주주의와 연결되는 지점이다. 평등한 자유(égaliberté, 영어 equal liberty)를 지향하는 사회, 각자의 잠재적 역량이 발휘될 수 있는 사회, 각자의 참된 욕망이 실현되는 사회가 정의로운 사회라 할 수 있고 이것이 들뢰즈가 지향하는 사회다.

들뢰즈의 반복

들뢰즈의 반복을 이해하기 위해서는 우선 우리가 가지고 있는 상식의 전복이 필요하다. 들뢰즈의 반복은 동일한 것의 되풀이가 아니다. 그것은 차이 나는 것들의 되풀이다. "반복이란 차이를 반복하는 것이고, 차이란 반복되는 차이이다."(우노, 100쪽) 즉 동일한 것이 한 시점에서 다른 시점으로 재생되는 것이 아니다. "반복은 한 현재와 다른 한 현재 사이에서 구성되는 것이 아니다." "반복은 이 현재들이 잠재적 대상을 중심으로 형성하는, 공존하는 두 계열 사이에서 구성된다."(차반, 239쪽) 계열은 사건들의 계열을 일컫는다. 잠재적 대상은 '순수과거의 한 조각'이다(차반, 232쪽). 차이를 통한 다질적이고 불균등한 계열들의 관계 맺기, 소통, 종합의 결과 현상으로 나타나는 것이 들뢰즈의 반복이다(차반, 270,476쪽 참조). 들뢰즈의 반복은 동일한 것의 되풀이가 아니라 차이의 반복이고, 새로운 생성이며 풍요로운 창조다. 차이가 반복되는 것이며, 반복되는 것은 차이이다. 엄밀히 말해 반복되는 것은 차이 자체로서의 잠재적 대상이지 현실의 사건의 계열들이 아니다. 현실의 사건들은 반복되는 잠재적 대상들이 이 순간에 그리고 저 순간에 현실화한 결과들에 불과하다. 그리고 그것들 간에 비슷함, 유비, 대립 등의 관계가 성립하는 것이고, 그러한 관계맺음들을 우리가 경험적 반복으로 인식하는 것일 뿐이다.

차이는 부단한 탈중심화와 발산의 운동이다. 반복에서 일어나는 전치와 위장은 그 두 운동과 밀접한 상응 관계에 있다(차반, 19쪽). 차이의 역량이 발산과 탈중심화라면, 반복의 역량은 전치와 위장이다(차반, 603쪽). "영원회귀 안의 반복은 차이의 고유한 역량으로 나타난다. 반복되는 것의 전치와 위장이 하는 일은 운반에 해당하는 차이 운동, 그 유일한 운동 안에서 차이 나는 것의 발산과 탈중심화를 재생산하는 것밖에 없다."(차반, 625쪽)

실제로 '반복되는 것'은 '차이 자체'다. 그것이 어떤 주체나 대상으로서의 정체성을 구성한다. 전치나 위장을 수행하는 잠재적인 것이다. 차이 나는 것의 발산과 탈중심화를 재생산하면서 양태를 변화시켜 가는 것이다. 존재하는 것은 이렇듯 항상 생성과 연속적 변이의 과정에 놓여 있다. 결과로서, 동일한 것으로서의 정체성은 찰나에 불과하다. 원인으로서, 근거로서의 정체성은 전치와 위장을 거듭하면서 반복되는 것, 즉 잠재적 대상으로서의 차이 자체다.

들뢰즈 철학의 시작이자 최종 결론이라 할 수 있는 '차이의 반복'

은 풍요로운 반복이다. 동일성이 반복되는 헐벗고 빈약한 반복이 아니다. 가령 갑에 대한 연구는 갑 자신도 몰랐던, 무의식으로 알았던 갑, 그러나 갑과 무관하지 않은 갑, 갑의 잠재성을 드러내는 풍요로운 반복의 과정이다. 고정된 정체성을 가진 갑이란 것은 없다. 잠재적 역량으로서의 갑이 있을 뿐이다. 갑의 연속적 변이 혹은 변주(variation continue)가 있을 뿐이지 플라톤식 원형(idea)으로서의 갑, 모상(copy)으로서의 갑, 허상(simulacre)으로서의 갑으로 나누어지는 것이 아니다. 허상들의 반복만이 존재한다. 탈근대적인 들뢰즈의 사유에서 주체는 활성화된(activé) 정신의 반복에 불과하다. 주체는 고정된 것이 아니라 사실상 하나의 과정으로 볼 수 있다. 들뢰즈의 인식론에 의하면 주체는 점차 더 능동적이 되고 점차 덜 수동적이 된다. 처음에는 수동적이었다가 끝에 가서 능동적이 된다(경주, 227~8, 241쪽 참조).

문제 이론으로서의 변증론

들뢰즈의 사유는 문제적(problématique)이다. 문제 제기적이고 문제 설정적이다. 들뢰즈의 잠재적 이념은 물음과 문제들로 이루어져 있다고 할 수 있다. 이념을 구성하는 미분적·발생적 요소, 미분적 관계(미분비), 특이점들이 모두 문제들을 품고 있다. 요소, 관계, 특이점들이 모두 물음들과 문제들로 재구성될 수 있는 것이다. 이러한 사유는 칸트의 용어를 빌자면 들뢰즈의 변증론(Dialectique)이라고 할 수 있다. 서양철학에서 Dialectique란 용어가 사용된 역사를 간단히 알아보면 다음과 같다.

변증술로 번역될 수 있는 플라톤의 Dialectique는 근거로서의 이데아를 찾는 과정이다. 본질에 대한 문제 제기라고 할 수 있다. '~란 무엇인가?'라는 형태의 물음이 주된 형식이다.

변증법으로 번역될 수 있는 헤겔의 Dialectique는 재현의 현실적 차원에서의 세계의 운동 법칙을 말한다. 문제들의 학문으로서의 변증론이 아니라 부정성과 모순에 의한 운동 법칙으로 변질된 것이다(차반, 348,409쪽 참조). 헤겔의 변증법은 본질적인 것(동일한 것)과 본질적이지 않은 것(부정적인 것, 차이 나는 것)의 대립, 모순에 의한 운동의 진행을 역사 발전의 법칙으로 본다.

변증론으로 번역되는 들뢰즈의 Dialectique는 플라톤적인 문답법(변증술)의 현대적 버전으로서의 문제 이론이다. 변증론은 문제와 물음들의 기술이고 본연의 문제들을 다루는 계산법이자 조합법이다(차반, 348쪽). 필연적 과정으로서의 법칙의 의미보다 이론적 담론으로서의 의미를 가진다(차반, 352쪽 역주32 참조). 이념적(잠재적) 차원의 문제 제기와 현실적 차원에서의 문제 해결의 과정을 포함한다.

변증론과 대비되어 흔히 분석론이라 불리는 것은 현실적 문제로서의 현상에 대한 근거 또는 충족이유로서의 본질 또는 법칙의 탐구를 추구한다. 그 결과물들인 공리, 정리, 가설들은 본질의 속성들, 법칙의 내용들을 서술하는 명제들이다. "분석론이 이미 주어진 문제를 해결하거나 어떤 물음에 답하는 수단을 제공하는 반면, 변증론은 물음을 정당하게 제기할 수 있는 방법을 보여주어야 한다."(차반, 353쪽) "분석론이 어떤 확고한 전제로부터 논리적 필연에 따라 연역하는 추론이라면, 변증론은 우선 두 개(나 그 이상)의 이견에서 시작된다."(세철1, 389쪽)

차이 나는 것, 즉 미분적이고 발생적인 것이 문제적인 것이다. 문제는 그것의 조건들을 표현하는 특이점들에 의해 규정된다(의논, 125쪽). 보통의 것들은 문제를 일으키지 않는다. 단독적이고 특이한 것들이 긍정적이건 부정적이건 문제를 야기한다. 분화소의 작동에 의해 특이점들의 분배와 결합이 이루어지고 그 결과 계열들의 종합에 의해 사건이 발생하고 문제의 해가 도출된다. 독특성에 대한 문제 제기로서 '얼마만큼?', '어떻게?', '어떤 경우에?', '누가?'와 같은 형태의 물음들이 이루어진다. "이 물음들은 우연, 사건, 다양체, 곧 차이에 대한 물음들이고, 이 점에서 본질의 물음, 일자, 상반성, 모순 등의 물음과 맞서 대항하고 있다."(차반, 410쪽) 잠재성의 철학자 들뢰즈의 변증론에 의하면 "문제적임(le problématique)은 인식의 객관적인 한 범주이자 또한 존재의 완전히 객관적인 하나의 양식(genre)이다."(LS, p70/의논, 126쪽)

표현적 유물론

들뢰즈의 존재론은 표현주의(expressionism) 형이상학에 속한다. 환원주의(reductionism) 형이상학과 대비된다. 표현(expression)은 상이한 존재면들 사이에서의 번역이라고 할 수 있다(세철3, 172쪽). 같은 존재면, 동일한 지평에서의 지시 또는 지칭(indication or designa-tion), 그리고 의미작용-(signification)과는 차원이 다른 것이다. 스피노자, 라이프니츠, 기일원론을 주장한 서경덕 등이 표현주의에 속하는 사상가들이라고 할 수 있다. 데카르트 중심의 주류 환원주의와 대비된다. 표현주의에 입각할 경우 존재면들은 서로를 표현하지만 환원주의는 하나의 특권적인 존재면으로 다른 모든 존재면들을 환원하려 한다(세철3, 172~3쪽 참조). 표현주의에서의 존재면들의 관계는 구도와 지평을 달리하는 관계로서 평등하고 상호 의존적이다. 환원주의에서의 존재면들의 관계는 동일한 구도와 지평 위의 관계로서 위계적이고 일방적이다.

들뢰즈의 사유에서 표현이란 의미(sens, 영어 sense)의 표현이다. 표현은 잠재적 의미를 전개하고(développer) 펼치며 설명하는(expliquer) 것이다. 현실적 대상의 지시와 구별된다. 지시는 그 대상의 명시적이고 약속된 의미(signification)를 가리키는(indiquer) 것이다. 들뢰즈에 의하면 사유하는 데 있어 기호가 지시하는 대상의 명시적 의미(signification)를 규명하는 것보다 기호가 감싸고 있는 함축적 의미(sens)를 해석하고 펼쳐내는 것이 더 근본적이다. 들뢰즈의 표현은 잠재적인 것의 현실화다. 동일성의 재현이 아닌 차이의 표현이다(김재희, 138~9쪽 참조). 근대적 의미를 가지는 표상과 탈근대적 의미를 가지는 표현을 구분해야 한다. 칸트의 물자체나 들뢰즈의 잠재적 실재는 표상은 가능하지 않지만 표현은 가능하다. "강도, 바로 차이 그 자체는 어떤 미분비들과 그에 상응하는 특이점들을 표현한다."(차반, 535~6쪽) "모든 감각 가능한 현상들은 강도의 표현이다."(김재희, 140쪽) 『천 개의 고원』에서 표현의 의미는 언표적 배치로 확장된다. 언표행위라는 집단적 배치(agencement collectif d'énonciation)를 말한다. 배치론에서 표현은 내용을 표상하는 형식과 구별해야 한다.

들뢰즈의 존재론은 한마디로 표현적 유물론(expressive materialism)이라고 할 수 있다(김재희, 131~162쪽 참조). 김재희에 의하면 "표현적 유물론이란, 한편으로는 현실적인 생성물들의 조직화와 창발적인 새로움을 형상적 본질이나 선험적 범주와 같은 초월적 작인에 의해 근거지우는 정신주의적 이원론의 사유를 넘어서고, 다른 한편으로는 원자론적이고 기계론적이며 연장적인 물질 개념에 기초한 낡은 유물론의 환원주의적이고 결정론적인 사유를 넘어서면서, 물질에 내재하는 잠재적인 힘으로 창조적 생성을 설명해 나갈 수 있는 존재론을 말한다."(김재희, 135쪽) '물질에 내재하는 잠재적인 힘'이 존재의 근원이다. 들뢰즈의 표현적 유물론은 형이상학적 표현주의(세철3, 337쪽)의 하나로서 각 존재면들은 독립적인 실재성을 보유하지만 모든 표현들이 그것의 표현으로서 이러한 물질과 힘을 제1원리로서 가지는 환원주의적 측면도 포함한다. 이러한 물질과 힘의 다른 이름들이 들뢰즈의 차이 자체, 잠재적 역량, 무의식적 욕망 등이다. 이는 현대 과학과 매우 친화적인 철학적 관점이다. 자기조직화이론(self-organization theory)과 창발론(emergentism)을 핵심으로 하는 복잡계이론(complex system theory)이 총아로 등장한 현대 물리학과 생물학 그리고 사회과학을 아우를 수 있는 철학적 토대를 제공한다. 베르그손, 시몽동을 거쳐 들뢰즈가 완성했다고 할 수 있다.

들뢰즈의 표현적 유물론의 관점에서의 물질은 하나의 힘, 즉 내재적인 변이의 역량과 비유기적 생명력을 가진 물질이다. 강도적 에너지로서의 들뢰즈의 물질은 복잡계 과학이 보여주는 자기조직화 이상의 역량을 보유한다. 유기체로의 창발성(emergence) 이상의 생성을 표현하는 것이다. 김재희에 의하면 "강도적 에너지를 지닌 물질은 물리계든 생물계든 모든 형상들이 나타났다 사라지는 존재론적 바탕이다. 그것은 유기적인 조직화 '그 이전에' 있다는 점에서 '비유기적인' 힘이다."(김재희, 150쪽) 이처럼 들뢰즈와 과타리의 물질은 유기체 이전의 기관 없는 몸체(탈기관체)다. "탈기관체는 특정한 강도로 내포적 공간(spatium)을 점유하게 될 물질이다. 이 물질은 에너지와 똑같다. 강도가 0에서 출발해서 커지면서 실재가 생산된다."(천고, 293~4쪽). "들뢰즈는 이 물질에 대한 새로운 개념화를 토대로 과학이 사유하지 못하는 전체에 대한 유물론적 통찰을 제시했다."(김재희, 132쪽)

요컨대 표현적 유물론에서 물질성을 표현하는 개념이 강도적 에너지와 비유기적 생명(une Vie non organique)이다. 들뢰즈는 에너지를 순수한 강도 안에 잠복해 있는 차이를 통해 정의한다(차반, 513쪽). 과학적이고 외연적·현실적인 경험적 양으로서의 에너지가 아니라 강도적·잠재적인 초월(론)적 원리로서의 에너지 일반을 의미한다(김재희, 147~8쪽 참조). 엔트로피 법칙이 성립하는 고립계가 아닌 외부와의 무한한 상호작용을 전제하는 열린계에서의 생성과 변주의 역량으로서의 에너지 일반을 말한다. 비유기적 생명은 물질 그 자체가 지닌 어떤 생기, 물질적 생명성(vitalisme matériel)이다(천고, 789쪽, 김재희, 155쪽 참조) 이로부터 일의적 존재론과 자연주의가 도출된다. 표현적 유물론은 애니미즘(물활론)도 메커니즘(기계론)도 아닌 보편적 기계주의(machinisme)다(천고, 486쪽, 김재희, 156쪽).

존재의 운동, 세계의 변화, 사건의 발생은 근원적 힘으로서의 강도적 에너지와 잠재적 물질의 표현들이다. 김재희에 의하면 "과학적 유물론은 물질에 대한 현전의 형이상학을 벗어날 수 없다. 들뢰즈의 강도적이고 표현적인 유물론은 무엇보다 물질에 내재하는 잠재성을 발견했다는 점에서 과학적 유물론을 넘어선다."(김재희, 158쪽) 앞서 언급했듯이 물질성을 극한으로 밀어붙여 비유기적 생명으로서의 차이 자체와 무의식적 욕망을 존재의 제1 원리로 삼음으로써 환원주의적 뉘앙스도 가지고 있는 것이 들뢰즈의 표현적 유물론이다. 따라서 비판자들로부터 또 하나의 환원적인 플라톤주의로 취급되기도 한다. 그러나 표현적 유물론에서의 물질성을 나타내는 궁극적 힘으로서의 욕망은 들뢰즈의 차이의 철학에서 파생된 것이다. 플라톤의 이데아론과 같은 서양 주류 동일성의 철학에서 파생되는 원리나 본질과는 차원이 다른 것이다. 분석적 환원주의에 주력하는 환원주의적 유물론과 비환원주의적인 과학적 유물론을 넘어 탈근대적이고 철학적인 사유를 추구하는 표현적 유물론이 인간과 생명, 그리고 비생명을 포함한 세계 전체를 사유하는 종합적 전체론의 전범이 될 수 있을 것이다.

리좀의 철학

리좀(rhizome)은 원래 뿌리줄기 또는 땅속줄기를 일컫는 것으로, 나무가 줄기를 시작으로 가지 치면서 자라나는 모양과 달리 땅속에서 줄기가 중심 없이 무한 방향으로 뻗어나가는 모양을 가리키는 용어다. 나무(arborescence)가 세상의 예정된 질서로서 발견의 대상이며 세상을 초월적으로 지배하는 원리라면, 리좀은 스스로 질서를 만들어 가며 무한한 연결접속을 창조해낼 수 있는 내재적 원리다. 나무마저도 리좀의 경직된 형태. 원래부터 리좀이 아닌 것은 없으며 리좀이 굳어진 것이 나무다(천고, 역자서문 vii쪽 참조). 나무는 혈통관계, 위계적 관계이지만 리좀은 오직 수평적 결연관계다(천고, 54쪽). 생성과 창조를 위해서는 리좀으로 가는 것이 불가피하다. 다만 무조건 리좀이 아닌 바람직한 리좀이어야 한다.

리좀과 나무는 이원론적인 대립관계가 아니다. 이원론이나 이항대립은 같은 판이나 구도(plan) 또는 같은 사유의 지평을 전제로 할 때의 대응 관계다. 가령 정신과 육체, 하늘과 땅, 남자와 여자, 남과 북, 동양과 서양, 좌파와 우파, 다수파와 소수파 따위의 관계를 말한다. 그러나 근대와 탈근대, 현실과 잠재, 몰적인 것과 분자적인 것, 안과 밖, 인간과 자연, 의식과 무의식, 유한과 무한, 다수자와 소수자 등은 서로 판, 구도, 사유의 지평을 달리 한다. 부분과 여백의 관계, 상호보완의 관계라고 할 수 있다. 두 차원은 대립적인 것이 아니라 서로를 전제하고 서로를 감싸고 보완한다. 리좀과 나무는 양자택일, 일도양단이어서는 안 되고 조화와 균형을 이루어야 한다.

몰적인 것과 분자적인 것

　몰(그램분자)적인(molar) 것과 분자적인(molecular) 것을 구분하는 것이 들뢰즈와 과타리의 사상을 이해하는 데 핵심이 된다. 몰적이란 말은 고정된 양(몰이란 말은 고정된 아보가드로수에서 따온 용어)을 가진 어떤 굳은 덩어리의 이미지를 가리키는 것이고, 분자적이라는 말은 굳지 않은 유연하고 유동적인 이미지를 가리키는 것이다. 몰적인 것은 고정된 상태에 있지만 분자적인 것은 항상 어떤 과정 중에 있다. 분자적인 것은 몰적인 것과는 달리 조직화·유기체화·구조화·형식화되지 않은 것들, 리좀 상태에 있는 것들이다. 몰적인 것은 내부와 외부의 구분이 명확해서 경계가 뚜렷하다. 공간적이고 불연속적이어서 외연량, 외적 인과와 관계가 깊다. 분자적인 것은 외부와의 경계가 뚜렷하지 않고 연속적이어서 강도량, 내적 인과와 관계가 깊다. 따라서 외부와의 관계와 상호작용을 규정하는 것도 훨씬 더 복잡할 수밖에 없다.

　들뢰즈와 과타리는 몰적인 것을 거시적인 것으로 분자적인 것을 미시적인 것으로 표현하기도 한다. 몰적인 절편이나 몰적인 선들에 대한 분석은 거시적 분석이고, 분자적 흐름들에 대한 분석은 미시적 분석이다. 분석 대상의 크고 작음, 분석 기간의 길고 짧음과는 무관하다. 크기나 기간과는 관계없이 형식화되지 않은 유동적인 것들이 분자적이고 미시적인 것이다.

거시적인 것은 '절편들로 이루어진 선'(ligne à segments)을 대상으로 하고, 미시적인 것은 '양자들로 이루어진 흐름'(flux à quanta)을 대상으로 한다. 이 절편적 선과 양자적 흐름이 들뢰즈와 과타리가 세상을 바라보는 관점의 좌표 역할을 한다(천고, 413쪽 참조). 양자란 물리학적으로 양을 가지는 최소 단위를 일컫는다. 여기서는 "탈코드화된 흐름 위에 있는 탈영토화의 기호들 내지는 정도들"로서 흐름을 구성하는 단위들을 비유적으로 표현한 것이다. 입자들, 강도들, 독특성들 등 들뢰즈가 사유하는 존재의 기본 요소들의 단위를 가리키는 것이다. 몰적인 것과 분자적인 것, 거시적인 것과 미시적인 것, 절편적 선과 양자적 흐름은 상호 전제, 상호 보완의 관계에 있다. 들뢰즈와 과타리에 의하면 "모든 경우에 있어 절편들을 가진 몰적 선은 양자들을 가진 분자적 흐름 속으로 잠겨들거나 연장되며, 양자들을 가진 분자적 흐름은 끊임없이 몰적 절편들을 개정하고 휘젓는다."(천고, 415~6쪽) 절편적 선과 양자적 흐름이 항상 서로를 전제하고 있다는 것은 권력관계의 측면에서 보자면 "모든 정치가 거시정치인 동시에 미시정치"(천고, 406쪽)라는 것을 의미한다. 들뢰즈와 과타리의 정치학에 있어서의 가장 큰 공헌은 그들이 제시한 미시정치라고 할 수 있다. 거시정치와 미시정치가 동시에 민주적일 때 우리는 형식과 절차를 넘어 민주주의를 실질화할 수 있다.

들뢰즈와 과타리의 미시정치론(micro-politique)에 의하면 계급은 몰적이고 군중은 분자적이라고 할 수 있다. 군중이라는 개념은 계급이라는 몰적으로 굳어진 절편으로 환원될 수 없는, 분자적 절편화 과정 중에 있는 유동적인 형태를 가리킨다. 이 둘은 서로를 전제한다. "계급들은 군중들 속에서 재단되고, 이 군중을 결정화하며, 군중들은 끊임없이 계급들로부터 새어 나와 흘러간다."(천고, 406~7쪽) 계급이 수목형 다양체라면, 군중은 리좀형 다양체다.

관료제도 몰적 관료제와 분자적 관료제로 나누어 생각할 수 있다. 칸막이로 구분된 인접한 사무실들 각각의 절편에 있는 부서장, 복도의 끝이나 건물 높은 곳에서 이루어지는 이에 상응하는 중앙 집중화 등을 통해 규정되는 견고한 관료주의와 동시에 관료적이지만 유동적인 절편화 작용, 즉 사무실들의 유연성과 상호 소통, 관료주의의 도착, 그리고 행정상의 규제와 모순되는 부단한 독창성이나 창조력 또한 분명히 존재한다(천고, 407쪽 참조).

분자적 사유는 세상의 모든 것을 고정된 경계선을 가진 것이 아니라 하나의 근방(voisinage, 영어 neighborhood)을 가진 것으로 보는 것이다. 들뢰즈에게 모든 존재는 뚜렷한 경계를 가진 몰적인 사물이나 주체 또는 실체가 아니라 근방을 가진 열린 리좀형의 분자적 다양체다. 모든 되기 또는 생성, 모든 사건은 이러한 존재들의 근방이 겹쳐지는 근방역(인접지대, zone de voisinage), 식별 불가능성의 지대, 생성의 블록에서의 상호작용으로 이루어진다(천고, 110, 518, 524, 528, 555, 556, 577, 965쪽 참조).

들뢰즈의 사유에서 몰적인 것은 집합적(aggregate)이라는 단어와, 분자적인 것은 집단적(collective)이라는 단어와 연결되는 것이 보통이다. 집합적인 것 또는 총체적인 것은 부분도 전체도 몰적이어서

부분을 단순히 합한 것이 전체와 같게 되는 경우를 일컫는 용어다. 집합적·총체적 사유는 개별적 요소를 무시하고 전체를 중요시하는 특성이 있으며, 특별한 중심으로의 환원적 경향이 강하다. 주류 경제학에서 개별 수요곡선의 합으로 총수요곡선을 유도하는 경우에서 그 사례를 볼 수 있다. 집단적인 것은 하나는 물론 여럿과도 무관한 (리좀적·분자적) 다양체와 같은 용어라고 할 수 있다(MP, pp51,63/천고, 80, 100쪽 참조). 부분과 전체가 모두 분자적이어서 전체는 부분의 단순 합과는 본성을 달리한다. 집단적·다양체적 사유는 개별적 요소들의 독특성을 중시하며 자유롭고 독립적인 요소들의 상호작용에 의한 창조적 생성에 초점을 맞춘다. 복잡계 경제학의 창발의 경우에서 그 사례를 볼 수 있다.

분자적 다양체의 뜻을 가진 집단적인 것은 몰적 개체(individual), 주체적 개인(personal)과 대비하여 쓰일 수도 있다. 이때의 집단적인 것은 개체화 이전의 상태를 나타내는 전(前)개체적(pre-individual)인 것과 개체를 초과하는 상태를 나타내는 초(超)-개체적인(supra-individual) 것의 두 가지 양태를 가진다. 모두 고정된 하나와 대비되는 리좀형의 유동적 다양체를 의미하는 것들이다.

다양체의 존재론

모든 것은 다양체다. 일자도, 다자도 다양체다(차반, 399쪽). 일자와 다자, 동일자와 차이의 변증법적 대립의 극복을 위해 우리는 다양체를 사유해야 한다. 다양체(multiplicité, 영어 multiplicity)는 하나도 아니고 다수도 아닌, 무언가 여럿으로 구성되었지만, 복수가 아닌 하나의 개체로서 성립될 수 있는 어떤 것으로 정의할 수 있다. 일자와 다자와 마찬가지로 그것 자체로 하나의 실사(實辭) 역할을 하는 것이 다양체다. 개체화된 하나의 몸체로서의 자격을 갖는다. "다양체의 요소들은 입자이며 그것의 관계는 거리이고 그것의 운동은 브라운 운동이며 그것의 양은 강도들, 강도적 차이들이다."(천고, 72쪽) 다양체라는 용어를 들뢰즈는 일자와 다자의 대립을 벗어나기 위해 사용한다. 다양체는 그 안에서 연속적인 변주가 일어나는, 일자도 다자도 아닌 하나의 개체, 하나의 몸체다.

다양체는 나무형과 리좀형으로 나뉜다. 전자는 거시적인 몰적·현실적 다양체, 후자는 미시적인 분자적·잠재적 다양체라고 할 수 있다. 전자는 중앙집중적이고 위계적이며 후자는 발산적·탈중심적이고 탈위계적이다. 들뢰즈와 과타리 사유의 주요 대상은 리좀형 다양체다. 리좀형 다양체는 열린 다양체다. 열렸다는 것은 고정되어 있지 않고 변화무쌍하다는 것이다. 들뢰즈와 과타리는 세상의 모든 것들은 무한 차원의 다양체들로 이루어져 있으며 세계 자체도 최상위의 하나의 다양체라고 생각한다. 세계는 다양체들로 이루어진 하나의 프랙털로 볼 수도 있다.

들뢰즈의 세계는 끊임없이 반복하는 영원회귀의 세계다. 잠시도 정지하지 않고 부단히 생성하고 또 사라지기를 반복한다. 이렇듯 세상은 리좀일 수밖에 없다. 나무의 가지가 갈라지듯이 한 방향으로만 뻗어나가는 것이 아니라 사방팔방 무한 방향으로 발산한다.

리좀을 순간적으로 포착하여 우리가 이해하기 편하게 고정시켜 바라보려고 하는 것이 나무인 것이다. 들뢰즈와 과타리는 이 세계의 일부인 인간사회를 논하는 데 있어서도 이 같은 리좀형 다양체의 관점을 기반으로 한다. 인간 집단을 다양체로 볼 때 다중(多衆, multitude)이라는 용어를 사용한다. 다양체의 인간적 버전인 것이다.

사건의 존재론

들뢰즈에게는 존재의 운동, 세계의 움직임이 모두 사건(événement, 영어 event)이다. 순수사건이라고 할 수 있는 비인칭적이고 전(前)개체적인 독특성들의 집합이 개체화를 거쳐 현실적 사건으로 분화하는 것이 존재의 생성과 반복이다. 힘과 힘, 역량과 역량, 욕망과 욕망, 의지와 의지의 우연한 만남으로 인한 생성, 반복, 인식과 사유 모든 것이 사건이다. 들뢰즈의 생성과 반복은 우발적 사건들로서 시작과 끝, 기원과 목적이 없다. 들뢰즈의 반복은 차이의 반복이며 니체의 영원회귀와 같은 것으로서 무한한 생성으로서의 사건이다.

언어적 차원, 명제론의 차원에서 볼 때 들뢰즈의 사건은 명제가 표현하는 의미를 가리킨다. 여기서의 의미는 현실적 지시대상으로서의 의미작용(signification)이 아니라 표현(expression) 또는 기호(signe, 영어 sign)해독의 대상으로서의 의미(sens, 영어 sense)를 일컫는 것이다. 존재하는 모든 것이 기호가 될 수 있다. 기호의 모든 조작(operation)은 의미를, 즉 사건을 내포한다.

들뢰즈의 인식론

들뢰즈의 인식론을 우리는 초월(론)적 경험론(empirisme transcend-antal, 영어 transcendental empiricism)이라 부른다. 현대 존재론에 상응하는 탈근대적 인식론으로서의 경험론이다. 로크와 버클리의 근대적 경험론은 고정된 주체와 고정된 대상을 전제로 하여 인식이 경험에서 유래한다거나, 모든 것은 그 기원을 감성적인 것에서 발견한다는 점에서 그 주된 논지를 찾는다. 들뢰즈는 자신의 탈근대적 경험론을 데이비드 흄 연구에서 시작한다.『차이와 반복』에서 전개되는 들뢰즈의 인식론인 초월적 경험론을 이해하기 위해서는 우선 그의 흄 연구서인『경험주의와 주체성』에서 제시하는 경험주의의 요체를 포착해야 한다.

'흄에 따른 인간본성에 관한 시론'이라는 부제를 가진『경험주의와 주체성』의 요지는 "정신을 주체로 변형시키는 것, 정신 안에서 주체를 구성하는 것은 인간본성의 원리라는 것이다. 이 원리는 두 가지 종류인데, 한편은 연합의 원리, 다른 한편은 정념의 원리이다. …… 연합의 원리가 관념들이 연합되는 것을 설명한다면, 오직 정념의 원리만이 어떤 순간에 다른 관념이 아닌 그 관념이 연합되는 것을, 저 관념이 아닌 이 관념이 연합되는 것을 설명할 수 있다."(경주, 196,207쪽) 들뢰즈는 흄의 경험주의는 믿음을 자연화시키는 무신론적 기획 안에서 지식을 실천적 믿음으로 대체했다고 말한다. 여기서의 믿음은 관계(유사성, 인접성, 인과성)에 대한 믿음이다. 관계는 언제나 관계 자신의 항들에 외재적이고, 그 관계의 수립과 실행을 결정하는 연합의 원리에 항상 의존한다(경주, 13~4쪽 참조). 이 경우 "과학과 삶은 일반 규칙과 믿음의 수준에서만 존재"(경주, 163쪽)하게 된다는 결론에 이르게 된다. 이것이 흄의 회의주의의 내용이다.

흄의 경험주의의 핵심은 관계의 외재성에 있다(이정우2023, 118~9쪽 참조). 경험론자 흄의 위대성은 '관계들은 그 항들에 외적'이라는 점을 주장한 데에 있다. 이 명제는 들뢰즈에게 커다란 철학적 충격으로 다가왔다(스미스, 597,647쪽 참조). 흄은 경험주의를 더 이상 관념들의 감각적 기원에 의해 본질적으로 정의하지 않는다(경주, 13쪽). 흄에 의하면 경험론의 근본적인 논지는 인식이 경험에서 유래한다거나, 모든 것은 그 기원을 감성적인 것에서 발견한다는 점이 아니라, 관계들은 그 항들에 외적이라는 점이다. 즉 관계는 두 사물 사이에 존재하고 두 사물을 통합하지만, 그 둘 중의 어느 것으로도 환원될 수 없다. 고유성질들은 자신들이 귀속되는 항들에 내적일 수 있겠지만 관계들은 외재성들이다. 만약 어떠한 항이라도 두 항 사이에 관계들이 존재한다면, 그리고 만약 관계들이 변화할 때 항들이 변화한다면, 그렇다면 그 한계점에 이르면 아마도 더 이상 항들이 존재하지 않고 오직 관계들의 다발만이 존재할 것이다. 우리가 항(또는 사물 또는 실체)이라고 부르는 것은 그 자체 오직 관계들의 다발, 즉 다양체 혹은 다중체일 뿐이다(스미스, 647~9쪽 참조).

관계의 외재성에 따라 정신 안에서 주체가 구성된다는 것이 들뢰즈의 흄 연구의 결론이다. 주체는 정신의 수동적 종합의 산물이라는 말은 항들 자체에 대한 관념들이 아니라 그것을 넘어서는 관념들의 연합, 즉 항들에 외재하는 관계들(유사성, 인접성, 인과성)에 대한 믿음에 의해 주체가 형성된다는 것을 의미한다. "참으로 근본적인 명제는, 관계가 관념들에 외재적이라는 것이다."(경주, 196쪽) 관계는 언제나 하나의 종합을 전제하며, 관념도 정신도 그 종합을 설명할 수 없다. 이를 설명하는 것이 연합의 원리다. 관계는 연합 원리의 결과다. 인접성은 감각에, 인과성은 시간에, 유사성은 상상력에 관계하는 것으로 볼 수 있다(경주, 200쪽 참조). "경험주의는 본질적으로 정신의 기원이라는 문제를 제기하는 것이 아니라 주체의 구성이라는 문제를 제기한다. 나아가 경험주의는 주체를 창조의 산물이 아니라 초월의 원리의 결과로서 고찰한다."(경주, 40~1쪽) 들뢰즈는 경험주의를 단순히 인식이 경험에서 시작한다고 보는 이론이라고 설명해버리면 경험주의자가 아닌 철학자가 없고, 경험주의가 아닌 철학도 없었을 것이라고 말한다(경주, 217쪽 참조). "요컨대 믿는 것과 발명하는 것, 이것이 주체를 주체로 만드는 것이다. 나는 주어진 것으로부터 주어지지 않은 다른 사물의 존재를 추리한다. 즉 나는 믿는다. 동일한 작용에서 동시에 나는 주어진 것을 넘어서서 판단하고 나 자신을 주체로 세운다. 나는 내가 아는 것 이상을 긍정한다. 그러므로 진실의 문제는 주체성 자체에 대한 비판의 문제로서 제시되고 진술되어야 한다."(경주, 168쪽) 주체는 고정된 실체가 아니라 자연화된, 즉 연합의 원리에 의해 필연화된 믿음들로 구성된 수동적 결과물이라는 것이다. "주어진 것은 주어진 것을 넘어서는 운동에 의해, 그 운동 안에서 회수된다. 주체는 발명하고, 주체는 믿는다. 바로 이것이 종합, 정신의 종합이다. …… 정신은, 그것의 지각들이 나타나는 양태 속에서 고찰했을 때, 본질적으로 계속(succession), 즉 시간이다. 이제 주체에 대해 말한다는 것은 지속에 대해, 관습에 대해, 습관에 대해, 기대에 대해 말하는 것이다. 기대는 습관이고, 습관은 기대이다. …… 습관은 주체를 구성하는 뿌리이며, 주체는 그런 뿌리 안에서 시간의 종합, 즉 미래의 관점에서 현재와 과거의 종합이다."(경주, 183~4쪽) 주체는 과거, 현재, 미래의 종합으로서 존재한다. 들뢰즈는 "시간은 정신의 구조이며, 이제 주체는 시간의 종합으로서 나타나는 것"이라고 말한다. "종합은 과거를 미래의 규칙으로 상정하는 것으로 이뤄진다. …… 우리는 과거를 단순히 있었던 것만이 아니라 결정하는 것, 작용하는 것, 추동하는 것, 특정한 방식으로 영향을 미치는 것으로 불러야 할 것이다. …… 한마디로 과거로서의 과거(le passé comme passé)는 주어지지 않는다. 다만 과거는 주체에 그것의 진정한 기원과 원천을 부여하는 종합에 의해서, 그 종합 안에서 구성될 뿐이다. …… 미래는 과거와 현재의 이런 종합에 의해 구성될 것이다."(경주, 188~9쪽)

정리하면, 흄의 인간본성을 원리로 하는 경험주의에 의하면 주체는 연합의 원리와 정념의 원리의 영향 아래 정신 안에 현시된다. 연합의 원리가 주체에 필연적 형식을 부여하는 반면, 정념의 원리는 주체에 독특한 내용을 부여한다. 정념의 원리는 주체의 개별화

원리로 기능한다. 주체는 이러한 원리들의 작용하에 주어진 것 안에서 구성되는 실천적 주체로서 존재한다. 초험적으로 주어진 주체와 같은 이론적 주체성이라는 것은 있을 수 없다는 것이 경험주의의 근본 명제이다(경주, 208,209쪽 참조). 경험주의의 기준은 관계의 외재성이다. 관념의 다발과 경험이 주어지기도 하지만 경험을 넘어서는 주체와 관념들에 의존하지 않는 수동적 종합으로서의 관계가 주어진다. 관계가 어떤 식으로든 사물의 본성에서 유래하는 것으로 보는 이론은 비-경험주의적이라 할 수 있다(경주, 220, 221쪽). 관계는 사물 내부의 고유성질이 아니라 사물 사이의 외재적 연결 접속에 의한 종합의 산물이며, 관계의 외재성은 단순한 관념의 다발을 넘어 그 이상의 정신의 종합이 이루어지는 과정, 즉 주체성의 생산으로 연결된다.

　수동적 종합에 의한 주체성의 생산이라는 경험주의의 새로운 해석으로부터 들뢰즈의 탈근대적 인식론으로서의 초월적 경험론이 시작된다. 들뢰즈는 종합판단의 근거 또는 조건으로서 비표상적이고 잠재적인 것들을 제시하는데, 이러한 것들을 규정하는 용어로 '초월적'이라는 말을 사용한다. 인식주체나 인식대상 자체가 초월적이라는 의미가 아니라 인식을 가능하게 해주는 근거가 초월적이라는 것이다. "선험적인 것은 단순히 경험에 앞선다는 의미만을 갖지만, 초월적인 것은 경험에 앞설 뿐 아니라 경험의 실질적 조건이자 발생 원천이라는 의미"(차반, 38쪽 역주)를 가진다. 칸트의 초월적(선험적) 관념론이 가능한 경험(expérience possible)의 조건들을 모색하는 것과 대조적으로 들뢰즈의 초월적 경험론은 실재적 경험(expérience réelle)의 조건들을 모색한다. 전자는 본질의 영역에서 진리를 추구하는 것으로서 초재적 이념하의 독단적 사유의 이미지를 갖는 정리적·공리적 사유와 연결된다. 반면에 후자는 실존의 영역에서 진리를 추구하는 것으로서 내재적 이념하의 발생적 사유의 이미지를 갖는 문제적·사건적 사유와 연결된다.

초월적 장은 어떤 고정된 대상도 지칭하지 않으며, 어떤 고정된 주체에도 속하지 않는다는 점에서 경험 또는 경험적 재현과 구별된다. 그러나 초월적인 것들도 의식되지 않고 정체성이 확실하지 않을 뿐이지 결국은 경험으로부터 나올 수밖에 없다. 인식의 근거가 결국은 경험이라는 것에서 이것도 전통적 의미에서의 경험론인 것이다. "사유되어야 할 것으로 이르는 길에서는 진실로 모든 것은 감성에서 출발한다. 강도적 사태에서 사유에 이르기까지, 우리에게 사유가 일어나는 것은 언제나 어떤 강도를 통해서다."(차반, 322쪽) 우리의 사유는 감성적 경험에서 출발하되 그것은 강도적 사태를 통해서라는 것이다. 강도적 사태로부터 우리는 인식을 할 수 있다는 것이다. 관건은 강도적 사태의 이중성이다. 강도의 잠재적이면서도 감성적인 이러한 이중적 성격으로부터 초월적 경험론이 도출된다. 강도 또는 강도적 차이의 이중성은 감각할 수 없지만 동시에 감각밖에 될 수 없는 어떤 것, 경험할 수 없지만 경험밖에 될 수 없는 어떤 것이라는 강도의 이중적 성격을 일컫는 말이다. 가령 회화의 영역에서 '보이는 것을 보여주는 것이 아니라 보이지 않는 것을 보이도록 한다'는 파울 클레의 공식을 예로 들 수 있다. "회화의 임무는 보이지 않는 힘을 보이도록 하는 시도로 정의될 수 있다.

마찬가지로 음악도 들리지 않는 힘을 들리도록 하기 위해 노력한다."(들뢰즈1981, 69쪽)

이런 역설적 사태를 어떻게 인식할 것인가가 문제다. 인식능력들의 실행 또는 사용의 문제다. 인식능력의 경험적 실행(exercice empirique) 또는 사용이 기존의 인식능력들의 질서정연한 사용이라면, 인식능력의 초월적 실행(exercice transcendant) 또는 사용은 사유를 강요하는 사건들에 조우하여 기존의 인식능력을 초월하여 인식능력 자체의 역량을 확대 재편하는 과정이라고 할 수 있다. 한마디로 창조와 각성이 일어나는 순간이다.

인식능력의 경험적 실행은 표상적 사유, 현실적 대상에 대한 사유라고 할 수 있다. 자기동일적인 주체적 자아에 의한 능동적 종합의 과정이다. 인식능력은 능동적 오성과 수동적 감성으로 구별되고 논리적 지능이 주효한 역할을 한다. 이 경우 철학은 지혜에 대한 사랑으로 정의된다. 초재적 자아와 이념적 대상을 전제로 하는 독단적·교조적·도덕적 사유의 이미지와 연결된다.

인식능력의 초월적 실행은 비표상적 사유, 잠재적 대상에 대한 사유라고 할 수 있다. 이중성을 가진 강도의 파악이 주된 목적이다. 외부 사태와의 만남으로 촉발된 수동적 종합의 과정이다. 인식능력들의 구별이 무의미해지고, 뒤섞여 맞물려 작용한다. 통찰력 있는 직관이 주효한 역할을 한다. 이 경우 철학은 개념의 창조로 정의될 수 있다. 발생적 사유의 이미지 또는 이미지 없는 사유와 연결된다. 사유하도록 강요하는 어떤 사태가 있어 우리와 우연히 마주치는 경우 이 사태들은 인식능력의 경험적 실행이 감당할 수 없는 다방면의 폭력을 행사하여 칸트가 분류하여 제시한 감성, 상상력, 기억, 지성, 이성 등과 같은 인식능력들을 헝클어지게 하고 그 극단적인 한계에 도달케 하여 감각 안에서 새로운 감성을 분만시키고 사유 안에서 새로운 사유하기를 발생시킨다.

하나의 개체화된 차이로서의 강도는 인식능력의 경험적 실행의 관점에서는 감각 불가능한 것, 감각될 수 없는 것이다. 그러나 감성의 초월적 실행의 관점에서는 강도는 오로지 감각밖에 될 수 없는 것이다. 인식의 근거로서 강도는 감각을 낳고, 이를 통해 기억을 일깨우며, 또 사유를 강요한다(차반, 320, 506쪽 참조). 이것이 강도의 역설적 이중성이다. 이와 같은 과정을 거쳐 이루어지는 사유의 방식, 사유의 모습이 발생적 사유의 이미지이고, 그 위에서 개념들이 창조되는 내재성의 구도는 이것을 의미한다. 즉 사유의 이미지가 발생적이라는 것은 존재의 구도가 내재적이라는 것과 상통한다.

시작한다는 것은 모든 전제들을 배제한다는 것이다(차반, 289쪽). 생각을 시작하는 것도 마찬가지다. 아무런 전제조건 없이 생각하게 될 때 생각, 즉 사유가 발생한다. 철학적 사유는 무전제의 사유로서 무한을 사유한다. 이러한 이유로 코기토는 철학의 출발점이 될 수 없다는 것이 들뢰즈의 입장이다. 기존 철학은 명시적 전제는 없지만 암묵적으로 주관적인 전제를 벗어나지 못하고 있으며, 그 대표적인 것이 데카르트의 코기토다. 그는 모든 사람들 각각이 개념에 의존하지 않고도 자아, 사유, 존재 등이 의미하는 바를 알고 있다고 가정한다(차반, 290쪽). 들뢰즈는 기존의 철학이 암묵적으로 전제하는 것들을 정리하여 여덟 개의 공준으로서 제시한다. 그리고 이러한 명제들을 전제로 하는 사유 과정을 독단적·교조적·도덕적 사유의 이미지로 개념화한다. 들뢰즈의 사유의 이미지는 발생적 사유의 이미지라고 할 수 있다. 어떠한 전제도 없는 사유로서 이미지 없는 사유라고 할 수 있다. "사유는 사유 안에서 태어난다. 사유하기의 활동은 다만 사유의 생식성 안에서 분만될 뿐이다. 이런 사유는 이미지 없는 사유다."(차반, 368쪽) "사유가 사유하기 시작할 수 있고 또 언제나 다시 시작할 수 있는 것은 오로지 그 선-철학적 이미지와 그 공준들에서 벗어나 자유를 구가할 때뿐이다."(차반, 296쪽)

들뢰즈의 인식론에서 진리는 니체의 관점주의에 따라 그 시대의 지배적 해석으로 간주된다. 진리의 본성은 말과 사실, 사유와 대상, 주관과 객관의 일치가 아니라 의미해석과 가치평가에 의한 생산과 창조가 된다. 새로운 가치를 창조하지 못하고 기존의 확립된 가치나 질서에 부응하고자 하는 것은 진정한 사유일 수가 없다. 들뢰즈는 니체를 이어 받아 "그 누구에게도 아픔을 주지 않는 사유, 사유하는 자에게도 그 밖의 다른 이들에게도 일체 고통을 주지 않는 사유는 도대체 사유일 수 있을까?"(차반, 303쪽) 하고 의문을 제기한다. 들뢰즈도 관점주의에 관해 직접 언급한 바 있다. 들뢰즈는 관점주의는 "하나의 상대주의이지만, 그러나 그것은 우리가 믿는 그런 상대주의는 아니"라고 한다. "그것은 주체에 따른 진리의 변동이 아니라, 변동의 진리가 주체에 나타나는 조건"이라는 것이다(주름, 41쪽). "상대성의 진리로서의 관점주의"(주름, 44쪽). 이제 질문의 방식을 바꿔야 한다. '무엇?(What?, 불어 Qu'est-ce que?)'에서 '누가?(Who?, 불어 Qui?)' 혹은 '어떤 것이?'로 말이다. 니체의 관점주의는 진리의 상대성을 말하는 것일 뿐이지 허무주의적 상대주의가 아니다. 탈진실은 더더욱 아니다. "본질은 단지 사물의 의미와 가치일 따름이다."(들뢰즈1962, 145쪽) 의미를 해석하고 가치를 평가하는 것은 절대적이거나 보편적으로 이루어질 수는 없는 일이다. 그러나 이것이 진리의 자의성이나 주관성을 의미하는 것은 아니다. 절대적 진리를 부정하는 것일 뿐 최대한 객관적 진리를 지향한다. 들뢰즈에게는 참과 거짓의 구별보다는 독특한 것과 규칙적인 것, 특이한 것과 평범한 것의 구별이 더욱 중요하다. 사실보다 해석과 평가가 그 이상으로 중요한 것이다. 현대와 같은 탈근대 시대는 의미의 생산과 창출로서의 의미해석이 점점 더 중요한 가치를 인정받는 시대다. 의미와 가치를 가지는 독특성이 인정받는 시대다. 들뢰즈가 말하는 진정한 사유는 새로운 가치의 창조가 필수적이다. 들뢰즈에 의하면 "대상을 재인할 때 사유와 사유의 모든 인식능력들은 얼마든지 동원될 수 있고, 사유는 대상을 재인하는 데 얼마든지 열중할 수 있지만, 이런 열중과 동원은 사유한다는 것과는 아무런 상관이 없다."(차반, 309쪽)

기호와 배움

사건의 존재론에서 본 것처럼 들뢰즈의 사건은 기호로서 우리에게 다가온다. 존재의 운동, 세계의 움직임이 모두 사건이듯이 존재하는 모든 것이 사건의 의미(sens)를 함축하는 기호가 될 수 있다. 들뢰즈에게 기호는 의미를 내포하고 방출하며 해독의 대상이 되는 모든 것이다. 존재하는 모든 것들, 나타나는 모든 현상들이 기호가 될 수 있다. 이러한 사실을 전제로 들뢰즈는『프루스트와 기호들』과『차이와 반복』에서 사유와 배움을 기호 해독의 과정으로 이론화한다.

들뢰즈에게 있어 진리는 앎이나 지식(savoir, 영어 knowledge)의 대상이라기보다는 배움(apprentissage, 영어 apprenticeship)의 대상이다(차반, 362~3,420~1쪽 참조). 안다는 것은 대상을 재인(reconnaître, 영어 recognize)하는 것이고 지칭하는 것이다. 배우는 것은 대상을 인식(connaître, 영어 cognize)하는 것이고 그것의 의미(sens)를 파악하는 것이다. 진리를 인식함에 있어 하나의 대상은 의미를 방출하는 하나의 기호로서 우리에게 다가온다. "배운다는 것은 필연적으로 기호들과 관계한다. 기호는 시간이 흐르는 동안 배워 나가는 대상이지 추상적인 지식의 대상이 아니다. 배운다는 것은 우선 어떤 물질, 어떤 대상, 어떤 존재를 마치 그것들이 해독하고 해석해야 할 기호들을 방출하는 것처럼 여기는 것이다. …… 나무들이 내뿜는 기호에 민감한 사람만이 목수가 된다. 혹은 병의 기호에 민감한 사람만이 의사가 된다. …… 우리에게 무언가를 가르쳐 주는 모든 것은 기호를 방출하며, 모든 배우는 행위는 기호의 해석이다. …… 세계들 모두의 공통점, 즉 각각의 세계를 가로지르는 통일성은 세계들이 인물들, 대상들, 물질들이 방출하는 기호들의 체계를 형성한다는 것이다. 해독과 해석을 하지 않고는 우리는 어떤 진리도 발견할 수 없고 아무것도 배울 수 없다."(기호, 23~4쪽)

한편으로 기호는 의미(sens)를 표현한다(expresser). 그리고 다른 한편으로 기호는 대상을 지시한다. 대상을 지시한다는 것은 그 대상의 명시적이고 약속된 의미(signification)를 가리키는(indiquer) 것이다. 들뢰즈에 의하면 기호가 지시하는 대상의 명시적 의미를 규명하는 것보다 기호가 감싸고 있는 함축적 의미를 해석하고 펼쳐 내는 것이 더 근본적으로 진리에 접근하는 길이다. "진리는 결코 미리 전제된 선의지의 산물이 아니라, 사유 안에서 행사된 폭력의 결과이다. …… 명시적이고 규약적인 의미는 결코 근본적인 것이 아니다. 외현적(外現的)인 기호가 감싸고 있고 그 기호 속에 함축되어 있는, 그런 의미만이 오로지 근본적이다."(기호, 41쪽) 진실을 찾는 것은 의미를 해석하고 기호를 해독하고 설명하는 것이다(기호, 42쪽 참조). 이 과정이 사유의 과정이다. 이 과정이 문제에 직면하여 해를 찾는 과정이다. 기호가 사유하도록 강요하고 사유에 폭력을 행사한다. "문제들을 만드는 것이 바로 기호들이다."(차반, 362쪽) "사유함이란 언제나 해석함이다. 다시 말해 한 기호를 설명하고 전개하고 해독하고 번역하는 것이다."(기호, 145쪽)

들뢰즈의 사유하기는 단순한 진리 찾기, 즉 재인의 과정이 아니라 진실을 찾아가는 인식의 과정, 기호 해독의 과정, 배움의 과정이다. 들뢰즈는 진정한 배움을 위해 재현 이하의 세계, 즉 이념과 강도의 세계로 침투한다. 기호는 하나의 고정된 현실적 대상이 아니라 잠재적인 다양체로서, 탈기관체로서의 대상이 된다. 기호와의 마주침으로부터 강요되는 배움도 새로운 의미를 갖게 된다. "먼저 배운다는 것은 이념 안으로, 그 이념의 변이성과 특이점들 안으로 침투해 들어간다는 것이다. 다른 한편 배운다는 것은 하나의 인식능력을 초월적이고 탈구적인 사용으로까지 끌어올린다는 것이고, 그 능력을 다른 능력들과 소통하고 있는 마주침과 폭력으로까지 끌어올린다는 것이다."(차반, 421쪽) "배운다는 것, 그것은 분명 어떤 기호들과 부딪히는 마주침의 공간을 만들어간다는 것이다. 이 공간 안에서 특이점들은 서로의 안에서 다시 취합된다."(차반, 73쪽) "배운다는 것은 이념을 구성하는 보편적 관계들과 이 관계들에 상응하는 독특성들 안으로 침투한다는 것이다. 가령 …… 수영을 배운다는 것은 곧 우리 신체의 어떤 특이점들을 객체적인 이념의 독특한 점들과 결합하여 어떤 문제 제기의 장을 형성한다는 것이다. …… 배움은 언제나 무의식의 단계를 거치고 언제나 무의식 속에서 일어나는 것이며, 그런 와중에 자연과 정신 사이에 어떤 깊은 공모 관계를 수립하고 있는 것이다."(차반, 363쪽) "수영을 배운다든가 외국어를 배운다는 것은 자신의 고유한 신체나 언어의 독특한 점들을 어떤 다른 형태나 다른 요소의 독특한 점들과 합성한다는 것을 의미한다. …… 이념과 배움은 명제 외적이거나 재현 이하의 성격을 띠고 있는 문제제기적 심급을 표현한다. 이념과 배움은 의식의 재현이 아니라 무의식의 현시(現示)인 것이다."(차반, 416~7쪽)

요컨대 배우는 것은 재현적 앎이 아니라 기호가 표현하는 잠재적 특이점들과 배우는 자의 특이점들의 결합이다. 기호와의 우연한 마주침으로 우리는 인식능력들의 초월적 실행에 진입한다. 그럼으로써 새로운 욕망, 새로운 정동이 형성된다. 새로운 문제 제기가 이루어지고 사유가 시작된다.

들뢰즈와 과타리의 무의식과 욕망

들뢰즈의 일의적 존재론은 비인간주의와 자연주의로 이어진다. 인간과 비인간, 인간과 자연은 존재론적으로 본질적 차이가 없다는 관점을 가지는 들뢰즈는 무의식을 사유하는 데 있어서도 인간의 영역으로 제한을 두지 않는다. 프로이트는 정신의 영역을 의식과 무의식으로 분류하여 정신 내의 무의식에만 주목했다. 그러나 들뢰즈와 과타리는 무의식을 인간의 의식의 여집합으로까지 확장한다. 전체집합은 세계, 자연, 우주 전체다. 무의식과 자연의 공외연성을 인정한다(김재인, 280쪽, 안오, 93, 102, 193쪽 참조). 무의식을 정신 현상에 국한하는 것이 아니라 세계 자체를 지칭하는 것으로 보는 것이다. 이로써 우리는 인간중심주의적인 사고에서 벗어날 수 있고 그 결과 생태에 관한 문제, 자연과 그 일부로서의 인간 간의 문제 등을 제대로 파악할 수 있다.

들뢰즈와 과타리는 이러한 무의식을 존재하는 모든 것들의 생성과 운동을 가져오는 잠재적 역량, 생산적 욕망으로 본다. 무의식은 생산적 무의식이고, 생산의 주체로서의 무의식이다. 모든 생성은 무의식의 자기생산이다. 태초에 무의식으로서의 생산적 욕망이 있었고 그것들의 만남이 이뤄져 상호 작용한 결과 모든 존재하는 것들이 발생했고 그 과정이 지속되고 있다. 생산적 욕망은 다른 말로 내적인 폭발력, 추동력(driving force)(하트, 76, 328쪽)이라 할 수 있다. 하나의 힘, 일종의 에너지라고 할 수 있는 것이다. 그러한 힘 또는 에너지로서의 생산적 요소와 그것들의 관계, 그 관계에 대응하는 특이한 것들이 세계를 근원적으로 구성한다. 아직 현실적으로 규정되지 않은 무한한 실재로서의 세계는 그러한 것들로 구성되는 것이다.

들뢰즈와 과타리의 욕망은 생산적 욕망으로서 생성의 내재적 원리(안오, 28쪽)이자 사회 구성의 원리이다. 존재의 원천이자 인식의 근거로서의 들뢰즈의 차이 자체와 동일한 위상을 가진다. 그들의 욕망은 무의식적이고 잠재적인 욕망이다. 현실적이고 의식적인 결핍(lack)으로서의 욕구(wants)나 필요(needs)가 아니다. 따라서 전자가 비표상적이고 비재현적인 반면, 후자는 표상적이고 재현적이다. 우리가 보통 말하는 결핍으로서의 욕망은 고정된 주체와 명확한 대상 또는 목표를 전제로 한다. 들뢰즈와 과타리의 욕망이 비인간적, 기계적, 생산적, 자생적이라고 한다면, 의식적 결핍으로서의 욕망은 인간적, 심리적, 파생적이라고 할 수 있다. 전자는 기계를 작동시키는 에너지와 같은 위상의 것이다. 욕망이 기계를 작동시킨다. 자생적인 내부적 추동력으로서의 욕망이다. 인간의 심리적 속성과는 전혀 다른 것이다. 니체의 '힘의 의지'와 같은 것으로서 각 개체의 독특성을 나타내는 가장 큰 지표가 된다. 후자는 외부로부터의 자극과 불가분한 파생성을 가지는 동시에 동일성과 획일화가 강요되는 일반성을 가진다. 들뢰즈와 과타리의 욕망은 무의식적 욕망이고, 그들의 무의식은 욕망적 무의식이다. 욕망적 무의식은 오이디푸스처럼 재현된 나무형 무의식이 아니라 창조적이고 생산적인 스스로 자가 발전하는 리좀형 무의식이다.

무의식적인 생산적 욕망은 이후에 전개되는 들뢰즈와 과타리의 모든 사상의 원리 역할을 한다. 들뢰즈 경제학도 생산적 욕망을 원리로 하는 욕망경제학이라 할 수 있다. 생산적 욕망은 존재하는 모든 것의 생성과 반복, 들뢰즈의 차이의 반복에 있어서 실제로 반복되는 것이다. 즉 분화소(차이 짓는 차이소), 궁극적 발생의 원천이자 인식의 근거로서의 충족이유, 의사인과율을 따르는 사건들의 준원인의 역할을 하는 것이 생산적 욕망이다.

들뢰즈와 과타리에게 존재하는 모든 것은 욕망적 기계 또는 욕망하는 기계(machine désirante, 영어 desiring machine)다. 존재의 일의성을 표현하는 들뢰즈와 과타리의 또 하나의 중요한 개념이다. "모든 것은 기계들이며, 다른 기계들에 접속된 기계들"(하트, 320쪽)이다. 이는 들뢰즈 사상의 비인간주의, 자연주의를 극명히 보여 준다. "기계는 몸체(corps, 영어 body) 또는 사물이 가리킬 수 있는 모든 것을 포괄한다. 개별화된 모든 존재들은 기계다."(이정우2008, 18쪽) 들뢰즈와 과타리는 기계를 '흐름의 절단들의 체계'(안오, 74쪽)라고 정의한다. "한 기계는 흐름을 방출하고, 이를 다른 기계가 절단한다."(안오, 23쪽) "하나의 기계는 언제나 다른 기계와 짝지어 있다." "흐름을 생산하는 어떤 기계와 이 기계에 연결되는, 절단을, 흐름의 채취를 수행하는 또 다른 기계가 항상 있다."(안오, 28~29쪽) 하나의 기계는 그 자체가 흐름 자체 또는 흐름의 생산이지만, 다른 기계와 관련해서는 흐름의 절단이기도 하다(안오, 75쪽 참조). "욕망은, 욕망적 기계는 흐르게 하고 흐르고 절단한다."(안오, 29쪽) 이 과정에서 기계의 결과들로서의 뭔가가 항상 생산된다(안오, 23쪽 참조).

자체 동력으로 작동하는 기계(machine)는 외부의 힘에 의존하는 기기(instrument)와는 다른 것이다. 모든 것이 기계라는 존재의 일의성을 표현하는 기계주의는 기계의 원래 뜻이 나타내는 것처럼 모든 존재자들이 자체의 동력이나 추동력을 가진다는 것이다. 욕망적 기계라는 말은 따라서 기계의 추동력이 욕망이라는 것을 의미한다. 즉 모든 존재자, 개별자가 욕망적 기계라는 것은 모든 것이 욕망이라는 자체의 동력을 가진다는 말이다. 데카르트의 근대적 기계론(mechanism)과는 차원이 다른 이러한 기계주의(machinism)로부터 들뢰즈와 과타리의 욕망은 단순한 욕구가 아니라 추동력으로서의 욕망, 생산적 욕망이라는 것을 이해할 수 있다.

들뢰즈와 과타리의 사상은 흐름의 철학, 유동의 철학이다. 흐름은 기계적 과정의 대상이자 동시에 그 결과물이기도 하다. 정확히 말하면 흐름은 꼭 흘러가는 것만은 아니다. 흐름은 물질들이 서로 구별되지 않은 채 존재하는 상태, 즉 질료의 상태 또는 무규정의 상태, 유동적 상태를 말한다. 흐름은 질료(천고, 92,141쪽 참조) 혹은 물질(천고, 781, 785쪽 참조)로도 부르는데, 세상을 구성하는 가장 근원적인 것을 일컫는다. 예를 들면 미립자들(particle), 강도들(intensité), 특이성들(singularité)과 같은 것이다. 더 자세히 말하면 순간적으로 나타났다 사라지는 분자나 원자 아래의 입자들(P), 자유롭고 순수한 강렬함들(I), 물리학과 생물학의 대상이 되기 이전의 유목민과 같은 자유로운 독자성들(S)이다(PIS, 천고, 85, 92쪽 참조). 형식을 부여받지 않았고, 절편화 또는 지층화되지 않았으며, 비표상적인, 즉 현실적으로 감각될 수 없는 잠재적인 것들이다. 한마디로 비형식적인 불안정한 질료들이다. 기계들은 흐름을 절속(絶續, articulation)한다. 절속한다는 것은 절단하기도 하고 서로 접속하기도 한다는 뜻이다. 절속한다는 것은 질료에 하나의 특성 또는 코드나 규칙을 부여하는 것이다. 모든 생산과 기계들은 다른 생산과 기계들과의 절속의 결과다.

무의식의 종합

욕망은 무의식의 종합들의 집합이다(안오, 61쪽). 무의식의 자기생산으로서의 욕망의 수동적 종합들이 실재계를 생산한다. 욕망과 그 대상은 일체이며, 기계의 기계로서의 기계다. 욕망은 생산적 기계이며, 욕망의 대상 역시 연결된 기계다(안오, 29~30, 61쪽). 무의식적 욕망이 주체가 되는 잠재적 세계에서는 생산주체, 생산수단, 생산물의 구별이 어려워진다. 이것이 탈근대적 현대 사회의 가장 중요한 특성 중 하나다.

들뢰즈와 과타리가 사유하는 무의식의 종합은 생산 또는 생성의 과정, 무의식의 자기생산의 과정이다. 각각의 욕망적 기계들은 종합들의 체제들에 따라 기능한다(안오, 482쪽). 무의식의 종합은 욕망적 기계들의 종합(절속)이고, 기계적 흐름들의 종합이다. 무의식적 욕망이 투자되는 양태들로서의 종합들은 생산의 연결종합. 등록의 분리종합. 소비의 결합종합으로 나뉜다.

연결종합(connective synthesis)은 생산의 생산, 새로운 흐름의 생산으로서의 무의식의 종합이다. 생산하기를 생산하기이다. 생산물과 생산하기의 동일성을 이룬다. 연결종합의 증식에 따라 "미(未)분화된 거대한 대상을 형성한다."(안오, 32쪽) 하나의 내재적 장 또는 판을 구성하는 것이다. 그 결과 생성된 하나의 충만한 몸체가 사회체다. 토지의 몸, 전제군주의 몸, 자본의 몸이 그것이다. 분리종합(disjunctive synthesis)은 등록 또는 기입의 생산, 충만한 몸체 위에 흐름들을 기입하고 등록하는 무의식의 종합이다. 사회체상의 기계들의 등록 또는 기입이 예가 될 수 있다. 결합종합(conjunctive synthesis)은 소비의 생산, 흐름들의 사용과 소비를 통한 무의식의 종합이다. 그 결과로 향유 주체가 생산된다. 등록 표면에 주체가 등장한다. 강도적 개체들인 흐름들의 결합종합으로 그 강도를 소비하는, 그 강도를 느끼고 향유하는 하나의 주체가 형성되는 것이다. 소비한다는 것은 느끼고 향유한다는 것이다.

욕망적 기계들 곁에서 잔여로 생산되어 느끼고 망상하는 이 주체는 고정된 정체성 없이 충만한 몸체 위를 방황하는 존재다(안오, 45, 51쪽 참조). 이 주체가 균열된 자아, 분열자로서의 주체다. 근대적 의미의 칸트적 주체와는 구별해야 한다. 능동적인 구성과 생산의 주체가 아니라 무의식의 생산의 수동적 결과물일 뿐이다. 우리는 순간적으로 고정된 주체일 뿐, 영원한 연속적 변주의 과정 속에 놓인 존재다. "주체는 기계들 곁에서 여분으로 생산된다. …… 주체

는 소비의 결합종합과 다르지 않다."(안오, 47쪽). 균열된 자아, 분열
자는 욕망적 기계들 옆에서 인접 부품으로서, 소비하고 향유하는
주체로서 잔여적으로 생산된다. 자신이 소비하는 상태들에서 태어
나고 또 각 상태마다 다시 태어나기를 반복한다.

중요한 것은 무의식의 종합들의 의미보다는 그것들의 사용과
기능, 작동이다. "욕망의 물음은 '그것은 무엇을 의미할까?'가 아니
라 '그것은 어떻게 작동할까?'이다. …… 그것은 아무 것도 재현하
지 않으며, 오히려 그것은 생산한다. 그것은 아무 것도 의미하지
않으며, 오히려 기능한다."(안오, 195쪽) 이는 모든 존재를 기계로
바라보는 관점에서는 당연한 귀결이다. 무의식의 종합들은 고정
된 의미를 가지는 것이 아니라 그 기능과 작동을 통해서 의미를
'생산'한다.

연결종합의 온전한 사용은 온전한 인물로 구성된 고정된 주체와
완전한 대상, 오이디푸스적인 인간적 성을 전제로 한다. 정신분석
은 무의식의 형식과 내용의 오이디푸스로의 변환을 추진한다(안오,
138~9쪽). 연결종합의 부분적 사용에서 유일한 주체는 욕망 자체,
생산의 순환 형식을 고수하는 무의식 자신이다(안오, 135,193쪽). 종
합은 부분대상들 사이의 횡단적 소통, 무의식의 자기생산, 무오이
디푸스적인 비인간적 성을 전제로 한다.

분리종합의 배타적 사용은 〈… 아니면 …〉의 형식을 가지는 반
면, 포괄적 사용은 〈…이건 …이건〉의 형식을 가진다. 분리종합의
내재적 또는 포괄적 사용은 미끄러운 표면 위에서 늘 같은 것으로
회귀하는 차이들 간의 호환 가능 체계를 이룬다. 차이들은 여전히

차이이기를 멈추지 않으면서도 같은 것으로 회귀한다(안오, 39, 131쪽) "모든 것이 나뉘지만, 다만 자신 안에서 나뉜다."(안오, 142쪽) 분열자는 양자택일, 일도양단의 대상이 아니다. 모든 부분적 측면들이 제한 없이 긍정된다. 성(性)의 측면에서는 남성만도 아니고 여성만도 아니고 그렇다고 양성구유도 아닌 횡단-성애자의 특성을 보인다(안오, 131, 142~3쪽 참조).

　결합종합의 분리차별적(segregative) 사용은 망상의 인종주의적, 파시즘적, 반동적, 편집증적 극을 구성한다. 민족주의적, 종교적, 인종주의적 느낌(강도적 감정, 정동)의 생성으로 자발적 예속, 파시즘으로 연결될 수 있다. 중심적이고 지배적인 가치나 이익을 조금이라도 분유(分有)한다는 '일말의 동질화의 무의식'이 자기 것의 수호, 타자에 대한 혐오, 차이의 부정과 같은 기득권적 망상을 유발하는 동시에 '지배계급에 대한 일반적 복종'(la soumission générale à une classe dominante)(AO, p124/안오, 187쪽)을 초래한다. 분리차별적 사용은 이데올로기의 문제가 아니라 욕망의 문제다. 사회장은 개인적 또는 집단적 주체의 이해관계가 아니라 무의식적 욕망에 의해 투자될 수 있다. 사회적 생산과 재생산의 형식은 욕망하는 주체의 이해관계와 독립해서 그 자체로서 욕망될 수 있다(AO, p124/안오, 187~8쪽 참조). 오이디푸스적 조작에 의해 사회적 생산의 담당자들을 출발 집합으로, 가족적 재생산의 담당자들을 도달 집합으로 하는 일대일 대응이 이루어질 수도 있다(안오, 182~3쪽 참조). 가령 무의식 속에서의 결합종합들의 분리차별적 사용이 "우리 편이어서 좋다"라는 느낌, 바깥의 적들의 위협을 받고 있는 우등 인종에 속해 있다는 느낌을 구성한다. 이러한 느낌들로부터 어떤 망상이 파생된다(안오, 186쪽 참조). 무의식의 결합종합을 분리차별적으로 사용한다는 것은, 강도적 개체로서의 흐름들을 이러한 방식으로 소비하는 것, 이러한 방식으로 느끼고 향유하고 망상하는 것이다. 반면에 결합종합의 유목적(nomadic) 사용은 망상의 혁명적, 분열증적 극을 구성한다. 오이디푸스적 조작에 의한 일대일대응적 사용이 아니라 정신분석적 적용을 거부하는 다의적(多義的) 사용이다.

무의식의 종합과 사용들에서 중요한 것은 무의식 속에서 투자하고 역-투자(대항투자, contre-investissement)하는 강렬한 역량 또는 리비도이다(안오, 189쪽 참조). 의미를 생산한다는 것은 그것들의 사용을 통해서 무의식이 혁명적이거나 반동적인 내용을 가지는 리비도 투자를 실행한다는 것이다. 무의식적 리비도 투자에는 두 극이 있다. 이러한 종합들을 어떻게 사용하고 기능하게 하느냐에 따라 우리의 무의식적 투자의 두 극을 향한 방향이 결정된다. 한 쪽은 파시즘적이고 인종주의적인 극, 즉 분리차별적·편집증적 극이고 다른 쪽은 혁명적인 유목적·분열증적 극이다. 무의식적 욕망은 양극 사이에서 무한히 진동한다.

분열분석

들뢰즈와 과타리는 분열증(schizophrénie)이라는 정신의학적 용어에서 해방의 의미를 도출한다. 정신분석(psycho-analysis)은 체제에 순응하지 못하는 자폐적인 질병으로 분열증을 바라보지만, 분열분석(schizo-analysis)의 시각에서 들뢰즈와 과타리는 참된 욕망의 정립 과정은 욕망적 생산의 과정이고 이것이 질병으로서가 아닌 해방으로서의 분열증이라고 규정한다.

분열분석은 유물론적 정신의학을 기초로 하는 무의식에 대한 해석 또는 사유 방식이다. 넓은 의미로 들뢰즈와 과타리의 배치론을 포함하는 미시분석(micro-analysis)을 분열분석이라 하는 경우도 있으나, 좁은 의미의 분열분석은 이를 일컫는다. 유물론적 정신의학은 욕망을 기계와 생산에 접목시킨다. 욕망은 욕망적 기계들이다. 욕망은 생산의 질서에 속하며, 모든 생산은 욕망적인 동시에 사회적이다(안오, 494쪽). 욕망은 마르크스적 의미의 하부구조에 속하지 이데올로기에 속하지 않는다. 들뢰즈와 과타리의 분열분석은 이처럼 하나의 유물론적 혁명이다. 기계와 생산에 접목된 욕망은 하나의 근원적 힘이자 물질이자 에너지이다. 표현적 유물론에서 말하는 강도적 에너지이거나 비유기적 생명이다. 분열분석은 관념론적 정신의학, 특히 정신분석의 무의식의 종합들의 부당한 사용을 고발한다. 분열분석의 실천적 문제는 무의식의 종합들의 오이디푸스적 변환(conversion)을 거꾸로 역전(reversion)시키는 것, 탈-오이디푸스화하는 것이다(안오, 139, 200쪽 참조). 무의식의 종합들을 내재적 사용에 맡기는 일이다(안오, 200쪽). 그것은 무의식의 자기생산에, 스스로의 작동에 맡기는 것이다.

분열분석의 원리는 언제나 욕망이 사회장을 구성한다는 것이다(안오, 576쪽). "사회장은 즉각 욕망에 의해 주파된다. 사회장은 욕망의 역사적으로 규정된 생산물이다."(안오, 64쪽) 욕망은 하부구조의 일부다. 욕망이 결정적이다. 사회적 생산과 생산관계들로 구성된 사회장은 욕망의 제도들이다(안오, 120쪽 참조). 리비도의 순응적 투자와 혁명적 역-투자가 있다. 욕망의 에너지인 리비도는 가장 탄압적인 사회 형식들을 포함해서 기존 사회장을 투자하거나, 기존 사회장에 혁명적 욕망을 연결하는 역-투자를 수행할 수도 있다(안오, 66쪽). 정동들(강도적 감정들)은 경제적 형식들 속에서 자신의 탄압뿐 아니라 이 탄압을 부수는 수단들도 창조한다(안오, 120쪽).

분열분석에서의 생산의 범주는 욕망적 생산과 사회적 생산이다. 욕망적 생산은 욕망적 기계들의 종합, 절속의 결과다. 욕망은 항상 무언가를 생산한다. 존재의 생성은 무의식의 자기생산, 무의식(무의식적 욕망, 욕망적 무의식, 생산적 무의식)을 주체로 하는 자기생산이다. 사회적 생산은 특정 조건들 또는 형식들 하에서의 욕망적 생산이다. 욕망적 생산의 현실화다. 특정 조건들은 군집의 형식들로서 특정 사회체를 말한다. 사회적 생산의 조건 또는 형식으로서의 사회체로 들뢰즈와 과타리는 토지의 몸, 전제군주의 몸, 돈 또는 자본의 몸을 들고 있다. 이러한 조건들과 형식들에 의해 코드화와 덧코드화, 그리고 자본주의적 공리화가 이루어지면서 사회적 장과 사회적 생산이 규정된다. 이것들이 욕망에 개인적이거나 집단적인 목표와 목적들을 부과하고, 이러한 조건들과는 무관한 참된 욕망적 생산을 억압한다. 생산이 아닌 결핍으로서의 욕망이 사회적 생산 속에서 조직된다. 이것이 시장경제의 실천으로서의 '지배계급의 예술'(안오, 63쪽)이다. 생산으로서의 욕망으로 나아가지 못하고 결핍으로서의 욕망에 안주하는 자가 니체가 말하는 비루한 자다. 고귀한 자가 되기 위해서는 생산적 욕망의 해방이 필요하다. 그래야만 운명을 긍정하고 사랑하고 극복할 줄 아는 니체의 초인이 될 수 있다.

욕망적 생산과 사회적 생산은 이처럼 본성에 있어서는 차이가 없다. 양자 모두 실재계의 생산이라는 하나의 생산, 실재의 생성이라는 단일한 생성이다(안오, 69, 73쪽). 그러나 체제상으로는 양자 간에 차이가 있다. 욕망적 생산은 본원적 억압의 장소지만, 사회적 생산은 탄압의 장소다. 후자로부터 전자로 2차적 억압과 유사한 것이 실행된다(안오, 68쪽). 이러한 양자 간의 본성상의(in nature) 동일성과 체제상의(in regime) 차이는 자본주의에서 다른 어떤 사회체보다 더 크다는 것이 들뢰즈와 과타리의 자본주의 분석의 결론이다.

욕망은 무의식의 수동적 종합들의 집합이라고 했다. 욕망적 생산에서 사회적 생산으로, 즉 무의식들의 종합으로부터 사회장에 대한 리비도 투자로 이어지는 과정은 다음과 같다. 무의식의 종합의 결과 잔여적 주체와 동시에 그 주체가 소비하고 향유하는 순수 강도들이 생성된다. 들뢰즈와 과타리에 의하면 강도적 감정(정동)은 망상들과 환각들의 공통의 뿌리인 동시에 이것들의 분별의 원리다(안오, 157쪽). 무의식적 흐름들의 결합으로 하나의 강도가 생산된다. 욕망적 기계들의 절속으로 하나의 강도가 생산되는 것이다. 이러한 강도를 소비하고 향유하면서 어떤 느낌과 감정이 생성된다. 이 감정들과 느낌들이 뒤이어 일어나는 환각들과 망상들의 재료를 형성한다. 가령 "'나는 본다', '나는 듣는다'와 같은 환각 현상과 '나는 ……라고 생각한다'와 같은 망상 현상은 더 깊은 차원의 '나는 느낀다'를 전제하며, 이것은 환각들에 대상을 주고 생각의 망상에 내용을 준다."(안오, 48쪽) 또 무의식 속에서의 결합종합들의 분리차별적 사용이 "우리 편이어서 좋다"라는 느낌을 구성한다(안오, 186쪽 참조).

요컨대 하나의 강도(정동)에서 어떤 느낌으로, 다시 이것을 재료로 어떤 환각과 망상이 파생된다. 그로부터 리비도 투자가 이루어진다. 무의식적 리비도 투자들은 이러한 무의식의 종합들의 사용에서 기인하는 느낌과 망상들에 따라 행해지는 것이다. 이것이 들뢰즈와 과타리가 '망상이 모든 무의식적·사회적 투자의 모태 일반'(안오, 464쪽)이라고 한 것의 의미이다. 들뢰즈와 과타리는 분열분석의 시각에서 망상(délire)이라는 용어에 일종의 정신착란이라는 통상적 의미가 아니라 무의식적 욕망의 리비도 투자의 모태라는 새로운 의미를 부여한다.

사회적 투자들은 집단 내지 욕망의 무의식적 리비도 투자와 계급 내지 이해관계의 전의식적 투자로 구별된다(안오, 569쪽). 그 각각에 대해 반동적 또는 혁명적인 투자가 대응된다. 다시 말해 사회적 리비도 투자는 반동적이고 편집증적인 극과 혁명적이고 분열증적인 두 개의 극을 갖는다(안오, 604쪽). 분열분석의 임무는 사회장의 무의식적 욕망의 투자들에 도달하는 것이다(안오, 579쪽).

망상의 두 극, 무의식적 리비도 투자의 두 극은 파시즘적이고 인종주의적인 극, 즉 반동적인 분리차별적·편집증적 극과 혁명적인 유목적·분열증적 극이다. 사회적 조건의 내면화를 향하는 편집증의 극과 참된 욕망의 해방을 향하는 분열증의 극이다. 종속과 복종의 방향이 관건이다. 전자는 욕망적 생산을 통치구성체 및 거기서 유래하는 몰적 집합에 종속시키며, 후자는 이 종속을 역전시키고, 권력을 전복하며, 몰적 집합을 욕망적 생산들의 분자적 다양체들에 복종시킨다. 몰적인 것은 나무형, 분자적인 것은 리좀형 다양체와 관련된다. 사회적 투자로서의 무의식적 리비도 투자는 이 두 극사이에서 무한히 왕복한다. 무의식은, 망상은 이 두 극 사이에서 그 반동적 충전들과 그 혁명적 잠재력들 사이를 오가며 진동한다. 선택은 두 극 사이에 있다. 순응주의적·반동적·파시즘적인 모든 투자를 부추기는 편집증적 역-탈주와 혁명적 투자로 변환할 수 있는 분열증적 탈주 사이에(안오, 565쪽).

배치론

들뢰즈와 과타리의 존재론은 배치(agencement, 영어 assemblage)의 존재론이다. 모든 것이 하나의 배치이며, 사회는 곧 사회적 배치다. 존재의 일의성의 또 다른 표현이다. "들뢰즈와 과타리에게 생성이란 무정형의 흐름이 아니라 언제나 배치의 생성이다."(이정우 2008, 116쪽) 배치론은 들뢰즈와 과타리 사유의 기본 구도이자 사회 분석의 틀이다. 사회의 분석은 배치의 분석이고, 배치의 분석은 내용(기계적 배치)과 표현(언표적 배치)의 상호작용의 분석이다.

세계는 물리-화학적 지층, 유기체 지층, 인간 형태의 지층으로 구성된다. 하나의 지층을 구성하는 분절은 항상 내용과 표현의 이중 분절이다. 내용과 표현 각각 실체와 형식을 갖고 있다. 내용의 분절은 형식화된 몸체다. 기계적 배치, 비담론적 다양체, 권력구성체 등으로도 불린다. 내용의 분절이 정신체나 영혼체를 포함하는 하나의 몸체를 구성한다. 표현의 분절은 구조화된 기능 또는 함수다. 언표적 배치, 담론적 다양체, 기호체제 등으로도 불린다. 내용의 질료와 표현의 질료에 특정한 질서나 코드 또는 구조로서 부과되는 것이 형식이다. 질료와 특질들에 형식이 부과됨으로써 내용과 표현 각각의 실체가 형성된다. 표현과 내용은 형식과 내용의 관계도, 기표와 기의의 관계도 아니다. 표현과 내용은 각기 독립적인 분절로서 상호 영향을 주고받는다.

배치는 선들과 속도들로 구성된 일종의 다양체이자 생성하고 반복하는 복잡한 사건이기도 하다. 배치는 굳어진 하나의 구조로서의 지층과는 다르다. 배치는 그 내부에 생성을 담고 있다. 그것은 생성하는 구조이고 구조화된 생성, 하나의 사건이다. 단순한 공간적 배열이 아니라 배치는 항상 배치-사건이다(세철4, 486쪽) 기계들이 접속해서 선 혹은 계열을 형성하고, 여러 선들이 관련 맺으면서 하나의 장을 형성한다. 이것이 기계적 배치다. 기계적 배치는 욕망으로 구성된 하나의 몸체, 즉 욕망적 기계다. "욕망은 기계이며, 기계들의 종합이며, 기계적 배치, 즉 욕망적 기계들이라는 것이다."(AO, p352/안오, 494쪽) 기계적 배치에 언표적 배치가 더해지면 다질적인 열린 장으로서 완전한 형태의 전형적 배치(인간 형태의 지층)

가 구성된다(천고, 12쪽, 이정우2008, 17~30쪽 참조). 언표적 배치는 언어와 문자를 포함하는 기호에 의한 표현이다. 모든 것이 기호가 될 수 있다. 언표적 배치는 기호적 배치라고 할 수 있다. 배치와 지층의 차이는 배치가 가지는 영토성과 탈주성이라는 양의성(兩義性)에 있다. 모든 배치는 일단 영토적이지만 배치의 영토성은 그 자체 내에 그것을 가로지르는 탈영토화의 선들, 즉 탈주선들을 내포한다. 이 특성으로 인해 배치는 운동과 변환의 역량을 가지게 되며, 하나의 고정된 분절로서의 지층과 구별된다. 배치는 (지)층화와 탈층화, 탈영토화와 재영토화의 영원한 이중운동하에 놓여 있다. 탈영토화는 변이의 추상기계의 작동에 의해 이루어진다. 추상기계는 배치의 잠재성이다. 추상기계는 배치를 열기도(변이의 추상기계) 하고, 닫아버리기도(덧코드화의 추상기계) 한다.

배치의 탈주성의 측면에서 볼 때 배치는 생성하고 반복하는 복잡한 사건으로 볼 수도 있다. "언표나 표현(언표적 배치)은 몸체나 내용(기계적 배치)에 그런 것(성질)으로서 귀속되는 비물체적 변형을 표현해준다."(천고, 961쪽) 표현이 내용에 개입하는 것이다. 배치는 다양체로서, 기계로서, 사건으로서 상황에 따라 그 역할을 담당한다. 이 개념들은 일관된 집합관계를 형성하지 않고 상호포함의 관계에 있다. 언표 하나가 사건을 이루기도 하고 기계 하나의 움직임이 사건을 이루기도 하지만 배치 전체, 기계 전체가 하나의 사건이 되기도 한다. 한 가지 수준이나 한 가지 차원에서 의미가 결정되지 않는다. 들뢰즈와 과타리가 세계를 무한 층의 다양체로 보듯이 기계, 사건, 배치도 매우 단순한 것에서부터 세계 전체를 아우르는 무한한

차원의 것에까지 걸쳐 있는 것이다. 배치의 성분도 하나의 배치가
될 수 있고, 복잡한 기계는 덜 복잡한 기계들로 만들어지기도 하며,
사건들의 총체가 하나의 커다란 역사적인 사건을 구성하기도 한
다. 하나의 배치를 여러 기계와 사건들로 분해해서 설명할 수 있고,
역으로 그러한 배치들을 가지고 거대 기계인 사회나 세계, 사건들
의 총체인 역사의 발전 과정을 분석하고 전망할 수도 있다. 세계를
프랙털 구조로 볼 수 있는 근거를 여기서도 발견할 수 있다.

　기호들의 체제가 하나의 언표적 배치(표현)를 구성해서 기계적 배
치(내용)로서의 몸체와 상호 작용한다는 것이 들뢰즈와 과타리의 배
치론의 골자다. 들뢰즈와 과타리는 "한편으로 배치는 능동작용이
자 수동작용인 몸체들의 기계적 배치(agencement machinique de corps)
이며, 서로 반응하는 몸체들의 혼합물이다. 다른 한편으로 배치는
행위들이자 언표들인 언표행위의 집단적 배치(agencement collectif
d'énonciation)이며, 몸체들에 귀속되는 비물체적 변형"(MP, p112/천고,
172쪽)이라고 구체적으로 설명한다. 언표적 배치는 집단적이다. "개
인적 언표는 존재하지 않는다. 그런 것은 전혀 없다. 모든 언표는
기계적 배치, 다시 말해 언표행위를 하는 집단적 행위자(agents col-
lectifs)의 산물이다('집단적 행위자'란 말은 사람들이나 사회가 아니라 다양체
를 의미한다)."(MP, p51/천고, 79~80쪽) "개인적인 언표행위도 없다. 심
지어 언표행위의 주체도 없다. …… 언표의 개인화와 언표행위의
주체화는 비인격적인 집단적 배치가 그것을 요구하고 결정하는 한
에서만 존재하게 될 것이다."(천고, 156쪽) 요컨대 순간적인 비물체
적 변형을 가져오는 언표행위는 그 자체로 사회적 성격을 가진 집

단적 배치와 관련된다. "(언표행위의 집단적) 배치는 끊임없이 변주되며, 끊임없이 변형들에 내맡겨진다."(천고, 160쪽) 기계적 배치와 언표적 배치는 이처럼 서로 얽혀 있다. 기계적 배치가 언표적 배치의 주체가 될 수도 있고, 그 안에서 비물체적 변형이 일어나는 상황이 될 수도 있고, 내용으로서의 기계적 배치가 표현(기호체제)으로서의 언표적 배치의 역할을 하는 경우도 있을 수 있다. 『천 개의 고원』에서 본격적으로 전개되는 배치론의 전조를 보이는 『카프카』에서는 기계적 배치와 언표적 배치를 동일시하는 표현이 등장하기도 한다 (KA, pp146, 147/카프카, 189, 190쪽 참조).

기계적 배치로서의 몸체와 언표적 배치로서의 언표행위가 상호작용함으로써 배치로서의 하나의 사회가 구성되는 것이다. 표현의 특질의 조작들이 욕망의 기계적 배치(agencement machinique de désir)(MP, pp33, 35/천고, 50, 52쪽), 즉 내용에 영향을 미치고 내용은 다시 표현에 간섭하고 침투하면서 하나의 사회가 형성되는 것이다. 가령 전(前)자본주의 사회에서는 언표적 배치로서의 코드가 사회적 조건이 되어 전자본주의의 사회적 생산을 형성한다면, 자본주의 사회에서는 언표적 배치로서의 공리계가 사회적 조건이 되어 자본주의의 사회적 생산을 형성한다.

이제 우리는 욕망을 하나의 잠재적 역량으로뿐만 아니라 하나의 배치로 볼 수 있다. 욕망은 배치를 형성한다. 자본주의 사회도 하나의 욕망의 배치다. 각 영역의 구체적 권력은 욕망의 배치가 지층화된 차원일 뿐이다(천고, 270쪽 주58 참조). 분열분석의 결론은 욕망이 사회장을 구성한다는 것이었다. "하나의 사회장은 즉각 욕망에 의해 주파되며, 사회장은 욕망의 역사적으로 규정된 생산물이다."(안오, 64쪽) 욕망의 재배치가 바로 사회적 배치의 변환이고, 한 사회에 있어서의 혁명이다. 욕망의 혁명적 극으로의 재배치, 즉 참된 욕망의 정립이 분열분석과 배치론의 목표다.

결론적으로 사회구성체들은 생산양식이 아니라 욕망적 흐름의 기계적 과정들에 의해 규정된다. 물리적 기계(기계적 배치, 내용, 권력 구성체)와 기호적 기계(언표적 배치, 표현, 기호체제)의 상호작용으로 그 사회가 규정된다. 내용과 표현의 상호작용은 내용과 표현의 상대적 탈영토화의 양자들의 결합이다. 탈영토화의 선들, 즉 탈주선들의 결합, 관계 맺기, 공명, 소통이다. 결국 그 사회를 근본적으로 규정하는 것은 탈주선들이다. 따라서 그 사회의 탈영토화의 첨점들(회로 차단기, circuit breakers)을 파악하고 추출해내는 것이 사회분석에 있어서 관건이 된다. 들뢰즈와 과타리는 이러한 기계적 과정들에 의해 원시사회, 국가, 도시, 유목사회, 국제적 또는 전 세계적 조직 등의 사회구성체들을 규정한다. 이러한 과정들은 공존하는 변수들이다. 따라서 다양한 사회구성체들은 동시에 존재한다(천고, 836~7쪽). "역사는 그저 다양한 종류의 '되기'의 공존을 연속적으로 번역할 뿐이다."(천고, 829쪽)

존재의 이중운동

들뢰즈의 일의적 존재론에 입각하여 존재하는 모든 것들은 하나의 몸체, 하나의 다양체, 하나의 기계나 배치로 규정하는 것이 가능하다. 그것들 각각은 이중운동을 함축하는 두 개의 차원을 가진다. 재현적이고 표상적인 현실적 차원과 비표상적이고 강도적인 잠재적 차원이다. 존재하는 모든 것은 이러한 두 차원 사이에서 진동하는 이중운동의 과정에 있다. 이는 새로운 이원론이나 이분법적 사고가 아니다. 두 차원은 상호 대립적인 대칭관계에 있지 않다. 잠재적인 것은 현실적인 것의 근거이자 원천의 역할을 하고 현실적인 것은 다시 잠재적인 것들에 영향을 준다.

잠재적인 유연한 흐름의 과정이 현실적 상태로 견고하게 굳어지는 운동을 탈영토화에서 재영토화로의 운동, 그리고 다시 반대 방향으로의 운동을 재영토화에서 탈영토화로의 운동이라고 부를 수 있다, 이것이 존재의 이중운동이다. 탈영토화와 재영토화의 영원한 반복이 니체의 영원회귀로서 존재의 유일한 동일성이다. 이것이 존재의 운동, 생성의 모습, 세계의 움직임이다. 탈영토화와 재영토화는 추상기계의 작동의 결과다. 탈영토화는 질에 따라 상대적 탈영토화와 절대적 탈영토화로 구분된다. 절대적 탈영토화는 새로운 지평과 차원으로 우리를 이끈다. 새로운 민중과 새로운 대지를 창조한다.

재영토화는 반드시 가장 탈영토화된 것 위에서 일어나게 된다. 들뢰즈와 과타리는 가장 탈영토화되지 않은 것은 가장 탈영토화된 것 위에서 재영토화된다고 한다(천고, 334쪽). 첫 번째 국면에서 가장 탈영토화된 흐름이 두 번째 국면에서는 재영토화의 기반으로서 작용한다. 예컨대 도시의 상업 부르주아는 지식, 테크놀로지, 배치들, 유통회로를 결합하거나 자본화하는데, 귀족, 교회, 직인들과 농민들까지도 이의 지배하에 들어가게 된다. 상업 부르주아가 이처럼 전체를 재영토화할 수 있었던 것은 이들이 진정한 입자가속기로서 '탈영토화의 첨점'이었기 때문이다(천고, 420쪽). 탈영토화의 첨점, 다시 말해 "가장 강하게 탈영토화된 성분"(천고, 638쪽)이랄 수 있는 상업 부르주아가 그보다 탈영토화의 정도가 약한 귀족이나 다른 계급들을 선도하여 새로운 배치를 구성하는 데 있어서, 즉 새로운 사회를 규정해 나가는 데 있어서 주도적 역할을 한다.

내용과 표현의 상대적 탈영토화의 양자들의 결합으로부터 하나의 배치가 형성 또는 창조된다(천고, 171쪽). 양자적 흐름들의 나누어짐과 분화 없이는 지금 여기에서 배치는 실현될 수 없다. 이 흐름에서 추출되는 집합, 선별되고 조직되고 지층화된 특이성과 표현의 특질의 집합이 바로 하나의 배치가 되는 것이다(천고, 781쪽). 이는 들뢰즈 존재론에서의 존재의 운동, 즉 잠재에서 현실로, 미(未)분화에서 분화로 나아가는 과정과 동일하다. 들뢰즈의 존재론이 그의 사회사상에도 그대로 적용되는 것을 보여준다. 다양한 배치들이 함께 모여 하나의 문화나 시대를 구성한다(천고, 781쪽). 배치의 창조야말로 진정한 발명이다.

추상기계

추상기계(machine abstraite, 영어 abstract machine)는 배치의 잠재성이

다. 배치는 추상기계의 한 현실화다. 추상기계는 하나의 배치가 될 수 있는 잠재력의 범위 즉 생성, 되기의 역량을 규정한다(이정우 2008, 113쪽 참조). 추상기계들은 탈코드화와 탈영토화의 첨점들에 의해 정의된다. 추상기계들은 이 첨점들을 그린다(천고, 971쪽). 추상기계는 배치의 모든 탈영토화의 첨점들을 구성하고 결합한다(천고, 270쪽). 추상기계는 표현과 내용이 구체적으로 분리되기 이전의 기계다. 내용과 표현이 분리된 현실성 이전의 잠재성이다(이정우 2008, 154쪽). 추상기계는 그 자체로 탈지층화되어 있고 탈영토화되어 있기 때문에 자기 자신 안에 실체와 형식을 갖고 있지 않으며, 자기 안에서 내용과 표현을 구별하지 않는다(천고, 270~1쪽).

들뢰즈의 반복에서 '반복되는 것'은 분화소로서의 잠재적 대상이다. 추상기계는 반복적으로 작용하면서 구체적 배치의 정체성을 규정하는 분화소로서의 잠재적 대상이다. 추상기계는 특정한 시공간에 구체화된 기계적 배치가 아니라 다양한 방식으로 구체화될 수 있는 비물체적인 반복적 기계다(이정우2008, 53쪽). 가령 하나의 규율(discipline)-추상기계를 상정할 수 있다. 감옥, 학교, 병영, 병원, 공장 등에 작용하는 하나의 동일한 추상기계가 있다. 감옥이나 학교 같은 구체적 배치가 현실화하는 과정에서 반복적으로 작용하는 하나의 잠재적 기계를 규율이라는 용어로 표현한 것이다. 이 같은 배치들은 미셸 푸코의 미시적 권력장치들로서 모두 그가 현대의 고유한 권력작용으로 규정한 규율의 기능, 규율의 작동방식(fonctionnement)을 내포하고 있다.

추상기계가 들뢰즈와 과타리의 사회사상에서 갖는 의미는 추상기계가 사회장 전체와 공통의 외연과 범위를 갖는 내재적 원인, 즉 준원인으로서 작용한다는 것이다. 추상기계는 힘들의 관계를 실현하는 구체적인 배치들의 원인이다(푸코, 68쪽). 들뢰즈의 차이의 역할을 하는 것이 추상기계다. 추상기계는 구체적 사회기계의 잠재적 발생 원인이다. 뿐만 아니라 책과 같은 문학기계, 전쟁기계, 사랑기계, 혁명기계, 거대한 사회기계 등 모든 구체적 기계를 낳는 것이 추상기계다(천고, 14쪽 참조). 추상기계는 잠재적 힘들의 관계들로 구성되며 이것이 표현의 형식들 또는 기호체제들과 내용의 형식들 또는 물체의 형식들을 동시에 설명한다(천고, 269~270쪽 참조).

추상기계는 형식화되지 않은, 아직 구체적 형태를 갖추지 않은 질료와 기능들로 구성된 복잡한 도표(diagramme)라고 볼 수도 있다. 추상기계는 힘 관계의 지도이며 밀도(densité), 강도(intensité)의 지도이다(푸코, 68쪽). 추상기계는 실체가 아니라 질료에 의해, 형식이 아니라 기능에 의해 작동한다. 기능들은 아직 기호계적으로 형식화되어 있지 않으며, 질료들은 아직 물리학적으로 형식화되어 있지 않다(천고, 271쪽). 힘의 관계 혹은 권력관계가 순수한 기능들을 구성한다. 여기서의 기능은 구체적 기관이나 구체적 배치의 유기적 기능(fonction organique)이 아니라 형식을 부여받기 이전의 순수변용태로서의 기계적 작동방식 또는 작동형태(fonctionnement machinique)를 의미한다. 가령 판옵티콘은 원형감옥이라는 구체적 형태를 가진 배치로 볼 수도 있지만 일망감시방식이라는 추상기계의 한 작동방식으로 볼 수도 있다. 판옵티콘은 수적 규모가 크지 않고 공간적으로도 제한되고 한정되어 있는 조건하에서, 다수의 어떤 개인들에게 어떤 임무나 행위를 부과하는 순수한, 아직 형식화되지 않은 기능으로 볼 수 있는 것이다. 미셸 푸코에 의하면 처벌, 보호, 감호, 교육, 생산, 훈련 등이 그 기능에 목적과 수단을 부여하는 형식들이다. 죄수, 병자, 광인, 학생, 노동자, 군인 등이 그 기능에 의해 작동되는 형식화된 실체들이다. 18세기 말엽 판옵티콘은 이러한 모든 형식을 가로질러 이 모든 실체들에 적용된 바 있다(푸코, 114쪽, 감처, 318쪽 참조).

요컨대 하나의 배치가 형성되고 변환되는 것은 추상기계들이 작동한 결과다. 추상기계는 배치의 운동, 배치의 층화와 탈층화, 영토화와 탈영토화의 과정에서 작동 장치로서의 역할을 한다. 구체적 배치의 운동을 지배하는 것, 배치의 정체성 혹은 동일성을 보증하는 것이 그 배치의 추상기계다. 배치의 잠재성이 추상기계라고 한 것의 의미가 바로 이것이다. 배치를 탈영토화하는 변이의 추상기계와 배치를 재영토화하는 덧코드화의 추상기계가 있다. 즉 배치의 이중운동은 이러한 추상기계의 양의성에서 파생되는 것이다. 추상기계들은 배치들을 열어 놓기도 하고 닫아 버리기도 한다. 다양한 연결접속을 통한 연속적 변이를 만들어 내기도 하고, 폐쇄적 접합접속을 통해 공리계 또는 덧코드화를 이루기도 하는 것이다. 구체적 배치들은 덧코드화의 추상기계와 변이의 추상기계의 한 쪽에서 다른 쪽으로 부지불식간에 이동한다. 추상기계들의 성분인 온갖 힘들과 재료들 그리고 기능들의 조합과 혼합들이 배치들에 질을 부여한다. 추상기계들의 이러한 작동에 의해 정치적, 경제적, 과학적, 예술적, 생태학적, 우주적이고 또 감각적, 정서적, 능동적,

사유적, 물리적, 기호적인 각 분야에서 다양한 모습들의 배치가 창출된다(천고, 976쪽 참조).

추상기계는 사회장 전체와 동일한 외연을 가진다. 역사 속의 사회장들만큼 다수의 추상기계가 존재한다(푸코, 65쪽). 모든 사회는 하나이든 복수이든 그 추상기계를 가진다(푸코, 66쪽). 추상기계가 특정한 좌표와 차원으로 구체화함에 따라 우리는 독특한 본성을 가지는 하나의 사회구성체나 하나의 역사적 사건을 갖게 된다(천고, 231쪽 참조). 추상기계는 탈영토화의 첨점들로 구성된다고 했다. 우리는 사회와 역사를 연구하고 분석함에 있어 저항의 특이성들로서의 '점, 매듭, 또는 초점'들, 탈영토화의 첨점들을 찾아내고 구성해내는 데 집중해야 한다.

소수자과학

들뢰즈와 과타리는 과학을 다수자과학과 소수자과학으로 나눈다. 들뢰즈와 과타리의 소수자(mineur)와 다수자(majeur)는 어떤 집합체에 붙는 양적 술어가 아니라 어떤 다양체에 붙는 질적 술어다. 따라서 소수자가 다수자보다 수적이나 양적으로 반드시 소수인 것은 아니다. 생성이나 과정으로서의 '소수자'와 집합이나 상태로서의 '소수성', '소수파' 또는 소수자-이기는 다르다. 다수자와 소수자의 관계는 동일 지평에서의 이원적 대립관계가 아니라 지평을 달리하는 존재와 생성, 정주와 탈주의 관계다. 소수성 또는 소수파

(minorité)는 대립되는 다수성 또는 다수파(majorité)와의 관계에 따라서 규정될 뿐이며 능동적인 의미는 없다. 또 하나의 몰적 단위를 형성할 뿐이다. 상태로서의 소수성 위에서 우리는 재영토화되거나 재영토화되게 하지만 생성으로서의 소수자가 될 때 우리는 탈영토화된다(천고, 551쪽 참조). 소수자는 차이의 역량을 적극적으로 의지하고 긍정하는 자다. 과학의 영역에서도 소수자와 다수자는 당연히 구별된다.

다수자과학 또는 왕립과학은 명석·판명함을 추구하는 근대적 사유에 속한다. 정확한 계량공간을 사유하고 영원성, 항상성과 등질성에 강세를 두는 과학이다(천고, 691쪽, 데란다, 353쪽 참조). 연역적 또는 귀납적 추론에 의한 이론적 지식 체계 구축에 주력한다. 다수자과학은 몰적·거시적·나무형·정주적 사유로서 아리스토텔레스로부터 유래하는 질료-형상 도식을 기반으로 한다.

다수자과학은 유클리드 기하학과 뉴턴 역학을 이상적 모델로 삼는다. 신고전파 경제학이 전형적 사례다. 제본스는 경제학은 '효용과 이기심의 역학'이라고 한 바 있다. "경제학이 과학이고자 한다면, 수리과학이어야만 한다."(레옹 발라와 제본스, 게오르게스쿠-뢰겐, 86쪽에서 재인용)고 주장한다. 마르크스의 정치경제학도 다수자적이다. 주류 경제학과 대립적 관계를 가지는 소수파 경제학이기는 하지만, 사유의 지평을 달리하는 소수자 경제학이라고 할 수는 없다. 다시 강조하건대 소수파와 소수자는 다른 것이다. 마르크스의 경제결정론, 하부구조결정론 등의 사적 유물론은 단선적인 인과적 결정론을 수용하여 필연성의 세계사(보편사), 필연적 역사발전법칙의 존재를 긍정하고 결론적으로 자본주의의 필연적 붕괴와 공산주의 사회의 도래를 주장한다. 그의 사상은 기본적으로 우발성의 세계사를 전제하는 들뢰즈와 과타리의 소수자과학과는 어울리지 않는다.

소수자과학 또는 유목과학은 명석·혼잡함을 추구하는 탈근대적 사유에 속한다. 비정확하지만 엄밀한 비계량공간을 사유하고 생성과 이질성 또는 다질성에 강세를 두는 과학이다(천고, 691쪽, 데란다, 353쪽 참조) 다수자과학과 철학의 경계 또는 인접지대에 위치한다고 볼 수 있다. 소수자과학은 분자적·미시적·리좀형·유목적 사유를 기반으로 한다. 정적인 이론적 지식 체계의 한계를 직시하고 끊임없는 문제 제기와 탈영토화를 시도한다. 괴델의 불완전성정리와 러셀의 역설 등으로 인해 이론적 지식 체계 또는 공리적 연역 체계의 불완전성이 입증된 바 있다. 따라서 과학의 탈영토화, 소수자과학의 발전은 불가피하다. "유일하게 가능한 이론은 전체의 제한된 측면에 관한 어중간한 이론이다."(브리지먼, 게오르게스쿠-뢰겐, 76쪽에서 재인용)

창발과 진화의 대표적 지식 체계인 생물학이 소수자과학의 새로운 이상적 모델로 등장하고 있다. 통계(열)역학과 생명과학을 중심으로 하는 복잡계 과학의 발전이 소수자적 과학의 발전을 대표한다. 경제학에서도 전통 경제학에서 소수자 경제학으로의 발전이 이루어지고 있다. 신고전파 주류 경제학에서 생태경제학, 복잡계 경제학 등으로의 발전이 그 사례들이다. 새로운 관점에서의 문제 제기와 창조적 변주가 지속적으로 이루어지고 있다.

다수자과학과 소수자과학은 대립이 아닌 상호 전제, 상호 의존의 관계에 있다. 들뢰즈와 과타리는 소수자과학의 역할을 설명하면서 문제제기적인 소수자과학은 다수자과학에 수많은 영감을 제공하여 그것을 끊임없이 풍부하게 만들어 준다고 한다(천고, 925~6쪽 참조). 그리고 "소수자과학도 최고도의 과학적 요구에 직면해 이를 통과하지 않으면 아무런 의미도 없게"(천고, 928쪽) 됨을 지적한다. 다수자과학과 소수자과학, 왕립과학과 유목과학의 "두 과학관은 형식적으로는 구분되지만 존재론적으로는 동일한 하나의 상호작용의 장 속에 들어가 있다. 이 장 속에서 다수자과학은 소수자과학의 내용을 끊임없이 전유하는 반면, 소수자과학은 이런저런 식으로 구속되어 있는 다수자과학의 내용들을 끊임없이 풀어 놓으려고 한다. 결국 극단적으로 보자면 끊임없이 유동하는 이 양자의 경계만이 중요하다고 할 수 있다."(천고, 705쪽) 이렇듯 소수자과학과 다수자과학은 대립하는 것이 아니라 상호 침투하고 보완하는 관계에 있다. 우리는 둘 다를 사유해야 한다.

　　소수자과학이라는 들뢰즈와 과타리의 착상은 과학에 대한 사유와 관점의 거대한 전환을 보여주는 것이다. 소수자과학이라는 과학적 사유의 발전은 패러다임 전환에 버금가는 거대한 발상의 전환인 것이다. 구체적으로 선형적 사유에서 비선형적 사유로, 정리적 사유에서 문제적 사유로, 몰적·거시적·외연적 사유에서 분자적·미시적·강도적 사유로, 나무형에서 리좀형으로, 본질주의에서 생성주의로, idealistic(이념적·관념적) 사유에서 materialistic(유물론적) 사유로, 분석적 환원주의에서 종합적 전체론으로의 과학적 접근법의 전환은 '반쪽 사유에서 온전한 사유로'의 거대한 진전을 의미한다.

사회적 예속화와 기계적 노예화

'사회적 생산의 기초가 되는 욕망 또는 욕망적 생산이 어떻게 통제되는가?' '(개인적·집단적) 정동의 생성과 통제는 어떻게 이루어지는가?' 하는 것들이 사회의 사활적 문제들이다. 이는 사회적 장을 조직하는 문제, 사회적 분업을 확립하는 문제와 연결된다. '사회는 어떻게 구성되는가?' 하는 문제는 '사회적 역할은 어떻게 분배 또는 할당되는가?'의 문제이고 이는 '사회적 생산(조건, 코드)의 유지를 위해 주체 또는 주체성은 어떻게 생산되는가?' 하는 문제와 상통한다. 요컨대 사회적 장의 구성 또는 사회적 생산의 핵심 문제는 주체성의 생산이다. 이는 들뢰즈와 과타리의 탈근대적 사유의 버전으로는 인간 기계와 다른 기계(사회적 기계, 기술적 기계, 기호적 기계) 사이의 상호작용과 종합의 문제로 번역될 수 있다.

들뢰즈와 과타리의 사회분석은 광의의 분열분석, 즉 배치론에 기초한 미시분석이라고 할 수 있다. 따라서 들뢰즈와 과타리에게는 사회적 생산과 주체화의 문제도 역시 무의식적 욕망과 배치의 문제가 된다. 기호와 기계의 상호 개입, 언표행위의 집단적 배치(표현)와 욕망의 기계적 배치(내용)의 상호작용의 관점에서 주체성의 생산을 비롯한 모든 생산이 분석된다. 사회적 생산과 주체화는 담론적 기호체제와 비담론적 기계 장치의 상호작용과 개입으로 이루어지는 과정이다. 구체적으로 들뢰즈와 과타리는 몰적·거시적 차원의 사회적 예속화와 분자적·미시적 차원의 기계적 노예화라는 이중의 배치 또는 권력 장치에 의해 그 사회의 생산과 주체화를 분석한다. 마우리치오 랏자라또는 사회적 예속화와 기계적 노예화에 의한 주체성의 정립과 그 착취의 설명은 자본주의 이해에 있어서 들뢰즈와 과타리의 가장 중요한 기여 중 하나라고 말한다(부인, 204~5쪽 참조).

사회적 예속화(assujetissement social, 영어 social subjection)는 근대적인 몰적 주체의 생산이다. 몰적 주체는 대상과 명확히 구분되는 개체화한 주체를 가리킨다. 예속화 장치는 개인 또는 집단에게 특정한 정체성, 성, 신체, 직업, 국적, 민족성 등을 할당한다. 사회적 분업을 위한 각자의 위치와 역할을 분배한다. 이를 위해 기표적(signifiant, 영어 signifying) 기호계, 특히 언어적 기호계를 동원한다(기기, 55쪽). 언어를 통해 의미화(signifying)와 재현의 망을 창출한다. 의미작용(signification)의 기호학이라고 할 수 있다. 기표들의 연쇄가 기의를 생산하는 동시에 주체를 생산한다(기기, 85쪽). 랏자라또에 의하면 "불변의 의미작용을 구축하는 것, 즉 기호계 사이에 등가성과 안정적 번역 가능성을 확립하는 것이 주체성 생산의 토대로 작용한다."(SM, p72/기기, 103쪽) 인간과 기계는 행위와 사용의 관계에 있다. 기계는 주체로서의 인간의 행위의 대상인 동시에 두 주체 사이에 존재하는 하나의 매개체로 작용한다(부통, 215쪽 참조). 예속화 기계 하에서 배치를 변환하거나 창조할 수 있는 임계적 자유(critical freedom)는 억압된다. 겉으로는 소극적, 적극적 자유가 인정되는 것처럼 보이지만 우리의 선택의 자유와 표현의 자유는 기존의 배치, 즉 엄밀히 코드화된 조건들과 미리 주어진 대안들 내에서만 행사가 가능하다.

현대 사회의 새로운 기계적 노예화(asservissement machinique, 영어 machinic enslavement)는 탈근대적인 분자적 주체의 생산이다. 분자적 주체는 구성적 부품으로서의 유동적 주체를 가리킨다. 노예화는 주체성의 분자적, 기계적, 초개체적 차원들과 연관된 되기(becoming)를 지칭한다(기기, 43쪽). 노예화 장치는 탈주체화(désubjectivation), 탈개체화(disindividuation)를 통해 초개체적이거나 전(前)개체적인 리좀형 다양체로서의 주체성을 구현한다. 탈주체화, 탈개체화는 주체성의 파괴가 아니라 주체 자신의 본질 또는 정체성과 사회적 기능을 해체하는 것이다(기기, 161쪽 참조). 기계적 노예화는 개체화된 주체, 의식, 재현을 해체하고, 집합적 또는 상호주관적(intersubjective)이 아닌 집단적(collective), 즉 전개체적이거나(전언어적인 정동들과 강도들의 체계) 초개체적인(기계적, 경제적, 사회적, 기술적 체계들) 층위에 작용한다(기기, 82~3쪽 참조). 이를 위해 비기표적(a-signifiant, 영어 a-signifying) 기호계를 동원한다. 비기표적 기호는 다른 기호를 지시하는 대신 그 자체가 의미를 생산한다. 재현이나 언어의 매개 없이 실재(reality)를 표현한다. 의미작용과 그것을 수용하는 개체화된 주체는 불필요하다. 재현의 외부에서, 개체화된 주체의 지배와 통제 없이 기호와 사물은 독립적으로 상호 작용한다(과타리, 316쪽, 기기, 124쪽 참조). 예를 들면 음악, 예술, 주가지수, 통계수치, 방정식, 도표, 함수, 다이어그램, 컴퓨터 언어, 국민 계정, 기업 회계 같은 것들이다(기기, 55, 56, 115쪽 참조). 랏자라또에 의하면 "사회적 예속화가 확립한 주체와 대상의 존재론적 장벽은 기계적 노예화 속에서 언어가 아니라 비기표적 기호계에 의해 끝없이 허물어진다."(SM, p83/기기, 120쪽) 인간과 기계는 내적인 상호 소통의 관계에 놓인다(부통, 215쪽). 기술적, 사회적 기계들 안에서 인간과 비인간의 구별은 없다. 인간은 기계적 배치의 하나의 구성요소일 뿐이다. 기계와 기호에 의한 이중의 탈영토화는 개인을 기억, 지각, 지성, 감각, 정동, 욕망 등과 같은 구성요소들로 분해한다(부통, 224, 225쪽, 기기, 42쪽 참조). 들뢰즈에 의하면 "개인들은 '가분체'(dividuals, 분할 가능한 것)가 되고, 대중은 표본들, 데이터, 시장들, '(자료)은행들(banks)'이 된다."(Nego, p180) 가분체는 들뢰즈의 탈기관체로서의 개체를 말한다. 정동과 변용태의 복잡한 조합들로 이루어지는 리좀형 다양체를 일컫는 것이다. 마우리치오 랏자라또의 해석을 소개하며 정리를 대신하고자 한다.

"가분체와 기계는 '인간-기계'라는 장치를 공동으로 구성한다. …… 우리는 경제적, 사회적, 소통적 과정들에 투입되고 산출되는 요소들이며, 통접(conjunction)이나 이접(disjunction)의 부품들에 불과하다."(기기, 36쪽)

"행동하는 주체는 더 이상 존재하지 않으며, 다만 사회-기술적 장치에 '노예화된' 것처럼 기능하는 '가분체'가 있을 뿐이다."(IM, p147~ 8/부인, 203쪽)

"사회적 예속화는 개인을 움직이지만, 기계적 노예화는 '가분체'

를 사회-기술적 기계의 단지 '인간'이라 불리는 조작자(operators), 작인(agents), 요소, 부분들로 작동시킨다."(IM, p148)

"인간 행위자는 비인간 행위자와 다름없이 흐름들을 '연접하고, 통접하고, 이접하는' 요소들로 기능하고 기업, 집단적 배치, 소통 체계 등을 구성하는 네트워크로 작동한다. …… 주체성의 구성요소들(지성, 정동, 감각, 인지, 기억, 체력)은 더 이상 '나'를 통해서 통합되지 않는다. 그런 요소들은 더 이상 개체화한 주체를 준거점으로 삼지 않는다. 대신에 지성, 정동, 감각, 인지, 기억, 체력은 개인 안에서 펼쳐지는 종합의 구성요소가 아니라 배치 또는 과정(기업, 미디어, 공공 서비스, 교육 등) 안에서 전개되는 종합의 구성요소가 된다.

노예화는 '주체'와 '대상'에 대해서 작동하는 것이 아니라 주체와 대상의 탈영토화(또는 탈코드화) 속에서 작용한다. 달리 말해 노예화는 주체성의 분자적 요소들, 비개체적인 강도적인 것, 인간 이하의 잠재성들에 작용하며 물질과 기계들의 비개체적인 것, 강도적인 것, 분자적 요소들, 잠재력들에 작용한다."(SM, p27/기기, 37쪽)

이처럼 주체성의 생산은 사회 구성의 핵심 요소가 된다. 개인에 대한 위치와 역할 분배, 인간과 기계의 관계 규정에 의한 주체성의 생산 과정은 사회의 분업을 확립함으로써 사회적 장의 기초를 구성하는 과정이다.

기계적 노예화에 의한 주체성 생산은 주권사회(sovereign society)의 구성과 연결된다. 전근대 사회로서 단순 기계를 사용한 시기다. 제국적 또는 전제적 국가의 체계라 할 수 있다(천고, 822~3쪽 참조). 국가의 기호체제는 덧코드화 또는 기표 속에서 성립한다(기표화). 제국 체제하에서는 모든 것이 공적인 것이다. 국가는 덧코드화의 초월적 패러다임(천고, 873쪽)으로서 국가장치는 원시 농업 공동체의 코드를 덧코드화하며, 이 공동체를 전제적인 황제의 권력에 복종시킨다. 인간은 주체가 아니라 전체를 덧코드화하는 기계의 구성 부품에 불과하다(천고, 876쪽).

사회적 예속화에 의한 주체성 생산은 규율사회(disciplinary society)의 구성과 연결된다. 근대 사회로서 18세기~20세기 초의 시기와 일치한다. 열역학 기계와 같은 동력기계가 생산의 주력으로 등장한 시기다. 근대적 국가의 체계가 확립된 시기다(천고, 866쪽 참조). 기술의 발전과 함께 근대 국가는 점점 강력하게 된 사회적 예속을 통해 이전의 기계적 노예화를 대체한다. 국가장치는 탈코드화된 흐름들의 접합접속(결합)을 조직한다. 기호체제에서의 제국적 기표에 의한 조작은 주체화 과정으로 대체된다. 공적인 것과 사적인 것의 혼합이 이루어진다. 국가는 탈코드화된 흐름들의 공리계를 위한 내재적 실현 모델이 된다(천고, 873쪽). 탈코드화된 흐름들의 국지적 결합을 넘어 전면적 결합에 이르는 자본주의 국가가 성립한다. 인간은 노예나 기계의 성분이 아니라 노동자 또는 사용자로서 하나의 개체화한 주체가 된다. 그러나 기술적 기계에 예속된 주체다(천고, 876~7쪽 참조). 예속은 노동의 중심을 차지하고, 소유와 노동, 부르주아지와 프롤레타리아라는 양극 체제를 초래한다(MP, p586/천고, 897쪽). 자본주의의 자유로운 또는 맨몸의 노동자가 이러한 예속의 가장 철저한 형태다.

오늘날의 새로운 기계적 노예화에 의한 주체성 생산은 통제사회 (control society)의 구성과 연결된다. 2차 대전 이후 제3세대 기계인 컴퓨터와 사이버네틱스의 발전 시기를 지나 오늘에 이른다(천고, 878쪽 참조). 새로운 기계적 노예화 체계는 개별 국가가 아닌, 국가를 실현모델로 삼는 세계적 규모의 자본주의 공리계 자체라 할 수 있다(천고, 877~9쪽 참조). 주체화의 상관물로서의 사회적 예속은 공리계 자체가 아니라 국민국가 또는 국민적 주체성이라는 틀 속에서 발현된다. 자본주의 내재적 공리계 자체는 새로운 형태의 완벽한 기계적 노예화 체계를 재건한다. 초월적인 제국적 기계로의 회귀가 아닌 것은 당연하다. 전면적 노예화 체제의 부활(천고, 878쪽)이 이루어진다. 인간은 2세대 기술적 기계인 동력기계에 예속된 노동자나 사용자가 아니라 사이버네틱스와 컴퓨터 등의 3세대 기술적 기계의 구성 부품이 된다. 가령 신용카드는 하나의 장치이며, '인간' 부품은 이 장치의 톱니바퀴 안에서 기능한다(부인, 203쪽). 한마디로 '인간-기계' 체계의 성립이다. 과거의 비가역적이고 비순환적인 예속 관계는 가역적이고 순환적인 것으로 대체된다. 인간과 기계의 관계는 사용이나 활동이 아니라 상호간의 내적인 소통에 기반을 둔다. 가령 인터넷을 이용하는 경우 인터넷과 같은 소통 기계가 기호계의 다양체에서 우리를 언표행위의 주체로 추출한다. 그러나 동시에 우리는 소통 기계에 의해서 말하게 되는 언표의 주체로서 소통 기계의 일개 효과에 불과하게 된다(기기, 237쪽 참조). 언표의 주체를 언표행위의 주체로 만드는 특수한 상황 속에서 인터넷을 사용하거나 소비하는 한 인터넷에 예속될 수밖에 없다. 기술적 기계는 여기서 언표의 주체와 언표행위의 주체라는 두 주체의 매개자가 된다. 인터넷 사용자는 사용자나 소비자가 아니며, 기계에 속하는 입구와 출구, 피드백 또는 순환으로서의 내재적 부품이 되는 한 사람들은 인간 기계로서 인터넷에 노예화된다. 자본의 유기적 구성의 고도화가 새로운 차원으로 전개된다. 가변자본이 주로 기업과 공장을 기본 틀로 하는 노동자의 예속 체제와 인적 잉여가치를 규정하는 반면, 자동화와 더불어 불변자본의 비율이 증가하면서 새로운 노예화 체제와 함께 기계적 잉여가치가 증가하고 이러한 틀은 사회 전체로 확대된다.

현대의 권력작용(천고, 879~880쪽 참조)은 예속화와 노예화의 상호 강화에 의해 이루어진다. 예속화와 노예화는 시간적 단계가 아니라 공존하는 두 극이다. "현대 자본주의는 사회적 예속화와 기계적 노예화를 극단으로 몰고 간다. 이렇게 해서 우리는 이러한 이중적 권력관계에 동시에 복종하게 된다."(부통, 216쪽)고 랏자라 또는 말한다.

오늘날은 신자유주의적 주체화가 풍미하는 시대다(기기, 10~14쪽 참조). 현대의 사회적 예속화는 '인적 자본'이라는 극단적 개인화를 통해 신자유주의 주체화의 양상을 노출한다. 그러나 신자유주의가 개발한 기업가적 주체화(인적 자본, 자기기업가 등)는 수많은 역설로 귀결된다. 한편으로 경제를 구성하지만, 다른 한편으로 사회 자체를 파괴한다. 자율성, 주도성, 헌신 등의 규범은 취업 능력, 스펙 등의 타율성의 규율로 전락하고, 개인적 우울증과 사회적 양극화를 야기하는 세기적 질병으로 변이된다. 개인을 자기 자신의 판단에 대한 무한한 평가에 종속시키는 것이다. 이러한 주체화의 과정에서 좌절, 원한, 죄책감과 두려움 등이 신자유주의적 정념들을 구성하여 발달한 자본주의의 병리학으로서의 신경증, 21세기 질병으로서의 우울증 등을 야기한다(부통, 217~8쪽 참조).

　신자유주의적 자본주의는 사회적 예속화(주체화)와 동시에 기계적 노예화(탈주체화) 역시 극단으로 밀어붙인다. 기계적 노예화는 우리 신체의 구성요소들 및 우리 주체성의 전(前)개체적 요소들에 대한 작용을 통해 우리의 행위를 제조·통제·통치한다(부통, 218쪽 참조). 말하기, 보기, 듣기, 느끼기, 영향을 주고받기 등 우리의 가장 인간적인 행위들은 오늘날 기계의 협력 없이는 생각할 수도 없는 것이다(부통, 219쪽 참조). 금융자본을 축으로 하는 신자유주의는 이러한 환경을 이용해서 빅데이터 분석, 마케팅 연구 등을 통하여 새로운 비교·평가·측정과 전유로서의 포획장치를 끊임없이 개발한다. 금융위기는 단순한 경제 위기가 아니라 신자유주의 통치성의 위기다. 그것은 모든 개체를 소유자, 기업가, 주주로 전환하려고 시도했지만, 부동산 시장이 붕괴하면서 철저한 실패로 귀결되고 말았다.

　사회적 예속화와 기계적 노예화는 현대 사회의 운영체제(OS)라고 할 수 있다. 기호와 기계의 연결, 기호계와 물질계의 흐름들의 조작에 의한 주체성의 생산, 사회적 분업의 확립 등의 사회적 장의 조직을 위한 장치가 사회적 예속화와 기계적 노예화다. 컴퓨터 운영체제를 대표하는 것이 Windows라면, 현대 통제사회의 운영체제는 사회적 예속화와 기계적 노예화(사예기노)다.

통제사회

통제사회(Nego, 174~75, 177~82쪽 참조)는 규율사회에서와 같은 감금이 아니라 지속적 통제와 즉각적 소통으로 작동되는 사회다. 이제 새로운 권력은 주체를 공장, 감옥, 병원, 학교에 가두는 권력이라기보다는 사회라는 열린 공간 위에서 작동하는 권력이다(부통, 128쪽). 새로운 기술기계들의 발전과 조응한다. 그러나 기술기계들은 사회를 설명하거나 결정하지 않는다. 자신들을 생산하고 이용할 수 있는 사회 형태들을 표현하는 역할을 할 뿐이다. 기술적 기계를 부품으로 갖는 배치로서의 사회적 기계를 종합적으로 분석해야 통제사회를 설명할 수 있다.

현대는 규율사회에서 통제사회로 나아가고 있다. 사회적 예속화가 주된 힘으로 작용하는 규율사회에서는 개체화한 개인들을 나타내는 서명과 군중 내의 그들의 위상을 상징하는 장부상의 숫자 또는 장소가 중요하다. 기계적 노예화가 주로 작용하는 통제사회에서는 서명이나 숫자가 아니라 코드(암호, 패스워드)가 핵심이다. 통제의 디지털 언어는 정보에 대한 접근이 허용되는지 거부되는지를 지시하는 코드들로 구성되어 있다. 여기서의 코드는 『안티 오이디푸스』에서의 일반적 코드가 아닌 디지털 사회에서의 특수한 코드를 말한다. 현대는 또한 주체에서 주체성으로 나아간다. 2차 대전 이후 테크놀로지의 발전, 68혁명과 같은 투쟁은 규율 기술이 더 이상 적절히 다룰 수 없는 새로운 주체성을 형성하고 있다. 개인과 군중의 이원성 또는 이분법은 힘을 잃고 있다. 몰적 개체화가 의미를 상실하고 있는 것이다. 모든 것은 기계로서 하나의 리좀형의 분자적 다양체다.

통제사회는 연속적(continuous)이고 경계가 무너진 시공간 하에서 매혹적인 마케팅과 연속적인 평생교육 등과 같은 기만적 동기부여 체제를 가동함으로써 사람들을 통제한다. 현대 자본주의는 중앙 집중적이고 생산 지향적인 포디즘 체계에서 분산적이고 판매 또는 시장 지향적인 포스트 포디즘 체계로 변화하고 있다. 이에 따라 마케팅이 사회 통제의 유력한 수단으로 등장하고 있다. 자본주의 마케팅이 수행하는 무의식적 욕망에 대한 영향력은 교육과 언론의 상징 조작이나 여론 조작의 힘을 능가한다.

기계적 노예화가 지배하는 통제사회에서는 노동 상황의 커다란 변화가 초래된다. 이산적이고 고정적인 규율사회에서 저항 수단으로 작동했던 노동조합은 연속적이고 유동적인 통제사회에서는 더 이상 유효하지 않게 된다. 노동 자체의 변주가 다양하게 이루어지고 탈근대적인 유목적·탈주적인 인간 활동 양식으로서의 자유로운 행동이 증가한다. 정규직과 비정규직의 분화가 강화되고 플랫폼 노동, 비물질노동, 정동적 노동 같은 것들이 확대되고 노동의 free work(자유노동, 공짜 노동)화가 확산된다.

들뢰즈의 통제사회라는 새로운 개념화와 그 적용은 현대의 의사소통과 기계적·기호적 흐름 또는 순환에 미치는 권력작용에 대한 탁월한 해석이라고 할 수 있다. 현대 사회는 기계적 노예화가 작동하는 통제사회다. 이러한 규정은 비인간주의를 토대로 욕망적 기계들의 절속으로 세계를 바라보는 들뢰즈의 세계관과 들뢰즈와 과타리의 분열분석 또는 미시분석 하에서는 필연적 귀결이다. 이러한 사회구조 하에서 우리가 할 일은 예속화의 극복을 넘어 노예화의 극복을 끊임없이 추진하는 것이다. 몰적 혁명과 더불어 분자적 혁명이 필수적이다. 새로운 주체성의 확립이 관건이다. 새로운 사회공동체의 건설은 새로운 주체성의 확립에서 시작된다. 새로운 주체화, 즉 새로운 주체성의 생산은 정치·경제의 핵심적 문제다. 우리 모두가 사회적 예속화와 기계적 노예화로부터의 탈주를 감행하는 자율적 주체가 되어야 한다. 새로운 윤리적 주체, 저항하고 거부할 줄 아는 주체, 창조하는 주체가 자율적 주체다. 달리 말하면 실질적 민주주의를 확립함으로써 임계적 자유의 수준까지 이르는 주체여야 하는 것이다. 오늘날의 사회의 조건, 즉 현대 자본주의, 신자유주의의 주체의 조건(부채인간, 인적 자본, 자기기업가, 근면한 근로자 등)을 거부하고 새로운 삶의 조건을 창출할 수 있는 역량을 길러야 한다.

자율적 주체화를 통해 사회를 재구성함으로써 오늘날의 당면 문제도 해결할 수 있다. 규율에서 통제로 자본주의의 속성이 변했다 해도 달라지지 않은 것은 극단적 불평등의 문제다. 신자유주의 이후 양극화는 더욱 심화됐다. 이를 해결하기 위해 우리는 기계적 노예화에 의한 통제를 자본에 대한 통제로 역전시켜야 한다. 자본의 통제라는 창조적 탈주를 위해서는 소통 수단의 개선과 보편적 보급이라는 통제사회에 대한 소극적 저항만으로는 부족하다. 왜냐하면 언론기관의 자본 예속에서 볼 수 있듯이 담화와 소통은 천성적으로 돈에 좌우되기 때문이다. 창조는 소통과 다른 어떤 것이다.

들뢰즈는 통제를 벗어나기 위해서는 소통과는 다른 구멍, '회로 차단기(circuit breakers)'를 창조해야 한다고 주장한다. "젊은이들은 통제수단들이 누구의 목적에 복무하는지를 발견해야 한다."(Nego, 182쪽) 스펙에 목매듯이 사회에 순응하지 말고 새로운 창조 수단을 도출해내야 한다. 자율적 주체의 형성을 가능케 하는 실질적 민주화가 궁극적 해결책이다. 민주주의의 핵심은 정보다. 정보의 공급과 수요를 담당하는 언론과 교육이 민주주의의 사활을 결정한다. 더 투명한 정보의 제공과 접근이 가능하도록 언론을 개혁해야 한다. 통찰력과 비판력을 기를 수 있는 민주화된 교육이 필수다. 사노기예를 통찰하고 자본주의 마케팅과 상징 조작, 여론 조작을 극복할 수 있는 자율적 주체를 기르는 교육이 필요하다. 언론개혁과 교육개혁 모두 자본으로부터의 해방이 관건이다.

국가장치

들뢰즈와 과타리는 국가의 기원을 원(原)국가(Urstaat)에서 찾는다. 사회계약론은 허구이고 국가는 일거에 제국 형태로 출현했다고 주장한다(안오, 371~9쪽, 천고, 686~7쪽 참조). 기원으로서의 전제군주국가(원국가)는 다른 절단들과 같은 하나의 절단이 아니라 범주로서의 국가 형태다. 기초 구성체이자 모든 역사의 지평이 된다. 원국가의 경제적 모델은 마르크스가 말한 아시아적 생산(천고, 822쪽)으로 볼 수 있다.

원시 공동체와 국가는 공존한다. 국가는 수렵-채집민의 환경에서 직접 등장할 수 있다. 국가는 일단 출현하면 채집민-수렵민들에게 작용을 가해 경작, 목축, 분업의 확대 등을 강요한다(천고, 825, 827, 830쪽 참조). 국가가 일정한 생산양식을 전제하는 것이 아니라 정반대로 국가가 생산을 하나의 '양식'으로 조성한다. 생산력 증가가 국가를 발생시킨다는 진화론적 견해는 인과의 전도다(천고, 687, 829, 990쪽 참조). 원국가론에 의하면 국가의 성립이 생산력 증가를 가져온다. 대토목공사의 수행, 잉여생산물의 축적, 이에 상응하는 공적 기능들의 조직화를 가능케 하는 것은 오히려 국가 자체라는 것이다. 국가가 통치자와 피치자의 구별도 가능케 한다. 국가는 수장의 존재가 아니라 권력기관의 영속이나 보존에 의해 규정된다(천고, 683쪽). 요컨대 생산력 발전으로 국가 권력이 발생한다는 마르크스의 경제결정론은 옳지 않다. 결정적인 것은 경제적 변화가 아니라 환원 불가능한 정치적 절단이다(클라스트르, 246~50쪽, 천고, 826쪽 참조). 신석기 혁명보다는 정치적 혁명으로 인해 국가가 출현했다는 것이 원국가론의 주장이다.

원국가에서 출발하는 국가의 진화는 이제 내재화의 과정을 거친다(안오, 376~7쪽, 천고, 880쪽 참조). 국가는 더 이상 초코드화(덧코드화)하는 초월적 통일체가 아니라 국가 자신이 탈코드화된 흐름들의 장에서 생산된다. 그러한 과정에서 범주로서의 보편적 원국가는 구체적인 국가 형식들로 구체화된다. 국가의 새로운 극이 출현한다(천고, 866쪽 참조). 획일적인 제국적 극과는 달리 다양한 형태로 진화한다. 국가의 임무는 기존의 코드화된 흐름을 덧코드화하기보다는, 국가 자체가 탈코드화된 흐름들의 접합접속(결합)을 조직하는 것으로 발전한다. 기호체제는 기표체제(기표화)에서 후-기표체제(주체화)로 이어지고 주체성의 생산은 고대의 기계적 노예화에서 사회적 예속화로 진전된다.

근대 국민국가에서 탈코드화된 흐름들에 대한 공리계 또는 전면적 결합의 실현모델이 등장한다. 사회적 예속화와 새로운 기계적 노예화에 따라 기능하는 공리계가 실현된다. 새로운 거대 기계(천고, 881쪽)로서 가장 절대적인 제국을 부활시킨다. 자본주의는 원국가를 부활시키고, 이 국가에 새로운 힘을 부여한다(천고, 881쪽). 들뢰즈에 의하면 자유로운 자본주의는 결코 없었고, 자본주의는 언제나 국가자본주의였다(안오, 426쪽, 부통, 115쪽 참조).

국가의 기능에서 필수적인 것은 주권에 의한 내부화다(천고, 689, 821쪽 참조). 국가는 주권을 소유하여야 하고, 주권은 자신이 내부화하거나 국지적으로 전유할 수 있는 것 위에서만 군림할 수 있기 때문이다. 그래서 국가는 가장 강력하고 중요한 포획장치가 된다. 인구, 상품 또는 상업, 자금 또는 자본 등의 온갖 종류의 흐름을 포획하는 장치가 국가다. 세계 공간을 가로지르는 흐름의 총체에 법이 지배하는 지대를 구축하는 것이 모든 국가의 사활적 관심사다.

결론적으로 국가의 본질적 계기는 시민적 포획 또는 기계적 노예화다. 국가가 존재하는 이상, 노예화는 강제되는 것도 자발적인 것도 아니라 이미 다 완성된 것이라고 할 수 있다(천고, 882~3쪽 참조). 국가적 인간의 선천적 불구성은 불가피한 것이다(천고, 818~9쪽). 푸코는 이를 비판하면서 다음과 같이 말한다. "개인은 권력의 생산물이다. 필요한 건 '탈-개인화'를 행하는 일이다. 집단은 위계화된 개인들을 통합하는 유기적 결합이 아니라, 탈-개인화의 항상적인 발생자여야 한다."(안오, 9쪽)

국가적 인간을 벗어나는 의미의 탈-개인화로서의 건전한 개인주의가 필요하다. 스피노자는 『신학정치론』에서 "국가의 진정한 목적은 자유다."라고 말한 바 있다. 초월성의 철학 전통에 있는 사상들은 정치적으로 민주주의와 거리가 있을 수밖에 없는 반면, 내재성의 철학의 전통을 계승하는 스피노자와 들뢰즈의 사상은 정치적으로 민주주의와 결합될 수밖에 없다. 민주주의는 건전한 개인주의를 전제한다.

전쟁기계

들뢰즈와 과타리의 기계주의는 존재의 일의성의 한 표현이다. 모든 존재하는 것은 기계, 욕망적 기계다. 인간도, 인간의 세포도, 인간의 영혼도, 바이러스도, 무생물도, 기술적 기계도, 사회체도, 지구도, 우주도 하나의 기계다. 몸체도, 탈기관체도, 구체기계로서의 배치도, 추상기계도 하나의 기계다. 국가장치도 전쟁기계(machine de guerre)도 하나의 기계인 것은 마찬가지다. 기계주의하에서 어떤 대상을 규정하는 것은 '하나의 기계, 하나의 몸체로서 무엇을 할 수 있는가?' '그 변용태는 무엇인가?' 하는 물음들에 답하는 것이다.

전쟁기계는 탈주선들을 그리는 배치를 일컫는 들뢰즈와 과타리의 독창적인 용어다(천고, 436쪽). 한마디로 탈주기계 또는 탈영토화기계다. 파괴와 창조의 무기로서의 전쟁기계다. 변이의 추상기계는 탈주 상태에 있으며, 자신의 선들 위에 전쟁기계를 설치한다(천고, 425쪽). 모든 창조는 전쟁기계를 통과한다(천고, 436쪽). 전쟁기계는 탈영토화의 양자들을 방출하고 변이하는 흐름들을 통과시키는 것을 목적으로 한다. 전쟁기계는 정주적인 국가장치에 대항한다. 이질적인 전쟁기계를 고착된 형태로 국가장치의 부품으로 만드는 것이 국가의 근본 문제들 중 하나다.

전쟁기계는 국가장치 외부에 존재하는 유목민의 발명품이다(천고, 671, 729쪽). 전쟁기계에 속하는 리좀 유형의 집단이라는 이질적인 형식과 무규율성, 위계의 부정 등의 규칙들은 국가 형식과 충돌한다(천고, 686쪽 참조). 전쟁기계는 이 기계를 전유함으로써 전쟁을 주요 사업과 목표로 만드는 국가장치에 대항해 구성된다(천고, 811~2쪽). 유목주의는 정확히 전쟁기계와 매끈한 공간의 조합이라고 할 수 있다(Nego, p33). 전쟁기계의 일차적이고 적극적인 목표는 매끈한 공간의 점거와 그 공간에서의 이동이다(천고, 799~800쪽). 매끈한 공간은 분자적 세계에 대한 들뢰즈와 과타리의 공간적 표현이다. 몰적 세계의 공간적 표현인 홈패인 공간과 대비된다. 국가는 홈패인 공간에서 운동과 속도를 끊임없이 상대화하고 규제하지만, 전쟁기계는 매끈한 공간에서의 절대적 운동과 속도를 지향한다(천고, 742쪽 참조). 무엇에도 대비되지 않는, 무엇으로도 대체될 수 없는 독특성을 추구한다.

유념할 점은 전쟁기계는 원칙적으로 전쟁과는 무관하다는 것이다. 시공간을 차지하거나 새로이 발명하는 독특한 방식으로서의 혁명적 운동과 관련되는 것이 전쟁기계다(Nego, p172). 전쟁기계의 원래의 목표는 창조적 탈주선 그리기, 매끈한 공간을 그리고 편성하기에 있다. 전쟁은 전쟁기계가 홈파는 세력으로서의 국가나 도시와 충돌할 때 발생한다. 이 경우의 전쟁은 국가에 맞서 그리고 국가들에 의해 표현되는 세계적인 공리계에 맞서 이에 도전하는 것이다. 전쟁기계가 국가장치에 의해 전유될 때 전쟁이 전쟁기계의 직접적 목표가 된다. 전쟁기계가 전쟁만을 목적으로 할 때 변이가 파괴로 대체되고 전쟁기계는 변이하는 탈주선이 아니라 차가운 소멸의 선을 그리게 된다.

일·노동과 자유로운 행동

인간의 삶은 크게 보면 삶의 지속을 위한 소비와 삶의 고양을 위한 창조로 이루어진다고 할 수 있다. 따라서 인간의 활동은 소비를 목적으로 하는 활동과 창조를 목적으로 하는 활동으로 나눌 수 있다. 들뢰즈와 과타리는 소비를 목적으로 하는 활동으로 일·노동(travail, 영어 work)과 창조를 목적으로 하는 활동으로 자유로운 행동(action libre, 영어 free action)을 제시한다.

들뢰즈와 과타리에 의하면 일 또는 노동은 저항에 부딪치면서 외부에 작용해 결과를 창출하고 소비 또는 소진되는 동력원이다.

매 순간 끊임없이 갱신되어야 한다. 전통 경제학에서 바라보는 인간의 경제적 생산 활동이 노동이다. 일·노동 모델은 국가장치와 관련된다. 노동 모델은 국가장치의 발명품으로서, 국가장치와 잉여노동이 없는 곳에는 노동 모델도 없다(천고, 935쪽). 노동이 존재하려면 국가장치에 의한 행동의 포획과 문자에 의한 행동의 기호화가 필요하다(천고, 769쪽). 물리학과 사회학의 결합으로 표준화된 평균적 활동으로서의 추상적 노동이 도출된다(천고, 933~4쪽). 예를 들면 테일러 시스템과 같은 작업의 분화, 고전파 경제학의 노동가치설, 마르크스의 추상적 평균노동 등과 같은 개념들은 모두 이러한 노동 모델에 기초하여 인간의 활동을 바라본 결과물들이다. 이런 과정을 통해 일·노동 모델은 모든 활동을 가능한 또는 잠재적인 노동으로 번역하고, 자유로운 행동을 노동과 관련해서만 존재하는 여가로서 간주한다(천고, 934쪽). 들뢰즈와 과타리가 일·노동 모델은 국가장치의 발명품으로서 이 장치에 속하는 것으로 보는 이유는 전쟁기계를 정복하려는 국가의 핵심적 기획에서 자신의 기원과 수단을 찾는 노동은 시간-공간의 홈파기라는 일반화된 조작, 자유로운 행동의 예속화 등을 수행하기 때문이다(MP, p612/천고, 935쪽). 이러한 일들이 모두 국가장치가 전쟁기계를 정복하는 과정들이다. 노동 체제는 형식의 조직화와 불가분이며, 주체의 형성에 대응한다(천고, 767쪽). 요컨대 일·노동 모델은 사회적 예속화에 의해 주체가 형성되는 규율사회의 특성과 부합한다.

들뢰즈와 과타리에 의하면 자유로운 행동 역시 동력원이기는 하지만 극복해야 하는 저항에 부딪치는 일은 없으며, 오직 동체 자체에만 작용하고, 따라서 결과를 창출하기 위해 소진되는 일이 없는 연속적 동력원이다. 자유로운 행동 모델은 전쟁기계와 관련된다. 노동 모델의 외부로서의 자유로운 행동 모델을 실현시켜 주는 것은 전쟁기계라고 하는 배치다(천고, 764쪽). 자유로운 행동은 표준화한 노동과 달리 연속적으로 변주되는 활동이다(천고, 850, 935쪽). 국가장치의 외부에서 유목적인 매끈한 공간을 창출하고자 하는 활동이다. 자유로운 행동은 노동과 관련해서만 존재하는 잔여적인 여가로서의 활동이 아니라 노동과 상호 작용하는 독립적인 외부, 여백, 음화로서의 활동이다. 자유로운 행동 모델은 기계적 노예화에 의한 주체성의 생산이 이루어지는 통제사회의 새로운 흐름과 부합한다. 현대 자본주의는 끊임없이 자유로운 행동을 자유노동(free work)으로 포획함으로써 새로운 이윤 창출원을 모색한다.

들뢰즈와 과타리의 혁명

존재는 생성이고 삶은 차이의 반복이다. 나의 잠재성, 잠재적 역량의 전치와 위장이 나의 삶이다. 나는 나의 생산적 욕망, 잠재적 역량, 독특성들을 발휘하면서 의미 있는 사건으로서의 삶을 창조해 가는 것이다. 그럼으로써 나는 니체의 초인이 된다. 운명을 긍정하고, 사랑하고 더 나아가 극복함으로써 더 나은 삶과 더 나은 세상을 개척해 가는 것이다. 우리 모두가 이를 실현해 간다면 그것이 들뢰즈와 과타리의 분자혁명이다. 참된 욕망의 정립, 인간해방으로서의 진정한 혁명이다.

　참된 욕망의 정립은 비파시스트적 삶을 사는 것이다. 내 안의 파시즘을 일소하는 것이다. 그것은 무의식의 종합의 분리차별적 사용을 혁명적·유목적 사용으로 역전시키는 것이다. 들뢰즈와 과타리의 분열자로 사는 것, 절대적 탈영토화로 나아가는 것이다. 배치를 변환시키는 것, 새로운 욕망의 배치를 창조하는 것이다. 그것은 사회적 예속화와 기계적 노예화로부터 탈주하는 소수자-되기이다. 통제사회에 저항하는 전쟁기계로서의 자율적 주체가 되는 것이다.

들뢰즈 사상의 핵심 명제들

　'존재는 일의적이며, 생성으로서 차이의 반복이다.'

　'존재의 운동은 잠재와 현실 사이의, 탈영토화와 재영토화의 영원한 이중운동이다.'

　'규정하는 것은 근거 짓는 것으로서 충족이유(발생 원천, 인식 근거)를 찾는 것이다.'

　'어떤 것의 정체성, 충족이유, 실제로 반복되는 것은 그것의 잠재성(강도적 차이, 생산적 욕망, 추상기계)이다.'

　'진실을 찾는 것은 의미를 해석하고 기호를 해독하고 설명하는 것이다. 기호와 사건은 의미(sens)를 표현한다. 의미의 해석은 문제와 독특성(특이점)의 포착이다.'

　'참과 거짓의 구별보다는 독특한 것과 규칙적인 것, 특이한 것과

평범한 것의 구별이 더욱 중요하다.'

'(생산적) 욕망이 그 사회를 규정한다.'

'무의식적 욕망은 혁명적 극과 반동적 극 사이에서의 영원한 진동에 놓여 있다.'

'모든 것은 기계이자 배치로서, 물리적 기계(내용)와 기호적 기계(표현)로 이루어진 이중분절이다.'

'기호들의 체제가 하나의 언표적 배치(표현)를 구성해서 기계적 배치(내용)로서의 몸체와 상호 작용한다.'

'하나의 몸체는 일정한 배치하의 변용-태들의 목록에 의해 규정된다.'

'사회는 그 사회의 탈주선들에 의해 규정된다.'

'다양한 배치들이 함께 모여 하나의 문화나 시대를 구성한다.'

'자본주의 추상기계의 무의식적 욕망의 투자는 혁명의 극과 반동적 극 사이에서 영원히 진동한다.'

'사회적 예속화와 기계적 노예화가 주체성을 생산하고 사회를 구성한다.'

'사건과 의미를 생산하라!'

'각자에게 자신의 성들을!' '각자에게 자신의 역량을!' '각자에게 자신의 욕망을!'

'소수자-되기를 실천하라!'

참고문헌

| 약칭 |

감처   『감시와 처벌』
경주   『경험주의와 주체성』
기호   『프루스트와 기호들』
무엇   『철학이란 무엇인가』
부통   『부채통치』
세철1~4   『세계철학사 1~4』
주름   『주름, 라이프니츠와 바로크』
푸코   『푸코(Foucault)』
AO/안오   『L'anti-OEdipe/안티 오이디푸스』
DR/차반   『Différence et Répétition/차이와 반복』
IM/부인   『The Making of the Indebted Man/부채인간』
KA/카프카   『Kafka-Pour une littérature mineure/카프카, 소수적인 문학을 위하여』
LS/의논   『Logique du sens/의미의 논리』
MP/천고   『Mille Plateaux/천 개의 고원』

Nego   『Pourparlers 1972-1990』영어판:『Negotiations 1972-1990』

SM/기기   『Signs and Machines/기호와 기계』

강남훈『기본소득의 경제학』박종철출판사, 2019.

강신주『강신주의 노자 혹은 장자』오월의봄, 2014.

강윤호『내 살고픈 세상: 들뢰즈 경제학의 철학적 토대』북랩, 2018.

강윤호『촛불혁명과 욕망의 해방: 진보 재정립 프로젝트』북랩, 2022.

게오르게스쿠-뢰겐, 니콜라스『엔트로피와 경제 : 인간 활동에 관한 또 다른 시각(THE ENTROPY LAW AND THE ECONOMIC PROCESS)』1971, 한국어판: 김학진·유종일 옮김, 한울엠플러스, 2017.

과타리, 펠릭스『분자혁명(La Révolution Moléculaire)』1977, 한국어판: 윤수종 옮김, 푸른숲, 1998.

금민『모두의 몫을 모두에게: 지금 바로 기본소득』동아시아, 2020.

김누리『우리의 불행은 당연하지 않습니다』해냄, 2020.

김누리『우리에겐 절망할 권리가 없다』해냄, 2021.

김상봉『기업은 누구의 것인가』꾸리에북스, 2012.

김상환『니체, 프로이트, 마르크스 이후』창비, 2002.

김석근『기호학 원론』경상대학교출판부, 2018.

김성구『신자유주의와 공모자들』나름북스, 2014.

김신언『기본소득과 조세』카리스, 2022.

김용옥『동경대전 1 - 나는 코리안이다』통나무, 2021.

김재인「질 들뢰즈의 존재론 새로 읽기」『프랑스 현대철학(처음 읽는)』철학아카데미, 동녘, 2013.

김재희「들뢰즈의 표현적 유물론」『철학사상』Vol. 45, 2012.

김혜성「베르크손에서 지성과 직관: 이분법을 넘어서」『인문학연구』제40호, 2019.

나카야 우키치로『과학의 방법』한국어판: 김수희 옮김, 에이케이커뮤니케이션즈, 2019.

네그리, 안토니오·하트, 마이클『공통체: 자본과 국가 너머의 세상(Commonwealth)』2009, 한국어판: 정남영·윤영광 옮김, 사월의책, 2014.

노명식『프랑스 혁명에서 파리 코뮌까지, 1789~1871』책과함께, 2011.

데란다, 마누엘『강도의 과학과 잠재성의 철학(Intensive Science and Virtual Philosophy)』2002, 한국어판: 이정우·김영범 옮김, 그린비, 2009.

뒤메닐, 제라르·레비, 도미니크『신자유주의의 위기(The Crisis of Neoliberalism)』2011, 한국어판: 김덕민 옮김, 후마니타스, 2014.

들뢰즈, 질『경험주의와 주체성(Empirisme et subjectivité : Essai sur la nature humaine selon Hume)』1953, 한국어판: 한정헌·정유경 옮김, 난장, 2012.

들뢰즈, 질『니체와 철학(Nietzsche et la philosophie)』1962, 한국어판: 이경신 옮김, 민음사, 2001.

들뢰즈, 질『칸트의 비판철학(La philosophie critique de Kant)』1963, 한국어판: 서동욱 옮김, 민음사, 2006.

들뢰즈, 질『프루스트와 기호들(Proust et les Signes)』1964, 한국어판: 서동욱·이충민 옮김, 민음사, 2004('기호'로 약칭).

들뢰즈, 질『베르그손주의(Le Bergsonisme)』1966, 한국어판: 김재인 옮김, 그린비, 2021.

들뢰즈, 질『차이와 반복(Différence et Répétition)』Presses Universitaires de France, 1968, 한국어판: 김상환 옮김, 민음사, 2004('DR/차반'으로 약칭).

들뢰즈, 질『의미의 논리(Logique du sens)』Les Éditions de Minuit, 1969, 한국어판: 이정우 옮김, 한길사, 1999('LS/의논'으로 약칭).

들뢰즈, 질「구조주의를 어떻게 식별할 것인가(A quoi reconnaît-on le structuralisme?)」1973,『의미의 논리』한국어판 특별 보론, 한길사, 2007.

들뢰즈, 질『감각의 논리(Francis Bacon-Logique de la sensation)』1981, 한국어판: 하태환 옮김, 민음사, 2008.

들뢰즈, 질 『푸코(Foucault)』 1986, 한국어판: 권영숙/조형근 옮김, 새길, 2015('푸코'로 약칭).

들뢰즈, 질 『주름, 라이프니츠와 바로크(Le pli-Leibniz et le baroque)』 1988, 한국어판: 이찬웅 옮김, 문학과지성사, 2004('주름'으로 약칭).

들뢰즈, 질 『들뢰즈 다양체(Lettres et Autres Textes)』 ed. David Lapoujade, 2015, 한국어판: 서창현 옮김, 갈무리, 2022.

들뢰즈, 질·과타리, 펠릭스 『안티 오이디푸스: 자본주의와 분열증(L'anti-OEdipe : capitalisme et schizophrénie)』 Les Éditions de Minuit, 1972, 한국어판: 김재인 옮김, 민음사, 2014('AO/안오'로 약칭).

들뢰즈, 질·과타리, 펠릭스 『카프카, 소수적인 문학을 위하여(Kafka-Pour une littérature mineure)』 Les Éditions de Minuit, 1975, 한국어판: 이진경 옮김, 동문선, 2001('KA/카프카'로 약칭).

들뢰즈, 질·과타리, 펠릭스 『천 개의 고원 : 자본주의와 분열증 2(Mille Plateaux : capitalisme et schizophrénie 2)』 Les Éditions de Minuit, 1980, 한국어판: 김재인 옮김, 새물결, 2001('MP/천고'로 약칭).

들뢰즈, 질·과타리, 펠릭스 『철학이란 무엇인가(Qu'est-ce que la philosophie?)』 1991, 한국어판: 이정임·윤정임 옮김, 현대미학사, 1995('무엇'으로 약칭).

라이시, 로버트 『위기는 왜 반복되는가(AFTER SHOCK : The Next Economy and America's Future)』 2010, 한국어판: 안진환 옮김, 김영사, 2011.

랏자라또, 마우리치오 『부채인간(The Making of the Indebted Man : An Essay on the Neoliberal Condition)』 Semiotext(e) 2012, 한국어판: 허경·양진성 옮김, 메디치, 2012('IM/부인'으로 약칭).

랏자라또, 마우리치오 『부채통치(Le Gouvernement de l'homme endetté)』 2013, 한국어판: 허경 옮김, 갈무리, 2018('부통'으로 약칭).

랏자라또, 마우리치오 『기호와 기계: 자본주의와 주체성의 생산(Signs and Machines : Capitalism and the Production of Subjectivity)』 Semiotext(e) 2014, 한국어판: 신병현·심성보 옮김, 갈무리, 2017('SM/기기'로 약칭).

레이, L. 랜덜 『균형재정론은 틀렸다: 화폐의 비밀과 현대화폐이론(Modern Money Theory)』 2015, 한국어판: 홍기빈 옮김, 책담, 2017.

레이워스, 케이트 『도넛 경제학(Doughnut Economics)』 2017, 한국어판: 홍기빈 옮김, 학고재, 2018.

로웬스타인, 로저 『천재들의 실패(When Genius Failed)』 2000, 한국어판: 이승욱 옮김, 동방미디어, 2001.

리프킨, 제러미 『한계비용 제로 사회(THE ZERO MARGINAL COST SOCIETY)』 2014, 한국어판: 안진환 옮김, 민음사, 2014.

마라찌, 크리스티안 『금융자본주의의 폭력(Violenza del capitalismo finanziario)』 2009, 한국어판: 심성보 옮김, 갈무리, 2013.

마셜, 앨프레드 『경제학원리1』 한국어판: 백영현 옮김, 한길사, 2010.

마수미, 브라이언 『정동정치(Politics of Affect)』 2015, 한국어판: 조성훈 옮김, 갈무리, 2018.

마추카토, 마리아나 『가치의 모든 것(The Value of Everything)』 2018, 한국어판: 안진환 옮김, 민음사, 2020.

매드릭, 제프 『경제학의 7가지 거짓말(Seven Bad Ideas)』 2014, 한국어판: 박강우 옮김, 지식의날개, 2019.

매클루언, 마셜 『미디어의 이해: 인간의 확장(Understanding Media : The Extensions of Man)』 1964, 한국어판: 김상호 옮김, 커뮤니케이션북스, 2012.

모노, 자크 『우연과 필연(Le hasard et la nécessité)』 1970, 한국어판: 조현수 옮김, 궁리, 2010. 바인하커, 에릭 『부의 기원(The Origin of Wealth : Evolution, Complexity, and the Radical Remaking of Economics)』 2006, 한국어판: 안현실·정성철 옮김, 랜덤하우스코리아, 2007.

박양수 『21세기 자본을 위한 이단의 경제학』 아마존의나비, 2017.

박우희 『경제 원리의 두 길』 서울대학교출판문화원, 2019.

박준영 『철학, 개념: 고대에서 현대까지』 교유서가, 2023.

박홍규 『아나키즘 이야기』 이학사, 2004.

배너지, 아비지트·뒤플로, 에스테르『힘든 시대를 위한 좋은 경제학』 2019, 한국어판: 김승진 옮김, 생각의힘, 2020.

버거, 아서 아사『대중문화 비평, 한 권으로 끝내기(Media Analysis Techniques)』4E, 2012, 한국어판: 박웅진 옮김, 커뮤니케이션북스, 2015.

베르낭, 장 피에르『그리스인들의 신화와 사유(Mythe et pensée chez les Grecs)』 1965, 한국어판: 박희영 옮김, 아카넷, 2005.

보울스, 새뮤얼 외『자본주의 이해하기(Understanding Capitalism : Competition, Command and Change)』2005, 한국어판: 최정규 외 옮김, 후마니타스, 2009.

뷰캐넌, 마크『내일의 경제(FORECAST)』2013, 한국어판: 이효석·정형채 옮김, 사이언스북스, 2014.

블라이스, 마크『긴축: 그 위험한 생각의 역사(Austerity : The History of a Dangerous Idea)』2013, 한국어판: 이유영 옮김, 부키, 2016.

사토 요시유키『신자유주의와 권력』2009, 한국어판: 김상운 옮김, 후마니타스, 2014.

사드-필류, 알프레두『네오리버럴리즘(Neoliberalism : A Critical Reader)』2005, 한국어판: 김덕민 옮김, 그린비, 2009.

색슨, 니컬러스『보물섬(Treasure Islands)』2011, 한국어판: 이유영 옮김, 부키, 2012.

서니첵(Srnicek), 닉(Nick)『플랫폼 자본주의(Platform Capitalism)』2016, 한국어판: 심성보 옮김, 킹콩북, 2020.

서동욱『들뢰즈의 철학』민음사, 2002.

서울대학교 국가미래전략원『그랜드 퀘스트 2024』포르체, 2023.

스미스, 대니얼 W.『질 들뢰즈의 철학(Essays on Deleuze)』2012, 한국어판: 박인성 옮김, 그린비, 2023.

스키델스키, 로버트『더 나은 삶을 위한 경제학: 주류 경제학이 나아갈 길에 관하여(WHAT'S WRONG WITH ECONOMICS)』2020, 한국어판: 장진영 옮김, 안타레스, 2021.

스탠딩, 가이『기본소득(Basic Income)』2017, 한국어판: 안효상 옮김, 창비, 2018.

스탠포드, 짐『자본주의 사용설명서(Economics for Everyone : A Short Guide to the Economics of Capitalism)』2008, 한국어판: 안세민 옮김, 부키, 2010.

스티글리츠 외『이단의 경제학, 성장과 안정의 이분법을 넘어(Stability with Growth)』2006, 한국어판: 노승영 옮김, 시대의창, 2010.

신영복『강의: 나의 동양고전 독법』돌베개, 2004.

신중섭 외 3인「스코틀랜드 계몽주의, 자본주의, 신자유주의」윤리연구 제 46호, 한국윤리학회, 2001.

알페로비츠, 가·데일리, 루『독식비판: 지식경제시대의 부와 분배(Unjust Deserts : How the Rich Are Taking Our Common Inheritance)』2008, 한국어판: 원용찬 옮김, 민음사, 2011.

앨드리드, 조너선『경제학은 어떻게 권력이 되었는가(LICENCE TO BE BAD : HOW ECONOMICS CORRUPTED US)』2019, 한국어판: 강주헌 옮김, 21세기북스, 2020.

오렐, 데이비드『경제학 혁명(ECONOMYTHS)』2010, 한국어판: 김원기 옮김, 행성비, 2011.

오카샤, 사미르『과학철학(Philosophy of Science : A Very Short Introduction)』2nd ed. 2016, 한국어판: 김미선 옮김, 교유서가, 2017.

우노 구니이치『들뢰즈, 유동의 철학(ドゥルーズ, 流動の 哲學)』2001, 한국어판: 이정우·김동선 옮김, 그린비, 2008.

웝숏, 니컬러스『케인스 하이에크(Keynes Hayek : The Clash That Defined Modern Economics)』2011, 한국어판: 김홍식 옮김, 부키, 2014.

윅스, 존F『1%를 위한 나쁜 경제학(Economics of the 1%)』2014, 한국어판: 권 예리 옮김, 이숲, 2016.

윌킨슨, 리처드·피킷, 케이트『평등이 답이다(The Spirit Level : Why greater equality makes societies stronger?)』2010, 한국어판: 전재웅 옮김, 이후, 2012.

유영성 외『모두의 기본소득, 재원을 마련하다』경기연구원 엮음, 다홀미
　　디어, 2021.

이인식『지식의 대융합』고즈윈, 2008.

이정우『개념-뿌리들01』철학아카데미, 2004.

이정우『천하나의 고원』돌베개, 2008.

이정우『전통, 근대, 탈근대: 탈주와 회귀 사이에서』그린비, 2011.

이정우『접힘과 펼쳐짐: 라이프니츠와 현대』그린비, 2012.

이정우『세계철학사1: 지중해세계의 철학』도서출판 길, 전면개정판,
　　2017(‘세철1’로 약칭).

이정우『세계철학사2: 아시아세계의 철학』도서출판 길, 2017(‘세철2’로 약
　　칭).

이정우『세계철학사3: 근대성의 카르토그라피』도서출판 길, 2021(‘세철3’으
　　로 약칭).

이정우『무위인-되기』그린비, 2023.

이정우『세계철학사4: 탈근대 사유의 지평들』도서출판 길, 2024(‘세철4’로
　　약칭).

이종태『금융은 어떻게 세상을 바꾸는가』개마고원, 2014.

이진경『미-래의 맑스주의』그린비, 2006.

이항우『정동자본주의와 자유노동의 보상』한울아카데미, 2017.

임주영『경제신문이 말하지 않는 경제 이야기』민들레북, 2024.

장석준『신자유주의의 탄생』책세상, 2011.

장진호「금융 헤게모니로서의 신자유주의 분석」『경제와 사회』Vol.-
　　No. 80, 비판사회학회, 2008.

장하준『그들이 말하지 않는 23가지(23 things they don't tell you about Capital-
　　ism)』2009, 한국어판: 김희정·안세민 옮김, 부키, 2009.

장회익『장회익의 자연철학 강의』청림출판, 2019.

정태인·이수연『협동의 경제학』레디앙, 2013.

정태인 외『리셋 코리아』미래를소유한사람들, 2012.

제이코비, 수전『반지성주의 시대(The Age of American Unreason in a Culture of Lies)』2018, 한국어판: 박광호 옮김, 오월의봄, 2020.

존스, 다니엘 스테드먼『우주의 거장들(Masters of the Universe)』2012, 한국어판: 유승경 옮김, 미래를소유한사람들, 2019.

최무영『최무영 교수의 물리학 강의』책갈피, 2019.

켈튼, 스테파니『적자의 본질(THE DEFICIT MYTH)』2020, 한국어판: 이가영 옮김, 비즈니스맵, 2021.

코우츠, 데이빗『현대 자본주의의 유형: 세계 경제의 성장과 정체(Models of Capitalism)』2000, 한국어판: 이영철 옮김, 문학과지성사, 2003.

퀴긴, 존『경제학의 5가지 유령들(Zombie Economics)』2010, 한국어판: 정수지 옮김, 21세기북스, 2012.

클라스트르, 피에르『국가에 대항하는 사회(La société contre l'état)』1974, 한국어판: 홍성흡 옮김, 이학사, 2005.

클라인, 나오미『쇼크 독트린(The Shock Doctrine : The Rise of Disaster Capitalism)』2007, 한국어판: 김소희 옮김, 살림Biz, 2008.

파이지스, 올랜도『혁명의 러시아 1891~1991(Revolutionary Russia 1891~1991)』2014, 한국어판: 조준래 옮김, 어크로스, 2017.

패튼, 폴『들뢰즈와 정치(Deleuze and the Political)』2000, 한국어판: 백민정 옮김, 태학사, 2005.

퍼트남, 힐러리『사실과 가치의 이분법을 넘어서(The Collapse of the Fact/Value Dichotomy and Other Essays)』2002, 한국어판: 노양진 옮김, 서광사, 2010.

푸코, 미셸『감시와 처벌(Surveiller et punir)』1975, 한국어판: 오생근 옮김, 나남, 2016('감처'로 약칭).

피어슨, 키스 안셀『싹트는 생명(Germinal Life)』1999, 한국어판: 이정우 옮김, 산해, 2005

하비, 데이비드『신자유주의: 간략한 역사(A Brief History of Neoliberalism)』 2005, 한국어판: 최병두 옮김, 한울, 2007.

하트, 마이클『들뢰즈 사상의 진화(Gilles Deleuze : An Apprenticeship in Philosophy)』1993, 한국어판: 김상운/양창렬 옮김, 갈무리, 2004.

호르크하이머, 막스·아도르노, 테오도르『계몽의 변증법』개정판, 1969, 한국어판: 김유동 옮김, 문학과지성사, 2001.

황준성『질서자유주의, 독일의 사회적 시장경제』숭실대출판국, 2011.

히켈, 제이슨『격차(THE DIVIDE)』2017, 한국어판: 김승진 옮김, 아를, 2024.

히켈, 제이슨『적을수록 풍요롭다(LESS IS MORE)』2020, 한국어판: 김현우·민정희 옮김, 창비, 2021.

Buffett, Warren 〈Stop Coddling the Super-Rich〉 The New York Times, 14 August 2011.

Chomsky, Noam 〈The state-corporate complex: A threat to freedom and survival〉 Text of lecture given at the The University of Toronto, April 7, 2011.

Deleuze, Gilles「A quoi reconnaît-on le structuralisme?」1967.

Deleuze, Gilles『Pourparlers 1972-1990』1990, 영어판:『Negotiations 1972-1990』Columbia University Press, 1995('Nego'로 약칭).

Genosko, G. ed.『The Guattari Reader』Oxford, Basil Blackwell, 1996.

Kalecki, Michael「Political Aspects of Full Employment」Political Quarterly 14/4, 1943. https://delong.typepad.com/kalecki43.pdf.

Lundy, Craig「The Necessity and Contingency of Universal History」Journal of the Philosophy of History 10, 2016.

Protevi, John and Bonta, Mark『Deleuze and Geophilosophy: A Guide and

Glossary』 Edinburgh University Press, 2004.

Robbins, Lionel 『An Essay on The Nature and Significance of Economic Science』 2nd ed. 1935.

Simon, Herbert A. 「Public administration in today's world of organizations and markets」 PS: Political Science and Politics, December 2000.

Smith, Adam 『An Inquiry into the Nature and Causes of the Wealth of Nations』 An Electronic Classics Series Publication 2005.

Sterman, John D. 「All Models are Wrong : Reflections on Becoming a Systems Scientist」 System Dynamics Review, 18(4), 2002.

Stiglitz, Joseph ⟨Guided by an invisible hand⟩ The New Statesman, 16 October 2008.